W0224148

Kohlhammer

Deutscher Gemeindeverlag

Eingriffsrecht für Polizeibeamte in Niedersachsen

von

Kai König
Polizeihauptkommissar und Dozent
an der Polizeiakademie Niedersachsen

Prof. Dr. Jan Dirk Roggenkamp
Professor für Öffentliches Recht
mit dem Schwerpunkt Polizei
und Ordnungsrecht an der HWR Berlin
vormals Professor an der
Polizeiakademie Niedersachsen
für Grund- und Eingriffsrecht

1. Auflage 2018

Kohlhammer

Deutscher Gemeindeverlag

1. Auflage 2018

Gesamtherstellung: W. Kohlhammer GmbH, Stuttgart

Print:
ISBN 978-3-555-01892-8

E-Book-Formate:
pdf: ISBN 978-3-555-01893-5
ebub: ISBN 978-3-555-01894-2
mobi ISBN 978-3-555-01895-9

Vorwort

Wir freuen uns sehr, Ihnen mit diesem Werk ein Lehr- bzw. Lernbuch zum Grund- und Eingriffsrecht vorlegen zu können, das speziell auf die Bedürfnisse und Vorlesungsinhalte des Bachelorstudiengangs an der Polizeiakademie Niedersachsen zugeschnitten ist.
Bisher existiert kein Lehrbuch, welches sowohl die wesentlichen verfassungsrechtlichen, strafprozessualen und gefahrenabwehrrechtlichen Grundlagen aus „niedersächsischer Perspektive" beleuchtet. Die vorhandenen Werke decken – soweit ersichtlich – nur Teilbereiche ab und sind zudem in der Regel eher auf die universitäre Ausbildung zugeschnitten. Diese Lücke wollen wir schließen.
Der vorliegende Band „Grundrechte, Standardmaßnahmen und Zwang" orientiert sich an den Inhalten des Moduls 3.2 auf dem Gebiet Nds. SOG/StPO/GG.
Bei der Abfassung haben wir uns von zwei Zielen leiten lassen. Zunächst möchten wir Ihnen eine Lernhilfe an die Hand geben, die Sie bei der Vorbereitung und erfolgreichen Ablegung der Klausurprüfung am Ende des ersten Studienjahres unterstützt. Darüber hinaus stellen die Inhalte dieses Buchs die Grundlage für Ihr weiteres Studium und natürlich für Ihr späteres berufliches Wirken als Polizei- oder Kriminalkommissarin oder -kommissar dar.
Trotz seines Umfangs kann und soll dieses Buch vorhandene rechtswissenschaftliche Literatur nur ergänzen. Nutzen Sie die für das Selbststudium vorgesehene Zeit zur eigenständigen Vertiefung!

Kai König und Jan Roggenkamp
Nienburg/Berlin, Dezember 2017

PS: Auf der Webseite **polizeirecht.blog** wird mit Erscheinen dieses Buches parallel ein Blog rund um die Inhalte dieses Werkes entstehen. Dort werden wir Sie insbesondere über aktuelle Rechtsentwicklungen auf dem Laufenden halten.

Inhaltsverzeichnis

Abkürzungen

a. A.	anderer Ansicht
a. a. O.	am angegebenen Ort
AB	Ausführungsbestimmungen zum Niedersächsischen Gefahrenabwehrgesetz
Abl.	Amtsblatt
Abs.	Absatz
AG	Amtsgericht
APR	Allgemeines Persönlichkeitsrecht
Anm.	Anmerkung
Art.	Artikel
BeckOK	Beck'scher Onlinekommentar
BFH	Bundesfinanzhof
BGB	Bürgerliches Gesetzbuch
BGH	Bundesgerichtshof
BPA	Bundespersonalausweis
BtMG	Betäubungsmittelgesetz
BverfG	Bundesverfassungsgericht
BverfGE	Entscheidungen des Bundesverfassungsgerichts
BverwG	Bundesverwaltungsgericht
BverwGE	Entscheidungen des Bundesverwaltungsgerichts
Diss.	Dissertation (Doktorarbeit)
FdP	Freiheit der Person
GG	Grundgesetz für die Bundesrepublik Deutschland
ggf.	gegebenenfalls
GiV	Gefahr im Verzug
Grund-VA	Grundverwaltungsakt
h. M.	herrschende Meinung
HS	Halbsatz
Idf	Identitätsfeststellung
i. e. S.	Im engeren Sinne
IT	Informationstechnologie
iVm.	In Verbindung mit
i. w. S.	Im weiteren Sinne
JuS	Juristische Schulung (Zeitschrift)
JVA	Justizvollzugsanstalt
JZ	Juristenzeitung (Zeitschrift)
KG	Kammergericht
KJ	Kritische Justiz (Zeitschrift)
KK	Karlsruher Kommentar
LG	Landgericht
LKA	Landeskriminalamt
LR	Löwe-Rosenberg

Abkürzungen

MEK	Mobiles Einsatzkommando
MüKo	Münchener Kommentar
Nds. SOG	Niedersächsisches Gesetz über die öffentliche Sicherheit und Ordnung
Nds. MBl.	Niedersächsisches Ministerialblatt
NIVADIS	Niedersächsisches Vorgangsbearbeitungs-, Analyse-, Dokumentations- und Informations-System
NJW	Neue Juristische Wochenschrift (Zeitschrift)
NStZ	Neue Zeitschrift für Strafrecht (Zeitschrift)
NversG	Niedersächsisches Versammlungsgesetz
NVwZ	Neue Zeitschrift für Verwaltungsrecht (Zeitschrift)
NZV	Neue Zeitschrift für Verkehrsrecht (Zeitschrift)
o. ä.	oder ähnlich
OLG	Oberlandesgericht
PK	Polizeikommissar
PHK	Polizeihauptkommissar
POK	Polizeioberkommissar
RiS	Recht auf informationelle Selbstbestimmung
Rn.	Randnummer
Rspr.	Rechtsprechung
S.	Satz
SDÜ	Schengener Durchführungsübereinkommen
SEK	Spezialeinsatzkommando
sog.	sogenannte
StA	Staatsanwaltschaft
st.Rspr.	Ständige Rechtsprechung
SK	Systematischer Kommentar
StGB	Strafgesetzbuch
stopp	Strafprozessordnung
StVollzG	Strafvollzugsgesetz
str.	strittig
VA	Verwaltungsakt
VO	Verordnung
VwGO	Verwaltungsgerichtsordnung
VwVfG	Verwaltungsverfahrensgesetz
ZJS	Zeitschrift für das juristische Studium (Zeitschrift)
ZPO	Zivilprozessordnung
ZRP	Zeitschrift für Rechtspolitik (Zeitschrift)

Literaturverzeichnis

Bachmeier/Müller/Starkgraff (Hrsg.), Fachanwaltskommentar Verkehrsrecht, 2. Aufl. 2013, zit. als: *Bearbeiter*, in: BMS, Verkehrsrecht

Bader/Ronellenfitsch (Hrsg.), Beck'scher Online-Kommentar VwVfG, 36. Edition, zit. als: *Bearbeiter*, in: BeckOK-VwVfG

Bajohr, „Unser Hotel ist judenfrei". Bäder-Antisemitismus im 19. und 20. Jahrhundert, 2003

Barthel, Niedersächsisches Justizgesetz (NJG), in: Praxis der Kommunalverwaltung, Stand: 09/2016

Beulke, Strafprozessrecht, 13. Auflage 2016

Blum/Gassner/Seith (Hrsg.), Ordnungswidrigkeitengesetz, 1. Aufl. 2016, zit. als: *Bearbeiter*, in: BGS-OWiG

Böhrenz/Siefken, Niedersächsisches Gesetz über die öffentliche Sicherheit und Ordnung (Nds. SOG), 9. Aufl. 2014

Brandt/Schinkel (Hrsg.), Staats- und Verwaltungsrecht für Niedersachsen, 2002, zit. als: *Bearbeiter*, in: Brandt/Schinkel

Bull/Mehde, Allgemeines Verwaltungsrecht mit Verwaltungslehre, 9. Aufl. 2015

Burhoff, Handbuch für das strafrechtliche Ermittlungsverfahren, 7. Aufl. 2015

Dölling/Duttge/König/Rössner (Hrsg.), Gesamtes Strafrecht, 4. Aufl. 2017, zit. als: *Bearbeiter*, in: DDKR-Strafrecht,

Drape/Globisch/Trips/Weidemann, Kommunales Gefahrenabwehrrecht in Niedersachsen, 1. Aufl. 2015

Dreier, Grundgesetz Kommentar, 3. Aufl. 2013, zit. als: *Bearbeiter*, in: Dreier, GG

Elsner, Entlastung der Staatsanwaltschaft durch mehr Kompetenzen für die Polizei? Eine deutsch-niederländisch vergleichende Analyse in rechtlicher und rechtstatsächlicher Hinsicht, Diss. 2008

Epping/Hilgruber (Hrsg.), Beck'scher Online-Kommentar Grundgesetz, 33. Edition, zit.: als Bearbeiter, in: BeckOK-GG

Eyermann (Hrsg.), Verwaltungsgerichtsordnung, 14. Aufl. 2014, zit. als: *Bearbeiter*, in: Eyermann, VwGO

Fehling/Kastner/Störmer (Hrsg.), Verwaltungsrecht, 4. Aufl. 2016, zit. als: Bearbeiter, in: Fehling/Kastner/Störmer, Verwaltungsrecht

Fischer, Strafgesetzbuch, 64. Aufl. 2017

Gade/Stoppa, Waffengesetz, 1. Aufl. 2011

Graf (Hrsg.), Beck'scher Online-Kommentar StPO mit RiStBV und MiStra, 27. Edition, zit. als: *Bearbeiter*, in: BeckOK-StPO

Graf (Hrsg.), Beck'scher Online-Kommentar OWiG, 16. Edition, zit. als: *Bearbeiter*, in: BeckOK-OWiG

Gröpl/Windthorst/von Coelln, Studienkommentar GG, 2. Aufl. 2015

Gusy, Polizei- und Ordnungsrecht, 10. Aufl. 2017

Hannich/Appl/Barthe u. a. (Hrsg.), Karlsruher Kommentar zur Strafprozessordnung: StPO mit GVG, EGGVG, EMRK, 7. Aufl. 2013, zit. als: *Bearbeiter*, in: KK-StPO

Hartmann/Schmidt, Strafprozessrecht, 6. Aufl. 2016

Hoge/Suckow, Niedersächsisches Gefahrenabwehrrecht: Grundriß für die Ausbildung und Fortbildung, 12. Aufl. 1999

Huck/Müller, Verwaltungsverfahrensgesetz, 2. Aufl. 2016, zit. als: *Bearbeiter*, in: Huck/Müller, VwVfG

Ipsen, Niedersächsisches Polizei- und Ordnungsrecht, 4. Aufl. 2010

Jarrass/Pieroth, Grundgesetz für die Bundesrepublik Deutschland, 14. Aufl. 2016

Jasch, Perspektiven der polizeilichen Entscheidungsmacht. Strafverfahrensabschluss und Polizei in Deutschland und England, Diss. 2003

Joecks/Miebach (Hrsg.), Münchener Kommentar zum Strafgesetzbuch, 3. Aufl., zit. als: *Bearbeiter,* in: MüKo-StGB
Kingreen/Poscher, Grundrechte Staatsrecht II, 32. Aufl. 2016
Knape/Schönrock, Allgemeines Polizei- und Ordnungsrecht für Berlin, 11. Aufl. 2016
Knemeyer, Polizei- und Ordnungsrecht, 11. Aufl. 2007
König/Trurnit, Eingriffsrecht: Maßnahmen der Polizei nach der Strafprozessordnung und dem Polizeigesetz Baden-Württemberg, 4. Aufl. 2017
Körner/Patzak/Vollmer (Hrsg.), Betäubungsmittelgesetz, 8. Aufl. 2016, zit. als: Bearbeiter, in: *Patzak*, in: Körner/Patzak/Vollmer, BtMG
Kramer, Grundlagen des Strafverfahrensrechts: Ermittlung und Verfahren, 8. Aufl. 2014
Kudlich (Hrsg.), Münchener Kommentar zur Strafprozessordnung, 1. Aufl. 2014–2018, zit. als: *Bearbeiter,* in: MüKo-StPO
Kugelmann, Polizei- und Ordnungsrecht, 2. Aufl. 2011
Kühne, Strafprozessrecht: Eine systematische Darstellung des deutschen und europäischen Strafverfahrensrechts, 9. Aufl. 2015
Lackner/Kühl, Strafgesetzbuch Kommentar, 28. Aufl. 2014, zit. als: *Bearbeiter,* in: Lackner/Kühl, StGB
Larenz/Canaris, Methodenlehre der Rechtswissenschaft, 4. Aufl. 2009
Lisken/Denninger, Handbuch des Polizeirechts, 5. Aufl. 2012, zit. als: *Bearbeiter,* in: Lisken/Denninger
Löwe/Rosenberg (Hrsg.), Die Strafprozessordnung und das Gerichtsverfassungsgesetz, 26. Aufl. 2006–2012, zit. als: *Bearbeiter,* in: LR-StPO
Lütz-Binder, Rechtswirklichkeit der Privatklage und Umgestaltung zu einem Aussöhnungsverfahren, Diss. 2010
Mann/Sennekamp/Uechtritz (Hrsg.), Verwaltungsverfahrensgesetz, 1. Aufl. 2014, zit. als: *Bearbeiter,* in: Mann/Sennekamp/Uechtritz, VwVfG
Maunz/Dürig (Begründer), Grundgesetz Kommentar, Stand: 79. Ergänzungslieferung 2016, zit. als: *Bearbeiter,* in: Maunz/Dürig, GG
Maurer, Allgemeines Verwaltungsrecht, 18. Aufl. 2011
Meyer-Goßner/Schmitt, Strafprozessordnung, 60. Aufl. 2017
Mitsch (Hrsg.), Karlsruher Kommentar zum Gesetz über Ordnungswidrigkeiten: OWiG, 4. Aufl. 2014, zit. als: *Bearbeiter,* in: KK-OWiG
Möller/Warg, Allgemeines Polizei- und Ordnungsrecht: mit Verwaltungszwang und Bescheidtechnik, 6. Aufl. 2011
Möllers (Hrsg.), Wörterbuch der Polizei, 2. Aufl. 2010, zit. als: *Bearbeiter,* in: *Möllers,* Wörterbuch der Polizei
Möstl/Kugelmann (Hrsg.), Beck'scher Online-Kommentar Polizei- und Ordnungsrecht Nordrhein-Westfalen, 6. Edition, zit. als: *Bearbeiter,* in: BeckOK-POR NRW
Möstl/Trurnit (Hrsg.), Beck'scher Online-Kommentar Polizei- und Ordnungsrecht Baden-Württemberg, 8. Edition, zit. als: *Bearbeiter,* in: BeckOK-PolGBW
Möstl/Weiner (Hrsg.), Beck'scher Online-Kommentar Polizei- und Ordnungsrecht Niedersachsen, 7. Edition, zit. als: *Bearbeiter,* in: BeckOK-Nds. SOG
Nüßgens/Boujong, Eigentum, Sozialbindung, Enteignung, 1987
Papier/Krönke, Grundkurs Öffentliches Recht 2: Grundrechte, 2. Aufl. 2015
Park, Durchsuchung und Beschlagnahme, 3. Aufl. 2015
Peine, Allgemeines Verwaltungsrecht, 11. Aufl. 2014
Pieroth/Schlink/Kniesel, Polizei- und Ordnungsrecht, 9. Aufl. 2016
Pieroth/Schlink/Poscher/Kingreen, Grundrechte Staatsrecht II, 31. Aufl. 2015
Posser/Wolff (Hrsg.), Beck'scher Online-Kommentar VwGO, 42. Edition, zit. als: *Bearbeiter,* in: BeckOK-VwGO
Redeker/von Oertzen (Hrsg.), Verwaltungsgerichtsordnung, 16. Aufl. 2014, zit. als: Bearbeiter, in: Redeker/von Oertzen, VwGO
Sachs (Hrsg.), Grundgesetz Kommentar, 7. Aufl. 2015, zit. als: *Bearbeiter,* in: Sachs, GG

Saipa, Niedersächsisches Gesetz über die öffentliche Sicherheit und Ordnung (NdsSOG), 23. Aktualisierung 2016
Satzger/Schluckebier/Widmaier (Hrsg.), Strafprozessordnung: StPO, 2. Aufl. 2015, zit. als: *Bearbeiter,* in: Satzger/Schluckebier/Widmaier, StPO
Schenke, Polizei- und Ordnungsrecht, 9. Aufl. 2016
Schläfke/Hässler/Fegert (Hrsg.), Sexualstraftaten: forensische Begutachtung, Diagnostik und Therapie, 1. Aufl. 2005
Schmidbauer/Steiner, Bayerisches Polizeiaufgabengesetz und Bayerisches Polizeiorganisationsgesetz – Kommentar, 4. Aufl. 2014
Schmidt, Allgemeines Verwaltungsrecht, 19. Aufl. 2016
Schmidt, Besonderes Verwaltungsrecht II, 13. Aufl. 2010
Schmidt, Grundrechte, 20. Aufl. 2016
Schönke/Schröder, Strafgesetzbuch Kommentar, 29. Aufl. 2014
Schroeder, Grundrechte, 4. Aufl. 2016
Schütte/Braun/Keller, Eingriffsrecht Nordrhein-Westfalen: Grundriss für die Aus- und Fortbildung, 1. Aufl. 2016
Sodan/Ziekow (Hrsg.), Verwaltungsgerichtsordnung, 4. Aufl. 2014, zit. als: *Bearbeiter,* in: Sodan/Ziekow, VwGO
Steinhorst, Polizei- und Ordnungsrecht in Brandenburg: Grundstrukturen, Übersichten, Fälle und Lösungen, 1. Aufl. 2009
Stelkens/Bonk/Sachs (Hrsg.), Verwaltungsverfahrensgesetz: Kommentar, 8. Aufl. 2013, zit. als: Bearbeiter, in: Stelkens/Bonk/Sachs, VwVfG
Teifke, Das Prinzip Menschenwürde: Zur Abwägungsfähigkeit des Höchstrangigen, Diss. Tübingen 2011
Thamm/Freiberg, Terrorismus. Ein Handbuch über Täter und Opfer, 1. Aufl. 2002
Thiel, Polizei- und Ordnungsrecht, 3. Aufl. 2016
Ullrich/Weiner/Brüggemann, Niedersächsisches Polizeirecht: für Studium, Prüfung und Praxis, 1. Aufl. 2012
Von Heintschel-Heinegg (Hrsg.), Kleinknecht/Müller/Reitberger, KMR – Kommentar zur Strafprozessordnung, Loseblatt: Stand 05/2017, zit. als: *Bearbeiter,* in: KMR-StPO
Von Münch/Mager, Staatsrecht II – Grundrechte, 6. Aufl. 2014
Von Münch/Mager, Staatsrecht II: Grundrechte, 6. Aufl. 2014
Waechter, Polizei- und Ordnungsrecht: Landesrecht Niedersachsen, 1. Aufl. 2000
Wahlbrink (Hrsg.), Das niedersächsische Datenschutzgesetz, Stand: Nov. 2014
Wolter, SK-StPO Systematischer Kommentar zur Strafprozessordnung Mit GVG und EMRK, 5. Aufl. 2015, zit. als: *Bearbeiter,* in: SK-StPO
Würtenberger/Heckmann/Tanneberger, Polizeirecht in Baden-Württemberg, 7. Aufl. 2017
Wysk (Hrsg.), Verwaltungsgerichtsordnung, 2. Aufl. 2016, zit. als: *Bearbeiter,* in: Wysk, VwGO
Ziekow, Verwaltungsverfahrensgesetz, 3. Aufl. 2013

Teil 1 Einführung

I. Allgemeines

1. Vorab: Zivilrecht und Öffentliches Recht

Das deutsche Rechtssystem kann grundsätzlich in zwei große Regelungsmaterien aufgeteilt werden: das Zivilrecht und das Öffentliche Recht. 1

Das **Zivilrecht** – auch Privatrecht oder Bürgerliches Recht genannt – regelt die Rechtsbeziehungen der Bürger untereinander. So finden sich z. B. Regelungen zum Abschluss von Kaufverträgen oder Schadensersatzpflichten bei Verletzungen im Bürgerlichen Gesetzbuch, kurz: BGB. Diese Regelungen sind das „allgemeine Privatrecht". Sie gelten immer dann, wenn es keine speziellen Regelungen gibt. 2

> **Vertiefung:** Der Grundsatz der Spezialität gilt im gesamten deutschen Recht. Wenn es für einen bestimmten Sachverhalt eine spezifische gesetzliche Regelung gibt, geht diese Regelung der allgemeineren vor. 3

Einen solchen Spezialfall kann es gewissermaßen „personenbezogen" geben: Bei Rechtsbeziehungen zwischen Kaufleuten ist das Handelsgesetzbuch (kurz: HGB) einschlägig. Die Gesellschaft mit beschränkter Haftung ist im GmbH-Gesetz geregelt, etc. Es kann sich aber auch um einen Spezialfall handeln, der eine bestimmte Situation abdeckt: z. B. ist im Zusammenhang mit einer Kündigung eines Arbeitnehmers das Kündigungsschutzgesetz zu beachten. 4

> **Klausur- und Selbststudiumshinweis:** Das Zivilrecht spielt im Studium an der Polizeiakademie nur eine untergeordnete Rolle. Mitunter sind jedoch Einzelfragen, z. B. die Stellung des Eigentümers oder Besitzers, Schadensersatzansprüche, Rechtfertigungsgründe, Aufenthaltsbestimmungsrecht der Eltern, etc. von Bedeutung. Daher sollten Sie sich bei Zeiten mit Struktur und Inhalt des BGB auseinandersetzen. 5

Das **Öffentliche Recht** hingegen ist von größter Relevanz.[1] Es regelt das Verhältnis zwischen Staat und Bürger sowie das Verhältnis staatlicher „Stellen" untereinander und die Staatsorganisation. Teilgebiete des Öffentlichen Rechts sind z. B. das Verfassungsrecht, das Staatsrecht, das Steuerrecht, das Sozialrecht, das Verwaltungsrecht, das Prozessrecht aber auch das Völkerrecht und das Europarecht. Auch das Strafrecht wird zum Öffentlichen Recht (im weiteren Sinne) gezählt. 6

> **Vertiefung:** Mitunter ist die Abgrenzung zwischen Zivilrecht und Öffentlichem Recht unklar, z. B. wenn es um den Vertragsschluss zwischen zwei staatlichen Stellen mit dem Ziel der Erledigung staatlicher Aufgaben geht. 7

---

1 Einen guten allgemeinen Überblick bietet das Lehrbuch von *Haug*, Öffentliches Recht für den Bachelor.

Diese Abgrenzungsfragen sind indes für das Studium sowie die polizeiliche Praxis nicht von Relevanz.[2]

2. Eingriffsrecht

8 Ebenfalls Teil des Öffentlichen Rechts ist das so genannte Eingriffsrecht, welches Gegenstand dieses Lehrbuchs ist. Der Begriff **Eingriffsrecht** ist erklärungsbedürftig. Es handelt sich nach der Definition von *König* und *Trurnit*[3] um die Bezeichnung der polizei- und strafverfahrensrechtlichen **Normen, die** den Polizeivollzugsdienst zur Erfüllung seiner Aufgaben (d. h. Gefahrenabwehr, Straftaten- und Ordnungswidrigkeitenverfolgung) **zu Eingriffen in Grundrechte** (hierzu später ab Rn. 47) **ermächtigen.**

9 Diese Normen finden sich zunächst im **niedersächsischen Landesrecht**, also dem Recht, welches durch den niedersächsischen Gesetzgeber erlassen wurde und welches nur im Bundesland Niedersachsen gilt.

10 **Vertiefung:** Die Aufteilung zwischen Landes- und Bundesrecht ist der Ausgestaltung der Bundesrepublik Deutschland als föderal verfasstem Bundesstaat (vgl. Art. 20 Abs. 1 GG) geschuldet. In einem solchen System sollen die einzelnen Bündnispartner (hier die Bundesländer) größtmögliche Eigenständigkeit (sprich: Eigenstaatlichkeit) behalten. Daraus folgt, dass die Bundesländer das Recht haben, weitgehend autonom über ihre innere Organisation zu entscheiden.[4] Soweit das Grundgesetz nicht dem Bund die Befugnis zuspricht ein bestimmtes Sachgebiet gesetzlich zu regeln (sog. Gesetzgebungskompetenz), dürfen die Bundesländer eigenständig tätig werden (vgl. Art. 70 ff. GG – lesen!).

11 Hier ist insbesondere das **Niedersächsische Gesetz über die Öffentliche Sicherheit und Ordnung (Nds. SOG)** von Relevanz, welches insbesondere Regelungen zur Gefahrenabwehr, Straftatenverhütung und Gefahrenvorsorge enthält.

12 **Vertiefung:** Im weiteren Verlauf des Studiums werden Sie weitere Landesgesetze kennenlernen, die zum Teil Normen enthalten, die zum Eingriffsrecht gerechnet werden, z. B. das Niedersächsische Versammlungsgesetz (NVersG) oder das Niedersächsische Gesetz über Hilfen und Schutzmaßnahmen für psychisch Kranke (NPsychKG).

13 Daneben findet das bundeseinheitliche Strafprozessrecht, geregelt in der **Strafprozessordnung (StPO)** Anwendung, wenn es um die Erfüllung der staatlichen Aufgabe der Strafverfolgung (hierzu näher ab Rn. 317) geht. Dieses enthält unter anderem Regelungen zur Durchführung des so genannten Ermittlungsverfahrens.

14 **Vertiefung:** Daneben ist auch das Strafgesetzbuch (StGB) von eingriffsrechtlicher Relevanz, soweit es Regelungen zur Einziehung von Taterträgen, Tat-

2 Das soll Sie jedoch nicht von einer Vertiefung abhalten. Bei Interesse finden Sie einen Einstieg bei *Haug*, Öffentliches Recht für den Bachelor, Rn. 17.
3 *König/Trurnit*, Rn. 1.
4 Näher hierzu z. B. *Huster/Rux*, in: BeckOK-GG, Art. 20 Rn. 7 ff.

objekten oder Tatmitteln enthält. Hiermit werden Sie sich allerdings erst im zweiten Studienjahr vertieft befassen.

II. Studium des Grund- und Eingriffsrechts

1. Rechtswissenschaft und Studium

Auch wenn es häufig bezweifelt wird: das Recht bzw. Jura (lat. die Rechte) ist eine wissenschaftliche Disziplin.[5] Die Rechtswissenschaften (manchmal auch Jurisprudenz genannt) befassen sich, das ist keine Überraschung, mit dem Recht. Das kann historisches (z. B. römisches) Recht, aktuelle Gesetzgebung und Rechtsprechung oder noch zu schaffendes Recht sein. Untersucht wird hierbei insbesondere die Bedeutung und Reichweite von Rechtsnormen. Ist ein bestimmtes Verhalten von einem Straftatbestand erfasst? Was muss man unter einem bestimmten Begriff, der zu den Tatbestandsvoraussetzungen einer Norm gehört verstehen? In welchem Verhältnis steht Gesetz A zu Gesetz B? All das wird durch Auslegung ermittelt und interpretiert.[6] **15**

Vertiefung: In diesem Buch werden Sie häufiger lesen, dass etwas unter Juristen „umstritten" ist. Das ist dem Umstand geschuldet, dass Rechtswissenschaftler des Öfteren zu unterschiedlichen Ergebnissen kommen. Für den Alltag des Praktikers ist dabei die so genannte **„herrschende Meinung"** bzw. **„herrschende Rechtsprechung"** wichtig. Sie ist Indikator (aber keine Garantie) dafür, wie Gerichte voraussichtlich (!) einen bestimmten Sachverhalt beurteilen werden. Das ist insbesondere in Momenten hilfreich, in denen es auf eine schnelle Entscheidung ankommt. **16**

Es wäre fatal, das Studium der Rechtswissenschaften lediglich auf das Auswendiglernen von Definitionen, Schemata und „Satzbausteinen" zu beschränken. Im Rahmen eines (auch) wissenschaftlichen Studiums wird von Ihnen erwartet, dass Sie auf Basis eigener Recherchen und „Denkarbeit" zu eigenen Ergebnissen kommen. **17**

Vertiefung: Die Rechtswissenschaft unterliegt einem ständigen Wandel. Eine „herrschende Meinung" kann schnell zur „Mindermeinung" werden. Wenn Sie das juristische Handwerkszeug beherrschen, wird ihnen ein solcher Wandel auch Jahre nach dem Studium keine Schwierigkeiten bereiten. **18**

2. Die Klausur im ersten Studienjahr

Die Regelungen, Auffassungen und Definitionen, die Ihnen in diesem Buch in aller Kürze präsentiert werden, können und sollen nur Basis für eine vertiefte Befassung, ein eigenständiges Studium des Rechts sein. Sie müssen sie, wie Vokabeln einer Fremdsprache, beherrschen um die am Ende des ersten Studienjahres stehende **schriftliche Prüfung** bestehen zu können. **19**

---

5 In diesem Zusammenhang lesenswert *Hufen*, JuS 2017, 1.
6 Hierzu näher *Larenz/Canaris*, Kapitel 4.

20 Im Rahmen dieser Prüfung wird von Ihnen erwartet, dass Sie ein **grund- und eingriffsrechtliches Gutachten** zu einem Sachverhalt aus der polizeilichen Praxis verfassen können. Sie sollen prüfen, ob eine bestimmte polizeiliche Maßnahme mit dem Recht vereinbar, also rechtmäßig war.

21 **Klausurhinweis:** Es kann auch sein, dass Sie zudem eine oder mehrere zusätzliche Aufgaben im „Freitext" beantworten sollen. Hier geht es in der Regel um Verständnisfragen, z. B. „Erläutern Sie das Legalitätsprinzip."

22 Das Ziel „erfolgreiche Klausur" können Sie nur erreichen, indem Sie sich nicht nur auf das Auswendiglernen beschränken, sondern die in diesem Buch und in der Vorlesung vermittelten Inhalte **verstehen und verinnerlichen.**

23 **Klausurhinweis:** Einer guten Klausur merkt man an, ob der Verfasser die Thematik „verstanden" hat. Fehlt es, misslingt meist auch die Klausurbearbeitung.

24 a) **Prüfungsschemata.** An der Polizeiakademie Niedersachsen hat sich mit der Zeit ein gewisser Konsens bezüglich des „vorzugswürdigen" Aufbaus einer Prüfung grund- und eingriffsrechtlicher Sachverhalte herausgebildet. Diese „**Prüfungsschemata**" können und sollen Orientierung bei der gutachterlichen Bearbeitung geben. Sie finden Sie im **Anhang** dieses Buches.

25 **Klausurhinweis:** Das Prüfungsschema ist natürlich nicht perfekt und manchmal kann es sinnvoller erscheinen, eine bestimmte Problematik an anderer Stelle zu lösen. Ein solches Vorgehen wird, wenn es nicht „unvertretbar" (also unlogisch und nicht nachvollziehbar) ist, nicht zu Ihrem Nachteil gewertet werden.

26 b) **Klausurbearbeitung.** Die Erstellung eines grund- und eingriffsrechtlichen Gutachtens fällt am leichtesten, wenn man dieses systematisch in Angriff nimmt. Wir haben diesbezüglich einige, nicht abschließende „taktische Hinweise" zusammengetragen. Zudem finden Sie im gesamten Buch und am Ende der Darstellung der Einzelmaßnahmen weitere **Klausurhinweise.**

27 **Klausurhinweis:** Für eine erfolgreiche Klausurbearbeitung ist Übung erforderlich. Sie werden keine gute Arbeit schreiben, wenn Sie erstmals in der Prüfungssituation ein grund- und eingriffsrechtliches Gutachten verfassen. Nutzen Sie alle von Ihrem Dozenten angebotenen Gelegenheiten zum Abfassen so genannter Probeklausuren.

28 aa) **Schritt 1: Lektüre der Aufgabenstellung.** Eine effektive Klausurbearbeitung beginnt mit der Lektüre der **Aufgabenstellung.** „*Was soll ich eigentlich prüfen?*" ist die vornehmlich zu klärende Frage. Üblicherweise enthält ein Klausursachverhalt eine Mehrzahl verschiedenster polizeilicher Maßnahmen. Es wird in der Regel von Ihnen jedoch nur die gutachterliche Prüfung einer (ggf. zweier) ausgewählter Handlungen erwartet.

Beispiel: So könnte eine Aufgabenstellung lauten: *„Prüfen Sie die Rechtmäßigkeit der Suche nach der Tatwaffe im PKW des Kasimir aus grund- und eingriffsrechtlicher Sicht."* – Die vorherigen Maßnahmen, z. B. das Anhalten, eine Durchsuchung des Kasimir selbst, Befragungen, etc. wären nicht zu prüfen. 29

Regelmäßig sind einzelne Fragen, die eigentlich in einem vollständigen Gutachten zu klären wären, ausdrücklich **nicht** zu prüfen. Das können einzelne Prüfungspunkte, z. B. die örtliche Zuständigkeit sein. Denkbar ist aber auch, dass Sie nur eine Teilprüfung vornehmen sollen, z. B. *„Prüfen Sie die materielle Rechtmäßigkeit"* der Maßnahme. In letzterem Fall wären die anderen Gutachtenteile (z. B. Grundrechte und formelle Rechtmäßigkeit) erlassen (und nicht zu prüfen). 30

Schließlich enthält die Aufgabenstellung auch bestimmte rechtliche oder tatsächliche Feststellungen, die Sie bei der Klausurbearbeitung berücksichtigen sollen. Hierdurch möchte der Klausurersteller Sie in eine bestimmte Richtung „lenken", so wird z. B. bei der Feststellung *„Ein nächtlicher richterlicher Bereitschaftsdienst war nicht erreichbar."* ein dezenter Hinweis auf die Erforderlichkeit einer Prüfung, ob „Gefahr im Verzug" vorliegt, gegeben. 31

bb) Schritt 2: Sachverhaltslektüre. Sobald Sie die Aufgabenstellung(en) erfasst haben, sollten Sie sich der **Lektüre des Sachverhalts** zuwenden. Halten Sie hierbei einen Stift bereit und markieren Sie sich für die Prüfung wesentliche Stellen. Es bietet sich an, wichtige „Merkpunkte" auf ein Notizblatt zu schreiben und diese dann bei der Niederschrift des Gutachtens „abzuhaken". 32

cc) Schritt 3: Lösungsskizze. Erstellen Sie eine **Lösungsskizze**. Dabei sollten Sie alle (!) Prüfungspunkte (insb. der materiellen Rechtmäßigkeit) kurz niederschreiben und mit kurzen Anmerkungen in Bezug auf den konkret zu lösenden Sachverhalt versehen. 33

dd) Schritt 4: Gutachten. Sobald Sie die Lösungsskizze erstellt haben, beginnen Sie mit der **Ausformulierung** des Gutachtens. Orientieren Sie sich dabei immer wieder an der Lösungsskizze. Leicht wird ein Prüfungspunkt „in der Hitze des Gefechts" vergessen. Der daraus resultierende Punktverlust ist vermeidbar. 34

Vermeiden Sie **überflüssige Füll- und Erklärungssätze.** So ist z. B. eine Erklärung der Prüfungsschritte (z. B. *„Zunächst sind die Grundrechte zu prüfen..."* oder *„Im Rahmen der Zuständigkeitsprüfung ist zwischen örtlicher, sachlicher und funktioneller Zuständigkeit zu unterscheiden..."*) redundant und zeitraubend. Zeigen Sie die Gliederung anhand von klaren, dem Prüfungsschema entsprechenden Überschriften auf. 35

Klausurhinweis: Vermeiden Sie die **„Ich-Form"**. Sie schreiben ein Gutachten und keinen Aufsatz über Ihre persönliche Rechtsauffassung (auch wenn diese sich natürlich im Gutachten wiederfindet). Meinungsäußerungen oder rechtspolitische Erwägungen sind in einem juristischen Gutachten fehl am Platz. 36

37 Das Gutachten selbst sollte (vorbehaltlich abweichender Aufgabenstellung, vgl. Schritt 1) in der Regel in der folgenden **Reihenfolge:**

1. **Obersatz,**
2. **Grundrechteprüfung,**
3. **Formelle Rechtmäßigkeit,**
4. **Materielle Rechtmäßigkeit,**
5. **Ergebnissatz.**

38 **aaa) Obersatz.** Der so genannte **Obersatz** ist die Prognose für das unter 5. darzustellende Ergebnis. Sie stellen eine These – erkennbar an dem Wörtchen könnte – bezüglich der Rechtmäßigkeit der Maßnahme auf. Diese müssen Sie im Rahmen der gutachterlichen Prüfung sodann belegen. Der Obersatz selbst setzt sich aus folgenden Elementen zusammen: 1. **Umschreibung** der zu prüfenden Maßnahme, 2. **juristische Bezeichnung** der Maßnahme sowie 3. **Befugnisnorm**, die zu der Maßnahme berechtigt.

39 **Formulierungsbeispiel:** „Die Aufforderung des POK Loh gegenüber Stefan Störer, den Festplatz zu verlassen [Umschreibung der zu prüfenden tatsächlichen Maßnahme] könnte als Platzverweis [juristische Bezeichnung der Maßnahme] gemäß § 17 Abs. 1 Nds. SOG [Befugnisnorm] gerechtfertigt sein."

40 **bbb) Grundrechteprüfung.** Typischerweise beginnt das eigentliche Gutachten mit der Prüfung der durch die Maßnahme betroffenen **Grundrechte**. Der Aufbau der Prüfung eines einzelnen Grundrechts wird ausführlich ab Rn. 56 dargestellt. Im Gutachten wird (vorbehaltlich anderslautender Bearbeiterhinweise) erwartet, dass alle betroffenen Grundrechte geprüft werden.

41 **Klausurhinweis:** Sollte, wie regelmäßig, ein allgemeines Grundrecht hinter einem spezielleren zurücktreten, reicht ein kurzer, klarstellender Satz hierzu am Ende der Grundrechtsprüfung: z. B. Die Allgemeine Handlungsfreiheit (Art. 2 Abs. 1 GG) tritt als allgemeines Grundrecht hinter der Freiheit der Person (Art. 2 Abs. 2 Satz 2 GG) zurück. Eine ausführliche Prüfung ist dann nicht erforderlich.

42 **ccc) Formelle Rechtmäßigkeit.** Erster Schwerpunkt einer grund- und eingriffsrechtlichen Prüfung eines Sachverhalts ist die Prüfung der formellen Rechtmäßigkeit. Hierbei handelt es sich um die Prüfung, ob der im Sachverhalt handelnde Beamte die wesentlichen Formalia einer Maßnahme eingehalten hat, z. B. ob (und auf welcher Rechtsgrundlage) eine Zuständigkeit gegeben war oder ob eine Belehrung (soweit erforderlich) erfolgt ist. Der genaue Aufbau und Inhalt der Prüfung wird im Detail ab Rn. 286 erläutert.

43 **ddd) Materielle Rechtmäßigkeit.** Herzstück der Prüfung ist dann die Prüfung der materiellen Rechtmäßigkeit der polizeilichen Maßnahme. Gibt es eine Rechtsgrundlage für die konkrete Tätigkeit der Polizei? Sind die Voraussetzungen für die Handlung eingehalten worden? Bewegt sich die getroffene Maßnahme im Rahmen der zulässigen Rechtsfolgen? All dies, aber auch die Frage, ob das so genannte Ermessen ordnungsgemäß ausgeübt wurde, ob die richtige

Person als „Maßnahmeadressat“ ausgewählt wurde sowie die Verhältnismäßigkeit der Maßnahme selbst wird unter der Überschrift „Materielle Rechtmäßigkeit“ geprüft. Sowohl die allgemeinen materiellen Rechtmäßigkeitsvoraussetzungen (siehe dazu ab Rn. 897) als auch die Erläuterungen zur Prüfung der einzelnen Befugnisnormen (siehe dazu ab Rn. 1073) werden ebenfalls unten erläutert.

eee) **Ergebnissatz.** Ein Gutachten wird durch den so genannten Ergebnissatz gewissermaßen abgerundet. Während der Obersatz als These in der Möglichkeitsform („*könnte*“) formuliert wurde, wird hier abschließend das Ergebnis festgestellt. **44**

> **Formulierungsbeispiel:** *„Die Aufforderung des POK Loh gegenüber Stefan Störer, den Festplatz zu verlassen* <u>*ist*</u> *als Platzverweis gemäß § 17 Abs. 1 Nds. SOG rechtmäßig.“ Zusätzlich kann noch eine Feststellung bezüglich der Grundrechtsbetroffenheit erfolgen: „Der mit der Maßnahme verbundene Grundrechtseingriff ist verfassungsrechtlich gerechtfertigt.“* **45**

c) **Hinweis zum Lernen mit diesem Buch.** Aus didaktischen Gründen werden Ihnen die einzelnen Maßnahmen nicht in der von o. g. Prüfungsschemata vorgeschlagenen Reihenfolge präsentiert. Bitte halten Sie daher bei der Lektüre (und auch in der Vorlesung) immer einen Ausdruck des Schemas bereit, anhand dessen Sie den konkreten Prüfungsstandort verorten können. **46**

Teil 2 **Grundrechte**

I. Grundrechte

1. Was sind Grundrechte?

47 Bereits im ersten Monat des Studiums an der Polizeiakademie wird die Bedeutung der Grundrechte[7] für die polizeiliche Tätigkeit verdeutlicht. Zu Recht: die Polizei ist Teil der Exekutive (vollziehende Gewalt) und damit Teil des (Rechts-) Staates.[8] Polizeiliche Tätigkeit hat faktisch immer Grundrechtsbezug. Einerseits ist es gerade die Polizei, die die aus den Grundrechten resultierende staatliche **Verpflichtung zum Schutz der Grundrechte des Bürgers**[9] wahrnimmt.

48 **Beispiel:** Die polizeilichen Maßnahmen zum Schutz einer Demonstration vor gegebenenfalls gewalttätigen „Gegendemonstranten“ dienen dem Schutz von Leib und Leben der Demonstrationsteilnehmer, aber auch der Versammlungs- und Meinungsfreiheit.

49 Andererseits beschränkt die Polizei durch ihre Maßnahmen regelmäßig die Grundrechte der von den Maßnahmen betroffenen Bürger.

50 **Beispiel:** Ein Platzverweis beschränkt die Freiheit der Person des Betroffenen, eine Wohnungsdurchsuchung das Wohnungsgrundrecht, eine Beschlagnahme das Eigentumsgrundrecht usw.

51 Die Grundrechte werden primär als **Abwehrrechte gegen den Staat** verstanden. Es sind Rechte, die vor staatlichen Eingriffen in Freiheit und Eigentum schützen. Sie sollen den Bürger vor einer (ungerechtfertigten oder gar willkürlichen) „Einmischung“ durch den Staat bewahren. Die Polizei bedarf einer permanenten Rechtfertigung.

52 **Selbststudiumsaufgabe:** Lesen Sie sich die Artikel 1 bis 20 Grundgesetz aufmerksam durch.

53 Die **Grundrechte** selbst sind in Deutschland im **Grundgesetz** (kurz „GG“) in den Artikeln 1 bis 19 niedergeschrieben. Daneben finden sich grundgesetzlich verbürgte Rechte (auch grundrechtsgleiche Rechte genannt[10]) in den Artikeln 20 Abs. 4, 33, 38, 101, 103 und 104 GG. Grundrechte gelten im Verhältnis Staat – Bürger, nicht aber – zumindest nicht unmittelbar – im Verhältnis Bürger – Bürger.

54 **Vertiefung:** Das folgt aus Art. 1 Abs. 3 GG. Dort heißt es „Die nachfolgenden Grundrechte binden Gesetzgebung, vollziehende Gewalt und Recht-

---

7 Lesenswert hierzu *Hufen*, NJW 1999, 1504.
8 Zur Historie der Polizei z. B. *Schütte/Braun/Keller*, Rn. 1 ff.
9 Zu den unterschiedlichen Funktionen der Grundrechte ausführlich *Kingreen/Poscher*, Grundrechte, § 4.
10 *Papier/Krönke*, Grundkurs Öffentliches Recht 2, Rn. 10.

sprechung als unmittelbar geltendes Recht.“ Bürger oder juristische Personen des Privatrechts sind nicht genannt.

Man unterscheidet drei **Arten von Grundrechten**: 1. Freiheitsrechte (z. B. Meinungsfreiheit, Freiheit der Person, Versammlungsfreiheit, Religionsfreiheit), 2. Leistungs-, Teilhabe- und Schutzrechte (z. B. Recht auf effektiven Rechtsschutz) und 3. Teilnahme- und Gestaltungsrechte (z. B. Wahlrecht). Für die polizeiliche Tätigkeit haben die **Freiheitsrechte** eine herausragende Bedeutung, weshalb sie Schwerpunkt der weiteren Ausführungen bilden. 55

2. Wie prüfe ich die Grundrechte?

In Art. 20 Abs. 3 GG heißt es: „Die Gesetzgebung ist an die verfassungsmäßige Ordnung, die vollziehende Gewalt und die Rechtsprechung sind an Gesetz und Recht gebunden.“. Diese Aussage ist der Kern des so genannten **Rechtsstaatsprinzips**. 56

Selbststudiumsaufgabe: Lesen Sie zum Rechtsstaatsprinzip eine Abhandlung in einem Lehrbuch. 57

Die Polizei als Teil der vollziehenden Gewalt muss sich umfassend an das geltende Recht halten (Vorrang des Gesetzes). Sie bedarf, insbesondere bei einer Einschränkung grundrechtlich geschützter Freiheiten der Bürger, einer (parlaments-) gesetzlichen Grundlage (Vorbehalt des Gesetzes). 58

Beides ist Grund für die große Bedeutung der rechtswissenschaftlichen Bestandteile des B.A.-Studiums. Polizeibeamte müssen in der Praxis in der Lage sein, die Reichweite einer grundrechtlich geschützten Freiheit (zum Beispiel der Versammlungs- oder Meinungsfreiheit) zu erkennen um dann rechtssicher entscheiden zu können, ob, unter welchen Umständen und in welchem Maße sie befugt sind diese Freiheit zur Erreichung polizeilicher Ziele (z. B. Abwehr einer „konkreten Gefahr“, Strafverfolgung) einzuschränken. In der B.A.-Klausur wird dementsprechend die Grundrechtsbetroffenheit regelmäßig an den Anfang der Prüfung der polizeilichen Maßnahme gestellt. 59

Als grober „Prüfungsablauf“ hat sich (bei der Prüfung so genannter Freiheitsgrundrechte) die Unterteilung in die **Prüfungspunkte** Schutzbereich, Eingriff, verfassungsrechtliche Rechtfertigung bewährt.[11] Sie ist an die Grundrechtsprüfung angelehnt, die das Bundesverfassungsgericht bei der gerichtlichen Prüfung einer Verfassungsbeschwerde durchführt. 60

a) Schutzbereich. Unter dem Prüfungspunkt **„Schutzbereich“** (manchmal auch als „Normbereich“ oder „Wirkungsbereich“ bezeichnet) wird geprüft, ob sowohl der so genannte personelle Schutzbereich als auch der sachliche bzw. thematische Schutzbereich eines Grundrechts durch die zu prüfende polizeiliche Maßnahme berührt wird. Unter dem Begriff „Schutzbereich“ wird der Wirklichkeitsausschnitt verstanden, in dem beziehungsweise für den grund- 61

---

11 Ausführlich zur sog. Drei-Schritt-Prüfung auch *Kingreen/Poscher*, Grundrechte, § 6.

rechtlicher Schutz garantiert wird.[12] Er wird unterteilt in den personellen und sachlichen Schutzbereich.

62 aa) **Personeller Schutzbereich.** Im Rahmen der Frage nach dem **personellen Schutzbereich** (auch als „persönlicher“ oder „personaler“ Schutzbereich bezeichnet) wird geklärt, ob sich die von der Maßnahme betroffene Person (der Adressat bzw. der Betroffene) auf ein bestimmtes Grundrecht berufen kann. Bei den im ersten Studienjahr relevanten Grundrechten handelt es sich sämtlichst um so genannte Jedermann-Grundrechte oder auch Menschenrechte. Jede **natürliche Person** (also alle Menschen) kann Träger dieser Grundrechte sein.

63 **Klausurhinweis:** Dementsprechend fällt die „Prüfung“ dieses Punktes regelmäßig kurz aus. Ist der Adressat der Maßnahme ein Mensch, wird die Eröffnung des personellen Schutzbereichs schlicht im Urteilsstil festgestellt. Eine mögliche Formulierung lautet *„Der personelle Schutzbereich ist eröffnet, da das Recht auf körperliche Unversehrtheit ein Menschenrecht und der A ein Mensch ist.“*

64 Ist kein Mensch, sondern eine **juristische Person** Adressat der Maßnahme (z. B. Durchsuchung der Räume einer GmbH, Beschlagnahme eines Computers der im Eigentum einer Aktiengesellschaft steht, etc.), ist der Art. 19 Abs. 3 GG heranzuziehen. Danach gelten die Grundrechte auch für *„inländische juristische Personen, soweit sie ihrem Wesen nach auf diese anwendbar sind“*.

65 **Vertiefung:** Der Begriff der „juristischen Person“ wird weiter als im einfachen Recht (z. B. im Bürgerlichen Recht oder Handelsrecht) verstanden. Auch teilrechtsfähige Vereinigungen des Privatrechts wie Gewerkschaften, Gesellschaften bürgerlichen Rechts, etc. fallen unter den Begriff.[13]

66 Das Bundesverfassungsgericht lehnt die Anwendung eines Grundrechts auf juristische Personen dort ab, „wo der Grundrechtsschutz an Eigenschaften, Äußerungsformen oder Beziehungen anknüpft, die nur natürlichen Personen wesenseigen sind“.[14] So kann beispielsweise nur eine natürliche Person ein Recht auf Leben, auf körperliche Unversehrtheit oder Freiheit der Person haben. Auch das Allgemeine Persönlichkeitsrecht ist nach hier vertretener Auffassung (streitig!) auf natürliche Personen beschränkt. Hingegen können Grundrechte wie Eigentum oder die Allgemeine Handlungsfreiheit auch durch juristische Personen geltend gemacht werden.

67 **Vertiefung:** Nach dem BVerfG kann das Wohnungsgrundrecht (Art. 13 Abs. 1 GG) auch juristischen Personen (z. B. Kommanditgesellschaft,[15] Verein[16]) zukommen, da sie Inhaber von Wohnungen (dazu zählen auch „Betriebs- und Geschäftsräume“) sein können.

---

12 *Schröder*, JA 2016, 641, 641.
13 *Enders*, in: BeckOK-GG, Art. 19 GG, Rn. 35.
14 Z.B. BVerfG, Beschluss vom 9.10.2002 – 1 BvR 1611/96, 1 BvR 805/98.
15 BVerfG, Beschluss vom 26.5.1976 – 2 BvR 294/76 – NJW 1976, 1735, 1735.
16 BVerfG, Beschluss vom 24.5.1977 – 2 BvR 988/75 – NJW 1977, 1489, 1490.

Juristische Personen des öffentlichen Rechts (z. B. Gebietskörperschaften, Gemeinden, das Land Niedersachsen, etc.) können hingegen grundsätzlich keine Grundrechtsträger sein, da sie als Teil des staatlichen Organisationsgefüges keine Abwehrrechte gegenüber dem Staat haben. 68

Vertiefung: Ausnahmen werden gemacht, wenn die Grundrechtsausübung gerade Aufgabe dieser juristischen Person ist, z. B. Wissenschaftsfreiheit bei Universitäten, Rundfunkfreiheit bei öffentlich-rechtlichen Rundfunkanstalten. 69

Einzelne Grundrechte stellen auf die Eigenschaft als Deutscher ab. So bestimmt beispielsweise der Art. 8 Abs. 1 GG *„Alle Deutschen haben das Recht, sich ohne Anmeldung oder Erlaubnis friedlich und ohne Waffen zu versammeln."*. Wer Deutscher im Sinne des Grundgesetzes ist, ist in Art. 116 GG (lesen!) definiert. Da nach europarechtlichen Regelungen, namentlich Art. 18 des Vertrags über die Arbeitsweise der Europäischen Union (kurz „AEUV" – lesen!) *„jede Diskriminierung aus Gründen der Staatsangehörigkeit verboten"* ist, gelten die so genannten **Deutschengrundrechte** (auch **„Bürgerrechte"** genannt) für EU-Ausländer nach hier vertretener Auffassung entsprechend, d. h. im gleichen Umfang wie für Deutsche.[17] Andere Ausländer und Staatenlose können sich „nur" auf das Auffanggrundrecht der allgemeinen Handlungsfreiheit (Art. 2 Abs. 1 GG) berufen. 70

bb) Sachlicher Schutzbereich. Im Rahmen der Grundrechtsprüfung ist wesentliche Fragestellung, ob eine staatliche Maßnahme den sachlichen Schutzbereich eines Grundrechts **„berührt"**. Hier wird zunächst geprüft, ob ein Grundrecht überhaupt thematisch einschlägig ist. Der sachliche Schutzbereich kann ein konkretes Verhalten (z. B. sich unter freiem Himmel versammeln, Meinung äußern, selbst über Preisgabe personenbezogener Daten bestimmen) oder einen bestimmten Zustand (z. B. körperliche Unversehrtheit, Unversehrtheit der Wohnung, Eigentum) umfassen. 71

Vertiefung: In einigen Grundrechten findet sich eine Einschränkung des Schutzbereichs bereits im Text des Grundrechts selber. So ist z. B. die durch Art. 8 Abs. 1 GG geschützte Versammlungsfreiheit auf Versammlungen beschränkt, die *„friedlich"* und *„ohne Waffen"* sind. Die Möglichkeit Vereinigungen zu bilden (Art. 9 Abs. 1 GG) wird durch Art. 9 Abs. 3 GG eingeschränkt.[18] 72

Zu fragen ist, ob die zu prüfende Maßnahme etwas mit diesem Verhalten oder Zustand, also dem grundrechtlich geschützten Lebensbereich „zu tun hat". 73

Beispiel: So stellt sich bei der Durchsuchung eines Gartenschuppens die Frage, ob dieser rechtlich zur nach Art. 13 Abs. 1 GG geschützten „Woh- 74

---

17 Das ist unter Juristen umstritten. Hierzu näher z. B. *Lücke*, „Zur Europarechtskonformität der Deutschen-Grundrechte – Europarechtskonforme Auslegung oder Rechtsfortbildung der Grundrechte?", EuR 2001, 112.

18 Zu grundrechtsimmanenten Schutzbereichsbegrenzungen näher *Schmidt*, Grundrechte Rn. 122 ff.

nung“ gehört und dementsprechend die „Unversehrtheit der Wohnung“ berührt ist.

75 Die Schutzbereiche werden begrifflich weit gezogen, der Interpretation zugängliche Begrifflichkeiten (z. B. Kunst, Religion) werden „offen“ interpretiert.[19] Zudem umfasst ein grundrechtlich geschütztes **Verhalten** sowohl das positive Handeln als auch das Unterlassen einer Handlung oder sogar das bloße Sich-Befinden.[20]

76 **Beispiel:** Die Meinungsäußerungsfreiheit schützt sowohl das Recht, die Meinung aktiv zu äußern als auch das Recht, eine Meinung gerade nicht zu äußern.

77 Ob die Berührung so **intensiv** ist, dass sie einem „Eingriff“ gleichkommt, ist erst im nächsten Schritt zu prüfen. In der Klausur erfordert dieser Prüfungspunkt eine sorgsame Auseinandersetzung mit der abstrakten Umschreibung (Definition) des Schutzbereiches einerseits und der Anwendung auf den konkreten Fall (Subsumtion) andererseits.

78 **Klausurhinweis:** Stellen Sie sicher, dass Sie den Schutzbereich aller relevanten Grundrechte verinnerlicht (d. h. nicht nur auswendig gelernt, sondern auch inhaltlich verstanden) haben. Umfangreiche Subsumtionsarbeit ist nur bei komplizierteren Fragestellungen erforderlich. In der Regel kann die Prüfung des sachlichen Schutzbereichs kurz ausfallen oder sogar im so genannten Urteilsstil verfasst werden.

79 **Formulierungsvorschlag:** Der sachliche Schutzbereich des Rechts auf körperliche Unversehrtheit (Art. 2 Abs. 2 Satz 1 Alt. 2 GG) ist durch die Blutprobenentnahme berührt. Das Grundrecht schützt das Recht auf Gesundheit im biologisch-physiologischen und psychischen Bereich, insbesondere auch das Recht auf Freisein von Schmerzen. Eine Blutprobenentnahme verursacht Schmerzen und berührt die körperliche Integrität. Folge einer Blutprobenentnahme können Blutergüsse an der Einstichstelle sein.

80 **b) Eingriff.** Ist sowohl der personelle als auch der sachliche Schutzbereich eines Grundrechts berührt, ist als nächstes zu prüfen, ob ein so genannter **Eingriff** in das Grundrecht vorliegt. Nur dieser bedingt die Notwendigkeit einer (im nächsten Schritt zu prüfenden) verfassungsrechtlichen Rechtfertigung.

81 Nach dem inzwischen vorherrschenden weiten Verständnis des Begriffes „Eingriff“ ist nicht nur die unmittelbare und gezielte bzw. „finale“ Beschränkung erfasst. Auch mittelbare Beeinträchtigungen und unbeabsichtigte Folgen staatlichen Handelns können unter dem so genannten **„modernen“ Eingriffsbegriff** subsumiert werden. Nach diesem ist ein Eingriff jedes dem Staat zurechenbare Handeln, das dem Einzelnen ein Verhalten, das in den Schutzbereich eines Grundrechts fällt, unmöglich macht oder erschwert, gleichgültig ob diese Wir-

19 *Schröder*, JA 2016, 641, 644 mit Darstellung der restriktiven Lehre vom Gewährleistungsgehalt.
20 *Kingreen/Poscher*, Grundrechte, Rn. 224.

kung final oder unbeabsichtigt, unmittelbar oder mittelbar, rechtlich oder tatsächlich (faktisch, informal), mit oder ohne Befehl und Zwang erfolgt.[21]

Ein **Eingriff** in ein Grundrecht[22] liegt immer dann vor, wenn 1. der grundrechtlich geschützte Zustand oder das geschützte Handeln – also der sachliche Schutzbereich eines Grundrechts – beeinträchtigt wird und 2. diese Beeinträchtigung dem Staat zugerechnet werden kann. **82**

Eine **Ausnahme** wird mitunter dann gemacht, wenn die „Beeinträchtigung" eine **Bagatelle** oder alltägliche Lästigkeit (z. B. durch Polizeikontrolle hervorgerufener Rückstau auf der Autobahn) darstellt.[23] In diesen Fällen wird das Vorliegen eines Eingriffs mangels **„Eingriffserheblichkeit"** abgelehnt. **83**

Wenn ein wirksamer **Grundrechtsverzicht** vorliegt, ist ein Eingriff ebenfalls abzulehnen. Ein solcher liegt vor, wenn der (einwilligungsfähige, d. h. eine Person, die nach Alter und geistigem Zustand Bedeutung und Tragweite des Verzichts erfasst) Betroffene freiwillig und rechtlich bindend auf den Schutz des betreffenden Grundrechts verzichtet hat.[24] **84**

> **Beispiel:** Der Betroffene hat einer Durchsuchung seiner Wohnung zugestimmt. **85**

c) **Verfassungsrechtliche Rechtfertigung.** Ist das Vorliegen eines Eingriffs bejaht worden, heißt das noch nicht, dass das betroffene Grundrecht auch „verletzt" wurde. Nur eine Grundrechtsverletzung bedeutet einen Verstoß gegen Verfassungsrecht und damit eine verfassungswidrige Maßnahme. Im Rahmen des Prüfungspunktes „Verfassungsrechtliche Rechtfertigung" wird untersucht, ob der Eingriff in das Grundrecht sich im Rahmen der verfassungsrechtlichen Vorgaben hält, also gerechtfertigt ist. **86**

Außer der „unantastbaren" Menschenwürde gilt kein Grundrecht unbeschränkt beziehungsweise „schrankenlos". Bei den im ersten Studienjahr relevanten Grundrechten findet sich die Einschränkungsmöglichkeit (auch die **„Grundrechtsschranke"** genannt) in der Regel im jeweiligen Grundrecht selbst. **87**

> **Klausurhinweis:** Es bietet sich an, auf diesen Umstand im Obersatz der Prüfung der verfassungsrechtlichen Rechtfertigung hinzuweisen. Z.B.: *„Das Recht auf körperliche Unversehrtheit gilt nicht schrankenlos. Ein Eingriff ist verfassungsrechtlich gerechtfertigt, wenn er von den Schranken des Art. 2 Abs. 1 GG unter Berücksichtigung der Schranken-Schranken gedeckt ist."*[25] **88**

aa) **Einfacher Gesetzesvorbehalt.** In der Regel (wichtige Ausnahme ist die Allgemeine Handlungsfreiheit, Art. 2 Abs. 1 GG) ist Mindestvoraussetzung für **89**

---

21 *Kingreen/Poscher*, Grundrechte, Rn. 261.
22 Vertiefend hierzu z. B. *von Münch/Mager*, Grundrechte, 4. Kapitel oder *Schmidt*, Grundrechte, Rn. 143 ff.
23 *Kingreen/Poscher*, Grundrechte, Rn. 268 f.
24 *Schmidt*, Grundrechte, Rn. 146; *Hillgruber*, in: BeckOK-GG, Art. 1 Rn. 74.
25 Formulierung nach *Gröpl/Windthorst/von Coelln*, GG, Vorbem Rn. 131.

die Einschränkung eines Grundrechtes ein einfaches Gesetz als „Ermächtigungsgrundlage“. Ein so genannter **einfacher Gesetzesvorbehalt** liegt immer dann vor, wenn nach dem Wortlaut des jeweiligen Artikels im Grundgesetz ein Grundrecht „durch“ oder „aufgrund“ eines Gesetzes eingeschränkt werden kann. Mit der Formulierung „durch Gesetz“ wird auf ein selbstvollziehendes Gesetz abgestellt.[26] Dieses Gesetz muss sowohl den formellen als auch materiellen verfassungsrechtlichen Vorgaben (den **„Schranken-Schranken“**) genügen.

90 **Selbststudiumsaufgabe:** Bei den formellen und materiellen Voraussetzungen an ein verfassungsmäßiges Gesetz wie z. B. richtiger Gesetzgeber, ordnungsgemäßes Gesetzgebungsverfahren, Verbot der Einzelfallgesetzgebung, Wesensgehaltsgarantie, Bestimmtheitsgebot, Zitiergebot und Verhältnismäßigkeitsgrundsatz handelt es sich um Vorgaben an den Gesetzgeber. Die Prüfung der Einhaltung ist in der Klausur regelmäßig nicht möglich und wird dementsprechend auch nicht verlangt. Nichts desto trotz wird die Kenntnis dieser Vorgaben von Ihnen erwartet. Wiederholen und vertiefen Sie daher deren Bedeutung anhand eines Lehrbuchs oder Kommentars.

91 Die Formulierung *„aufgrund eines Gesetzes“* eröffnet die Möglichkeit der Einschränkung des Grundrechts durch Rechtsverordnungen, Satzungen und Verwaltungsakte, die auf ein Parlamentsgesetz gestützt sind.

92 **Vertiefung:** Nach der so genannten **Wesentlichkeitstheorie** des Bundesverfassungsgerichts[27] muss der parlamentarische Gesetzgeber die für die Ausübung der Grundrechte wesentlichen Entscheidungen selbst treffen und darf sie nicht der Exekutive überlassen. Die Einschränkungsmöglichkeit von Freiheitsrechten „aufgrund“ eines Gesetzes ist dadurch stark eingeschränkt. Vertiefen Sie Ihre Kenntnisse zur Wesentlichkeitstheorie mit einem Lehrbuch. Eine Auseinandersetzung mit dieser Problematik wird in der Fallbearbeitung regelmäßig nicht erwartet, kann aber Gegenstand von Zusatzfragen sein.

93 **bb) Qualifizierter Gesetzesvorbehalt.** Mitunter stellt das Grundgesetz erweiterte Anforderungen an das zum Eingriff ermächtigende Gesetz. So ist beispielsweise sowohl bei Wohnungsdurchsuchungen als auch bei Freiheitsentziehungen grundsätzlich die Entscheidung eines Richters einzuholen. Diese Vorgaben muss das einschränkende Gesetz widerspiegeln (vgl. z. B. Art. 13 Abs. 2 GG und § 105 Abs. 2 StPO). Man spricht von einem **qualifizierten Gesetzesvorbehalt.**

94 **cc) Verfassungsunmittelbare Schranken.** Verfassungsunmittelbare Schranken sind Beschränkungen des Grundrechts, die bereits unmittelbar im Grundrecht selbst niedergeschrieben sind.

95 **Beispiel:** So gilt die Vereinigungsfreiheit des Art. 9 Abs. 1 GG nach der verfassungsunmittelbaren Schranke in Art. 9 Abs. 2 GG nicht für Vereinigungen, *„deren Zwecke oder deren Tätigkeit den Strafgesetzen zuwiderlau-*

---

26 *Schroeder*, Grundrechte, Rn. 140.
27 Ständige Rechtsprechung, z. B. BVerfG, Beschluss vom 21.12.2009 – 1 BvR 2738/08 – Rn. 23.

fen oder die sich gegen die verfassungsmäßige Ordnung oder gegen den Gedanken der Völkerverständigung richten". Eine Versammlung nach Art. 8 Abs. 1 GG genießt nur dann den Schutz der Versammlungsfreiheit, wenn sie „*friedlich und ohne Waffen*" erfolgt.

dd) Kollidierendes Verfassungsrecht. Einige Grundrechte enthalten keine geschriebenen Beschränkungen (z. B. die Kunstfreiheit, Art. 5 Abs. 3 GG). Das bedeutet jedoch nicht, dass sie unbeschränkt gelten und z. B. die Freiheit der Kunst nicht durch den Staat eingeschränkt werden dürfte. Die Verfassung, insbesondere die anderen Grundrechte wirken in diesen Fällen als Schranken. Es ist im Einzelfall zu versuchen, einen möglichst gerechten Ausgleich zwischen in Konflikt stehenden Verfassungsgütern zu finden. **96**

Klausurhinweis: Diese **„praktische Konkordanz"**[28] spielt in Klausuren im ersten Studienjahr noch keine Rolle. **97**

ee) Verhältnismäßigkeit der konkreten Maßnahme. Unabhängig von der Art der verfassungsrechtlichen Rechtfertigung ist zu beachten, dass auch bei Vorliegen einer hinreichenden Schranke die konkrete Maßnahme (die Gesetzesanwendung) verfassungsgemäß – insbesondere verhältnismäßig sein muss. Die Prüfung der **Verhältnismäßigkeit der konkreten Maßnahmeausübung** ist Teil der materiellen Rechtmäßigkeitsprüfung, nicht der Grundrechteprüfung. **98**

Klausurhinweis: Ob also beispielsweise die konkrete – und individuell zu betrachtende – Ingewahrsamnahme eines grölenden Fußballfans über mehrere Stunden zur Gefahrenabwehr geeignet, erforderlich und angemessen war, ist Teil der Prüfung der materiellen Rechtmäßigkeit. Im Rahmen der Grundrechtsprüfung ist nur kurz klarzustellen, dass „*die Maßnahme im konkreten Fall verhältnismäßig gewesen sein muss*". **99**

d) Konkurrenzen. Mitunter berührt eine konkrete Maßnahme gleich mehrere Grundrechte gleichzeitig. Hier stellt sich die Frage, welche Anforderungen an die verfassungsrechtliche Rechtfertigung zu stellen sind. **100**

In einer derartigen Konkurrenzsituation gilt der Grundsatz: das speziellere Recht geht dem allgemeineren vor. Letzteres „tritt hinter dem spezielleren Grundrecht zurück". Lediglich das spezielle Grundrecht findet – mit seinen Schranken – Anwendung und „verdrängt" das allgemeine. **101**

Beispiel: So ist zum Beispiel bei einer Wohnungsdurchsuchung sowohl die durch das APR-Privat allgemein geschützte Privatsphäre, als auch die durch das Wohnungsgrundrecht geschützte räumliche Privatsphäre betroffen. Art 13 GG würde das Allgemeine Persönlichkeitsrecht (Art. 2 Abs. 1 iVm Art. 1 Abs. 1 GG), welches unter anderem auch die Privatsphäre schützt, verdrängen. **102**

Es gibt Situationen, in denen eine Maßnahme mehrere Grundrechte betrifft, die unterschiedliche Freiheiten gewährleisten. In diesen Fällen muss der staatliche **103**

---

28 Hierzu näher z. B. *Schmidt*, Grundrechte, Rn. 193.

Eingriff den verfassungsrechtlichen Anforderungen beider Grundrechte genügen. Man spricht hier von Idealkonkurrenz.

104 **Beispiel:** Im Rahmen einer Identitätsfeststellung wird eine Person für einen nicht unerheblichen Zeitraum festgehalten. Es liegen sowohl ein Eingriff in das Recht auf informationelle Selbstbestimmung als Teil des Allgemeinen Persönlichkeitsrechts (Art. 2 Abs. 1 iVm. Art. 1 Abs. 1 GG) als auch die Freiheit der Person (Art. 2 Abs. 2 Satz 2, Art. 104 GG) vor.

105 e) **Checkliste.** In der Klausur ist die Prüfung entsprechend der o. g. Darstellung vorzunehmen. Dabei ist besonderes Augenmerk auf die gegebenenfalls im Bearbeiterhinweis enthaltenen Vorgaben zu richten. In der Regel wird z. B. die Prüfung der Vorgaben an den Gesetzgeber (Schranken-Schranken) nicht verlangt.

106 **Checkliste Grundrechteprüfung**

Schutzbereich

✓ Personeller Schutzbereich – Ist der Maßnahmeadressat Grundrechtsträger?
✓ Sachlicher Schutzbereich – Hat die Maßnahme etwas mit geschütztem Lebensbereich zu tun? „Berührt" sie den sachlichen Schutzbereich?

Eingriff

✓ Wird der sachliche Schutzbereich beschränkt?
✓ Erfolgt Beschränkung „durch" den Staat?
✓ Liegt ein (wirksamer) Grundrechtsverzicht vor?
✓ Ist der Eingriff „erheblich" (falls relevant)?
✓ Welche „Art" des Eingriffs liegt vor (falls relevant)?

Verfassungsrechtliche Rechtfertigung

✓ Gibt es eine zum Eingriff ermächtigende Grundlage (in der Regel ein Gesetz), die auf die Schranken des Grundrechts gestützt werden kann?
✓ Sind die formellen und materiellen Anforderungen an die Ermächtigungsgrundlage (sog. Schranken-Schranken) – z. B. Bestimmtheitsgebot – eingehalten worden
✓ Ist die konkrete Maßnahmeausübung verhältnismäßig? (Ausführlich im Rahmen der materiellen Rechtmäßigkeitsprüfung zu prüfen)

Konkurrenzen

✓ In welchem Verhältnis steht das Grundrecht zu anderen, ebenfalls betroffenen Grundrechten?

II. Einzelne Grundrechte

107 Im ersten Studienjahr lernen Sie bereits frühzeitig die für die tägliche Praxis relevantesten Grundrechte kennen. Es handelt sich hierbei neben der Menschenwürde (Art. 1 Abs. 1 GG) um die Grundrechte aus den Artikeln 2 (teilweise in Verbindung mit Art. 1), 13 und 14 GG. Auf diese beschränkt sich dementsprechend die folgende Darstellung.

Vertiefung: Weitere wichtige Grundrechte, z. B. die Versammlungsfreiheit (Art. 8 GG), die Meinungsfreiheit (Art. 5 GG) oder das Fernmeldegeheimnis (Art. 10 GG) werden Ihnen im späteren Verlauf des Studiums nähergebracht. **108**

1. Menschenwürde (Art. 1 Abs. 1 GG)

Art. 1 Abs. 1 Satz 1 GG bestimmt: „*Die Würde des Menschen ist unantastbar*". **109** Geschützt ist also die **Menschenwürde**. Wie schon am Standort im Grundgesetz erkennbar, ist die Menschenwürde der „Höchstwert" im Grundgesetz.[29] Es wird zum Ausdruck gebracht, dass „*der Staat des Grundgesetzes kein Selbstzweck ist, sondern seinen Sinn und seine Daseinsberechtigung darin findet, die unantastbare Würde des Menschen zu achten und zu schützen und seiner Persönlichkeitsentfaltung zu dienen*".[30]

a) Schutzbereich. – aa) Personeller Schutzbereich. Die Menschenwürde kommt **110** allen (auch noch ungeborenen) Menschen zu und zwar „*ohne Rücksicht auf seine Eigenschaften, seinen körperlichen oder geistigen Zustand, seine Leistungen und seinen sozialen Status*".[31] Sie wirkt auch nach dem Tod fort. Juristische Personen sind hingegen nicht erfasst.

Vertiefung: Unter Juristen ist umstritten, ob menschlichem Leben erst mit der **111** Geburt oder bereits ab dem Zeitpunkt der Befruchtung der Eizelle Menschenwürde zukommt.[32] Nach der Rechtsprechung des BVerfG[33] muss sie jedenfalls ab der Einnistung der befruchteten Eizelle in der Gebärmutter (sog. Nidation) angenommen werden. Ab diesem Zeitpunkt „*handelt es sich bei dem Ungeborenen um individuelles, in seiner genetischen Identität und damit in seiner Einmaligkeit und Unverwechselbarkeit bereits festgelegtes, nicht mehr teilbares Leben, das im Prozeß des Wachsens und Sich-Entfaltens sich nicht erst zum Menschen, sondern als Mensch entwickelt*".[34]

bb) Sachlicher Schutzbereich. Was genau der sachliche Schutzbereich umfasst, **112** wird unter Rechtswissenschaftlern bis heute diskutiert.[35] Zwischen Schutzbereich und Eingriff wird dabei nicht trennscharf unterschieden. In der Praxis hat sich die so genannte Objektformel durchgesetzt. „*Die Menschenwürde ist getroffen, wenn der konkrete Mensch zum Objekt, zu einem bloßen Mittel, zur vertretbaren Größe herabgewürdigt wird.*"[36] Der Art. 1 Abs. 1 GG schützt also den „personalen Eigenwert" des Menschen.

---

29 *Herdegen*, in: Maunz/Dürig, GG, Art. 1 Rn. 4.
30 *Hillgruber*, in: BeckOK-GG, Art. 1 Vorbemerkungen.
31 BVerfG, Beschluss vom 12.11.1997 – 1 BvR 479/92 u. 1 BvR 307/94 – NJW 1998, 519, 521.
32 Vgl. die Darstellung des Streitstandes bei *Hillgruber*, in: BeckOK-GG, Art. 1 Rn. 4.
33 BVerfG, Urteil vom 28.5.1993 – 2 BvF 2/90 u. a. – NJW 1993, 1751, 1753.
34 BVerfG, Urteil vom 28.5.1993 – 2 BvF 2/90 u. a. – NJW 1993, 1751, 1753.
35 Hierzu zusammenfassend *Linke*, JuS 2016, 888, 889 ff.
36 *Dürig*, in: Maunz/Dürig, GG, Art. 1 Rn. 28 (73. Aufl) zitiert nach *Herdegen*, in: Maunz/Dürig, GG, Art. 1 Rn. 36.

113 **Vertiefung:** Das BVerfG[37] umschreibt die Menschenwürde wie folgt: *„Mit ihm [Anm.: dem Begriff der Menschenwürde] ist der soziale Wert- und Achtungsanspruch des Menschen verbunden, der es verbietet, den Menschen zum bloßen Objekt des Staates zu machen oder ihn einer Behandlung auszusetzen, die seine Subjektqualität prinzipiell in Frage stellt. Menschenwürde in diesem Sinne ist nicht nur die individuelle Würde der jeweiligen Person, sondern die Würde des Menschen als Gattungswesen. Jeder besitzt sie, ohne Rücksicht auf seine Eigenschaften, seine Leistungen und seinen sozialen Status. Sie ist auch dem eigen, der aufgrund seines körperlichen oder geistigen Zustands nicht sinnhaft handeln kann. Selbst durch „unwürdiges" Verhalten geht sie nicht verloren. Sie kann keinem Menschen genommen werden. Verletzbar ist aber der Achtungsanspruch, der sich aus ihr ergibt."*

114 b) **Eingriff.** Ein Eingriff in die Menschenwürde ist immer dann gegeben, wenn der Mensch als solcher in den Hintergrund tritt und er letztlich **wie eine Sache** als Mittel zum Zweck „gebraucht" oder behandelt wird.[38] Plastisches Beispiel für eine solche „menschenunwürdige" Behandlung wäre die Versklavung beziehungsweise der Menschenhandel. Aber auch Folter,[39] Misshandlung und körperliche Strafen durch den Staat degradieren den Menschen zum Objekt. Ebenfalls „menschenunwürdig" wird das Einsperren von Gefangenen auf zu engem Raum angesehen.

115 c) **Verfassungsrechtliche Rechtfertigung.** Sobald der Staat in die Menschenwürde eingreift, liegt eine **nicht zu rechtfertigende Verletzung** vor. Ein Eingriff in die Menschenwürde ist also immer rechtswidrig.[40] Art. 1 Abs. 1 GG enthält ein „kategorisch wirkendes Verletzungsverbot".[41]

116 **Vertiefung:** Auch eine vorherige Einwilligung oder nachträgliche „Genehmigung" einer menschenunwürdigen Behandlung durch den Staat ist nicht möglich bzw. hat keine rechtfertigende Wirkung.[42] Das spiegelt sich z. B. in § 136a Abs. 3 StPO (lesen!) wieder. Dort wird klargestellt, dass verbotene Vernehmungsmethoden auch bei „Einwilligung" des Beschuldigten verboten bleiben und Aussagen, die unter Missachtung des Verbots zustande gekommen sind auch nicht nachträglich genehmigt werden können.

---

37 BVerfG, Beschluss vom 20.10.1992 – 1 BvR 698/89 – NJW 1993, 1457, 1458 f.

38 Vgl. BVerfG, Urteil vom 15.2.2006 – 1 BvR 357/05 – NJW 2006, 751, 757.

39 Zur Androhung von Folter im Ermittlungsverfahren: BVerfG, Beschluss vom 14.12.2004 – 2 BvR 1249/04 – NJW 2005, 656.

40 Oder, wie es das BVerfG ausdrückt, *„schlechthin verboten"*, BVerfG, Urteil vom 15.2.2006 – 1 BvR 357/05 – Rn. 120.

41 *Herdegen*, in: Maunz/Dürig, GG, Art. 1 Rn. 73.

42 So zumindest die Rechtsprechung, vgl. BVerwG, Urteil vom 15.12.1981 – 1 C 232/79, NJW 1982, 664, 665.

Checkliste Art. 1 GG: Menschenwürde 117

Personeller Schutzbereich

✓ Menschenrecht: jede natürliche Person

Sachlicher Schutzbereich

✓ Personaler Eigenwert

Eingriff

✓ Wenn der Einzelne zum Objekt staatlichen Handels degradiert wird

Verfassungsrechtliche Rechtfertigung

✓ Nicht möglich, da „unantastbar"

2. Allgemeine Handlungsfreiheit (Art. 2 Abs. 1 GG)

Nach dem Wortlaut des Art. 2 Abs. 1 GG hat jeder „das Recht auf die freie Entfaltung seiner Persönlichkeit, soweit er nicht die Rechte anderer verletzt und nicht gegen die verfassungsmäßige Ordnung oder das Sittengesetz verstößt". Daraus folgt einerseits das so genannte Persönlichkeitsrecht (dazu noch unten), insbesondere aber die **Allgemeine Handlungsfreiheit.** 118

Es handelt sich bei der Allgemeinen Handlungsfreiheit um das allgemeinste und umfassendste der Freiheitsrechte. Immer dann, wenn kein spezielleres Grundrecht Anwendung findet, kommt die Allgemeine Handlungsfreiheit zum Tragen. Sie wird daher auch **Auffanggrundrecht** genannt. 119

Auf Grund dieser allgemeinen Geltung entfaltet die allgemeine Handlungsfreiheit in der polizeilichen Praxis immer dann Relevanz, wenn kein spezielleres Grundrecht durch eine Maßnahme beeinträchtigt ist (siehe dazu noch unten). Insbesondere bei „allgemeinen", auf den Generalklauseln (§ 11 Nds. SOG und § 163 Abs. 1 StPO) basierenden Maßnahmen ist ein Eingriff in die „AHF" denkbar. 120

a) Schutzbereich. – aa) Personeller Schutzbereich. Die Allgemeine Handlungsfreiheit ist ein Jedermanns- bzw. Menschenrecht. Das bedeutet, dass alle Menschen sie für sich in Anspruch nehmen können. Da auch juristische Personen „handeln", insbesondere sich wirtschaftlich betätigen können, können auch sie sich auf das Grundrecht berufen (vgl. Art. 19 Abs. 3 GG). Das gilt nicht für juristische Personen des öffentlichen Rechts, juristische Personen in ausschließlich staatlicher Trägerschaft sowie ausländische juristische Personen.[43] 121

bb) Sachlicher Schutzbereich. Der sachliche Schutzbereich der Allgemeinen Handlungsfreiheit wird seit dem „Elfes"-Urteil des Bundesverfassungsgerichts[44] umfassend verstanden. In den Schutzbereich fällt jedes menschliche Handeln (und Unterlassen, also Nicht-Handeln). 122

43 *Di Fabio*, in: Maunz/Dürig, GG, Art. 2 Rn. 10.
44 BVerfG, Urteil vom 16.1.1957 – 1 BvR 253 56 – NJW 1957, 297.

123 **Beispiele:** Umfasst ist u. a. das laute Musikhören in der Nacht, das Telefonieren am PKW-Steuer, das Reiten im Wald,[45] das Schlagen einer anderen Person, etc.

124 Die Allgemeine Handlungsfreiheit ist also die Freiheit „zu tun und zu lassen, was man möchte“. Das gilt unabhängig davon, ob das Verhalten für die Persönlichkeitsentfaltung des Grundrechtsträger von Bedeutung ist oder nicht.[46]

125 **Vertiefung:** In der Elfes-Entscheidung des BVerfG wird berichtet, dass der Art. 2 Abs. 1 GG ursprünglich *„Jeder kann tun und lassen, was er will“* lauten sollte. Aus sprachlichen Gründen hat man sich jedoch für die heutige Fassung entschieden. Ein plastisches **Beispiel** für die Reichweite der Allgemeinen Handlungsfreiheit zeigt sich in der „Nichtraucherschutzgesetz“-Entscheidung des BVerfG. Dort hat das Gericht dem „Rauchen in einer Gaststätte“ grundrechtlichen Schutz zugesprochen (der freilich zu Gunsten der Gesundheit der Nichtraucher eingeschränkt werden durfte).[47]

126 Fällt ein Handeln oder Unterlassen auch in den Schutzbereich eines speziellen Grundrechts (z. B. Meinungsfreiheit, Religionsfreiheit, Freiheit der Person), dann tritt die Allgemeine Handlungsfreiheit dahinter zurück. In der Klausur ist dann nur das spezielle Grundrecht zu prüfen. Es handelt sich bei der AHF um ein „**Auffanggrundrecht** mit Anwendungssubsidiarität“.[48]

127 **Klausurhinweis:** Auf die Subsidiarität ist mit einem Satz (z. B. *„Die allgemeine Handlungsfreiheit tritt als subsidiäres Grundrecht hinter der Freiheit der Person zurück.“*) unter dem Prüfungspunkt „Konkurrenzen“ hinzuweisen.

128 **Klausurhinweis 2:** Sofern ein Eingriff in den Schutzbereich eines speziellen Grundrechts abzulehnen ist – denkbar z. B. mit Blick auf die Freiheit der Person bei Anhaltesituationen von kurzer Dauer – ist zunächst das spezielle Grundrecht „anzuprüfen“ und das Fehlen des Eingriffs festzustellen. Sodann ist auf die Prüfung der Allgemeinen Handlungsfreiheit „umzuschwenken“.

129 **b) Eingriff.** Ein Eingriff in den Schutzbereich des Art. 2 Abs. 1 GG liegt immer dann vor, wenn der Staat die Freiheit des Einzelnen zu tun und zu lassen was man möchte einschränkt.

130 **Vertiefung:** Nach dem modernen Eingriffsbegriff (siehe oben) können auch faktische bzw. mittelbare Beeinträchtigungen einen Eingriff darstellen. In diesen Fällen muss jedoch die Beeinträchtigung von erheblichem Gewicht sein.[49]

45 BVerfG, Beschluss vom 6.6.1989 – 1 BvR 921/85.
46 BVerfG, Beschluss vom 6.6.1989 – 1 BvR 921/85.
47 BVerfG, Urteil vom 30.7.2008 – 1 BvR 3262/07, 1 BvR 402/08, 1 BvR 906/08 – Rn. 126.
48 *Di Fabio*, in: Maunz/Dürig, GG, Art. 2 Rn. 21.
49 *Schmidt*, Grundrechte, S. 104 unter Berufung auf BverwGE 30, 191, 198 u. a.

c) **Verfassungsrechtliche Rechtfertigung.** Die Allgemeine Handlungsfreiheit steht unter einem expliziten Vorbehalt: die freie Entfaltung der Persönlichkeit wird ausweislich Art. 2 Abs. 1 GG nur gewährleistet, soweit *„nicht die Rechte anderer verletzt [werden] und nicht gegen die verfassungsmäßige Ordnung oder das Sittengesetz"* verstoßen wird. Diese drei Beschränkungen: Rechte anderer, verfassungsmäßige Ordnung und Sittengesetz werden auch die **Schrankentrias** genannt. **131**

Da die Rechte anderer und das Sittengesetz in der verfassungsmäßigen Ordnung enthalten sind,[50] handelt es sich bei der **„verfassungsmäßigen Ordnung"** um die maßgebliche Schranke. Sie beschreibt die *„Summe aller Rechtsnormen, die formell und materiell mit der Verfassung übereinstimmen und insbesondere dem Grundsatz der Verhältnismäßigkeit entsprechen"*.[51] Dazu gehören sowohl Gesetze wie das Nds. SOG oder die StPO aber auch Verordnungen wie die StVO. **132**

Eine Einschränkung der allgemeinen Handlungsfreiheit durch den Staat ist somit durch bzw. auf Basis aller formell und materiell verfassungsmäßigen Rechtsnormen möglich. Es handelt sich um einen so genannten **Rechtsvorbehalt**.[52] **133**

> **Klausurhinweis:** In der Klausur wird die Prüfung der formellen und materiellen Verfassungsmäßigkeit der einschränkenden Rechtsnorm – die gleichzeitig Ermächtigungsgrundlage für das polizeiliche Handeln ist – regelmäßig nicht verlangt. Sie kann dann unterstellt werden. **134**

Checkliste Art. 2 Abs. 1 GG: Recht auf Allgemeine Handlungsfreiheit **135**

Personeller Schutzbereich

✓ Menschenrecht: jede natürliche Person
✓ Auch juristische Personen

Sachlicher Schutzbereich

✓ Alle Betätigungen und Lebensbereiche, die nicht in den Schutzbereich eines speziellen Grundrechts fallen. (Tun und Lassen, was einem gefällt)

Eingriff

✓ Jede Einschränkung durch/auf Grund staatlicher Maßnahme

Verfassungsrechtliche Rechtfertigung

✓ „Schrankentrias"
✓ Von Bedeutung lediglich die „verfassungsmäßige Ordnung": Gesamtheit der Normen, die formell und materiell mit der Verfassung im Einklang stehen
✓ Im Ergebnis: Rechtsvorbehalt

---

50 Vgl. *Kingreen/Poscher*, Rn. 429, 432

51 Std. Rspr. des BVerfG. Vgl. z. B. BVerfG, Urteil vom 3.4.2001 – 1 BvR 2014/95 – NJW 2001, 1709, 1709.

52 *Di Fabio*, in: Maunz/Dürig, GG, Art. 2, Rn. 38 mwN.

3. Leben (Art. 2 Abs. 2 Satz 1 GG)

136 Der Art. 2 Abs. 2 Satz 1 GG schützt in seiner ersten Alternative das **Recht auf Leben.** Relevanz entfaltet das Recht auf Leben in der polizeilichen Praxis im Zusammenhang mit dem polizeilichen Todesschuss (lies § 76 Abs. 2 Satz 2 Nds. SOG).

137 **a) Schutzbereich. – aa) Personeller Schutzbereich.** Das Recht auf Leben kommt allen lebenden natürlichen (also nicht juristischen) Personen zu, unabhängig von ihrem geistigen oder körperlichen Zustand.[53] Auch das ungeborene Leben ist nach zutreffender Auffassung geschützt. Der Schutz beginnt bereits im Mutterleib und zwar mit der sogenannten Nidation[54] (Einnistung der befruchteten Eizelle in der Gebärmutter), was ca. 14 Tag nach der „Empfängnis“ erfolgt.[55] Der Schutz endet nach derzeit herrschender Auffassung[56] mit dem Hirntod.[57]

138 **bb) Sachlicher Schutzbereich.** In der Sache schützt das Recht auf Leben, das Recht am Leben zu sein, also das körperliche Dasein.[58] Das Bundesverfassungsgericht sieht als Schutzgut *„die **biologisch-physische Existenz** jedes Menschen vom Zeitpunkt ihres Entstehens an bis zum Eintritt des Todes unabhängig von den Lebensumständen des Einzelnen, seiner körperlichen und seelischen Befindlichkeit, gegen staatliche Eingriffe“*[59] an.

139 **Vertiefung:** Ein negatives Recht auf Leben – also ein „Recht auf Selbstmord“ gewährleistet Art. 2 Abs. 2 Satz 1 GG nach herrschender Auffassung[60] nicht. Wenn die Polizei also einen Suizidenten rettet, ist der sachliche Schutzbereich nicht betroffen. Das Recht auf Selbstmord ist allerdings von der allgemeinen Handlungsfreiheit umfasst.[61]

140 **b) Eingriff.** Ein Eingriff in das Recht auf Leben liegt bei jeder rechtlichen oder faktischen staatlichen Maßnahme vor, die zum **Tod** eines Menschen führt (z. B. polizeilicher Todesschuss) oder führen wird (z. B. Anordnung einer tödlichen Maßnahme).

141 **c) Verfassungsrechtliche Rechtfertigung.** Auch das hochrangige Recht auf Leben gilt nicht schrankenlos. Es steht unter einem einfachen Gesetzesvorbehalt (Art. 2 Abs. 2 Satz 3 GG). Unter Berücksichtigung der **Wesentlichkeitstheorie** des Bundesverfassungsgerichts wird jedoch trotz des Wortlauts (*„aufgrund ei-*

---

53 *Schroeder*, Grundrechte, Rn. 232

54 Hierzu ausführlich *Di Fabio*, in: Maunz/Dürig, GG, Art. 2 Rn. 24.

55 Nach *Lang*, in: BeckOK-GG, Art. 2 Rn. 59 (mit umfangreichen Nachweisen) soll das (grundrechtlich geschützte) Leben bereits zum Zeitpunkt der Kernverschmelzung beginnen.

56 Andere halten das irreversible Versagen der Herz-Kreislauf-Tätigkeit für maßgeblich, vgl. zur Diskussion *Di Fabio*, in: Maunz/Dürig, GG, Art. 2 Rn. 21.

57 Zum „Hirntodkonzept“ kritisch *Lang*, in: BeckOK-GG, Art. 2 Rn. 61.

58 *Kingreen/Poscher*, Rn. 438.

59 BVerfG, Urteil vom 15.2.2006 – 1 BvR 357/05, Rn. 85.

60 Für ein „Recht auf Selbsttötung“ sprechen sich *Kingreen/Poscher*, Rn. 438 aus.

61 *Schroeder*, Grundrechte, Rn. 230.

nes Gesetzes") wegen der „Fundamentalität"[62] des betroffenen Rechtsguts **stets ein förmliches Gesetz** als Ermächtigungsgrundlage gefordert.[63]

Für das Erfordernis eines förmlichen Gesetzes als Ermächtigungsgrundlage kann darüber hinaus der sogenannte „Erst-Recht-Schluss" (argumentum a fortiori) herangezogen werden: Wenn schon für einen Eingriff in die Freiheit der Person ein förmliches Gesetz notwendig ist (Art. 104 Abs. 1 GG), dann erst Recht für einen Eingriff in das Recht auf Leben. **142**

Klausurhinweis: Innerhalb der verfassungsrechtlichen Rechtfertigung sind sowohl der Erst-Recht-Schluss als auch die Wesentlichkeitstheorie darzustellen. **143**

Vertiefung: Eine Einwilligung des Betroffenen kann einen Eingriff grundsätzlich[64] nicht rechtfertigen. Das Recht auf Leben ist nicht disponibel, d. h. der Grundrechtsberechtigte kann auf das Recht nicht verzichten.[65] **144**

Checkliste Art. 2 Abs. 2 S. 1 GG: Recht auf Leben **145**

Personeller Schutzbereich

✓ Menschenrecht: jede natürliche Person

Sachlicher Schutzbereich

✓ Körperliches Dasein in Form der biologisch-physischen Existenz

Eingriff

✓ Tod durch/auf Grund einer staatlichen Maßnahme
✓ Auch Gefährdung des Lebens, wenn Tod konkret zu befürchten

Verfassungsrechtliche Rechtfertigung

✓ Art. 2 Abs. 2 S. 3 GG: einfacher Gesetzesvorbehalt
✓ Wesentlichkeitstheorie des BVerfG: förmliches Gesetz erforderlich
✓ „Erst-Recht-Schluss" hinsichtlich Art. 104 Abs. 1 GG: wenn für Eingriffe in die Freiheit der Person förmliches Gesetz erforderlich, dann erst Recht für Eingriffe in das Recht auf Leben

4. Körperliche Unversehrtheit (Art. 2 Abs. 2 Satz 1 Alt. 2 GG)

Durch Art. 2 Abs. 2 Satz 1 GG wird zudem das Recht auf körperliche Unversehrtheit geschützt. **146**

Das Grundrecht ist in der polizeilichen Praxis bei einigen Standardmaßnahmen: z. B. der körperlichen Untersuchung durch Blutentnahme (§ 81a StPO) **147**

62 *Murswieck*, in: Sachs, GG, Art. 2 Rn. 167.
63 Vgl. *Lang*, in: BeckOK-GG, Art. 2 Rn. 68 mwN.
64 Zum Abbruch lebenserhaltender Maßnahmen bei Sterbenden BGH, Beschluss vom 17.3.2003 – XII ZB 2/03.
65 Hierzu näher *Di Fabio*, in: Maunz/Dürig, GG, Art. 2 Rn. 39.

insbesondere aber bei Anwendung von unmittelbarem Zwang (lies § 69 Nds. SOG) gegen Personen zur Durchsetzung von Maßnahmen von Relevanz.

148 **a) Schutzbereich. – aa) Personeller Schutzbereich.** Alle natürlichen, nicht aber juristische Personen fallen unter den personellen Schutzbereich.[66]

149 Unproblematisch sind alle lebenden Personen erfasst. Wie das Recht auf Leben ist auch die körperliche Unversehrtheit bereits im Mutterleib geschützt. Auch hier ist der Zeitpunkt der Einnistung der befruchteten Eizelle in der Gebärmutter für den Beginn des Grundrechtsschutzes maßgeblich.[67] Auch das Recht auf körperliche Unversehrtheit endet erst mit dem Hirntod.

150 **bb) Sachlicher Schutzbereich.** Der sachliche Schutzbereich[68] des Rechts auf körperliche Unversehrtheit umfasst die körperliche Integrität im biologisch-physiologischen Sinne sowie das psychisch-seelische Wohlbefinden.[69]

151 Der Einzelne muss grundsätzlich nicht hinnehmen, dass ihm durch den Staat Schmerzen, Verletzungen, Verunstaltungen oder „psychische Beeinträchtigungen“ (die in ihrer Intensität Schmerzen entsprechen müssen[70]) hinzugefügt werden.

152 Das **„Freisein von Schmerzen“** ist ein wesentliches Merkmal der körperlichen Unversehrtheit. Aber auch schmerzlose Beeinträchtigungen der körperlichen Unversehrtheit (z. B. durch radioaktive Strahlen) berühren den sachlichen Schutzbereich. Nicht umfasst ist hingegen die Freiheit vor Angst oder das bloße körperliche Wohlbefinden.[71]

153 **b) Eingriff.** Ein Eingriff ist bei jeder negativen Beeinträchtigung der körperlichen Unversehrtheit durch oder in Folge einer staatlichen Maßnahme gegeben.

154 Parallel zum Schutzbereich liegt ein Eingriff zunächst immer dann vor, wenn der Körper des Betroffenen verletzt wird, eine Maßnahme **Schmerzen** verursacht oder **schmerzgleiche Wirkung** hat. Hier muss auf den individuellen Grundrechtsträger und dessen „Empfindlichkeit“ abgestellt werden.

155 **Klausurhinweis:** In der Klausur finden sich im Sachverhalt regelmäßig eindeutige Hinweise darauf, ob eine Maßnahme – wie z. B. das Anlegen von Handfesseln – Schmerzen verursacht hat. Lesen Sie diesbezüglich den Sachverhalt aufmerksam und „verwerten“ Sie entsprechende Hinweise (z. B. „der A schrie vor Schmerzen auf“) in Ihrer Subsumtion. Ist nach der allgemeinen Lebenserfahrung eine Maßnahme mit Schmerzen verbunden – z. B. bei der Blutentnahme oder einer Anwendung von „Polizeigriffen“ – kann ebenfalls ein Eingriff angenommen werden. In jedem Fall müssen Sie dies unter Bezugnahme auf den konkreten Sachverhalt prüfen und niederschreiben.

---

66 *Di Fabio*, in: Maunz/Dürig, GG, Art. 2 Rn. 59.
67 *Lang*, in: BeckOK-GG, Art. 2 Rn. 64 m. w. N.
68 Hierzu ausführlich *Di Fabio*, in: Maunz/Dürig, GG, Art. 2 Rn. 55 ff.
69 *Schroeder*, Grundrechte, Rn. 231.
70 Vgl. BVerfG, Beschluss vom 14.1.1981 – 1 BvR 612/72, NJW 1981, 1655, 1656.
71 *Lang*, in: BeckOK-GG, Art. 2 Rn. 62.

Bereits die Anordnung einer „körperverletzenden“ Maßnahme stellt nach dem hier vertretenen Eingriffsbegriff einen Eingriff in die körperliche Unversehrtheit dar, da sie faktisch zur Verletzung führt und bereits durch sie der grundrechtliche Schutz „verkürzt“ wird. **156**

c) **Verfassungsrechtliche Rechtfertigung.** Die körperliche Unversehrtheit gilt nicht schrankenlos. Ein Eingriff darf, so steht es in Art. 2 Abs. 2 Satz 3 GG, nur „auf Grund eines Gesetzes“ eingegriffen werden. Das Grundrecht steht also eigentlich nur unter einem einfachen Gesetzesvorbehalt. Da es sich um ein hochrangiges Grundrecht handelt, wird ein förmliches, materiell und formell verfassungsgemäßes und verhältnismäßiges **Parlamentsgesetz** als Grundlage für einen Eingriff verlangt (Wesentlichkeitstheorie).[72] Eine Verordnung (z. B. die StVO) würde nicht ausreichen. **157**

Die Notwendigkeit eines förmlichen Gesetzes ergibt sich darüber hinaus auch hier durch den „Erst-Recht-Schluss“ im Vergleich zum Grundrecht „Freiheit der Person“ (siehe hierzu Rn. 141). **158**

Aus Art. 104 Abs. 1 Satz 2 GG (lesen!) folgt zudem ein **Verbot von seelischer und körperlicher Misshandlung** – also von Folter. Ein Gesetz, welches Folter zulassen würde, wäre schon aus diesem Grund verfassungswidrig. **159**

Checkliste Art. 2 Abs. 2 S. 1 GG: Recht auf körperliche Unversehrtheit **160**

Personeller Schutzbereich

✓ Menschenrecht: jede natürliche Person

Sachlicher Schutzbereich

✓ Körperliche Integrität im biologisch-physiologischen Sinne (insb. Freisein von Schmerzen)
✓ Psychisch-seelisches Wohlbefinden

Eingriff

✓ Negative Beeinträchtigung durch oder in Folge einer staatlichen Maßnahme
✓ Insbesondere schmerzverursachende oder entsprechend intensive Maßnahmen

Verfassungsrechtliche Rechtfertigung

✓ Art. 2 Abs. 2 S. 3 GG: einfacher Gesetzesvorbehalt
✓ Wesentlichkeitstheorie des BVerfG: förmliches Gesetz erforderlich
✓ „Erst-Recht-Schluss“ hinsichtlich Art. 104 Abs. 1 GG: wenn für Eingriffe in die Freiheit der Person schon ein förmliches Gesetz erforderlich ist, dann erst Recht für Eingriffe in das Recht auf körperliche Unversehrtheit

---

72 *Kingreen/Poscher*, Rn. 443.

5. Freiheit der Person (Art. 2 Abs. 2 Satz 2 GG, Art. 104 GG)

161 Die Freiheit der Person hat unter den Grundrechten einen hohen Rang. Grundsätzlich ist sie „unverletzlich“ und nur durch ein förmliches Gesetz einschränkbar. Letzteres wird durch die grundrechtsgleichen Rechte des Art. 104 GG verdeutlicht, der auch weitere Vorgaben an Eingriffe in Form der Freiheitsentziehung (sog. Verfahrensgarantien) enthält.

162 In der polizeilichen Praxis ist die Freiheit der Person immer dann zumindest berührt, wenn Personen an- oder festgehalten werden. Eine Überschreitung der Grenzen kann ggf. eine nach § 239 StGB strafbare Freiheitsberaubung darstellen.

163 a) **Schutzbereich.** Die Freiheit der Person (Art. 2 Abs. 2 Satz 2 GG) schützt die **körperliche Bewegungsfreiheit.**

164 aa) **Personeller Schutzbereich.** Eine Anwendung auf juristische Personen ist nicht möglich. Der personelle Schutzbereich ist auf lebende Menschen beschränkt.

165 bb) **Sachlicher Schutzbereich.** Der sachliche Schutzbereich der Freiheit der Person ist weit zu verstehen. Er umfasst das Recht des Einzelnen, grundsätzlich selbst zu entscheiden, ob er einen Ort verlassen oder einen Ort (oder Raum) aufsuchen möchte, der ihm an sich (tatsächlich und rechtlich) zugänglich ist. Umfasst ist (nach umstrittener Auffassung) auch das Recht, einen bestimmten Ort gerade nicht aufzusuchen.[73]

166 b) **Eingriff.** Ein Eingriff in die körperliche Bewegungsfreiheit kann nach hier geteilter Auffassung immer dann angenommen werden, wenn jemand durch staatliche Organe gerade daran gehindert wird einen (tatsächlich und rechtlich zugänglichen) Ort aufzusuchen, sich dort aufzuhalten oder ihn zu verlassen.[74]

167 **Vertiefung und Selbststudiumsaufgabe:** Unter Juristen ist es im Einzelnen umstritten, in welchen Situationen tatsächlich ein Eingriff in die Freiheit der Person vorliegt. So wird beispielsweise vertreten, dass ein Platzverweis „nur“ in die allgemeine Handlungsfreiheit eingreife, da die körperliche (Fort-)Bewegungsfreiheit an sich noch gewahrt sei. Andere wiederum sehen das Grundrecht aus Art. 11 GG (Freizügigkeit) betroffen.[75] Für die niedersächsische Praxis hat die Antwort auf o. g. Frage keine Auswirkung, da ein Platzverweis (geregelt in § 17 Abs. 1 Nds. SOG) in jedem Fall grundsätzlich verfassungsrechtlich rechtfertigbar ist.

168 aa) **Erheblichkeit.** Damit ein Eingriff in die Freiheit der Person angenommen werden kann wird insb. von der Rechtsprechung gefordert, dass die Einschränkung der körperlichen Bewegungsfreiheit von **erheblicher Dauer** ist. Eine nur kurzfristige Anhaltesituation (z. B. im Rahmen einer Identitätsfeststellung[76]

---

73 *Kingreen/Poscher*, Rn. 463 f. m. w. N. auch zur a. A.
74 BVerfG, Urteil vom 14.5.1996 – 2 BvR 1516/93 – NVwZ 1998, 678, 681.
75 Einen Überblick über den Streitstand bietet *Murswieck*, in: Sachs, GG, Art. 2 Rn. 229 ff.
76 Vgl. OVG Lüneburg, Beschluss vom 4.3.2010 – 11 PA 191/09.

oder einer allgemeinen Verkehrskontrolle) soll diese Voraussetzungen nicht erfüllen.[77]

Klausurhinweis: Diese Auffassung, die auch in der niedersächsischen Rechtsprechung insb. vom OVG Lüneburg vertreten wird, ist unter Rechtswissenschaftlern umstritten.[78] Eine überzeugende Begründung für die Annahme einer solchen Erheblichkeitsschwelle ist nicht ersichtlich. Da es sich hierbei jedoch um eine auch in der Praxis relevante Regelung handelt, wird von Ihnen erwartet, dass Sie sie im grund- und eingriffsrechtlichen Gutachten ansprechen (und prüfen). **169**

Erst wenn eine polizeiliche Maßnahme das Verbleiben an einem bestimmten Ort über einen längeren Zeitraum erfordert, soll die **Erheblichkeitsschwelle** überschritten und ein Eingriff zu bejahen sein. Ist die Schwelle nicht überschritten, kommt „nur" ein Eingriff in die Allgemeine Handlungsfreiheit in Betracht. **170**

Vertiefung: Für die Identitätsfestellung wird in der Literatur[79] vertreten, dass die Schwelle vom Anhalten zum Festhalten nach **ca. 15 Minuten** überschritten ist, weil dies die für eine normale Identitätsfeststellung maximal erforderliche Zeit ist. Gleiches dürfte für die allgemeine Verkehrskontrolle gelten. Spätestens ab diesem Zeitpunkt kann ein Eingriff in die Freiheit der Person nicht mehr auf Grund Geringfügigkeit verneint werden. **171**

Ebenfalls als nur geringfügige Beeinträchtigung der körperlichen Bewegungsfreiheit ist die Aufforderungen zum Ortswechsel einzustufen, die nur ganz unwesentlichen Umfang haben. So überschreitet beispielsweise die Aufforderung „Gehen Sie bitte einen Schritt beiseite!" noch nicht die Erheblichkeitsschwelle. Ein Eingriff in das Recht sich an einem bestimmten Ort aufzuhalten ist nicht gegeben. **172**

bb) Freiheitsbeschränkung oder Freiheitsentziehung. Liegt ein erheblicher Eingriff vor, ist mit Blick auf die unterschiedlichen Anforderungen an die verfassungsrechtliche Rechtfertigung zwischen einer „schlichten" **Freiheitsbeschränkung** und einer Freiheitsentziehung zu unterscheiden. Die beiden Eingriffsformen schließen sich nicht gegenseitig aus. Die Freiheitsentziehung ist vielmehr eine besondere Form der Freiheitsbeschränkung, die in Art. 104 Abs. 2 bis 4 GG besonders geregelt ist. **173**

Klausurhinweis: Prüfen Sie zunächst, ob ein erheblicher Eingriff in die Freiheit der Person vorliegt. Sodann prüfen Sie, ob der Eingriff eine Freiheitsbeschränkung oder eine Freiheitsentziehung darstellt. **174**

Jeder (erhebliche) Eingriff in die körperliche Bewegungsfreiheit ist eine Freiheitsbeschränkung (im weiteren Sinne). **175**

77 *Lang*, in: BeckOK-GG, Art. 2 Rn. 87b; *Murswieck*, in: Sachs, GG, Art. 2 Rn. 240.
78 Dazu näher z. B. *Barczak*, NZV 2010, 598.
79 *Waechter*, in: BeckOK-Nds. SOG, § 13 Rn. 57.

176 Wann eine **Freiheitsentziehung** – die schwerste Form der Freiheitsbeschränkung[80] – vorliegt, ist umstritten. Mitunter wird hier der § 415 Abs. 2 FamFG herangezogen. Nach diesem ist eine Freiheitsentziehung (nur) gegeben, wenn *„einer Person gegen ihren Willen oder im Zustand der Willenlosigkeit insbesondere in einer abgeschlossenen Einrichtung, wie einem Gewahrsamsraum oder einem abgeschlossenen Teil eines Krankenhauses, die Freiheit entzogen wird."* Nach hier geteilter Auffassung[81] ist diese enge Definition schon deshalb abzulehnen, weil Grundrechte stets weit auszulegen sind. Es kommt richtigerweise nicht darauf an, ob eine Person in einer *„abgeschlossenen Einrichtung"* festgehalten wird. Entscheidend ist vielmehr, ob eine Person gerade daran gehindert werden soll, einen bestimmten Ort zu verlassen. Nach der jüngeren Rechtsprechung des Europäischen Gerichtshofs für Menschenrechte (EGMR) zu Art. 5 Abs. 1 der Europäischen Menschenrechtskonvention (EMRK) ist das Kriterium der Dauer für die Annahme einer Freiheitsentziehung nicht ausschlaggebend.[82]

177 **Vertiefung:** Die EMRK hat in der deutschen Rechtsordnung den Rang eines Bundesgesetzes. Sie ist – so ausdrücklich das BVerfG – *„bei der Interpretation des nationalen Rechts – auch der Grundrechte und rechtsstaatlichen Garantien – zu berücksichtigen"*.[83]

178 Für das Vorliegen einer Freiheitsentziehung kommt es also maßgeblich darauf an, ob die **Bewegungsfreiheit** nicht nur eingeschränkt, sondern **beseitigt** wird.[84]

179 **Vertiefung:** Eine Freiheitsentziehung kann also auch während des Transports zur Dienststelle im Dienst-KFZ, bei der Durchsuchung einer Person[85] oder bei (auch kurzzeitiger) Fesselung an einen Laternenpfahl gegeben sein.[86] Typische freiheitsentziehende Maßnahmen sind z. B. die Ingewahrsamnahme oder die vorläufige Festnahme.

180 Ein Eingriff in das Recht an einem bestimmten Ort zu verweilen (z. B. durch Platzverweis) kann danach nie eine Freiheitsentziehung sein.

181 **Klausurhinweis:** In der Klausur ist diese Differenzierung zwingend vorzunehmen und sorgsam anhand des konkreten Falls darzustellen, da sie für den nächsten Schritt, die verfassungsrechtliche Rechtfertigung, gewissermaßen „die Weichen stellt".

---

80 BVerfG, Beschluss vom 15.5.2002 – 2 BvR 2292/00 – NJW 2002, 3161, 3161.

81 *Knape/Schönrock*, § 31 ASOG Rn. 3.

82 EGMR, Urteil vom 26.6.2014 – 26587/07 (Krupko ua/Russland) – Rn. 35 – NVwZ 2015, 879, 879 f.; a. A. *Degenhart*, in: Sachs, GG, Art. 104 Rn. 5a – *„primär nach der Dauer der Maßnahme zu bestimmen"*.

83 BVerfG, Beschluss vom 14.10.2004 – 2 BvR 1481/04 – NJW 2004, 3407, 3408.

84 BVerfG, Beschluss vom 15.5.2002 – 2 BvR 2292/00 – *„körperliche Bewegungsfreiheit nach jeder Richtung hin aufgehoben"*.

85 EGMR, Entscheidung vom 15.10.2013 – 26291 (Gahramanov/Aserbaidschan) – Rn. 39 – NVwZ 2014, 1440, 1441; insb. hier wird es auf eine genaue Prüfung des Einzelfalles ankommen.

86 *Knape/Schönrock*, § 31 ASOG Rn. 3.

c) **Verfassungsrechtliche Rechtfertigung.** Nach dem Wortlaut des Art. 2 Abs. 2 Satz 3 GG darf in das Recht auf Freiheit der Person *„auf Grund eines Gesetzes eingegriffen werden"*. Diese Schranke wird durch Art. 104 Abs. 1 Satz 1 GG dahingehend konkretisiert, dass ein Eingriff *„nur auf Grund eines **förmlichen Gesetzes**"* erfolgen darf. Es bedarf also eines Gesetzes, welches durch den richtigen Gesetzgeber im ordnungsgemäßen Gesetzgebungsverfahren geschaffen wurde. **182**

Klausurhinweis: Bei den im Rahmen der B.A.-Klausur zu prüfenden Sachverhalten ist eine diesbezügliche Prüfung in der Regel nicht möglich. Dass es sich bei den Vorschriften des Nds. SOG oder der StPO um förmliche Gesetze im Sinne des Art. 104 Abs. 1 GG handelt, kann vom Klausurbearbeiter unterstellt werden. **183**

Die Beschränkung, also der Eingriff selbst muss laut Art. 104 Abs. 1 GG unter Beachtung der in diesem Gesetz *„vorgeschriebenen Formen"* erfolgen. Das bedeutet, dass die gesetzlich vorgeschriebenen formellen Voraussetzungen (Zuständigkeit, Verfahren und Form) beachtet werden müssen.[87] **184**

Klausurhinweis: Die formelle Rechtmäßigkeit der Maßnahme ist ein eigener Prüfungspunkt. Der Vollständigkeit halber – sie verfassen ja ein Gutachten – kann im Rahmen der Prüfung der verfassungsrechtlichen Rechtfertigung kurz darauf hingewiesen werden, dass „die gesetzlich vorgeschriebenen Formen einzuhalten sind". **185**

Liegt ein Eingriff in Gestalt einer **Freiheitsentziehung** vor, folgen aus Art. 104 Abs. 2 GG weitere Anforderungen.[88] Grundsätzlich darf *„nur der Richter"* über Zulässigkeit und Fortdauer einer Freiheitsentziehung entscheiden (sog. Richtervorbehalt). Ebenso muss der Grundsatz beachtet werden, dass, sollte eine Freiheitsentziehung nicht auf richterlicher Anordnung beruhen, die Pflicht besteht, *„unverzüglich eine richterliche Entscheidung herbeizuführen"*. Die Möglichkeit der Freiheitsentziehung allein auf Grund polizeilicher Anordnung (vorläufige Freiheitsentziehung) ist durch Art. 104 Abs. 2 GG zeitlich begrenzt und darf nicht *„länger als bis zum Ende des Tages nach dem Ergreifen"* andauern. **186**

Für den Fall der **vorläufigen Festnahme** bestimmt Art. 104 Abs. 3 GG zudem, dass die festgehaltene Person *„spätestens am Tage nach der Festnahme dem Richter vorzuführen"* ist. Schließlich wird durch Art. 104 Abs. 4 GG das „grundrechtsgleiche" Recht der festgehaltenen Person auf Benachrichtigung eines Angehörigen oder einer sonstigen Vertrauensperson statuiert. **187**

Diese Einschränkungen bzw. Anforderungen haben ihren Niederschlag in den einschlägigen Verfahrensvorschriften sowohl in der StPO als auch im Nds. SOG gefunden. Die Beachtung der einfachrechtlichen Umsetzung (vgl. z. B. § 19 sowie § 21 Nds. SOG – lesen!) ist im Rahmen der Prüfung der formellen Rechtmäßigkeit einer konkreten Maßnahme zu überprüfen. **188**

---

87 *Jarass/Pieroth*, GG, Art. 104 Rn. 5.
88 Zur Vertiefung: *Gusy*, NJW 1992, 457.

189 **Klausurhinweis:** Auf die weiteren Anforderungen des Art. 104 Abs. 2–4 GG ist kurz hinzuweisen. Ihre Prüfung im Rahmen der Prüfung der diese Anforderungen widerspiegelnden Vorschriften der StPO respektive des Nds. SOG in der formellen Rechtmäßigkeit kann kurz angekündigt werden.

190 **Checkliste Art. 2 Abs. 2 S. 2 GG: Recht auf Freiheit der Person**

Personeller Schutzbereich

✓ Menschenrecht: jede natürliche Person

Sachlicher Schutzbereich

✓ Körperliche Bewegungsfreiheit

✓ Recht, jeden beliebigen (rechtlich und tatsächlich zugänglichen) Ort aufzusuchen oder zu verlassen (positive Bewegungsfreiheit) sowie das Recht, einen Ort zu meiden (negative Bewegungsfreiheit)

Eingriff

✓ Einschränkung der körperlichen Bewegungsfreiheit von erheblicher Dauer (nicht nur kurzfristig) – (umstritten)

✓ Differenzierung zwischen Freiheitsentziehung und Freiheitsbeschränkung:

✓ Freiheitsbeschränkung: Eine Freiheitsbeschränkung liegt vor, wenn jemand durch die staatliche Gewalt daran gehindert wird, einen an für sich rechtlich und tatsächlich zugänglichen Ort aufzusuchen oder dort zu verweilen.

✓ Freiheitsentziehung: faktische oder tatsächliche Beseitigung der körperlichen Bewegungsfreiheit, aber auch schon die Hinderung, dass eine Person einen bestimmten Ort verlassen darf. Entscheidend sind in erster Linie Art, Intensität und Zweckrichtung des Festhaltens sowie – nachrangig – deren Dauer

Verfassungsrechtliche Rechtfertigung

✓ Art. 2 Abs. 2 S. 3 GG: einfacher Gesetzesvorbehalt, der durch Art. 104 Abs. 1 GG qualifiziert wird:

✓ förmliches Gesetz

✓ Einhaltung der dort enthaltenen Formvorschriften

✓ besondere Schranken-Schranke: Misshandlungsverbot, Art. 104 Abs. 1 S. 2 GG

6. Allgemeines Persönlichkeitsrecht (Art. 2 Abs. 1 iVm. Art. 1 Abs. 1 GG)

191 Das Allgemeine Persönlichkeitsrecht (auch „APR" abgekürzt), welches inzwischen auch als Grundrecht auf **Schutz der Persönlichkeit** bezeichnet wird,[89] ist als solches nicht im Grundgesetz niedergeschrieben. Es ist vom Bundesverfassungsgericht gewissermaßen aus der allgemeinen Handlungsfreiheit (Art. 2

89 Zum Beispiel BVerfG, Beschluss vom 26.2.2008 – 1 BvR 1602/07 u. a. – Caroline von Monaco III.

Abs. 1 GG) und der Menschenwürde (Art. 1 Abs. 1 GG) herausgelesen worden. Dementsprechend wird als Grundlage im Grundgesetz der Art. 2 Abs. 1 GG in Verbindung mit Art. 1 Abs. 1 GG genannt.

Klausurhinweis: Als verfassungsrechtliche Grundlage für das Allgemeine Persönlichkeitsrecht wird stets Art. 2 Abs. 1 iVm. Art. 1 Abs. 1 GG genannt. 192

a) Schutzbereich. – aa) Personeller Schutzbereich. Das Allgemeine Persönlichkeitsrecht können nach hier vertretener Auffassung grundsätzlich **nur natürliche Personen** in Anspruch nehmen. Es scheint zwar nicht völlig ausgeschlossen, dass ein Aspekt auch *„dem Wesen nach"* auf juristische Personen anwendbar ist.[90] Da jedoch jedenfalls der Teilaspekt der Menschenwürde nur Menschen zukommen kann, wäre hier die Allgemeine Handlungsfreiheit allein einschlägig.[91] 193

bb) Sachlicher Schutzbereich. Das Allgemeine Persönlichkeitsrecht ist ein „Rahmengrundrecht", welches nach Auffassung des BVerfG „entwicklungsoffen" ist.[92] 194

Das APR wurde im Laufe der Zeit immer weiter ausgeformt. Alle diese Ausprägungen haben zum Ziel, die engere **persönliche Lebenssphäre** und die Erhaltung ihrer Grundbedingungen[93] zu gewährleisten, soweit das nicht durch andere Grundrechte (z. B. das Wohnungsgrundrecht – Art. 13 Abs. 1 GG) geschieht.[94] Geschützt wird das „Person-Sein", also die personale und soziale Identität.[95] 195

Dazu gehört zum Beispiel die Darstellung der eigenen Person in der Öffentlichkeit,[96] die Ehre[97] und soziale Anerkennung,[98] das Recht auf informationelle Selbstbestimmung[99] (hierzu sogleich, Rn. 201), das Recht am eigenen Bild[100] 196

---

90 Vgl. zu dieser Problematik *Lang*, in: BeckOK-GG, Art. 2 Rn. 50. Für ein *„abgesenktes Schutzniveau"* *Di Fabio*, in: Maunz/Dürig, GG, Art. 2 Rn. 224 m. w. N.

91 Hierzu *Jarrass/Pieroth*, GG, Art. 2 Rn. 52.

92 Vgl. BVerfG, Urteil vom 31.1.1989 – 1 BvL 17/87 – Kenntnis der eigenen Abstammung – juris Rn. 43 f.

93 Vgl. BVerfG, Urteil vom 13.2.2007 – 1 BvR 421/05 – Kuckuckskinder – BVerfGE 117, 202, 225.

94 *Von Münch/Mager*, Staatsrecht II – Grundrechte, Rn. 238.

95 *Jarass/Pieroth*, GG, Art. 2 Rn. 39.

96 Z.B. BVerfG, Beschluss vom 25.10.2005 – 1 BvR 1696/98 – Manfred Stolpe – BVerfGE 114, 339, 346.

97 Z.B. BVerfG, Beschluss vom 13.6.2007 – 1 BvR 1783/05 – Esra – BVerfGE 119, 1, 24.

98 Z.B. BVerfG, Beschluss vom 25.10.2005 – 1 BvR 1696/98 – Manfred Stolpe – BVerfGE 114, 339, 346.

99 BVerfG, Urteil vom 15.12.1983 – Az. 1 BvR 209/83 u. a. – Volkszählung.

100 Z.B. BVerfG, Beschluss vom 26.2.2008 – 1 BvR 1602/07 u. a. – Caroline von Monaco III – BVerfGE 120, 180, 198.

und Wort,[101] die Vertraulichkeit und Integrität informationstechnischer Systeme[102] (sog. IT-Grundrecht) und die Privatsphäre[103] (hierzu ebenfalls sogleich).

197 **Klausurhinweis:** In der Klausur müssen Sie keine allgemeinen Ausführungen zum Allgemeinen Persönlichkeitsrecht machen. Sie können sich sofort auf die einschlägige Ausprägung (siehe sogleich) „stürzen".

198 cc) **Ausprägung: Schutz der Privatsphäre.** Das Allgemeines Persönlichkeitsrecht schützt unter anderem die Privatsphäre. Geschützt ist durch das Grundrecht, welches auch als **„APR-Privat"** bezeichnet wird, einerseits die Vertraulichkeit „privater" Angelegenheiten und andererseits die Möglichkeit sich frei von Beobachtung und Kontrolle abzuschirmen.

199 **Vertiefung:** Das Bundesverfassungsgericht umschreibt das Recht auf Privatsphäre wie folgt: „[D]er Schutz der Privatsphäre [...] ist thematisch und räumlich bestimmt. Er umfasst zum einen **Angelegenheiten, die** wegen ihres Informationsinhalts **typischerweise als „privat" eingestuft werden,** weil ihre öffentliche Erörterung oder Zurschaustellung als unschicklich gilt, das Bekanntwerden als peinlich empfunden wird oder nachteilige Reaktionen der Umwelt auslöst, wie es etwa bei Auseinandersetzungen mit sich selbst in **Tagebüchern** (BVerfGE 80, 367), bei vertraulicher **Kommunikation unter Eheleuten** (BVerfGE 27, 344), im Bereich der **Sexualität** (BVerfGE 47, 46; 49, 286), bei **sozial abweichendem Verhalten** (BVerfGE 44, 353) oder bei **Krankheiten** (BVerfGE 32, 373) der Fall ist. Fehlte es hier an einem Schutz vor der Kenntniserlangung anderer, wären die Auseinandersetzung mit sich selbst, die unbefangene Kommunikation unter Nahestehenden, die sexuelle Entfaltung oder die Inanspruchnahme ärztlicher Hilfe beeinträchtigt oder unmöglich, obwohl es sich um grundrechtlich geschützte Verhaltensweisen handelt. Zum anderen erstreckt sich der Schutz auf einen **räumlichen Bereich,** in dem der Einzelne zu sich kommen, sich entspannen oder auch gehen lassen kann (vgl. BVerfGE 27, 1 <6>). Zwar bietet auch dieser Bereich Gelegenheit, sich in einer Weise zu verhalten, die nicht für die Öffentlichkeit bestimmt ist und deren Beobachtung oder Darstellung durch Außenstehende für den Betroffenen peinlich oder nachteilig wäre. Im Kern geht es aber um einen Raum, **in dem er die Möglichkeit hat, frei von öffentlicher Beobachtung** und damit der von ihr erzwungenen Selbstkontrolle **zu sein,** auch ohne dass er sich dort notwendig anders verhielte als in der Öffentlichkeit. Bestünden solche Rückzugsbereiche nicht mehr, könnte der Einzelne psychisch überfordert sein, weil er unausgesetzt darauf achten müsste, wie er auf andere wirkt und ob er sich richtig verhält. Ihm fehlten

---

101 Z.B. BVerfG, Beschluss vom 09.10.2002 – 1 BvR 1611/96 u. a. – Mithörvorrichtung – BVerfGE 106, 28, 39.

102 BVerfG, Urteil vom 27.2.2008 – 1 BvR 370/07, 1 BvR 595/07 – Online-Durchsuchung – BVerfGE 120, 274, 314.

103 Z.B. BVerfG, Beschluss vom 26.2.2008 – 1 BvR 1602/07 u. a. – Caroline von Monaco III – BVerfGE 120, 180, 198 f.

die Phasen des Alleinseins und Ausgleichs, die für die Persönlichkeitsentfaltung notwendig sind und ohne die sie nachhaltig beeinträchtigt würde."[104]

Auf den Punkt gebracht hat das Bundesverfassungsgericht den Schutzbereich mit folgender Definition: „In seiner Ausprägung als Schutz der Privatsphäre gewährleistet das allgemeine Persönlichkeitsrecht dem Einzelnen einen räumlich und thematisch bestimmten Bereich, der grundsätzlich frei von unerwünschter Einsichtnahme bleiben soll."[105] **200**

dd) Ausprägung: Informationelle Selbstbestimmung. Das Allgemeine Persönlichkeitsrecht erfasst auch das Recht auf informationelle Selbstbestimmung (häufig auch als „**APR-RiS**" bezeichnet). Durch diese Schutzbereichsausprägung – umgangssprachlich auch **Datenschutzgrundrecht** genannt – hat das Bundesverfassungsgericht den Schutz der Privatsphäre ergänzt und erweitert. **201**

Der Einzelne hat – so die Definition des Bundesverfassungsgerichts – das Recht grundsätzlich selbst über die Preisgabe und Verwendung seiner persönlichen Daten zu bestimmen.[106] Er darf selbst entscheiden, wann und innerhalb welcher Grenzen persönliche Lebenssachverhalte offenbart werden.[107] **202**

Es handelt sich sowohl um ein Recht auf Abwehr staatlicher Erhebung und Verarbeitung **personenbezogener Daten** als auch auf deren Kenntnis.[108] **203**

Vertiefung: Personenbezogene Daten sind nach der Legaldefinition in den Datenschutzgesetzen (z. B. § 3 NDSG): „*Einzelangaben über persönliche oder sachliche Verhältnisse einer bestimmten oder bestimmbaren natürlichen Person*" – hierzu noch unten Rn. 2336. **204**

Geschützt sind durch das Datenschutzgrundrecht nicht nur „private" oder gar sensible Informationen, sondern **alle** personenbezogenen Daten, auch wenn sie öffentlich zugänglich sind (z. B. im Internet ohne weiteres abrufbar sind), banal erscheinen (z. B. Hobbies, Schuhgröße, Lieblingsessen) oder (scheinbar) nur geringen Informationsgehalt haben.[109] **205**

Vertiefung: Das Bundesverfassungsgericht begründet den besonderen Schutz so: „*Die mit dem Recht auf informationelle Selbstbestimmung abzuwehrenden Persönlichkeitsgefährdungen ergeben sich aus den vielfältigen Möglichkeiten des Staates und gegebenenfalls auch privater Akteure [...] zur Erhebung, Verarbeitung und Nutzung personenbezogener Daten. Vor allem mittels elektronischer Datenverarbeitung können aus solchen Informationen weitere Informationen erzeugt und so Schlüsse gezogen werden, die sowohl die grundrechtlich geschützten Geheimhaltungsinteressen des* **206**

---

104 BVerfG, Urteil vom 15.12.1999 – Az. 1 BvR 653/96 – Rn. 75 f. (Hervorhebung nur hier).
105 BVerfG, Urteil vom 27.2.2008 – 1 BvR 370/07 – Rn. 197.
106 BVerfG, Urteil vom 27.2.2008 – 1 BvR 370/07 – Rn. 198; BVerfG, Urteil vom 15.12.1983 – Az. 1 BvR 209/83 u. a. – Volkszählung – BVerfGE 65, 1, 43; BVerfGE 84, 192, 194.
107 BVerfG, Urteil vom 15.12.1983 – Az. 1 BvR 209/83 u. a. – Volkszählung.
108 *Schroeder*, Grundrechte, Rn 198.
109 BVerfG, Urteil vom 27.2.2008 – 1 BvR 370/07 – Rn. 198.

Betroffenen beeinträchtigen als auch Eingriffe in seine Verhaltensfreiheit mit sich bringen können […].“[110]

207 Da die Informationsgewinnung das „täglich Brot“ der Polizei ist, ist das Allgemeine Persönlichkeitsrecht in seiner Ausprägung als Recht auf informationelle Selbstbestimmung (kurz auch „**APR-RiS**“ genannt) in der Praxis von hervorragender Bedeutung.

208 **Klausurhinweis:** Die Kenntnis der Schutzbereichsdefinition (s. o.) wird als grundlegend von Ihnen erwartet.

209 b) **Ausprägung: IT-Grundrecht.** Noch relativ „jung“ – nämlich aus dem Jahr 2008 – ist das vom Bundesverfassungsgericht ebenfalls als Ausprägung des Allgemeinen Persönlichkeitsrechts hergeleitete **Recht auf Integrität und Vertraulichkeit informationstechnischer Systeme**. Im Rahmen der so genannten Online-Durchsuchungsentscheidung[111] haben die Verfassungsrichter festgestellt, dass „informationstechnische Systeme“ (also Computer aller Art, einschließlich Smartphones) heutzutage eine große Rolle im Leben vieler Menschen spielen und für die Persönlichkeitsentwicklung hoch relevant sind. Computer sind für viele Menschen eine Art „ausgelagertes Gehirn“, ein Bestandteil der Persönlichkeit. Wenn der Staat **heimlich** auf ein solches System zugreift und es auswertet, kann ein umfassendes **Persönlichkeitsprofil** erstellt werden. Gleichzeitig sind der Computer bzw. der Nutzer des Computers nach Auffassung des Verfassungsgerichts grundrechtlich nur lückenhaft geschützt. Diese Lücke soll das auch „**Computergrundrecht**“ oder „**IT-Grundrecht**“ genannte Recht schließen.

210 **Klausurhinweis:** Das IT-Grundrecht soll immer nur dann zum Tragen kommen, wenn auch tatsächlich eine verfassungsrechtliche Lücke besteht. Es ist gegen das Recht auf informationelle Selbstbestimmung, das Wohnungsgrundrecht, das Recht auf Privatsphäre sowie das Fernmeldegeheimnis (Art. 10 Abs. 1 GG) abzugrenzen. Im Zuge der Behandlung der Möglichkeiten der sog. Quellen-Telekommunikationsüberwachung (§ 100a Abs. 1 S. 2 und 3 StPO) sowie der Online-Durchsuchung (§ 100b StPO) wird hierauf im dritten Studienjahr noch vertieft eingegangen.

211 Es „bewahrt den persönlichen und privaten Lebensbereich der Grundrechtsträger vor staatlichem Zugriff im Bereich der Informationstechnik auch insoweit, als auf das informationstechnische System insgesamt zugegriffen wird und nicht nur auf einzelne Kommunikationsvorgänge oder gespeicherte Daten.“.[112] Gewährleistet wird umfassender Schutz vor Ausspähung, Überwachung und Manipulation von privat genutzten IT-Systemen.

---

110 BVerfG, Urteil vom 27.2.2008 – 1 BvR 370/07 – Rn. 199.

111 Bei dieser Entscheidung ging es um eine Verfassungsbeschwerde gegen ein Gesetz, welches unter anderem die heimliche Durchsuchung von Computern aus der Ferne über das Internet (die Online-Durchsuchung) gestattete. Hierzu (und zum IT-Grundrecht) näher *Hornung*, CR 2008, 299.

112 BVerfG, Urteil vom 27.2.2008 – 1 BvR 370/07 – Rn. 201.

c) Eingriff. Ein **Eingriff in die Privatsphäre** liegt immer dann vor, wenn der Staat technisch oder tatsächlich in den durch das Grundrecht thematisch und/oder räumlich geschützten Bereich eindringt und dessen „Privatheit" aufhebt. Das kann z. B. bei der Kenntnisnahme von Tagebüchern, beim Abhören von „Privatgesprächen" im Innenraum eines PKW mittels einer „Wanze" oder der Durchsuchung am Körper nach verborgenen Gegenständen gegeben sein. **212**

> **Vertiefung:** In der Rechtswissenschaft wird – mit zweifelhaftem Erfolg – versucht, den Eingriff einer bestimmten Sphäre (z. B. Sozialsphäre, Privatsphäre oder Intimsphäre) der Persönlichkeit des Betroffenen zuzuordnen.[113] Je stärker in die „inneren Sphären" eingegriffen wird, desto größer sind die Anforderungen an die verfassungsrechtliche Rechtfertigung. **213**

In das **Recht auf informationelle Selbstbestimmung** wird bei jedem staatlichen Erheben, Speichern, Nutzen und sonstigem Verarbeiten von personenbezogenen Daten eingegriffen.[114] Auf die Qualität der Daten oder den Umfang des „Umgangs" kommt es nicht an. **214**

> **Klausurhinweis:** Ein Eingriff liegt demnach unabhängig von der „Erheblichkeit" vor. Diese ist somit nicht zu prüfen. **215**

Entsprechend der o. g. Schutzbereichsdefinition liegt ein **Eingriff in das IT-Grundrecht** vor, wenn der Staat auf ein informationstechnisches System zugreift. Ausreichend ist bereits die bloße Möglichkeit des staatlichen Zugriffs (z. B. nach Installation einer Software, die ein Ausspähen des Systems erlaubt). **216**

d) Verfassungsrechtliche Rechtfertigung. Das Allgemeine Persönlichkeitsrecht ist in keiner seiner Ausprägungen schrankenlos gewährleistet. Grundsätzlich findet zwar die in Art. 2 Abs. 1 GG genannte Schrankentrias – genauer die „verfassungsmäßige Ordnung" (hierzu bereits oben) als Schranke Anwendung. Auf Grund der Verbindung mit der Menschenwürde ist diese Möglichkeit der Beschränkung jedoch dahingehend einzuschränken, dass **stets ein parlamentarisches Gesetz erforderlich** ist. **217**

Ein Eingriff in die Intimsphäre (als Teil der Menschenwürde) beziehungsweise den „Kernbereich privater Lebensgestaltung" ist allerdings stets – also auch bei Vorliegen eines Gesetzes – unzulässig.[115] In die **Intimsphäre** fallen Handlungen, die nicht in den Bereich einer anderen Person oder der Öffentlichkeit hineinwirken, bei denen es also am Sozialbezug fehlt. **218**

> **Vertiefung:** Den **Kernbereich privater Lebensgestaltung** umschreibt das Bundesverfassungsgericht[116] wie folgt: *„Zur Entfaltung der Persönlichkeit im Kernbereich privater Lebensgestaltung gehört die Möglichkeit, innere Vorgänge wie Empfindungen und Gefühle sowie Überlegungen, Ansichten* **219**

---

113 Hierzu z. B. *Epping*, Grundrechte, Rn. 648 sowie *Di Fabio*, in: Maunz/Dürig, GG, Art. 2 Rn. 157 ff.

114 Vgl. *Kingreen/Poscher*, Grundrechte, Rn. 424.

115 Vgl. *Lang*, in: BeckOK-GG, Art. 2 Rn. 52.

116 BVerfG, Urteil vom 3.3.2004 – 1 BvR 2378/98 u. 1 BvR 1084/99.

und Erlebnisse höchstpersönlicher Art zum Ausdruck zu bringen, und zwar ohne Angst, dass staatliche Stellen dies überwachen. Vom Schutz umfasst sind auch Gefühlsäußerungen, Äußerungen des unbewussten Erlebens sowie Ausdrucksformen der Sexualität.“

220 Im Übrigen verlangt das Bundesverfassungsgericht für einen **Eingriff in das Recht auf informationelle Selbstbestimmung** eine „präzise“ bestimmte, normenklare, bereichsspezifische (d. h. im jeweiligen Fachrecht geregelte), gesetzliche Grundlage.[117] Der Gesetzgeber muss zudem organisatorische und verfahrensrechtliche Vorkehrungen zum Schutz des APR-RiS treffen. Verlangt werden insbesondere Aufklärungs-, Belehrungs- und Löschungspflichten.[118]

221 **Klausurhinweis:** Ob tatsächlich alle Regelungen des Nds. SOG und der StPO diesen verfassungsrechtlichen Anforderungen genügen, ist teilweise (z. B. mit Blick auf die Abfrage so genannter Vorratsdaten nach § 100g Abs. 2 StPO[119]) hoch umstritten. In der Anfängerklausur wird von Ihnen keine Auseinandersetzung mit diesen Streitigkeiten erwartet. Sie können unterstellen, dass die Anforderungen an den Gesetzgeber eingehalten wurden.

222 Ein **Eingriff in das Recht auf Integrität und Vertraulichkeit informationstechnischer Systeme** ist nur durch Gesetz[120] möglich. Daneben wird vom Gericht eine richterliche Anordnung für den Zugriff als verfassungsrechtlich erforderlich angesehen.

223 **Klausur- und Vertiefungshinweis:** Das „APR-Privat“ und das „APR-RiS“ spielen eine große Rolle in der Praxis und damit auch in der Klausur. Vertiefen Sie Ihre diesbezüglichen Kenntnisse unbedingt anhand eines Lehrbuchs oder Kommentars.

224 **Checkliste Art. 2 Abs. 1 GG i. V. m. Art. 1 Abs. 1 GG: APR-Privatsphäre**

Personeller Schutzbereich

✓ Menschenrecht: jede natürliche Person

Sachlicher Schutzbereich

✓ Schutz der engeren, persönlichen Lebenssphäre
✓ Sich zurückziehen, abschirmen und für sich alleine bleiben können

Eingriff

✓ Aufhebung der bzw. Eindringen in die Privatsphäre
✓ Insbesondere bei heimlichen Beobachtungen (Observationen) und Durchsuchungen

---

117 BVerfG, Urteil vom 15.12.1983 – 1 BvR 209/83 u. a. – NJW 1984, 419 – *Volkszählung*
118 BVerfG, Urteil vom 15.12.1983 – 1 BvR 209/83 u. a. – NJW 1984, 419, 422 – *Volkszählung*
119 Hierzu z. B. *Gärtner/Kipker*, DuD 2015, 593.
120 Welches hohen Anforderungen genügen muss, vgl. BVerfG, Urteil vom 27.2.2008 – 1 BvR 370/07, 1 BvR 595/07 – BVerfGE 120, 274, 326 – *Online-Durchsuchung*.

Verfassungsrechtliche Rechtfertigung
- ✓ Aufgrund der Nähe zur Menschenwürde ist ein förmliches Gesetz erforderlich

Checkliste Art. 2 Abs. 1 GG i. V. m. Art. 1 Abs. 1 GG: APR – Recht auf informationelle Selbstbestimmung 225

Personeller Schutzbereich
- ✓ Menschenrecht: jede natürliche Person

Sachlicher Schutzbereich
- ✓ Befugnis des einzelnen, grundsätzlich selbst darüber zu entscheiden, wann und innerhalb welcher Grenzen er persönliche Lebenssachverhalte und insbesondere personenbezogene Daten offenbart.
- ✓ Personenbezogene Daten: Einzelangaben über persönliche und sachliche Verhältnisse einer bestimmten oder bestimmbaren natürlichen Person

Eingriff
- ✓ Jedes staatliche Erheben, Speichern, Verändern, Übermitteln und Nutzen von personenbezogenen Daten

Verfassungsrechtliche Rechtfertigung:
- ✓ Aufgrund der Nähe zur Menschenwürde ist förmliches Gesetz erforderlich
- ✓ Gesetz muss „bereichsspezifisch" sein, dh. Regelung im Fachrecht

7. Wohnung (Art. 13 Abs. 1 GG)

226 Das Wohnungsgrundrecht spielt bei polizeilichen Maßnahmen immer dann eine Rolle, wenn tatsächlich oder faktisch in Wohnräume „eingedrungen" wird, z. B. bei Wohnungsdurchsuchungen, dem Betreten von Wohnungen oder dem Abhören (dazu sogleich mehr).

227 **a) Schutzbereich. – aa) Personeller Schutzbereich.** Das Wohnungsgrundrecht ist ein Menschenrecht. Aber auch juristische Personen sollen Träger des Grundrechts sein können.[121]

228 **Klausurhinweis:** Das ist z. B. im Falle der Durchsuchung von Büroräumen eines eingetragenen Vereins hervorzuheben.

229 Grundrechtsträger ist jeder tatsächliche **Bewohner** einer Wohnung. Es kommt nicht auf den rechtlichen Status (z. B. Hauptmieter, Eigentümer, o. ä.) an.[122]

230 **Klausurhinweis:** Werden die Räumlichkeiten einer Familienwohnung oder einer WG durchsucht, ist der personelle Schutzbereich aller Bewohner berührt.

---

121 BVerfG, Beschluss vom 24.5.1977 – 2 BvR 988/75 – BVerfGE 44, 353, 371 – *Beratungsstelle*.
122 Vgl. *Papier*, in: Maunz/Dürig, GG, Art. 13 Rn. 12.

231 **bb) Sachlicher Schutzbereich.** Das Wohnungsgrundrecht ist eine spezielle Ausprägung des Rechts auf freie Entfaltung der Persönlichkeit. Geschützt wird die **„räumliche Privatsphäre“**. Der Einzelne soll einen „elementaren Lebensraum“ haben dürfen, in welchem er in Ruhe gelassen wird: seine Wohnung.[123]

232 **Vertiefung:** Nicht erfasst ist das Recht beziehungsweise die Möglichkeit die Wohnung zu nutzen. Diese Möglichkeit wird durch Art. 14 GG – dem Eigentumsgrundrecht – geschützt, welches auch das Besitzrecht des Mieters umfasst.

233 Was alles unter dem Begriff **„Wohnung“** verstanden werden kann, ist unter Juristen umstritten. Nach der für die Praxis maßgeblichen Auffassung des Bundesverfassungsgerichts,[124] ist der Begriff der Wohnung weit auszulegen. Zur Wohnung gehören alle privaten „Wohnzwecken“ gewidmeten Räumlichkeiten. Dazu gehört nicht nur die Wohnung im engeren Sinne, sondern jede Räumlich- oder Örtlichkeit die nach außen erkennbar (z. B. durch einen Zaun, eine Tür, eine Mauer) vor Jedermann abgeschirmt und abgegrenzt sind.

234 **Beispiel:** Zur Wohnung gehört also auch der Keller, die Garage, der Innenhof, ein Vorgarten, ein Zelt, eine Jacht, ein Campingwagen, ein Hotelzimmer etc.[125] Auch **Krankenzimmer in einer Reha** sind, obwohl das Personal hierauf Zugriff hat, von Art. 13 Abs. 1 GG geschützte Räumlichkeiten.[126]

235 Auf die Rechtmäßigkeit des Wohnungsbesitzes (z. B. Mietvertrag) kommt es nach der wohl herrschenden Meinung nicht an. Maßgeblich ist vielmehr, ob und dass *„ein privater Lebensbereich“ im Sinne einer „geschützten Atmosphäre des Privatlebens“* besteht.[127] Selbst illegal besetzte Häuser bzw. Wohnungen sind vom Wohnungbegriff umfasst.[128]

236 Auch **Betriebs- und Geschäftsräume** werden zur Wohnung im Sinne des Art. 13 GG gezählt. Das gilt uneingeschränkt für alle Betriebs- und Geschäftsräume, die nicht öffentlich zugänglich sind (z. B. Büroräume,[129] Warenlager,[130] Serverräume, Tierstallungen[131]).

237 Bei **öffentlich zugänglichen Betriebs- und Geschäftsräumen** (z. B. in einem Restaurant oder Supermarkt) handelt es sich um Räume „minderen Schutzes“,[132] die – jedenfalls zu Zeiten an denen sie für Jedermann „geöffnet“ sind – aus

---

123 *Kingreen/Poscher*, Grundrechte, Rn. 968.
124 BVerfG, Beschluss vom 13.10.1971 – 1 BvR 280/66.
125 Beispiele nach *Kingreen/Poscher*, Grundrechte, Rn. 971.
126 BGH, Urteil vom 10.8.2005 – 1 StR 140/05 – NJW 2005, 3295, 3297 – offengelassen für andere Krankenzimmer (z. B. Mehrbettzimmer).
127 VG Berlin, Urteil vom 16.7.2003 – 1 A 321.98 m. w. N.
128 Vgl. VG Berlin, Urteil vom 16.7.2003 – 1 A 321.98 – für einen Fall, in welchem ein Haus bereits seit fünf Jahren „besetzt“ war; a. A. *Papier*, in: Maunz/Dürig, GG, Art. 13 Rn. 12.
129 BGH, Beschluss vom 15.1.1997 – StB 27/96.
130 BVerwG, Urteil vom 5.11.1987 – 3 C 52/85 – NVwZ 1988, 539.
131 VGH München, Beschluss vom 11.5.2000 – 25 B 97.1012.
132 Näher zu diesem Thema *Mittag*, NVwZ 2005, 649.

dem sachlichen Schutzbereich herausfallen.[133] Ein Betreten durch die Polizei (oder die Verwaltung, z. B. Mitarbeiter des Gesundheitsamts) wäre somit „nur" ein Eingriff in die Allgemeine Handlungsfreiheit (Art. 2 Abs. 1 GG).

Vertiefung: Allerdings stellen sowohl Bundesverwaltungs[134]- und Bundesverfassungsgericht auf der Ebene der verfassungsrechtlichen Rechtfertigung erhöhte Anforderungen an die **Eingriffsermächtigung** (siehe dazu noch unten). **238**

Klausurhinweis: Diese Problematik der „Räume minderen Schutzes" ist bei der Prüfung des polizeilichen Betretens öffentlich zugänglicher Räume durch die Polizei kurz darzustellen. Der § 24 Abs. 6 Nds. SOG entspricht den Anforderungen des BVerfG und des BVerwG. **239**

b) **Eingriff.** Ein Eingriff in das Wohnungsgrundrecht ist bei jedem **staatlichen Eindringen** in die räumliche Privatsphäre gegeben. Dieses Eindringen kann sowohl körperlich (z. B. Betreten, Durchsuchung) als auch unkörperlich-faktisch (z. B. durch akustische Überwachung mit Richtmikrofonen o. ä.) erfolgen. **240**

In Art. 13 GG finden sich in den Absätzen 2 bis 7 unterschiedlich intensive Eingriffsformen: **Durchsuchung** (Art. 13 Abs. 2 GG), **Akustische/technische Wohnraumüberwachung** (sog. Lauschangriff – Art. 13 Abs. 3–6 GG)[135] und **„sonstige Eingriffe und Beschränkungen"** (Art. 13 Abs. 7 GG). **241**

Eine **Wohnungsdurchsuchung** im Sinne des Art. 13 Abs. 2 GG ist die ziel- und zweckgerichtete Suche nach Personen oder Sachen oder zur Ermittlung eines Sachverhaltes, um etwas aufzuspüren, was der Betroffene von sich aus nicht offen legen oder herausgeben will.[136] Ein **„sonstiger Eingriff"** im Sinne des Art. 13 Abs. 7 GG liegt bei jedem körperlichen Eindringen[137] vor, das nicht als Durchsuchung einzuordnen ist: z. B. Betreten, Verweilen, Besichtigen.[138] Darüber hinaus sind Maßnahmen mit besonderen Hilfsmitteln erfasst, die keine technische Wohnraumüberwachung darstellen, z. B. das Messen elektromagnetischer Abstrahlung.[139] **242**

Klausurhinweis: In der Klausur ist herauszuarbeiten, welche Art des Eingriffs vorliegt. Ist der Sachverhalt eindeutig, kann dies mit knapper Begründung geschehen. Formulierungsbeispiel: „POK Loh sucht in der Wohnung **243**

---

133 Siehe BVerfG, Beschluss vom 28.4.2003 – 2 BvR 358/03 – Rn. 14; zustimmend *Kingreen/Poscher*, Grundrechte, Rn. 973.

134 Nach dem BVerwG fallen auch Räume „minderen Schutzes" in den Schutzbereich des Art. 13 Abs. 1 GG, weil auch Wirken und berufliche Entfaltung geschützt werden soll; BVerwG, Urteil vom 25.8.2004 – 6 C 26.03. Da das BVerwG einen Eingriff unter denselben Voraussetzungen für zulässig erachtet, ist die Diskussion in der Praxis nicht von Relevanz.

135 Da der so genannte Lauschangriff erst im fortgeschrittenen Studium thematisiert wird, soll er an dieser Stelle nur kurz erwähnt werden.

136 BVerfG, Beschluss vom 16.6.1987 – 1 BvR 1202/84 –, Durchsuchungsanordnung – BVerfGE 76, 83, 89.

137 Ein unkörperliches Eindringen ist nur in den in Abs. 3 bis 6 genannten Fällen zulässig.

138 *Kingreen/Poscher*, Grundrechte, Rn. 978.

139 *Papier*, in: Maunz/Dürig, GG, Art. 13 Rn. 117.

des A nach der Tatwaffe. Es handelt sich somit um eine ziel- und zweckgerichtete Suche nach einer Sache, die der A nicht offenlegen oder herausgeben will, mithin eine Durchsuchung im Sinne des Art. 13 Abs. 2 GG."

244 c) **Verfassungsrechtliche Rechtfertigung.** Auch das Wohnungsgrundrecht gilt nicht schrankenlos. Je nach Art des Eingriffs stellt das Grundgesetz unterschiedliche Anforderungen an die verfassungsrechtliche Rechtfertigung.

245 Eine **Wohnungsdurchsuchung** im Sinne des Art. 13 Abs. 2 GG ist verfassungsrechtlich gerechtfertigt, wenn sie auf Basis einer gesetzlichen Grundlage (z. B. § 103 StPO) erfolgt. Zudem muss sie, um verfassungsgemäß zu sein, durch einen Richter angeordnet werden und die gesetzlich vorgeschriebenen Formen beachten (also formell rechtmäßig erfolgen).

246 **Vertiefung:** Diesen Anforderungen werden die Regelungen zur Wohnungsdurchsuchung sowohl in der StPO (§§ 102, 103 StPO in Verbindung mit § 105 StPO) als auch des Nds. SOG (§§ 24, 25 Nds. SOG) gerecht.

247 Das schlichte Betreten einer Wohnung (oder sonstiges körperliches Eindringen, z. B. Hineingreifen durch ein Fenster) ist als **„sonstiger Eingriff"** im Sinne des Art. 13 Abs. 7 GG zu werten. Eine verfassungsrechtliche Rechtfertigung einer solchen Maßnahme ist nach der verfassungsunmittelbaren Schranke des Abs. 7 1. Alternative bei Vorliegen einer gemeinen Gefahr oder Lebensgefahr für einzelne Personen gegeben.

248 **Vertiefung:** Eine „gemeine Gefahr" liegt vor, wenn ein Schaden für eine unbestimmte Zahl von Rechtsgütern droht,[140] die in ihrer Bedeutung der Lebensgefahr vergleichbar ist.[141] Wird eine solche, oder eine Lebensgefahr, bejaht, ist Art. 13 Abs. 7 1. Alternative bereits ausreichende Rechtsgrundlage für eine staatliche Maßnahme.

249 Ein sonstiger Eingriff im Sinne des Art. 13 Abs. 7 GG ist nach dem qualifizierten Gesetzesvorbehalt in Abs. 7 Alternative 2 auf Grund eines Gesetzes zur Abwehr einer dringenden Gefahr möglich. Unter **„dringender Gefahr"** ist nach hier geteilter Auffassung nicht jede Gefahr für ein hochrangiges Rechtsgut zu verstehen. Es muss darüber hinaus eine zeitliche Nähe zum Schadenseintritt bestehen.[142]

250 Die Aufzählung in Art. 13 Abs. 7 GG ist beispielhaft und nicht abschließend. Im Nds. SOG finden sich in § 24 den Anforderungen des Grundgesetzes entsprechende Regelungen zum Betreten einer Wohnung.

251 Wird ein Raum minderen Schutzes betreten (hierzu bereits oben), sind die Anforderungen an die verfassungsrechtliche Rechtfertigung weiter verringert. Das Bundesverfassungsgericht stellt die folgenden Anforderungen:

---

140 *Fink*, in: BeckOK-GG, Art. 13 Rn. 28.
141 *Jarass/Pieroth*, GG, Art. 13 Rn. 35.
142 *Denninger*, in: Lisken/Denninger, D, Rn. 63 (str.).

*„a) eine **besondere gesetzliche Vorschrift** muss zum Betreten der Räume ermächtigen;*
*b) das Betreten der Räume, die Vornahme der Besichtigungen und Prüfungen müssen einem **erlaubten Zweck** dienen und für dessen Erreichung **erforderlich** sein;*
*c) das Gesetz muss den **Zweck** des Betretens, den Gegenstand und den Umfang der zugelassenen Besichtigung und Prüfung **deutlich erkennen lassen**;*
d) das Betreten der Räume und die Vornahme der Besichtigung und Prüfung ist nur in den Zeiten statthaft, zu denen die Räume normalerweise für die jeweilige geschäftliche oder betriebliche Nutzung zur Verfügung stehen“.[143]

Die Regelung des § 24 Abs. 6 Nds. SOG, die das Betreten von Betriebs- und Geschäftsräumen zur allgemeinen Gefahrenabwehr gestattet, erfüllt diese Anforderungen. **252**

Checkliste Art. 13 GG: Unverletzlichkeit der Wohnung **253**

Personeller Schutzbereich

✓ Menschenrecht: jede natürliche Person
✓ Auch juristische Personen

Sachlicher Schutzbereich

✓ Räumliche Privatsphäre: Wohnung als elementarer Lebensraum, in dem der Einzelne sich ungestört zurückziehen und sich von außen abschirmen kann.
✓ Wohnung: alle zu privaten Wohnzwecken gewidmete Räumlichkeiten; nicht nur die Wohnung im engeren Sinne, sondern jede Räumlich- oder Örtlichkeit die nach außen erkennbar vor Jedermann abgeschirmt und abgegrenzt ist.
✓ Beachte: grundsätzlich auch Arbeits-, Betriebs- und Geschäftsräume. Sind sie jedoch während der Öffnungszeit für jedermann frei zugänglich, fallen sie zu dieser Zeit aus dem Schutzbereich heraus.

Eingriff

✓ Jedes staatliche Eindringen in die Wohnung, sowohl körperlich als auch nichtkörperlich/faktisch.
✓ Insbesondere Durchsuchung (Abs. 2), oder
✓ Technische Überwachung (Abs. 3–6) z. B. „Lauschangriff“, oder
✓ Andere Eingriffe (Abs. 7), z. B. Betreten oder u. U. Wohnungswegweisung/Platzverweis (str.!)

Verfassungsrechtliche Rechtfertigung

✓ Für Durchsuchungen (Abs. 2): qualifizierter Gesetzesvorbehalt (förmliches Gesetz, Richtervorbehalt, Einhaltung der Formvorschriften)
✓ Andere Eingriffe (Abs. 7): Lebensgefahr oder gemeine Gefahr (verfassungsunmittelbare Schranke) oder aufgrund eines Gesetzes auch zur Ver-

143 BVerfG, Beschluss vom 13.10.1971 – 1 BvR 280/66 (Hervorhebungen nur hier).

hütung einer dringenden Gefahr für die öffentliche Sicherheit und Ordnung (qualifizierter Gesetzesvorbehalt)

8. Eigentum (Art. 14 Abs. 1 GG)

254 Das Eigentum bzw. die **Eigentumsgarantie** werden als elementares Grundrecht angesehen. Ihr kommt, nach der Rechtsprechung des Bundesverfassungsgerichts „im Gefüge der Grundrechte insbesondere die Aufgabe zu, dem Träger des Grundrechts einen Freiheitsraum im vermögensrechtlichen Bereich zu sichern und ihm dadurch eine eigenverantwortliche Gestaltung seines Lebens zu ermöglichen."[144]

255 Durch die verfassungsrechtliche Garantie des Eigentums findet eine Abgrenzung von Staatsformen ab, in denen Eigentum beziehungsweise Privateigentum nicht oder nur eingeschränkt ermöglicht wird.

256 Aus Art. 14 Abs. 2 GG folgt, dass der Gebrauch des Eigentums zugleich dem Allgemeinwohl dienen soll. Diese „Sozialpflichtigkeit des Eigentums" stellt eine Absage an eine Eigentumsordnung dar, in der das Interesse des Einzelnen stets Vorrang vor den Interessen der Gemeinschaft hat.[145]

257 **Klausurhinweis:** In der Klausur und der Praxis spielt das Eigentumsgrundrecht insbesondere dann eine Rolle, wenn es um Sicherstellungs- und Beschlagnahmemaßnahmen geht.

258 **a) Schutzbereich. – aa) Personeller Schutzbereich.** Grundrechtsträger ist derjenige, der Eigentümer im Sinne des Art. 14 Abs. 1 GG ist, also eine vermögenswerte Rechtsposition innehat (hierzu sogleich).

259 Das Eigentumsgrundrecht schützt sowohl natürliche als auch inländische juristische Personen (des Privatrechts[146]).[147]

260 **bb) Sachlicher Schutzbereich.** Sachlicher Schutzbereich bzw. Schutzgegenstand des Art. 14 Abs. 1 GG ist „das Eigentum". Was genau zum Eigentum gehört, ist in die „Definitionsmacht" des Gesetzgebers gestellt, vgl. Art. 14 Abs. 1 Satz 2 GG.[148] Das bedeutet, dass zum Eigentum zunächst all die Rechtspositionen gezählt werden, die zu einem bestimmten Zeitpunkt (z. B. dem Zeitpunkt der zu betrachtenden Maßnahme) vom einfachen Recht als Eigentum ausgestaltet wurden.[149] Vom Eigentum im Sinne des Art. 14 Abs. 1 GG sind darüber hinaus alle „wohlerworbenen" vermögenswerten Rechtspositionen erfasst, die wie das Sacheigentum schutzfähig und -bedürftig sind.[150]

---

144 BVerfG, Urteil vom 17.12.2013 – 1 BvR 3139/08, 1 BvR 3386/08 – NVwZ 2014, 211, 213 f.
145 BVerfG, Urteil vom 17.12.2013 – 1 BvR 3139/08, 1 BvR 3386/08 – NVwZ 2014, 211, 214.
146 Zu juristischen Personen des Öffentlichen Rechts *Wieland*, in: Dreier, GG, Art. 14 Rn. 85.
147 Hierzu näher *Schmidt*, Grundrechte, Rn. 893.
148 Vgl. *Axer*, in: BeckOK-GG, Art. 14 Rn. 9; *Papier*, in: Maunz/Dürig, GG, Art. 14 Rn. 38.
149 *Kingreen/Poscher*, Grundrechte, Rn. 1000 f.
150 *Kingreen/Poscher*, Grundrechte, Rn. 1000; vgl. auch BVerfG, Beschluss vom 18.1.2006 – 2 BvR 2194/99 – NJW 2006 1191, 1192; ausführlich hierzu *Nüßgens/Boujong*, „Eigentum, Sozialbindung, Enteignung", Rn. 28.

Vertiefung: Geschützt ist also nicht nur das Eigentum im Sinne des BGB, sondern auch der (rechtmäßige) Besitz (z. B. des Wohnungsmieters[151]). Ferner sind so unterschiedliche Rechtspositionen wie Urheberrechte, Aktien und Wertpapiere, Internet-Domainnamen oder Bergbaurechte erfasst.[152] Nicht geschützt sind illegal „beschaffte" Gegenstände wie z. B. Diebesgut. Bei anderen „illegalen" Gegenständen wie z. B. bei Drogen ist es umstritten, ob sie „verkehrsfähig" sind und somit Eigentum an ihnen bestehen kann. Die h. M. bejaht diese Frage.[153] Der reine Besitz bzw. der schlichte Gewahrsam ist mit Blick auf den Zweck des Art. 14 Abs. 1 GG nach hier vertretener Auffassung nicht „wie Sacheigentum" schutzbedürftig oder -fähig. Der Dieb ist dennoch nicht rechtlos.[154] Er kann sich bezüglich des Besitzes auf die Allgemeine Handlungsfreiheit (Art. 2 Abs. 1 GG) berufen. 261

Art. 14 Abs. 1 GG gewährleistet nach der Rechtsprechung des BVerfG das Recht, *„die geschützten vermögenswerten Rechte innezuhaben, zu nutzen, zu verwalten und über sie zu verfügen"*.[155] In den Schutzbereich fällt also insbesondere auch das **Nutzungsrecht** des Eigentümers oder rechtmäßigen Besitzers, z. B. die grundsätzliche Möglichkeit einen PKW zu nutzen. 262

Vertiefung: Erfasst ist auch das Recht, einen Gegenstand oder ein Recht zu veräußern oder zu verschenken. 263

Nicht erfasst ist aber die Nutzung des Eigentums zu **verbotenen Handlungen**, z. B. die Nutzung des Messers für ein Tötungsdelikt.[156] 264

Vertiefung: Die Aufforderung gegenüber dem Geiselnehmer die Waffe fallenzulassen berührt den Schutzbereich des Art. 14 Abs. 1 GG daher nicht. Sie stellt jedoch einen (freilich verfassungsrechtlich gerechtfertigten) Eingriff in die Allgemeine Handlungsfreiheit (Art. 2 Abs. 1 GG) dar. 265

Ebenfalls nicht erfasst sind **spezifische Nutzungsmöglichkeiten**, die die grundsätzliche Nutzungsmöglichkeit nicht berühren. 266

Beispiel: So ist eine Geschwindigkeitsbegrenzung für PKW „nur" ein Eingriff in die Allgemeine Handlungsfreiheit des Art. 2 Abs. 1 GG. Die Durchsuchung von Räumlichkeiten stellt „nur" einen Eingriff in Art. 13 Abs. 1 GG dar.[157]Die Beschlagnahme der bei der Durchsuchung sichergestellten 267

---

151 *Papier*, in: Maunz/Dürig, GG, Art. 14 Rn. 202 m. w. N.

152 *Kingreen/Poscher*, Grundrechte, Rn. 1004 f. m. w. N.

153 BGH, Urteil vom 16.8.2017 – 2 StR 335/15; BGH, Beschluss vom 20.9.2005 – 3 StR 295/05, StV 2006, 18; *Marcelli*, NStZ 1992, 220; *Vitt*, NStZ 1992, 221; *Eser/Bosch* in: Schönke/Schröder, StGB, § 242 Rn. 19; *Fischer*, StGB, § 242 Rn. 5; a. A. *Engel*, NStZ 1991, 520; *Schmitz*, in: MüKo-StGB, § 242 Rn. 17 f.

154 Da es beim Diebstahl nur auf den „Gewahrsam" ankommt, ist ein Diebstahl auch vom Dieb möglich.

155 Das BVerfG umschreibt dies so: *„Art. 14 Abs. 1 GG gewährleistet das Recht, die geschützten vermögenswerten Rechte innezuhaben, zu nutzen, zu verwalten und über sie zu verfügen."* – BVerfG, Beschluss vom 18.1.2006 – 2 BvR 2194/99 – NJW 2006, 1191, 1192.

156 Vgl. *Pieroth/Schlink/Poscher/Kingreen*, Grundrechte, 31. Aufl., Rn. 1015.

157 Vgl. BVerfG, Beschluss vom 11.7.2008 – 2 BvR 2016/06 – NJW 2009, 281, 281 f.

Gegenstände ist auf Grund der damit verbundenen fortdauernden Besitzentziehung ein Eingriff in Art. 14.[158]

268 Das **Vermögen „als solches"**, also der Wert der vermögenswerten Rechtspositionen, ist **nicht** vom Schutz des Art. 14 Abs. 1 GG erfasst.[159]

269 b) **Eingriff.** Ein Eingriff in Art. 14 Abs. 1 GG ist jede Verkürzung vermögenswerter Rechtspositionen. Er kann entweder in Form einer Enteignung oder einer Inhalts- und Schrankenbestimmung vorliegen.

270 Eine **Enteignung** ist eine konkret-individuelle und finale Entziehung von Eigentumspositionen. Mit ihr wird die rechtliche Zuordnung eines eigentumsrechtlich geschützten Vermögensgutes zu dem bisherigen Rechtsinhaber aufgelöst.[160] Sie erfolgt zur Erfüllung bestimmter staatlicher Aufgaben im Allgemeinwohlinteresse.[161]

271 **Klausurhinweis und Vertiefung:** Sowohl Sicherstellungs- als auch Beschlagnahmemaßnahmen stellen – auf Grund der grundsätzlichen Möglichkeit der Herausgabe – keine Enteignung dar, da die rechtliche Zuordnung zum bisherigen Rechtsinhaber zwar beeinträchtigt aber nicht aufgelöst wird. Bei finalen Entziehungen ist der Zweck der Entziehung zu berücksichtigen. Eine Einziehung (z. B. von Tatwerkzeug) nach § 74 StGB würde dieses Kriterium zwar erfüllen (vgl. § 74e Abs. 1 StGB), dient aber keinem Gemeinwohlzweck, sondern hauptsächlich als Sühne- oder als Sicherungsmaßnahme.[162] Merke: Nicht jeder Entzug ist eine Enteignung.

272 In der Regel wird eine in Art. 14 Abs. 1 GG eingreifende polizeiliche Maßnahme „nur" als Konkretisierung einer **Inhalts- und Schrankenbestimmung** einzustufen sein.[163] Dabei handelt es sich um generelle und abstrakte Festlegung von Rechten und Pflichten des Eigentümers durch den Gesetzgeber.[164]

273 c) **Verfassungsrechtliche Rechtfertigung.** Die verfassungsrechtliche Rechtfertigung für Enteignungen richtet sich nach Art. 14 Abs. 3 Satz 2 GG. Sie kann entweder durch Gesetz (sog. Legislativenteignung) oder auf Grund eines Gesetzes (Administrativenteignung erfolgen).[165]

274 Eine Inhalts- und Schrankenbestimmung muss „durch die Gesetze" erfolgen, vgl. Art. 14 Abs. 1 Satz 2 GG. Ausreichend ist eine auf gesetzlicher Grundlage beruhende Rechtsverordnung oder Satzung.[166] Ein Parlamentsgesetz ist nicht erforderlich (aber natürlich ebenfalls ausreichend).

---

158 Vgl. BVerfG, Beschluss vom 11.7.2008 – 2 BvR 2016/06 – NJW 2009, 281, 282.
159 *Jarass/Pieroth*, GG, Art. 14 Rn. 5 m. w. N.; kritisch *Papier*, in: Maunz/Dürig, GG, Art. 14 Rn. 160 ff m. w. N.
160 Vgl. *Axer*, in: BeckOK-GG, Art. 14 Rn. 75.
161 Vgl. *Axer*, in: BeckOK-GG, Art. 14 Rn. 73 m. w. N.
162 *Papier*, in: Maunz/Dürig, GG, Art. 14 GG Rn. 656.
163 Zur Abgrenzungsproblematik *Wieland*, in: Dreier, GG, 3. Aufl, Art. 14 Rn. 100.
164 BVerfG, Beschluss vom 22.05.2001 – 1 BvR 1512/97 und 1677/97 NVwZ 2001, 1023.
165 Hierzu näher *Wieland*, in: Dreier, GG, Art. 14 Rn. 109 ff.
166 Vgl. BVerfG, Beschluss vom 10.7.1958 – 1 BvF 1/58 – Weinrebe – BVerfGE 8, 71, 79.

Klausurhinweis: Sowohl § 26 Nds. SOG als auch § 94 StPO sind verfassungsgemäße Inhalts- und Schrankenbestimmungen. 275

Checkliste Art. 14 GG: Recht auf Eigentum 276

Personeller Schutzbereich

✓ Menschenrecht: jede natürliche Person
✓ Auch juristische Personen

Sachlicher Schutzbereich

✓ Eigentum im verfassungsrechtlichen Sinne = alle (privaten) vermögenswerten Rechte, die dem Berechtigten von der objektiven Rechtsordnung in der Weise zugeordnet sind, dass er die damit verbundenen Befugnisse nach eigenverantwortlicher Entscheidung zu seinem privaten Nutzen ausüben darf.

Eingriff

✓ Art. 14 GG enthält Inhalts- und Schrankenbestimmung – Schranke wird durch das Gesetz (die Ermächtigungsgrundlage) bestimmt, so dass der Eingriff bereits auf der Ebene des Gesetzgebers stattfindet
✓ Eingriffsmaßnahme selbst ist **Konkretisierung** der Inhalts- und Schrankenbestimmung

Verfassungsrechtliche Rechtfertigung

✓ Inhalts- und Schrankenbestimmung, die Schranke wird durch ein Gesetz bestimmt

9. Freizügigkeit (Art. 11 GG)

Eine eher untergeordnete Rolle spielt im ersten Studienjahr das in Art. 11 GG verankerte Recht auf Freizügigkeit. 277

a) **Schutzbereich und Eingriff.** Es handelt sich bei dem Grundrecht auf Freizügigkeit um ein Bürgerrecht, welches für Deutsche unmittelbar und für EU-Ausländer analog gilt.[167] Nicht EU-Ausländer können sich auf Art. 11 GG nicht berufen (wohl aber auf Art. 2 Abs. 1 GG). 278

Vertiefung: Eine Einschränkung der Freizügigkeit von nicht EU-Ausländern ist daher unter geringeren Voraussetzungen als bei Deutschen oder EU-Ausländern möglich. 279

Der sachliche Schutzbereich des Art. 11 GG umfasst nach der ständigen Rechtsprechung des Bundesverfassungsgerichts das Recht, an jedem Ort innerhalb des Bundesgebiets Aufenthalt und Wohnung zu nehmen.[168] 280

---

167 Siehe auch bei der allg. Darstellung des „personellen Schutzbereichs“, Rn. 62 f.
168 BVerfG, Urteil vom 17.3.2004 – 1 BvR 1266/00 – NVwZ 2005, 797, 798 mit weiteren Nachweisen.

281 Das Merkmal „Aufenthalt“ ist unter Juristen hochumstritten.[169] In Abgrenzung zur „allgemeinen“ körperlichen Bewegungsfreiheit (Art. 2 Abs. 2 Satz 2 GG), die ja bereits das Recht, sich an einem bestimmten Ort aufzuhalten erfasst, wird man eine „gewisse Dauer und Bedeutung des Aufenthalts für den Betroffenen“[170] fordern müssen.[171] Das tatsächliche Nehmen eines Wohnsitzes ist nicht erforderlich.

282 **Beispiel:** Ein einfacher Platzverweis berührt den sachlichen Schutzbereich noch nicht, wohl aber – nach hier vertretener Auffassung – die Wegweisung aus einer Wohnung, insbesondere, wenn sie mehrere Tage andauern soll.[172] Auch ein Aufenthaltsverbot (lies § 17 Abs. 4 Nds. SOG) wird als Eingriff in Art. 11 GG gewertet.[173]

283 b) **Verfassungsrechtliche Rechtfertigung.** Die Abgrenzung zwischen der schlichten Freiheitsbeschränkung und einem Eingriff in Art. 11 GG wird auf der Ebene der verfassungsrechtlichen Rechtfertigung relevant. Eine Einschränkung darf nur auf Grundlage eines formellen Gesetzes erfolgen. Aus Art. 11 Abs. 2 GG (lesen!) ergibt sich zudem, dass eine Einschränkung nur zu bestimmten Zwecken gestattet ist. Im polizeilichen Kontext ist der Vorbehalt der Straftatenvorbeugung (sog. Kriminalvorbehalt) von Relevanz. Zweck der einschränkenden Norm muss also die Verhütung von Straftaten sein.

284 **Vertiefung:** Diesen Anforderungen werden § 17 Abs. 2 Satz 2 Nds. SOG (mittelfristiger Wohnungsverweis insb. bei häuslicher Gewalt) als auch § 17 Abs. 4 Nds. SOG (Aufenthaltsverbot) gerecht.

285 **Checkliste Art. 11 GG: Recht auf Freizügigkeit**

Personeller Schutzbereich

- ✓ Bürgerrecht: alle Deutschen (Art. 116 GG)
- ✓ EU-Bürger: Art. 11 entsprechend (str.) wegen § 18 AEUV
- ✓ Sonstige: nur im Rahmen von Art. 2 Abs. 1 GG geschützt

Sachlicher Schutzbereich

- ✓ Freie Wahl des Wohnsitzes sowie die Einreise in das Hoheitsgebiet
- ✓ Nicht die Ausreise aus dem Hoheitsgebiet
- ✓ Aufenthalt, wenn „längerfristiges Verweilen an einem Ort“ (str.)

Eingriff

- ✓ Insbesondere durch längerfristige Wohnungswegweisung oder Aufenthaltsverbot

---

169 Einen Überblick verschafft *Baldus*, in: BeckOK-GG, Art. 11 Rn. 3.
170 *Baldus*, in: BeckOK-GG, Art. 11 Rn. 3 unter Hinweis auf *Jarass/Pieroth*, GG, Art. 11 Rn. 2 (dort wiederum Verweis auf BVerfG, Nichtannahmebeschluss vom 25.3.2008 – 1 BvR 1548/02 – Rn. 25)
171 *Kingreen/Poscher*, Rn. 881.
172 Vgl. VGH Mannheim, Urteil vom 22.7.2004 – 1 S 2801/03 – NJW 2005, 88.
173 OVG Bremen, Urteil vom 24.3.1998 – 1 BA 27-97 – NVwZ 1999, 314, 315.

Verfassungsrechtliche Rechtfertigung

✓ Qualifizierter Gesetzesvorbehalt: Förmliches, zweckgebundenes Gesetz
✓ Von polizeilicher Relevanz in erster Linie der Kriminalvorbehalt „um strafbaren Handlungen vorzubeugen“ (entspricht im weitesten Sinne der Straftatenverhütung bzw. Gefahrenabwehr)

Teil 3 **Formelle Rechtmäßigkeit**

I. Allgemeines

286 Bei der Prüfung der (einfachgesetzlichen) Rechtmäßigkeit einer polizeilichen Maßnahme wird zwischen der formellen und der materiellen Rechtmäßigkeit unterschieden. Im Rahmen der Prüfung der formellen Rechtmäßigkeit einer Maßnahme wird zunächst grundlegend geklärt, ob die **wesentlichen Formalia** durch die handelnden Beamten eingehalten wurden.

287 In Niedersachsen orientiert man sich an der folgenden groben Prüfungsreihenfolge, der auch im Rahmen dieser Darstellung gefolgt werden soll:

Prüfungsschema Formelle Rechtmäßigkeit

1. Zuständigkeit
   a) Örtliche Zuständigkeit
   b) Sachliche Zuständigkeit
      aa) Repressive Tätigkeit bzw. Aufgabenzuweisung
      bb) Präventive Tätigkeit bzw. Aufgabenzuweisung
      cc) Dominanzentscheidung (bei Doppelzuständigkeit)
   c) Funktionelle Zuständigkeit
2. Form- und Verfahrensvorschriften
   a) Strafverfahrensrecht (Belehrungen, etc.)
      oder
   b) Gefahrenabwehrrecht
      aa) Allg. Form-/Verfahrensvorschriften aus dem VwVfG (bei Verwaltungsakt)
      bb) Besondere Form-/Verfahrensvorschriften (Nds. SOG, etc.)

II. Zuständigkeit

288 Im Rahmen der Prüfung der formellen Rechtmäßigkeit müssen Sie zunächst die Frage stellen, ob die handelnden Beamten überhaupt **örtlich, sachlich und funktionell zuständig** – und damit befugt waren, die jeweilige Maßnahme anzuordnen beziehungsweise durchzuführen.

1. Örtliche Zuständigkeit: Grundzüge

289 a) **Ausgangslage.** Die Frage *„Darf ich hier, an diesem Ort tätig werden?"*, also die Frage nach der örtlichen Zuständigkeit – steht sowohl in der Praxis als auch in der Klausur an erster Stelle der Prüfung der formellen Rechtmäßigkeit des polizeilichen Handelns. Keine weiteren rechtlichen Probleme wirft die Antwort auf, wenn Sie am Ort Ihrer Dienststelle „aktiv" sind. Aber: Darf ein Polizist der PI Nienburg in Seesen einen Platzverweis erteilen? Darf (und muss) er in Bremen einen dringend Tatverdächtigen vorläufig festnehmen? Die Antwort ergibt sich aus dem Zusammenspiel der im folgenden dargestellten Normen.

Klausurhinweis: Sehr häufig -aber nicht immer (!)- findet sich im Bearbeitungshinweis der Klausur der Hinweis „Die örtliche Zuständigkeit ist gegeben." In einem solchen Fall wäre es überflüssig (und damit falsch) hierzu weitergehende Ausführungen zu machen. **290**

b) **Grundsatz: Beschränkung auf den eigenen Bezirk.** Grundsätzlich ist nach § 100 Abs. 1 S. 1 Nds. SOG die örtliche Zuständigkeit der Polizeibehörden auf ihren „eigenen" **Bezirk** beschränkt. Polizeibehörden sind nach § 87 Abs. 1 Nds. SOG die Polizeidirektionen, das Landeskriminalamt (LKA) und die zentrale Polizeidirektion (ZPD). Das LKA und die ZPD sind nach § 87 Abs. 2 Nds. SOG für das gesamte Landesgebiet örtlich zuständig. Die Bezirke der sechs weiteren Polizeidirektionen Hannover, Braunschweig, Göttingen, Oldenburg, Osnabrück und Lüneburg werden in § 90 Abs. 2 Nds. SOG festgelegt. Die Zuständigkeitsbezirke orientieren sich an den Landkreisgrenzen. **291**

Selbststudiumsaufgabe: In der Anlage zum Nds. SOG sind die Zuständigkeitsgrenzen der Polizeidirektionen dargestellt. Vergegenwärtigen Sie sich diese. **292**

Durch die Beschränkung der örtlichen Zuständigkeit auf den jeweiligen Bezirk ist es z. B. der Polizeidirektion Hannover und deren Angehörigen grundsätzlich **verwehrt**, auf dem Gebiet der Polizeidirektion Braunschweig tätig zu werden. **Besteht keine örtliche Zuständigkeit, führt dies zur Rechtswidrigkeit einer dennoch durchgeführten Maßnahme.** **293**

Nach § 100 Abs. 1 Satz 2 Nds. SOG ist die Behörde örtlich zuständig, in deren Bezirk die zu schützenden Interessen verletzt oder gefährdet werden. Darüber hinaus ist nach § 100 Abs. 1 Satz 3 Nds. SOG in den Fällen, in denen eine Gefahr, die sich in anderen Bezirken auswirkt, von einer Person verursacht wird, die in einem anderen Bezirk wohnt oder sich aufhält, **auch** die dortige Behörde zuständig. **294**

Beispiel: A ist bekennender Hooligan des Braunschweiger TSV. Vor einem Pokalspiel gegen die Mannschaft von Hannover 96, das in Hannover stattfindet, soll bei dem A eine sogenannte Gefährderansprache durchgeführt werden. Hierfür wäre auch die PD Braunschweig zuständig. **295**

Formulierungsvorschlag zu allgemeinen Fällen: *„Nach §§ 100 Abs. 1, 87 Abs. 1 und 90 Abs. 2 Nds. SOG sind die Beamten einer Polizeidirektion in ihrem Bezirk örtlich zuständig, wenn die zu schützenden Interessen in ihrem Bezirk verletzt oder gefährdet werden. Im Sachverhalt handeln die örtlichen Polizeibeamten. Die zu schützenden Interessen werden in ihrem Zuständigkeitsbereich verletzt. Folglich sind sie örtlich zuständig."* **296**

c) **Ausnahme: Tätigkeit in anderem Bezirk.** Gelegentlich müssen Maßnahmen einer Behörde auch auf dem Gebiet einer anderen Behörde durchgeführt werden. **297**

298 **Beispiel:** Der zu kontrollierende Verkehrsteilnehmer fährt über die Bezirksgrenze; der Personalausweis muss im Nachbarbezirk eingesehen werden, während einer Observation wird die Bezirksgrenze überschritten.

299 Dementsprechend hat der Gesetzgeber Ausnahmen – genannt außerordentliche örtliche Zuständigkeit – geschaffen.

300 Nach § 100 Abs. 3 Satz 2 Nds. SOG können die Beamten einer Polizeibehörde ausnahmsweise auch in einem anderen Bezirk tätig werden,
1. bei Gefahr im Verzug
2. zur Fortsetzung einer im eigenen Bezirk begonnenen Maßnahme oder
3. mit Zustimmung der für den anderen Bezirk zuständigen Behörde.

301 In den Fällen der Ziffern 1 und 2 ist die örtlich zuständige Polizeibehörde unverzüglich zu unterrichten.

302 **Praxishinweis:** Diese Unterrichtung erfolgt gewöhnlich durch eine Anmeldung bei der örtlichen Lage- und Führungszentrale. Die Anmeldung ist wegen der Einsatzdokumentation und vor allem aus Eigensicherungsgründen sehr wichtig.

303 Eine generelle Befugnis für die niedersächsischen Polizeibeamten, auf dem gesamten Gebiet des Landes Niedersachsens tätig werden zu dürfen, ist in § 100 Abs. 5 Nds. SOG enthalten. Demnach können Amtshandlungen in einem fremden Bezirk auch vorgenommen werden,
1. bei Gefahr im Verzug,
2. auf Anforderung oder mit Zustimmung der zuständigen Behörde,
3. aus Anlass der Begleitung oder Bewachung von Personen oder Sachen,
4. zur Verfolgung von Straftaten und Ordnungswidrigkeiten oder
5. zur Verfolgung und Wiederergreifung Entwichener.

304 **Formulierungsvorschlag:** *„Nach §§ 100 I, 87 Abs. 1 und 90 Abs. 2 Nds. SOG sind die Beamten einer Polizeidirektion in ihrem Bezirk örtlich zuständig, wenn die zu schützenden Interessen in ihrem Bezirk verletzt oder gefährdet werden. Im Sachverhalt handelt ein Beamter der Polizeidirektion Hannover auf dem Gebiet der Polizeidirektion Braunschweig. Er ist dort jedoch als Angehöriger einer Einsatzhundertschaft auf Anforderung der Polizeidirektion Braunschweig eingesetzt. Somit kann er gemäß § 100 Abs. 5 Nr. 2 Nds. SOG Amtshandlungen auf dem Gebiet der PD Braunschweig vornehmen.“*

305 Auch für den Einsatz von niedersächsischen Polizeibeamten **in anderen Bundesländern** (§ 104 Nds. SOG) und den Einsatz von Polizeibeamten anderer Bundesländer (und ausländischer Polizeibeamter) in Niedersachsen (§ 103 Nds. SOG) gelten gesonderte Vorschriften, auf die hier nicht weiter eingegangen wird.[174]

---

174 Lesen Sie die §§ 103, 104 Nds. SOG und schlagen Sie die dort genannten Regelungen im GG nach.

Vertiefungshinweis: Zu beachten ist jedoch, dass Polizeibeamte anderer Bundesländer immer das jeweils örtlich geltende Gefahrenabwehrgesetz anwenden müssen. In den Grundzügen ähneln sich die Gefahrenabwehrgesetze der Länder jedoch. In Details ergeben sich jedoch wichtige Unterschiede: So ist es in Bayern möglich, dem Wasser in den Wasserwerfern Reizstoffe beizumischen. In Niedersachsen ist dies untersagt. 306

2. Sachliche Zuständigkeit

a) **Ausgangslage.** Staatliches Handeln, das nicht Rechtsprechung oder Gesetzgebung ist, wird von der **Verwaltung**, also den hierfür eingerichteten Behörden und deren Mitarbeitern (Arbeiter, Angestellte und Beamte), den sogenannten **Amts- und Organwaltern**, ausgeführt. Die staatlichen Aufgaben sind hierbei vielfältig. Es ist unmöglich, eine Verwaltung vorzuhalten, die sich um alle staatliche Aufgaben gleichzeitig kümmern könnte. In einem modernen Staatsgefüge muss sich die Verwaltung spezialisieren. Diese Trennung der Verwaltung ist -auch aus historischen Gründen[175]- in Deutschland stark ausgeprägt. 307

Die Aufgabe des Staates, gleichzeitig für die Sicherheit als auch für die Freiheit seiner Bürger zu sorgen und diese zu schützen,[176] ist hierbei eine Aufgabe von vielen, jedoch eine sehr wichtige. Schon aus Gründen der Effektivität, aber auch zur Vermeidung von Kompetenzlücken muss klar geregelt sein, welche Behörde oder Institution eine bestimmte Aufgabe wahrzunehmen hat (und wahrnehmen darf), also **sachlich zuständig** ist. 308

Im Bereich der Sicherheits- und Ordnungsbehörden, in dem die Trennung der Verwaltung besonders deutlich wird, unterscheidet man die **Innere Sicherheit** (Polizei) von der Äußeren Sicherheit (Bundeswehr), den in Deutschland stark zerklüfteten Geheimdienst (Bundesnachrichtendienst, Militärischer Abschirmdienst, das Bundesamt für Verfassungsschutz, die Landesämter für Verfassungsschutz) von der Polizei (die keine nachrichtendienstlichen Methoden einsetzt), im Bereich der Strafverfolgung die Polizei von der Staatsanwaltschaft sowie im Bereich der Gefahrenabwehr die Polizei von den Verwaltungsbehörden. 309

b) Sachliche Zuständigkeit der Polizei. Der Polizei sind gesetzlich drei Aufgabengebiete bzw. sachliche Zuständigkeitsbereiche zugewiesen: 310

1. die **Verfolgung von Straftaten** (§§ 163 Abs. 1 S. 1, 152 Abs. 2 StPO)
2. die Verfolgung von Ordnungswidrigkeiten (§ 53 Abs. 1 OWiG)
3. die **Gefahrenabwehr** (§ 1 Nds. SOG)[177]

Die Verfolgung von Straftaten und Ordnungswidrigkeiten wird auch als **repressive** Aufgabe, die Gefahrenabwehr als **präventive** Aufgabe bezeichnet. 311

Klausurhinweis: Unter dem Prüfungspunkt „Sachliche Zuständigkeit" wird dementsprechend geprüft, ob und auf Grund welcher rechtlichen Regelung die Polizei eine bestimmte Aufgabe wahrnehmen darf und muss. Hierbei 312

175 *Boldt/Stolleis*, in: Lisken/Denninger, A, Rn. 66 f.

176 Vgl. *Gusy*, § 3, Rn. 71 ff.

177 Im Bereich der Gefahrenabwehr haben die Verwaltungsbehörden und die Polizei nach § 1 Abs. 1 S. 1 Nds. SOG **gemeinsam** die Aufgabe der Gefahrenabwehr. Hierzu noch unten.

sind immer alle Zuständigkeiten anzusprechen und zu prüfen, auch wenn sie im Ergebnis abgelehnt werden.

313 Ist nach einer Rechtsnorm eine bestimmte staatliche Stelle für eine bestimmte Aufgabe sachlich zuständig (z. B. die Polizei für die Straftatenverhütung, § 1 Abs. 1 Satz 3 Nds. SOG), dann ist ihr durch diese Norm lediglich eine bestimmte Aufgabe zugewiesen.[178]

314 Diese **Aufgabenzuweisungsnorm** ermächtigt nicht dazu, durch einzelne Maßnahmen in die Grundrechte der Bürger einzugreifen. Hierfür bedarf es einer eigenständigen **Ermächtigungsgrundlage;** auch Befugnisnorm genannt.[179]

315 Nur wenn der Staat durch seine Tätigkeit **nicht** in die Grundrechte des Bürgers eingreift (hierzu noch unten), kann sich die Befugnis für diese so genannten **schlicht-hoheitlichen Maßnahmen** aus der Aufgabenzuweisung selbst ergeben.

316 **Beispiele:** Streifenfahrten, allgemeine Verkehrsüberwachung, Verkehrsmeldungen[180] oder Mitarbeit in Präventionsräten.

3. Sachliche Zuständigkeit: Verfolgung von Straftaten (§ 163 Abs. 1 StPO)

317 Der Polizei ist sachlich für die Verfolgung von Straftaten zuständig. Das folgt aus § 163 Abs. 1 Satz 1 StPO, welcher bestimmt: „*Die Behörden und Beamten des Polizeidienstes haben Straftaten zu erforschen und alle keinen Aufschub gestattenden Anordnungen zu treffen, um die Verdunkelung der Sache zu verhüten.*“ Daraus folgt, dass die Polizei verpflichtet ist, bei zureichenden tatsächlichen Anhaltspunkten für das Vorliegen einer verfolgbaren Straftat (sog. **Anfangsverdacht** – vgl. § 152 Abs. 2 StPO), selbständig den Sachverhalt zu erforschen und die zur Aufklärung der Straftat erforderlichen Maßnahmen zu treffen.[181]

318 Bevor hierauf (vgl. unten ab Rn. 444) näher eingegangen wird, bedarf es zunächst einiger Erläuterungen rund um das Strafverfahren.

319 **a) Rechtsquellen des Strafverfahrens.** Die „repressive“[182] Aufgabenzuweisung (sowie die verschiedenen Eingriffsbefugnisse, um diese Aufgabe wahrnehmen zu können), ergibt sich aus der **Strafprozessordnung (StPO)**, die bereits im Jahre 1877 erlassen wurde,[183] aber natürlich zahlreichen Änderungen unterlag.[184]

320 Die StPO stellt die wichtigste Rechtsquelle für das **Strafverfahrensrecht** dar. In diesem ist geregelt, <u>wie</u> einem Täter die Straftat nachgewiesen werden kann und darf.

---

178 *Knemeyer,* Rn. 70.

179 Die Trennung von Aufgabenzuweisung und Befugnissen hat rechtsstaatliche Gründe, hierzu *Knemeyer,* Rn. 76.

180 *Schenke,* § 3, Rn. 36.

181 *Griesbaum,* in: KK-StPO, § 163 Rn. 1.

182 Zu diesem schillernden Begriff *Spohrer,* in: Möllers, Wörterbuch der Polizei, Eintrag „Repression“.

183 Vom 1.2.1877 (RGBl S. 253; BGBl III 312-2).

184 Vgl. Tabelle der Änderungen der StPO und des GVG in *Meyer-Goßner.*

Vertiefung: Im so genannten materiellen Strafrecht, dessen wichtigstes Gesetz das Strafgesetzbuch (StGB) ist, wird beschrieben, welche Verhaltensweise eine Straftat darstellt und welche Strafe droht. **321**

Das Strafverfahrensrecht enthält unter anderem detaillierte Regelungen zum Gang des Strafverfahrens, zu Aufgaben, Rechten und Pflichten der Prozessbeteiligten. Für die Polizei sind insbesondere die Regelungen zu den einzelnen Ermittlungsmaßnahmen (z. B. vorläufige Festnahme) von Relevanz. **322**

Vertiefung: Weitere Rechtsquellen des Strafverfahrensrechts sind u. a. **323**
- das Gerichtsverfassungsgesetz, GVG
- das Jugendgerichtsgesetz, JGG
- das Gesetz über die internationale Rechtshilfe, IRG
- das Bundeszentralregistergesetz, BZRG
- das Niedersächsische Strafvollzugsgesetz, NJVollzG
- die Richtlinie über das Straf- und Bußgeldverfahren, RiStBV
- die Verordnung über Ermittlungspersonen der Staatsanwaltschaft, StAErmPersV

b) **Strafverfahren und Polizei.** Die Polizei hat die **Pflicht, Straftaten zu erforschen.** Diese Aufgabenzuweisung ergibt sich aus § 163 Abs. 1 Satz 1 StPO. Die **Anklage** der Straftat vor Gericht dagegen ist Aufgabe der Staatsanwaltschaft. **324**

In diesem Zusammenhang gilt es zu klären, in welchem Verhältnis Staatsanwaltschaft und Polizei zueinander stehen – ob der Staatsanwalt dem ermittelnden Polizeibeamten z. B. Weisungen erteilen kann – und wann überhaupt eine Straftat vorliegt oder zumindest vorliegen könnte. Die Antworten auf diese Fragen ergeben sich aus den §§ 151, 152, 160 und 161 StPO und den mit ihnen in Zusammenhang stehenden **Grundsätzen des Strafverfahrens**, die im Folgenden näher betrachtet werden und deren Verständnis in der täglichen Praxis unabdingbar sind. **325**

Da die Polizei gewissermaßen der verlängerte Arm der Staatsanwaltschaft ist,[185] gelten viele der nachfolgend dargestellten Grundsätze (und Pflichten) nicht nur für die Staatsanwaltschaft, sondern auch für die Polizei. **326**

aa) **Anklagegrundsatz.** Der § 151 StPO enthält den so genannten Anklagegrundsatz (**Akkusationsprinzip**). Dieser besagt, dass das Gericht nicht aus eigenem Antrieb tätig wird. Es bedarf der Erhebung einer Anklage durch den Staatsanwalt („wo kein Kläger, da kein Richter").[186] Dieser unspektakulär wirkende Grundsatz ist von hoher rechtsstaatlicher Wichtigkeit: Er stellt eine Art „innerjustizielle Gewaltenteilung" dar. Während im so genannten Inquisitionsprozess, der das Strafverfahren des Mittelalters prägte, der Richter gleichzeitig **327**

---

185 So z. B. das BVerwG, Urteil vom 3.12.1974 – I C 11/73 -NJW 1975, 893, 894, welches die Staatsanwaltschaft als „*Kopf ohne Hände bezeichnet*", da sie in der Regel gar nicht über die sachlichen und personellen Mittel verfügt, um eigenständig ein Ermittlungsverfahren durchzuführen; vgl. auch *Rachor*, in: Lisken/Denninger, Teil C, Rn. 102.

186 *Peters*, in: MüKo-StPO, § 163, Rn. 1.

Ermittler, Ankläger und Verurteilender war,[187] wird die heutige Trennung von Ankläger (Staatsanwalt) und Richter als Grundvoraussetzung für die Unvoreingenommenheit des Richters und somit für einen fairen Prozess angesehen.

328 **bb) Offizial- und Legalitätsprinzip.** Das sogenannte Offizial- und Legalitätsprinzip ist in § 152 StPO festgeschrieben.[188]

329 **aaa) Offizialprinzip.** § 152 Abs. 1 StPO stellt klar, dass zur Strafverfolgung allein der Staat berufen ist (**Offizialprinzip**).[189] Das heißt, dass es grundsätzlich Entscheidung des Staates ist, ob eine Straftat verfolgt und angeklagt wird oder nicht. Der Staatsanwaltschaft, die die Strafverfolgung von Amts wegen (ex officio) durchführt, kommt das **Anklagemonopol** zu.[190] Der Bürger, namentlich das Opfer bzw. der Geschädigte einer Straftat, haben im Umkehrschluss grundsätzlich keine bzw. nur ganz eingeschränkte Möglichkeiten (hierzu sogleich), auf die Strafverfolgung Einfluss zu nehmen bzw. vor dem Strafgericht Anklage zu erheben.

330 In anderen Rechtsgebieten gilt das Offizialprinzip nicht: so muss der **Bürger** bei zivilrechtlichen Streitigkeiten selbst aktiv werden und einen anderen Bürger (oder den Staat) verklagen.

331 **Beispiel:** A versetzt dem B einen Fausthieb in das Gesicht. B erleidet hierdurch Schmerzen, ein Teil seines Schneidezahns bricht ab und seine Brille ist beschädigt. Die Polizei ist verpflichtet, diese Straftat zu erforschen (beispielsweise durch Identitätsfeststellungen, der Vernehmung des Opfers, der Zeugen und des Beschuldigten und durch Sicherung von Spuren). Es werden hierbei nicht nur die belastenden, sondern auch die entlastenden (!) Aspekte ermittelt.

Der Staatsanwalt ist – sofern ein hinreichender Tatverdacht besteht – zur Erhebung der Anklage vor dem Strafgericht berufen, um eine Verurteilung des Täters im Strafverfahren zu erwirken (Geld- oder Freiheitsstrafe). Für das Opfer besteht diese Möglichkeit grundsätzlich nicht. Das Opfer kann den Beschuldigten jedoch im Zivilverfahren verklagen, um seine Schmerzensgeld- und Schadensersatzansprüche (Schmerzen durch den Schlag, Schaden an der Brille, Heilbehandlungskosten) geltend zu machen.

332 **Vertiefungshinweis:** Für den Geschädigten besteht auch im Strafverfahren auf Antrag die Möglichkeit, Schadensersatz- und Schmerzensgeldansprüche (z. B. nach § 823 BGB) geltend zu machen. Dieses in den §§ 403 ff. StPO geregelte Verfahren nennt sich **Adhäsionsverfahren** (Anhangsverfahren). Das Zivilverfahren wird sozusagen an das Strafverfahren angehängt.

---

187 *Kramer*, Rn. 96.

188 *Plöd*, in: KMR-StPO, § 152, Rn. 1.

189 *Peters*, in: MüKo-StPO, § 152 Rn. 21.

190 *Peters*, in: MüKo-StPO, § 152 Rn. 21; *Beulke*, Rn. 16. Dieses Rechtsprinzip ist weit verbreitet. In einigen Ländern besteht jedoch auch für jedermann die Möglichkeit, eine andere Person anzuklagen (z. B. Großbritannien) – hierzu *Jasch*, Perspektiven der polizeilichen Entscheidungsmacht. Strafverfahrensabschluss und Polizei in Deutschland und England, S. 52.

bbb) Sonderfall: Privatklageverfahren. Das Offizialprinzip gilt nicht uneingeschränkt. Es wird durch das sogenannte **Privatklageverfahren** durchbrochen.[191] 333

§ 374 StPO zählt abschließend[192] einige (leichtere) Vergehen auf, die der Geschädigte oder statt diesem ein anderer Strafantragsberechtigter (vgl. §§ 374 Abs. 2 StPO, 77 StGB) im Wege der Privatklage verfolgen kann. So stellen z. B. der Hausfriedensbruch, die Beleidigung, die Nötigung, die Sachbeschädigung und die (einfache) Körperverletzung Privatklagedelikte dar. Diese genannten Delikte nehmen einen erheblichen Raum im polizeilichen Alltag ein, daher ist auch hier das Wissen um die Besonderheiten der Privatklage wichtig für jeden Polizisten. 334

Im Privatklageverfahren tritt der Privatkläger statt des Staatsanwaltes als Ankläger auf.[193] Das Privatklageverfahren ist dem Strafverfahren gleichgestellt. Es läuft im Großen und Ganzen genauso wie das „normale" Strafverfahren nach den Regelungen der StPO ab und endet mit Freispruch, Einstellung oder Urteil. Ziel des Privatklägers ist also grundsätzlich die Verurteilung des Täters, nicht die Geltendmachung von Schadensersatz- oder Schmerzensgeldansprüchen. 335

Das Privatklageverfahren kann gänzlich ohne staatsanwaltschaftliche oder polizeiliche Beteiligung durchgeführt werden, jedoch wird der Bürger als Opfer einer der oben genannten Straftaten für gewöhnlich Anzeige bei der Polizei erstatten, in der (in diesem Fall unberechtigten) Hoffnung, der Staat werde nun für eine gerechte Bestrafung des Täters sorgen. 336

Der Staatsanwalt kann ein Privatklagedelikt **nur** anklagen, wenn ein so genanntes **öffentliches Interesse** an der Anklageerhebung besteht (§ 376 StPO). Die im § 374 StPO aufgezählten Straftaten berühren in der Regel nur die Interessen des Geschädigten, so dass ein öffentliches Interesse sehr häufig gerade **nicht** vorliegt. Wann die Anklageerhebung im **öffentlichen Interesse** liegt, stellt Nr. 86 Abs. 2 RiStBV für die Staatsanwaltschaft bindend[194] klar: Der Rechtsfrieden muss über den Lebenskreis des Verletzten hinaus gestört sein, beispielsweise wegen der Rohheit und Gefährlichkeit der Tatausführung, der (niederen) Motive des Täters oder wegen der Stellung des Verletzten im öffentlichen Leben (Politiker). 337

Darüber hinaus kann – selbst wenn der Rechtsfrieden über den Lebenskreis des Verletzten hinaus **nicht** gestört ist – die Anklageerhebung dann im öffentlichen Interesse liegen, wenn dem Verletzten die Privatklage wegen seiner persönlichen Beziehung zum Opfer nicht zugemutet werden kann.[195] 338

191 *Weßlau*, in: SK-StPO, § 152 Rn. 3.
192 *Jofer*, in: Satzger/Schluckebier/Widmaier, StPO, § 374, Rn. 1.
193 *Beulke*, § 2, Rn. 16.
194 *Meyer-Goßner/Schmitt*, StPO, § 376, Rn. 1.
195 *Rössner*, in: DDKR-Strafrecht, § 376 StPO, Rn. 2.

339 **Praxishinweis:** Diese aus polizeilicher Sicht **wichtige Ausnahme** gibt dem Staatsanwalt in Fällen **häuslicher Gewalt** die Möglichkeit, Anklage zu erheben.

340 Bestehen nach Ansicht des polizeilichen Sachbearbeiters keine Anhaltspunkte dafür, dass ein öffentliches Interesse an der Anklageerhebung vorliegen könnte, so sollen die entsprechenden Strafanzeigen **ohne weitere Ermittlungen** der Staatsanwaltschaft vorgelegt werden (Nr. 87 Abs. 1 RiStBV). Diese der Arbeitsentlastung dienende Vorschrift ist Polizeibeamten mitunter nicht bekannt, so dass in der Praxis häufig unnötigerweise weitere Ermittlungen (Anhörungen, Vernehmungen) geführt werden.

341 Der Staatsanwalt entscheidet nach Vorlage der Akten, ob öffentliches Interesse vorliegt. Der Polizei steht diese Entscheidung nicht zu. Sieht der Staatsanwalt kein öffentliches Interesse, so verweist er den Geschädigten auf den **Privatklageweg** und stellt das Strafverfahren ein.[196]

342 Es obliegt nun dem Opfer, die **Privatklage** zu betreiben. Hierzu muss zuvor bei bestimmten Straftaten – und die oben genannten gehören dazu – ein Sühneversuch erfolgen (§ 380 StPO): In Niedersachsen muss ein Schiedsmann eingeschaltet werden, der die beiden Parteien vorlädt und versucht, Täter und Opfer zu versöhnen, sei es z. B. durch eine aufrichtige Entschuldigung des Täters und/oder durch einen finanziellen Schadensausgleich. Scheitert dieser Sühneversuch, so erhält der Geschädigte eine Bescheinigung hierüber (§ 380 Abs. 1 S. 3 StPO). Diese ist Voraussetzung, um die Privatklage weiter betreiben zu können.[197]

343 Weitere Voraussetzung ist, dass der Privatkläger eine Sicherheitsleistung für die entstehenden Prozesskosten hinterlegt. Der Privatkläger trägt nämlich die Kosten des Verfahrens, einschließlich der notwendigen Auslagen des Angeklagten (insbesondere auch die Kosten für den Verteidiger), sofern der Angeklagte freigesprochen oder das Verfahren eingestellt wird. Gerade eine Verfahrenseinstellung, zum Beispiel wegen geringer Schuld (§ 153 StPO – lesen!) wird bei den Privatklagedelikten recht häufig zu erwarten sein. Der Privatkläger – das Opfer einer Straftat – trägt also ein nicht unerhebliches Kostenrisiko.[198]

344 **Vertiefung:** Sinn dieser Vorschriften ist es, die Gerichte von „Bagatellverfahren“ zu entlasten. Mit Erfolg: Privatklagen sind in der gerichtlichen Praxis der absolute Ausnahmefall (ca. 0,1 % der Gerichtsverfahren).[199] Unter Aspekten des Opferschutzes und der General- und Spezialprävention gesehen kann man das Institut der Privatklage jedoch auch sehr **kritisch** betrachten,[200] dies insbesondere vor dem Hintergrund, dass die Körperverletzung (§ 223 StGB) ein Privatklagedelikt, der Diebstahl (§ 242 StGB) jedoch

196 *Valerius*, in: BeckOK-StPO, § 376, Rn. 6.
197 *Meyer-Goßner/Schmitt*, StPO, § 380, Rn. 10.
198 *Kramer*, Rn. 316; *Hartmann/Schmidt*, Strafprozessrecht, Rn. 80.
199 *Lütz-Binder*, Rechtswirklichkeit der Privatklage und Umgestaltung zu einem Aussöhnungsverfahren, S. 126 ff.; *Valerius*, in: BeckOK-StPO, § 374, Rn. 1.1.
200 *Rössner*, in: DDKR-Strafrecht, § 374 StPO, Rn. 2.

ein Offizialdelikt ist. Ob dies der Werteordnung des Grundgesetzes entspricht, ist sehr zweifelhaft. Und auch für das Opfer dürfte es eher ein einschneidendes -und unter Umständen traumatisierendes- Erlebnis sein, Opfer einer Körperverletzung zu werden, als den Diebstahl eines Gartenzwerges aus dem Vorgarten erleiden zu müssen.

ccc) **Legalitätsprinzip.** Nach § 152 Abs. 2 StPO ist die Staatsanwaltschaft verpflichtet, wegen **aller** verfolgbaren Straftaten einzuschreiten, sofern für deren Vorliegen **zureichende tatsächliche Anhaltspunkte** vorhanden sind und soweit gesetzlich nichts Anderes bestimmt ist. **345**

Diese Pflicht zur Strafverfolgung (**Legalitätsprinzip**) ist die Kehrseite des Akkusations- und Offizialprinzips: Wenn das Gericht ein Verfahren nur führt, wenn eine Anklage erhoben wird, und nur der Staatsanwalt eine Straftat anklagen kann, dann muss er hierzu auch unter bestimmten Voraussetzungen verpflichtet sein.[201] **346**

Da nach § 163 Abs. 1 Satz 1 StPO die Polizei Straftaten erforschen **muss**, gilt das Legalitätsprinzip in gleicher Weise auch für die Polizeibeamten.[202] Diese sind also zur Straftatenverfolgung **verpflichtet**, sobald tatsächliche Anhaltspunkte für eine Straftat vorliegen. **347**

Würde aber jede der bundesweit über 3,3 Millionen aufgeklärten Straftaten[203] im Jahr zu einem Gerichtsverfahren führen, wäre eine Überlastung der Justiz die Folge. Daher hat die Staatsanwaltschaft (aber **nicht** die Polizei) die Möglichkeit, ein Strafverfahren beispielsweise wegen Geringfügigkeit (§ 153 StPO), nach Erfüllung von Auflagen (§ 153a StPO), beim Absehen von Strafe (§ 153b StPO), bei Auslandstaten (153c StPO), bei Mehrfachtätern (§ 154), bei Abschiebung des (ausländischen) Straftäters (§ 154b StPO) oder aus anderen Gründen (§§ 153d-f, 154a, 154c-f StPO) **einzustellen.** **348**

> **Vertiefung:** Von der Möglichkeit der Einstellung wird in der Praxis häufig Gebrauch gemacht. So wurden im Jahr 2012 nur 26 % der Strafverfahren auch angeklagt, von den knapp über 4 Millionen Strafverfahren mit -aus polizeilicher Sicht- aufgeklärten Straftaten werden 31 Prozent aus Opportunitätsgründen eingestellt.[204] **349**

Vor diesem Hintergrund und der Erkenntnis, dass andere europäische Länder der Polizei weitergehende Entscheidungskompetenzen gerade im Bereich der Alltagskriminalität zugestehen, kann auch das für die deutsche Polizei uneingeschränkt geltende Legalitätsprinzip kritisch hinterfragt werden.[205] **350**

---

201 Vgl. *Beulke,* in: LR-StPO, § 152, Rn. 12 m. w. N.
202 *Plöd*, in: KMR-StPO, § 163, Rn. 1.
203 PKS Bundeskriminalamt, Berichtsjahr 2014.
204 Statistisches Bundesamt, Justiz auf einen Blick, 2015.
205 Vgl. *Elsner,* Entlastung der Staatsanwaltschaft durch mehr Kompetenzen für die Polizei?, S. 108 ff.; *Jasch,* Perspektiven der polizeilichen Entscheidungsmacht. Strafverfahrensabschluss und Polizei in Deutschland und England, S. 280 ff.

351 **Vertiefungshinweis:** Dies gilt insbesondere vor dem Hintergrund knapper werdender Personalressourcen und dem Zusammenspiel zwischen dem Legalitätsprinzip, der Privatklage und der Systematik der Strafantragsdelikte sowie der ausschließlichen Entscheidungskompetenz der Staatsanwaltschaft, ein Strafverfahren einzustellen. Hierzu ein **Beispiel**: Der Bürger erscheint auf der Wache und schildert dem diensthabenden Polizeikommissar (Beamter des gehobenen Dienstes), dass ihm sein Nachbar eine Ohrfeige gegeben habe. Der Polizeibeamte erläutert, dass die Strafanzeige zwar aufgenommen werde, weitere Ermittlungen aber wegen des fehlenden öffentlichen Interesses nicht angezeigt seien, sondern die Staatsanwaltschaft das Verfahren voraussichtlich einstellen und den Anzeigeerstatter auf den Privatklageweg verweisen wird. Nach einer Darstellung des Privatklageverfahrens erkennt der Anzeigeerstatter die Sinnlosigkeit seines ursprünglichen Unterfangens und möchte von einer Strafanzeige absehen. Dies ist jedoch nicht möglich, denn der Polizeibeamte hat im Dienst Kenntnis von der Begehung einer Straftat erlangt, und muss nun -dem Legalitätsprinzip folgend- eine Strafanzeige aufnehmen. Denn bei dem Unterlassen einer Anzeigeerstattung würde der Beamte selbst eine Straftat begehen (Strafvereitelung im Amt, § 258a StGB). Bei der Weigerung des Anzeigeerstatters, seinen Namen zu nennen, würde gegen diesen ein Ordnungswidrigkeitenverfahren nach § 111 OWiG eingeleitet werden, zu dessen Sicherung eine – notfalls zwangsweise durchgeführte – Identitätsfeststellung erforderlich wäre. Konsequenterweise stellt der Anzeigeerstatter wegen der Körperverletzung keinen Strafantrag, so dass später bei der Staatsanwaltschaft der Amtsanwalt (ebenfalls ein Beamter des gehobenen Dienstes) wegen des nicht vorliegenden besonderen öffentlichen Interesses das Strafverfahren einstellen muss.

Betrachtet man nun noch die Anzahl der begangenen Privatklagedelikte am gesamten bundesweiten Straftatenaufkommen und berücksichtigt die erforderliche Bearbeitungszeit bei Polizei und Staatsanwaltschaft, so können sich Zweifel an der Effizienz dieser Regelungen ergeben.

352 Das Legalitätsprinzip wird strafrechtlich abgesichert durch § 258a StGB. Die Mindestfreiheitsstrafe für die dort sanktionierte **Strafvereitelung im Amt** beträgt sechs Monate. Während die Strafvereitelung (§ 258 StGB) als Grunddelikt für die Tatbegehung zugunsten eines Angehörigen Straffreiheit vorsieht, ist dies bei der Strafvereitelung im Amt nicht der Fall (§ 258a Abs. 3 StGB).[206]

353 **Beispiel:** Sie versehen als Polizeikommissar Nachtdienst und kontrollieren einen Pkw. Überrascht stellen Sie fest, dass ihre Ehegattin am Steuer sitzt, die stark angetrunken ist. Das Nichtverfolgen dieser Straftat wäre hier eine Strafvereitelung im Amt. Aber: § 53 NBG verbietet Amtshandlungen für oder gegen Angehörige. Sie überlassen also ihrem Streifenpartner die weiteren Maßnahmen.

206 *Cramer/Pascal,* in: MüKo-StGB, § 258a Rn. 19.

Umso wichtiger ist die Frage, ob das **Legalitätsprinzip** auch **außerhalb des Dienstes** gilt. Eine zeitliche Einschränkung folgt weder aus § 152 StPO noch aus § 258a StGB. 354

> **Beispiel:** Als Polizeibeamter bemerken Sie zu Hause – außerhalb der Dienstzeit-, dass Ihre 14-jährige Tochter aus einem Supermarkt eine Tafel Schokolade entwendet hat. Sind Sie zur Strafverfolgung verpflichtet? 355

Unstreitig wird von der Rechtsprechung und der Literatur anerkannt, dass es eine uneingeschränkte Pflicht zur Strafverfolgung auch außerhalb des Dienstes nicht gibt. Dies würde den Staatsanwalt oder Polizeibeamten letztlich gesellschaftlich isolieren.[207] 356

> **Vertiefung und Selbststudiumsaufgabe:** Ansonsten wird die Frage, ob überhaupt eine Anzeigepflicht bei außerdienstlicher Kenntniserlangung besteht, und wenn ja, unter welchen Voraussetzungen, in Rechtsprechung und Literatur höchst kontrovers diskutiert. Verschaffen Sie sich anhand eines Lehrbuchs einen Überblick über den Meinungsstreit.[208] 357

Nach der herrschenden Meinung und der Rechtsprechung wird eine Pflicht zur Strafverfolgung bei **außerdienstlicher Kenntniserlangung** bejaht, wenn durch Art und Umfang der Straftat die Belange der Öffentlichkeit und der Volksgesundheit in besonderem Maße berührt werden.[209] Das BVerfG vertritt die Auffassung, dass eine Straftat bei außerdienstlicher Kenntniserlangung angezeigt werden muss, wenn die strafbaren Handlungen in die Phase seiner Dienstausübung hineinreichen und wenn eine Abwägung zwischen dem öffentlichen Interesse an der Straftatverhinderung bzw. Straftatverfolgung und dem privaten Interesse des Beamten am Schutz seiner Privatsphäre angesichts der Schwere der Straftat ein Überwiegen des öffentlichen Interesses ergibt.[210] 358

Aufgrund der Unbestimmtheit dieser Definition wird vielfach auf die Katalogtaten des § 138 StGB verwiesen.[211] Diese Strafvorschrift verpflichtet jedermann, eine in dieser Vorschrift genannte geplante, aber noch nicht begangene Straftat, anzuzeigen. Für zur Strafverfolgung verpflichtete Beamte soll bei diesen Straftaten bei außerdienstlicher Kenntniserlangung eine Strafverfolgungspflicht auch bei bereits begangenen Taten vorliegen.[212] 359

ddd) Strafantragsdelikte. Straftaten werden in unterschiedliche Deliktsarten eingeordnet: 360
1. Offizialdelikte
2. Relative **oder** absolute Strafantragsdelikte[213]
3. Ermächtigungsdelikte

---

207 *Rieß,* in: LR-StPO, § 160, Rn 29.
208 Beispielsweise *Hartmann/Schmidt,* Strafprozessrecht, Rn 92; *Kramer,* Rn. 175 ff.
209 *Rieß,* in: LR-StPO, § 160, Rn 27 m. w. N.
210 BVerfG, *Beschluss* vom 21.11.2002, Az. 2 BvR 2202/01; NJW 2003, 1030.
211 *Plöd,* in: KMR-StPO, § 152 Rn. 7.
212 *Beulke,* § 5, Rn. 91.
213 Grundlegend *Mitsch,* JA 2014, 1.

361 Durch die Strafantragsdelikte wird das **Legalitätsprinzip** insofern eingeschränkt, als dass die Staatsanwaltschaft diese Delikte grundsätzlich nur verfolgen kann, wenn der Verletzte einen Strafantrag stellt. Eine Strafverfolgung kann also nur stattfinden, wenn dies auch dem Interesse des Verletzten entspricht.

362 Dementsprechend handelt es sich bei den Strafantragsdelikten um Straftaten, bei deren Begehung überwiegend „nur" der Lebenskreis des Verletzten berührt ist.[214]

363 Bei den **absoluten** Strafantragsdelikten ist eine Strafverfolgung **ausgeschlossen, wenn der Verletzte keinen Strafantrag stellt**. Der Strafantrag stellt eine Prozessvoraussetzung dar.[215] Zu den absoluten Strafantragsdelikten zählen beispielsweise:
- Beleidigung (185 StGB)
- Hausfriedensbruch (123 StGB)
- Haus- und Familiendiebstahl (§ 247 StGB)
- Unbefugte Ingebrauchnahme eines Fahrzeugs (§ 248b StGB)
- Vereiteln der Zwangsvollstreckung (§ 288 StGB)

364 Bei den **relativen** Strafantragsdelikten findet eine Strafverfolgung **grundsätzlich** nur statt, wenn der Verletzte Strafantrag stellt:
- Sachbeschädigung (§ 303 StGB)
- Körperverletzung (223 StGB)
- fahrlässige Körperverletzung (§ 229 StGB)
- Diebstahl geringwertiger Sachen (§ 248a StGB)
- Exhibitionistische Handlungen (§ 183 StGB)

365 Jedoch kann die Staatsanwaltschaft auch ohne einen Strafantrag die Straftat verfolgen, wenn dies im **besonderen** öffentlichen Interesse liegt. Die Richtlinien für das Straf- und Bußgeldverfahren (RiStBV) enthalten für einzelne Straftaten diesbezüglich Vorgaben (vgl. Nr. 232, 234, 243 RiStBV).

366 **Vertiefung:** Dies kann im Bereich des Straßenverkehrsrechts zum Beispiel bei schweren Verletzungen eines Unfallopfers oder bei Drogen- oder Alkoholbeeinflussung des Täters gegeben sein (Nr. 243 RiStBV).

367 Der Unterschied zwischen Strafantrags- und Ermächtigungsdelikten ist eher sprachlicher Natur. Ein Ermächtigungsdelikt ist beispielsweise § 90b StGB (Verfassungsfeindliche Verunglimpfung von Verfassungsorganen). Ein Verfassungsorgan stellt jedoch keinen Straf**antrag**, es **ermächtigt** die Staatsanwaltschaft zur Strafverfolgung.[216]

368 Nach § 77 StGB kann grundsätzlich der Verletzte einen Strafantrag stellen. Das Antragsrecht kann in bestimmten Fällen auf andere Personen übergehen, z. B. beim zwischenzeitlichen Tod des Verletzten. Bei minderjährigen oder geschäfts-

---

214 *Kühl*, in: Lackner/Kühl, StGB, § 77, Rn. 1.
215 *Weßlau*, in: SK-StPO, § 152 Rn. 4.
216 *Beulke*, in: Satzger/Schluckebier/Widmaier, StPO, Einleitung, D, Rn. 51.

unfähigen Verletzten haben die gesetzlichen Vertreter ein jeweils **vertretungsweises**[217] Strafantragsrecht, es sei denn, sie sind selbst an der Tat beteiligt. Sind beide Elternteile als gesetzliche Vertreter an der Tat beteiligt, so muss ein Pfleger bestellt werden, der über den Strafantrag entscheidet.

Die **Antragsfrist** beträgt gemäß § 77b StGB **drei Monate**. Die Frist beginnt zu laufen, wenn Tat **und** Täter bekannt sind. Daraus folgt, dass dem Verletzten einer Straftat schon aus diesem Grunde der Name des Straftäters mitgeteilt werden muss. Denn nur so kann der Verletzte entscheiden, ob er beispielsweise gegen einen Verwandten Strafantrag stellt. **369**

Bei Straftaten von oder gegen Amtsträgern oder Soldaten hat auch der **Dienstvorgesetzte** nach § 77a StGB ein Strafantragsrecht. **370**

Ein Strafantrag kann – im Gegensatz zur Strafanzeige (!)- zurückgenommen werden (§ 77d StGB). Nach der Zurücknahme des Strafantrags kann er nicht erneut gestellt werden. Ein Strafantrag kann auch partiell, also bei mehreren Beschuldigten gegen einen bestimmten, zurückgenommen werden. **Folge der Zurücknahme ist, dass bei einer Einstellung des Verfahrens der Zurücknehmende die Kostenlast trägt (§ 470 StPO).**[218] **371**

Nach § 158 Abs. 2 StPO ist ein Strafantrag bei der Polizei **schriftlich** zu stellen, bei der Staatsanwaltschaft oder beim Gericht kann ein Strafantrag dagegen auch zu Protokoll gegeben werden. **372**

Viele Strafantragsdelikte sind zugleich Privatklagedelikte. Eine Ausnahme bilden die Nötigung (§ 240 StGB) und die Bedrohung (§ 241 StGB), die ein Offizial- und Privatklagedelikt darstellen. Alle anderen Straftaten des StGB sind **Offizialdelikte**. Sie werden von Amts wegen verfolgt, sofern sie nicht zuvor nach den §§ 153 ff. StPO eingestellt wurden. **373**

cc) Weitere Prozessmaximen. Neben dem schon dargestellten Offizial-, Akkusations-, Legalitäts- und Opportunitätsprinzip und dem Untersuchungsgrundsatz gibt es noch weitere Verfahrensgrundsätze, sogenannte Prozessmaximen, die für ein rechtsstaatliches Strafverfahren prägend sind:[219] **374**

aaa) Unschuldsvermutung. Solange eine Person nicht rechtskräftig verurteilt worden ist, gilt sie als unschuldig (Art. 20 Abs. 3 GG, Art. 6 Abs. 2 EMRK).[220] Aus polizeilicher Sicht hat dies insbesondere Bedeutung bei der Formulierung von Pressemitteilungen sowie bei der Frage, ob eine Untersuchungshaft verhältnismäßig ist.[221] **375**

---

217 *Schwarz/Sengbusch*, NStZ, 2006, 673; Aus diesem Grund ist es wichtig, auch von beiden Erziehungsberechtigten einen Strafantrag einzuholen, insbesondere, wenn ein Erziehungsberechtigter auf die Stellung eines Strafantrages verzichtet.

218 *Fischer*, StGB, § 77d Rn. 8.

219 *Hartmann/Schmidt*, Strafprozessrecht, Rn. 65 ff.; *Beulke*, § 2.

220 Zur Vertiefung *Haberstroh*, NStZ 1984, 289.

221 *Beukelmann*, NJW-Spezial 2016, 696.

376 bbb) **Grundsatz des gerechten Verfahrens (Fair-Trial-Prinzip).** Das Recht auf ein faires Verfahren (sog. Fair-Trial-Prinzip bzw. Fairnessprinzip) ergibt sich ebenfalls aus Art. 20 Abs. 3 GG und Art. 6 EMRK.[222] Zum Teil ist dieser Grundsatz ein Oberbegriff für die hier dargestellten weiteren Prozessmaximen. Darüber hinaus konstituiert dieser Grundsatz das Recht auf eine effektive Verteidigung.[223] Polizeilich relevant wird dieses Prinzip bei verdeckten Maßnahmen wie der sogenannten Hörfalle,[224] dem Einsatz von Lockspitzeln, V-Männern und verdeckten Ermittlern (VE).[225]

377 ccc) **Beschleunigungsgebot.** Gerichtliche Verfahren dauern mitunter Jahre. Sie stellen für den (eventuell unschuldigen) Angeklagten eine hohe Belastung dar. Dies gilt, wenn er in Freiheit ist, insbesondere aber wenn er in Untersuchungshaft „sitzt“ (und somit noch nicht verurteilt wurde). Aus dem aus Art. 20 Abs. 3 GG und Art. 6 Abs. 1 EMRK abgeleiteten **Beschleunigungsgebot** folgt, dass das Verfahren so schnell wie möglich zu führen ist.[226] Ist das nicht der Fall, so kann das zur Einstellung oder Strafmilderung führen.[227]

378 ddd) **Grundsatz des gesetzlichen Richters.** Art. 101 Abs. 1 S. 2 GG gewährt jedermann „seinen“ **gesetzlichen Richter.**[228] Durch Gesetz und hierauf basierende Geschäftsverteilungspläne muss im Voraus festgelegt sein, welchem Richter z. B. ein Angeklagter gegenübersteht.[229] Hierdurch soll verhindert werden, dass beispielsweise die Staatsanwaltschaft sich einen ihr „genehmen“ Richter aussucht, der beispielsweise in früheren Verfahren eine strittige Rechtsauffassung genauso wie die Staatsanwaltschaft vertreten hat.

379 eee) **Grundsatz der freien richterlichen Beweiswürdigung (§ 261 StPO).** Die Strafprozessordnung kennt keine festgeschriebenen Beweisregeln. Im Gegenteil: Ausweislich § 261 StPO bewertet das Gericht Beweise nach seiner eigenen, freien Überzeugung. Das heißt, dass der Richter zum Beispiel das Geständnis des Angeklagten nicht als wahr erachten muss, selbst wenn beispielsweise der Staatsanwalt dieses nicht in Zweifel zieht.[230] Der Grundsatz gilt nicht grenzenlos: Nach naturwissenschaftlichen Erkenntnissen, Gesetzen der Logik u. ä. muss sich auch der Richter richten.[231]

380 fff) **Recht, sich nicht selbst belasten zu müssen.** Das Recht des Beschuldigten bzw. Angeklagten sich nicht selbst belasten zu müssen (lat. **Nemo tenetur se ipsum accusare**[232]) ist einer der wichtigsten rechtsstaatlichen Grundsätze. Aus der Menschenwürde und dem Persönlichkeitsrecht wird gefolgert, dass ein Be-

---

222 Ausführlich hierzu z. B. *Jahn*, ZStrW Band 127, 549
223 Ausführlich hierzu *Satzger*, in: Satzger/Schluckebier/Widmaier, StPO, Art. 6 EMRK Rn. 35 ff.
224 Grundlegend BGH, Beschluss vom 13.5.1996 – GSSt 1/96.
225 *Burhoff*, Handbuch für das strafrechtliche Ermittlungsverfahren, Rn. 3815 ff.
226 Näher *Jarass/Pieroth*, GG, Art. 20 Rn. 135.
227 Vgl. BGH, Beschluss vom 4.6.2014 – 2 StR 31/14.
228 *Degenhart*, in: Sachs, GG, Art. 101, Rn. 5.
229 Vgl. *Jarass/Pieroth*, GG, Art. 101 Rn. 9 ff.
230 *Ott*, in: KK-StPO, § 261 Rn. 28a.
231 *Eschelbach*, in: BeckOK-StPO, § 260 Rn. 1 m. w. N.
232 Hierzu *Huber*, JuS 2007, 711 sowie ausführlich *Verrel*, NStZ 1997, 361.

schuldigter frei darüber entscheiden können muss, ob er aktiv *„als Werkzeug zur Überführung seiner selbst benutzt werden dürfe"*.[233] Einfachgesetzlich verbrieft wird die Selbstbelastungsfreiheit in § 136 Abs. 1 Satz 2 StPO. Polizeilich besonders relevant ist der Umstand, dass aus dem Schweigen des Beschuldigten keine nachteiligen Schlüsse gezogen werden dürfen (für ein „Teilschweigen" gilt dies nicht[234]).

Vertiefung: Dennoch hat der Beschuldigte im Strafprozess passive Mitwirkungspflichten. Er muss Ermittlungsmaßnahmen (z. B. Durchsuchung, Blutprobenentnahme, Festnahme) – auch gegen seinen Willen – dulden.[235] 381

ggg) Im Zweifel für den Angeklagten. Der Grundsatz **„in dubio pro reo"** – im Zweifel für den Angeklagten, ist auch Nichtjuristen häufig bekannt, obwohl er nirgendwo in der Strafprozessordnung niedergeschrieben ist.[236] Dennoch handelt es sich um einen „rechtsstaatlichen Fundamentalgrundsatz mit Verfassungsrang".[237] Im Strafprozess soll die Wahrheit erforscht werden. Wahrheit heißt hier aber „prozessuale Wahrheit", nicht „tatsächliche Wahrheit". Der Rechtsstaat kann keine Wahrheitsfindung um jeden Preis durchführen, sondern muss Grenzen akzeptieren und einhalten. Gelingt es im Strafverfahren nicht, mit zulässigen Mitteln den Richter so von der Schuld des Angeklagten zu überzeugen, dass dieser keine berechtigten Zweifel (eine absolute Sicherheit ist nicht erforderlich) an der Schuld des Angeklagten mehr hat, so ist dieser freizusprechen.[238] 382

Vertiefung: Gleiches gilt für andere, für den Angeklagten „ungünstige" Tatsachen, beispielsweise das Vorliegen von Irrtümern, Mordmerkmalen, Schuldfähigkeit etc.[239] 383

hhh) Grundsatz der Mündlichkeit und Öffentlichkeit. Ein Strafverfahren findet **öffentlich** statt (§ 169 GVG). Jede Person kann im Zuschauerraum Platz nehmen und dem Verfahren beiwohnen.[240] Ausnahmen (§§ 171a ff. GVG) gibt es z. B. bei Jugendsachen (generell nichtöffentlich)[241] oder aus bestimmten Anlässen (Aussage des Opfers eines Sexualdelikts, Aussage eines Verdeckten Ermittlers). 384

Es gilt das Prinzip der **Mündlichkeit:** nur was mündlich („verbalisiert") in der Hauptverhandlung vorgetragen wurde, darf dem Urteil zugrunde gelegt werden.[242] Selbst, wenn der Inhalt einer Urkunde, z. B. das Ergebnis einer Blut- 385

---

233 BVerfG, Beschluss vom 13.1.1981 – 1 BvR 116/77 – NJW 1981, 1431, 1431 m. w. N. aus der Literatur.

234 BGH, Urteil vom 26.10.1965 – 5 StR 415/65 – BGHSt 20, 281; BVerfG, Beschluss vom 7.7.1995 – 2 BvR 326/92 – NJW 1996, 449.

235 Hierzu *Wolfslast*, NStZ 1987, 103.

236 *von Heintschel-Heinegg*, in: BeckOK-StPO, § 1 Rn. 25.

237 *Ott*, in: KK-StPO, § 261 Rn. 56 m. w. N.

238 *Meyer-Goßner/Schmitt*, StPO, § 261, Rn. 2 m. w. N.

239 *Ott*, in: KK-StPO, § 261 Rn. 58.

240 *Walther*, in: BeckOK-StPO, § 169 GVG Rn. 7.

241 *Diemer*, in: KK-StPO, § 169 GVG Rn. 4.

242 *Kudlich*, in: MüKo-StPO, Einleitung Rn. 185.

probe, allen Verfahrensbeteiligten bekannt ist, wird diese Urkunde in der Hauptverhandlung grundsätzlich durch den Richter verlesen.[243]

386 iii) **Grundsatz der Unmittelbarkeit.** Aus dem **Unmittelbarkeitsprinzip** ergibt sich der strafprozessuale Vorrang des Personalbeweises vor dem Urkundenbeweis.[244] Auch wenn ein Zeuge bei der Polizei ausgesagt hat und ein unterschriebenes Vernehmungsprotokoll vorliegt, muss der Zeuge vor Gericht erneut aussagen (§ 250 StPO). Dieser Grundsatz kann durch eine richterliche Vernehmung[245] oder in anderen Ausnahmefällen (§ 251 Abs. 1 StPO) durchbrochen werden.

387 Wird der Zeuge oder Beschuldigte im Ermittlungsverfahren durch einen Richter vernommen (richterliche Vernehmung), so kann durch eine Aussage des vernehmenden Richters im Hauptverfahren die getätigte Zeugenvernehmung als Beweismittel eingebracht werden (§§ 232 Abs. 3, 251 Abs. 2, 254 StPO).[246]

388 jjj) **Grundsatz des rechtlichen Gehörs.** Art. 103 Abs. 1 GG beinhaltet das **Recht auf rechtliches Gehör.** Der von einem Verfahren Betroffene muss die Möglichkeit bekommen, sich vor der Entscheidung zu äußern. Dieses Recht ist ein wesentliches Element des Rechtsstaates[247] und muss daher auch in anderen Rechtsbereichen (Anhörung im Ordnungswidrigkeitenverfahren, Anhörung im Verwaltungsverfahren) beachtet werden.

389 dd) **Ablauf des Strafverfahrens.** Das Strafverfahren gliedert sich in drei Abschnitte: das Ermittlungsverfahren, das Zwischenverfahren und das Hauptverfahren.

390 aaa) **Ermittlungsverfahren.** Das **Ermittlungsverfahren** beginnt, sobald der Polizei oder der Staatsanwaltschaft ein Sachverhalt zur Kenntnis gelangt (Anzeige), der den **Anfangsverdacht einer Straftat** begründet.

391 Zur Entgegennahme dieser Anzeige ist nicht nur die Polizei verpflichtet, sondern nach § 158 Abs. 1 StPO auch die Staatsanwaltschaft und das Amtsgericht.

392 **Klausurhinweis:** Die Prüfung, ob ein Anfangsverdacht einer (verfolgbaren) Straftat vorliegt, ist Kernfrage der sachlichen Zuständigkeit im Bereich der strafprozessualen Maßnahmen. Dementsprechend wird diesem Merkmal ein eigener Abschnitt gewidmet (siehe unten Rn. 444 ff.).

393 Im Ermittlungsverfahren wird versucht, mit **prozessual zulässigen Mitteln und Maßnahmen**[248] (beispielsweise der Identitätsfeststellung, Durchsuchung von Personen oder Wohnungen, Sicherstellung von Beweismitteln, Blutprobenentnahme) den wahren Sachverhalt zu klären, den Täter einer Straftat zu ermitteln und hierbei das Vorliegen der drei Elemente einer Straftat (Tatbestandsmäßig-

---

243 Vgl. aber die wichtige Ausnahme in § 249 Abs. 2 StPO (lesen!).
244 *Kramer,* Rn. 158.
245 *Kölbel,* in MüKo-StPO, § 162, Rn. 7; *Gorf,* in: BeckOK-StPO, § 232, Rn. 10.
246 BGH, *Beschluss vom* 15.7.2016, Az. GSSt 1/16, NStZ-RR 2017, 21.
247 *Degenhart* in: Sachs, GG, Art. 103, Rn. 2.
248 *Beulke,* § 1, Rn. 5.

keit, Rechtswidrigkeit und Schuld) zu beweisen. Eine Wahrheitsfindung **um jeden Preis** entspricht dagegen nicht den rechtsstaatlichen Grundsätzen.[249]

So können Beweismittel einem sogenannten **Beweisverbot** unterliegen. Man unterscheidet zwischen **Beweiserhebungsverboten** und **Beweisverwertungsverboten.** **394**

Die **Beweiserhebungsverbote**[250] wiederum werden unterschieden in **395**

1. **Beweisthemaverbote:** Bestimmte Tatsachen dürfen in das Verfahren nicht eingebracht werden, sie dürfen nicht „Thema" werden (z. B. bereits getilgte Vorstrafen, § 51 Abs. 1 BZRG; Erkenntnisse, die bei einer zulässigen Wohnraumüberwachung entstehen, jedoch den Kernbereich persönlicher Lebensgestaltung betreffen, § 100d Abs. 2 Satz 1 StPO)
2. **Beweismittelverbote:** Bestimmte Beweismittel können nicht in das Verfahren eingebracht werden (z. B. keine Vernehmung von Zeugen, die von ihrem Zeugnisverweigerungsrecht, § 53 f. StPO, ihrem Aussageverweigerungsrecht, § 55 StPO oder von ihrem Untersuchungsverweigerungsrecht, § 81c Abs. 3 StPO, Gebrauch machen).
3. **Beweismethodenverbote:** Sie untersagen die Verwertung von an sich zulässigen Beweismitteln, die auf bestimmte Art und Weise zustande gekommen sind (z. B. durch verbotene Vernehmungsmethoden, § 136a StPO; fehlende Belehrung; Rechtswidrigkeit der Maßnahme).

Von der Frage der Beweiserhebungsverbote zu trennen ist die Frage nach den **Beweisverwertungsverboten.** Nicht jedes unzulässig erhobene Beweismittel ist automatisch unzulässig und unverwertbar.[251] **396**

> **Beispiel:** So kann der Richter beispielsweise feststellen, dass die Entnahme einer Blutprobe beim Beschuldigten rechtswidrig war, weil die Beamten die Voraussetzung der „Gefahr im Verzug" falsch bewertet haben. Dennoch kann das Ergebnis grundsätzlich im Strafverfahren verwendet werden. **397**

Eine allgemeine Regel, wann die Verletzung eines Beweiserhebungsverbots zu einem Beweisverwertungsverbot führt, konnte bisher nicht entwickelt werden.[252] **398**

Zwingende Verwertungsverbote können sich **aus dem Gesetz** (z. B. §§ 100c Abs. 5 S. 3, 136a Abs. 3 Satz 2 StPO, 12 Abs. 5 Satz 3 Nds. SOG) ergeben. Nach welchen Kriterien darüber hinaus Verwertungsverbote gegeben sind, ist umstritten. **399**

> **Vertiefungshinweis:** Lesen Sie zu den Beweiserhebungs- und Beweisverwertungsverboten ein Lehrbuch.[253] Auf die Problematik der Beweisverwer- **400**

249 *Kramer,* Rn. 13a.
250 Vgl. *Hartmann/Schmidt,* Strafprozessrecht, Rn. 1066.
251 *Kramer,* Rn. 162.
252 *Beulke,* § 23, Rn. 457.
253 Beispielsweise *Beulke,* § 23, Rn. 453 ff.

tungsverbote wird bei der Darstellung der einzelnen Eingriffsmaßnahmen speziell eingegangen.

401 Durch die Ermittlungen **kann** sich ein **Tatverdacht** gegen eine bestimmte Person ergeben. Richten sich in der Folge die Ermittlungen gegen diesen Tatverdächtigten, so wird er zum **Beschuldigten.** Andererseits werden in vielen Ermittlungsverfahren keine Tatverdächtigen ermittelt. Das Ermittlungsverfahren läuft dann **„gegen Unbekannt"**.

402 **Klausurhinweis:** Ein häufiger Anfängerfehler ist die argumentative Gleichsetzung des Anfangsverdachts einer Straftat mit dem (einfachen) Tatverdacht (gegen eine Person).

Es macht einen großen Unterschied, ob aufgrund bestimmter Anhaltspunkte der Anfangsverdacht einer Straftat besteht (Beispiel: an einem Haus ist ein Fenster aufgehebelt worden, ein Zeuge hat eine Person mit einem Fernseher in der Hand aus dem Fenster steigen sehen) oder ob sich ein Tatverdacht gegen eine bestimmte Person richtet (während der anschließenden Fahndung wird eine Person mit einem Fernseher in der Hand angetroffen, die vom Zeugen gegebene Beschreibung des Täters passt auf die angetroffene Person, bei der Durchsuchung der mitgeführten Sachen wird ein Hebelwerkzeug gefunden, später erkennt der Zeuge die Person bei einer Wahlgegenüberstellung wieder, Fingerabdrücke der Person werden in der tatbetroffenen Wohnung gesichert).

In einer Klausur müssen die Begriffe „Anfangsverdacht einer Straftat" und „(einfacher) Tatverdacht" sauber getrennt werden und die Anhaltspunkte, die für einen dieser Begriffe stehen, sauber einem der Begriffe zugeordnet werden.

Im Beispiel wäre es daher falsch, bei der Prüfung, ob der Anfangsverdacht einer Straftat vorliegt, den Umstand zu berücksichtigen, dass die Person auf die Beschreibung passte.

403 Am Ende des Ermittlungsverfahrens steht die Entscheidung der Staatsanwaltschaft, ob **Anklage** erhoben wird.

404 Die Staatsanwaltschaft entscheidet zu diesem Zeitpunkt, ob gegen den Beschuldigten, sofern einer ermittelt werden konnte, ein **hinreichender Tatverdacht** besteht. **Der hinreichende Tatverdacht** liegt vor, wenn die Tatbegehung durch den Beschuldigten wahrscheinlich und mit einer Verurteilung durch das Gericht zu rechnen ist.[254]

405 Dieser hinreichende Tatverdacht stellt eine der **Verdachtsstufen** dar. Daneben gibt es den **einfachen Tatverdacht** und den **dringenden Tatverdacht.** Die beiden letztgenannten Verdachtsstufen sind Tatbestandsmerkmale bei vielen strafprozessualen Maßnahmen und dementsprechend in einer Klausur häufig zu prüfen.

406 **Hinweis:** Dagegen obliegt die Prüfung, ob ein hinreichender Tatverdacht vorliegt, dem Staatsanwalt. Diese Verdachtsstufe ist nur relevant für die

254 *Hartmann/Schmidt,* Strafprozessrecht, Rn. 86; BGHSt 15, 155 (158).

Frage, ob von der Staatsanwaltschaft Anklage erhoben wird. Daher ist sie aus polizeilicher Sicht von einem untergeordneten Interesse und grundsätzlich in einer Klausur nicht zu thematisieren.

Besteht **kein** hinreichender Tatverdacht, so wird das Ermittlungsverfahren eingestellt (§ 170 Abs. 2 StPO) und der Beschuldigte bekommt hierüber einen Einstellungsbescheid, sofern er vernommen wurde.[255] Besteht jedoch hinreichender Tatverdacht, so entscheidet der Staatsanwalt, ob Anklage erhoben wird (§ 170 Abs. 1 StPO), oder ob das Verfahren aus anderen Gründen eingestellt werden kann (§§ 153 ff. StPO). **407**

bbb) Zwischenverfahren. Wird die Straftat angeklagt, so reicht die Staatsanwaltschaft die Anklageschrift beim zuständigen Gericht ein. Damit beginnt das **Zwischenverfahren.**[256] Der Richter entscheidet, ob ein hinreichender Tatverdacht gegen den nunmehr **Angeschuldigten** tatsächlich gegeben ist. Ist dies der Fall, so erlässt der Richter einen Eröffnungsbeschluss (§ 203 StPO). Andernfalls lehnt der Richter die Eröffnung einer Hauptverhandlung ab. Das Zwischenverfahren stellt somit eine zusätzliche Schutzfunktion[257] für den Angeschuldigten dar. Lehnt der Richter die Eröffnung der Hauptverhandlung ab, so kann die Staatsanwaltschaft hierüber das Rechtsmittel der Beschwerde einlegen.[258] **408**

ccc) Hauptverfahren. Im **Hauptverfahren** findet die Hauptverhandlung gegen den **Angeklagten** statt. Der Gang des Verfahrens ist in den §§ 243–260 StPO geregelt: **409**

Das Verfahren beginnt mit dem **Aufruf zur Sache**: Es wird festgestellt, ob alle Verfahrensbeteiligten und die Zeugen und Sachverständigen anwesend sind. Die Zeugen werden belehrt und müssen anschließend den Sitzungssaal wieder verlassen. **410**

Der Angeklagte wird über seine persönlichen Verhältnisse befragt. Anschließend wird vom Staatsanwalt die **Anklageschrift verlesen.** Der Angeklagte wird über seine Aussagefreiheit belehrt und wird -sofern er aussagen möchte- vernommen (§ 243 StPO). **411**

Anschließend findet die **Beweisaufnahme** (§ 244 StPO) statt, in der das Gericht die Beweismittel „in Augenschein" nimmt. Zur Beweisaufnahme gehört auch die Vernehmung der Zeugen. Im Rahmen der Beweisaufnahme können Verteidigung und Staatsanwaltschaft Beweisanträge stellen. **412**

Nach der Beweisaufnahme erhalten die Staatsanwaltschaft und der Angeklagte bzw. dessen Verteidiger noch die Gelegenheit eines **Schlussvortrags** („Plädoyer"), § 258 StPO. **413**

---

255 *Meyer-Goßner/Schmitt*, StPO, § 170, Rn. 10.
256 Hierzu *Mavany*, JA 2015, 488.
257 *Beulke*, § 18, Rn. 352.
258 *Reiß*, in: LR-StPO, vor § 158, Rn. 48.

414 Dem Angeklagten gebührt das letzte Wort, wie § 258 Abs. 2 StPO klarstellt.

415 Das Gericht zieht sich dann zur Beratung zurück (worauf der Einzelrichter verzichten kann) und verkündet nach der Beratung das **Urteil** (§ 260 StPO).

416 ee) **Aufgabe und Organisation der Staatsanwaltschaft.** Neben der Polizei hat auch die Staatsanwaltschaft die Pflicht *„den Sachverhalt zu erforschen"*, wenn sie *„von dem Verdacht einer Straftat Kenntnis erhält"*, § 160 Abs. 1 StPO.

417 **Vertiefung:** Die Staatsanwaltschaft ist ein dem Gericht gleichgeordnetes, unparteiisches Organ der Strafrechtspflege.[259] Funktionell gehört es der Exekutive, organisatorisch jedoch der Justiz an,[260] denn auf der einen Seite spricht es kein Recht (vgl. Art. 92 GG), auf der anderen Seite ist es dennoch ein Organ der Strafrechtspflege und untersteht den Justizministerien der Länder.

Die Staatsanwaltschaft ist im Strafprozess nicht „Partei", wie dies im Zivilprozess zwischen Kläger und Beklagtem der Fall ist. Die Staatsanwaltschaft ist **unparteiisch** und **nur der Wahrheit verpflichtet.**[261] Daher hat sie, wie auch § 160 Abs. 2 StPO deutlich macht, nicht nur belastende, sondern auch entlastende Tatsachen zu ermitteln. Dieser **Untersuchungsgrundsatz** gilt selbstredend genauso für die polizeilichen Ermittlungen und darf **nie** (**!**) aus dem Fokus geraten. Denn die größte Gefahr, dass ein Unschuldiger für eine Straftat verurteilt wird, besteht, wenn die Ermittlungsbeamten von der Schuld des Tatverdächtigen überzeugt sind und alternative Ermittlungswege nicht in Betracht gezogen werden.

418 Die Staatsanwaltschaft ist die **„Herrin des Ermittlungsverfahrens"**.[262] Diese Bezeichnung, die in keinem Lehrbuch fehlt,[263] bezog sich ursprünglich auf die Eigenständigkeit gegenüber dem Richter (siehe Akkusations- und Offizialprinzip).

419 Inzwischen hat sich der Fokus mehr auf das **Verhältnis zwischen Staatsanwaltschaft und Polizei** verlagert. Der Staatsanwaltschaft steht die **Leitungsbefugnis** im Ermittlungsverfahren zu.[264] Sie entscheidet über Art und Umfang der Ermittlungen und kann und soll durch Weisungen gegenüber den ermittelnden Polizeibeamten den Gang der Ermittlungen bestimmen.[265] Dass die Staatsanwaltschaft ein Weisungsrecht im Ermittlungsverfahren (und zwar nur dort) gegenüber der Polizei hat, ergibt sich aus §§ 161 Abs. 1 S. 1 StPO, 152 Abs. 1 GVG.[266]

420 **Vertiefungshinweis:** In der StPO sind Einflüsse sowohl aus dem französischen als auch aus dem preußischen Recht erkennbar, was das Verhältnis

259 *Griesbaum* in: KK-StPO, § 160, Rn. 1.
260 *Kramer,* Rn. 97.
261 *Hartmann/Schmidt,* Strafprozessrecht, Rn. 108 ff.
262 *Wohlers,* in: SK-StPO, § 160 Rn. 4 m. w. N.
263 *Beulke,* § 5, Rn. 79; *Hartmann/Schmidt,* Strafprozessrecht, Rn. 182; *Kramer,* Rn. 98.
264 *Reiß,* in: LR-StPO, § 160 Rn. 2.
265 *Wohlers,* in: SK-StPO, § 160 Rn. 9.
266 *Meyer-Goßner/Schmitt,* § 152 GVG Rn. 1.

zwischen Polizei und Staatsanwaltschaft angeht. Interessierte Studierende lesen hierzu *Kramer,* Grundlagen des Strafverfahrensrechts, Rn. 106b.

Die Staatsanwaltschaft ist personell jedoch nicht in der Lage, die Ermittlungen **421**
bei sämtlichen Strafverfahren zu führen.[267] Sie ist eine Strafverfolgungsbehörde ohne personellen Unterbau. Deshalb muss sich die Staatsanwaltschaft in der ganz überwiegenden Zahl der Ermittlungsverfahren der Polizei als ermittelnder Behörde bedienen. Die Staatsanwaltschaft hat aber das Recht, die Ermittlungen jederzeit wieder an sich zu ziehen oder – wie bereits gesehen – durch Weisungen den Gang der Ermittlungen zu steuern.[268]

Vertiefung: In über 80 % der Fälle[269] erhält jedoch zunächst die Polizei **422**
Kenntnis über eine Straftat: Während der Streifenfahrt werden Straftaten bemerkt, bei Kontrollen werden Straftaten festgestellt (beispielsweise der Besitz von Betäubungsmitteln) oder der Bürger teilt einen Sachverhalt mit (Anzeigeerstattung), der zur Einleitung eines Strafverfahrens führt.
In diesen Fällen ist zunächst die Polizei nach § 163 Abs. 1 S. 1 StPO berufen, die Straftaten zu erforschen und das Ermittlungsergebnis der Staatsanwaltschaft unverzüglich zu übersenden (sogenannter **Erster Zugriff durch die Polizei**). Bei Straftaten der leichteren und mittleren Kriminalität werden diese häufig auch ohne Mitwirkung der Staatsanwaltschaft „ausermittelt", bevor die Ermittlungsakten übersandt werden. Freilich muss die Zusammenarbeit bei erheblichen Straftaten oder gar Kapitaldelikten, also schweren Verbrechen, deutlich enger, intensiver und unmittelbarer sein.[270]
Seltener erhält die Staatsanwaltschaft zuerst Kenntnis von einer Straftat. Gelegentlich erstatten Personen direkt bei einer Staatsanwaltschaft Strafanzeige (§ 158 Abs. 1 StPO) oder erstatten diese schriftlich durch Zusendung eines Schriftstücks. Von dieser Möglichkeit machen häufig Rechtsanwälte für ihre Mandanten Gebrauch. Ebenso ist aber denkbar, dass ein Staatsanwalt selber Zeuge einer Straftat wird und „von Amts wegen" ermittelt, oder aber beispielsweise durch eine Medienberichterstattung (Fernsehbericht, Zeitungsartikel) Hinweise auf eine Straftat erlangt.
Nach Eingang einer Strafanzeige bei der Staatsanwaltschaft erhält diese ein **Aktenzeichen.** Dieses beinhaltet eine Buchstabenkombination: ein „Js"-Aktenzeichen bekommt eine Strafanzeige mit einem bekannten Tatverdächtigen, bei einem „UJs"-Aktenzeichen konnte dagegen kein Täter ermittelt werden.[271] Daneben gibt es noch die „AR"-Aktenzeichen, das allgemeine Register, an das sonstige Vorgänge beziehungsweise Mitteilungen oder Strafanzeigen eingetragen werden, bei denen ein Anfangsverdacht einer Straftat (noch) nicht gegeben ist und diesbezüglich sogenannte Vorermittlungen betrieben werden müssen.

---

267 *Beulke,* § 6, Rn. 101.
268 *Plöd,* in: KMR-StPO, § 163, Rn. 8.
269 Statistisches Bundesamt, Staatsanwaltschaftliche Ermittlungstätigkeit in Deutschland.
270 *Griesbaum,* in: KK-StPO, § 163, Rn. 2a.
271 *Hartmann/Schmidt,* Strafprozessrecht, Rn. 86.

423 Dass die Polizei im Bereich der leichten und mittleren Kriminalität zumeist ohne unverzügliche Benachrichtigung der Staatsanwaltschaft Ermittlungen durchführt, wird in der rechtswissenschaftlichen Literatur kritisch hinterfragt.[272] Es zeigen sich in diesem Bereich Diskrepanzen zwischen Rechtstheorie und -wirklichkeit. Immer wieder gibt es Ansätze und Vorschläge für eine Gesetzesreform.[273] In der Praxis verläuft die Zusammenarbeit zwischen Polizei und Staatsanwaltschaft jedoch ganz überwiegend reibungslos und unproblematisch, so dass die Diskussion über den so genannten „Ersten Zugriff" der Polizei aus Sicht des Praktikers zwar durchaus wichtig, aber dennoch eher akademischer Natur ist.

424 Staatsanwaltschaften sind an den Landgerichten ansässig. Die Staatsanwaltschaft wird von einem Leitenden Oberstaatsanwalt (LOStA) geleitet. In den Staatsanwaltschaften gibt es verschiedene Dezernate, die von den Dezernenten geleitet werden. Es handelt sich zum einen um sogenannte Buchstabendezernate, die die Ermittlungsverfahren nach dem Anfangsbuchstaben des Nachnamens des Beschuldigten zugeteilt bekommen. Zum Teil werden aber auch Sonderdezernate für spezielle Rechtsgebiete wie Straßenverkehrsrecht, Jugendsachen oder Korruptions- und Amtsdelikte eingerichtet.

425 **Vertiefung:** Für bestimmte Deliktsbereiche wie der Wirtschaftskriminalität wurden **Schwerpunktstaatsanwaltschaften** eingerichtet, die diese Verfahren behördenübergreifend bearbeiten und entsprechend spezialisiert sind.

426 Neben den Staatsanwälten (Beamte des höheren Dienstes mit der Befähigung zum Richteramt) gibt es **Amtsanwälte**, die Ermittlungsverfahren bearbeiten, die vor dem Amtsgericht angeklagt werden. Amtsanwälte sind Beamte des gehobenen Dienstes.

427 Im Gegensatz zum unabhängigen und nur dem Gesetz unterworfenem Richter (vgl. Art. 97 Abs. 1 GG) sind Staatsanwälte weisungsgebunden (§ 146 GVG). Sie genießen innerhalb ihrer Organisation jedoch eine weitreichende Entscheidungskompetenz.

428 Der Staatsanwaltschaft übergeordnet und somit weisungsbefugt ist die Generalstaatsanwaltschaft, die ihren Sitz an den Oberlandesgerichten hat. Der Generalstaatsanwaltschaft übergeordnet ist wiederum das Justizministerium des jeweiligen Bundeslandes.

429 **Vertiefung:** Unabhängig davon gibt es noch die Bundesanwaltschaft, die zum einen bei Verfahren vor dem Bundesgerichtshof auftritt, zum anderen aber für die Verfolgung besonders schwerer Straftaten, zum Beispiel im Bereich des Terrorismus, zuständig ist. Die Bundesanwaltschaft mit ihren Bundesanwälten untersteht dem Bundesjustizministerium.

---

272 *Reiß*, in: LR-StPO, vor § 159 Rn. 33 ff. m. w. N.; *Wohlers*, in: SK-StPO, § 160 Rn. 8 ff., a. A. *Kramer*, Rn. 106b.

273 *Elsner*, Entlastung der Staatsanwaltschaft durch mehr Kompetenzen für die Polizei?, S. 108 ff.; *Jasch*, NJW 2004, 1077, 1079 f.; *Reiß*, in: LR-StPO, vor § 159 Rn. 33.

Praktisch relevant ist die Frage, inwieweit die Staatsanwaltschaft (und damit mittelbar auch die Polizei) an die **höchstrichterliche Rechtsprechung gebunden** oder von ihr, beispielsweise bei abweichender Rechtsauffassung, abweichen darf. **430**

Gegen eine Bindung an die höchstrichterliche Rechtsprechung spricht, dass die Staatsanwaltschaft ein unabhängiges Organ der Rechtspflege ist und in dieser Funktion eigenständig entscheiden kann, ob eine verfolgbare Straftat vorliegt, die sie zur Anklage bringt. Nach dieser Auffassung wäre die Staatsanwaltschaft nicht an die Rechtsprechung gebunden.[274] **431**

Gewichtige Gründe sprechen jedoch für eine Bindung der Staatsanwaltschaft an die höchstrichterliche Rechtsprechung. So sind eine Einheitlichkeit der Rechtsanwendung und damit die Gleichheit vor dem Gesetz anders kaum zu verwirklichen.[275] Außerdem obliegt die Rechtsprechung den Gerichten (Art. 92 GG) und das Legalitätsprinzip würde durch die individuelle Rechtsauffassung des Staatsanwaltes begrenzt. Dieser muss nach § 170 Abs. 1 StPO jedoch anklagen, wenn ein hinreichender Tatverdacht besteht, also eine Verurteilungswahrscheinlichkeit, von der bei einem Sachverhalt, der nach höchstrichterlicher Rechtsprechung eine Straftat darstellt, auszugehen ist. Eine andere Rechtsauffassung kann der Staatsanwalt in einem solchen Fall im Hauptverfahren darlegen und gegebenenfalls einen Freispruch beantragen.[276] **432**

> **Vertiefung:** Im umgekehrten Fall, wenn ein Sachverhalt nach höchstrichterlicher Rechtsprechung keine Straftat darstellt, wird eine Bindungswirkung überwiegend verneint.[277] Das heißt, die Staatsanwaltschaft könnte bei einer der höchstrichterlichen Rechtsprechung gegenteiligen Rechtsauffassung den Beschuldigten anklagen. Würde man in diesem Fall eine Bindungswirkung bejahen, so wäre es den Gerichten aufgrund des Akkusationsprinzips nicht möglich, ihre Rechtsauffassung jemals zu ändern. **433**
>
> Andererseits jedoch stellt ein Hauptverfahren eine erhebliche Belastung für den Angeklagten dar. Zur Hauptverhandlung wird es wegen des Erfordernisses des Eröffnungsbeschlusses (§ 203 StPO) aber gar nicht kommen, wenn eine Bereitschaft des Richters nicht vorliegt, einen Anstoß für eine Korrektur der höchstrichterlichen Rechtsprechung zu geben.[278] Denn auch der Richter prüft den hinreichenden Tatverdacht und lehnt einen Eröffnungsbeschluss (§ 203 StPO) aufgrund mangelnder Verurteilungswahrscheinlichkeit ab, wenn er seinerseits der höchstrichterlichen Rechtsprechung folgt.

Im Ergebnis spricht somit vieles für eine Bindung der Staatsanwaltschaft an die höchstrichterliche Rechtsprechung, sofern es sich um Urteile des Bundesge- **434**

274 *Weßlau*, in: SK-StPO, § 152 Rn. 18.
275 *Hartmann/Schmidt*, Strafprozessrecht, Rn. 93.
276 *Beulke*, § 5, Rn. 90.
277 *Hartmann/Schmidt*, Strafprozessrecht, Rn. 93.
278 *Beulke*, § 5, Rn. 89, a. A. *Kramer*, Rn. 99.

richtshofes oder um ständige, widerspruchsfreie Rechtsprechung der Oberlandesgerichte handelt.[279]

435 ff) **Organisation der Gerichte.** Ebenso hierarchisch wie die Staatsanwaltschaften sind auch die **Gerichte** aufgebaut. Man spricht hier von **Instanzen.**

436 Die **Organisation** der Gerichte ist im Gerichtsverfassungsgesetz (GVG) geregelt. § 12 GVG zählt zur sogenannten „ordentlichen Gerichtsbarkeit" die Amtsgerichte (AG), die Landgerichte (LG), die Oberlandesgerichte (OLG) und den Bundesgerichtshof (BGH).

437 Diese sind für bürgerlich-rechtliche Streitigkeiten (Zivilverfahren) und für Strafverfahren zuständig. Daneben gibt es Verwaltungsgerichte (die beispielsweise Maßnahmen der Polizei im Bereich der Gefahrenabwehr überprüfen), Finanzgerichte, Arbeitsgerichte und Sozialgerichte.

438 Beim **Amtsgericht** findet die Verhandlung von Strafverfahren vor dem Amtsrichter statt, dem **„Richter am Amtsgericht"** (RiAG). Dieser (einzelne) Strafrichter befasst sich mit Anklagen der Staatsanwaltschaft, die eine Straferwartung von maximal zwei Jahren haben, sowie den Privatklagedelikten.[280] Sollte sich am Ende der Hauptverhandlung herausstellen, dass entgegen der ursprünglichen Straferwartung eine höhere Freiheitsstrafe tat- und schuldangemessen ist, hat der Strafrichter sogar die Möglichkeit (die „Strafgewalt"), eine Freiheitsstrafe von bis zu vier Jahren zu verhängen (§§ 24, 25 GVG). Daneben gibt es beim Amtsgericht noch das **Schöffengericht**, in dem neben einem Berufsrichter noch zwei Laien, die Schöffen, sitzen (vgl. §§ 36 ff. GVG). Das Schöffengericht verhandelt Fälle, die zum einen nicht mehr vor dem einzelnen Strafrichter verhandelt werden können, weil die Straferwartung über zwei Jahren liegt, für die zum anderen aber noch nicht das Landgericht zuständig ist.

439 Beim **Landgericht** werden **in der ersten Instanz** Straftaten mit einer Straferwartung von über vier Jahren verhandelt. Der „Spruchkörper" ist hier die Große Strafkammer. Diese ist auch zuständig, wenn die Möglichkeit besteht, dass der Angeklagte in einem psychiatrischen Krankenhaus oder in Sicherungsverwahrung untergebracht werden muss. Nach 74 Abs. 2, 74a GVG ist das Landgericht auch zuständig bei diversen Tötungsdelikten oder Staatsschutzsachen. Die verhandelnde Kammer nennt sich dann Schwurgerichtskammer. Die soeben genannten Strafkammern sind grundsätzlich mit drei Berufsrichtern und zwei Schöffen besetzt.

440 Darüber hinaus ist das **Landgericht** auch **Berufungsinstanz.** Legt der Angeklagte gegen ein Urteil des Amtsgerichts Berufung ein, so wird in **zweiter Instanz** erneut vor dem Landgericht verhandelt. Dies geschieht vor der „kleinen Strafkammer", besetzt mit einem Berufsrichter und zwei Schöffen. In der Beru-

279 So auch *Kramer,* Rn. 99; *Beulke,* § 5, Rn. 89; *Hartmann/Schmidt,* Strafprozessrecht, Rn. 93, *Meyer-Goßner/Schmitt,* StPO, vor § 141 GVG, Rn. 11; *Diemer,* in: KK-StPO, § 152 Rn. 13; vgl. BGHSt, 15, 155.

280 Vgl. zum gesamten Komplex *Kramer,* Rn. 111 ff.

fung wird die Hauptverhandlung, also auch die Beweisaufnahme einschließlich der (erneuten) Zeugenvernehmungen, nochmals durchgeführt.

In **erster Instanz** werden vor dem **Oberlandesgericht** die in § 120 GVG genannten schweren Staatsschutzdelikte wie Hochverrat oder Friedensverrat vor grundsätzlich drei Berufsrichtern verhandelt. **441**

> **Hinweis für die Praxis:** Vor allen oben genannten Gerichten können sie in Ihrer Eigenschaft als Polizeibeamter zeugenschaftlich vorgeladen werden. Dies ist polizeiliches Alltagsgeschäft, insbesondere bei Vorladungen vor das Amtsgericht. Als Polizeibeamter müssen Sie gut vorbereitet in die Gerichtsverhandlung gehen. Sie repräsentieren dort „den Staat" in seiner strafverfolgenden Funktion. Beachten Sie die Grundsätze, die Ihnen in den Unterrichtseinheiten „Polizeibeamte vor Gericht" vermittelt werden. Rechnen Sie gerade bei Vorladungen vor das Landgericht (oder gar das Oberlandesgericht) mit umfangreichen, detaillierten Vernehmungen. **442**

Neben der **Berufung** gibt es als zweites Rechtsmittel die **Revision**. Das Revisionsgericht prüft im Gegensatz zum Berufungsgericht nicht erneut die zu bewertenden Tatsachen, sondern es überprüft, ob das Urteil verfahrensrechtlich ordnungsgemäß zustande gekommen und das materielle Recht richtig angewandt worden ist.[281] Revisionsgericht für Urteile des Amtsgerichts sowie des Landgerichts als Berufungsinstanz ist ein OLG-Senat, besetzt mit drei Berufsrichtern. Revisionsgericht für Urteile des Landgerichts (Große Strafkammer oder Schwurgericht) bzw. des OLG-Senats ist der BGH-Senat, besetzt mit fünf Berufsrichtern. **443**

c) Anfangsverdacht einer verfolgbaren Straftat

> **Fall 1:** POK Loh versieht in Hannover Nachtdienst vor dem türkischen Generalkonsulat, das als gefährdetes Objekt bewacht wird. Er beobachtet eine männliche, dunkel gekleidete Person, die auf der gegenüberliegenden Straßenseite steht, sich häufig umsieht und immer wieder in Richtung des Gebäudes schaut. Dabei hält die Person ein Smartphone in der Hand. POK Loh entschließt sich, diese Person zu kontrollieren und verlangt von der Person, sich auszuweisen. Als die Person sich weigert, durchsucht er sie und findet 50 Gramm Heroin in einer Hosentasche. **444**

> **Fall 2:** Während ihres Tagesdienstes an einem Sonntag erhält PK Orda über die Lage- und Führungszentrale einen Einsatz in ein nahegelegenes Gewerbegebiet. Dort hat ein Wachmann bei seinem Rundgang auf dem Gelände einer Firma ein offenstehendes, aufgehebeltes Fenster festgestellt. Bei der weiteren Kontrolle des Gebäudes öffnete eine männliche Person plötzlich eine Notausgangstür und lief mitsamt eines mitgeführten Rucksacks in ein angrenzendes Waldstück. Dort wird im Rahmen der Fahndung eine Person mit Rucksack, die darüber hinaus auf die vom Wachmann abgegebene Be- **445**

281 *Beulke,* § 29, Rn. 559.

schreibung passt, angetroffen und durchsucht. Im Rucksack wird eine Geldkassette, die aus der Firma stammt, aufgefunden.

446 Eine sachliche Zuständigkeit zur Straftatenverfolgung nach § 163 Abs. 1 StPO besteht nur, wenn ein **Anfangsverdacht einer verfolgbaren Straftat** gegeben ist. Das ist zu bejahen, wenn **konkrete Tatsachen** vorhanden sind, aus denen sich unter Berücksichtigung der kriminalistischen Erfahrung die Möglichkeit ergibt, dass eine verfolgbare Straftat vorliegen könnte[282] (vgl. § 152 Abs. 2 StPO).

447 **Klausurhinweis:** Für die Frage, ob ein Anfangsverdacht einer Straftat vorliegt spielt es keine Rolle, ob bereits ein bestimmter Verdächtiger ausgemacht wurde. Ausführungen zum Tatverdacht bezüglich der von einer Maßnahme betroffenen Person(en) sind im Rahmen der sachlichen Zuständigkeit nicht zu machen.

448 Die Schwelle für die Annahme eines Anfangsverdachts einer Straftat ist sehr niedrig.[283] Es genügt bereits eine geringe Wahrscheinlichkeit, wobei auch entfernte Indizien, Gerüchte oder einseitige Behauptungen ausreichen können.[284] Andererseits begründen **bloße Vermutungen, Möglichkeiten** und kriminalistische **Hypothesen,** die nicht durch tatsächliche Hinweise gestützt werden, noch **keinen** Anfangsverdacht.[285]

449 **Vertiefung:** Eine proaktive Forschung nach noch unerkannten Straftaten ist nach § 163 Abs. 1 StPO nicht zulässig.[286]

450 Bei der Beurteilung der Frage, ob der Anfangsverdacht einer Straftat gegeben ist, steht der Staatsanwaltschaft und der Polizei ein **Beurteilungsspielraum** zu,[287] der jedoch nicht missbraucht werden darf, um beispielsweise die Pflicht zur Belehrung des Beschuldigten vor seiner ersten Vernehmung zu umgehen.

451 **Formulierungsvorschlag:** In der Klausur kann die Prüfung der sachlichen Zuständigkeit zur Straftatenverfolgung wie folgt eingeleitet werden. „*Die Polizei könnte nach § 163 Abs. 1 Satz 1 StPO zur Straftatenerforschung und -verfolgung sachlich zuständig sein. Das ist der Fall, wenn ein Anfangsverdacht einer verfolgbaren Straftat vorliegt. Nach § 152 Abs. 2 StPO bedarf es hierfür konkreter tatsächlicher Anhaltspunkte die nach kriminalistischer Erfahrung das Vorliegen einer verfolgbaren Straftat möglich erscheinen lassen. Vorliegend …* “

452 Wird der Anfangsverdacht bejaht, folgt aus dem Legalitätsprinzip die Pflicht des Polizeibeamten oder Staatsanwaltes zum Einschreiten.[288]

---

282 *Meyer-Goßner/Schmitt,* § 152 Rn. 4; *Weßlau,* in: SK-StPO, § 152 Rn. 12.
283 *Diemer,* in: KK-StPO, § 152 Rn. 7.
284 *Plöd* in: KMR-StPO, § 152, Rn. 18.
285 *Beulke,* in: LR-StPO, § 152 Rn. 22.
286 *Kölbel,* in: MüKo-StPO, § 163 Rn. 7.
287 BVerfG, Beschluss vom 15.8.2014 – 2 BvR 969/14; BGH, Beschluss vom 27.2.1992 – 5 StR 190/91 – BGHSt 38, 214, 228.
288 *Beulke,* § 15, Rn. 311.

Klausurhinweis: Anhand dieses Punktes können Sie Ihre Entscheidung, in einer Klausur den Anfangsverdacht einer Straftat zu bejahen, auf Plausibilität überprüfen: Liegen zum Zeitpunkt der Maßnahme wirklich tatsächliche Anhaltspunkte für das Vorliegen einer Straftat vor, so müssen die Beamten auch zwingend eine Strafanzeige fertigen und der Staatsanwaltschaft vorlegen, auch wenn sich durch diese oder weitere Maßnahmen der Tatverdacht nicht bestätigt oder sogar ausräumen lässt. **453**
Überprüfen Sie sich also selbst mit der Frage, ob sie wegen der erlangten Informationen im Sachverhalt zum Zeitpunkt der Maßnahme (ex ante) eine Strafanzeige fertigen würden.
In einer Klausur werden Ihnen (sollte das Vorliegen einer Straftat eine Rolle spielen) entsprechende Anhaltspunkte gegeben. Ihre Aufgabe ist es, diese Anhaltspunkte deutlich herauszuarbeiten.

aa) **Anwendungsbeispiel – Fall 1.** Im **Fall 1** werden nacheinander zwei verschiedene Maßnahmen getroffen: Zuerst eine Identitätsfeststellung, anschließend eine Durchsuchung. Damit ist aber noch nicht gesagt, auf Basis welcher Rechtsgrundlage die Maßnahmen getroffen wurden, also ob die Beamten zur Strafverfolgung, zur Verfolgung einer Ordnungswidrigkeit oder zur Gefahrenabwehr tätig wurden oder ob überhaupt der **Anfangsverdacht einer Straftat** vorgelegen hat. Es muss geprüft werden, ob **zum Zeitpunkt der (ersten) Maßnahme in Fall 1**, also der Identitätsfeststellung, der Anfangsverdacht einer Straftat vorgelegen hat. In einer Klausur sind **alle drei möglichen Aufgaben der Polizei** (Verfolgung von Straftaten, Verfolgung von Ordnungswidrigkeiten und Gefahrenabwehr) **immer anzusprechen**, auch wenn eine Aufgabenzuweisung im Ergebnis nicht vorliegt. **454**

Formulierungsvorschlag für die Klausur: *„Die Polizei könnte nach § 163 Abs. 1 Satz 1 StPO zur Strafverfolgung sachlich zuständig sein. Das ist der Fall, wenn ein Anfangsverdacht einer Straftat vorliegt. Nach § 152 Abs. 2 StPO bedarf es hierfür konkreter tatsächlicher Anhaltspunkte die nach kriminalistischer Erfahrung das Vorliegen einer verfolgbaren Straftat möglich erscheinen lassen. Vorliegend steht eine männliche Person vor einem Gebäude, für das eine gewisse Gefährdungswahrscheinlichkeit besteht. Die Person verhält sich ungewöhnlich, da sie sich häufig umschaut. Diese Anhaltspunkte sind jedoch so vage, dass sie auch nach kriminalistischer Erfahrung nicht konkret genug sind, um die Möglichkeit zu begründen, dass diese Person eine Straftat begangen hat. Ein Anfangsverdacht einer Straftat liegt somit nicht vor."* **455**
Bei **klaren** Sachverhalten: *„Nach § 163 Abs. 1 S. 1 StPO hat die Polizei Straftaten zu erforschen, wenn aufgrund konkreter, tatsächlicher Anhaltspunkte (§ 152 Abs. 2 StPO) das Vorliegen einer verfolgbaren Straftat nach kriminalistischer Erfahrung möglich erscheint. Straftaten sind im Sachverhalt nicht ersichtlich."*

Da ein Anfangsverdacht einer Straftat im Fall 1 nicht vorliegt, kann sich die Ermächtigungsgrundlage für die Identitätsfeststellung zwangsläufig nicht aus der StPO ergeben. Tatsächlich handelt es sich in diesem Beispiel um eine Identitätsfeststellung zur Gefahrenabwehr (§ 13 Abs. 1 Nr. 3 Nds. SOG). **456**

457 Die Tatsache (der „tatsächliche Anhaltspunkt“), dass bei der **späteren** Durchsuchung Betäubungsmittel gefunden wurden, kann bei der Frage, ob bei der **ersten** Maßnahme der Anfangsverdacht einer Straftat vorlag, **nicht** berücksichtigt werden. Das gilt auch für die zweite Maßnahme, die Durchsuchung selbst. Denn auch zu diesem Zeitpunkt haben sich durch die Weigerung, einen Ausweis auszuhändigen, keine zusätzlichen Anhaltspunkte für das Vorliegen einer Straftat ergeben (höchstens für den Anfangsverdacht einer Ordnungswidrigkeit nach § 111 OWiG).

458 **bb) Anwendungsbeispiel – Fall 2.** Anders im **Fall 2**: Hier liegen zum Zeitpunkt der Maßnahme (Durchsuchung des Rucksacks) konkrete Anhaltspunkte für das Vorliegen einer Straftat vor.

459 **Formulierungsvorschlag für die Klausur:** *„Die Polizei könnte nach § 163 Abs. 1 Satz 1 StPO zur Straftatenerforschung sachlich zuständig sein. Das ist der Fall, wenn ein Anfangsverdacht einer Straftat vorliegt. Nach § 152 Abs. 2 StPO bedarf es hierfür konkreter tatsächlicher Anhaltspunkte die nach kriminalistischer Erfahrung das Vorliegen einer verfolgbaren Straftat möglich erscheinen lassen. Vorliegend hat ein Zeuge, ein Wachmann, von einem offenstehenden, aufgebrochenen Fenster sowie einer Person, die aus dem Gebäude läuft, berichtet. Diese Schilderungen des Wachmannes lassen Straftaten nach den §§ 123 StGB (Hausfriedensbruch), 303 StGB (Sachbeschädigung) und/oder 242, 243 StGB (besonders schwerer Fall des Diebstahls), zumindest im Versuch (§ 22 StGB), als möglich erscheinen. Ein Anfangsverdacht bezüglich mehrerer verfolgbaren Straftaten liegt vor.“*

460 Dass die Beschreibung des Wachmannes auf die Person „passt“, sie in dem nahegelegenen, vom Wachmann als Fluchtweg beschriebenen Waldstück angetroffen wurde und bei der Durchsuchung das Diebesgut im mitgeführten (und vom Wachmann beschriebenen) Rucksack aufgefunden wurde, spielt für den **Anfangsverdacht** einer Straftat keine Rolle.

461 Diese Aspekte sind anzusprechen, wenn als Tatbestandsvoraussetzung in einer strafprozessualen Maßnahme der einfache oder dringende **Tatverdacht** (gegen eine Person) geprüft werden muss. Dann geht es nämlich um die Frage, **ob eine konkrete Person eine bestimmte Straftat begangen** hat, nicht **ob überhaupt** der Anfangsverdacht einer Straftat besteht.

462 **d) Sonderfall: Strafverfolgungsvorsorge.** Bei der Repression, also der Verfolgung von Straftaten oder Ordnungswidrigkeiten, geht es – wie soeben gesehen – zunächst einmal um die Frage, ob überhaupt ein Anfangsverdacht für das Vorliegen einer Straftat (oder Ordnungswidrigkeit – hierzu sogleich Rn. 469 ff.) gegeben ist.

463 Naturgemäß können sich die tatsächlichen Anhaltspunkte für das Vorliegen einer **Straftat** nur aus Geschehnissen und Zuständen der **Vergangenheit oder Gegenwart** ergeben. Das heißt: Bei der Verfolgung von Straftaten müssen diese schon begangen worden sein.

464 Die polizeiliche Aufgabe der **Gefahrenabwehr** (hierzu ab Rn. 487) ist dagegen auf die **Zukunft** ausgerichtet. Es wird nicht gefragt, ob ein Lebenssachverhalt den Anfangsverdacht einer Straftat begründet, sondern ob, ausgehend vom konkreten Sachverhalt, bei ungehindertem Weiterverlauf der Geschehnisse mit einer hinreichenden Wahrscheinlichkeit ein Schaden für ein Rechtsgut zu erwarten ist.

465 **Beispiel:** Eine stark angetrunkene, auf einer Parkbank schlafende Person wird bei winterlichen Temperaturen von den Beamten in „Schutzgewahrsam" genommen und in einen Zellenraum eingesperrt, bis der Abbau des Alkohols im Blut eine eigenverantwortliche Entscheidung der Person wieder zulässt.

466 Eine Sonderstellung in diesem Gefüge (Repression = Vergangenheit vs. Prävention = Zukunft) nimmt die **Vorsorge für die Verfolgung von Straftaten** ein. Die Vorsorge für die Verfolgung von Straftaten bezieht sich auf die Zukunft und ist daher aus zeitlicher Sicht eher dem Bereich der Gefahrenabwehr zuzuordnen. Das wird auch daran deutlich, dass es um die Vorsorge für die Verfolgung **zukünftiger** Straftaten geht, die also zum Zeitpunkt der Maßnahme noch gar nicht begangen wurden. Andererseits geht es auch bei der Vorsorge für die Verfolgung von Straftaten thematisch um **Straftaten**, so dass ein Bezug zum Strafverfahren durchaus gegeben ist.[289] Einige strafprozessuale Maßnahmen haben als Ziel die **Vorsorge für die Verfolgung von Straftaten**:

- So dient die erkennungsdienstliche Behandlung (Abnahme von Fingerabdrücken, Fertigen von Lichtbildern, Aufnahme der Personenbeschreibung) zumindest teilweise der Identifizierung in zukünftigen Strafverfahren (§ 81b 2. Alt, StPO; zum Zwecke des Erkennungsdienstes).
- Gleiches gilt für die Speicherung des molekulargenetischen Musters eines Beschuldigten zur Identifizierung in künftigen Strafverfahren (§ 81g StPO) oder der Verwendung von Daten in künftigen Strafverfahren (§ 484 StPO).

467 Unter Zugrundelegung der Rechtsprechung des BVerfG[290] handelt es sich bei Maßnahmen der Strafverfolgungsvorsorge um „genuines", also echtes Strafprozessrecht:[291] „*Die Verfolgungsvorsorge erfolgt in zeitlicher Hinsicht präventiv, betrifft aber gegenständlich das repressiv ausgerichtete Strafverfahren. Die Daten werden zu dem Zweck der Verfolgung einer in der Zukunft möglicherweise verwirklichten konkreten Straftat und damit letztlich nur zur Verwertung in einem künftigen Strafverfahren, also zur Strafverfolgung, erhoben.*"[292] Daraus folgt, dass sich die sachliche Zuständigkeit zur Strafverfolgung nicht nur auf die Verfolgung der konkreten Tat beschränkt ist. Gibt die konkrete Tat Anlass zu der Befürchtung, dass der Beschuldigte weitere, gleichgelagerte Taten begehen wird (vgl. exemplarisch die Voraussetzungen des

---

289 *Graulich*, NVwZ 2014, 685, 686.

290 BVerfG, Beschluss vom 14.12.2000 – 2 BvR 1741/99 – BVerfGE 103, 21 zum § 81g StPO und BVerfG, Urteil vom 27.7.2005 – 1 BvR 668/04 – BVerfGE 113, 348 zum § 33a Nds. SOG.

291 *Rogall*, in: SK-StPO, § 81g Rn. 1.

292 BVerfG, Urteil vom 27.7.2005 – 1 BvR 668/04 – BVerfGE 113, 348, 370.

§ 81g Abs. 1 StPO), ist die Polizei auch für Maßnahmen (als Strafverfolgungsbehörde) sachlich zuständig, die die Verfolgung dieser Taten erleichtern sollen.[293]

468 **Klausurhinweis:** Im Rahmen der sachlichen Zuständigkeit ist dementsprechend eine Zuständigkeit nach § 163 Abs. 1 StPO auch dann zu bejahen, wenn Anlass für die Maßnahme eine konkrete Straftat ist und die Zielrichtung der Maßnahme zwar nicht die Sicherung des Strafverfahrens wegen dieser konkreten Straftat, aber möglicher, gleichgelagerter Straftaten durch den gleichen Beschuldigten ist.

4. Sachliche Zuständigkeit: Ordnungswidrigkeitenverfolgung (§ 53 OWiG)

469 Neben der sachlichen Zuständigkeit zur Verfolgung von Straftaten gibt es noch eine weitere repressive Zuständigkeit der Polizei. Sie hat ausweislich § 53 Abs. 1 OWiG nach pflichtgemäßem Ermessen **Ordnungswidrigkeiten zu verfolgen.**

470 a) **Ordnungswidrigkeiten.** Eine Ordnungswidrigkeit ist nach § 1 Abs. 1 OWiG eine rechtswidrige und vorwerfbare Handlung, die den Tatbestand eines Gesetzes verwirklicht, das die Ahndung mit einer **Geldbuße** zulässt.

471 Ordnungswidrigkeiten stehen vom Unrechtsgehalt der Handlung her unterhalb einer Straftat. Es handelt sich also um Handlungen, für deren Sühne nicht die Mittel des Strafrechts (Freiheits- oder Geldstrafe) erforderlich sind, sondern das Mittel der Geldbuße (Verwarngeld oder Bußgeld) ausreichend ist.[294]

472 Weitere Unterschiede gibt es bei einigen Begrifflichkeiten: Das Strafverfahren richtet sich gegen den Beschuldigten, das Ordnungswidrigkeitenverfahren gegen den Betroffenen; die Begehung einer Straftat setzt die Schuldfähigkeit des Beschuldigten voraus, im Ordnungswidrigkeitenverfahren spricht man von der Vorwerfbarkeit.

473 **Vertiefung:** Ordnungswidrigkeiten werden nicht von der Staatsanwaltschaft, sondern von den Verfolgungsbehörden verfolgt. Verfolgungsbehörde ist auch die Polizei, die in einfach gelagerten Fällen das Ordnungswidrigkeitenverfahren auch abschließt, sei es durch eine Verwarnung mit Verwarngeld, durch eine (mündliche) Verwarnung ohne Verwarngeld oder durch eine Einstellung des Verfahrens. Oft wird das Verfahren jedoch an die Verfolgungsbehörde (Verwaltungsbehörde der Stadt bzw. des Landkreises) abgegeben.
Die Verfolgungsbehörde hat im Ordnungswidrigkeitenverfahren die gleichen Rechte wie die Staatsanwaltschaft im Strafverfahren (§ 46 Abs. 2 OWiG). Dies bedeutet zugleich, dass eine Beteiligung der Staatsanwaltschaft bei prozessualen Maßnahmen zur Verfolgung einer Ordnungswidrigkeit überflüssig ist. Die Verfolgungsbehörde nimmt die Stellung der Staats-

---

293 Vgl. auch VGH Kassel, Beschluss vom 8.12.2010 – 8 E 1698/10 – DVBl. 2011, 515.
294 *Rogall*, in: KK-OWiG, § 1, Rn. 9 ff.

anwaltschaft ein[295] und richtet ihre Anträge -sofern ein Richtervorbehalt vorgesehen ist- unmittelbar an den Richter.

Beispiel: Nach einem Geschwindigkeitsverstoß durch einen Lkw-Fahrer muss durch die Polizei ermittelt werden, welche Person Fahrzeugführer war. Hierfür müssen bei der Spedition die entsprechenden Unterlagen eingesehen werden. Den Antrag an den Richter zwecks Erlangung eines Beschlusses nach § 102 StPO stellt in diesem Fall die Polizei, nicht die Staatsanwaltschaft. **474**

b) **Opportunitätsprinzip.** Im Gegensatz zum Strafverfahren, in dem das Legalitätsprinzip Anwendung findet, gilt im Ordnungswidrigkeitenrecht das **Opportunitätsprinzip** (§§ 53, 47 Abs. 1 OWiG). Die Verfolgung einer Ordnungswidrigkeit liegt also im **Ermessen** der Polizei. **475**

Dieses Ermessen muss **pflichtgemäß** ausgeübt werden und liegt somit nicht im Gutdünken des einzelnen Beamten. Es gilt: Je schwerer der Unrechtsgehalt der Ordnungswidrigkeit wiegt, desto eher ist der Beamte zum Einschreiten verpflichtet.[296] Diese Einschränkung des Ermessens soll eine willkürliche -und damit nicht mehr rechtsstaatliche- Entscheidung über die Verfolgung von Ordnungswidrigkeiten verhindern.[297] **476**

Vertiefungshinweis: Lesen Sie zu den Fragen, in welchen Fällen im Bereich des Straßenverkehrsrechts eine mündliche Verwarnung, eine Verwarnung mit Verwarngeld oder ein Bußgeld angezeigt ist, die allgemeinen Hinweise im Tatbestandskatalog für Verkehrsordnungswidrigkeiten. Diese verbindlichen Hinweise sollen eine bundeseinheitliche Verfolgungspraxis erreichen. Unterlaufen dem einschreitenden Beamten jedoch Fehler bei seiner Ermessensentscheidung, so muss er eine **strafrechtliche** Verfolgung nicht befürchten: Es ist nur die Vereitelung einer Straftat kriminalisiert, nicht die Vereitelung einer Ordnungswidrigkeit. Die wissentliche oder absichtliche Falschbezichtigung einer Ordnungswidrigkeit stellt jedoch eine strafbare falsche Verdächtigung (§ 164 Abs. 2 StGB) dar. **477**

c) **Verhältnis Ordnungswidrigkeit und Straftat.** Gelegentlich werden durch eine Handlung sowohl eine Straftat als auch eine Ordnungswidrigkeit begangen. **478**

Beispiel: Beim Abbiegen übersieht ein Pkw-Fahrer einen in gleicher Richtung auf dem Radweg fahrenden Radfahrer, der durch den folgenden Zusammenstoß stürzt und sich leicht verletzt. Es liegt eine Ordnungswidrigkeit gem. §§ 9, 49 StVO, 24 StVG und zugleich eine Straftat nach § 229 StGB (fahrlässige Körperverletzung) vor.

Hier tritt gemäß § 21 OWiG die Ordnungswidrigkeit hinter der Straftat zurück. Der Pkw-Fahrer im Beispiel wird also gegebenenfalls nach § 229 StGB bestraft und nicht -auch nicht zusätzlich- mit einem Bußgeld belegt. Wird je- **479**

---

295 *Bücherl*, in: BeckOK-OWiG, § 46, Rn. 10.
296 *Schulz*, in: BGS-OWiG, § 53, Rn. 6 f.
297 *Noak*, ZJS 4/2012, 458.

doch wegen der Tat keine Strafe verhängt, so kann die Tat dann wieder als Ordnungswidrigkeit verfolgt werden (§ 21 Abs. 2 OWiG). Das Ordnungswidrigkeitenverfahren „lebt“ wieder auf.[298] Dies ist der Fall, wenn im Beispielsfall die Staatsanwaltschaft von einer Strafverfolgung wegen geringer Schuld absieht (§ 153 Abs. 1 StPO).[299] Sie übersendet dann die Ermittlungsakte an die Bußgeldbehörde (§ 43 Abs. 1 OWiG).

480 **Vertiefung:** Die Straftat kann mit einer Ordnungswidrigkeit auch noch anderweitig in einem Zusammenhang stehen.

481 **Beispiel:** Der eines Ladendiebstahls Beschuldigte weigert sich, seinen Namen anzugeben. Strafbarkeit nach §§ 242 bzw. 248a StGB, Ordnungswidrigkeit nach § 111 OWiG.
In diesen Fällen kann das Ordnungswidrigkeitenverfahren durch die Staatsanwaltschaft übernommen werden (§ 42 Abs. 1 OWiG).

482 d) **Transmissionsklausel (§ 46 Abs. 1 OWiG). Für das Grund- und Eingriffsrecht bedeutsam** ist die Frage, mit welchen Eingriffsmaßnahmen die Erforschung einer Ordnungswidrigkeit stattfinden soll. Diese Frage hat der Gesetzgeber im § 46 Abs. 1 OWiG pragmatisch geregelt: Für das Bußgeldverfahren gelten grundsätzlich die Vorschriften der StPO sinngemäß, sofern nicht gesetzlich etwas Anderes geregelt ist.[300]

483 § 46 Abs. 1 OWiG ist eine so genannte **Transmissionsklausel.** Für die Verfolgung von Ordnungswidrigkeiten sind die Maßnahmen der StPO ebenfalls anwendbar (insbesondere die Identitätsfeststellung, Durchsuchung und Sicherstellung/Beschlagnahme).

484 Eine **Einschränkung** dieses Grundsatzes beinhaltet § 46 Abs. 3 OWiG: Mit schwerwiegenden Grundrechtseingriffen verbundene Maßnahmen wie Verhaftung, vorläufige Festnahme und Eingriffe in das Post- und Fernmeldegeheimnis sind für die Verfolgung einer Ordnungswidrigkeit gesetzlich ausgeschlossen (und wären im Übrigen auch nicht verhältnismäßig).

485 Die Entnahme von Blutproben (§ 81a S. 2 StPO) ist dagegen auch im Ordnungswidrigkeitenverfahren möglich (§ 46 Abs. 4 OWiG).[301]

486 **Formulierungsvorschlag für die Klausur:** Die Prüfung der sachlichen Zuständigkeit zur Verfolgung von Ordnungswidrigkeiten ist fast identisch mit der Prüfung der strafprozessualen Aufgabenzuweisung:
„Gemäß § 53 Abs. 1 OWiG hat die Polizei nach pflichtgemäßen Ermessen Ordnungswidrigkeiten zu verfolgen, sofern für deren Vorliegen zureichende, tatsächliche Anhaltspunkte bestehen (§ 46 Abs. 1 OWiG i. V. m. § 152 Abs. 2 StPO). Im Folgenden sind die Anhaltspunkte für das Vorlie-

---

298 *Mitsch*, in: KK-OWiG, § 21, Rn. 19 ff.
299 *Iburg*, NStZ 2005, 673, 676.
300 *Müller*, in: BMS-Verkehrsrecht, § 46 OWiG, Rn. 2 f.
301 *Bücherl*, in: BeckOK-OWiG, § 46 Rn. 5.

gen einer Ordnungswidrigkeit heraus zu arbeiten und die Ordnungswidrigkeit zu benennen (z. B. §§ 111, 117 OWiG).“

5. Sachliche Zuständigkeit: Prävention (§ 1 Nds. SOG)

Während es bei der Verfolgung von Straftaten und Ordnungswidrigkeiten um die Aufklärung und Sühne dieser Taten geht, setzt die Gefahrenabwehr früher ein: Es soll nicht gewartet werden, bis „das Kind in den Brunnen“ gefallen ist, sondern der Staat muss ein Unrecht möglichst verhindern bzw. die Rechtgüter der Bürger und der Allgemeinheit vor einem drohenden Schaden schützen.[302] **487**

Die Verpflichtung des Staates, die Sicherheit seiner Bürger zu schützen, wird durch Gefahrenabwehrmaßnahmen realisiert. Es handelt sich um eine der wichtigsten staatlichen Pflichten. **Daraus** (und somit ausdrücklich **nicht im Sinne einer Dominanzentscheidung** - dazu weiter unten, Rn. 691 –) folgt der Leitgedanke, dass der Gefahrenabwehr der Vorrang vor der Strafverfolgung gebührt.[303] **488**

Beispiel 1: Während der Streifenfahrt bemerken Sie, wie eine Person sichtlich alkoholisiert aus einer Kneipe wankt und zielgerichtet mit einem Schlüssel in der Hand auf einen Pkw zusteuert. Ihre Aufgabe ist es, durch Maßnahmen der Gefahrenabwehr (Untersagung der Fahrt, Sicherstellung des Fahrzeugschlüssels) die Begehung einer Straftat (§ 316 StGB) zu verhindern. Falsch (und ihrerseits strafbar) wäre es dagegen, die Abfahrt der Person abzuwarten, um anschließend eine Straftat verfolgen zu können. **489**

Beispiel 2: Ein Fußgänger wird von einem Pkw erfasst und schwer verletzt. Der Pkw-Fahrer flüchtet. Die Polizeibeamten müssen sich entscheiden, ob sie den Pkw-Fahrer verfolgen (Verfolgung der Straftat „Verkehrsunfallflucht“ durch Identitätsfeststellung) oder ob sie dem Opfer Erste-Hilfe leisten (Gefahrenabwehr). **490**
Bei dieser sogenannten Gemengelage (und Aufgabenkollision) entscheiden sie sich richtigerweise für die Gefahrenabwehr. Bei diesem Beispiel ist zu berücksichtigen, dass das Erste-Hilfe-Leisten natürlich keine polizeirechtliche Eingriffsmaßnahme darstellt.

Gegenbeispiel: Eine Person schlägt die Scheibe eines Juweliergeschäfts ein und entwendet die gesamte Auslage -bis auf eine Uhr-. Als die Polizeibeamten den Tatort erreichen, flüchtet die Person. Beschützen die Beamten nun die einzelne Uhr bzw. das Geschäft, oder verfolgen sie besser den Täter? **491**

Der wesentliche Unterschied zwischen den Maßnahmen der Repression (strafprozessuale Maßnahmen) und den Maßnahmen der Prävention (gefahrenabwehrrechtliche Maßnahmen) ist der zeitliche Aspekt. **Die Strafverfolgung ist auf die Vergangenheit ausgerichtet, die Gefahrenabwehr auf die Zukunft.**[304] **492**

---

302 Vgl. die grundlegenden Ausführungen von *Denninger* in: Lisken/Denninger, D, Rn. 1 ff.
303 *Möstl*, in: BeckOK-NdsSOG, Vorbemerkungen, Rn. 25.
304 *Gusy*, § 3, Rn. 111.

493 Die sachliche Zuständigkeit zur Gefahrenabwehr ist im Niedersächsischen Gesetz über die öffentliche Sicherheit und Ordnung (Nds. SOG) geregelt (§ 1 Nds. SOG).

494 Sie ist in verschiedene Teilaspekte der Gefahrenabwehr untergliedert:
1. Abwehr von (konkreten)[305] Gefahren (§ 1 Abs. 1 S. 1 Nds. SOG)
2. Gefahrenvorsorge (§ 1 Abs. 1 S. 2 Nds. SOG)
3. Verhütung von Straftaten (§ 1 Abs. 1 S. 3 Nds. SOG)
4. Vollzugshilfe (§ 1 Abs. 4 Nds. SOG)

495 **Klausurhinweis:** Aufgrund dieser Untergliederung ist es wichtig, die zu prüfende Zuständigkeit genau zu bezeichnen und die Fundstelle im Gesetz genau zu benennen. Die Aussage „*die Polizei ist nach § 1 Abs. 1 Nds. SOG zur Gefahrenabwehr zuständig*" wäre viel zu oberflächlich, denn im Absatz 1 findet man drei **eigenständige**, gefahrenabwehrrechtliche Zuständigkeiten.

496 **Vertiefung:** Der § 1 Abs. 5 Nds. SOG stellt (nur) klar, dass die Polizei auch **andere Aufgaben** hat.[306] Er enthält keine eigenständige Aufgabenzuweisung und begründet keine sachliche Zuständigkeit. Hierzu und zum in diesem Kontext relevanten § 3 Abs. 1 Satz 2 Nds. SOG noch unten Rn. 680.

497 Die Gefahrenabwehr ist Aufgabe der Länder (Art. 30, 70 GG), dementsprechend hat in Niedersachsen der niedersächsische Landtag die Gesetzgebungskompetenz.[307] Es gilt der Grundsatz: **Polizei ist Ländersache.** Der Bund hat nach dem Grundgesetz nur bestimmte sonderpolizeiliche Aufgaben (Art. 87, 87d GG).[308]

a) Gefahrenabwehraufgabe (§ 1 Abs. 1 Nds. SOG)

498 **Fall 1:** Besorgte Nachbarn rufen die Polizei, weil aus der Wohnung der Familie Müller Hilferufe einer weiblichen Person zu hören waren. Die Nachbarn schildern, dass es schon häufiger zu Streitigkeiten zwischen den Eheleuten über den Alkoholkonsum des Herrn Müller gekommen sei. Dieser sei dann sehr aggressiv und habe seine Frau auch schon mal geschlagen. Jedenfalls sei Frau Müller letzte Woche mit einem „Veilchen" gesehen worden. Als die Beamten die Wohnung durch die offenstehende Tür betreten, treffen sie Herrn Müller schlafend vor dem laufenden Fernseher an. Der „Streit" spielte in einem Spielfilm. Frau Müller dagegen ist seit fünf Tagen im Urlaub.

---

305 Tatsächlich hat die Polizei die Aufgabe, konkrete **und** abstrakte Gefahren abzuwehren. Abstrakte Gefahren werden durch den Erlass von Verordnungen abgewehrt (vgl. § 55 Nds. SOG), so dass die abstrakte Gefahr für konkrete Einsatzmaßnahmen (fast) keine Rolle spielt.

306 *Thiel,* § 4, Rn. 10 ff.

307 *Schenkes*, § 2, Rn. 23.

308 Näher *Möstl*, in: BeckOK-Nds. SOG, Vorbemerkungen Rn. 63; *Gusy,* § 1, Rn. 14.

Fall 2: Bei Tiefbauarbeiten wird im Erdreich ein Blindgänger gefunden. Es handelt sich um eine 5-Zentner-Fliegerbombe aus dem Zweiten Weltkrieg. Die Beamten des Kampfmittelbeseitigungsdienstes (KBD) legen einen Sicherheitsradius von 500 Metern um den Fundort fest. Die Bewohner im Sicherheitsradius sollen für die Dauer der Delaborierung (Entschärfung) ihre Wohnungen verlassen. Weltkriegsveteran Karl-Heinz B. weigert sich jedoch beharrlich, seine Wohnung zu verlassen, so dass die Beamten ihm einen Platzverweis für seine Wohnung erteilen (§ 17 Abs. 2 S. 1 Nds. SOG). 499

Die „**Gefahr**" ist der **zentrale Begriff** des Polizei- und Ordnungsrechts, also dem Recht der **Gefahrenabwehr**. 500

Klausurhinweis: Ob eine „Gefahr" vorliegt, ist in der Klausur am sinnvollsten innerhalb der materiellen Rechtmäßigkeit als Tatbestandsvoraussetzung (z. B. des Platzverweises nach § 17 Nds. SOG) zu prüfen. Gleichwohl erfolgt die Darstellung der Gefahrenprüfung bereits an dieser Stelle des Buches, um die Unterschiede zwischen den verschiedenen Aufgaben der Gefahrenabwehr zu verdeutlichen. 501

Der Gefahrenbegriff ist in § 2 Nr. 1a Nds. SOG gesetzlich definiert (sog. Legaldefinition). Danach ist unter einer **Gefahr** eine **Sachlage** zu verstehen, bei der **im einzelnen Fall** die **hinreichende Wahrscheinlichkeit** besteht, dass in **absehbarer Zeit** ein **Schaden für die öffentliche Sicherheit oder Ordnung** eintreten wird. 502

Klausurhinweis: Wenn im Nds. SOG von einer Gefahr die Rede ist (z. B. als Tatbestandsvoraussetzung in § 11 Nds. SOG), ist damit eine **konkrete** Gefahr iSd. § 2 Nr. 1a Nds. SOG gemeint. 503

Bei der **Prüfung**, ob eine konkrete Gefahr im Sinne des Nds. SOG vorliegt, bietet sich dementsprechend die folgende Vorgehensweise an: 504

1. Darstellung der **Sachlage**
2. Darstellung des betroffenen Schutzguts der Gefahrenabwehr (öffentliche Sicherheit **oder** Ordnung)
3. Prognose: Besteht die **hinreichende Wahrscheinlichkeit**, dass der Schaden für die öffentliche Sicherheit oder Ordnung in **absehbarer Zeit** eintritt?

Klausurhinweis: Als zentrales Element der Gefahrenabwehr kommt der sogenannten „Gefahrenprüfung" in einer Klausur an der Polizeiakademie Niedersachsen eine große Bedeutung zu. Entsprechend sorgfältig und ausführlich muss das Vorliegen einer konkreten Gefahr im Rahmen der materiellen Rechtmäßigkeit (vgl. Schema) geprüft werden, wenn dies zu den Tatbestandsvoraussetzungen gehört. 505
Viele Maßnahmen aus dem Nds. SOG fordern über die „konkrete Gefahr" hinaus als Tatbestandsvoraussetzung das Vorliegen einer (bestimmten) Gefahr (z. B. „gegenwärtige" oder „erhebliche" Gefahr).
In einer Klausur ist unter dem Prüfungspunkt „Gefahrenabwehraufgabe" (§ 1 Abs. 1 S. 1 Nds. SOG) zu beschreiben, was unter dem Schutzgut „öffentliche Sicherheit oder Ordnung" zu verstehen ist (vgl. hierzu die Ausfüh-

rungen und Formulierungsbeispiele zum „drohenden Schaden für die öffentliche Sicherheit und Ordnung" unten ab Rn. 510) und wodurch und für welches der Rechtsgüter ein Schaden droht.

506 aa) **Sachlage.** Die Frage, ob eine konkrete Gefahr vorliegt, ist anhand der individuellen Sachlage („*im einzelnen Fall*") zu beurteilen.[309] Bei einer **Sachlage** handelt es sich um **konkrete Zustände oder Geschehnisse aus der Vergangenheit oder Gegenwart.** Eine Gefahr muss sich aus Tatsachen ergeben, die einzeln oder mit anderen Tatsachen eine Sachlage bilden. Tatsachen sind der menschlichen Wahrnehmung grundsätzlich zugänglich und können objektiv erkannt, festgestellt und überprüft werden.

507 In einer Klausur müssen Sie im ersten Schritt die objektiven Tatsachen, die sie für die weitere Gefahrenprüfung zugrunde legen, aus dem Sachverhalt herausarbeiten und benennen.

508 **Formulierungsvorschlag zu Fall 1:** *„Tatbestandsvoraussetzung für das Betreten der Wohnung (§ 24 Abs. 2 Nr. 3 Nds. SOG) ist zunächst das Vorliegen einer Gefahr. Eine Gefahr ist nach § 2 Nr. 1 Nds. SOG eine Sachlage, bei der im einzelnen Falle die hinreichende Wahrscheinlichkeit besteht, dass in absehbarer Zeit ein Schaden für die öffentliche Sicherheit oder Ordnung eintreten wird.*
Unter einer Sachlage versteht man konkrete Zustände oder Geschehnisse der Vergangenheit oder Gegenwart.
Diese stellt sich wie folgt dar: Vorliegend schildern Nachbarn glaubwürdig ein Streitgeschehen zwischen Eheleuten. Die Nachbarn haben Hilferufe einer Frau aus der Wohnung wahrgenommen. Sie berichten von einem häufigen Alkoholkonsum des Mannes, dessen Aggressivität unter Alkoholeinfluss und schildern, dass es in der kürzeren Vergangenheit vermutlich zu gewalttätigen Auseinandersetzung zwischen den Eheleuten gekommen sei."

509 **Formulierungsvorschlag zu Fall 2:** *„Voraussetzung für die Verweisung aus der Wohnung ist zunächst das Vorliegen einer Gefahr. Eine Gefahr ist nach § 2 Nr. 1 Nds. SOG eine Sachlage, bei der im einzelnen Falle die hinreichende Wahrscheinlichkeit besteht, dass in absehbarer Zeit ein Schaden für die öffentliche Sicherheit oder Ordnung eintreten wird.*
Unter einer Sachlage versteht man konkrete Zustände oder Geschehnisse der Vergangenheit oder Gegenwart.
Diese stellt sich wie folgt dar: Vorliegend wird bei Tiefbauarbeiten eine 5-Zentner-Fliegerbombe gefunden. Die Experten des KBD halten einen Sicherheitsradius von 500 m um den Fundort für erforderlich. In diesem Radius liegt die Wohnung des B., der jedoch die Wohnung nicht verlassen will."

510 bb) **Drohender Schaden für die öffentliche Sicherheit oder Ordnung.** Die Gefahr muss „*für die öffentliche Sicherheit oder Ordnung*" (vgl. § 2 Nr. 1a Nds.

309 *Gusy,* § 3, Rn. 126; *Denninger,* in: Lisken/Denninger, D, Rn. 42; *Kugelmann,* 4. Kap. Rn. 125.

SOG) vorliegen. Eine sachliche Zuständigkeit zur Gefahrenabwehr ist also nur dann gegeben, wenn entweder öffentliche Sicherheit oder Ordnung Schaden zu nehmen drohen.

Vertiefung: Ein **Schaden** liegt dann vor, wenn ein Schutzgut verletzt wird, ohne dass der Betroffene verpflichtet ist das hinzunehmen.[310] **511**

Die Begriffe „öffentliche Sicherheit" und „öffentliche Ordnung" sind erklärungsbedürftig. **512**

aaa) Öffentliche Sicherheit. Unter dem Begriff **„öffentliche Sicherheit"** versteht man die Unverletzlichkeit der Rechtsordnung, der subjektiven Rechte und Rechtsgüter des Einzelnen sowie des Bestandes, der Einrichtungen und Veranstaltungen des Staates oder sonstiger Träger der Hoheitsgewalt[311] **513**

Es bietet sich an, die o. g. Rechtsgüter in Individual- und Gemeinschaftsrechtsgüter (auch Kollektivrechtsgüter genannt) zu unterteilen.[312] **514**

Zu den **Kollektivrechtsgütern** zählen die Unversehrtheit (Integrität) bzw. der Bestand der Rechtsordnung, der Bestand und die Funktionsfähigkeit des Staates und seiner Einrichtungen und Veranstaltungen sowie die Sicherheit und Leichtigkeit des Straßenverkehrs.[313] **515**

Die **Rechtsordnung** bzw. die Unversehrtheit (Integrität) derselben ist zentrales Schutzgut der Gefahrenabwehr.[314] Zur Rechtsordnung werden sämliche Rechtsnormen unabhängig von ihrem Normtyp gezählt.[315] Hervorgehobene Bedeutung haben insbesondere die Normen des öffentlichen Rechts (z. B. verwaltungsrechtliche Ge- und Verbote) sowie des Straf- und Ordnungswidrigkeitenrechts (z. B. des StGB, des OWiG).[316]Jeder Verstoß gegen öffentliches Recht stellt, unabhängig von der Strafbarkeit, eine Verletzung der öffentlichen Sicherheit dar.[317] Bereits die Verwirklichung des objektiven Tatbestandes einer Strafvorschrift ist unabhängig von Vorsatz, Schuld oder Vorliegen eines ggf. erforderlichen Antrags als Verletzung der Integrität der Rechtsordnung zu werten.[318] **516**

Der Bestand der Rechtsordnung ist sicherlich das in der Praxis relevanteste Kollektivrechtsgut. Weitere Kollektivrechtsgüter sind der **Bestand des Staates, der Schutz seiner Einrichtungen, Veranstaltungen und Symbole sowie die Funktionsfähigkeit staatlicher Organe.** **517**

---

310 *Würtenberger/Heckmann/Tanneberger*, § 5 Rn. 269.
311 So die Legaldefinition in § 3 Nr. 1 SOG Sachsen-Anhalt.
312 Vgl. *Ullrich*, in: BeckOK-Nds. SOG, § 2 Rn. 10.
313 *Ullrich*, in: BeckOK-Nds. SOG, § 2 Rn. 10.
314 BVerwG, Urteil vom 26.2.1974 – I C 31/72 – NJW 1974, 808.
315 *Thiel*, § 8 Rn. 10; *Ullrich*, in: BeckOK-Nds. SOG, § 2 Rn. 13.
316 *Gusy*, § 3, Rn. 81; *Saipa*, § 1 Rn. 5.2.
317 *Saipa*, § 1, Rn. 5.2.
318 *Thiel*, § 8 Rn. 14, der diese h. M. differenzierend betrachtet.

518 Geschützt ist grundsätzlich alles, was diesen Rechtssubjekten zugeordnet ist und kein eigenes Recht darstellt, zum Beispiel Parlamente, Regierungen, Behörden, Sportstätten, Parkanlagen, Wahlen, Staatsbesuche, Staatsbegräbnisse, Gelöbnisfeiern, Verkehrskontrollen, die Bundesflagge u. v. m.

519 **Vertiefung:** Diese Kollektivrechtsgüter sind häufig auch strafrechtlich geschützt (§§ 80 ff., 113, 114, 304 bis 305a StGB) so dass bei deren Gefährdung in der Regel zugleich der Bestand der Rechtsordnung gefährdet ist.

520 Eine eigenständige Bedeutung erlangen die Rechtsgüter bei Handlungen, die die Funktionsfähigkeit staatlicher Einrichtungen beeinträchtigen, aber noch keine Straftat oder Ordnungswidrigkeit darstellen.

521 **„Klassisches" Beispiel:**[319] Die Polizei führt vor einer Schule eine Geschwindigkeitsmessung durch. Ein Anwohner stellt sich mit einem Pappschild mit der Aufschrift „Vorsicht! Radarkontrolle" an den Straßenrand, so dass die Verkehrsteilnehmer vor der Geschwindigkeitsmessung gewarnt werden.
Das Verhalten des Anwohners stellt keine Straftat oder Ordnungswidrigkeit dar. Genau genommen fordert er die Pkw-Fahrer nur zu einem rechtskonformen Verhalten auf.
Sinn und Zweck der Kontrolle ist es jedoch, bei „Rasern" durch Mittel der Repression und Spezialprävention eine Verhaltensänderung herbeizuführen. Mit anderen Worten: Die Einsicht führt leider oft nur über den Geldbeutel.
In diesem Sinne liegt durch die Warnung vor der Geschwindigkeitsmessung eine Beeinträchtigung des Kollektivrechtsguts „Funktionsfähigkeit staatlicher Organe" vor.[320]

522 Das Kollektivrechtsgut **Funktionsfähigkeit staatlicher Organe** schützt auch das polizeiliche Agieren im Einsatzgeschehen sowie die eingesetzten Beamten. So ist dieses Rechtsgut beispielsweise gefährdet bzw. gestört, wenn die Einsatzkräfte behindert, Einsatzfahrzeuge blockiert oder Polizeibeamte angegriffen werden.

523 Unter dem Begriff **Individualrechtsgüter** werden die Rechte und Rechtsgüter des Einzelnen verstanden. Dazu gehört das Leben, die Gesundheit, das Eigentum, die Freiheit der Person und die persönliche Ehre.[321]

524 Zu beachten ist hierbei, dass der Einzelne auf seine Individualrechtsgüter unter Umständen **verzichten** darf (Lehre vom erlaubten Risiko). Grundsätzlich muss jeder selbst auf die Wahrung seiner Rechte achten und eigenständig entscheiden, inwieweit er eine Selbstgefährdung eingeht. Das betrifft beispielsweise den Alkohol- und Tabakkonsum, den Abschluss ungünstiger Verträge, unnütze Geldausgaben[322] und gefahrengeneigte Tätigkeiten (Extremsportarten).[323] Ein Einschreiten der Polizei ist in diesen Fällen grundsätzlich nicht möglich. Die

---

319 Nach OVG Münster, Beschluss vom 17.1.1997 – 5 B 2601/96 – NJW 1997, 1596.
320 *Ipsen*, Rn. 107; a. A. *Schenke*, § 3, Rn. 60.
321 *Thiel*, § 8, Rn. 25ff mit Beispielen.
322 *Schenke*, § 3, Rn. 56.
323 *Denninger*, in: Lisken/Denninger, D, Rn. 31.

Grenze zwischen erlaubtem Risiko und der Pflicht des Staates, den Bürger (auch vor sich selbst) zu schützen, kann nicht exakt bestimmt werden. Die Grenze ist aber **überschritten**, wenn Dritte (mit)gefährdet werden, der Betroffene das Risiko nicht einschätzen kann (Kind, Betrunkener, psychisch Kranker), die Handlung beispielhaft auf Andere wirken kann oder der Betroffene sich offensichtlich grundlos und leichtsinnig in Lebensgefahr begibt.[324]

> **Vertiefungshinweis und Beispiel:** Das Recht auf Leben ist zumindest nach der (noch) h. M.[325] nicht disponibel. Bei anderer Auffassung stellt sich jedoch die Frage, ob die Polizei in Fällen des sogenannten Bilanzsuizids einschreiten darf: Eine Person ist -vielleicht aufgrund einer schweren Erkrankung- des Lebens überdrüssig und entscheidet sich im Vollbesitz ihrer geistigen Kräfte für einen Suizid durch Erhängen in der eigenen Wohnung. Der Suizid stellt keine Straftat oder Ordnungswidrigkeit dar. In diesem Fall werden auch keine Dritten gefährdet und eine psychische Erkrankung liegt auch nicht vor. 525
>
> Geht man mit der h. M. davon aus, dass auf das Recht auf Leben nicht verzichtet werden kann, so ist ein polizeiliches Einschreiten wegen einer Gefahr für das Individualrechtsgut „Recht auf Leben" geboten. Die gegenteilige Auffassung müsste hier konsequenterweise eine Gefahr für das Recht auf Leben verneinen, so dass aus dieser Sicht ein Einschreiten nicht möglich wäre.[326]
>
> Diese Frage spielt in der polizeilichen Praxis jedoch eine untergeordnete Rolle, denn die Polizei wird bei einem Suizidenten zunächst davon ausgehen müssen, dass er sich in einem pathologischen Gemütszustand befindet, also z. B. an einer Depression leidet und somit nicht eigenverantwortlich über sein Leben entscheiden kann. Die Polizei wird den Suizidenten in Gewahrsam nehmen und auf eine vorläufige Einweisung nach dem NPsychKG hinwirken.[327]

Da die Individualrechtsgüter in vielen Fällen auch einfachrechtlich (namentlich durch das StGB) geschützt sind, liegt oft neben einer Gefahr für ein Individualrechtsgut auch eine Gefahr für das Kollektivrechtsgut „Integrität der Rechtsordnung" vor. 526

> **Beispiel:** Beispielsweise ist das Recht auf Leben durch die §§ 211 ff. StGB, die Körperverletzung durch die §§ 223 ff. StGB geschützt. 527

Zu den **subjektiven Rechten des Einzelnen** gehören die zivilrechtlichen Ansprüche, sofern **deren Schutz im öffentlichen Interesse** liegt. Zivilrechtliche Ansprüche sind beispielsweise Zahlungsansprüche (z. B. auf Zahlung von Kaufpreis, Miete, Arbeitslohn), Schadenersatz, Schmerzensgeld, das Hausrecht, der Herausgabeanspruch des Eigentümers, Selbsthilfe- und Pfandrechte etc.[328] 528

---

324 *Möller/Warg,* Rn. 83; *Denninger,* in: Lisken/Denninger, D, Rn. 30 f.
325 *Schmidt,* Grundrechte, S. 148, a. A. *Kingreen/Poscher,* Grundrechte, Rn. 438.
326 *Murswiek,* in: Sachs, GG, Art. 2 Rn. 210 f.
327 Vgl. hierzu *Ipsen,* Rn. 100 ff.
328 *Möller/Warg,* Rn. 81.

529 Ein öffentliches Interesse an der Durchsetzung dieser zivilrechtlichen Ansprüche ist nur gegeben, wenn der Betroffene seine Rechte nicht selbst durchsetzen kann.[329] Denn in erster Linie ist der Betroffene selbst dafür verantwortlich, seine zivilrechtlichen Ansprüche durchzusetzen, z. B. durch eine Klage vor dem Zivilgericht oder dem Erwirken einer einstweiligen Verfügung. Die Polizei ist zur „Hilfestellung" nur im Ausnahmefall berufen (§ 1 Abs. 3 Nds. SOG – hierzu noch unten Rn. 634). Nur wenn gerichtlicher Schutz nicht oder nicht rechtzeitig zu erlangen ist, liegt der Schutz der subjektiven Rechte des Einzelnen im öffentlichen Interesse.[330]

530 **bbb) Öffentliche Ordnung.** Die **öffentliche Ordnung** stellt ein eigenständiges Schutzgut der Gefahrenabwehr dar. Sie ist als solches aus vielerlei Gründen in der Literatur umstritten.[331] Einige Länder nennen die öffentliche Ordnung in ihren Gefahrenabwehrgesetzen nicht.[332] Auch in Niedersachsen war die öffentliche Ordnung in den Jahren 1994–2003 im damaligen Niedersächsischen Gefahrenabwehrgesetz (NGefAG) kein Schutzgut der Gefahrenabwehr.[333]

531 **Hinweis:** Die juristische Diskussion um den Sinn und die Reichweite des Begriffs der öffentlichen Ordnung ist nicht nur kontrovers, sondern auch insoweit interessant, als dass sie letztlich das Spannungsfeld zwischen Sicherheit und Freiheit verdeutlicht. Es geht um Pluralismus, Moral, Demokratie als Herrschaft (der Mehrheit über die Minderheit) des Volkes, Minderheitenschutz, Wertewandel, Rechtsstaatlichkeit und die Werteordnung des Grundgesetzes.[334] In der polizeilichen Praxis ist diese Diskussion jedoch nahezu bedeutungslos. Die Herausnahme der öffentlichen Ordnung aus dem Schutzbereich der Gefahrenabwehr in den Jahren 1994–2003 hatte jedenfalls im polizeilichen Alltag keinerlei relevante Auswirkung.

532 **Klausurhinweis:** Entsprechend selten wird die öffentliche Ordnung in einer Klausur des 1. Studienabschnitts anzusprechen sein. Im Versammlungsrecht (3. Studienabschnitt) spielt der Begriff der öffentlichen Ordnung dagegen eine weitaus bedeutendere Rolle.

533 Die **öffentliche Ordnung** wird als die Gesamtheit der ungeschriebenen Regeln definiert, deren Befolgung nach den jeweils herrschenden und mit dem Wertgehalt des Grundgesetzes zu vereinbarenden sozialen und ethischen Anschauungen als unerlässliche Voraussetzung eines geordneten menschlichen Zusammenlebens innerhalb eines bestimmten Gebiets anzusehen ist.[335]

---

329 Vgl. auch §§ 20, 21 VwVfG.
330 *Weiner,* in: BeckOK-Nds. SOG, § 1 Rn. 31 ff.
331 Statt vieler *Thiel,* § 8, Rn. 44 ff.
332 Z.B. Bremen – § 1 Abs. 1 S. 1 BremPolG.
333 *Ipsen,* Rn. 113.
334 *Denninger,* in: Lisken/Denninger, D, Rn. 35 ff.
335 BVerfG, Beschluss vom 14.5.1985 – 1 BvR 233/81, 1 BvR 341/81 – BVerfGE 69, 315, 352.

Es geht um ungeschriebene Regeln der Sitte und Moral,[336] also Wertvorstellungen. Liegt ein Verstoß gegen ein Gesetz, eine Verordnung oder eine Satzung vor, so geht es nicht um ungeschriebene, sondern um geschriebene (kodifizierte) Regelungen, die unter den „Bestand der Rechtsordnung" und somit dem Schutzgut öffentliche Sicherheit unterfallen. 534

Vertiefungshinweis: Es ist daher zu fragen, ob das Verhalten nicht eine (vielleicht nicht alltägliche) Ordnungswidrigkeit darstellt, z. B. § 118 OWiG (Belästigung der Allgemeinheit), § 119 OWiG (grob anstößige und belästigende Handlungen), Verstöße gegen das Niedersächsische Feiertagsgesetz, Nds. Straßengesetz (Unerlaubte Sondernutzung). Auch aus vielen Verordnungen können sich Ordnungswidrigkeiten ergeben, z. B. § 30 StVO (unnützes Hin- und Herfahren), § 1 Abs. 2 StVO (nicht unerhebliche Belästigung). Sogar aus Satzungen einer Gemeinde können sich Ordnungswidrigkeiten ergeben, z. B. Nutzungsregeln eines Spielplatzes, Freilaufflächen für Hunde, Anbringen von Hausnummern, Teppichklopfen im Freien, Parken auf Grünflächen, Betreten von Eisflächen u. v. m. 535

Die wenigen verbleibenden ungeschriebenen Regeln müssen nun noch – zusammenfassend gesagt – von einiger Wichtigkeit für ein gedeihliches Zusammenleben sein. Dieses unterliegt aber einem stetigen Wertewandel: Verstieß früher die Obdachlosigkeit an sich schon gegen ein Strafgesetz (Landstreicherei), so verstieß es nach Abschaffung dieser Norm zwar nicht mehr gegen die öffentliche Sicherheit (Kollektivrechtsgut „Bestand der Rechtsordnung"), aber trotzdem noch gegen die öffentliche Ordnung. Heute ist die freiwillige Obdachlosigkeit an sich kein Verstoß gegen die öffentliche Ordnung und somit kein Grund mehr für ein polizeiliches Einschreiten. Das schließt natürlich Maßnahmen zum Schutz von Individualrechtsgütern (z. B. die Ingewahrsamnahme gegen den Willen, weil bei – 25° Celsius der Tod droht) nicht aus, da das Rechtsgut „Leben" zur öffentlichen **Sicherheit** gehört. 536

Noch deutlicher ist in diesem Zusammenhang das Beispiel der Homosexualität: Das Strafgesetzbuch sah seit dessen Einführung im Jahre 1871 im § 175 StGB eine Strafbarkeit vor. Während der nationalsozialistischen Gewaltherrschaft wurden Homosexuelle nach Verbüßung der Strafhaft in Konzentrationslagern interniert und ermordet. Noch bis 1969 waren alle homosexuellen Handlungen strafbar, danach gab es lediglich ein „Schutzalter". Die volle strafrechtliche Angleichung an heterosexuelle Handlungen erfolgte erst 1994. Seit Oktober 2017 ist – nach Änderung des § 1353 Abs. 1 S. 1 BGB – die Ehe zwischen gleichgeschlechtlichen Partnern möglich.[337] 537

Vertiefungshinweis: Bezüglich der **öffentlichen Ordnung** stellen sich viele Fragen: Kann und soll die Polizei in einer pluralistischen Gesellschaft das Verhalten (oder die Meinung) einer Minderheit unterdrücken können? Wie soll sich eine Gesellschaft weiterentwickeln, wenn normabweichende Meinungen oder Verhaltensweisen untersagt werden können? Wer bestimmt, 538

336 *Schenke*, § 3, Rn. 63.
337 Hierzu *Ipsen*, NVwZ 2017, 1096.

was die herrschende Meinung innerhalb eines bestimmten Gebietes ist? Und auf welche Weise? Wenn es sich um eine unerlässliche Voraussetzung eines geordneten Zusammenlebens handeln muss, warum ist das Verhalten dann nicht zumindest ordnungswidrig? Genügt der Begriff „öffentliche Ordnung“ dem verfassungsrechtlichen Bestimmtheitsgebot?[338]

539 All diese Fragen geben Anlass, „bei der Feststellung von herrschenden Wertvorstellungen vorsichtig und restriktiv zu verfahren“.[339]

540 Ein polizeiliches Einschreiten aufgrund eines Verstoßes gegen die öffentliche Ordnung kann in folgenden Fällen denkbar sein:[340]
- Verspotten von kranken, alten, hilflosen oder obdachlosen Personen, ohne dass der Straftatbestand der §§ 185, 130 StGB erfüllt wäre (dann nämlich dem Bereich „öffentliche Sicherheit“ zuzuordnen)
- aggressives Betteln, sofern nicht durch Gemeindesatzung untersagt (dann nämlich dem Bereich „öffentliche Sicherheit“ zuzuordnen)
- sonstiges aggressives und provokatives Auftreten in der Öffentlichkeit
- „Nacktgehen“ in der Öffentlichkeit, wobei es entscheidend auf die Örtlichkeit ankommt (z. B. am Badesee grundsätzlich kein Verstoß) und sofern nicht ordnungswidrig (dann nämlich wiederum dem Bereich „öffentliche Sicherheit“ zuzuordnen)
- Hissen/Zeigen der Reichskriegsflagge[341] (insbesondere auf Versammlungen)

541 Die öffentliche Ordnung verletzt dagegen **nicht:**[342]
- das Trinken von Alkohol in der Öffentlichkeit (solange es nicht zu Exzessen kommt!)
- freiwillige Obdachlosigkeit[343]
- stilles Betteln[344]

542 In Spezialgesetzen der Gefahrenabwehr spielt der Begriff der öffentlichen Ordnung (bzw. der inhaltsgleiche Begriff *„gegen die guten Sitten verstoßend“*) eine etwas wichtigere Rolle, z. B. bei der Untersagung eines Gewerbes oder „spezieller“ Veranstaltungen (Peep-Show,[345] Laserdrom – simulierte Tötungshandlungen -,[346] „Zwergenweitwurf“[347])

543 ccc) **Exkurs: Behandlung in der Klausur.** In der Klausur ist bei der Prüfung der sachlichen Zuständigkeit zu erläutern, ob einem Schutzgut der Gefahrenabwehr, also der öffentlichen Sicherheit oder der öffentlichen Ordnung, ein Scha-

---

338 *Denninger*, in: Lisken/Denninger, D, Rn. 35 ff.
339 *Schenke*, § 3, Rn. 65.
340 *Knemeyer*, Rn. 103.
341 *Thiel*, § 8, Rn. 49 m. w. N.
342 *Ullrich*, in: BeckOK-NdsSOG, § 2 Rn. 43.
343 *Schloer*, DVBl. 1989, 739.
344 VGH Mannheim, Beschluss vom 6.7.1998 – 1 S 2630–97 – NVwZ 1999, 560.
345 BVerwG, Urteil vom 15.12.1981 – 1 C 232/79 – BVerwGE 64, 274.
346 BVerwG, Beschluss vom 24.10.2001 – 6 C 3/01 – BVerwGE 115, 189.
347 VG Neustadt, Beschluss vom 21.5.1992 – 7 L 1271/92 – NVwZ 1993, 98.

den droht. Hierzu ist das im Sachverhalt bedrohte Schutzgut zu bennen und zu erläutern. Anschließend soll dargestellt werden, wodurch ein Schaden bei unbehindertem Kausalverlauf droht.

Formulierungsvorschlag zu Fall 1: *„Schutzgut der Gefahrenabwehr ist die öffentliche Sicherheit oder Ordnung. Hier könnte ein Schaden für die öffentliche Sicherheit drohen. Zu dieser gehören die Kollektivrechtsgüter (KRG), die Individualrechtsgüter (IRG) und die subjektiven Rechte des Einzelnen. Zu den KRG gehört u. a. die Integrität der Rechtsordnung, zu den IRG gehören u. a. das Recht auf Gesundheit bzw. körperliche Unversehrtheit, zu den subjektiven Rechten des Einzelnen u. a. auch Schmerzensgeldansprüche. Im Sachverhalt könnte es zu einer handgreiflichen Auseinandersetzung zwischen den Eheleuten gekommen sein. Es ist zu vermuten, dass Herr Müller seine Ehefrau geschlagen haben könnte. Dies würde eine Körperverletzung (§ 223 StGB) darstellen, so dass durch diese Handlung die Integrität der Rechtsordnung gestört worden wäre. Aufgrund der Situation (ggf. andauernde Streitigkeiten, alkoholbedingte Enthemmung des Herrn Müller) steht zu befürchten, dass es zu (weiteren) Handgreiflichkeiten kommen könnte, die wiederum eine Körperverletzung darstellen und somit auch zukünftig den Bestand der Rechtsordnung gefährden. Darüber hinaus könnte Frau Müller ggf. verletzt worden sein, so dass sie ärztlicher Hilfe bedarf. Oder aber es steht zu befürchten, dass sie durch weitere Handlungen ihres Ehemanns verletzt werden wird. Schlussendlich könnte ihr gegenüber ihrem Ehemann ein Schmerzensgeldanspruch nach dem BGB zustehen."* **544**

Formulierungsvorschlag zu Fall 2: *„Schutzgut der Gefahrenabwehr ist die öffentliche Sicherheit oder Ordnung. Hier könnte ein Schaden für die öffentliche Sicherheit drohen. Zu dieser gehören die Kollektivrechtsgüter (KRG), die Individualrechtsgüter (IRG) und die subjektiven Rechte des Einzelnen.* **545**
Eine Gefährdung von KRG und subjektiven Rechten ist im Sachverhalt nicht ersichtlich. Zu den IRG gehören u. a. das Recht auf Leben und körperliche Unversehrtheit. Wenn die Fliegerbombe bei der Entschärfung detoniert, würde die entstehende Druckwelle zu verheerenden Schäden in der Umgebung führen. Herr B. könnte durch die Druckwelle, durch umherfliegende Trümmer oder durch den Einsturz seines Hauses getötet oder zumindest verletzt werden."

cc) **Prognose.** Gefahrenabwehr bezieht sich auf die **Zukunft bzw. zukünftige Ereignisse.** Es gilt im Rahmen einer Prognose (also einer Vorhersage) zu klären, ob die jeweilige Sachlage mit **hinreichender Wahrscheinlichkeit** (Wahrscheinlichkeitsvorhersage) **in absehbarer Zeit** (zeitliche Vorhersage) einen **Schaden** für die öffentliche Sicherheit oder Ordnung erwarten lässt. **546**

547 Die Prognose wird aus der sog. **„ex-ante-Sicht"** getroffen. Ausschlaggebend ist also die Sachlage zum Zeitpunkt der Entscheidung über die zu ergreifende polizeiliche Maßnahme.[348]

548 **Klausurhinweis:** Nicht zu berücksichtigen sind im Anschluss gewonnene Erkenntnisse. Wird z. B. eine Durchsuchung eines Rucksacks zur Gefahrenabwehr durchgeführt, ist für die Prognoseentscheidung nicht maßgeblich, ob im Rucksack das Vermutete gefunden wurde. Eine Betrachtung aus der „ex-post-Perspektive" (also gewissermaßen eine Rückschau) ist nicht zulässig.

549 Eine solche Prognose aus der „ex-ante-Sicht" ist zwangsläufig mit Unsicherheitsfaktoren behaftet. Eine Sachlage **kann** zu einem Schaden für die öffentliche Sicherheit führen, sie **muss** es aber nicht.

550 **Beispiel: Im Fall 1** ist es zum Zeitpunkt der Maßnahme ungewiss, ob Herr Müller seine Frau tatsächlich geschlagen hat und ob sie dadurch tatsächlich verletzt wurde. Ebenso ungewiss ist es, ob Herr Müller zukünftig – in den nächsten Minuten, Stunden, Wochen, Monaten oder Jahren- seine Ehefrau schlagen wird und sie dadurch eventuell verletzt wird.
Im Fall 2 ist es völlig ungewiss, ob die Fliegerbombe detonieren wird. Im Gegenteil: In den allermeisten Fällen gelingt die Delaborierung.

551 In zeitlicher Hinsicht muss der mögliche Schadenseintritt in **absehbarer Zeit** erfolgen. Absehbare Zeit heißt innerhalb eines **überschaubaren Zeitraums**. Diese Definition ist jedoch nicht sonderlich erhellend, da sie einen unbestimmten Rechtsbegriff durch einen anderen ersetzt. Der Schaden kann innerhalb von Sekundenbruchteilen, Minuten, Stunden oder Tagen eintreten und trotzdem -zum Zeitpunkt der Prognose- absehbar sein.[349]

552 Schwieriger dagegen ist die Bestimmung der **hinreichenden Wahrscheinlichkeit** des Schadenseintritts. Diese Bestimmung stellt den **Kern** der Gefahrenprüfung dar.

553 Für die Prognose, ob ein Schaden für die öffentliche Sicherheit oder Ordnung eintreten könnte, gilt es zu klären, anhand welcher Bedingungen diese Prognose erstellt werden kann.

554 Diese sogenannten Prognosedeterminanten[350] sind
- die konkreten Tatsachen und Fakten
- das Erfahrungswissen (Lebens- und Berufserfahrung)
- wissenschaftliche und technische Erkenntnisse

555 Die hinreichende Wahrscheinlichkeit des Schadenseintritts bedeutet nicht, dass -wie gesehen- der Schaden eintreten **muss**. Andererseits muss mehr als nur die entfernte Möglichkeit des Schadenseintritts gegeben sein.

---

348 Statt aller VGH Mannheim, Urteil vom 25.10.2012 – 1 S 1401/11 – Rn. 59.
349 *Ullrich*, in: BeckOK-NdsSOG, § 2 Rn. 48.
350 *Gusy*, § 3, Rn. 113.

Ein für die Prognose **wichtiger Grundsatz** ergibt sich aus der Rechtsprechung des Bundesverwaltungsgerichts, der in den Ausführungsbestimmungen des Nds. SOG wiedergegeben wird: *Je höherrangig das betroffene Rechtsgut ist und je größer der ihm drohende Schaden, desto geringere Anforderungen können an die Wahrscheinlichkeit des Schadenseintritts gestellt werden.*[351] **556**

Das heißt, dass für hochrangige Rechtsgüter wie das Recht auf Leben auch die entfernte Wahrscheinlichkeit des Schadenseintritts ausreicht, um eine hinreichende Wahrscheinlichkeit des Schadenseintritts und somit eine konkrete Gefahr zu begründen.[352] **557**

Ist der Schaden für ein Rechtsgut bereits eingetreten, so spricht man von der Störung eines Rechtsguts.[353] In diesem Fall stellt sich die Frage, ob ein polizeiliches Einschreiten wirklich der Gefahrenabwehr oder ob es repressiven Zwecken, nämlich der Verfolgung einer Straftat oder Ordnungswidrigkeit, dient.[354] Da die Gefahrenabwehr auf die Zukunft gerichtet ist, kann ein Einschreiten nur der Gefahrenabwehr dienen, wenn ein Rechtsgut nicht nur gestört wurde, sondern diese Störung auch noch andauert.[355] **558**

> **Beispiel:** Würde im Fall 1 die Frau Müller auf der Wache erscheinen und berichten, dass sie ihr Ehemann vor zwei Wochen geschlagen habe, lag zu diesem Zeitpunkt (vor zwei Wochen) eine Störung der Rechtsordnung (Körperverletzung nach § 223 StGB) und somit eine Gefahr für dieses Kollektivrechtsgut vor. Zum Zeitpunkt der Anzeige dauerte diese Störung jedoch nicht mehr an: Die möglichen Verletzungen der Frau Müller sind nicht vorhanden oder nicht schwerwiegend und für die Annahme, dass Herr Müller seine Frau aktuell in absehbarer Zeit wieder schlagen könnte, fehlt -zumindest ohne nähere Informationen- bei einer anzustellenden Gefahrenprognose die hinreichende Wahrscheinlichkeit. **559**

> **Gegenbeispiel:** Frau Müller erscheint auf der Wache und berichtet, dass sie vor zwei Wochen den Diebstahl ihres Fahrrades angezeigt habe. Vor wenigen Minuten habe sie es mit einem Fahrradschloss gesichert vor einem Biergarten wiederentdeckt. Eine Verwechslung sei aufgrund individueller Merkmale (Aufkleber, Kratzer und Beschädigungen) ausgeschlossen. In diesem Beispiel dauert die Störung des Rechtsguts „Bestand der Rechtsordnung" zwar auch nicht mehr an, denn der Diebstahl ist beendet. Jedoch dauert die Störung des Individualrechtsguts „Eigentum" an, so dass eine Gefahr diesbezüglich vorliegt. Ob ein Einschreiten der Beamten wirklich der Gefahrenabwehr oder doch der Strafverfolgung dient, ist hier eine Frage der Dominanzentscheidung. **560**

---

351 BVerwG, Urteil vom 3.7.2002 – 6 CN 8/01 – BVerwGE 116, 347, 356; vgl. AB 2.1.

352 *Möller/Warg,* Rn. 102.

353 *Thiel,* § 8, Rn. 50.

354 Vgl. hierzu auch *Ipsen,* § 5, Rn. 134 f., der den Begriff „Repression" aus sprachlichen Gründen im Gefahrenabwehrrecht weiter fasst.

355 *Gusy,* § 3, Rn. 103; *Knemeyer,* Polizei- und Ordnungsrechts, Rn. 88.

561 **Klausurhinweis:** Da in Klausuren häufig eine Störung des Kollektivrechtsguts „Bestand der Rechtsordnung“ vorliegt, muss die Frage, ob die Störung noch andauert, ebenso häufig thematisiert werden.

562 dd) **Gefahrensteigerungen.** Die (einfache) konkrete Gefahr kann sowohl auf der Ebene der Prognose als auch auf der Ebene der bedrohten Rechtsgüter **gesteigert** werden.

563 Auf der Prognoseebene kann eine Gefahr **gegenwärtig** sein. Der Begriff **gegenwärtige Gefahr** ist in § 2 Nr. 1b Nds. SOG legaldefiniert. Demnach liegt eine gegenwärtige Gefahr vor, wenn
- die Einwirkung des schädigenden Ereignisses bereits begonnen hat oder
- diese Einwirkung unmittelbar bevorsteht oder
- in allernächster Zeit mit einer an Sicherheit grenzenden Wahrscheinlichkeit diese Einwirkung bevorsteht

564 Diese Definition bezieht sich also nicht nur auf die zeitliche Ebene, sondern auch auf den Grad der Wahrscheinlichkeit. Gefordert sind eine größere zeitliche Nähe und ein höherer Grad der Wahrscheinlichkeit.[356]

565 Wenn die Einwirkung des schädigenden Ereignisses **bereits begonnen** hat, so liegt eine **Störung** des Rechtsguts vor. **In diesen Fällen ist zu fragen, ob die Störung noch andauert.** Auf der Ebene der Wahrscheinlichkeit ist in diesem Fall für eine Prognose dagegen kein Raum mehr. Der Eintritt des Schadens steht in solchen Fällen bereits fest. Eine Gefahrenprognose kann jedoch erforderlich werden bezüglich der Frage, ob sich der eingetretene Schaden, die Störung, noch **ausweiten** kann.

566 **Beispiel:** Dass das brennende Haus brennt, steht fest. Der Brand kann aber noch auf das Nachbarhaus übergreifen.

567 In der zweiten Alternative steht die Einwirkung auf das bedrohte Rechtsgut **unmittelbar bevor.** Hier muss eine Steigerung auf der Zeitachse gegeben sein. Ein Schadenseintritt mit „an Sicherheit grenzender Wahrscheinlichkeit“ ist jedoch nicht erforderlich.[357] Letztlich gilt auch hier der Grundsatz, dass geringere Anforderungen an den Grad der Wahrscheinlichkeit zu stellen sind, je höher das bedrohte Rechtsgut wiegt.[358]

568 **Beispiel:** Ein Angreifer richtet eine Schusswaffe auf einen Polizeibeamten. Bei einem Schuss könnte der Beamte getötet werden. Vielleicht wird er aber „nur“ verletzt. Vielleicht trifft der Angreifer auch gar nicht. Vielleicht ist die Schusswaffe defekt. Vielleicht schießt der Angreifer auch gar nicht. Jedenfalls lässt sich eine mit an Sicherheit grenzende Wahrscheinlichkeit des Schadeneintritts kaum begründen. Dies ist auch nicht erforderlich, da die hinreichende Wahrscheinlichkeit ausreicht. Der Beamte wird wegen einer

---

356 *Schenke*, § 3, Rn. 78; *Gusy*, § 3, Rn. 128.

357 Ähnlich *Denninger*, in: Lisken/Denninger, D, Rn. 53; a. A. *Ullrich/Weiner/Brüggemann*, Rn. 45.

358 *Ullrich* in: BeckOK-NdsSOG, § 2, Rn. 73.

gegenwärtigen Gefahr für Leib oder Leben nach § 77 Abs. 1 Nr. 1 Nds. SOG von seiner Schusswaffe Gebrauch machen können.

Die Unmittelbarkeit der Einwirkung lässt sich nicht exakt in Sekunden, Minuten oder Stunden definieren. Der Schadeneintritt muss in **kürzester Frist** zu erwarten sein. 569

Bei Tagen dürfte die Unmittelbarkeit jedoch grundsätzlich nicht mehr gegeben sein. Je später der Schaden einzutreten droht, desto höhere Anforderungen sind an den Grad der Wahrscheinlichkeit zu stellen, bis hin zur mit an Sicherheit grenzenden Wahrscheinlichkeit, wenn der Schaden „erst" in **allernächster Zeit** einzutreten droht. 570

Auch der Begriff **allernächste Zeit** ist unbestimmt. Er kann sich über mehrere Tage erstrecken. Die Grenze stellt die in der (einfachen) konkreten Gefahr genannte absehbare Zeit dar, also ein überschaubarer Zeitraum. Da die Steigerung auf der Zeitachse relativ gering ausfällt, müssen an den Grad der Wahrscheinlichkeit höhere Anforderungen gestellt werden, damit man die Gefahr noch als gegenwärtig bezeichnen kann. Der Schaden muss mit an Sicherheit grenzender Wahrscheinlichkeit eintreten. Die Wahrscheinlichkeit muss sich fast zur Gewissheit gesteigert haben. 571

Beispiel: Nach tagelangen, starken Regenfällen führt die Elbe Hochwasser. Mehrere tschechische Dörfer wurden überflutet. Der Scheitelpunkt des Hochwassers wird in zwei Tagen in Dresden und in vier Tagen in Niedersachsen erwartet. Obwohl „die Gefahr" erst in vier Tagen eintreten wird, ist der Schadenseintritt gewiss. Die Gefahr ist also schon am Tag 1 gegenwärtig. 572

Bezüglich der Rechtsgüter ist ebenfalls eine Steigerung möglich. Diese **erhebliche Gefahr** ist in § 2 Nr. 1c Nds. SOG legaldefiniert. Die erhebliche Gefahr ist eine Gefahr für ein bedeutsames Rechtsgut wie Bestand des Staates, Leben, Gesundheit, Freiheit, nicht unwesentliche Vermögenswerte sowie andere strafrechtlich geschützte Güter. 573

Die Aufzählung der Rechtsgüter ist nicht **abschließend**, jedoch ist Zurückhaltung bei der Bejahung einer erheblichen Gefahr in Fällen der Bedrohung von in der Definition nicht genannten Rechtsgütern geboten.[359] Strafrechtlich geschützte Rechtsgüter sind indes vom Begriff der erheblichen Gefahr umfasst. Daher lassen sich auch Rechtsgüter wie die Ehre (§§ 185 ff. StGB), das Hausrecht (§ 123 StGB) und die sexuelle Selbstbestimmung (§§ 174 ff. StGB) hierunter subsumieren. 574

Klausurhinweis: Sollte in einer Klausur also die Begehung einer Straftat bevorstehen (oder die sich daraus ergebende Störung noch andauern), so wird sich gewöhnlich auch eine erhebliche Gefahr bzw. sogar eine gegenwärtige, erhebliche Gefahr begründen lassen. 575

---

359 *Ullrich* in: BeckOK-NdsSOG, § 2, Rn. 80.

576 Rechtsgüter, die lediglich vom Ordnungswidrigkeitenrecht geschützt sind, fallen grundsätzlich nicht unter den Begriff der erheblichen Gefahr. Etwas Anderes kann im Ausnahmefall bei Ordnungswidrigkeiten im Bereich des Umweltrechts gelten.[360]

577 Die Nennung des Rechtsguts Leben ist an dieser Stelle im Prinzip überflüssig, da eine Gefahr für das Rechtsgut Leben nicht nur eine erhebliche Gefahr darstellt, sondern eine Gefahr für Leib oder Leben (§ 2 Nr. 1d Nds. SOG; dazu sogleich).

578 Eine genaue Wertgrenze für die Unerheblichkeit eines **Vermögenswertes** kann nicht bestimmt werden. Bei einem Vermögenswert von 750–1000 €[361] soll es sich jedoch bereits um einen erheblichen Vermögenswert handeln.

579 Eine weitere Steigerung auf der Ebene der Rechtsgüter stellt die **Gefahr für Leib oder Leben** dar. Diese ist in § 2 Nr. 1d Nds. SOG legaldefiniert als *„eine Gefahr, bei der eine nicht nur leichte Körperverletzung oder der Tod einzutreten droht“*. Der Begriff (und die Legaldefinition) „Gefahr für Leib oder Leben“ orientiert sich an den strafrechtlichen Tatbeständen in §§ 34, 35, 102, 177 Abs. 5, 178, 249 Abs. 1, 252, 255 StGB.[362] Wann eine „nicht nur leichte Körperverletzung“ vorliegt, ist (auch im Strafrecht) umstritten. Mitunter wird bereits eine „schmerzhafte Ohrfeige“ als ausreichend angesehen.[363] Nach hier vertretener Auffassung reichen blaue Flecken, leichtere Prellungen und Schürfwunden, das Herausreißen einzelner Haare oder kleinerer Haarbüschel noch nicht aus. Andererseits ist die Erwartung schwerer Gesundheitsschäden im Sinne des § 226 StGB (Verlust der Sehfähigkeit, des Gehörs u. s. w.) ebenfalls nicht erforderlich. Mittelschwere Verletzungen, wie größere Wunden, Verstauchungen, Brüche, länger anhaltende Schmerzen sind jedenfalls erfasst. Auch erhebliche psychische Beeinträchtigungen, z. B. bei einer länger andauernden Schlaflosigkeit (wegen einer nächtlichen Ruhestörung), können unter den Begriff der „nicht nur leichten Körperverletzung“ gefasst werden.

580 **Klausurhinweis:** In der Praxis ist die Prognose der zu erwartenden Körperverletzungen häufig schwierig. In der Klausur gibt Ihnen der Klausurersteller in der Regel eindeutige Hinweise im Sachverhalt. Lesen Sie diesen aufmerksam durch und verwerten Sie die Hinweise in der Fallbearbeitung.

581 Die Gefahrensteigerungen lassen sich **kombinieren.** Vorstellbar sind -in abgestufter Reihenfolge- das Vorliegen einer

- konkreten Gefahr
- gegenwärtigen Gefahr
- erheblichen Gefahr
- gegenwärtigen, erheblichen Gefahr

---

360 *Ullrich,* in: BeckOK-NdsSOG, § 2 Rn. 80.
361 *Ullrich,* in: BeckOK-NdsSOG, § 2 Rn. 81.
362 *Saipa*, § 2 Rn. 9; Vgl. auch BGH, Urteil vom 17.3.1955 – 4 StR 8/55.
363 *Sander,* in: MüKo-StPO, § 249 Rn. 21, mit Nachweisen zur a. A.

- Gefahr für Leib oder Leben
- gegenwärtige Gefahr für Leib oder Leben

Eine erhebliche Gefahr für Leib oder Leben gibt es dagegen **nicht.** 582

Mitunter ist eine präventive Maßnahme nur zulässig, wenn eine bestimmte Gefahrenstufe vorliegt. Während beispielsweise eine Maßnahme auf Basis des § 11 Nds. SOG nur das Vorliegen einer konkreten Gefahr erfordert, muss für die Inanspruchnahme eines Nichtverantwortlichen nach § 8 Nds. SOG die Gefahr „gegenwärtig" und „erheblich" sein. Für den Schusswaffengebrauch gegen eine Person nach § 77 Abs. 1 Nr. 1 Nds. SOG muss eine „gegenwärtige Gefahr für Leib oder Leben" vorliegen. 583

Klausurhinweis: Nach hier vertretener Auffassung ist die Prüfung, ob die von der jeweiligen Befugnisnorm bzw. Regelung geforderte Gefahrenstufe vorliegt erst an dieser Stelle (nämlich im Rahmen der materiellen Rechtmäßigkeit) vorzunehmen. 584

Im Nds. SOG werden ausschließlich die oben genannten Gefahrenbegriffe verwandt. In anderen Normen werden jedoch noch andere Gefahrenbegriffe genutzt. Im ersten Studienabschnitt relevant sind dies namentlich die Gefahrenbegriffe, die in Art. 13 Abs. 7 GG genannt sind: die **Lebensgefahr, gemeine Gefahr** und **dringende Gefahr.** 585

Um Eingriffe in die Unverletzlichkeit der Wohnung (Art. 13 GG – hierzu Rn. 226 ff.), die keine Durchsuchungen darstellen, zu rechtfertigen, muss eine dieser genannten Gefahren vorliegen. 586

Klausurhinweis: In diesem Fall sollte die Gefahrenprüfung schon in der Grundrechtsprüfung durchgeführt werden. In der sachlichen Zuständigkeit kann auf das Ergebnis der Prüfung verwiesen werden. 587

Die **Lebensgefahr** ist die Gefahr des Todeseintritts. 588

Die **gemeine Gefahr** ist im Sinne einer allgemeinen Gefahr zu verstehen. Es ist die Gefahr für eine unbestimmte Zahl von Menschen (mindestens einen) oder eine Vielzahl von Sachen von insgesamt hohem Wert.[364] 589

Beispiel: Überschwemmungen, Brände oder sonstige Katastrophen. 590

Die **dringende Gefahr** ist nicht nur bei einer Gefährdung von wesentlichen Rechtsgütern gegeben,[365] sondern diese Gefährdung muss darüber hinaus nach hier geteilter Auffassung eine zeitliche Nähe zum Schadenseintritt aufweisen.[366] Im Ergebnis entspricht dies einer gegenwärtigen, erheblichen Gefahr. 591

Formulierungsvorschlag zu Fall 1: *„Der beschriebene Schaden für die genannten Rechtsgüter muss mit hinreichender Wahrscheinlichkeit in abseh-* 592

364 *Ullrich*, in: BeckOK-NdsSOG, § 2, Rn. 86.
365 BVerwG, Urteil vom 6.9.1974 – I C 17/73 – *BVerwGE* 47, 31, 40.
366 *Denninger*, in: Lisken/Denninger, D, Rn. 63 (str.).

barer Zeit eintreten. Im Sachverhalt könnte die Gefahr sogar gegenwärtig im Sinne von § 2 Nr. 1b Nds. SOG sein. Dies ist u. a. der Fall, wenn der Schadenseintritt schon stattgefunden hat oder unmittelbar -also in kürzester Frist- bevorsteht. Im Sachverhalt gehen die Beamten aufgrund der oben beschriebenen Sachlage davon aus, dass Frau Müller von ihrem Ehemann geschlagen wurde. Dass Frau Müller zum Zeitpunkt des Einschreitens aktuell noch geschlagen wird, ist jedoch nicht erkennbar. Dennoch könnte Frau Müller verletzt sein und ärztliche Hilfe benötigen. Aufgrund ihrer Lebens- und Berufserfahrung wissen die Beamten, dass auch durch scheinbar „leichte" Schläge gravierende Verletzungen entstehen können und dass bei gleichgelagerten Streitigkeiten auch Eskalationen bis hin zu Tötungsdelikten gelegentlich vorkommen können. Außerdem wird der Streit wohl noch nicht abgeklungen sein und kann jederzeit, also in kürzester Frist- wieder akut werden. Bei der alkoholbedingten Enthemmung des Mannes sind in einem solchen Fall erneute Gewalttätigkeiten zu befürchten, zumal sozialwissenschaftliche Untersuchungen zeigen, dass gerade Fälle häuslicher Gewalt oft von einer Gewaltspirale in Form einer stetigen Eskalation der Gewalt gekennzeichnet sind. Darüber hinaus geht es hier um die Rechtsgüter Leib und Leben der Frau Müller, denn wie geschildert können ihr nicht nur leichte Körperverletzungen, sondern unter Umständen auch gravierende Verletzungen -oder gar der Tod- drohen. Je hochrangiger das bedrohte Rechtsgut, desto geringere Anforderungen müssen an den Grad der Wahrscheinlichkeit gestellt werden. Daher liegt im Ergebnis eine gegenwärtige Gefahr für Leib oder Leben vor."

593 **Formulierungsvorschlag zu Fall 2:** *„Der Schaden für die genannten Rechtsgüter Leib und Leben des Herrn B. muss in absehbarer Zeit mit hinreichender Wahrscheinlichkeit einzutreten drohen. Bezüglich der Zeitkomponente könnte hier sogar eine gegenwärtige Gefahr im Sinne des § 2 Nr. 1b Nds. SOG vorliegen. Dies ist der Fall, wenn der Schadenseintritt unmittelbar, d. h. in kürzester Frist, einzutreten droht. Im Sachverhalt soll die Bombe entschärft werden, sobald die Evakuierung abgeschlossen ist. Dies ist lebensnah in einigen Minuten oder wenigen Stunden denkbar. Der Schadenseintritt muss auch hinreichend wahrscheinlich sein. Erfahrungsgemäß verlaufen die allermeisten Bombenentschärfungen ohne Explosion. Dies spricht zunächst gegen die hinreichende Wahrscheinlichkeit. Sollte es jedoch zu einer Explosion kommen -und diese Fälle kamen in der Vergangenheit auch vor- so wäre das Rechtsgut Leben des Herrn B. bedroht. Bei einem so hochrangigen Rechtsgut müssen an den Grad der Wahrscheinlichkeit nur noch geringe Anforderungen gestellt werden, so dass hier die entfernte Möglichkeit ausreicht, um – wie hier – im Ergebnis eine gegenwärtige Gefahr für Leib oder Leben zu bejahen."*

594 ee) **Anscheinsgefahr, Gefahrenverdacht, Putativgefahr, abstrakte Gefahr.** Die Gefahrenabwehr ist auf die Zukunft gerichtet. Bei der Gefahrenprognose sind

die zum Zeitpunkt der Maßnahme (ex ante) bekannten Tatsachen zu bewerten. Diese Bewertung ist zwangsläufig mit einem **Unsicherheitsfaktor** bemakelt.[367]

aaa) Anscheinsgefahr. Es ist möglich, dass eine „ex ante" prognostizierte Gefahr nicht eintritt oder sich später (bei der sogenannten „ex post"-Betrachtung) herausstellt, dass eine Gefahr **tatsächlich** nie vorgelegen hat. **595**

> **Beispiel:** Im Fall 1 war Frau Müller zum Zeitpunkt der Maßnahme, dem Betreten der Wohnung, verreist. Eine gegenwärtige Gefahr für Leib oder Leben lag tatsächlich objektiv nicht vor. **596**

In diesen Fällen spricht man von einer **Anscheinsgefahr.** Sie liegt immer dann vor, wenn der handelnde Beamte aus der Ex-ante-Sicht mit Blick auf die ihm zur Verfügung stehenden Informationen aufgrund hinreichender Anhaltspunkte vom Vorliegen einer Gefahr ausgehen konnte und diese Prognose dem Urteil eines fähigen, besonnenen und sachkundigen Amtswalters entspricht.[368] Da es bei der Gefahrenprognose nur auf die Ex-ante-Sicht und gerade nicht auf nachträgliche Erkenntnisse ankommt, ist die Anscheinsgefahr grundsätzlich mit der tatsächlich vorliegenden Gefahr gleichzusetzen. **597**

> **Vertiefungshinweis:** Aus diesem Grund wird die Rechtsfigur „Anscheinsgefahr" von Teilen des Schrifttums kritisch betrachtet oder sogar für überflüssig gehalten.[369]

Polizeiliche Maßnahmen, die aufgrund einer Anscheinsgefahr getroffen werden, sind bis zu dem Zeitpunkt rechtmäßig, zu dem sich herausstellt, dass eine Gefahr tatsächlich nicht vorliegt. **598**

> **Beispiel:** Im Fall 1 stellte sich heraus, dass die bei der Gefahrenprognose herangezogenen Tatsachen (Nachbarn hören Hilfeschreie einer Frau aus der Wohnung Müller) tatsächlich aus dem Fernseher stammen. Sobald sich dies herausgestellt hat, wären weitere Maßnahmen gegen Herrn Müller unsinnig (und unrechtmäßig). **599**

Ob eine Gefahr oder „nur" eine Anscheinsgefahr vorgelegen hat spielt also bei der Frage, ob eine Maßnahme getroffen werden durfte oder nicht (auf der sog. „Primärebene") keine Rolle. Erst bei der Frage, wer gegebenenfalls für die **Kosten** der Maßnahme eintreten muss (sog. „Sekundärebene") kommt der Unterschied zum Tragen. Eine Kostentragungspflicht des sogenannten „Anscheinsstörers" wird von der h. M. und der Rechtsprechung zumindest dann bejaht, wenn sich der Anscheinsstörer die Anscheinsgefahr zurechnen lassen muss (z. B. bei dem Fehlalarm einer Einbruchsmeldeanlage).[370] **600**

bbb) Scheingefahr. Voraussetzung für eine Anscheinsgefahr ist, dass zum Prognosezeitpunkt auch ein **durchschnittlicher, objektiver Betrachter** zu dem **601**

---

367 *Gusy,* § 3, Rn. 111.
368 *Trurnit,* in: BeckOK-PolGBW, § 1 Rn. 23.
369 *Ipsen,* § 5, Rn. 162.
370 Vgl. hierzu *Ipsen,* § 5, Rn. 163 m. w. N.; *Gusy,* § 3, Rn. 123; OVG Hamburg, Urteil vom 24.9.1985 – Bf VI 3/85 – NJW 1986, 2005.

Schluss gekommen wäre, dass eine Gefahr vorliegt. Diese Voraussetzung unterscheidet die Anscheinsgefahr von der **Scheingefahr** (auch **Putativgefahr** genannt).

602 Bei der Scheingefahr hätte ein durchschnittlicher, objektiver Betrachter erkannt, dass eine Gefahr gerade **nicht** vorliegt. Der einschreitende Beamte hat in diesen Fällen aufgrund einer fehlerhaften subjektiven Prognose ein objektiv falsches Tatsachenbild, jeder objektive Betrachter hätte dies aber erkannt.

603 **Beispiel:** Sperrung einer Brücke, weil sich kleine Risse in der Fahrbahndecke befinden. Der offenkundige Transport von Schaufensterpuppen wird als Entführung interpretiert. Nicht fehlen darf an dieser Stelle das althergebrachte Beispiel der offenkundigen Dreharbeiten, die vom Beamten als reale Situation (z. B. Banküberfall) missdeutet werden.

604 Maßnahmen, die bei einer **Scheingefahr** getroffen werden, sind **rechtswidrig.**[371]

605 ccc) **Gefahrenverdacht.** Ein **Gefahrenverdacht** besteht, wenn Anhaltspunkte bestehen, die auf das Vorliegen einer Gefahr hindeuten.[372] Der Gefahrenverdacht unterscheidet sich von der konkreten Gefahr darin, dass diese Anhaltspunkte bei verständiger Würdigung der Sachlage noch keine hinreichend sichere Gefahrenprognose zulassen.[373]

606 In erster Linie ist hier jedoch gewissenhaft zu prüfen, ob nicht doch tatsächlich eine konkrete Gefahr begründet werden kann, denn häufig sind Fälle des Gefahrenverdachts bei genauerer Betrachung Anwendungsfälle der „konkreten Gefahr".[374]

607 In Fällen des Gefahrenverdachts sind in der Regel nur sogenannte vorläufige-**Gefahrenerforschungseingriffe** möglich, also Maßnahmen mit dem Ziel, den Sachverhalt weiter aufzuklären. Hier ist in erster Linie an die Befragung (§ 12 Nds. SOG) und die Generalbefugnis (§ 11 Nds. SOG) zu denken (strittig).[375] Je höherrangig das bedrohte Rechtsgut, desto weiter reichen die Befugnisse. Nach hier geteilter Auffassung[376] sind bei Vorliegen eines Gefahrenverdachts bei hochrangigen Rechtsgütern **vorläufige Maßnahmen** zulässig, die dem (eventuellen) Eintritt des schädigenden Ereignisses vorbeugen sollen.

608 **Formulierungsvorschlag zu Fall 1:** Da sich nach erfolgter Maßnahme herausstellt, dass die prognostizierte gegenwärtige Gefahr für Leib oder Leben zu keinem Zeitpunkt tatsächlich vorgelegen hat, ist zu prüfen, ob es sich um eine Anscheinsgefahr gehandelt hat. Diese liegt vor, wenn auch ein objektiver Betrachter zum Zeitpunkt der Entscheidung über die Maßnahme von einer vorliegenden Gefahr ausgegangen wäre. Dies ist hier der Fall,

371 *Schenke,* § 3, Rn. 82.
372 *Ipsen,* § 5, Rn. 144 ff.
373 *Schenke,* § 3, Rn. 83 ff.
374 *Möller/Warg,* Rn. 106 ff.
375 Vgl. Darstellung bei *Knemeyer,* § 10, Rn. 96 ff.
376 *Würtenberger/Heckmann,* Rn. 420.

Prognosefehler sind dem Beamten nicht unterlaufen, es handelt sich somit um eine Anscheinsgefahr, die einen Unterfall der (echten) Gefahr darstellt.

Formulierungsvorschlag zu Fall 2: -keine-; es liegt eine (echte) Gefahr vor, daher in einer Klausur nicht zu thematisieren. **609**

Klausurhinweis: Sie erkennen an der Länge, Vielschichtigkeit und dem Umfang der Gefahrenprüfung deren Wichtigkeit, die sich auch in einer entsprechenden Punkteverteilung niederschlägt. Eine gute Gefahrenprüfung gelingt gewöhnlich nicht gleich, sondern sie bedarf einiger Übung. **610**

ddd) Abstrakte Gefahr. Eine **abstrakte Gefahr**, ist nach § 2 Nr. 2 Nds. SOG *„eine nach allgemeiner Lebenserfahrung oder den Erkenntnissen fachkundiger Stellen **mögliche** Sachlage, die im Fall ihres Eintritts eine Gefahr (Nummer 1) darstellt"*. **611**

Während man beim Vorliegen einer **konkreten** Gefahr einen **einzelnen, tatsächlichen Sachverhalt** betrachtet, handelt es sich bei der **abstrakten Gefahr** nur um einen **hypothetischen** Sachverhalt, also einer nach **allgemeinen** Merkmalen umschriebenen Fallgestaltung.[377] Wenn dieser hypothetische Sachverhalt tatsächlich eintreten würde, dann entstünde eine konkrete Gefahr. **612**

Beispiel: Wenn man sich hypothetisch vorstellt, dass es keine Verkehrsregeln gäbe, so kann man sich ebenfalls hypothetisch vorstellen, dass es zu gefährlichen Situationen kommen kann, wenn sich z. B. zwei Verkehrsteilnehmer aus unterschiedlichen Richtungen einer Kreuzung nähern und die Vorfahrt nicht geregelt ist. Die Teilnahme am Straßenverkehr bzw. der Straßenverkehr selbst ist somit abstrakt gefährlich. Würden sich **tatsächlich** zwei Fahrzeuge der Kreuzung nähern und die Vorfahrt wäre nicht geregelt, so wird aus dem hypothetischen Gedankenspiel (der abstrakten Gefahr) ein realer Lebenssachverhalt, **ein einzelner Fall**, und somit eine konkrete Gefahr. **613**

Die Abwehr von abstrakten Gefahren durch einzelne polizeiliche Maßnahmen ist nicht möglich.[378] Sie können nur durch Gesetze oder Verordnungen abgewehrt werden, die ihrerseits auf abstrakt-genereller Ebene ansetzen.[379] **614**

Vertiefung: Verordnungen sind allgemeinverbindliche Anordnungen, durch die Rechte und Pflichten begründet, geändert oder aufgehoben werden. Es handelt sich um abstrakt – generelle Regelungen für eine Vielzahl von Gefahrenlagen und Personen.[380] **615**
Im o. g. **Beispiel** wurde der Bundesminister für Verkehr und digitale Infrastruktur vom Gesetzgeber (Bundestag) im § 6 Abs. 1 Nr. 3 Straßenverkehrsgesetz ermächtigt, eine Verordnung zu erlassen, die u. a. das Verhalten von

---

377 *Schenke*, § 3, Rn. 70.

378 *Ipsen*, Rn. 138, *Böhrenz/Siefken*, Nds. SOG, § 2, Rn. 8, a. A. *Schmidt*, Besonderes Verwaltungsrecht II, 661 ff.

379 *Thiel*, § 8, Rn. 71.

380 *Knurbein*, in: BeckOK-Nds. SOG, § 55 Rn. 1 f.

Verkehrsteilnehmern regeln soll, um die Sicherheit und Ordnung auf öffentlichen Straßen zu erhalten. Dies ist mit dem Erlass der Straßenverkehrsordnung (StVO) geschehen. Diese legt in § 8 Abs. 1 S. 1 StVO fest: „*An Kreuzungen und Einmündungen hat die Vorfahrt, wer von rechts kommt.*" Der oben beschriebenen abstrakten Gefahr wurde mit der Verordnung „begegnet".

616 Wie bereits gesehen, gibt es eine Vielzahl von Gesetzen und Verordnungen, die die Gefahrenabwehr berühren und somit abstrakte Gefahren abwehren sollen. Dennoch geben die §§ 55 ff. Nds. SOG den Gefahrenabwehrbehörden die Ermächtigung, zur Abwehr abstrakter Gefahren **Rechtsverordnungen** zu erlassen.

617 **Beispiel:** Einige Kommunen haben das Füttern von Tauben durch eine entsprechende Verordnung verboten. Zwar stellt das Füttern einer Taube an sich keine Gefahr dar, aber das Füttern von vielen Tauben durch mehrere Tierliebhaber führt zu einer hohen Population und somit in der Folge zu unerwünschten Begleiterscheinungen wie der Verbreitung von Krankheiten und Schäden an (historischen) Gebäuden.

618 Eine Zuwiderhandlung gegen diese Verordnung stellt eine Gefahr (bzw. einen Schaden) für die öffentliche Sicherheit (Kollektivrechtsgut „Bestand der Rechtsordnung") dar. Ob das der Verordnung zuwiderhandelnde Verhalten selbst eine konkrete Gefahr darstellt, ist irrelevant.[381]

619 In der polizeilichen Praxis sind diese sogenannten **Polizeiverordnungen** von untergeordnetem Interesse. Sie werden höchst selten erlassen und dann auch nicht vom einzelnen Beamten, sondern von der Behördenleitung.

620 **Klausurhinweis:** Aus diesem Grund ist der Begriff der abstrakten Gefahr in einer Klausur an der Polizeiakademie fast immer unangebracht bzw. wird er oft falsch verwendet. Häufig wird der Begriff der abstrakten Gefahr mit dem „Gefahrenverdacht" oder der „Anscheinsgefahr" verwechselt.[382]

621 Von den **Verwaltungsbehörden** werden Verordnungen zur Gefahrenabwehr dagegen weitaus häufiger erlassen.

622 **b) Subsidiaritätsprüfung. – aa) Eilkompetenz (§ 1 Abs. 2 Nds. SOG).** Ausweislich § 1 Abs. 1 Satz 1 Nds. SOG haben die Verwaltungsbehörden und die Polizei **gemeinsam** die Aufgabe der Gefahrenabwehr.

623 Wenn zwei Stellen gemeinsam eine Aufgabe haben, besteht immer die Gefahr, dass sich beide bei der Aufgabenwahrnehmung gegenseitig behindern, überflüssigerweise handeln (weil die andere Stelle schon tätig wurde), oder aber dass keine der Stellen tätig wird, weil sie sich darauf verlässt, dass die andere Stelle schon tätig werden wird.

624 Um dies zu verhindern, stellt § 1 Abs. 2 Nds. SOG klar, dass die Polizei nur tätig wird, wenn die Verwaltungsbehörde **nicht** oder **nicht rechtzeitig** tätig wer-

381 *Schenke*, § 3, Rn. 70.
382 Hierzu *Ullrich*, in: BeckOK-Nds. SOG, § 2 Rn. 98.

den kann (sogenannte **Eilkompetenz**).[383] Daraus folgt, dass grundsätzlich die Verwaltungsbehörden für die Gefahrenabwehr zuständig sind. Man spricht von **originärer Zuständigkeit.** Die Polizei ist nur nachrangig (subsidiär) zuständig.

Vertiefung: In der Realität ist es häufig so, dass in erster Linie die Polizei einschreiten muss, da Vollzugspersonal der originär zuständigen Gefahrenabwehrbehörden nicht vorhanden ist. **625**
Die Verwaltungsbehörden **müssen** nach § 1 Abs. 1 der Verordnung über Verwaltungsvollzugsbeamtinnen und Verwaltungsvollzugsbeamten (VollzBeaVO) zwar in vielen, aber nicht in allen Bereichen der Gefahrenabwehr Vollzugsbeamte vorhalten (z. B. Lebensmittelüberwachung, Bauaufsicht, Sprengstoffwesen, Fischereirecht, Unterbringung psychisch Kranker, Zuführung Schulpflichtiger zur Schule, Gewässerrecht, Obdachlosenunterbringung, „Zwangsstilllegung von Fahrzeugen“).
Sie **können** nach § 1 Abs. 2 VollzBeaVO unter anderem in den Bereichen Überwachung des Straßenverkehrs, Jugendschutz, Durchführung von Abschiebungen von Ausländern, Aufgaben nach dem Waffengesetz und **Aufgaben nach dem Nds. SOG** Verwaltungsvollzugsbeamte bestellen.
Die Verwaltungsvollzugsbeamten haben nach §§ 3 und 4 VollzBeaVO auch grundsätzlich die Befugnis zur Anwendung von Zwangsmitteln jeglicher Art mit Ausnahme von Waffen.

Für die „polizeitypischen“ Sachverhalte ist Vollzugspersonal (jedenfalls in Niedersachsen) in den Verwaltungsbehörden aber **sehr selten** vorhanden. **626**

Praxishinweis: Zwischenzeitlich wurden jedoch zumindest in unabdingbaren Aufgabenbereichen in vielen Städten bzw. Landkreisen Rufbereitschaften der Verwaltungsbehörden eingerichtet (beispielsweise beim Jugendamt für die Inobhutnahme von Kindern und Jugendlichen, beim Gesundheitsamt für die Einweisung von psychisch Kranken nach dem NPsychKG, bei der Straßenmeisterei, bei den Stadtwerken). **627**

Daraus folgt, dass die Verwaltungsbehörden für gewöhnlich **nicht** (mangels Vollzugspersonals, oder weil das Vollzugspersonal personell und materiell nicht in der Lage wäre) oder zumindest **nicht rechtzeitig** tätig werden kann. **628**

In diesen Fällen ist die Polizei **subsidiär zuständig** und kann einschreiten (sog. **Recht des ersten Zugriffs**).[384] Ihr obliegen grundsätzlich nur vorläufige Maßnahmen zur Gefahrenabwehr, wobei diese in den allermeisten Fällen schon ausreichen. **629**

Die Verwaltungsbehörden und die Polizei **unterrichten** sich gegenseitig über ihre Maßnahmen, soweit dies für die Gefahrenabwehr erforderlich ist (§ 1 Abs. 2 S. 2 Nds. SOG). **630**

---

383 *Ipsen*, § 18, Rn. 722 ff.
384 *Gusy*, § 3, Rn. 134 ff.

631 **Beispiel:** Wenn z. B. im Rahmen eines Einsatzes eine Wohnung betreten wird, und die Wohnverhältnisse und der Zustand der Eltern (Alkoholisierung) die Besorgnis begründen, dass das Wohl der Kinder gefährdet sein könnte (ohne dass Sofortmaßnahmen erforderlich sind), so ist das Jugendamt zu unterrichten, da ggf. von diesem weitere Maßnahmen zu treffen sind.

632 **Formulierungsvorschlag zu Fall 1:** *„Nach § 1 Abs. 2 S. 1 Nds. SOG wird die Polizei nur tätig, wenn die Verwaltungsbehörde nicht oder nicht rechtzeitig selbst tätig werden kann. Es ist davon auszugehen, dass die Verwaltungsbehörde über keine Vollzugskräfte verfügt bzw. dass diese nicht rechtzeitig tätig werden könnten. Die Polizei ist daher im Rahmen ihrer Eilkompetenz subsidiär zuständig."*

633 **Formulierungsvorschlag zu Fall 2:** *„Nach § 1 Abs. 2 S. 1 Nds. SOG wird die Polizei nur tätig, wenn die Verwaltungsbehörde nicht oder nicht rechtzeitig tätig werden kann. Es ist davon auszugehen, dass die Verwaltungsbehörde über keine Vollzugskräfte verfügt, jedenfalls aber nicht über eine ausreichende Anzahl an Kräften, bzw. dass diese auch nicht rechtzeitig tätig werden könnten. Die Polizei ist daher im Rahmen ihrer Eilkompetenz subsidiär zuständig."*

bb) Schutz privater Rechte (§ 1 Abs. 3 Nds. SOG)

634 **Fall:** In der Fußgängerzone kommt Bernd aus Versehen mit seiner senfbehafteten Bratwurst gegen den Nerzmantel der Nathalie. Bernd weigert sich, für die Reinigungskosten aufzukommen und ist auch nicht gewillt, seine Personalien anzugeben. Stattdessen will er sich entfernen. Nathalie spricht PK Meyer an, schildert ihm den Sachverhalt und bittet um Unterstützung. Ist die Polizei sachlich zuständig?

635 **Private Rechte**, also zivilrechtliche Ansprüche (z. B. auf Zahlung des vereinbarten Kaufpreises, Herausgabe einer Sache, Schadensersatz), können als Individualrechtsgüter ein Schutzgut der öffentlichen Sicherheit[385] (vgl. oben Rn. 513) darstellen.

636 Es gilt jedoch der Grundsatz, dass der Bürger **zivilrechtliche Ansprüche** selbst durchsetzen muss (sog. **polizeirechtliches Subsidiaritätsprinzip**[386]). Im Zweifel kann und muss er gerichtliche Hilfe (z. B. in Form des vorläufigen Rechtsschutzes nach den §§ 916 ff. ZPO oder §§ 935 ZPO oder im Klageweg) in Anspruch nehmen. Zur Durchsetzung (z. B. durch Urteil „titulierter") zivilrechtlicher Ansprüche ist der Gerichtsvollzieher befugt.[387]

637 Der o. g. Grundsatz findet keine Anwendung, wenn bei der drohenden Verletzung privater Rechte **zugleich** auch Straftatbestände oder Ordnungswidrig-

385 *Saipa*, § 1 Rn. 14.
386 *Würtenberger/Heckmann/Tanneberger*, § 4 Rn. 57.
387 Auf Anforderung des Gerichtsvollziehers leistet die Polizei ggf. Vollzugshilfe.

keitstatbestände verwirklicht werden (z. B. Hausfriedensbruch, § 123 StGB) und dementsprechend auch eine Gefahr für die Integrität der Rechtsordnung besteht.[388]

Klausurhinweis: Sofern im Rahmen der sachlichen Zuständigkeit bereits eine Gefahr für andere Schutzgüter der öffentlichen Sicherheit und Ordnung festgestellt wurde ist § 1 Abs. 3 Nds. SOG nicht mehr anwendbar.[389] **638**

Ist das nicht der Fall, ist nur ganz ausnahmsweise eine „Notzuständigkeit"[390] **639** gegeben. Ausweislich § 1 Abs. 3 Nds. SOG „obliegt" den Verwaltungsbehörden und der Polizei der Schutz privater Rechte nur, wenn „gerichtlicher Schutz nicht rechtzeitig zu erlangen ist und wenn ohne verwaltungsbehördliche oder polizeiliche Hilfe die Verwirklichung des Rechts vereitelt oder wesentlich erschwert werden würde".

Grundvoraussetzung für die sachliche Zuständigkeit zum Schutz privater **640** Rechte ist, dass der Rechtsgutsinhaber seine zivilrechtlichen Ansprüche überhaupt schützen möchte. Die Polizei soll sich weder aufdrängen,[391] noch kann sie gegen den Willen des Rechtsgutinhabers handeln. Im Gegensatz zu anderen Bundesländern[392] wurde auf das Erfordernis eines (formlosen) Antrags des Rechtsgutsinhabers verzichtet (vgl. auch AB 1.3 Satz 3). Es muss dementsprechend als ausreichend angesehen werden, wenn nach den Umständen des Einzelfalles aus Sicht des handelnden Polizeibeamten von einem Einverständnis auszugehen ist. Ist dies möglich, ist eine explizite Zustimmung einzuholen.

Wird ein polizeiliches Einschreiten verlangt, so muss das Bestehen eines zivil- **641** rechtlichen Anspruchs im Zweifel **glaubhaft** gemacht werden.[393] Es ist keine vertiefte juristische Betrachtung erforderlich, ausreichend ist eine „überschlägige Plausibilitätsprüfung".[394]

Vertiefungshinweis: Für die Beurteilung, ob ein zivilrechtlicher Anspruch **642** überhaupt vorliegen könnte, ist die Kenntnis der wichtigsten zivilrechtlichen Ansprüche unabdingbar. Neben Schadenersatz- und Schmerzensgeldansprüchen (lies z. B. § 823 BGB) können dies der Herausgabeanspruch des Eigentümers oder des Besitzers, Pfandrechte des Gastwirtes oder des Vermieters, Besitzwehr und sonstige Selbsthilferechte sein.

Des Weiteren darf gerichtlicher Schutz nicht oder nicht rechtzeitig zu erlangen **643** sein und die Durchsetzung des Rechts muss deshalb ohne polizeiliche Hilfe voraussichtlich wesentlich erschwert oder vereitelt werden. **Vereitelt** ist der zivilrechtliche Anspruch, wenn – wie im Beispielsfall – der Schädiger überhaupt

388 Vgl. *Schütte/Braun/Keller*, Rn. 37; *Würtenberger/Heckmann/Tanneberger*, § 4 Rn. 58.
389 Vgl. *Weiner*, in: BeckOK-Nds. SOG, § 1 Rn. 31.
390 *Waechter*, in: Brandt/Schinkel, S. 193 Rn. 300; *Weiner*, in: BeckOK-Nds. SOG, § 1 Rn. 37 (Überschrift).
391 *Weiner*, in: BeckOK-Nds. SOG, § 1 Rn. 37.
392 Vgl. § 2 Abs. 2 PolG Baden-Württemberg.
393 *Schenke*, § 3, Rn. 54.
394 *Saipa*, § 1 Rn. 14; OVG Lüneburg, Beschluss vom 30.9.2008 – 11 LA 396/07.

nicht bekannt ist und sich auch nicht ausweisen will. Für die gerichtliche Geltendmachung eines zivilrechtlichen Anspruchs ist die Kenntnis der Identität des Anspruchsgegners (insbesondere seiner „ladungsfähigen Anschrift“) erforderlich. **Wesentlich erschwert** wird die Durchsetzung, wenn der Schädiger vor Erlangung des gerichtlichen Schutzes bereits „Fakten schaffen“ kann.

644 **Beispiel:** Der säumige Mieter zieht überraschend sonntags aus. Der Vermieter möchte von seinem Pfandrecht Gebrauch machen, er stößt dabei aber auf „Gegenwehr“.

645 Die Polizei darf jedoch in keinem Fall über zivilrechtliche Ansprüche **entscheiden**. Dies liegt einzig und allein im Entscheidungsbereich des Zivilrichters. Daher besteht nur eine sachliche Zuständigkeit zur Vornahme **vorläufiger Maßnahmen.**[395] Der vermeintliche Anspruchsinhaber soll in die Lage versetzt werden, seinen Anspruch gerichtlich geltend zu machen. In erster Linie ist hier die **Identitätsfeststellung** (**§ 13 Nds. SOG**) zu nennen, weiterhin **Verfügungen nach § 11 Nds. SOG,** sowie – sofern erforderlich – **Sicherstellungen** (**§ 26 Nds. SOG**).[396]

646 **Formulierungsvorschlag zum Beispielsfall:** *„[...] Zum Schutzgut der öffentlichen Sicherheit gehören auch private Rechte. Vorliegend kommt ein zivilrechtlicher Schadensersatzanspruch der Nathalie gegen den Bernd in Betracht, den sie aber ohne Kenntnis dessen Identität nicht mit gerichtlicher Hilfe durchsetzen kann. Da sich Bernd voraussichtlich in Kürze entfernen wird, steht ein Schadenseintritt unmittelbar bevor. Es liegt also nicht nur eine konkrete, sondern sogar eine gegenwärtige Gefahr für Nathalies private Rechte vor. Eine sachliche Zuständigkeit der Polizei zum Schutz privater Rechte ist aber nur gegeben, wenn die weiteren Voraussetzungen des § 1 Abs. 3 Nds. SOG vorliegen. Das ist der Fall, wenn der Rechtsgutsinhaber – wie hier die Nathalie – staatliche Hilfe wünscht. Das Bestehen eines zivilrechtlichen Anspruchs muss zumindest plausibel erscheinen. Vorliegend ist das Bestehen eines Schadensersatzanspruchs wegen fahrlässiger Sachbeschädigung zumindest denkbar. Des Weiteren müsste gerichtlicher Schutz nicht rechtzeitig zu erlangen sein und die Anspruchsdurchsetzung müsste daher voraussichtlich vereitelt oder zumindest wesentlich erschwert werden. Bernd will ohne Namensangabe weggehen. Gerichtlicher Schutz ist ohne Kenntnis der Identität des vermeintlich Ersatzpflichtigen (einschließlich dessen ladungsfähiger Anschrift) nicht möglich. Daher wäre auch die Anspruchsdurchsetzung „vereitelt“ im Sinne des § 1 Abs. 3 Nds. SOG, dessen Voraussetzungen vollständig vorliegen. In der Folge ist die Polizei zur Abwehr einer gegenwärtigen Gefahr für die privaten Rechte der Nathalie zuständig.“*

395 Vgl. z. B. VGH Mannheim, Urteil vom 20.2.1995 – 1 S 3184/94.
396 *Gusy,* § 3, Rn. 95.

Checkliste § 1 Abs. 3 Nds. SOG 647

- ✓ Nur private Rechte (zivilrechtliche Ansprüche) betroffen
- ✓ Rechtsgutsinhaber wünscht staatliche Hilfe
- ✓ Bestehen des zivilrechtlichen Anspruchs zumindest denkbar
- ✓ Gerichtliche Hilfe nicht (rechtzeitig) erreichbar
- ✓ Daher Durchsetzung des Anspruchs vereitelt oder wesentlich erschwert

c) **Vorfeldmaßnahmen.** Im Bereich der Repression darf die Polizei grundsätzlich erst tätig werden, wenn der Anfangsverdacht einer Straftat oder Ordnungswidrigkeit besteht.[397] Ein „Ausforschen", Intervenieren und Befragen „einfach so" soll gerade nicht möglich sein. 648

Ähnlich ist das Konzept der Gefahrenabwehr. Zwar soll die Polizei nicht erst abwarten, bis „etwas" (z. B. eine Straftat oder ein Unfall) passiert. Daher sind Maßnahmen zur Gefahrenabwehr möglich. Aber für ein Einschreiten, für eine Eingriffsmaßnahme, muss grundsätzlich eine konkrete Gefahr vorliegen. Der Schadenseintritt in **absehbarer Zeit** muss **hinreichend wahrscheinlich sein.** Ein Bürger, der (noch) keine Gefahr verursacht, soll auch nicht von staatlichen Maßnahmen behelligt werden.[398] 649

In beiden Bereichen kann dieses klassische Verständnis den heutigen Bedrohungslagen -oder bei genauer Betrachtung besser gesagt: dem heutigen Sicherheitsbedürfnis (!) – nicht mehr gerecht werden. 650

> **Vertiefungshinweis:** Beispielsweise muss bei Bedrohungen durch den Terrorismus dessen Ziele berücksichtigt werden: Terrorismus ist eine Kommunikationsstrategie. Er will mit wenig Aufwand größte Wirkung erzielen, um eine Gesellschaft zu verunsichern, um Reaktionen zu provozieren und auf das politische oder religiöse Anliegen aufmerksam machen (sog. „Propaganda der Tat").[399] Die reale Bedrohung durch den Terrorismus ist in Deutschland marginal. Die Bedrohung des Lebens durch den Alkoholkonsum, das Rauchen, durch mangelnde Hygiene in Krankenhäusern oder durch ärztliche Kunstfehler ist dagegen vergleichsweise sehr hoch. Alleine im Straßenverkehr dürften monatlich mehr Bürger ums Leben kommen, als durch den Terrorismus seit Bestehen der Bundesrepublik. Allgemein gibt es eine verzerrte Wahrnehmung der objektiven Sicherheitslage, die sich negativ auf das subjektive Sicherheitsempfinden auswirkt. Die Medien tragen hierzu bei.[400] 651

Dennoch (oder gerade deswegen) wurde in den letzten Jahren und Jahrzehnten die polizeiliche Zuständigkeit weiter in das **Vorfeld einer konkreten Gefahr** ausgeweitet (**Vorfeldtätigkeit**). Zum anderen war eine gesetzliche Regelung dieser Vorfeldtätigkeiten aufgrund der „Volkszählungsentscheidung" des Bundes- 652

---

397 Vgl. *Ipsen*, § 10, Rn. 318 ff.
398 *Denninger*, in: Lisken/Denninger, D, Rn. 45.
399 *Thamm*, Terrorismus. Ein Handbuch über Täter und Opfer, S. 82.
400 Für den Bereich der Sexualstraftaten *Schläfke/Hässler/Fegert*, S. 13.

verfassungsgerichts[401] erforderlich. Denn bei den Vorfeldtätigkeiten handelt es sich ganz überwiegend[402] um Maßnahmen zur Informationsbeschaffung und somit um Datenerhebungen, für die das BVerfG ein förmliches, bereichsspezifisches Gesetz fordert.

653 Bei den gefahrenabwehrrechtlichen **Vorfeldtätigkeiten** geht es um folgende Überlegungen:

1. Wenn die Polizei die Aufgabe hat, Gefahren abzuwehren, sobald sie konkret vorliegen, dann wäre es auch sinnvoll, wenn sie nicht so lange warten müsste, bis sich die Gefahr tatsächlich konkretisiert, sondern schon vorher tätig werden kann (**Verhütung von Gefahren**).
   Diese Abwehr allgemeiner Gefahren[403] ist nicht ausdrücklich gesetzlich geregelt, gehört aber dennoch zur Aufgabe der Gefahrenabwehr.[404] Gemeint sind hier in erster Linie die schlicht-hoheitlichen Tätigkeiten wie Streifenfahrten, allgemeines Beobachten der kriminellen Szene, Verkehrsüberwachung u. a.[405]
2. Wenn die Polizei die Aufgabe hat, Gefahren abzuwehren, sobald sie konkret vorliegen, dann wäre es auch sinnvoll, wenn sie sich darauf auch vorbereit, beispielsweise durch die Erstellung von Einsatzplänen oder Telefonlisten über Abschleppunternehmen, Glaser, Tischler, andere Notrufnummern u. s. w. (**Vorsorge für die Gefahrenabwehr**).
3. Wenn die Polizei die Aufgabe hat, Gefahren abzuwehren, sobald sie konkret vorliegen – und die **Begehung einer Straftat eine Gefahr darstellt** -, dann wäre es auch sinnvoll, diese **Straftat schon im Vorfeld zu verhüten** (**Straftatenverhütung**).

654 Darüber hinaus ist es auch sinnvoll, der Polizei Möglichkeiten einzuräumen, wie sie für die Verfolgung von Straftaten vorsorgen kann (**Vorsorge für die Verfolgung von Straftaten**). Diese Aufgabe, die lange Zeit vom niedersächsischen Gesetzgeber der Gefahrenabwehr zugeordnet wurde, ist nunmehr dem Bereich der Straftatenverfolgung zugeordnet (siehe oben Rn. 462).

655 **Grundsätzlich** liegt bei diesen Aufgaben noch keine **konkrete Gefahr** vor. Es scheitert hierfür an der hinreichenden Wahrscheinlichkeit des Schadeneintritts in absehbarer Zeit.[406] Dennoch geht es hier immer um einen konkreten Lebenssachverhalt (einen Einzelfall) und somit **nicht** um eine abstrakte Gefahr. Man spricht stattdessen von einer „allgemein bestehenden Gefahr“.[407] Um in diesem Bereich Eingriffsmaßnahmen – Datenerhebungs- und Informationsbeschaffungsmaßnahmen- zu ermöglichen, war eine Abkopplung von dem Begriff „Gefahr“ erforderlich.[408]

---

401 BVerfG, Urteil vom 15.12.1983 – 1 BvR 209/83 u. a. – BVerfGE 65,1.
402 Mit Ausnahme des § 17 Abs. 4 Nds. SOG (Aufenthaltsverbot).
403 *Denninger*, in: Lisken/Denninger, D, Rn. 45; *Knemeyer*, Rn. 89.
404 *Knemeyer*, Rn. 75.
405 *Schenke*, § 3, Rn. 71.
406 *Ipsen*, § 10, Rn. 320.
407 *Möller/Warg*, Rn. 102a.
408 *Knemeyer*, Rn. 72.

aa) Vorsorge für die Gefahrenabwehr (§ 1 Abs. 1 Satz 2 Nds. SOG). Nach § 1 Abs. 1 Satz 2 Nds. SOG haben sowohl die Polizei als auch die Verwaltungsbehörden die jeweils eigenständige (originäre) Aufgabe, für die Gefahrenabwehr **vorzusorgen.** **656**

Für die Polizei bedeutet dies unter anderem, für gefährdete Objekte oder für Betriebe, von denen eine Gefahr ausgehen könnte (beispielsweise eine Chemiefabrik), Objekt- und Einsatzakten zu erstellen und zu pflegen, aus denen sich Informationen über gelagerte Stoffe, Wohnbebauung in der Nähe, Erreichbarkeiten von Verantwortlichen ergeben und in denen Einsatzkonzepte (z. B. Evakuierungsradius, Sperrpunkte) vorgegeben sind.[409] **657**

Die Polizei muss auch entsprechende Führungs- und Einsatzmittel bereithalten und die Einsatzkräfte entsprechend schulen, um die Aufgabe der Gefahrenabwehr erfüllen zu können (Bereithalten von Atemschutzmasken, Absperrmaterial, Fortbildung). **658**

Dazu gehört auch das Erstellen von **Listen** oder die Einrichtung von **Dateien** über Personen oder Institutionen, die zur Gefahrenabwehr beitragen können (Verantwortliche von Objekten, Rufnummern anderer Ämter, Krankenhäuser, Tischler, Glaser, Jagdpächter, Tierheim, Imker, Schlüsseldienste, Abschleppunternehmer u. v. m.). **659**

Anhand dieser Beispiele ist zu erkennen, dass es sich hier ausschließlich um **Informationsbeschaffung** -und damit Erhebung von (personenbezogenen) Daten- handelt. Hierfür braucht die Polizei eine gesetzliche Ermächtigung, selbst, wenn viele der oben genannten Informationen aus öffentlich zugänglichen Quellen (Telefonbuch, Internet) frei zugänglich sind. Denn diese Maßnahmen stellen Eingriffe in das Recht auf informationelle Selbstbestimmung (dazu oben, Rn. 201) dar. Nach der Rechtsprechung des BVerfG[410] sind solche Eingriffe nur möglich aufgrund eines förmlichen, bereichsspezifischen und hinreichend bestimmten Gesetzes.[411] Daher reicht hier die reine Aufgabenzuweisung oder die Befugnisgeneralklausel (§ 11 Nds. SOG) nicht aus. **660**

> **Vertiefungshinweis:** Die entsprechende Ermächtigungsgrundlage ist § 31 Abs. 3 Nds. SOG (hierzu unten Rn. 2361) **661**

bb) Verhütung von Straftaten (§ 1 Abs. 1 Satz 3 Nds. SOG). Die **Polizei** hat nach § 1 Abs. 1 Satz 3 Nds. SOG „*insbesondere*" die Aufgabe, Straftaten zu verhüten. Den Verwaltungsbehörden obliegt diese Aufgabe grundsätzlich **nicht**. Sie hat nicht das entsprechend ausgebildete Personal und das spezifische Erfahrungswissen im Zusammenhang mit kriminellen Gefahren.[412] Aus § 1 Abs. 1 Satz 3 Nds. SOG folgt jedoch nicht, dass es den Verwaltungsbehörden verwehrt wäre, eine Gefahrenabwehrmaßnahme mit Straftatenverhütungscharakter (z. B. Platzverweis zur Beendigung eines Hausfriedensbruchs) vorzunehmen. **662**

---

409 *Weiner*, in: BeckOK-Nds. SOG, § 1 Rn. 15.
410 BVerfG, Urteil vom 15.12.1983 – 1 BvR 209/83 u. a. BVerfGE 65, 1, 43.
411 *Schenkes*, § 3, Rn. 72.
412 *Weiner*, in: BeckOK-Nds.SOG, § 1 Rn. 18.

Es handelt sich um eine vorrangige, nicht aber exklusive Zuständigkeitszuweisung.[413]

663 Die Straftatenverhütung ist grundsätzlich eine **Vorfeldmaßnahme** (siehe bereits oben Rn. 648). Sie kann weit im Vorfeld einer Straftaten**begehung** und somit auch weit im Vorfeld einer **konkreten Gefahr** (eine Straftat steht mit hinreichender Wahrscheinlichkeit in **absehbarer Zeit** bevor) ansetzen.[414]

664 **Beispiele:** Das Beobachten (= Informationsbeschaffung) einer kriminellen Szene, die Mitarbeit in Präventionsräten, Aufklärung der Bevölkerung („Die Kriminalpolizei rät"), allgemeine Präventionsarbeit in Schulen, Altenheimen, Ausländerbeiräten.

665 Für diese soeben genannten Maßnahmen ist keine spezielle Befugnisnorm erforderlich, sie kann allein auf die Aufgabe der Straftatenverhütung gestützt werden.[415] Es handelt sich um schlicht-hoheitliche Maßnahmen ohne Grundrechtsrelevanz.

666 Das Nds. SOG beinhaltet darüber hinaus einige wenige Befugnisnormen, bei denen die Polizei bereits zur Straftatenverhütung eingreifen kann (**also im Vorfeld einer konkreten Gefahr**). Bei diesen Maßnahmen muss dementsprechend **keine konkrete Gefahr** vorliegen. Umgekehrt **kann** aber – gleichzeitig – eine konkrete Gefahr vorliegen.

667 **Klausurhinweis:** Eine präventive sachliche Zuständigkeit ist also nicht notwendigerweise ausgeschlossen, wenn die „Gefahrenprüfung" zu einem negativen Ergebnis kommt. Eine sachliche Zuständigkeit kann – insb. bei den unten aufgeführten Informationsbeschaffungsmaßnahmen wie der Identitätsfeststellung an einem verrufenen Ort, etc. – auch ausschließlich zum Zwecke der Straftatenverhütung gegeben sein.

668 Genau wie im Bereich der Gefahrenvorsorge handelt es sich überwiegend[416] um **Informationsbeschaffungsmaßnahmen,** auch wenn dies nicht gleich offensichtlich sein mag. Entsprechend liegen auch hier Eingriffe in das APR-RiS vor, die einer Ermächtigungsgrundlage bedürfen[417] (vgl. die Ausführungen zur Gefahrenvorsorge). Informationsgewinnung meint in diesem Bereich in erster Linie **Verdachtsschöpfung.**[418]

669 Für den 1. Studienabschnitt sind in diesem Zusammenhang folgende Maßnahmen relevant:
- Befragung nach § 12 Abs. 1 und 2 Nds. SOG
- Kontrolle nach § 12 Abs. 6 Nds. SOG (sogenannte „Schleierfahndung")

---

413 Vgl. OVG Lüneburg, Beschluss vom 16.1.2014 – 11 ME 313/13 – BeckRS 2014, 46128.
414 *Denninger,* in: Lisken/Denninger, D, Rn. 1 ff.
415 *Weiner,* in: BeckOK-Nds.SOG, § 1 Rn. 19 f.
416 Die einzige Maßnahme zur Straftatenverhütung im Nds. SOG, die keine Informationsbeschaffungsmaßnahme darstellt, ist § 17 Abs. 4 Nds. SOG (Aufenthaltsverbot).
417 *Schenkes,* § 3, Rn. 72.
418 *Rachor,* in: Lisken/Denninger, E, Rn. 155.

- Identitätsfeststellung an einem verrufenen Ort nach § 13 Abs. 1 Nr. 2 Nds. SOG
- Identitätsfeststellung an einem gefährdeten Objekt nach § 13 Abs. 1 Nr. 3 Nds. SOG
- Datenerhebung zur Verhütung einer Straftat, § 31 Abs. 2 Nds. SOG

Diesen Maßnahmen ist gemein, dass der Adressat bzw. der Betroffene nicht notwendigerweise eine Gefahr verursacht haben muss: Der Befragte kann ein Unbeteiligter sein, gegen den Kontrollierten nach § 12 Abs. 6 Nds. SOG muss z. B. kein Anfangsverdacht einer Straftatenbegehung vorliegen, gegen die Person, die sich an einem gefährdeten Objekt aufhält, müssen z. B. keine Anhaltspunkte vorliegen, dass sie einen Anschlag auf das Objekt begehen wird. **670**

Vertiefungshinweis: Willkürliche Kontrollen sind dennoch nicht zulässig. Die Kontrolle von Personen z. B., die ganz offensichtlich keinerlei Gefahr für ein gefährdetes Objekt darstellen, sind nicht erforderlich[419] (siehe hierzu die Ausführungen zu § 13 Abs. 1 Nr. 3 Nds. SOG) und somit rechtswidrig. **671**

Obwohl die Aufgabe der Straftatenverhütung als Vorfeldmaßnahme weit im Vorfeld einer Straftat oder konkreten Gefahr liegen kann, so liegt sie **zwangsläufig auch vor**, wenn eine konkrete Gefahr deshalb vorliegt, weil die Begehung einer Straftat in absehbarer Zeit mit hinreichender Wahrscheinlichkeit eintreten könnte (Schaden für das Kollektivrechtsgut „Bestand der Rechtsordnung“) oder bereits eingetreten ist und noch andauert (z. B. Trunkenheitsfahrt, Hausfriedensbruch). Bei dieser „allgemeinen“ Abwehr von **konkreten** Gefahren wird gewissermaßen reflexartig auch eine Straftat verhütet bzw. die Fortsetzung der Straftat verhindert. **672**

Formulierungsvorschlag zu Fall 1: *„Nach § 1 Abs. 1 S. 3 Nds. SOG hat die Polizei insbesondere die Aufgabe der Straftatenverhütung. Wie bereits oben geprüft besteht die Gefahr, dass Herr Müller seine Frau in Kürze wieder schlagen könnte, wodurch er eine Körperverletzung (§ 223 StGB) begehen würde. Dies zu verhindern bzw. zu verhüten, ist vorrangig Aufgabe der Polizei.“* **673**

Formulierungsvorschlag zu Fall 2: keine. Es liegt keine Straftat vor, die verhütet werden müsste. **674**

d) Vollzugshilfe (§ 1 Abs. 4 Nds. SOG). Nach § 1 Abs. 4 Nds. SOG leistet die Polizei anderen Behörden Vollzugshilfe. Die **Vollzugshilfe** stellt ein selbständiges Rechtsinstitut dar. Sie ist nicht lediglich Unterfall der Amtshilfe (§ 4 ff. VwVfG).[420] Durch die Vollzugshilfe wird sichergestellt, dass behördliche Anordnungen auch gegen den Willen des Betroffenen durchgesetzt werden kön- **675**

419 Vgl. die Ausführungen ab Rn. 1264.

420 *Thiel*, § 4, Rn. 15; *Denninger*, in: Lisken/Denninger, D, Rn. 223; *Knemeyer*, Rn. 110; a. A. *Gusy*, Rn. 145.

nen. Ausdruck des Rechtsstaates ist es, dass Rechtssicherheit insofern besteht, dass es auch eine Gewissheit gibt, dass das Recht durchgesetzt wird.[421]

676 Die Regelungen über die Vollzugshilfe finden sich in den §§ 51 ff. Nds. SOG. Die Polizei leistet Vollzugshilfe, sofern unmittelbarer Zwang auszuüben ist und die andere Behörde nicht über die hierzu erforderlichen Dienstkräfte verfügt. Da die Gefahrenabwehrbehörden nur in seltenen Fällen über Verwaltungsvollzugsbeamte verfügen, die unmittelbaren Zwang anwenden dürfen, wird die Polizei recht häufig im Rahmen der Vollzugshilfe tätig.

677 Für die Rechtmäßigkeit der durchzusetzenden Maßnahme ist die ersuchende Behörde verantwortlich. Die Polizei dagegen ist für die Rechtmäßigkeit der Zwangsanwendung verantwortlich. Die Polizei ist auch nicht verpflichtet, die Rechtmäßigkeit des Vollzugshilfeersuchens zu prüfen.[422]

678 Da die Gefahrenabwehrbehörden andere Zwangsmaßnahmen wie die Ersatzvornahme und das Zwangsgeld selber durchführen können, ist die Vollzugshilfe richtigerweise auf die Anwendung unmittelbaren Zwanges beschränkt.[423]

679 **Klausurhinweis:** Die Vollzugshilfe ist in einer Klausur sehr selten zu prüfen.

680 e) **Exkurs: Spezialgesetzliche Aufgaben (§ 3 Abs. 1 Satz 2 Nds. SOG).** Im **Nds. SOG** ist in Niedersachsen das **allgemeine Gefahrenabwehrrecht** geregelt. Es gibt jedoch eine Vielzahl von landes- und bundesrechtlichen Regelungen, die zumindest teilweise **spezielle** Aspekte der Gefahrenabwehr abdecken:[424]

- Das **Straßenverkehrsgesetz** (StVG) enthält beispielsweise Regelungen, unter welchen Voraussetzungen eine Fahrerlaubnis (eines nicht geeigneten Fahrerlaubnisinhabers) wieder entzogen werden kann.
- Die **Straßenverkehrsordnung** (StVO) enthält die Ermächtigung, Verkehrsteilnehmer für eine Verkehrskontrolle anzuhalten, um die Sicherheit des Fahrzeugs und die Verkehrstüchtigkeit des Fahrzeugführers zu überprüfen.
- Das **Niedersächsische Versammlungsgesetz** regelt unter anderem, unter welchen Voraussetzungen eine Versammlung aufgelöst werden kann, wenn sie eine Gefahr für die öffentliche Sicherheit darstellt.
- In § 42 SGB VIII (Sozialgesetzbuch), dem **Kinder- und Jugendhilfegesetz,** ist die Inobhutnahme von Kindern und Jugendlichen geregelt.
- Das **Niedersächsisches Gesetz über Hilfen und Schutzmaßnahmen für psychisch Kranke (NPsychKG)** sieht die vorläufige Einweisung für Personen vor, die sich oder andere aufgrund einer psychischen Erkrankung (zu der auch eine Abhängigkeit von Suchtmitteln zählt) gefährden.
- Im Ausländerrecht, namentlich im **Aufenthaltsgesetz,** gibt es Möglichkeiten, einen ausreisepflichtigen Ausländer zur Sicherung der Abschiebung zu inhaftieren.
- Das Lebensmittel-, Bedarfsgegenstände- und Futtermittelgesetz regelt zusammen mit der Verordnung über Hackfleisch, Schabefleisch und anderes

---

421 *Weiner*, in: BeckOK-Nds. SOG, § 1 Rn. 40.
422 *Knemeyer*, Rn. 114.
423 *Denninger*, in: Lisken/Denninger, D, Rn. 220.
424 Vgl. die Darstellung bei *Saipa*, § 3 Rn. 3.

zerkleinertes rohes Fleisch u. a., wie Hackfleisch aufbewahrt werden muss und dass es nur am Tag der Herstellung verkauft werden darf.

Hinweis: Das letztgenannte Spezialgesetz ist freilich – wie viele andere auch – in der polizeilichen Praxis von eher untergeordneter Bedeutung.

– Auch die **Strafprozessordnung** (StPO) wird in Teilen als ein Spezialgesetz der Gefahrenabwehr gesehen, was insbesondere an Maßnahmen wie der Einziehung von Tatmitteln (111b StPO, 74 StGB) oder dem Haftgrund der Wiederholungsgefahr (§ 112a StPO)[425] deutlich wird.

Diese Beispiele stehen stellvertretend für eine nahezu unüberschaubare Rege- **681** lungsfülle. Weitere spezialgesetzliche Regelungen im Bereich der Gefahrenabwehr enthalten z. B. auch das Gaststätten-, Wasser-, Fischerei-, Jagd-, Bau-, Gewerbe- und Melderecht.

Vertiefungshinweis: Für eine Reihe der genannten spezialgesetzlichen Mate- **682** rien hat der Bund nach Art. 73 oder 74 GG die Gesetzgebungskompetenz, obwohl es sich um Spezialgesetze der **Gefahrenabwehr** handelt. Dies ergibt sich häufig aus der sogenannten **Annexkompetenz**: Wenn der Bund den sachlichen Bereich regeln darf (z. B. nach Art. 74 Abs. 1 Nr. 4 das Aufenthalts- und Niederlassungsrecht für Ausländer), so darf er auch Normen erlassen, die der Aufrechterhaltung der öffentlichen Sicherheit und Ordnung in diesem Bereich dienen (z. B. § 62 AufenthG: Abschiebehaft).[426]

Dem Grundsatz, dass das spezielle Gesetz das allgemeine Gesetz verdrängt ent- **683** sprechend bestimmt § 3 Abs. 1 Satz 2 Nds. SOG, dass „*Vorschriften des Bundes- oder Landesrechts, in denen die Gefahrenabwehr oder die anderen Aufgaben besonderes geregelt werden*“ den allgemeinen Regelungen des Nds. SOG vorgehen.

Vertiefung: Für Landesrecht, das ggf. gefahrenabwehrrechtliche Regelun- **684** gen trifft, die in Sachgebiete fallen, für die der Bund einen Kompetenztitel hat folgt der Vorrang des Bundesrechts aus Art. 71 und 72 GG und nicht aus § 3 Abs. 1 Satz 2 Nds. SOG.[427]

Wenn die Polizei im Bereich der Gefahrenabwehr tätig wird bzw. werden **685** möchte, ist zunächst zu prüfen, ob für diesen Bereich der Gefahrenabwehr ein spezielles Gesetz existiert. Ist das der Fall, muss die Polizei die Vorschriften dieses Spezialgesetzes beachten. Nur wenn kein spezielles Gefahrenabwehrrecht einschlägig ist, finden die Vorschriften des Nds. SOG Anwendung.

Klausurhinweis: Dieser in einer Klausur oft vergessene Aspekt ist im an **686** der Polizeiakademie Niedersachsen verwendeten Lösungsschema vor der Prüfung der (allgemeinen) sachlichen Zuständigkeit zur Gefahrenabwehr anzusprechen.

---

425 Vgl. beispielsweise *Böhm*, in: MüKo-StPO, § 112a, Rn. 3.
426 Vgl. *Schenke*, § 2, Rn. 25–28.
427 *Saipa*, § 3 Rn. 2.

687 Häufig sind die speziellen Gefahrenabwehrregelungen nicht sehr umfassend. Gelegentlich fehlen Regelungen zur Zuständigkeit oder zu den Adressaten, fast immer fehlen Vorschriften über die Zwangsanwendung. Soweit die besonderen Vorschriften keine abschließenden Regelungen enthalten, ist das Nds. SOG ergänzend anzuwenden (§ 3 Abs. 1 S. 3 Nds. SOG).[428] Dass ein präventives Spezialgesetz abschließende Regelungen enthält, ist die Ausnahme.

688 **Beispiel:** Das Niedersächsische Versammlungsgesetz regelt die Abwehr von versammlungsspezifischen Gefahren abschließend. Sobald es sich rechtlich um eine Versammlung handelt, ist ausschließlich das NVersG anzuwenden, ein Rückgriff auf das Nds. SOG ist hier nicht möglich. Man spricht hier von der „Polizeifestigkeit" des Versammlungsgesetzes.[429]

689 **Klausurhinweis:** Da im ersten Studienabschnitt im Fach Grund- und Eingriffsrecht keine Spezialgesetze behandelt werden, kann man diesen Prüfungspunkt eher formelhaft abprüfen: „Im Sachverhalt ist keine spezialgesetzliche Regelung ersichtlich, die gemäß § 3 Abs. 1 S. 2 Nds. SOG vorrangig anzuwenden wäre."

690 Der in **§ 1 Abs. 5 Nds. SOG** niedergelegte Grundsatz, dass die Polizei „*ferner die Aufgaben zu erfüllen hat, die ihr durch andere Rechtsvorschriften übertragen sind*" hat deklaratorischen Charakter. Es wird – nach hier vertretener Auffassung ohne Notwendigkeit – klargestellt, dass die Polizei neben der präventiven auch noch „formell-polizeiliche" Aufgaben hat, also Aufgaben die keine materielle Gefahrenabwehr darstellen, sondern aus Gründen der Sachnähe der Polizei als Institution zugewiesen wurden.[430] Hierzu werden z. B. die Mitwirkung an der Straf- und Ordnungswidrigkeitenverfolgung aber auch die Durchführung von allgemeinen Verkehrskontrollen (§ 36 Abs. 5 StVO) oder die Unterstützung des Gerichtsvollziehers (z. B. nach §§ 758 Abs. 3, 759 Abs. 3 ZPO) gezählt.[431]

6. Sachliche Zuständigkeit: Dominanzentscheidung

691 Bei einem polizeilichen (Lebens-)Sachverhalt sind häufig mehrere Aufgabenkreise berührt.

692 **Einstiegsbeispiel:** Ein Fußgänger überschreitet die Fahrbahn, ohne auf den fließenden Verkehr zu achten. Hierbei wird er von einem Pkw erfasst und schwer verletzt. Der Pkw-Fahrer flüchtet vom Unfallort. Die eingesetzten Beamten leisten dem Unfallopfer Erste Hilfe. Weil sich ein Zeuge das Kennzeichen gemerkt hat, wird der flüchtige Pkw-Fahrer kurze Zeit später ermittelt. Da er alkoholisiert ist, soll ihm auf der Wache eine Blutprobe entnommen werden. Vor dem Transport zu Dienststelle wird er durchsucht.

---

428 *Ullrich*, in: BeckOK-NdsSOG, § 3 Rn. 2.

429 Hierzu *Bünnigmann*, JuS 2016, 695.

430 *Saipa*, § 1 Rn. 20.

431 *Weiner*, in: BeckOK-Nds. SOG, § 1 Rn. 45; *Saipa*, § 1 Rn. 20 mit weiteren Beispielen und Vertiefungshinweisen.

Hier liegt eine Ordnungswidrigkeit des Fußgängers (§§ 25 Abs. 3, 49 StVO, 24 StVG) vor, mehrere Straftaten des Pkw-Fahrers (§§ 142, 315c, 316, 323c StGB) und auch der Bereich Gefahrenabwehr ist hinsichtlich mehrerer Aspekte betroffen (Verletzter Fußgänger, flüchtiger, möglicherweise alkoholisierter Fahrzeugführer, Schutz privater Rechte des Fußgängers, Eigensicherung der Polizeibeamten). **693**

Für jede **einzelne Maßnahme** ist die sachliche Zuständigkeit **gesondert** zu prüfen. Es ist zumeist nicht möglich, einen Sachverhalt insgesamt einem Zuständigkeitsbereich zuzuordnen. **694**

Im Einstiegsbeispiel dient die Entnahme der Blutprobe der Strafverfolgung. Die Durchsuchung dient jedoch der Eigensicherung der Beamten, also der Gefahrenabwehr. **695**

Aber auch bei einer einzelnen Maßnahme können mehrere Aufgabenzuständigkeiten vorliegen. **696**

> **Beispiel:** Die Durchsuchung könnte der Gefahrenabwehr dienen. Sie könnte aber auch der Strafverfolgung dienen, um Beweismittel zu finden. Im Beispielssachverhalt könnte der Fahrzeugführer etwa behaupten, dass er erst nach dem Verkehrsunfall eine Flasche Schnaps getrunken habe. Das Auffinden (oder Nichtauffinden) dieser Flasche wäre ein wichtiges Indiz. **697**

Die genaue Zuordnung einer Maßnahme zu einer bestimmten Aufgabe ist wichtig, weil sich nach ihr **698**
- das anzuwendende Eingriffsrecht (StPO bei der Verfolgung von Straftaten und Ordnungswidrigkeiten, Nds. SOG im Rahmen der Gefahrenabwehr)
- und daraus die gerichtliche Zuständigkeit im Klageverfahren

bestimmt.

So stellen Maßnahmen nach der StPO (fast)[432] ausschließlich **„Justizverwaltungsakte"** dar, deren Überprüfung nach § 23 EGGVG den „ordentlichen" Gerichten (Amtsgerichten) obliegt. Maßnahmen der Gefahrenabwehr stellen dagegen **Verwaltungsakte** nach § 35 VwVfG und somit „öffentlich-rechtliche Streitigkeiten nichtverfassungsrechtlicher Art" im Sinne des § 40 VwGO dar, über deren Rechtmäßigkeit die Verwaltungsgerichte entscheiden. **699**

Auch die Voraussetzungen für eine gleichgeartete Eingriffsmaßnahme können in beiden Rechtsgebieten unterschiedlich ausgestaltet sein. **700**

> **Beispiel:** Wird eine Wohnung zur Gefahrenabwehr **betreten**, so unterliegt dies keinem Richtervorbehalt (§§ 24, 25 Nds. SOG). Wird die Wohnung zur Ergreifung des Tatverdächtigen betreten, so muss über die Zulässigkeit grundsätzlich der Richter entscheiden (§§ 102, 105 StPO). **701**

a) Abgrenzung Dominanzentscheidung zur Gemengelage/Aufgabenkollision. Die Dominanzentscheidung wird mitunter mit der Gemengelage verwechselt. **702**

---

432 Eine Ausnahme ist die erkennungsdienstliche Behandlung zum Zwecke des Erkennungsdienstes, § 81b, 2. Alt. StPO, deren Anordnung einen Verwaltungsakt darstellt.

703 Eine **Gemengelage** ist gegeben, wenn bei Gesamtbetrachtung eines bestimmten Sachverhalts mehrere sachliche Zuständigkeiten gegeben sind.[433]

704 **Im Einstiegsbeispiel** bestünde eine sachliche Zuständigkeit zur Strafverfolgung, Verfolgung von Ordnungswidrigkeiten und zur Gefahrenabwehr.

705 Eine **Pflichten- oder Aufgabenkollision** liegt vor, wenn mehrere Maßnahmen zeitgleich ergriffen werden müssten, damit sie Erfolg versprechend sind, jedoch aus zeitlichen oder personellen Gründen nur eine Maßnahme getroffen werden kann, während die andere Maßnahme nicht getroffen und die andere Zuständigkeit somit nicht „bedient" werden kann.

706 **Im Einstiegssachverhalt** ist es den Beamten nicht möglich, zeitgleich dem verletzten Unfallopfer zu helfen und den flüchtigen Pkw-Fahrer zu verfolgen. Nur eine Maßnahme ist möglich.

707 Grundsätzlich stehen sich die Aufgaben **Prävention** und **Repression gleichrangig** gegenüber. **Nur bei Vorliegen einer Aufgabenkollision** gilt jedoch der Satz: „Gefahrenabwehr geht vor Strafverfolgung". Und selbst dieser Satz ist nicht allgemeingültig.[434] Bei Bagatellgefahren kann bzw. muss auch die Gefahrenabwehr zurücktreten.

708 **b) Abgrenzung zur Zielrichtung der Maßnahme.** Auch die Unterscheidung zwischen der Frage nach der Zielrichtung der Maßnahme und der so genannten Dominanzentscheidung fällt mitunter schwer.

709 **Beispiel:** A bedroht den B mit einer vorgehaltenen Schusswaffe. Der Polizeibeamte C, der auf die Situation zukommt, ruft: „Stopp! Polizei! Lassen Sie die Schusswaffe fallen, oder ich schieße."

710 Der Sachverhalt stellt eine **Gemengelage** dar. B begeht eine Straftat (Bedrohung, § 241 StGB) und verursacht gleichzeitig auch eine gegenwärtige Gefahr für Leib oder Leben des A.

711 Zugleich liegt eine **Aufgabenkollision** vor. C müsste für die Verfolgung der Straftat den B auffordern, sich mit einem Bundespersonalausweis (BPA) auszuweisen und ihm die Schusswaffe auszuhändigen, da er diese als Beweismittel sicherstellen möchte. Dies wäre im Sachverhalt wenig zielführend. Stattdessen steht hier die Gefahrenabwehr im Vordergrund, die Beamten müssen durch eine gefahrenabwehrrechtliche Verfügung nach § 11 Nds. SOG („*Lassen Sie die Waffe fallen!*"), dafür sorgen, dass die Bedrohung umgehend unterbunden wird. Diese Verfügung setzen die Beamten notfalls mit unmittelbarem Zwang (Schusswaffengebrauch) durch.

712 Aus dieser Aufgabenkollision ergibt sich indirekt auch die Abgrenzung zur **Zielrichtung** der Maßnahme:

---

433 Vgl. *Kölbel*, in: MüKo-StPO, § 160 Rn. 10.
434 Vgl. das **Gegenbeispiel** auf S. 84.

Die Aufforderung, die Waffe fallen zu lassen, dient **nicht der Sicherung des Strafverfahrens.** Durch das Fallenlassen der Waffe wird die Straftat nicht aufgeklärt (bzw. zur Aufklärung beigetragen). Die Sicherung des Strafverfahrens war also nicht die Zielrichtung der Maßnahme, und dementsprechend kann auch keine sachliche Zuständigkeit zur Strafverfolgung vorliegen. **713**

> **Formulierungsvorschlag:** *„Nach § 163 Abs. 1 S. 1 StPO hat die Polizei Straftaten zu erforschen, sofern für deren Vorliegen tatsächliche Anhaltspunkte vorliegen (§ 152 Abs. 2 StPO). Laut Sachverhalt hält der B dem A eine Schusswaffe vor. Dies stellt eine Bedrohung im Sinne des § 241 StGB dar. Diese Straftat haben die Beamten zu verfolgen. Die Aufforderung, die Waffe fallen zu lassen, dient jedoch nicht der Strafverfolgung, so dass eine Zuständigkeit nach § 163 Abs. 1 S. 1 StPO nicht gegeben ist."* **714**

> **Klausurhinweis:** Da viele Maßnahmen der Strafverfolgung oftmals auch Gefahren abwehren, ist der umgekehrte Fall, nämlich, dass eine Maßnahme ausschließlich der Strafverfolgung dient, aber nicht der Gefahrenabwehr, zwar nicht unmöglich, aber eher selten. **715**

c) **Dominanzentscheidung bei doppelfunktionalen Maßnahmen.** Während bei der Gemengelage im Sachverhalt **insgesamt** mehrere Zuständigkeiten eine Rolle spielen, wird bei der Dominanzentscheidung die Frage geklärt, welchem Aufgabenbereich **eine** konkrete Maßnahme zugeordnet wird. **716**

Dies setzt voraus, dass eine Maßnahme überhaupt mehreren Zwecken dienen kann. Mit Maßnahme ist hier -bildlich gesprochen- das für den außenstehenden Betrachter sichtbare Eingriffsverhalten der Beamten gemeint. Eine Durchsuchung sieht für den Betrachter immer gleich aus, kann aber unterschiedlichen Zwecken dienen (Auffinden des Personalausweises zur Identitätsfeststellung im Bereich der Strafverfolgung oder Gefahrenabwehr, Durchsuchung zum Auffinden von Beweismitteln im Bereich der Strafverfolgung, Durchsuchung nach Waffen zur Eigensicherung im Bereich der Gefahrenabwehr). **717**

Solche Maßnahmen nennt man **doppelfunktionale Maßnahmen:**[435] Sie können per se mehrere Aufgaben erfüllen. **718**

Sehr viele Maßnahmen, die im Nds. SOG und der StPO zu finden sind, sehen äußerlich gleich aus,[436] können aber sowohl der Strafverfolgung als auch der Gefahrenabwehr dienen. **719**

Neben der schon erwähnten Durchsuchung sind dies z. B.: **720**
- Befragung (§ 12 Nds. SOG) vs. Vernehmung (136 StPO)
- Identitätsfeststellung nach § 13 Nds. SOG vs. § 163b Abs. 1 oder Abs. 2 StPO
- Einrichten von Kontrollstellen nach § 14 Nds. SOG vs. § 111 StPO

---

435 OVG Lüneburg, Beschluss vom 8.11.2013 – 11 OB 263/13 – NVwZ-RR 2014, 327.
436 *Gusy*, Rn. 154.

- Erkennungsdienstliche Behandlung: § 15 Nds. SOG vs. § 8b 1. Alt. vs. § 81b 2. Alt. StPO vs. § 163b Abs. 1 StPO vs. § 163b Abs. 2 StPO vs. § 16 AsylG vs. § 49 AufenthG u. v. m.
- Vorladung nach § 16 Nds. SOG vs. § 163 Abs. 1 S. 2 StPO
- Platzverweis (§ 17 Nds. SOG) bzw. Ingewahrsamnahme (§ 18 Nds. SOG) vs. Festnahme bei Störung von Amtshandlungen (§ 164 StPO)
- Ingewahrsamnahme (§ 18 Nds. SOG) vs. vorläufige Festnahme (§ 127 Abs. 2 StPO) iVm. verschiedenen Haftgründen wie z. B. der **Wiederholungsgefahr** vs. § 62 AufenthG vs. § 163b Abs. 1 StPO vs. § 163b Abs. 2 StPO (Festhalten zur IDF)
- Sicherstellung; § 26 Nds. SOG vs. § 94, 98 StPO
- diverse Datenerhebungsvorschriften u. v. m.

721 Wenn bei der Prüfung festgestellt wird, dass mehrere Zuständigkeiten vorliegen und die konkreten Maßnahmen auch der Erfüllung von mehreren Aufgaben dienen könnte, dann ist eine Dominanzentscheidung erforderlich.

722 Strittig ist, nach welchen Kriterien eine solche Entscheidung getroffen werden kann. Einige Juristen[437] stellen auf den Willen des Beamten ab. Die h. M.[438] und die Rechtsprechung[439]fordert eine Objektivierung. Es soll dem Beamten (richtigerweise) nicht freistehen, für welche sachliche Zuständigkeit er sich entscheidet.

723 Vielmehr wird auf den **objektiven Schwerpunkt einer Maßnahme abgestellt, wie er sich für einen verständigen, objektiven Betrachter darstellt.** Wenn der Schwerpunkt der Maßnahme berücksichtigt wird, dann führt dies dazu, dass oftmals eine Maßnahme der Strafverfolgung **tatsächlich nicht nur** der Strafverfolgung dient, sondern zugleich auch der Gefahrenabwehr.

724 **Fallbeispiel:** Wenn die Identität eines Tatverdächtigen zu einer Körperverletzung festgestellt wird, dann dient das der Sicherung des Strafverfahrens, gleichzeitig erhält der Geschädigte im Strafverfahren auch die Kenntnis über die Personalien des Täters, so dass er seine zivilrechtlichen Ansprüche geltend machen kann (Gefahrenabwehr durch Schutz privater Rechte).

725 Oft gehen die strafprozessualen Befugnisse weiter als die gefahrenabwehrrechtlichen.

726 **Beispiel:** Dem Messerstecher wird aus Gründen der Eigensicherung das Messer während der polizeilichen Maßnahmen abgenommen (sichergestellt), Nach Abschluss der Maßnahmen müsste ihm das Messer wieder ausgehändigt werden. Bei der Sicherstellung nach § 94 StPO dagegen wird ihm das Messer für die Dauer des Strafverfahrens entzogen und (ggf.) nach dem Strafverfahren wieder ausgehändigt.

---

437 *Thiel*, § 4 Rn. 22; *Schenke*, Rn. 229 ff.
438 *Gusy*, Rn. 155; *Knemeyer*, Rn. 123; *Ullrich/Weiner/Brüggemann*, Rn. 542.
439 BVerwG, Urteil vom 3.12.1974 – I C 11/73 – BVerwGE 47, 255, 264; VGH München, Beschluss vom 5.11.2009 – 10 C 09.2122; OVG Lüneburg, Beschluss vom 8.11.2013 – 11 OB 263/13.

Einige strafprozessuale Maßnahmen regeln auch zu einem erheblichen Anteil gefahrenabwehrrechtliche Aspekte. 727

Beispiel: Dem o. g. Messerstecher wird das Messer nach dem Strafverfahren gewöhnlich nicht mehr ausgehändigt. Es wird als Tatmittel beschlagnahmt und mit dem richterlichen Urteil **eingezogen** (§§ 111b StPO, 74 StGB). Das heißt, das Eigentum geht auf den Staat über (§ 75 StGB). Dies stellt zum einen eine Nebenstrafe dar, zum anderen liegt in der Einziehung auch ein präventiver Zweck, denn zumindest mit diesem Messer kann der Täter nicht mehr zustechen. 728
Noch deutlicher wird dies bei der vorläufigen Festnahme wegen des Haftgrunds der Wiederholungsgefahr (§§ 127 Abs. 2, 112a StPO). Wie aus dem Namen des Haftgrunds schon ersichtlich wird, geht es darum, weitere Tatbegehungen zu verhindern, also Straftaten zu verhüten (und somit im Prinzip um Gefahrenabwehr).

Aus diesen Beispielen wird deutlich, dass der Satz „Gefahrenabwehr vor Strafverfolgung" bei der Dominanzentscheidung in die Irre führt. Häufig ist das Gegenteil der Fall. **Bei der Dominanzentscheidung besteht ein Vorrang -eine Prädominanz[440]- der Strafverfolgung.** 729

Etwas Anderes kann nur bei der Abwehr von Angriffen auf höchste Rechtsgüter (z. B. Leib oder Leben) gelten. 730

Beispiel: Der Schuss auf den Geiselnehmer, um die Geisel zu befreien, könnte der Gefahrenabwehr dienen (Durchsetzung der Aufforderung „Lassen Sie die Geisel los") mit Zwang. Er könnte aber auch eine vorläufige Festnahme des Straftäters darstellen, ebenfalls durchgesetzt mit Zwang. 731

In diesem Fall steht das Leben der Geisel im Vordergrund, die Dominanzentscheidung fällt zugunsten der Gefahrenabwehr aus. 732

Formulierungsvorschlag zum o. g. Fallbeispiel: *„Da die Zielrichtung der Maßnahme wie geprüft die Sicherung des Strafverfahrens, aber auch die Gefahrenabwehr sein könnte, ist eine Dominanzentscheidung zu treffen. Diese richtet sich nach objektiven Kriterien. Entscheidend ist der Schwerpunkt der Maßnahme, wobei strafprozessuale Maßnahmen grundsätzlich eine Prädominanz haben. Dies ist auch im Sachverhalt so: Die Wegnahme des Messers dient zwar dem Schutz der Beamten während der polizeilichen Maßnahmen, müsste nach dem Abschluss dieser Maßnahme aber wieder ausgehändigt werden und stünde somit dem Strafverfahren nicht zur Verfügung. Bei einer Sicherstellung zur Sicherung des Strafverfahrens (§ 94 StPO) dagegen wäre dieses Beweismittel gesichert, und die Beamten wären trotzdem während ihrer weiteren Maßnahme vor einem Messerangriff geschützt. Die gefahrenabwehrrechtlichen Aspekte werden somit von der strafprozessualen Maßnahme umfasst. Die Dominanzentscheidung fällt zugunsten der StPO aus."* 733

440 *Ullrich/Weiner/Brüggemann*, Rn. 542.

734 In Grenzfällen, wenn eine klare, objektive Dominanzentscheidung nicht möglich ist, kann als zusätzliches Kriterium auf den Willen der Beamten abgestellt werden.

735 **Vertiefung:** Dieser Wille der Beamten wird sich in der Klausur häufig aus dem Sachverhalt ergeben. Die Rechtsprechung versucht, diesen Willen aus dem weiteren Vorgehen der Beamten zu ermitteln. So vertritt etwa das OVG Lüneburg die Auffassung: „*Hat die Polizei die Ermittlungen an die Staatsanwaltschaft oder das AG weitergeleitet oder auf Weisung der an die Staatsanwaltschaft gehandelt, so kann an der strafprozessualen Natur ihres Einschreitens kein vernünftiger Zweifel bestehen.*“[441]

7. Funktionelle Zuständigkeit: Anordnungs- und Durchführungskompetenz

736 Aus einer gesetzlichen Befugnisnorm ergibt sich nicht nur, unter welchen Umständen (**Voraussetzungen**) welche Maßnahmen getroffen werden dürfen (**Rechtsfolge**), sondern auch, wer sie anordnen und/oder durchführen darf.

737 Eine Maßnahme ist nur dann formell rechtmäßig, wenn (auch) die gesetzlich vorgegebenen **Anordnungs- und Durchführungskompetenzen** beachtet wurden. Ob dies der Fall ist, wird im Rahmen der **funktionellen Zuständigkeit** geprüft.

738 **a) Richtervorbehalt und Gefahr im Verzug.** Viele Standardmaßnahmen darf die Polizei (oder die Staatsanwaltschaft) eigenständig anordnen (z. B. Platzverweis, § 17 Abs. 1 Nds. SOG). Mitunter ist die Entscheidung über die Zulässigkeit einer Maßnahme (nach einem entsprechenden Antrag) durch einen Richter zu treffen. Bedarf eine Maßnahme einer solchen richterlichen Genehmigung bzw. Anordnung, spricht man vom Richtervorbehalt.

739 **aa) Grundsatz: Richtervorbehalt.** Durch den **Richtervorbehalt**[442] soll, so das BVerfG,[443] „eine vorbeugende Kontrolle“ einer Maßnahme der Exekutive (also der Polizei und der Staatsanwaltschaft) „durch eine unabhängige und neutrale Instanz erfolgen. Das Grundgesetz geht davon aus, dass Richter aufgrund ihrer persönlichen und sachlichen Unabhängigkeit und ihrer strikten Unterwerfung unter das Gesetz (Art. 97 GG) die Rechte der Betroffenen im Einzelfall am besten und sichersten wahren können.“ Das Gericht wird als „unbeteiligter Dritter“ angesehen, welches – insbesondere bei Maßnahmen, bei denen keine Anhörung des Betroffenen stattfindet – „für eine gebührende Berücksichtigung der Interessen der Beteiligten sorgen“ soll. „Der Richter muss die beabsichtigte Maßnahme eigenverantwortlich prüfen; er muss dafür Sorge tragen, dass die sich aus der Verfassung und dem einfachen Recht ergebenden Voraussetzungen [...] genau beachtet werden [...]“. Den Richter trifft „die Pflicht, durch eine geeignete Formulierung des [...B]eschlusses im Rahmen des Möglichen und Zumutbaren sicherzustellen, dass der Eingriff in die Grundrechte messbar und kontrollierbar bleibt.“

---

441 OVG Lüneburg, Beschluss vom 8.11.2013 – 11 OB 263/13 – NVwZ-RR 2014, 327.
442 Hierzu umfassend *Putzke*, StraFo 2016, 1.
443 BVerfG, Urteil vom 20.2.2001 – 2 BvR 1444/00 – Abschnitt C.I.1.a) (auch für die folgenden Zitate).

Das Grundgesetz fordert einen Richtervorbehalt in den folgenden polizeilich relevanten Fällen: **740**
- bei der **Durchsuchung** (nicht beim Betreten!) einer **Wohnung**, Art. 13 Abs. 2 GG
- bei Freiheits**entziehungen** (nicht -beschränkungen), Art. 104 Abs. 2 GG

Diese verfassungsrechtlichen Vorgaben werden bei den sogenannten Standardmaßnahmen im Nds. SOG **genau** umgesetzt. Erst wenn es zu einer Freiheits**entziehung** oder einer Wohnungs**durchsuchung** kommt, ist im Nds. SOG ein Richtervorbehalt vorgesehen (§§ 19, 25 Nds. SOG). **741**

> **Vertiefung:** Schwerwiegende Eingriffe in andere Grundrechte, insbesondere bei heimlichen Maßnahmen wie der Telekommunikationsüberwachung (§ 33a Nds. SOG[444] – Eingriff in das Art. 10 Abs. 1 GG) oder der längerfristigen Observation, die über einen Monat hinaus andauert (§ 34 Nds. SOG[445] – Recht auf informationelle Selbstbestimmung, Art. 2 Abs. 1 iVm. Art. 1 Abs. 1 GG) erfordern ebenfalls eine Gestattung durch den Richter. **742**

In der StPO hat sich der Gesetzgeber dazu entschlossen, den Richtervorbehalt über die verfassungsrechtlichen Anforderungen hinaus festzuschreiben. So ist ein Richtervorbehalt bei einer Beschlagnahme (§ 94 Abs. 2, 98 StPO), der körperlichen Untersuchung (§ 81a StPO[446]), Beschlagnahme von Einziehungs- und Verfallsgegenständen (§§ 111b StPO, 73, 74 StGB), der **Durchsuchung** von **Personen** und **Sachen** (§§ 102, 103, 105 StPO), dem **Betreten** einer Wohnung (§§ 102, 103, 105 StPO) und vielen weiteren Maßnahmen vorgesehen, obwohl er verfassungsrechtlich grundsätzlich[447] nicht erforderlich wäre. **743**

> **Vertiefungshinweis:** Ob diese historisch gewachsene und grundsätzlich sinnvolle Schutzfunktion in Zeiten moderner Kommunikationstechnologie (Mobiltelefone) so aufrechterhalten werden soll, ist eine Frage an den Gesetzgeber.[448] Aus Sicht des Praktikers stellt es polizeilicherseits kein Problem dar, auch nachts einen Staatsanwalt oder Richter anzurufen. Dies bedingt aber, dass sich am anderen Ende der Leitung auch jemand meldet. Hier ist die Justiz – und zwar in erster Linie die Richterschaft – aufgefordert, entsprechende organisatorische Maßnahmen (Einrichtung von Nacht- oder Bereitschaftsdiensten) zu treffen. Anderen Berufszweigen ist der Wochenend- und Nachtdienst jedenfalls nicht fremd. Die Entwicklung der Rechtsprechung selbst verläuft jedenfalls tendenziell in genau diese Richtung.[449] **744**

---

444 Hierzu *Roggenkamp/Albrecht*, in: BeckOK-Nds. SOG, § 33a Rn. 31.

445 Hierzu *Roggenkamp/Albrecht*, in: BeckOK-Nds. SOG, § 34 Rn. 24.

446 Beachte die erst 2017 eingefügte Ausnahmeregelung des § 81a Abs. 2 Satz 2 StPO für den praktisch hochrelevanten Fall der Trunkenheitsdelikte im Straßenverkehr.

447 Vgl. *Stadler*, ZRP 2013, 179, 179 – der die These aufstellt, dass der Richtervorbehalt als Vorwand für den Gesetzgeber dient, immer weitreichendere Grundrechtseingriffe zu rechtfertigen.

448 *Krumm*, ZRP 2009, 71 – vgl. auch die im Jahr 2017 erfolgte „Rücknahme“ des bis dahin vorgesehenen Richtervorbehalts im § 81a StPO durch § 81a Abs. 2 Satz 2 StPO.

449 OLG Hamm, *Beschluss* vom 18.8.2009 – 3 Ss 293/08.

745 Der Richtervorbehalt führte jahrzehntelang ein Schattendasein in der polizeilich-justiziellen Praxis. Es war häufig schlicht nicht möglich, am Einsatzort einen Richter zu kontaktieren, sowohl aus technischen, praktischen, als auch aus organisatorischen Gründen.

746 Durch das BVerfG[450] hat der Richtervorbehalt im Jahr 2001 (zu Recht) eine deutliche Stärkung erfahren: Der Begriff „Gefahr im Verzug“ sei eng auszulegen; die richterliche Anordnung müsse die Regel, die nichtrichterliche die Ausnahme sein. Gerichte und Strafverfolgungsbehörden seien verpflichtet im Rahmen des Möglichen tatsächliche und rechtliche Vorkehrungen zu treffen, damit die in der Verfassung vorgesehene **Regelzuständigkeit** des Richters auch in der Masse der Alltagsfälle gewahrt bleibt.[451]

747 Noch wenig Beachtung in der Rechtsprechung findet der Richtervorbehalt bei der Beschlagnahme von Beweismitteln (oder Führerscheinen, § 94 Abs. 3 StPO) oder bei der Beschlagnahme von Einziehungs- oder Verfallsgegenständen. Auch die tagtäglich massenhaft durchgeführte Durchsuchung von Personen zum Auffinden von Beweismitteln (§ 102, 105 StPO) ist bisher nicht in den Fokus geraten, obwohl auch hier in vielen Alltagsfällen eine vorherige richterliche Entscheidung eingeholt werden muss.

748 **Beispiel:** Aufgrund hoher Einsatzbelastung ist es erst nach zwei Stunden möglich, einen Funkstreifenwagen zu einem Ladendiebstahl zu entsenden. Der vom Kaufhausdetektiv festgehaltene Tatverdächtige wartet seitdem im Beisein des Detektivs in dessen Büro auf die Beamten. Die Beamten stellen die Personalien fest und durchsuchen den Verdächtigen nach weiterem Diebesgut. Hier liegt ein offensichtlicher Verstoß gegen den Richtervorbehalt vor, die Durchsuchung ist rechtswidrig.

749 bb) **Ausnahme: Eilanordnungskompetenz bei Gefahr im Verzug.** Es liegt auf der Hand, dass nicht in jedem Fall auf die Entscheidung eines Richters gewartet werden kann. Oft ist dies aus zeitlichen Gründen nicht möglich, weil die Maßnahme sonst nicht durchführbar wäre oder keinen Erfolg mehr verspräche.

750 **Beispiel:** Der Tatverdächtige lässt in der Zwischenzeit Beweismittel verschwinden. Der Festzunehmende entfernt sich.

751 Für derartige (Ausnahme-)Fälle, sieht das Gesetz regelmäßig eine Eilanordnungskompetenz der Polizei bzw. der Ermittlungspersonen der Staatsanwaltsschaft vor (vgl. z. B. § 98 Abs. 1 Satz 1 StPO). Voraussetzung ist das Vorliegen von „Gefahr im Verzug“. **Gefahr im Verzug** liegt vor, wenn der Erfolg der Maßnahme vereitelt oder wesentlich erschwert würde, wenn auf die Einholung eines richterlichen Beschlusses gewartet werden müsste.[452]

---

450 BVerfG, Urteil vom 20.2.2001 – 2 BvR 1444/00 – BVerfGE 103, 142.
451 BVerfG, Urteil vom 20.2.2001 – 2 BvR 1444/00 – BVerfGE 103, 142 – Leitsätze 1a und 2.
452 BVerfG, Beschluss vom 3.4.1979 – 1 BvR 994/76; BVerfGE 51, 97, 111; *Meyer-Goßner/Schmitt,* § 98, Rn. 6.

Bei der Prüfung, ob Gefahr im Verzug vorliegt und die Polizei bzw. Ermittlungsperson der Staatsanwaltschaft ausnahmsweise eine Anordnungskompetenz hat, müssen drei Aspekte angesprochen werden: **752**

1. Feststellung, dass die Maßnahme ohne vorherige richterliche Anordnung erfolgt ist (es liegt kein Beschluss oder Haftbefehl vor)
2. Feststellung/Prüfung, dass aktuell keine richterliche Entscheidung eingeholt werden kann (z. B. aus Zeitgründen oder weil ein Richter nicht erreicht wurde)
3. Prüfung, ob mit der Maßnahme nicht gewartet werden kann, bis ein richterlicher Beschluss eingeholt werden kann

Der dritte Aspekt muss hierbei den Schwerpunkt der Prüfung darstellen. **753**

Beispiel: Zwei Polizeibeamte beobachten eine Person, die auf einem Spielplatz offenbar Drogen an Jugendliche verkauft. Die Person flüchtet in ein nahegelegenes Haus. Die Beamten betreten das Haus und durchsuchen die Person. **754**

Formulierungsvorschlag: *„Nach § 105 Abs. 1 StPO obliegt die Anordnung der Durchsuchung von Wohnungen und Personen (§ 102 StPO) grundsätzlich dem Richter. Ein richterlicher Beschluss liegt jedoch nicht vor. Bei Gefahr im Verzug kann die Durchsuchung ausnahmsweise auch von der Staatsanwaltschaft oder deren Ermittlungspersonen angeordnet werden, § 105 Abs. 1 Satz 1 StPO.* **755**
Gefahr im Verzug liegt vor, wenn der Erfolg der Maßnahme vereitelt oder wesentlich erschwert würde, wenn auf die Einholung eines richterlichen Beschlusses gewartet werden müsste.
Müssten die Beamten vor dem Haus warten, bis ein Richter über die Wohnungs- und Personendurchsuchung entschieden hätte, so könnte der Beschuldigte die Beweismittel (Drogen) verschwinden lassen."

b) **Polizeibegriff in StPO und Nds. SOG.** Regelmäßig weist das jeweils anzuwendende Gesetz die Anordnungs- und/oder Durchführungskompetenz der „Polizei" zu. Der Begriff „Polizei", bzw. welche Personen genau vom Polizeibegriff umfasst sind, ist in der StPO und im Nds. SOG **unterschiedlich geregelt.** **756**

aa) **StPO: Beamte des Polizeidienstes und Ermittlungspersonen der Staatsanwaltschaft.** Die **Strafprozessordnung** unterscheidet zwischen Beamten des Polizeidienstes und Ermittlungspersonen der Staatsanwaltschaft. **757**

Vertiefung: Leitgedanke war, dass schwerwiegendere Maßnahmen -und somit Grundrechtseingriffe- den Ermittlungspersonen der Staatsanwaltschaft vorbehalten bleiben. Ob die Umsetzung dieses Ziels indes gelungen ist, mag dahinstehen. So darf der „normale" Beamte des Polizeidienstes eine vorläufige Festnahme (§ 127 Abs. 2 StPO) anordnen, jedoch nicht die Beschlagnahme eines Beweismittels (§ 94 Abs. 2, 98 StPO). **758**

Hinsichtlich der Weisungsgebundenheit ergeben sich keine Unterschiede. Der Beamte des Polizeidienstes ist nach § 161 Abs. 1 S. 2 StPO, die Ermittlungsper- **759** son der Staatsanwaltschaft nach § 152 Abs. 1 GVG an die Weisungen des Staatsanwalts gebunden.

760 Darüber hinaus sind – wie noch dargestellt wird – alle **ausgebildeten** Beamten des Polizeidienstes Ermittlungspersonen der Staatsanwaltschaft.

761 **aaa) Beamte des Polizeidienstes.** Beamter des Polizeidienstes ist **jeder** Polizeibeamte, somit auch ein Polizeikommissaranwärter (PKA).[453]

762 Den Begriff Beamter des Polizeidienstes finden Sie z. B. in den §§ 94 Abs. 1 (Sicherstellung von Beweismitteln), 127 Abs. 2 (vorläufige Festnahme) und 163b (Identitätsfeststellung) StPO.

763 **Formulierungsvorschlag:** *„Nach § 163b StPO sind Beamte des Polizeidienstes anordnungsbefugt. Dies sind alle Polizeibeamten, somit auch der handelnde PKA/PK."*

764 **bbb) Ermittlungspersonen der Staatsanwaltschaft.** § 152 Abs. 2 GVG ermächtigt die Landesregierungen, in einer Rechtsverordnung die Beamten zu bestimmen, die Ermittlungspersonen der Staatsanwaltschaft sind. Dem ist der niedersächsische Gesetzgeber mit der Verordnung über die Ermittlungspersonen der Staatsanwaltschaft (StAErmPersV) nachgekommen.

765 Der Verordnungsgeber hat die Ermittlungspersoneneigenschaft an die Amtsbezeichnung gekoppelt. Ermittlungspersonen der Staatsanwaltschaft können Beamte in der Bundesfinanzverwaltung, im Grenzabfertigungsdienst, in der Forst- und Jagdverwaltung, der Fischereiverwaltung und der Bergverwaltung sein.

766 Nach § 1 Nr. 3 StAErmPersV sind bei der Polizei alle Beamten der Amtsbezeichnung Polizeimeister/Kriminalmeister bis zum Ersten Polizeihauptkommissar/Ersten Kriminalhauptkommissar Ermittlungspersonen der Staatsanwaltschaft.

767 Ein EPHK oder ein EKHK, der eine Dienststelle leitet (kleinere Polizeikommissariate), ist dagegen keine Ermittlungsperson der Staatsanwaltschaft mehr.

768 **Formulierungsvorschlag nach Prüfung der Gefahr im Verzug:** *„Ermittlungspersonen sind nach § 152 Abs. 2 GVG i. V. m. der StAErmPersV alle Polizeibeamten mit der Amtsbezeichnung KM/PM bis EPHK/EKHK. Im Sachverhalt handelt ein POK, der somit eine Ermittlungsperson der StA ist."*

769 **bb) Nds. SOG: Polizei.** Im Nds. SOG ergibt sich die **Anordnungskompetenz** für Maßnahmen immer aus der Maßnahme selbst. In der jeweiligen Befugnisnorm ist ausdrücklich benannt, wer die Maßnahme anordnen darf. Dies sind in der Regel die **Verwaltungsbehörden** und die **Polizei.**

770 **Vertiefungshinweis:** Die meisten Standardbefugnisse können von der Polizei **und** den Verwaltungsbehörden angewendet werden. In den §§ 14 (Kont-

453 *Meyer-Goßner/Schmitt*, StPO, § 163b, Rn. 21, § 127, Rn. 18.

rollstellen), 15 Abs. 1 Satz 2 (**Durchführung** von erkennungsdienstlichen Maßnahmen), 15a (molekulargenetische Untersuchung), 17 Abs. 2 Satz 2 (Wohnungswegweisung) und 22 Abs. 4 (körperliche Untersuchung) Nds. SOG ist jedoch nur die Polizei genannt. Grund hierfür ist, dass diese Maßnahmen entweder nur von der Polizei durchgeführt werden können (Sachkunde/Ausbildung) oder ausschließlich polizeiliche Sachverhalte betreffen. Im Bereich der Datenverarbeitungseingriffe ist sogar überwiegend nur die Polizei zuständig, die Verwaltungsbehörde nur in wenigen Fällen (z. B. § 31 Abs. 3, 38, 41, 43, 44 Nds. SOG). Auch hier handelt es sich regelmäßig um spezifisch polizeiliche Maßnahmen, die häufig auch Vorfeldmaßnahmen darstellen (Gefahrenvorsorge, Verhütung von Straftaten), für die nur die Polizei sachlich zuständig ist (§ 1 Abs. 1 Satz 3 Nds. SOG).

Wer oder was „Polizei" ist, ist in § 2 Nr. 5 Nds. SOG (lesen!) legaldefiniert. Es sind zunächst die in § 87 Abs. 1 Nds. SOG genannten **Polizeibehörden**, also die Polizeidirektionen, das LKA sowie die Zentrale Polizeidirektion. **771**

Polizeibehörden werden von den dort beschäftigen **Polizeibeamten** repräsentiert. Gleiches gilt für die **Hilfspolizeibeamten**, die nach § 95 Nds. SOG von den Polizeibehörden bestellt werden können, wenn hierfür ein Bedürfnis besteht. **772**

Vertiefungshinweis: In der Vergangenheit wurden Hilfspolizeibeamte in Niedersachsen nicht oder sehr selten eingesetzt (vereinzelt zur Verkehrsregelung bei Messen). Seit dem Jahr 2016 werden jedoch Hilfspolizeibeamte für die Begleitung von Groß- und Schwerlasttransporten (GST) beschult und eingesetzt. **773**

Polizeibeamte und somit „Polizei" sind nach § 2 Nr. 6 Nds. SOG Beamte im Polizeivollzugsdienst, die **allgemein** oder **im Einzelfall** zur **Wahrnehmung polizeilicher Aufgaben ermächtigt** sind. Es handelt sich also um **Polizeivollzugsbeamte**, im Gegensatz zu Beamten in der **Polizeiverwaltung**. **774**

Diese Polizeivollzugsbeamten müssen zur Wahrnehmung polizeilicher Aufgaben ermächtigt sein. Welche Polizeivollzugsbeamten zur Aufgabenwahrnehmung ermächtigt sind, folgt nicht aus dem Nds. SOG, sondern aus den Ausführungsbestimmungen (AB). **775**

Klausurhinweis: Daher ist es elementar wichtig, die Ausführungsbestimmungen zu kennen, zu lesen und in der Klausur zu nutzen. **776**

Nach der AB 2.6 sind die Beamten auf Probe oder Lebenszeit zur Aufgabenwahrnehmung allgemein ermächtigt. **777**

Im **Einzelfall ermächtigt** sind die Beamten im **Vorbereitungsdienst** (Polizeikommissaranwärter – PKA), sofern ihre theoretischen (Module 1–4) und praktischen Fähigkeiten (Modul 5) dies zulassen und es für die Ausbildung erforderlich ist (während der Praktika). Das heißt: Im Sinne des Nds. SOG ist ein PKA nur während des Praktikums ein Polizeivollzugsbeamter und somit „Polizei". Nach erfolgreichem Abschluss des Studiums und der damit einhergehenden **778**

Ernennung zum Polizeikommissar (PK) ist man dagegen Beamter auf Probe und somit allgemein zur Aufgabenwahrnehmung ermächtigt, somit „Polizei".

779 **Klausurhinweis:** Für eine logisch aufgebaute Begründung müssen Sie also die §§ 2 Nr. 5, 6 Nds. SOG und die AB 2.6 bemühen.

780 **Formulierungsvorschlag:** *„Nach § 13 Abs. 1 Nr. 1 Nds. SOG liegt die funktionelle Zuständigkeit bei der Polizei. Die Polizei ist nach § 2 Nr. 5 Nds. SOG u. a. ein Polizeibeamter. Ein Polizeibeamter ist nach § 2 Nr. 6 Nds. SOG ein Polizeivollzugsbeamter, der allgemein oder im Einzelfall zur Wahrnehmung polizeilicher Aufgaben ermächtigt ist. Im Sachverhalt handelt ein PK und ein PKA. Der PK ist ausweislich seiner Amtsbezeichnung mindestens Beamter auf Probe und somit nach den AB 2.6 allgemein, der PKA nach den AB 2.6 im Praktikum im Einzelfall zur Wahrnehmung polizeilicher Aufgaben ermächtigt."*

III. Form- und Verfahrensvorschriften

781 Wenn die Polizei als Repräsentant des Staates durch eine Maßnahme in die Grundrechte des Bürgers eingreift, ist der Gesetzgeber gehalten, Vorgaben für die Form und das Verfahren zu machen. Diese Vorgaben dienen einerseits der Transparenz des polizeilichen Handelns, andererseits erfüllen sie auch eine Schutzfunktion sowohl für den Betroffenen als auch für die Polizei selbst.

782 **Beispiel:** So bestimmt beispielsweise § 106 Abs. 1 StPO, dass der Inhaber einer zu durchsuchenden Sache oder Wohnung der Durchsuchung beiwohnen darf. Das dient einerseits dem Schutz des Betroffenen als auch der Transparenz des polizeilichen Handelns.

783 Sowohl in der Klausur als auch in der Praxis ist die Prüfung und Einhaltung von Form- und Verfahrensvorschriften von sehr großer Bedeutung. Die Missachtung einer Vorschrift kann im Extremfall dazu führen, dass die gesamte Maßnahme für rechtswidrig erklärt wird[454] und gegebenenfalls gewonnene Beweise nicht verwertet werden dürfen.

784 **Praxishinweis:** Die Einhaltung der Vorschriften sind, z. B. bei Belehrungen, tunlichst zu dokumentieren und „aktenkundig" zu machen.[455]

1. Strafverfahren

785 Die Einhaltung von Form- und Verfahrensvorschriften spielt im Rahmen der repressiven Tätigkeit der Polizei, also bei der „Sicherung des beweiskräftigen Strafverfahrens" eine herausragende Rolle. Konsequenz eines Verstoßes ist im Extremfall ein Beweisverwertungsverbot, welches wiederum zu einem Freispruch eines Straftäters führen kann.

---

454 Für eine fehlende Belehrung beispielsweise OLG Celle, *Beschluss* vom 23.7.2012 – Az. 31 Ss 27/12.

455 Vgl. BGH, Beschluss vom 27.2.1992 – 5 StR 190/91 – NJW 1992, 1463.

Klausurhinweis: In der Klausur sind alle im Zusammenhang mit einer Maßnahme in Betracht kommenden Form- und Verfahrensvorschriften zu prüfen. Wenn alle gesetzlichen Vorgaben offenkundig eingehalten wurden, so kann die Prüfung kurzgehalten werden. **786**

Formulierungsvorschlag: „*Die nach § 163 Abs. 4 StPO iVm. § 136 StPO erforderlichen Belehrungen des Beschuldigten sind erfolgt. PK Loh hat dem A eröffnet, dass ihm ein Körperverletzungsdelikt zur Last gelegt wird. A ist darauf hingewiesen worden, dass es ihm nach dem Gesetz freisteht, sich zu der Beschuldigung zu äußern oder nicht zur Sache auszusagen und jederzeit, auch schon vor seiner Vernehmung, einen von ihm zu wählenden Verteidiger zu befragen. Er ist auch von PK Loh darüber belehrt worden, dass er zu seiner Entlastung einzelne Beweiserhebungen beantragen und unter den Voraussetzungen des § 140 Absatz 1 und 2 die Bestellung eines Verteidigers nach Maßgabe des § 141 Absatz 1 und 3 beanspruchen kann. Er ist zudem auf die Möglichkeit einer schriftlichen Äußerung sowie die Möglichkeit eines Täter-Opfer-Ausgleichs hingewiesen worden.*“ **787**

2. Gefahrenabwehr

a) **Verwaltungs- und Realakte (§ 35 VwVfG).** Polizeiliches Handeln ist vielgestaltig. Es kann in die Rechte des Betroffenen eingreifen (beispielsweise beim Platzverweis, § 17 Abs. 1 StPO), sie schützen (wie bei der Sicherstellung eines verlorenen Gegenstandes) oder grundrechtsneutral sein (Streifenfahrt). Die polizeiliche Maßnahme kann wahrnehmbar sein (Ingewahrsamnahme einer Person) oder heimlich erfolgen (wie bei der Telekommunikationsüberwachung – § 33a Nds. SOG) oder zumindest nicht als **polizeiliche** Maßnahme wahrnehmbar sein (Einsatz eines Verdeckten Ermittlers – § 36a Nds. SOG).[456] **788**

Weiterhin kann sich polizeiliches Handeln als **tatsächliches Handeln (Realakt)** oder als verbindliche **Rechtsfolgen setzend (Verwaltungsakt)** darstellen. **789**

Das Nds. SOG bezeichnet polizeiliches Handeln als **Maßnahme** und definiert diese in § 2 Nr. 3 Nds. SOG als „Rechtsverordnungen, **Verwaltungsakte, und andere Eingriffe**“. Unter letzteren werden so genannte Realakte (auch als „schlichtes Verwaltungshandeln mit Eingriffscharakter“ bezeichnet) verstanden. **790**

Stellt sich eine Maßnahme als Verwaltungsakt dar, müssen die allgemeinen Form- und Verfahrensvorschriften des **Verwaltungsverfahrensgesetzes des Bundes (VwVfG)** eingehalten werden. **791**

Vertiefung: Nach § 1 Abs. 1 des Niedersächsischen Verwaltungsverfahrensgesetzes (NVwVfG) gelten in Niedersachsen für die öffentlich-rechtliche Verwaltungstätigkeit der Behörden des Landes, der Gemeinden, der Landkreise und der sonstigen der Aufsicht des Landes unterstehenden Körperschaften, Anstalten und Stiftungen des öffentlichen Rechts die Vorschriften **792**

456 Vgl. *Rachor*, in: Lisken/Denninger, E, Rn. 2.

des Verwaltungsverfahrensgesetzes des Bundes (VwVfG) mit Ausnahme der §§ 1, 2, 61 Abs. 2, §§ 78, 94 und §§ 100 bis 101 VwVfG.

793 So ist ein Verwaltungsakt beispielsweise erst „**wirksam**" und somit überhaupt existent,[457] wenn er ordnungsgemäß bekanntgegeben wurde.

794 Die Unterscheidung zwischen Verwaltungsakt und Realakt ist **nur** auf dem Gebiet des Verwaltungsrechts wichtig und folglich bei allen gefahrenabwehrrechtlichen Maßnahmen zu prüfen.

795 **Vertiefung:** Bei strafprozessualen Maßnahmen spricht man dagegen von Justizverwaltungsakten (§ 23 EGGVG), da die Polizei in diesem Fall funktionell Aufgaben einer Justizbehörde – nämlich der Strafrechtspflege – wahrnimmt.[458] Das Vorliegen eines Justizverwaltungsakts (und dessen Voraussetzungen) muss in einer Klausur an der Polizeiakademie Niedersachsen nicht geprüft werden.

796 Was ein **Verwaltungsakt** ist, wird in § 35 Satz 1 VwVfG legaldefiniert. Demnach ist ein Verwaltungsakt jede **Verfügung, Entscheidung und andere hoheitliche Maßnahme**, die eine **Behörde** zur **Regelung** eines **Einzelfalls** auf dem **Gebiet des öffentlichen Rechts** trifft und die auf **unmittelbare Rechtswirkung nach außen** gerichtet ist.

797 Um zu klären, ob eine polizeiliche Maßnahme als Verwaltungsakt einzuordnen ist, müssen die einzelnen Voraussetzungen des Verwaltungsaktes geprüft werden.

798 **Klausurhinweis:** Häufig wird in einer Klausur auf eine umfängliche Prüfung des Verwaltungsaktes verzichtet. In den Bearbeitungshinweisen finden sich dann Aussagen wie „Das Vorliegen eines Verwaltungsaktes kann unterstellt werden" oder „Verwaltungshandeln ist lediglich festzustellen". Lesen Sie daher die Bearbeitungshinweise genau.

799 Die **hoheitliche Maßnahme** ist der Oberbegriff für das Handeln. Die Entscheidungen und Verfügungen sind Unterbegriffe und stellen letztlich auch hoheitliche Maßnahmen dar. Eine **hoheitliche Maßnahme** ist jedes zweckgerichtete Verwaltungshandeln mit Erklärungsgehalt, das unmittelbar zur Erfüllung der Aufgaben auf dem Gebiet des öffentlichen Rechts erfolgt.[459]

800 Eine hoheitliche Maßnahme ist vom so genannten Subordinationsprinzip geprägt: Der Bürger steht nicht als gleichberechtigter Partner gegenüber, sondern er muss sich dem „Staatswillen" unterordnen.

801 **Beispiele:** Kauft eine Polizeibehörde vom Waffenhersteller Pistolen für ihre Polizeibeamten, so ist der Kauf eine privatrechtliche Angelegenheit, Waffenhersteller und Behörde stehen sich gleichberechtigt gegenüber und

---

457 *Peine*, § 7, Rn. 539.
458 *Schenke*, § 8, Rn. 419.
459 *Schmidt*, Allgemeines Verwaltungsrecht, Rn. 381 f.

schließen einen Kaufvertrag. Es handelt sich **nicht** um eine hoheitliche Maßnahme. Man spricht hier vom **fiskalischen Handeln.**
Bei der normalen Streifenfahrt wird ebenfalls kein Staatswille erklärt oder aufgedrängt. Es handelt sich um eine sogenannte **schlicht-hoheitliche Maßnahme.**
Wird eine Person jedoch aufgefordert, ihre Hände auf das Dach des Streifenwagens zu legen, weil sie nach Waffen durchsucht werden soll, kann sie sich nicht mehr aussuchen, ob sie dies tun möchte oder nicht. Es handelt sich in diesem Fall um eine **hoheitliche Maßnahme**.

Die Maßnahme muss von einer **Behörde** getroffen worden sein. Die Behörde ist in § 1 Abs. 4 VwVfG legaldefiniert. Danach ist eine Behörde jede Stelle, die Aufgaben der öffentlichen Verwaltung wahrnimmt. In diesem Sinne ist die Polizei eine Behörde (vgl. § 2 Nr. 5 Nds. SOG). **802**

Vertiefung: Neben den klassischen Behörden besteht die Möglichkeit, auch Privatpersonen hoheitliche Aufgaben zu übertragen. Diese Personen sind die „**Beliehenen**" (z. B. technische Gutachter für die Hauptuntersuchung an Kraftfahrzeugen). **803**

Die hoheitliche Maßnahme muss zur **Regelung** eines Einzelfalls ergehen. Hinsichtlich dieses Tatbestandsmerkmals unterscheidet sich der Verwaltungsakt vom Realakt. Eine **Regelung** liegt vor, wenn die **Erklärung** der Behörde einseitig und rechtsverbindlich auf die Begründung, Aufhebung oder Veränderung von Rechten bzw. Pflichten **gerichtet** ist.[460] **804**

Eine Regelung liegt nicht vor, wenn eine Maßnahme lediglich der **Vorbereitung** eines Verwaltungsaktes dient. **805**

Beispiel: So ist die **Anhörung** im Verwaltungsverfahren noch kein Verwaltungsakt, sondern dient lediglich dessen Vorbereitung. **806**

Eine Regelung ist ebenfalls nicht gegeben, wenn es sich um einen **Realakt** handelt. Ein **Realakt** liegt vor, wenn nicht die Herbeiführung eines rechtlichen, sondern eines tatsächlichen Erfolgs bezweckt wird.[461] **807**

Beispiel: Realakte ohne Eingriffscharakter sind beispielsweise Streifenfahrt, Streifengang, allgemeine Verkehrsüberwachung oder die Mitarbeit in Präventionsräten. Realakte mit Eingriffscharakter sind beispielsweise die Ingewahrsamnahme, Durchsuchung, Sicherstellung, Identitätsfeststellung und die Zwangsanwendung. **808**

Realakte werden dennoch häufig von Verwaltungsakten **begleitet**. So stellt die Aufforderung, einen Gegenstand zwecks Sicherstellung zur Gefahrenabwehr auszuhändigen (§ 26 Nds. SOG), einen Verwaltungsakt dar. Man spricht hier von einer sogenannten **Begleitverfügung.** Die Sicherstellung an sich ist jedoch ein Realakt. **809**

---

460 *Bull/Mehde,* § 18, Rn. 689; *Peine,* § 7, Rn. 359.
461 *Schmidt,* Allgemeines Verwaltungsrecht, Rn. 387.

810 Ein Verwaltungsakt muss einen **Einzelfall** regeln. Hierdurch unterscheidet sich ein Verwaltungsakt von einem Gesetz oder einer Rechtsverordnung. Ein Gesetz regelt einen hypothetischen Lebenssachverhalt allgemein, also abstrakt-generell. Der Verwaltungsakt dagegen regelt einen einzelnen Lebenssachverhalt speziell, also konkret- individuell.[462]

811 Mit Einzelfall ist **nicht** gemeint, dass ein Verwaltungsakt nur gegen **eine Person** erlassen werden könnte. Vielmehr kann ein Verwaltungsakt auch gegen mehrere Personen (z. B. alle Bewohner einer Wohnung) erlassen werden.

812 Gelegentlich muss ein Verwaltungsakt auch gegen eine Vielzahl von Personen erlassen werden. Das kann insbesondere dann erforderlich sein, wenn eine Einzelfallregelung die sich an eine unbestimmte Anzahl von (in der Regel noch nicht individualisierbaren) Personen richtet (z. B. ein präventives Versammlungsverbot für ein bestimmtes Gebiet zu einem bestimmten Zeitpunkt[463]) getroffen werden soll. Für diese Fälle sieht § 35 Satz 2 VwVfG die **„Allgemeinverfügung“** vor. Sie ist ebenfalls ein Verwaltungsakt, mit der Besonderheit, dass dieser sich *„an einen nach allgemeinen Merkmalen bestimmten oder bestimmbaren Personenkreis richtet“* oder *„die öffentlich-rechtliche Eigenschaft einer Sache oder ihre Benutzung durch die Allgemeinheit betrifft“*.

813 **Vertiefung:** Wichtiges Beispiel für Allgemeinverfügungen sind **Verkehrszeichen.** Es ist nach der Rechtsprechung des BVerwG[464] „gem. § 43 VwVfG gegenüber demjenigen, für den es bestimmt ist oder der von ihm betroffen wird, in dem Zeitpunkt wirksam, in dem es ihm bekannt gegeben wird. Die Bekanntgabe erfolgt nach den bundesrechtlichen (Spezial-) Vorschriften der Straßenverkehrs-Ordnung durch Aufstellen des Verkehrsschilds (vgl. insb. § 39 I und § 45 IV StVO). Sind Verkehrszeichen so aufgestellt oder angebracht, dass sie ein durchschnittlicher Kraftfahrer bei Einhaltung der nach § 1 StVO erforderlichen Sorgfalt schon ‚mit einem raschen und beiläufigen Blick‘ erfassen kann (BGH, NJW 1970, 1126), äußern sie ihre Rechtswirkung gegenüber jedem von der Regelung betroffenen Verkehrsteilnehmer, gleichgültig, ob er das Verkehrszeichen tatsächlich wahrnimmt oder nicht (BVerwGE 102, 316 [318] = NJW 1997, 1021).“

814 Der Verwaltungsakt muss auf dem Gebiet des **öffentlichen Rechts** ergehen, also nicht auf dem Gebiet des Privatrechts. Maßnahmen nach dem Nds. SOG sind solche des öffentlichen Rechts.

815 Der Verwaltungsakt muss auch auf **unmittelbare Rechtswirkung nach außen** gerichtet sein. Nach **außen** meint hier außerhalb der Verwaltung. Der vom Verwaltungsakt Betroffene steht außerhalb der Verwaltung, ist also „der Bürger“.[465] Ein **verwaltungsinterner** Rechtsakt ist entweder ein Erlass oder eine Dienst- oder Verwaltungsvorschrift (abstrakt-generelle Regelung) oder eine

462 *Peine,* § 7, Rn. 369.
463 Vgl. z. B. den Sachverhalt von OVG Hamburg, Beschluss vom 3.7.2017 – 4 Bs 142/17.
464 BVerwG, Urteil vom 23.9.2010 – 3 C 37/09 – Rn. 15.
465 *Peine,* § 7Rn. 377.

dienstliche Weisung (konkret-individuelle Regelung). Vom Prinzip her interne Verwaltungsvorgänge entfalten jedoch ausnahmsweise Rechtswirkung nach außen, wenn sie eine Person in einem Sonderstatusverhältnis (z. B. Beamte) betreffen, und deren persönliche Rechtsstellung unmittelbar gestalten (beispielsweise bei einer Beförderung).[466]

Verwaltungsakte kann man in verschiede Arten klassifizieren, wobei Überschneidungen möglich sind: 816

- **Befehlende Verwaltungsakte** verpflichten zu einem bestimmten Verhalten (Tun oder Unterlassen). Sie können zwangsweise durchgesetzt werden (Verwaltungszwang) und stellen das klassische Beispiel polizeilicher Verfügungen dar.[467]
- Während **belastende Verwaltungsakte** (wie ein Gebührenbescheid) den befehlenden Verwaltungsakten nicht unähnlich sind, werden dem Bürger bei **begünstigenden Verwaltungsakten** beispielsweise Zahlungen bzw. Leistungen bewilligt.
- **Gestaltende Verwaltungsakte** begründen, verändern oder beseitigen **unmittelbar** ein konkretes Rechtsverhältnis. Beispiele sind die Einbürgerung, Beamtenernennung oder die Erteilung einer Aufenthaltserlaubnis. In der polizeilichen Praxis spielt sie keine Rolle.[468]
- **Feststellende Verwaltungsakte** bestimmen eine rechtserhebliche Eigenschaft. Beispiele sind die Festsetzung des Dienstalters, die Anerkennung als Schwerbeschädigter oder die Feststellung einer Behörde, dass einem Auskunftsersuchen (ob z. B. personenbezogene Daten gespeichert sind) nicht stattgegeben wird.[469]
- Bei den **mitwirkungsbedürftigen Verwaltungsakten** wird das Prinzip der Subordination durchbrochen. Diese Verwaltungsakte sind nicht gegen den Willen des „Betroffenen" durchsetzbar. Beispiele hierfür sind die Beamtenernennung oder die Erteilung einer gebührenpflichtigen Verwarnung.

Während im Verwaltungsverfahren grundsätzlich die Formfreiheit für den Verwaltungsakt besteht (er kann nämlich mündlich, schriftlich, elektronisch oder konkludent erlassen werden), ist für einige Verwaltungsakte eine bestimmte Form vorgeschrieben. Bei der Ernennung eines Beamten (durch Urkunde) handelt es sich um so einen **formgebundenen Verwaltungsakt**. 817

Ein Verwaltungsakt kann darüber hinaus mit **Nebenbestimmungen**[470] versehen werden: Er kann befristet, mit Bedingungen versehen oder unter dem Vorbehalt des Widerrufs ergehen. Er kann aber auch mit einer Auflage versehen sein oder unter Auflagenvorbehalt stehen. 818

Hinweis: Polizeipraktische Relevanz haben die Auflagen insbesondere im Fahrerlaubnisrecht (Führerscheinauflagen) oder im Gaststättenrecht (Auf- 819

---

466 *Voßkuhle*, JuS 2011, 34.
467 *Bull/Mehde*, Allgemeines Verwaltungsrecht und Verwaltungslehre, § 18, Rn. 706 ff.
468 *Rachor*, in: Lisken/Denninger, E, Rn. 27.
469 *Rachor*, in: Lisken/Denninger, E, Rn. 28.
470 *Schmidt*, Allgemeines Verwaltungsrecht, Rn. 784 ff.

lagen in der Konzession). Die Befristung kann für polizeiliche Maßnahmen wie dem Platzverweis oder der Wohnungswegweisung bedeutsam sein, denn sie stellt eine gerichtlich überprüfbare Ermessenentscheidung dar.

820 b) **Allgemeine Form- und Verfahrensvorschriften.** Ist festgestellt worden, dass eine polizeiliche Maßnahme einen Verwaltungsakt darstellt, so muss dessen **Wirksamkeit** und **Vollstreckbarkeit** festgestellt werden. Dies ist für die Prüfung einer zwangsweisen Maßnahmendurchsetzung von elementarer Wichtigkeit, denn eine Zwangsanwendung im „gestreckten Verfahren" nach § 64 Abs. 1 Nds. SOG ist nur möglich, wenn der Verwaltungsakt vollstreckbar ist, was dessen Wirksamkeit voraussetzt.

821 aa) **Wirksamkeit (§ 43 VwVfG).** Ein Verwaltungsakt wird nach § 43 VwVfG mit seiner Bekanntgabe (§ 41 VwVfG) wirksam und damit im Rechtssinne erst zu diesem Zeitpunkt für den Bürger existent[471] (äußere Wirksamkeit).

822 **Hinweis:** Die Darstellung der gesetzlichen Vorschriften orientiert sich am logischen Aufbau der Prüfung. Verinnerlichen Sie daher die Paragraphenkette §§ 43, 44, 41, 37, (39), 28 VwVfG.

823 Mit der Wirksamkeit entfaltet der Verwaltungsakt für den Bürger Rechtswirkung (innere Wirksamkeit). Der vom Verwaltungsakt betroffene muss sich nun grundsätzlich dem „Staatswillen" beugen. Wird im Verwaltungsakt eine Frist eingeräumt, so können die äußere und die innere Wirksamkeit auseinanderfallen.[472]

824 Die **Wirksamkeit** des Verwaltungsaktes ist **unabhängig von seiner Rechtmäßigkeit.**[473] Das heißt, dass auch ein unrechtmäßiger – also gegen geltendes Recht verstoßender – aber wirksamer Verwaltungsakt zu befolgen ist (und mit Hilfe von Zwangsmitteln rechtmäßig durchgesetzt werden kann).

825 Der Verwaltungsakt bleibt nach § 43 Abs. 2 VwVfG wirksam, solange und soweit er nicht zurückgenommen oder widerrufen wird.[474] Er kann sich aber auch durch Fristablauf (z. B. Wohnungswegweisung für 5 Tage) oder auf andere Weise **erledigen** (z. B. Tod des Betroffenen).[475]

826 Der Verwaltungsakt kann auch anderweitig aufgehoben werden. In erster Linie sind hier die Verwaltungsgerichte gemeint, die nach erfolgter Klage einen Verwaltungsakt aufheben können (weil er rechtswidrig war).

827 Dies führt unmittelbar zur Frage des **Rechtsschutzes:** Wenn sich der Bürger mit Bekanntgabe des Verwaltungsaktes – weil dieser nun wirksam ist – unmittelbar dem Staatswillen fügen muss, wie kann er sich gegen den Verwaltungsakt wehren, wenn er mit diesem nicht einverstanden ist?

---

471 *Bull/Mehde,* § 19, Rn. 741 ff.
472 *Sachs,* in: Stelkens/Bonk/Sachs, VwVfG, § 43, Rn. 167.
473 *Schemmer,* in: BeckOK-VwVfG, § 43, Rn. 15.
474 *Ziekow,* Verwaltungsverfahrensgesetz, § 43, Rn. 16.
475 *Schemmer,* in: BeckOK VwVfG, § 43, Rn. 52.

Zum einen regelt § 43 Abs. 3 VwVfG, dass sogenannte **nichtige Verwaltungsakte** unwirksam sind.[476] Was nichtige Verwaltungsakte sind, regelt § 44 VwVfG (siehe unten ab Rn. 847). **828**

Zum anderen besteht für den Bürger die Möglichkeit, gegen einen Verwaltungsakt **Rechtsmittel** einzulegen. Die grundsätzlich zur Verfügung stehenden Rechtsmittel sind **Widerspruch** und **Klage,** die in der **Verwaltungsgerichtsordnung** (VwGO) geregelt sind. **829**

Der **Widerspruch** (§ 69 VwGO) wird bei der Behörde eingelegt, die den Verwaltungsakt erlassen hat und ist innerhalb eines Monats zu erheben (§ 70 Abs. 1 VwGO). Der Widerspruch dient der Selbstkontrolle der Verwaltung. Sie erhält in diesem **Vorverfahren** die Gelegenheit zu reflektieren, ob sie den Verwaltungsakt wirklich aufrechterhalten oder aufheben möchte. **830**

In Niedersachsen ist seit dem 1.1.2005 das Vorverfahren nach § 68 VwGO weitestgehend abgeschafft worden. Bis auf wenige Ausnahmen ist das Widerspruchsverfahren unstatthaft (vgl. § 80 NJG).[477] Somit bleibt in Niedersachsen nunmehr nur noch die Möglichkeit gegen den Verwaltungsakt zu klagen (§ 81 ff. VwGO). Wird die Aufhebung eines Verwaltungsakts begehrt, wird Anfechtungsklage erhoben (§ 42 Abs. 1 1. Alternative VwGO). **831**

Die Besonderheit des Widerspruchs und der Klage ist, dass mit dem Einlegen dieser Rechtsmittel eine **aufschiebende Wirkung** (§ 80 Abs. 1 S. 1 VwGO) eintritt. Dieser **Suspensiveffekt** bewirkt, dass der Betroffene den Verwaltungsakt nunmehr nicht befolgen muss, bis über seinen Widerspruch oder seine Klage entschieden wurde.[478] Dennoch bleibt der Verwaltungsakt rechtlich wirksam.[479] Er kann aber (noch) nicht mit Zwangsmitteln durchgesetzt werden. Die Vollziehbarkeit des Verwaltungsaktes ist gehemmt.[480] **832**

> **Hinweis:** Der hier dargestellte Weg des „normalen" Verwaltungsverfahrens stellt den Regelfall staatlichen Handelns dar. Machen Sie sich stets bewusst, dass die besonderen Vorschriften, die für unaufschiebbare Maßnahmen von Polizeibeamten gelten und Auswirkungen auf die Vollstreckbarkeit von polizeilichen Maßnahmen mit **Zwangsmitteln** haben, eine Beschneidung des Rechtsschutzes des Bürgers darstellen. Daher kommt dem Erfordernis der Rechtmäßigkeit polizeilicher Maßnahmen eine ganz besondere Bedeutung zu. **833**

Von diesem Grundsatz muss es Ausnahmen geben. Bestimmte, dringende Maßnahmen müssen nicht nur sofort **rechtswirksam** sein, sondern auch sofort durchsetzbar, also **vollziehbar.** **834**

> **Beispiel:** A hält B eine Schusswaffe an den Kopf und droht mit dessen Erschießung. Der Polizeibeamte C fordert den A auf, die Schusswaffe fallen **835**

---

476 *Leisner-Egensperger,* in: Mann/Sennekamp/Uechtritz, VwVfG, Rn. 70 ff.
477 *Barthel,* Praxis der Kommunalverwaltung, NJG, S. 40 f.
478 *Schmidt* in: Eyermann, VwGO, § 80, Rn. 5.
479 *Saurenhaus/Buchheister,* in: Wysk, VwGO, § 80 Rn. 8.
480 Vgl. BVerwG, Urteil vom 27.10.1982 – 3 C 6/82, 13 – NJW 1983, 776, 777.

zu lassen (Verwaltungsakt). Dieser Verwaltungsakt wurde mit der Bekanntgabe („Lassen Sie die Waffe fallen“) wirksam (§ 43 VwVfG). A kann in Niedersachsen zwar keinen Widerspruch einlegen, er könnte aber den Verwaltungsakt durch Klage beim Verwaltungsgericht anfechten. Aus rechtsstaatlichen Gründen müsste man bei der Ankündigung einer Klage zunächst von einer aufschiebenden Wirkung (§ 80 Abs. 1 S. 1 VwGO) ausgehen, mit der Folge, dass der Verwaltungsakt („Lassen Sie die Waffe fallen“) nicht mit Zwangsmitteln durchgesetzt werden kann, bis das Verwaltungsgericht über die Anfechtungsklage entschieden hat.

836 § 80 Abs. 2 VwGO regelt abschließend Ausnahmen von dem Grundsatz der aufschiebenden Wirkung von Rechtsbehelfen.

837 § 80 Abs. 2 Nr. 2 VwGO lässt die aufschiebende Wirkung bei **unaufschiebbaren Maßnahmen von Polizeibeamten** entfallen. Der Begriff Polizeibeamte ist auf die Vollzugsbeamten bezogen und meint Polizei im institutionellen Sinne. Somit sind Ordnungsbehörden nicht Polizei im Sinne des § 80 Abs. 2 Nr. 2 VwGO.[481]

838 Diese Maßnahmen müssen **unaufschiebbar** sein. Es liegt in der Natur polizeilichen Einschreitens, dass die getroffenen Maßnahmen im Regelfall eilbedürftig und daher unaufschiebbar sind.[482] Dies bezieht sich in erster Linie auf mündliche oder konkludente Verwaltungsakte. In den seltenen Fällen, in denen ein polizeilicher Verwaltungsakt schriftlich ergeht, wird es sich dagegen nicht um eine unaufschiebbare Maßnahme von Polizeibeamten handeln.

839 **Beispiel:** Anordnungen und Vorladungen zu einer erkennungsdienstlichen Behandlung nach §§ 15, 16 Nds. SOG sind häufig nicht unaufschiebbar.

840 § 80 Abs. 2 Nr. 4 VwGO gibt den Behörden darüber hinaus die Möglichkeit, für einen Verwaltungsakt die **sofortige Vollziehung** anzuordnen, wenn dies im **öffentlichen Interesse** oder überwiegenden Interesse eines Beteiligten ist.[483]

841 **Beispiel:** Ein Baum, der auf dem Grundstück des A steht, ist morsch und droht demnächst auf die angrenzende Straße zu stürzen. Das Ordnungsamt verfügt, dass A den Baum fällen (lassen) muss und ordnet wegen des öffentlichen Interesses den sofortigen Vollzug an.

842 Von polizeilicher Relevanz ist § 80 Abs. 2 Nr. 4 VwGO nur in seltenen Fällen (z. B. bei Aufenthaltsverboten nach § 17 Abs. 4 Nds. SOG).

843 **Beispiel:** A ist zum wiederholten Male als Exhibitionist aufgefallen und soll erkennungsdienstlich behandelt werden (§ 81b 2. Alt. StPO). Aufgrund der gegebenen Wiederholungsgefahr ordnet die Polizei die sofortige Vollziehung an (§ 80 Abs. 2 Nr. 4 VwGO).

---

481 *Gersdorf*, in: BeckOK-VwGO, § 80 Rn. 56.
482 *Redeker* in: Redeker/von Oertzen, VwGO, § 80, Rn. 17.
483 Hierzu *Puttler*, in: Sodan/Ziekow, VwGO, § 80, Rn. 72 ff.

Im Übrigen haben **Rechtsbehelfe** gegen die Androhung und Festsetzung von **Zwangsmitteln** nach § 64 Abs. 4 Nds. SOG **keine aufschiebende Wirkung.** **844**

Im Gegensatz zur aufschiebenden Wirkung des § 80 Abs. 1 VwGO, die nichts **845,** an der Wirksamkeit des Verwaltungsaktes ändert, ist nach § 43 Abs. 3 VwVfG **846** ein **nichtiger Verwaltungsakt** unwirksam.

bb) Nichtigkeit (§ 44 VwVfG). Nach § 44 Abs. 1 VwVfG ist ein Verwaltungsakt nichtig, wenn er an einem besonders schwerwiegenden Fehler leidet und dies bei verständiger Würdigung aller in Betracht kommender Umstände offensichtlich ist. **847**

Ein **besonders schwerwiegender Fehler** liegt vor, wenn der dem Verwaltungsakt anhaftende Fehler diesen schlechterdings unerträglich, das heißt mit *tragenden Verfassungsprinzipien* oder der Rechtsordnung immanenten wesentlichen *Wertvorstellungen* unvereinbar, erscheinen lassen.[484] **848**

Dieser Fehler muss darüber hinaus **offensichtlich** sein. Dies ist er, wenn er für den urteilsfähigen, unvoreingenommenen Bürger, der mit den in Betracht kommenden Umständen vertraut ist, klar erkennbar ist.[485] **849**

> **Beispiel:** Ein Polizeibeamter genehmigt ein Bauvorhaben. **850**

Darüber hinaus nennt § 44 Abs. 2 VwVfG einige Regelfälle, bei denen grundsätzlich eine Nichtigkeit des Verwaltungsaktes angenommen wird, auch wenn die zugrundeliegenden Fehler **nicht** offensichtlich sind.[486] Von polizeilicher Relevanz sind hier lediglich die Ziffern 4 bis 6. **851**

So ist nach § 44 Abs. 2 **Nr. 4** VwVfG ein Verwaltungsakt nichtig, der etwas **Unmögliches** verlangt.[487] **852**

> **Beispiel:** Die Polizei erteilt einem Querschnittsgelähmten, der über keinen Rollstuhl verfügt, einen Platzverweis. **853**

Nach § 44 Abs. 2 **Nr. 5** VwVfG ist ein Verwaltungsakt nichtig, der eine **rechtswidrige Handlung** verlangt. **854**

> **Beispiel:** Die Polizei verlangt von einem Bürger, die Wohnung des Nachbarn gegen dessen ausdrücklichen Willen zu betreten (Hausfriedensbruch, § 123 StGB).[488] **855**

Ein **Verstoß gegen die guten Sitten** macht einen Verwaltungsakt nach § 44 Abs. 2 **Nr. 6** VwVfG nichtig. Ein solcher Verstoß liegt vor, wenn entweder etwas Sittenwidriges angeordnet wird, oder etwas erlaubt wird, was wegen seiner Sittenwidrigkeit nicht erlaubnisfähig ist.[489] **856**

---

484 BVerwG, Urteil vom 17.10.1997 – 8 C 1/96 – NVwZ 1998, 1061.
485 *Sachs* in: Stelkens/Bonk/Sachs, VwVfG, § 44, Rn. 126.
486 *Schemmer*, in: BeckOK-VwVfG, § 44, Rn. 40.
487 *Müller*, in: Huck/Müller, VwVfG, § 44, Rn. 8.
488 Nach *Ullrich/Weiner/Brüggemann*, Rn. 115.
489 *Schemmer*, in: BeckOK-VwVfG, § 44 Rn. 58.

857 **Beispiel:** Die Polizei fordert eine Person in einer belebten Fußgängerzone auf, sich zwecks Durchsuchung vollständig zu entkleiden. Diese Anordnung wäre schon wegen der ihr innewohnenden Missachtung der Menschenwürde des Adressaten sittenwidrig.

858 **Klausurhinweis:** Sofern sich aus dem Klausursachverhalt keine Anhaltspunkte für die Nichtigkeit des Verwaltungsaktes ergeben, ist es ausreichend, in der Klausur festzustellen, dass „Nichtigkeitsgründe nach § 44 VwVfG nicht ersichtlich sind“.

859 Dass ein Verwaltungsakt nichtig ist, kommt in der Praxis äußerst selten vor.[490]

860 cc) **Bekanntgabe (§ 41 VwVfG).** Nach § 41 Abs. 1 Satz 1 VwVfG ist ein Verwaltungsakt demjenigen Beteiligten **bekannt zu geben**, für den er bestimmt ist oder der von ihm betroffen wird. Das Rechtsstaatsprinzip setzt voraus, dass der Staat seinen Bürgern Kenntnis davon gibt, was er ihnen ge- oder verbietet.[491] Für die Bekanntgabe reicht es grundsätzlich aus, dass der (schriftliche oder mündliche) Verwaltungsakt derart in den Machtbereich des Empfängers gelangt ist, dass dieser von ihm Kenntnis nehmen und diese Kenntnisnahme nach den allgemeinen Gepflogenheiten auch von ihm erwartet werden konnte.[492] Die Möglichkeit der Kenntnisnahme (z. B. Übergabe des schriftlichen VA) reicht folglich aus.[493] Auf eine tatsächliche Kenntnisnahme kommt es in diesem Fall nicht an.

861 **Vertiefung:** Das VwVfG setzt lediglich die Bekanntgabe des Verwaltungsaktes voraus, jedoch nicht, dass der Verwaltungsakt vom Empfänger zur Kenntnis genommen wird.[494] Dies wird deutlich an § 41 Abs. 2 VwVfG, der sogenannten Zugangsfiktion, die regelt, dass ein schriftlicher Verwaltungsakt, der per Post aufgegeben wurde, am dritten Tag als bekanntgegeben gilt.

862 Da polizeiliche Verwaltungsakte in der Regel **mündlich** gegenüber dem Betroffenen erlassen werden, sind sie in diesem Augenblick bekanntgegeben worden und somit grundsätzlich wirksam.

863 **Klausurhinweis:** Daher ist die Bekanntgabe des Verwaltungsaktes in einer Klausur in der Regel nur festzustellen.

864 Problematisch sind die Fälle, in denen ein Verwaltungsakt vom Betroffenen tatsächlich nicht wahrgenommen (Blindheit, Taubheit, Beeinträchtigung des Hörvermögens) oder nicht verstanden wurde (mangelnde Sprachkenntnis).

865 **Vertiefung:** Hier wird einerseits die Auffassung vertreten, dass ein mündlicher Verwaltungsakt vom Betroffenen verstanden worden sein muss, und dass Hinderungsgründe wie Taubheit, Schwerhörigkeit und Sprachun-

---

490 *Schemmer,* in: BeckOK-VwVfG, § 44, Rn. 1.
491 *Tiedemann,* in: BeckOK-VwVfG, § 41, Rn. 1.
492 BFH, *Urteil* vom 9.12.1999 – III R 37/97 – NJW 2000, 1742.
493 *Tiedemann,* in: BeckOK-VwVfG, § 41, Rn. 8 ff.
494 *Stelkens,* in: Stelkens/Bonk/Sachs, VwVfG, § 41, Rn. 62.

kenntnis zu Lasten der Behörde gingen.[495] Es sei gegebenenfalls ein Dolmetscher hinzuzuziehen. Jedoch sei eine nicht verstandene Erklärung zugegangen, wenn die Behörde nach den für sie erkennbaren Umständen davon ausgehen durfte, der Betroffene habe sie richtig oder vollständig verstanden.[496] Andererseits wird vertreten, dass es nicht darauf ankäme, ob der Inhalt des Verwaltungsaktes tatsächlich verstanden wurde. Es käme nur darauf an, dass der Betroffene konkret in die Lage versetzt werde, vom Verwaltungsakt Kenntnis zu nehmen, sofern ihm die Kenntnisnahme nicht von vornherein unmöglich sei (Taubheit).[497]

Für eilbedürftige, mündliche Verwaltungsakte der Polizei gilt **nach hier vertretener Auffassung**[498] folgendes: Wird der mündliche Verwaltungsakt dergestalt ausgesprochen, dass der Beamte davon ausgehen konnte, dass der Adressat ihn auch wahrgenommen hat, und sprechen objektiv keine deutlichen Anhaltspunkte dafür, dass der Adressat nicht in der Lage ist, den Verwaltungsakt zu hören oder zu verstehen, so gilt er als ordnungsgemäß bekanntgegeben und ist wirksam.[499] **866**

Beispiel: Die Beamten stehen vor einer Wohnungstür und vernehmen Stimmen aus der Wohnung. Sie klopfen an die Tür und rufen laut und deutlich: „Polizei. An die Bewohner der Wohnung Müller: Öffnen Sie sofort die Tür.“ **867**

Bestehen in der konkreten Situation hingegen ernsthafte Zweifel daran, dass der Adressat den mündlichen Verwaltungsakt inhaltlich wahrnehmen oder überhaupt verstehen kann, so kann er nach hier vertretener Auffassung auch nicht als bekanntgegeben gewertet werden. Folge ist, dass der Verwaltungsakt mangels Bekanntgabe nicht wirksam ist. Die Polizei muss die Maßnahme dann im sogenannten Sofortvollzug (§ 64 Abs. 2 Nds. SOG – hierzu näher ab Rn. 2558) durchsetzen. **868**

Beispiel: PK Loh sieht den amtsbekannten Xin Liu an der Rotlicht zeigenden Fußgänger-Lichtsignalanlage stehen und bemerkt, dass dieser Anstalten macht, die Fahrbahn trotz Fahrzeugverkehrs zu überqueren. PK Loh weiß, dass Xin Liu nur chinesisch spricht und versteht. Um zu verhindern, dass Xin Liu von einem Fahrzeug erfasst wird, hält ihn PK Loh ohne vorherige Androhung am Arm fest, obwohl eine solche zeitlich noch möglich gewesen wäre. – Zu prüfen ist freilich ob ein schlüssiger Verwaltungsakt (beispielsweise durch eindeutige Gesten) möglich gewesen wäre. **869**

Hat der Polizeibeamte zunächst angenommen, dass der Adressat den Verwaltungsakt wahrgenommen (und verstanden) hat und konnte er auch nach den Umständen davon ausgehen, ist er entsprechend dem oben Gesagten wirksam **870**

495 *Stelkens,* in: Stelkens/Bonk/Sachs, VwVfG, § 41, Rn. 96.
496 *Stelkens,* in: Stelkens/Bonk/Sachs, VwVfG, § 41, Rn. 96.
497 *Tiedemann,* in: BeckOK-VwVfG, § 41, Rn. 8 ff.
498 Sie können mit entsprechender Argumentation auch eine andere Auffassung vertreten.
499 So auch OVG Münster, Beschluss vom 24.8.2009 – 5 E 967/09.

geworden. Eine Durchsetzung mit Zwangsmitteln im so genannten gestreckten Verfahren (§ 64 Abs. 1 Nds. SOG – hierzu noch näher Rn. 2434) ist zulässig.

871 **Beispiel:** Ein Radfahrer fährt auf eine Rotlicht zeigende Lichtsignalanlage zu und macht keine Anstalten, vor der vielbefahrenen Straße anzuhalten. Eine uniformierte Fahrradstreife fährt hinterher und fordert den Radfahrer laut und deutlich zum Anhalten auf. Als der Radfahrer trotz Androhung von Zwangsmitteln nicht reagiert, hält ein Beamter den Radfahrer an der Schulter fest, woraufhin dieser stürzt und sich leicht verletzt. Hinterher stellt sich heraus, dass der Radfahrer taub ist und weder die Aufforderung zum Anhalten noch die Androhung von Zwangsmitteln wahrnehmen konnte. Die Rechtmäßigkeit der Zwangsanwendung ist nach § 64 Abs. 1 Nds. SOG zu prüfen.

dd) Bestimmtheit und Form, Rechtsbehelfsbelehrung (§ 37 VwVfG). Nach § 37 Abs. 1 VwVfG muss der Verwaltungsakt inhaltlich hinreichend **bestimmt** sein.

872 **Vertiefung:** Das Gebot der Bestimmtheit folgt aus dem Rechtsstaatsprinzip und soll das unabdingbare Minimum an Rechtsklarheit sowohl für den Bürger als auch die jeweilige Behörde gewährleisten.[500]

873 Ein Verwaltungsakt ist hinreichend bestimmt, wenn aus ihm deutlich hervorgeht, von wem er erlassen worden ist, an wen er sich richtet und von wem was und wann verlangt wird oder wem was wann gewährt oder versagt wird.[501]

874 **Vertiefung:** Uniformierte Polizeibeamte sind anhand ihrer Uniform als solche zu erkennen. Je nach den Umständen ist dem Adressaten dennoch mitzuteilen, dass die Polizei eine Verfügung erteilt (insbesondere bei Dunkelheit oder beim Eindringen in Wohnungen). Gleiches gilt freilich für Beamte in Zivilkleidung.

875 Der Verwaltungsakt muss den Adressaten so konkret bestimmen, dass eine Verwechslung ausgeschlossen ist.[502] Bei mehreren Personen muss die Gruppe anhand allgemeiner Merkmale bestimmt werden.

876 Auch die durch den VA getroffene Regelung (sog. Regelungsinhalt) selbst muss hinreichend klar, verständlich und widerspruchsfrei sein.[503]

877 Nach § 37 Abs. 2 VwVfG kann ein Verwaltungsakt grundsätzlich wahlweise schriftlich, mündlich, elektronisch oder „*auf andere Weise*" erlassen werden. Auf andere Weise erlassen wird der Verwaltungsakt durch schlüssige Handlungen.[504] Für die Behörde gilt folglich die **Formfreiheit**.

500 *Tiedemann*, in: BeckOK-VwVfG, § 37 Rn. 3.
501 *Müller*, in: Huck/Müller, VwVfG, § 37, Rn. 2 f.; *Tiedemann*, in: BeckOK-VwVfG, § 37, Rn. 1 f.
502 *Stelkens*, in: Stelkens/Bonk/Sachs, VwVfG, § 37, Rn. 10.
503 Vgl. im Einzelnen *Stelkens*, in: Stelkens/Bonk/Sachs, VwVfG, § 37, Rn. 5 ff.
504 *Ziekow*, Verwaltungsverfahrensgesetz, § 37, Rn. 9 f.

Beispiel: Zeichen des Polizeibeamten nach § 36 Abs. 2 StVO sind solche konkludenten Verwaltungsakte in Form der Allgemeinverfügung (§ 35 S. 2 VwVfG). Das Zielen mit der Schusswaffe auf eine Person ist die konkludente Androhung eines Schusswaffengebrauchs gegen eine Person. 878

Im Gegensatz zu allen anderen Behörden werden polizeiliche Verwaltungsakte grundsätzlich mündlich – als Verfügung – erteilt.[505] Sie sind nach § 37 Abs. 2 S. 2 VwVfG schriftlich zu bestätigen, wenn der Betroffene dies unverzüglich verlangt und daran ein berechtigtes Interesse besteht. Ein solches liegt beispielsweise vor, wenn der Adressat den VA anderen Stellen (z. B. Arbeitgeber, Gericht) vorlegen muss oder sich anhand der (dann erforderlichen) Begründung über die Möglichkeit einer Anfechtung Klarheit verschaffen will.[506] 879

Beispiele: Platzverweise und insbesondere Wohnungswegweisungen können -sofern im Einzelfall zeitlich möglich- schriftlich erteilt werden. Entsprechende Vordrucke sind vorhanden. Auch die Anordnung einer erkennungsdienstlichen Behandlung nach § 81b 2. Alt. StPO ergeht inzwischen in der Regel schriftlich. Sollte in diesen Fällen ein schriftlicher Verwaltungsakt ergehen, so ist zu beachten, dass er zwingend die ausstellende Behörde erkennen lassen und die Unterschrift eines Beauftragten tragen muss. Außerdem ist nach § 39 VwVfG ein **schriftlicher** Verwaltungsakt zu begründen. Hierbei sind nach § 39 Abs. 1 VwVfG die wesentlichen tatsächlichen (Darlegung des Sachverhalts) und rechtlichen (Darlegung der Normen) Gründe mitzuteilen. Weiterhin sind die wesentlichen Gesichtspunkte, die zu einer Ermessensentscheidung geführt haben, darzulegen. 880

Praxishinweis: Beherzigen Sie dies in den wenigen Formularzeilen, die Ihnen für die schriftliche Begründung bei einer Wohnungswegweisung zur Verfügung stehen und lassen Sie vor allem erkennen, warum Sie sich für die angeordnete Länge der Wohnungswegweisung entschieden haben. **Zwingend erforderlich** ist es, dass Sie erkennen lassen, dass Sie sich einer Ermessensentscheidung überhaupt bewusst waren.[507] Dies erreichen Sie durch eine **Formulierung** wie: „*In Anbetracht der widerstreitenden Interessen halte ich eine Wohnungswegweisung für die Zeit von x Tagen für angemessen.*“ 881

Schriftliche Verwaltungsakte müssen darüber hinaus auch eine **Rechtsbehelfsbelehrung** enthalten, die den Anforderungen des § 37 Abs. 6 VwVfG genügt.[508] Die Frist für einen Rechtsbehelf beträgt einen Monat (§ 70 VwGO), verlängert sich jedoch auf ein Jahr, wenn die Rechtsbehelfsbelehrung fehlt oder fehlerhaft (§ 58 Abs. 2 VwGO) ist. 882

Praxishinweis: Denken Sie daran, bei der schriftlichen Wohnungswegweisung auf dem Formular anzukreuzen, welches Verwaltungsgericht zuständig ist. Ansonsten ist die Rechtsbehelfsbelehrung fehlerhaft. 883

---

505 *Rachor,* in: Lisken/Denninger, E, Rn. 29 ff.
506 *Stelkens*, in: Stelkens/Bonk/Sachs, VwVfG, § 37, Rn. 83.
507 *Tiedemann,* in: Bader/Ronellenfitsch, BeckOK VwVfG, § 39, Rn. 42.
508 *Stelkens,* in: Stelkens/Bonk/Sachs, VwVfG, § 37, Rn. 179 ff.

884 ee) **Anhörung** (§ 28 VwVfG). Wird durch einen Verwaltungsakt in die Rechte eines Betroffenen eingegriffen, so ist dieser grundsätzlich vor dem Erlass des Verwaltungsaktes **anzuhören** (§ 28 Abs. 1 VwVfG).

885 Der Betroffene hat in der (auch mündlich möglichen) Anhörung die Gelegenheit, an der Sachverhaltsaufklärung mitzuwirken, Austauschmittel anzubieten und seine Sicht der Dinge darzulegen. Die Anhörung erfüllt damit eine wichtige rechtsstaatliche Funktion: Sie führt zu Rechtssicherheit durch Transparenz, entspricht dem Recht auf rechtliches Gehör und erfüllt im Sinne eines fairen Verfahrens eine wichtige Schutzfunktion für den Betroffenen.[509]

886 Die Argumente des Betroffenen müssen im Rahmen der Ermessenentscheidung berücksichtigt werden.[510] Eine fehlende Anhörung macht den Verwaltungsakt rechtswidrig.[511] Sie kann jedoch später nachgeholt und der Fehler „geheilt" werden (§ 45 Abs. 1 Nr. 3 VwVfG).

887 Ausnahmsweise kann von der **Anhörung abgesehen** werden, wenn *„sie nach den Umständen des Einzelfalls nicht geboten ist"* (§ 28 Abs. 2 Satz 1 VwVfG). In Satz 2 des § 28 Abs. 2 VwVfG finden sich fünf (nicht abschließende[512]) Beispielsfälle, in denen eine solche Ausnahmesituation gegeben sein kann. Polizeilich relevant sind die Ziffern 1, 4 und 5:
- bei **Gefahr im Verzug** (Nr. 1): Eilfälle, bei denen die gebotene Maßnahme zu spät käme, wenn erst noch eine Anhörung durchgeführt würde[513]
- Allgemeinverfügungen (Nr. 4)
- Maßnahmen der **Verwaltungsvollstreckung** (Nr. 5): Im Rahmen der Verwaltungsvollstreckung ist eine zusätzliche Anhörung nicht erforderlich. Zwangsmittel müssen allerdings grundsätzlich angedroht (§§ 65 Abs. 2, 70, 74 Nds. SOG), ein Zwangsgeld zudem festgesetzt werden (§ 67 Nds. SOG).

888 Die grundsätzliche Pflicht zur Anhörung wird von den niedersächsischen Gerichten als wichtige (und ggf. prozessvermeidende) formelle Anforderung angesehen. Auch in Fällen grundsätzlich bestehender Eilbedürftigkeit (§ 28 Abs. 2 Nr. 1 VwVfG) soll nach Möglichkeit eine Anhörung durchgeführt werden.

889 **Vertiefung:** So führt das VG Oldenburg[514] aus: *„Allerdings bemerkt das erkennende Gericht in dieser Hinsicht, dass es nach wie vor Wert auf die Durchführung einer Anhörung im voranstehenden Sinne legt, insbesondere nachdem in Niedersachsen das Widerspruchsverfahren entfallen ist. Möglicherweise hätte nämlich auch hier die (kurzfristige) Durchführung einer Anhörung, das gerichtliche Verfahren von vornherein zu vermeiden, geholfen. Insbesondere ermöglicht eine Anhörung im Falle der sachgerechten*

509 *Engel*/Pfau, in: Mann/Sennekamp/Uechtritz, VwVfG, § 28, Rn. 38 f.; *Kallerhoff,* in: Stelkens/Bonk/Sachs, VwVfG, § 28, Rn. 2 ff.
510 *Schwarz,* in: Fehling/Kastner/Störmer, Verwaltungsrecht, § 28 VwVfG, Rn. 2.
511 *Engel*/Pfau, in: Mann/Sennekamp/Uechtritz, VwVfG, § 28, Rn. 109.
512 *Huck*, in: Huck/Müller, VwVfG, § 28, Rn. 21.
513 BVerwG, *Urteil* vom 15.12.1983, Az. 3 C 27/82, NVwZ 1984, 577.
514 VG Oldenburg, Gerichtsbescheid vom 11.6.2015 – 7 A 1603/15.

Wahrnehmung der Gelegenheit zur Stellungnahme durch den Betroffenen auch der Behörde eventuell einen Erkenntnisgewinn, der im Einzelfall eine geänderte Sachlage auch mit ihren rechtlichen Konsequenzen zur Folge haben könnte. Zudem gibt sie dem Betroffenen die Gelegenheit, sein weiteres Vorgehen zu überdenken, […]. Das Gericht geht danach davon aus, dass der Beklagte auch in Fällen vorliegender Art wieder zu der insoweit sinnvollen Praxis der Anhörung zurückkehren dürfte.“

c) Formulierungsvorschläge

Fallbeispiel: A hält dem B eine Schusswaffe an den Kopf und droht mit dessen Erschießung. Der Polizist C fordert den A klar und verständlich auf: „Stopp! Polizei! Lassen sie sofort die Waffe fallen!“ **890**

In der Klausur sind die in diesem Themenkomplex dargestellten Punkte im Rahmen des Prüfungspunktes „Form- und Verfahrensvorschriften“ zu prüfen. Hierbei kann auf eine strenge Einhaltung des Gutachtenstils verzichtet werden. Am Anfang der Prüfung steht dabei die Frage, ob die zu prüfende Maßnahme einen Verwaltungsakt oder Realakt darstellt. Nur bei Verwaltungsakten sind die weiteren Form- und Verfahrensvorschriften des VwVfG zu prüfen. **891**

Formulierungsvorschlag zum Verwaltungsakt: *„Die Aufforderung, die Waffe fallen zu lassen, könnte einen Verwaltungsakt (VA) darstellen. Nach der Legaldefinition des § 35 S. 1 VwVfG ist ein VA jede Verfügung, Entscheidung oder andere hoheitliche Maßnahme, die eine Behörde zur Regelung eines Einzelfalls auf dem Gebiet des öffentlichen Rechts trifft und die auf unmittelbare Rechtswirkung nach außen gerichtet ist. Eine* ***hoheitliche Maßnahme*** *ist jedes zweckgerichtete Verwaltungshandeln mit Erklärungsgehalt, das unmittelbar zur Erfüllung der Aufgaben auf dem Gebiet des öffentlichen Rechts erfolgt. Der A wird durch eine Verfügung auf Grundlage des § 11 Nds. SOG, also* ***öffentlichem Recht****, zu einer Handlung aufgefordert, nämlich die Waffe fallen zu lassen, damit die vorliegende Bedrohung des B aufhört. Diese polizeiliche Verfügung ist eine hoheitliche Maßnahme. C ist als Polizeivollzugsbeamter Organwalter der Polizei. Die Polizei ist eine* ***Behörde*** *im Sinne des § 1 Abs. 4 VwVfG. Eine* ***Regelung*** *liegt vor, wenn die Erklärung der Behörde einseitig und rechtsverbindlich auf die Begründung, Aufhebung oder Veränderung von Rechten bzw. Pflichten gerichtet ist. A wird aufgefordert, die Waffe fallen zu lassen. Dieser Verfügung muss er nachkommen, ob er will oder nicht. Sie begründet einseitig eine Handlungspflicht für den A und stellt somit eine Regelung dar. Diese Regelung bezieht sich auch auf einen* ***Einzelfall****, nämlich dem vorliegenden Sachverhalt in seiner konkret-individuellen Gestalt. Die Regelung entfaltet auch* ***unmittelbare Rechtswirkung nach außen****, denn A steht als Bürger außerhalb der Verwaltung.* **892**
Die Aufforderung, die Waffe fallen zu lassen, ist ein Verwaltungsakt.“

Lesen Sie stets aufmerksam die Klausurbearbeitungshinweise. Häufig muss die Rechtsnatur der zu prüfenden Maßnahme (Realakt oder Verwaltungsakt) nur (ohne weitere Prüfung) festgestellt werden. **893**

894 **Klausurhinweis:** In diesem Fall reicht die schlichte Feststellung „Die Aufforderung, die Waffe fallen zu lassen, ist ein Verwaltungsakt im Sinne des § 35 S. 1 VwVfG."

895 Der Erlass der eingehenden Prüfung des so genannten Verwaltungshandelns entbindet Sie aber nicht von der Notwendigkeit, die Wirksamkeit und die Einhaltung der allgemeinen Form- und Verfahrensvorschriften zu prüfen. Zudem werden von Ihnen nach dem Prüfungsschema der Polizeiakademie Niedersachsen bereits an dieser Stelle Ausführungen zur Vollziehbarkeit erwartet, auch wenn dies freilich die Frage der Rechtmäßigkeit der Maßnahme selbst nicht berührt.[515]

896 **Formulierungsvorschlag zu den Form- und Verfahrensvorschriften:** *„Fraglich ist, ob der VA auch wirksam ist. Das ist er, wenn er nach § 43 VwVfG demjenigen, für den er bestimmt ist, bekanntgegeben wurde und nicht im Sinne des § 44 VwVfG nichtig ist. A wurde klar und deutlich angesprochen. Es gibt keinerlei Hinweise darauf, dass A die Verfügung nicht wahrgenommen haben könnte. Eine mündliche Bekanntgabe im Sinne des § 41 VwVfG liegt vor. Nichtigkeitsgründe sind nicht ersichtlich. Der VA ist wirksam.*

Der VA entspricht den Anforderungen des § 37 VwVfG. Er ist inhaltlich ***hinreichend bestimmt*** *(§ 37 Abs. 1 VwVfG), da erkennbar ist, vom wem (Polizei) sie kommt, an wen (Person mit Schusswaffe) sie sich richtet und was wann verlangt wird (Schusswaffe sofort fallen lassen). Eine besondere Form ist nicht vorgeschrieben, nach § 37 Abs. 2 VwVfG kann ein VA auch mündlich ergehen. Eine* ***Begründung*** *ist im Umkehrschluss zu § 39 Abs. 1 VwVfG nicht erforderlich, ggf. aber eine* ***Bestätigung****, wenn der Betroffene dies unverzüglich verlangt und hieran ein berechtigtes Interesse hat.*

Auf die grundsätzlich erforderliche ***Anhörung*** *(§ 28 Abs. 1 VwVfG) konnte gem. § 28 Abs. 2 Nr. 1 VwVfG verzichtet werden, weil eine sofortige Entscheidung wegen Gefahr im Verzug – der A hielt dem B bereits die Waffe an den Kopf – notwendig war.*

Der VA wäre auch ***sofort vollziehbar****, da es sich um eine „unaufschiebbare Maßnahme eines Polizeibeamten" im Sinne des § 80 Abs. 2 Nr. 2 VwGO handelt und dementsprechend Rechtsbehelfe keine aufschiebende Wirkung hätten."*

515 Ob ein Verwaltungsakt sofort vollziehbar ist, spielt erst im Rahmen der Verwaltungsvollstreckung eine Rolle, siehe Rn. 2442 ff.

Teil 4 Materielle Rechtmäßigkeit: Allgemein

Kernstück einer jeden Klausur im Grund- und Eingriffsrecht ist die Prüfung der materiellen Rechtmäßigkeit einer polizeilichen Maßnahme. 897

An der Polizeiakademie Niedersachsen hat sich hierbei die folgende Prüfungsreihenfolge, die im Weiteren erläutert wird, etabliert: 898

Prüfungsschema Materielle Rechtmäßigkeit
I. **Ermächtigung**
  1. Befugnisnorm
    a) Tatbestand
    b) Rechtsfolge
  2. Ermächtigungsbegrenzende Bestimmungen
II. **Adressat (nur bei präventiven Maßnahmen)**
III. **Ermessen/Austauschmittel (nur bei präventiven Maßnahmen)**
IV. **Verhältnismäßigkeit**
  1. Geeignetheit
  2. Erforderlichkeit
  3. Verhältnismäßigkeit im engeren Sinne (i. e. S.)

I. Ermächtigung

899 Wie bereits oben festgestellt wurde, greift die Polizei – und damit der Staat – regelmäßig in Grundrechte der Bürger ein. Ein wesentliches Element des Rechtsstaates, der „**Vorbehalt des Gesetzes**“ kommt in diesem Zusammenhang zum Tragen. Eingriffe in Grundrechte der Bürger sind – wenn sie wesentlich sind – nur dann zulässig, wenn sie auf einer „hinreichend bestimmten Leitentscheidung des Gesetzgebers“[516] beruhen. Je stärker und intensiver der Eingriff, desto höhere Anforderungen werden an die Ermächtigung der Exekutive, grundrechtseinschränkende Maßnahmen zu treffen, gestellt.[517] Insbesondere der Eingriff in wichtige Freiheitsrechte, wie z. B. Freiheit der Person erfordert zumindest ein (hinreichend bestimmtes) Parlamentsgesetz.

900 Unter dem Punkt „Ermächtigung“ wird – nach kurzer Prüfung und Abgrenzung, ob überhaupt eine „passende“ Ermächtigungsgrundlage besteht, überprüft, ob die in der so genannten Befugnisnorm enthaltenen Anwendungsvoraussetzungen erfüllt sind, die Maßnahme von der zugelassenen Rechtsfolge erfasst ist und ob Bestimmungen beachtet wurden, die die Ermächtigung begrenzen.

516 *Huster/Rux*, in: BeckOK-GG, Art. 20 Rn. 105.
517 BVerfG, *Beschluss* vom 16.9.1991 – 1 BvR 453/90 – BVervfGE 49, 89, 126 f.

1. Befugnisnorm

901 Unter dem Prüfungspunkt „Befugnisnorm“ muss in der Mehrzahl der Fälle lediglich die konkrete Befugnisnorm für die zu prüfende Maßnahme genannt werden.

902 **Formulierungsvorschlag:** *„Die Befugnisnorm für die Aufforderung, zur Seite zu gehen, ist § 17 Abs. 1 Nds. SOG.“*

903 In einigen Fällen, namentlich, wenn auf den ersten Blick nicht nur eine Befugnisnorm in Betracht kommt, ist an dieser Stelle eine kurze (!) **Abgrenzung** vorzunehmen. Hier empfiehlt es sich, die möglichen Rechtsfolgen gegenüberzustellen.

904 **Klausurhinweis und Formulierungsvorschlag:** Ein „Klassiker“ ist hierbei die Abgrenzung zwischen der Durchsuchung (eines Verdächtigen) am Körper (§ 102 StPO) und der körperlichen Untersuchung (§ 81a StPO – vgl. hierzu noch unten). *„PK Loh möchte eventuell am Körper des D befindliche Drogenpäckchen auffinden. Es handelt sich somit nicht um eine körperliche Untersuchung iSd. § 81a, bei welcher der Zustand bzw. die Beschaffenheit des Körpers als solcher von Interesse ist. Da die Suche auch nicht über die ohne medizinische Hilfe zugänglichen bzw. einsehbaren Körperöffnungen hinaus erstreckt werden soll, ist vorliegend von einer Durchsuchung des bzw. am Körper des Verdächtigen auszugehen. Die Befugnis hierfür ist § 102 StPO.“*

905 **a) Tatbestand.** Der Prüfungspunkt „Tatbestand“ ist in der Regel das Herzstück der Prüfung der materiellen Rechtmäßigkeit. Hier ist Schritt für Schritt und eng an Gesetz und am Sachverhalt zu prüfen, ob die einzelnen Tatbestandsvoraussetzungen der Befugnisnorm erfüllt sind.

906 Unproblematisches kann dabei im **Urteilsstil** „abgehakt“ werden.

907 **Formulierungsvorschlag:** *„Bei der Einzimmerwohnung des A handelt es sich um eine Wohnung im Sinne des § 24 Abs. 1 Nds. SOG.“* – Füllwörter wie „offensichtlich“, „selbstverständlich“, „natürlich“, „zweifellos“ sind überflüssig.

908 Ist ein Tatbestandsmerkmal bereits im Rahmen der formellen Rechtmäßigkeit geprüft worden, ist eine schlichte Feststellung ausreichend.

909 **Formulierungsvorschlag:** *„Es liegt eine Gefahr für das Leben der A vor.“* – Weitere Hinweise wie „siehe oben“, „s. o.“ oder gar die Floskel „wie bereits auf S. X geprüft“ sind überflüssig und kosten wertvolle Zeit. Es darf darauf vertraut werden, dass sich der Leser des Gutachtens/der Klausurbearbeitung an die entsprechenden Ausführungen noch erinnert.

910 Problematische Tatbestandsmerkmale sind hingegen im **Gutachtenstil** und unter ausführlicher Würdigung des Sachverhaltes zu prüfen.

911 **Formulierungsvorschlag:** *„Hier könnte der Haftgrund der Fluchtgefahr (§ 112 Abs. 2 Nr. 2 StPO) gegeben sein. Fluchtgefahr ist nach der Legalde-*

finition in § 112 Abs. 2 Nr. 2 StPO anzunehmen, wenn bei Würdigung der Umstände des Einzelfalles die Gefahr besteht, dass der Beschuldigte sich dem Strafverfahren entziehen werde. Im konkreten Fall spricht für eine Fluchtgefahr, dass der A derzeit keinen festen Wohnsitz hat und .... Gegen Fluchtgefahr spricht ... Bei Würdigung all dieser Umstände ist die Gefahr, dass A sich dem Strafverfahren entziehen wird zu bejahen. Der Haftgrund der Fluchtgefahr liegt vor.“

b) Rechtsfolge. Liegen alle Tatbestandsvoraussetzungen vor, ist im Rahmen des gleichlautenden Prüfungspunktes die „Rechtsfolge“ darzustellen und zu prüfen, ob die zu prüfende Maßnahme darunterfällt. **912**

Formulierungsvorschlag: *„Rechtsfolge des § 102 StPO ist die Möglichkeit, eine Durchsuchung der Person des B vorzunehmen. Es darf eine ziel- und zweckgerichtete Suche nach Gegenständen in der Kleidung der betroffenen Person oder an ihrem Körper, die nicht sofort erkennbar sind erfolgen. Umfasst ist die Suche in der Kleidung, das Abtasten des bekleideten Körpers, sowie die Suche nach Gegenständen an der Körperoberfläche einschließlich der ohne medizinische Hilfsmittel einsehbaren Körperöffnungen – Mundhöhle, Ohren, Nasenlöcher. Zudem sind alle zur Durchführung erforderlichen Begleitmaßnahmen erfasst. PK Loh durfte den B also sowohl auffordern, sich zu entkleiden als auch dessen Körper und ohne medizinische Hilfe zugänglichen Körperöffnungen nach Drogenpäckchen absuchen.“* **913**

Achtung: Mitunter ist bereits an dieser Stelle zu prüfen, ob die getroffene Maßnahme zur Erreichung des angestrebten Ziels „*geeignet*“ und „*erforderlich*“[518] war (siehe hierzu sogleich ab Rn. 1042). Bei der Prüfung der Verhältnismäßigkeit der Maßnahme kann dann auf diese bereits vorgenommene Prüfung verwiesen werden. **914**

Beispiel: So gestattet § 11 Nds. SOG alle Maßnahmen, die zur Abwehr einer Gefahr „notwendig“ sind. Notwendig ist eine Maßnahme, wenn sie zur Zielerreichung geeignet und erforderlich ist. Beides ist bereits im Rahmen des Prüfungspunktes „Rechtsfolge“ darzulegen. **915**

2. Ermächtigungsbegrenzende Bestimmungen

Einige Befugnisse werden durch gesonderte gesetzliche Bestimmungen – die sogenannten **ermächtigungsbegrenzenden Bestimmungen**[519] – eingeschränkt. So darf beispielsweise eine nach § 102 StPO grundsätzlich zulässige Durchsuchung einer Wohnung nur unter den weiteren Voraussetzungen des § 104 StPO (dazu näher unten Rn. 1447) zur Nachtzeit vorgenommen werden. Eine Person darf zur Identitätsfeststellung nach § 163b Abs. 1 Satz 2 StPO grundsätzlich **916**

518 Mitunter ist die „Erforderlichkeit“ einer Maßnahme auch Tatbestandsvoraussetzung, dann erübrigt sich eine Darstellung in der Rechtsfolge.

519 Im Gegensatz zur Lehrpraxis an der Polizeiakademie Niedersachsen ist die Einordnung bestimmter Regelungen als „ermächtigungsbegrenzende Bestimmung“ unter Rechtswissenschaftlern unüblich. Sie werden dort in der Regel den Form- und Verfahrensvorschriften „zugeschlagen“.

festgehalten werden. Jedoch nur, so bestimmt es § 163c Abs. 1 Satz 1 StPO so lange, wie es zur Feststellung der Identität „*unerlässlich*" (hierzu unten Rn. 1161) ist bzw. maximal zwölf Stunden (§ 163c Abs. 1 Satz 2 StPO).

917 Ob diese Ermächtigungsbegrenzungen beachtet worden sind, ist sowohl in der Klausur als auch in der Praxis zu prüfen.

918 **Klausurhinweis:** Mitunter ist diese Prüfung, z. B. bei der Nachtzeitregelung des § 104 StPO ein Schwerpunkt der Bearbeitung. Ist die Vorgabe offenbar eingehalten worden, ist eine kurze Feststellung (z. B. „*Der A durfte nach Feststellung seiner Identität wieder gehen. Das Festhalten zum Zweck der Identitätsfeststellung dauerte im Einklang mit § 163c Abs. 1 Satz 1 StPO nur so lange wie es zur Feststellung der Identität unerlässlich war. Die in § 163c Abs. 1 Satz 2 StPO festgelegte zeitliche Grenze des Festhaltens war nach zwei Stunden noch nicht überschritten.*") ausreichend.

II. Adressat

919 Der zweite „große" Prüfungspunkt der grund- und eingriffsrechtlichen Prüfung der materiellen Rechtmäßigkeit (präventiver) Maßnahmen ist mit dem Wörtchen „**Adressat**" übertitelt.

920 **Ausgangsfall:** Ein kleiner Junge (ca. 10 Jahre alt) bewirft Passanten mit Steinen. Seine Mutter sitzt auf einer Bank und schaut amüsiert zu. PK Loh hat nun die Auswahl zwischen drei möglichen Maßnahmen: Er könnte den Jungen auffordern, mit dem Werfen aufzuhören. Er könnte auch die Mutter auffordern, ihren Sohn „zurückzuhalten" und schließlich könnte er die Passanten auffordern, ihren Weg so zu wählen, dass sie nicht in die „Schussbahn" geraten. Es stellt sich die Frage, gegen wen PK Loh vorgehen darf.

921 Der Begriff **Adressat** – besser Maßnahmeadressat – ist erklärungsbedürftig: Während es im Strafverfahren darum geht, die prozessuale Wahrheit und somit den Täter zu ermitteln, ist Ziel der Gefahrenabwehr in erster Linie der Schutz von Rechtsgütern der öffentlichen Sicherheit oder Ordnung. Wie dieser Schutz erreicht wird, und gegen wen man für die Erreichung dieses Schutzes polizeiliche Maßnahmen richtet, ist für dieses Ziel zunächst zweitrangig. Im Bereich der Gefahrenabwehr gilt das **Prinzip der Effektivität der Störungsbeseitigung.**[520]

922 Dennoch ist zu prüfen, ob und unter welchen Voraussetzungen eine Maßnahme gegen eine bestimmte Person gerichtet werden kann. Es stellt sich die Frage des richtigen **Adressaten.**

923 Das Nds. SOG unterscheidet zwischen
- Verhaltensverantwortlichen (§ 6 Nds. SOG)
- Zustandsverantwortlichen (§ 7 Nds. SOG)
- Nichtverantwortlichen (§ 8 Nds. SOG)
- Normadressaten (§ 9 Nds. SOG).

520 *Gusy/Worms,* in: BeckOK-POR NRW, § 1, Rn. 180.

Vertiefung: Neben dem Terminus Verantwortlicher sind auch die Begriffe Störer, Polizeipflichtiger und Verhaltens- oder Zustandshafter geläufig, wobei gegen jeden dieser Begriffe berechtigte Einwände erhoben werden können.[521] 924

1. Verhaltensverantwortlichkeit (§ 6 Nds. SOG)

Nach § 6 Abs. 1 Nds. SOG ist eine Maßnahme grundsätzlich gegen die Person zu richten, die eine Gefahr verursacht. Eine Gefahr kann durch eine Person durch **aktives Handeln, pflichtwidriges Unterlassen oder ihren Zustand** verursacht werden.[522] Unter welchen Voraussetzungen eine Person eine Gefahr **verursacht**, wird nach h. M. und Rechtsprechung durch die **Theorie der unmittelbaren Verursachung** bestimmt.[523] 925

Vertiefungshinweis und Selbststudiumsaufgabe: Im Strafrecht dagegen wird überwiegend die Äquivalenztheorie, im Zivilrecht die Adäquanztheorie vertreten. Verschaffen Sie sich anhand eines Lehrbuchs einen Überblick über die verschiedenen Theorien. 926

Eine **Gefahr verursacht**, wer bei wertender Betrachtung unter Einbeziehung aller Umstände des jeweiligen Einzelfalls die Gefahrengrenze überschritten und damit die **unmittelbare Ursache** für den Eintritt der Gefahr gesetzt hat.[524] 927

Beispiele: Ruhestörung, Unterlassen einer Baustellenabsicherung, Betrunkener liegt auf der Fahrbahn 928

Für die gefahrenabwehrrechtliche Verursachung ist es völlig **unerheblich**, ob die Person 929
- ein Kind, Jugendlicher oder Erwachsener ist,
- somit strafrechtlich verantwortlich ist oder
- zivilrechtlich geschäftsfähig ist,
- vorsätzlich oder fahrlässig gehandelt hat,
- schuldhaft oder vorwerfbar gehandelt hat.

Grundsätzlich sind daher polizeiliche Maßnahmen -bis hin zum Schusswaffengebrauch- auch gegen Kinder (wie im Ausgangsfall) möglich. 930

Eine lediglich **mittelbare Verursachung** reicht dagegen nicht aus und rechtfertigt grundsätzlich keine behördliche Inanspruchnahme als Verantwortlicher. 931

Beispiele: So ist die Bierbrauerei nicht Gefahrenverursacher, wenn sich ein Pkw-Fahrer nach dem übermäßigen Genuss des Getränks ans Steuer eines Pkw setzt. Der Waffenhersteller ist nicht Gefahrenverursacher, wenn die Waffe von einer Person rechtswidrig eingesetzt wird. Der Veranstalter eines Konzerts ist nicht Gefahrenverursacher, wenn es auf dem Konzert zu einer Schlägerei kommt. 932

---

521 *Ipsen*, § 6, Rn. 173.
522 *Ullrich/Weiner/Brüggemann*, Rn. 61.
523 *Denninger*, in: Lisken/Denninger, D, Rn. 77 m. w. N.
524 *Böhrenz/Siefken*, Nds. SOG, § 6, Rn. 4; vgl. vertiefend *Gusy*, § 5, Rn. 332 ff.

933 Die Theorie der unmittelbaren Verursachung, für die sich der Gesetzgeber dem Wortlaut des § 6 Abs. 1 Nds. SOG nach entschieden hat, führt in der Regel zu brauchbaren Ergebnissen.[525]

934 Gleichwohl kann es Fälle geben, in denen die Theorie der unmittelbaren Verursachung zu „unpraktikablen“[526] Lösungen führt.

935 **Beispiele:** Aufgrund unzureichender Sicherungsmaßnahmen im Alten- und Pflegeheim entweicht ein demenzkranker Bewohner, woraufhin die Polizei umfangreiche Suchmaßnahmen einleiten muss. Die letzte Ursache setzt hier der Bewohner, denn auf ein Verschulden kommt es nicht an. Demzufolge wäre er grundsätzlich auch kostenrechtlich verantwortlich.

936 In diesen Fällen behilft sich die Rechtsprechung[527] durch Heranziehung der konstruierten Figur des „Zweckveranlassers“.[528]

937 **Vertiefungshinweis:** Nicht nur aus dogmatischen, sondern auch aus historischen Gründen interessant ist hier der Fall des Borkum-Liedes (PrOVGE 80, 176), der ein Schlaglicht auf den weit verbreiteten Antisemitismus des 19. und 20. Jahrhunderts wirft.[529]

938 **Zweckveranlasser ist,** wer durch sein *Verhalten eine Situation herbeiführt, in der zwangsläufig von einem Dritten eine Gefahr ausgeht* oder wer durch sein Verhalten bewusst bezweckt, dass eine Gefährdung der öffentlichen Sicherheit oder Ordnung durch Dritte erfolgt.[530] Die Störung selbst wird unmittelbar zwar durch einen anderen verursacht. Dennoch wird der Zweckveranlasser als Mitverursacher und damit als Verhaltensverantwortlicher[531] im Sinne des § 6 Abs. 1 Nds. SOG in Anspruch genommen.[532]

939 **Beispiel:** Der Geschäftsinhaber, der durch eine außergewöhnliche Schaufensterauslage einen Menschenauflauf provoziert, der sich auf den öffentlichen Straßenverkehr auswirkt (Beispiel nach PrOVGE 40, 216 und 85, 270). Auch im obigen Beispiel wäre der Verantwortliche des Alten- und Pflegeheims Zweckveranlasser.[533]

940 Die Figur des Zweckveranlassers wird in Teilen der Literatur sehr kritisch betrachtet,[534] ist aber aus Gründen der Effektivität der Gefahrenabwehr wohl

---

525 *Ipsen,* § 6, Rn. 181.

526 *Pieroth/Schlink/Kniesel,* § 9, Rn. 29 ff.

527 PrOVG, *Bescheid* vom 28.10.1901 – PrOVGE 40, 216 -Schaufensterwerbung; PrOVG, *Urteil* vom 14.5.1925 – PrOVGE 80, 176 -Borkum-Lied; PrOVG, *Urteil* vom 10.10.1929 – PrOVGE 85, 270 -mechanische Schaufensterpuppe.

528 Hierzu *Ullrich*, in: BeckOK-Nds. SOG, § 6 Rn. 19 ff.

529 *Bajohr,* „Unser Hotel ist judenfrei“. Bäder-Antisemitismus im 19. und 20. Jahrhundert.

530 *Ullrich*, in: BeckOK- Nds. SOG, § 6, Rn. 19.

531 *Steinhorst*, Polizei- und Ordnungsrecht Brandenburg, Rn. 280.

532 Vgl. auch AB 6.1.

533 Statt vieler *Denninger,* in: Lisken/Denninger, D, Rn. 80 ff.; weniger kritisch *Schenke*, § 4, Rn. 244 ff.

534 *Gusy,* § 5, Rn. 336; ausführlich *Beaucamp/Seifert*, JA 2007, 577.

unverzichtbar.[535] Gleichwohl muss für die Inanspruchnahme des Zweckveranlassers bei diesem ein **rechtswidriges Verhalten** vorliegen,[536] denn wer sich rechtskonform verhält, kann (nach umstrittener Auffassung) auch nicht polizeirechtlich verantwortlich sein.[537]

> **Beispiel:** Die von der Versammlungsfreiheit (Art. 8 GG) und Meinungsfreiheit (Art. 5 GG) geschützte Teilnahme an einer Versammlung kann grundsätzlich nicht dazu führen, als polizeirechtlich Verantwortlicher in Anspruch genommen zu werden, weil die geäußerte Meinung auf Protest und Widerstand einer Gegenversammlung stößt.[538] **941**

In diesen Fällen ist daher nach hier vertretener Auffassung zu prüfen, ob eine Inanspruchnahme als Nichtverantwortlicher (§ 8 Nds. SOG, bzw. im Beispiel § 8 Abs. 3 NVersG) nötig und möglich ist.[539] **942**

2. Unterfall: Zusatzverantwortlichkeit (§ 6 Abs. 2, 3 Nds. SOG)

Da die Frage nach der polizeirechtlichen Verantwortlichkeit keine Rücksicht auf eine etwaige Schuldfähigkeit nimmt, können im Bereich der Gefahrenabwehr unter besonderen Voraussetzungen auch Dritte für das Verhalten einer Person in Anspruch genommen werden. Dies entspricht dem Gebot der Effektivität der Gefahrenabwehr. **943**

Nach § 6 Abs. 2 Nds. SOG können z. B. auch Personen, die zur Aufsicht über ein Kind verpflichtet sind, Adressat polizeilicher Maßnahmen sein. **Kind** im Sinne des § 6 Nds. SOG ist, wer das 14. Lebensjahr noch nicht vollendet hat. Die **Aufsichtspflicht** kann sich durch Gesetz (beispielsweise bei Eltern, Erziehungsberechtigten, Betreuern, Lehrern), Vertrag (beispielsweise bei Erziehern, Lehrherren, Heimleitern) oder durch tatsächliche Übernahme (beispielsweise bei Verwandten, Freunden, Nachbarn, Trainern, Au-Pairs, Babysitter) der Aufsichtspflicht ergeben. **944**

> **Beispiel:** So könnten im Ausgangsfall auch die Eltern aufgefordert werden, ihrem Sohn Einhalt zu gebieten. **945**

Nach § 6 Abs. 3 Nds. SOG können auch **Geschäftsherren** für Maßnahmen zur Abwehr von Gefahren in Anspruch genommen werden, die von einer Hilfsperson, den Verrichtungsgehilfen,[540] **in Ausführung der Verrichtung** verursacht wurde. **946**

Geschäftsherr ist, wer aufgrund eines Dienst- oder Arbeitsverhältnisses oder aus Gefälligkeit in der Lage ist, einen anderen zu einer Verrichtung zu bestellen und ihm diesbezüglich Weisungen zu erteilen. **947**

---

535 *Ipsen,* § 6, Rn. 195.
536 *Ipsen,* § 6, Rn. 197. Anders die AB 6.1.
537 Vgl. vertiefend *Denninger,* in: Lisken/Denninger, D, Rn. 79.
538 Vgl. *Ullrich,* in: BeckOK-Nds. SOG, § 6 Rn. 24 mwN.
539 *Ullrich/Weiner/Brüggemann,* Rn. 62.
540 *Böhrenz/Siefken,* Nds. SOG, § 6, Rn. 6.

948 **Beispiel:** Dienst-, Arbeits-, Ausbildungsvertrag, Werkvertrag, Gefälligkeiten (auch Schwarzarbeit!)

949 **In Ausführung der Verrichtung** handelt der Gehilfe, wenn die Verursachung der Gefahr in einem inneren Zusammenhang mit der übertragenen Aufgabe steht.

950 **Beispiel:** Lkw-Fahrer verursacht einen Verkehrsunfall. Für die Bergung des Lkw ist nicht nur der Fahrer, sondern auch der Spediteur verantwortlich.

3. Zustandsverantwortlichkeit (§ 7 Nds. SOG)

951 Eine Gefahr kann nicht nur von Personen, sondern auch von **Sachen** verursacht werden, beispielsweise durch deren Lage im Raum (Kantholz auf der Fahrbahn einer BAB) oder durch die Sache selbst (tollwütiger, bissiger Hund in der Fußgängerzone).[541]

952 Nicht unter die Zustandsverantwortlichkeit fallen Sachlagen, bei denen eine Person durch und mit Hilfe einer Sache eine Gefahr verursacht (beispielsweise die Stereoanlage bei einer Ruhestörung).[542] Vielmehr muss die Gefahr „von einer Sache ausgehen“, so dass die Gefahrenquelle ihren Sitz in der Sache selbst haben muss.[543]

953 Dem Grundsatz der Effektivität der Gefahrenabwehr folgend hat der Gesetzgeber in § 7 Nds. SOG auch Personen, die einen Bezug zu einer gefahrverursachenden Sache aufweisen, eine polizeirechtliche Verantwortlichkeit auferlegt. Namentlich sind dies der Inhaber der tatsächlichen Gewalt über die Sache (§ 7 Abs. 1 Nds. SOG), der Eigentümer (§ 7 Abs. 2 Nds. SOG) und der ehemalige Eigentümer (§ 7 Abs. 3 Nds. SOG).

954 **Sachen** sind hierbei alle beweglichen und unbeweglichen Gegenstände, somit auch Immobilien (Grundstücke, Häuser, Wohnungen).[544] Tiere sind keine Sachen, jedoch gelten die gesetzlichen Vorschriften für sie entsprechend (§ 90a BGB). Sie sind auch im § 7 Abs. 1 Nds. SOG ausdrücklich mit erwähnt.

955 **Inhaber der tatsächlichen Gewalt über eine Sache** ist der Inhaber der Sachherrschaft. Hier kommt es auf die tatsächlichen, nicht auf die rechtlichen Verhältnisse an. Eigentum und Besitz nach dem BGB können ein Indiz für die Sachherrschaft darstellen, sind aber keine Voraussetzung.[545] So hat nicht nur der sogenannte „Besitzdiener“ (§ 855 BGB), sondern auch der unrechtmäßige Besitzer die tatsächliche Gewalt im Sinne des § 7 Abs. 1 Nds. SOG. Letztlich entspricht die tatsächliche Gewalt dem „Gewahrsam“ im Sinne des § 242 StGB.

---

541 *Ipsen,* § 6, Rn. 198.
542 *Ullrich,* in: BeckOK Nds. SOG, § 7, Rn. 3.
543 *Denninger,* in: Lisken/Denninger, D, Rn. 108.
544 Vgl. AB 7.1.
545 *Gusy,* § 5, Rn. 350.

Beispiel: So hat auch der Pkw-Dieb über den gestohlenen Pkw die tatsächliche Gewalt. 956

Darüber hinaus ist nach § 7 Abs. 2 Nds. SOG auch der **Eigentümer** (§ 903 BGB – lesen!) einer Sache für diese polizeirechtlich verantwortlich. 957

Wird die tatsächliche Gewalt jedoch ohne den Willen des Eigentümers ausgeübt, so ist der Eigentümer nach § 7 Abs. 2 S. 2 Nds. SOG nicht mehr für die Sache polizeirechtlich verantwortlich. Dies ist bei entwendeten Sachen der Fall. 958

Beispiel: A entwendet dem B dessen LKW und „parkt" ihn quer auf der Straße, um ein „Nickerchen" zu machen. 959

Ein entgegenstehender Wille des Eigentümers ist nicht erforderlich, so dass z. B. ein Diebstahl nicht bemerkt werden muss, um eine Verantwortlichkeit auszuschließen.[546] 960

Wird die tatsächliche Gewalt vom Unberechtigten wieder aufgegeben, so lebt die Verantwortlichkeit des Eigentümers wieder auf.[547] 961

Beispiel: Im obigen Beispiel entfernt sich der LKW-Dieb vom „geparkten" Fahrzeug. Nun ist wieder der Eigentümer B polizeirechtlich für die Entfernung des LKW von der Straße verantwortlich (und muss für die Abschleppkosten aufkommen). Hat der Dieb zudem Kraftstoff aus dem Tank ausgeleitet und hierbei das Erdreich verschmutzt, ist B allerdings für diese Verschmutzung und für die damit einhergehenden „wasserrechtlichen Gefahren" nicht verantwortlich.[548] 962

Auch der umgekehrte Fall, der sogenannte „aufgedrängte Besitz", wirft Probleme auf. 963

Beispiel: Unbekannte stellen nachts eine Palette mit Altölkanistern auf dem Grundstück des B ab. Wer ist für die Entsorgung verantwortlich? 964

Hier wird der B nicht Eigentümer des Altöls. Und die tatsächliche Gewalt an der Sache hat der B auch nicht erlangt, da es ihm insoweit am Willen zur Sachherrschaft mangelt. Er ist also nicht Zustandsverantwortlicher.[549] 965

Anders wiederum ist die Verantwortlichkeit zu begründen, wenn die Altölkanister umstürzen, das Öl ins Erdreich gelaufen ist und eine Verschmutzung des Grundwassers droht. Das Öl hat sich mit dem Grund und Boden verbunden (§ 94 Abs. 1 BGB), der B ist Eigentümer des nunmehr kontaminierten Erdreichs. Er ist (neben dem zu ermittelnden Verursacher) als Zustandsverantwortlicher verpflichtet zur Sanierung des Bodens. 966

---

546 *Ullrich*, in: BeckOK-NdsSOG, § 7 Rn. 13.
547 *Böhrenz/Siefken*, Nds. SOG, § 7, Rn. 4.
548 Vgl. OVG Lüneburg, *Beschluss* vom 17.11.2016 – 13 LB 143/16.
549 *Denninger*, in: Lisken/Denninger, D, Rn. 114.

967 Eine erhebliche Relevanz, vor allem hinsichtlich der zu tragenden Kosten, erhält die Zustandsverantwortlichkeit bei Fällen, in denen der (neue) Eigentümer eines Grundstücks feststellen muss, dass sein Grundstück mit Altlasten kontaminiert ist. Vielen Privatpersonen ist es nicht möglich, die hierbei anfallenden erheblichen Kosten zu tragen.

968 **Vertiefungshinweis:** Hier wäre das Bundesbodenschutzgesetz als Spezialgesetz anzuwenden, das bezüglich der Altlasten auf einem Grundstück noch speziellere Regelungen enthält (§ 4 BBSchG).[550]

969 Damit sich der Eigentümer seiner polizeirechtlichen Verantwortlichkeit nicht durch die Aufgabe des Eigentums (Dereliktion) – z. B. Abstellen eines „Schrottautos“ im Wald -entziehen kann, bleibt nach § 7 Abs. 3 Nds. SOG auch der ehemalige Eigentümer polizeipflichtig.[551]

970 **Vertiefungshinweis:** Die Aufgabe des Eigentums an einem Grundstück ist nach § 928 BGB, an einer Sache nach § 959 BGB möglich. Der Grundstückseigentümer muss die Aufgabe gegenüber dem Grundbuchamt erklären. Der Fiskus erhält hierdurch ein Aneignungsrecht an dem Grundstück, aber keine Aneignungspflicht (Stichwort „Altlasten“). Nach der Eigentumsaufgabe werden die Sachen herrenlos. Nimmt sie jemand in Besitz, so wird er neuer Eigentümer (958 BGB).

4. Nichtverantwortlicher (§ 8 Nds. SOG)

971 Grundsätzlich gilt: wer keine Gefahr verursacht und auch kein Näheverhältnis zu einer gefahrenverursachenden Sache hat, muss von polizeilichen Maßnahmen verschont bleiben. Er ist nicht verantwortlich für die Gefahr.

972 Es gibt aber Situationen, in denen ein **Nichtverantwortlicher** ausnahmsweise in Anspruch genommen werden muss, weil eine Gefahr nicht anders abzuwenden ist.[552] Dem trägt § 8 Nds. SOG Rechnung, der Maßnahmen gegen Nichtverantwortliche zulässt, wenn
- eine gegenwärtige erhebliche Gefahr abzuwehren ist,
- Maßnahmen gegen Verantwortliche (§§ 6 und 7 Nds. SOG) nicht oder nicht rechtzeitig möglich sind oder keinen Erfolg versprechen
- die Verwaltungsbehörden oder die Polizei die Gefahr nicht oder nicht rechtzeitig selbst oder durch Beauftragte abwehren kann **und**
- der Nichtverantwortliche ohne erhebliche eigene Gefährdung und ohne Verletzung höherwertiger Pflichten in Anspruch genommen werden kann.

973 Das Wort „**und**“ verdeutlicht, dass es sich um eine kumulative Aufzählung handelt. Es müssen also alle Voraussetzungen erfüllt sein (und in der Klausur geprüft werden).

---

550 *Gusy,* § 5, Rn. 374 ff. In diesen Fällen sieht die Rechtsprechung aus Gründen der Verhältnismäßigkeit eine Kostenbegrenzung für angezeigt (vgl. BVerfG, Beschluss vom 16.2.2000 – 1 BvR 242/91 u. a. – BVerfGE 102, 1, 17; hierzu *Sachs,* JuS 2000, 1219).

551 *Ullrich,* in: BeckOK Nds. SOG, § 7 Rn. 17.

552 *Denninger,* in: Lisken/Denninger, D, Rn. 138.

Klausurhinweis: Die Inanspruchnahme eines Nichtverantwortlichen erfordert sowohl in der Praxis als auch in der Klausur eine sorgfältige Prüfung. Regelmäßig werden hier viele Punkte „liegengelassen“, weil die Prüfung der Voraussetzungen des § 8 Nds. SOG nicht oder nur oberflächlich vorgenommen wird. **974**

Zunächst muss eine **gegenwärtige, erhebliche Gefahr** (§ 2 Nr. 1b und c Nds. SOG) vorliegen. Eine Gefahr, die nicht gegenwärtig ist, wird in der Regel vom Verantwortlichen oder aber von der Polizei selbst oder einem Beauftragten abgewehrt werden können. Die Beschränkung auf eine erhebliche Gefahr folgt aus dem Grundsatz der Verhältnismäßigkeit. Das kann in seltenen Fällen dazu führen, dass eine Gefahr nicht abgewehrt werden kann, wenn zwar grundsätzlich eine Maßnahme denkbar wäre (z. B. Verfügung nach § 11 Nds. SOG zur Abwehr einer konkreten Gefahr), aber die Maßnahme gegen keinen Adressaten gerichtet werden kann (Verantwortlicher nicht zugegen, Nichtverantwortlicher kann mangels gegenwärtiger erheblicher Gefahr nicht in Anspruch genommen werden), sofern die Polizei oder ein Beauftragter die Gefahr nicht selbst abwehren können.[553] **975**

Beispiel:[554] Könnte die Polizei einen potenziellen Falschparker nur dadurch am Falschparken hindern, dass sie einen einem Nachbarn gehörenden Gegenstand vor den Parkplatz stellt, so müsste die Polizei auf die Benutzung dieses Gegenstandes verzichten und das Falschparken geschehen lassen. **976**

An diesem Beispiel wird deutlich, dass dieser Verlust an polizeilicher Handlungsmöglichkeit durchaus verkraftbar ist. **977**

Zweite Voraussetzung ist, dass **Maßnahmen gegen Verantwortliche** nicht bzw. nicht rechtzeitig möglich sind oder keinen Erfolg versprechen (Grundsatz der Subsidiarität gegenüber dem Nichtverantwortlichen[555]). Eine solche Situation ist beispielsweise gegeben, wenn der Verantwortliche tot, verletzt oder aus anderen Gründen nicht leistungsfähig ist, noch nicht ermittelt wurde oder weil kein Verantwortlicher vorhanden ist (herrenloses Tier, Naturereignisse). **978**

Beispiel: Nach einem Verkehrsunfall ist die Fahrbahn durch Glassplitter verunreinigt. Nach § 6 Abs. 1 Nds. SOG wäre es möglich, den Unfallverursacher zur Reinigung der Fahrbahn zu verpflichten (§ 11 Nds. SOG). Ebenso wäre es möglich, den Fahrzeughalter nach § 7 Abs. 1 und Abs. 2 Nds. SOG zu verpflichten, wenn er beispielsweise als Beifahrer im Fahrzeug saß und an der Unfallstelle zugegen ist. Beides ist natürlich nicht mehr möglich, wenn die Verantwortlichen z. B. wegen ihrer Verletzungen ins Krankenhaus transportiert werden mussten. **979**

Dritte Voraussetzung ist die **Unmöglichkeit der (rechtzeitigen) Gefahrenabwehr** durch die Verwaltungsbehörde, der Polizei oder einem durch diese Beauftrag- **980**

553 *Ullrich,* in: BeckOK-NdsSOG, § 8 Rn. 8.2.
554 Nach *Ullrich/Weiner/Brüggemann,* Rn. 73.
555 *Gusy,* § 5, Rn. 384.

ten. Auch das ist Ausfluss des Subsidiaritätsgrundsatzes.[556] Wenn die Polizei die Gefahr mit eigenen Mitteln beseitigen kann, ist die Inanspruchnahme eines Nichtverantwortlichen nicht erforderlich. Die Polizei kann selbst tätig werden. Das ist eine Form der Zwangsanwendung, nämlich der **Ersatzvornahme** (§ 66 Nds. SOG), hier in Form der sogenannten **Selbstvornahme**. Die Polizei kann jedoch auch eine andere Person bzw. Firma **beauftragen.** Diese Form der Ersatzvornahme ist eine sogenannte **Fremdvornahme.**

981 **Beispiel:** Beim obigen Unfall könnten die Polizeibeamten nun selbst die Glassplitter wegfegen (und dies wird in der Praxis auch der häufigste Fall sein). Es könnte jedoch auch die Stadtreinigung (Verwaltungsbehörde) tätig werden, oder aber eine Straßenreinigungsfirma beauftragt werden.

982 In den Fällen der Fremdvornahme muss der Beauftrage freiwillig tätig werden, ansonsten handelt er als Nichtverantwortlicher. Zwischen dem Beauftragten und dem Auftraggeber (Polizei) wird ein zivilrechtlicher Vertrag (Werkvertrag) geschlossen. Die Bezahlung des Beauftragten richtet sich entsprechend nach den ausgehandelten Vertragsbedingungen.

983 Schlussendlich darf es für den Nichtverantwortlichen zu **keiner erheblichen Eigengefährdung** und zu **keiner Verletzung höherwertiger Pflichten** kommen. Es darf durch die Inanspruchnahme also zu keiner Gefährdung des Lebens oder der Gesundheit kommen (AB 8.1). Die im konkreten Einzelfall vorzunehmende Abwägung, welche Pflichten höherwertig sind, richtet sich nach den bedrohten Rechtsgütern (AB 8.1).[557]

984 Die Inanspruchnahme eines Nichtverantwortlichen darf nach § 8 Abs. 2 Nds. SOG nur so lange andauern, bis die Abwehr der Gefahr auf andere Weise möglich ist. Das ist mit Blick auf das verfassungsrechtliche Übermaßverbot, insbesondere den Erforderlichkeitsgrundsatz, eine normierte Selbstverständlichkeit.

985 **Klausurhinweis:** Dieser Punkt ist nur anzuprüfen, wenn die Klausur hierzu ausnahmsweise Anlass gibt.

986 Diese Fälle des **„polizeilichen Notstands“** sollen allerdings die Ausnahme sein und die Vorschriften des § 8 Nds. SOG (oder spezialgesetzliche Vorschriften wie § 8 Abs. 3 NVersG) sind entsprechend eng und restriktiv auszulegen.[558]

987 **Vertiefung:** Dem Nichtverantwortlichen steht für seine Inanspruchnahme ein Schadensausgleich nach den §§ 80–86 Nds. SOG zu.[559]

988 Die Inanspruchnahme des Nichtverantwortlichen ist nicht mit der des Normadressaten zu verwechseln (siehe unten).[560] Auch stellt die Verfügung nach § 11 Nds. SOG an eine Person, ihrer Rechtspflicht zur Hilfeleistung nachzu-

---

556 *Denninger,* in: Lisken/Denninger, D, Rn. 139.
557 *Ullrich,* in: BeckOK-NdsSOG, § 8 Rn. 21.
558 *Denninger,* in: Lisken/Denninger, D, Rn. 138.
559 *Böhrenz/Siefken,* Nds. SOG, § 8, Rn. 8.
560 *Böhrenz/Siefken,* Nds. SOG, § 8, Rn. 3.

kommen (§ 323c StGB; Unterlassene Hilfeleistung) keine Inanspruchnahme eines Nichtverantwortlichen dar.[561]

5. Normadressat (§ 9 Nds. SOG)

Häufig wird in Klausuren übersehen, dass nach § 9 Nds. SOG die §§ 6 bis 8 Nds. SOG *„keine Anwendung finden"*, wenn das Nds. SOG auch Maßnahmen des „Dritten Teils" gegen andere Personen zulässt. **989**

> **Vertiefung:** Dies ist bei den meisten Maßnahmen der Fall:[562] §§ 12 Abs. 1, 2 und 6, 13 Abs. 1 Nr. 2–4, 15 Abs. 1 Nr. 2, 17, 18 Abs. 1 Nr. 1 und Nr. 3, 22 Abs. 1 und 2, 23 Abs. 1 Nr. 1, 24 Abs. 2, 26 Nr. 3, 31 Abs. 2, 34 Abs. 1 Nr. 2 und 3 Nds. SOG. **990**

Ob die Voraussetzungen der §§ 6 bis 8 Nds. SOG vorliegen, ist daher grundsätzlich irrelevant. Dennoch sollen Maßnahmen auch in diesen Fällen „nach Möglichkeit in erster Linie" (so die AB 9.0 am Ende) gegen Verantwortliche (und nicht gegen eigentlich „Unbeteiligte") gerichtet werden. Aus diesem Grund wird in einer Klausur neben der Feststellung, dass es sich um einen Normadressaten nach § 9 Nds. SOG handelt, auch – so möglich – eine qualitative Feststellung hinsichtlich der Verantwortlichkeit des Adressaten in Anlehnung an die §§ 6 bis 8 Nds. SOG erwartet. **991**

> **Formulierungsvorschlag:** *„Der A ist Normadressat nach § 9 Nds. SOG, hier in der Qualität eines Verhaltensverantwortlichen (vgl. § 6 Abs. 1 Nds. SOG)."* **992**
> *„Der A ist Normadressat nach § 9 Nds. SOG, hier in der Qualität eines Verhaltensverantwortlichen (vgl. § 6 Abs. 1 Nds. SOG) und Zustandsverantwortlichen (vgl. § 7 Nds. SOG)."*

Keinen Normadressaten beinhaltet die allgemeine Befugnisgeneralklausel § 11 Nds. SOG. Bei allgemeinen Maßnahmen, die auf dieser Norm basieren muss die Adressateneigenschaft nach den §§ 6–8 Nds. SOG geprüft werden. Weitere Vorschriften ohne Normadressat sind: §§ 12 Abs. 3, 13 Abs. 1 Nr. 1, 18 Abs. 1 Nr. 2, 23 Abs. 1 Nr. 2–6 sowie 26 Nr. 1 und Nr. 2 Nds. SOG.[563] **993**

Die Unterscheidung zwischen Normadressat und Nichtverantwortlichem ist auch hinsichtlich einer möglichen Entschädigung wichtig, die dem Normadressaten grundsätzlich nicht zusteht.[564] **994**

---

561 *Gusy*, § 5, Rn. 381.
562 *Ullrich/Weiner/Brüggemann*, Rn. 59, der jedoch entgegen der hier vertretenen Auffassung in § 18 Abs. 1 Nr. 3 keinen Normadressaten sieht.
563 *Ullrich*, in: BeckOK-NdsSOG, § 9, Rn. 3.
564 *Böhrenz/Siefken*, Nds. SOG, § 9 Rn. 2.

III. Ermessen

995 **Fall 1:** In Nienburg ist nach der GefahrenabwehrVO-NI das Füttern von Tauben in der Fußgängerzone unzulässig. PK Orda sieht, wie Oma Lieschen dennoch einer Taube einige Brotkrumen zuwirft. Er entscheidet sich, nicht „einzuschreiten“.

996 **Fall 2:** Justin versucht lallend mit seinem PKW Schlüssel die Tür seines Porsche zu öffnen, um nach Hause zu fahren. Er ist offensichtlich stark betrunken. PK Orda spricht ihn an. Als er die starke Alkoholfahne riecht, fordert er ihn auf, den Schlüssel zum PKW auszuhändigen. Anschließend nimmt er ihn in Gewahrsam.

997 **Fall 3:** Auf der Hauptstraße ist es zu einem schweren Verkehrsunfall gekommen, der alle polizeilichen Kräfte fordert. Justin ruft zu diesem Zeitpunkt bei der Polizei an, weil seine Nachbarn (tagsüber) extrem laut Musik hören und er sich gestört fühlt. PK Orda teilt ihm mit, dass leider keine Beamten „abkömmlich“ sind.

998 Wurde das Ermessen rechtmäßig ausgeübt?

1. Allgemeines

999 Wenn der Polizei (oder auch der Verwaltung) Ermessen[565] eingeräumt ist, bedeutet das, dass der handelnde Beamte grundsätzlich selbst entscheiden kann, ob er (1.) überhaupt tätig wird und (2.) welche konkrete Maßnahme er (3.) wem gegenüber ergreift. Mit anderen Worten: **Ermessen** ist die Entscheidungsfreiheit darüber, „ob“ eine bestimmte Rechtsfolge gesetzt werden soll (**Entschließungsermessen**) und „wie“ und „wem gegenüber“ dies geschehen soll (**Auswahlermessen**).

1000 Dass eine solche Entscheidungsfreiheit besteht, folgt grundsätzlich aus dem Gesetz selber. Insbesondere wenn durch den Gesetzgeber bei der Beschreibung der **Rechtsfolge** das Wörtchen *„kann“*, *„darf“* oder die Wendung *„ist befugt“* verwendet wird, wird Ermessen eingeräumt. Wenn gerade kein Ermessen eingeräumt ist (sog. gebundene Entscheidung), erkennt man das an Wendungen wie *„muss“*, *„hat“*, *„ist zu …“*, *„darf nicht“*. Eine Zwischenstellung nimmt die so genannte „Soll“-Vorschrift ein. Wird das Wörtchen „soll“ verwendet, so ist ein Abweichen nur im außergewöhnlichen Fall möglich.

565 Hierzu z. B. *Ullrich*, in: BeckOK-Nds. SOG, Kommentierung zu § 5 Nds. SOG; *Kment/Vorwalter*, JuS 2015, S. 193; *Kugelmann*, 2. Aufl., S. 260 ff.

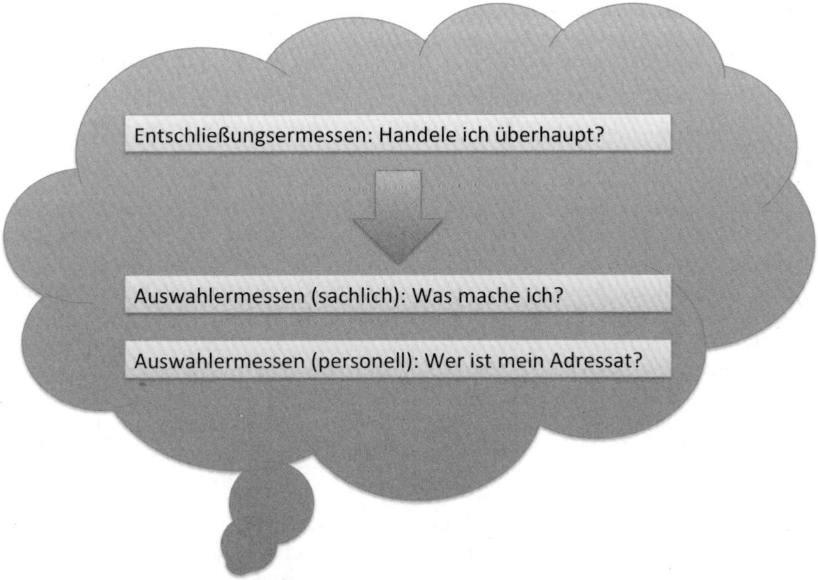

Ein Ermessenspielraum besteht regelmäßig **bei präventiven Maßnahmen** (z. B. nach dem Nds. SOG). Hier bestimmt § 5 Abs. 1 Nds. SOG ausdrücklich, dass Maßnahmen nach „pflichtgemäßen Ermessen" zu treffen sind. **1001**

Klausurhinweis: Bei StPO-Maßnahmen findet in der Klausur keine Ermessensprüfung statt. **1002**

Daraus (und aus dem Rechtsstaatsprinzip) folgt aber auch, dass die Polizei mitnichten völlig frei entscheiden kann, ob sie tätig wird. Im Gegenteil: soweit die Polizei in der Lage ist, ihre Aufgabe wahrzunehmen, darf sie nicht untätig bleiben.[566] Nur in engen Fällen ist ein Nichthandeln zulässig oder gar geboten. Das kann zum Beispiel der Fall sein, wenn ein „Abwarten" zweckmäßiger ist, die Gefahr nur eine Bagatelle darstellt (z. B. ein 5-Euroschein droht fortzuwehen), wenn der „Gefährdete" sich auch selbst helfen kann, die Gefahr sich „von selbst erledigt" (z. B. Regen löscht ein illegales Feuer) oder alle Kräfte zur Abwehr einer anderen (größeren oder dringenderen) Gefahr gebraucht werden. **1003**

Beispiel: In Fall 1 ist ein Nichteinschreiten angesichts der Geringfügigkeit des Verstoßes vertretbar.[567] **1004**

a) **Entschließungsermessen.** Das **Entschließungsermessen** ist bei Gefahren für bedeutsame Rechtsgüter (Leib, Leben, Freiheit der Person, große Sachwerte) dahingehend eingeschränkt, dass faktisch nur die Entscheidung tätig zu wer- **1005**

566 *Ullrich*, in: BeckOK-Nds. SOG, § 5 Rn. 11.
567 Fall nach *Drape/Globisch/Trips/Weidemann*, S. 53.

den, die „richtige" ist. Das folgt unter anderem aus der Pflicht des Staates seine Bürger zu schützen – insbesondere dann, wenn ein Schaden unmittelbar bevorsteht und sie selbst dazu nicht (mehr) in der Lage sind. Man spricht in diesem Fall von einer Ermessenreduzierung „auf Null".[568]

1006 Eine solche **Ermessensreduzierung auf Null** wird dann angenommen, wenn einem bedeutsamen Rechtsgut (Leben, Gesundheit, bedeutende Vermögenswerte) eine nicht unerhebliche Gefahr droht und keine vorrangigen polizeilichen Aufgaben vorliegen.[569]

1007 **Beispiel:** Nach dem Gesetzeswortlaut „*kann*" die Polizei in Fall 2 tätig werden. Sowohl die Sicherstellung (§ 26 Nds. SOG) als auch die Ingewahrsamnahme (§ 18 Nds. SOG) sind Maßnahmen, die im Ermessen des handelnden Polizeibeamten stehen. Faktisch ist der PK jedoch zum Handeln verpflichtet, weil so bedeutsame Rechtsgüter wie Leib und Leben des Justin, aber auch der anderen Verkehrsteilnehmer Schaden nehmen könnten, wenn Justin betrunken Auto fährt. PK Orda ist verpflichtet, sowohl Justin als auch die Verkehrsteilnehmer zu schützen.

1008 b) **Auswahlermessen in sachlicher Hinsicht.** Ist die Entscheidung zur Handlung gefallen, besteht regelmäßig ein **Auswahlermessen.** Hier wird zwischen der Auswahl der Maßnahme (Auswahlermessen in sachlicher Hinsicht – mitunter auch Handlungsermessen genannt) und der Auswahl des Adressaten (Auswahlermessen in personeller Hinsicht) unterschieden.

1009 Bei der Frage des **Auswahlermessens in sachlicher Hinsicht** besteht ein Gleichlauf mit der Verhältnismäßigkeit der Maßnahme (hierzu Rn. 1037 ff.). Es ist die Maßnahme (und das Mittel) zu wählen, die geeignet, erforderlich und angemessen ist.

1010 **Beispiel:** In Fall 2 waren Sicherstellung des Schlüssels und Ingewahrsamnahme des Betrunkenen verhältnismäßig; insbesondere auch erforderlich. Eine schlichte Aufforderung, den PKW stehen zu lassen und nach Hause zu laufen wäre keine „gleich wirksame" Maßnahme.

1011 In der Klausur wird die Frage der Verhältnismäßigkeit der konkreten Maßnahme gesondert geprüft (siehe Aufbauschema im Anhang). Eine Erörterung im Rahmen der Ermessensprüfung entfällt daher.

1012 Praktisch relevant (und in der Klausur zu problematisieren) sind die Fälle, in denen der Adressat der Maßnahme ein so genanntes **Austauschmittel** anbietet. Nach § 5 Abs. 2 Satz 2 Nds. SOG „*ist auf Antrag zu gestatten, ein anderes ebenso wirksames Mittel anzuwenden, sofern die Allgemeinheit dadurch nicht stärker beeinträchtigt wird.*" Das Auswahlermessen der Polizei ist in diesen Fällen auf das durch den Adressaten vorgeschlagene Mittel reduziert, selbst wenn es seine Rechte stärker einschränkt.

---

568 *Ullrich*, in: BeckOK-Nds. SOG, § 5 Rn. 22.
569 Vgl. *Schenke*, § 3 Rn. 101 mit Beispielen.

Beispiel: Schlägt der Jugendliche, dessen Flasche Wodka sichergestellt werden soll (Abholung durch die Eltern), vor, diese auszugießen und wegzuschmeißen, ist das zu akzeptieren, da dadurch die Gefahr beseitigt wird. 1013

c) **Auswahlermessen in personeller Hinsicht.** Das **Auswahlermessen in personeller Hinsicht** thematisiert die richtige und rechtmäßige Adressatenauswahl. Wenn faktisch oder rechtlich nur ein Adressat in Betracht kommt, besteht mangels Auswahl auch kein Ermessen. 1014

Im Rahmen der Ermessensprüfung in der Klausur ist die Frage des Auswahlermessens in personeller Hinsicht nur zu problematisieren, wenn eine Maßnahme gegen zwei „gleichwertige" Adressaten in Frage kommt. Die Auswahl hat sich dann an Effektivitätsgesichtspunkten – man spricht vom Gebot der schnellen und effektiven Gefahrenbeseitigung – zu orientieren. Mit anderen Worten: die Maßnahme ist gegen denjenigen zu richten, der die schnellste und/oder größte Aussicht auf ein erfolgreiches Erreichen des Handlungsziels ermöglicht. 1015

Beispiel: Ist zur Schaffung einer ausreichend breiten „Rettungsgasse" eins von zwei eigentlich rechtmäßig parkenden PKW abzuschleppen, muss dasjenige gewählt werden, welches am einfachsten und schnellsten entfernt werden kann. 1016

Neben dem gewichtigen **Grundsatz der Effektivität** (wer kann die Gefahr am schnellsten und sichersten abwehren?) sind auch Aspekte der Verhältnismäßigkeit, Gleichbehandlung und der Leistungsfähigkeit zu berücksichtigen.[570] 1017

Grundsätze der konkurrierenden Verantwortlichkeit und somit Auswahlkriterien können sein: 1018

- Verantwortliche vor Nichtverantwortlichen
- Vorrang des Gefahrennächsten (ausschlaggebend ist zeitliche und örtliche Nähe)
- Vorrang des leistungsfähigsten Verantwortlichen (wer kann die Gefahr am sichersten und schnellsten abwehren? Wer ist finanziell dazu in der Lage?)
- Verhaltensverantwortliche vor Zustandsverantwortlichen
  - hierzu gehören auch die Zusatzverantwortlichen (Eltern, Betreuer)
  - bei Zustandsverantwortlichen in erster Linie der Inhaber der tatsächlichen Gewalt
- Mehrfachverantwortliche vor Einzelverantwortlichen
- Vorrang des Hauptverantwortlichen (wer hat den größten Anteil?)

Diese Grundsätze können jedoch allenfalls ein **Anhalt** sein und dürfen **nicht** als feste Regeln verstanden werden.[571] 1019

2. Ermessen bei Strafverfolgungsmaßnahmen

Bei **Maßnahmen der Strafverfolgung** („StPO-Maßnahmen") wird der Polizei grundsätzlich **kein Ermessen** eingeräumt, da nach dem Legalitätsprinzip die Verpflichtung besteht alle zur Sicherung des Strafverfahrens erforderlichen 1020

570 *Denninger,* in: Lisken/Denninger, D, Rn. 129 ff.
571 Vgl. *Schenke,* § 4, Rn. 285 ff.

Maßnahmen zu treffen. Das erkennt man an der Formulierung des § 163 Abs. 1 StPO: die Beamten des Polizeidienstes „*haben*" Straftaten zu erforschen und entsprechende Maßnahmen zu treffen. In der Klausur wird dementsprechend bei StPO-Maßnahmen der Punkt „Ermessen" nicht angesprochen.

1021 **Vertiefung:** Mitunter kann es jedoch geboten sein, eine Gefahrenabwehrmaßnahme einer Strafverfolgungsmaßnahme (zeitweilig) vorzuziehen. Bei einem Verkehrsunfall ist beispielsweise zunächst die Unfallstelle zu sichern und Verletzten Hilfe zu leisten bevor der Frage, wer den Unfall verursacht (und sich gegebenenfalls strafbar gemacht) hat nachgegangen wird.

3. Ermessensfehler

1022 Die Entscheidungsfreiheit, die der Polizei im Rahmen des Ermessens eingeräumt wird, muss, wie bereits erwähnt, pflichtgemäß wahrgenommen werden. Daneben gilt der – in § 40 VwVfG niedergelegte – Grundsatz, dass „*Ermessen entsprechend dem Zweck der Ermächtigung auszuüben [ist] und die gesetzlichen Grenzen des Ermessens einzuhalten*" sind. Wird das missachtet, spricht man von **Ermessensfehlern**. Eine fehlerhafte Ermessensausübung hat die Rechtswidrigkeit der Maßnahme zur Folge.

1023 **Vertiefung:** Da Ermessensfehler **Amtspflichtverletzungen** darstellen, können sie zivilrechtliche (Schadensersatz – lies § 839 BGB sowie Art. 34 GG), strafrechtliche und disziplinarrechtliche Folgen haben.

1024 Die erste Kategorie der Ermessensfehler ist der so genannte **Ermessensnichtgebrauch** (auch Ermessensausfall). Von einem solchen spricht man, wenn kein Ermessen ausgeübt wird, weil entweder das Ermessen übersehen oder vergessen wird, die fehlerhafte Rechtsauffassung besteht, dass kein Ermessen besteht oder trotz erkanntem Ermessen gar keine Entscheidung getroffen wird.[572]

1025 Von einer **Ermessensunter- bzw. überschreitung** spricht man, wenn die Polizei weniger bzw. mehr macht als erforderlich (und zulässig).

1026 **Beispiel:** Die Rettungskräfte behindernde Gaffer an einer Unfallstelle werden in Gewahrsam genommen (= Überschreitung, da ein Platzverweis zunächst ausreichend gewesen wäre). In einem Fall häuslicher Gewalt fordern Beamte den Aggressor durch die Tür auf, jetzt Ruhe zu geben (= Unterschreitung).

1027 Ein **Ermessensmissbrauch** liegt vor, wenn mit der Maßnahme (oder dem Nichthandeln) „sachfremde Erwägungen" (z. B. Hass, Freundschaft, politische Ansichten) verfolgt werden.

1028 **Beispiel:** Eine Ingewahrsamnahme ist nicht zulässig, wenn maßgebliches Motiv ist, dem Adressaten „eine Lehre zu erteilen".

---

572 *Ullrich*, in: BeckOK Nds. SOG, § 5 Rn. 36 f.

Schließlich folgt aus Art. 3 Abs. 1 GG (lesen!) ein **Gleichbehandlungsgebot:** gleichgelagerte Sachverhalte müssen gleichbehandelt werden. Eine unterschiedliche Behandlung ist nur aus sachlichen Gründen gestattet. **1029**

Selbststudiumsaufgabe: Lesen Sie zur Vertiefung Ausführungen zu Ermessen und Ermessensfehlern in einem Lehrbuch zum Allgemeinen Verwaltungsrecht.[573] **1030**

4. Klausurtaktik

In der Klausur ist die Prüfung des Ermessens Bestandteil der Prüfung der materiellen Rechtmäßigkeit. Ist die Ermessensausübung unproblematisch, ist eine knappe, begründete (!) Darstellung im Urteilsstil angezeigt. **1031**

Formulierungsvorschlag: *„PK Orda hat das ihm grundsätzlich eingeräumte Ermessen pflichtgemäß im Sinne des § 5 Abs. 1 Nds. SOG ausgeübt. Es lag eine Lebensgefahr für Justin und andere Verkehrsteilnehmer vor. Zudem drohte eine strafbare Trunkenheitsfahrt. Daher war das Entschließungsermessen auf Null reduziert. PK Orda war verpflichtet tätig zu werden. Auch das Auswahlermessen wurde rechtmäßig ausgeübt. Andere, mildere Mittel sind nicht ersichtlich (siehe Verhältnismäßigkeitsprüfung). Andere Personen als der Justin kamen als Maßnahmeadressaten nicht in Betracht."* **1032**

Bei Besonderheiten, z. B. einem Angebot eines Austauschmittels oder der Überschreitung einer Ermessensgrenze, wird eine ausführliche Auseinandersetzung mit dem konkreten Sachverhalt erwartet. **1033**

5. Lösungshinweise zu den Ausgangsfällen

Fall 1: Das Ermessen wurde bei der Entscheidung gerade nicht einzuschreiten pflichtgemäß im Sinne des § 5 Abs. 1 Nds. SOG ausgeübt. Allerdings wäre auch ein Einschreiten vertretbar gewesen. In Betracht käme beispielsweise ein Hinweis auf die Unzulässigkeit des Taubenfütterns und ggf. die Erläuterung, dass das Füttern der Tauben auf lange Sicht nachteilig für die Tiere ist. **1034**

Fall 2: Das Ermessen wurde [sowohl bezüglich der Sicherstellung des Schlüssels als auch der Ingewahrsamnahme] pflichtgemäß im Sinne des § 5 Abs. 1 Nds. SOG ausgeübt. Das Entschließungsermessen war „auf Null reduziert", da eine konkrete Gefahr für bedeutende Rechtsgüter (Leib, Leben) des Justin und der Allgemeinheit vorlag. Das Auswahlermessen wurde fehlerfrei ausgeübt. Die getroffene Maßnahme war ohne – gleich wirksame – Alternative. Als Adressat kam nur Justin in Betracht. **1035**

573 Z.B. *Maurer*, Allgemeines Verwaltungsrecht, 2. Teil § 7.

1036 **Fall 3:** Das Ermessen wurde pflichtgemäß ausgeübt. Auf Grund der fehlenden Einsatzkräfte und der konkreten Gefahren für hochrangige Rechtsgüter an der Unfallstelle (Leib, Leben, Leichtigkeit des Verkehrs) durfte die Polizei davon absehen, Maßnahmen bezüglich der lauten Musik zu treffen.

IV. Verhältnismäßigkeit der Maßnahme

1037 **Fall 1:** Eine betrunkene Person lässt absichtlich eine Glasflasche auf die Straße fallen und wird von den Beamten aufgefordert, die Scherben zu entfernen. Zusätzlich wird die Identität festgestellt.

1038 **Fall 2:** Justin versucht -wieder einmal- lallend mit seinem PKW Schlüssel die Tür seines Porsche zu öffnen, um nach Hause zu fahren. Er ist offensichtlich stark betrunken. PK Orda spricht ihn an. Als er die starke Alkoholfahne riecht, nimmt er ihn in Gewahrsam. Darüber hinaus lässt er den Pkw abschleppen.

1039 Jegliches staatliche Handeln – also auch das der Polizei – muss verhältnismäßig sein. Dieser **Verhältnismäßigkeitsgrundsatz** (auch Übermaßverbot genannt) hat Verfassungsrang.[574] Er ergibt sich aus dem Rechtsstaatsprinzip des Art. 20 Abs. 3 GG und aus den Grundrechten selbst.[575]

1040 **Vertiefung:** In § 4 Nds. SOG ist der Grundsatz der Verhältnismäßigkeit einfachgesetzlich klargestellt. Darüber hinaus findet er sich häufig -mit unterschiedlichen Begriffen und auf unterschiedlichen Ebenen- in den Befugnisnormen selbst. So ist häufig von „erforderlichen“, „notwendigen“, „unerlässlichen“ oder „nicht außer Verhältnis stehenden“ Maßnahmen die Rede.

1041 Ob eine Eingriffsmaßnahme verhältnismäßig ist, ist Gegenstand der Prüfung der materiellen Rechtmäßigkeit. Diese Prüfung findet auf drei Ebenen[576] statt:
1. Prüfung der Geeignetheit
2. Prüfung der Erforderlichkeit
3. Prüfung der Verhältnismäßigkeit im engeren Sinne

1. Geeignetheit

1042 Die erste Frage, die sich bei der Prüfung der Verhältnismäßigkeit stellt, ist die Frage nach der Geeignetheit der Maßnahme.

574 BVerfG, *Beschluss* vom 15.12.1965 – 1 BvR 513/65 – BVerfGE 19, 342, 349.
575 *Ullrich/Weiner/Brüggemann,* Rn. 96.
576 *Rachor,* in: Lisken/Denninger, E, Rn. 142.

Eine Maßnahme ist **geeignet**, wenn mit ihrer Hilfe das angestrebte Ziel der Maßnahme erreicht bzw. die Zielerreichung zumindest gefördert werden kann.[577] **1043**

Um das überprüfen zu können, muss man gedanklich einen Schritt zurückgehen und zunächst danach fragen, welches **Ziel** mit der konkreten Maßnahme eigentlich verfolgt wird. Erst dann kann beurteilt werden, ob die Maßnahme zur Erreichung dieses Ziels „zwecktauglich" ist. Der Zweck (die Zielrichtung der Maßnahme) ergibt sich letztlich aus der sachlichen Zuständigkeit. **1044**

> **Klausurhinweis:** Denken Sie bei der Prüfung der Verhältnismäßigkeit an die Prüfung der sachlichen Zuständigkeit zurück und nehmen Sie die entsprechenden Anknüpfungspunkte auf. **1045**

Das Ziel ist entweder Repression oder Prävention. Konkrete Erfolge sind nicht gemeint. So wäre es beispielsweise verkürzt (und falsch) zu argumentieren: „Ziel der Beamten ist es, eventuell mitgeführte Schusswaffen zu finden. Durch die Durchsuchung kann das Ziel erreicht werden." Es wird nicht klar, ob das Auffinden der Schusswaffe der Repression oder Prävention dienen soll. Besser: „Ziel der Beamten ist es, ihr eigenes Leben und ihre Gesundheit vor möglichen Angriffen durch A zu schützen. Um dieses Ziel zu erreichen, ist eine Durchsuchung des A nach Waffen geeignet, da diese – bei Auffinden – sichergestellt und nicht mehr gegen die Beamten verwendet werden können." **1046**

Repressive Maßnahmen dienen gewöhnlich der **Sicherung des Straf- oder Ordnungswidrigkeitenverfahrens**. Der dahinterstehende Zweck ist also die Sicherung des **Strafverfolgungsanspruchs** des Staates. **1047**

Einige Maßnahmen der StPO beinhalten darüber hinaus teilweise oder überwiegend Aspekte der Gefahrenabwehr, Straftatenverhütung oder Vorsorge für die Verfolgung künftiger Straftaten (so z. B. §§ 111b StPO i. V. m. 74 StGB; 81b 2. Alt. StPO, 81g StPO, 112a StPO). **1048**

Maßnahmen der Gefahrenabwehr dienen in der Regel **dem Schutz von Individual- und Kollektivrechtsgütern**, können im Einzelfall aber auch der Gefahrenvorsorge oder der Straftatenverhütung dienen. **1049**

Nachdem Sie sich gedanklich das Ziel der Maßnahme vor Augen geführt haben, prüfen Sie nun ob die konkrete Maßnahme potentiell zwecktauglich ist, das angestrebte Ziel zu erreichen oder zumindest die Zielerreichung zu fördern. Es ist **nicht** nötig, dass die Maßnahme ganz sicher oder mit hoher Wahrscheinlichkeit zum Erfolg führt, ausreichend ist die Möglichkeit der Zielerreichung bzw. die Förderung der Zielerreichung. Versetzen Sie sich dazu in die Lage des handelnden Beamten zum Zeitpunkt des Maßnahmebeginns: War die Maßnahme, aus dessen Sicht und mit Blick auf die Erreichung des Ziels, zumindest ein „Schritt in die richtige Richtung"? **1050**

---

577 Statt vieler BVerfG, *Beschluss* vom 10.5.1972 – 1 BvR 286, 293 u. 295/65 – BVerfGE 33, 171, 197.

1051 **Klausurhinweis:** Das Nichterreichen des polizeilichen Ziels ist sogar recht häufig bei den in einem Sachverhalt zuerst getroffenen Maßnahmen der Regelfall. Daher wäre es ein grober Fehler, mit dem Erfolg oder Nichterfolg einer Maßnahme zu argumentieren.

1052 **Vertiefung:** Auf den ersten Blick problematisch erscheinen Fälle der Identitätsfeststellung zum Zwecke der Gefahrenabwehr. Kann eine bloße Identitätsfeststellung der Gefahrenabwehr dienen? Wie soll damit eine Gefahr abgewehrt werden? Die Identitätsfeststellung zur Gefahrenabwehr dient dazu, den Adressaten aus der Anonymität heraus zu holen. Durch das Wissen des Polizeipflichtigen, dass die Polizei seinen Namen kennt, wird ein adäquates Verhalten gefördert. Zumal in diesem Fall auch Folgemaßnahmen leichter gegen den Polizeipflichtigen getroffen werden können. So auch im obigen Sachverhalt. Siehe hierzu den nachfolgenden Formulierungsvorschlag.

1053 **Formulierungsvorschlag zum Fall 1:** *„Die Maßnahme muss verhältnismäßig im weiteren Sinne sein. Dies bedeutet geeignet, erforderlich und verhältnismäßig im engeren Sinne.*
Eine Maßnahme ist ***geeignet****, wenn mit ihrer Hilfe das angestrebte Ziel der Maßnahme erreicht bzw. die Zielerreichung zumindest gefördert werden kann.*
Das Ziel der Maßnahme ist die Gefahrenabwehr, der Schutz von Individualrechtsgütern (körperliche Unversehrtheit von Verkehrsteilnehmern, insbesondere Kindern, und Eigentum, insbesondere hinsichtlich der Reifen von Radfahrern) und Kollektivrechtsgütern (Sicherheit des Straßenverkehrs, Bestand der Rechtsordnung wegen der OWi „unerlaubte Abfallbeseitigung“).
Wenn der Betroffene sich an die Aufforderung hält, und alle Scherben beseitigt, ist die Gefahr beseitigt. Die Aufforderung ist daher zwecktauglich und somit geeignet.
Fraglich ist, ob auch die IDF geeignet ist, da mit ihr die genannte Gefahr nicht ***unmittelbar*** *abgewehrt wird. Sie fördert jedoch die Bereitschaft des Betroffenen, der Verfügung, die Scherben zu beseitigen, auch nachzukommen. Denn andernfalls muss er damit rechnen, dass eine Reinigungsfirma auf seine Kosten beauftragt wird, die die Scherben beseitigt (Ersatzvornahme). Daher ist auch die IDF geeignet.“*

2. Erforderlichkeit

1054 Ungeeignete Maßnahmen sind selten. Das praktisch bedeutsamste Element der Verhältnismäßigkeitsprüfung ist die Erforderlichkeit.[578] Sehr häufig gibt es nicht nur eine geeignete Maßnahme, um das polizeiliche Ziel zu erreichen, sondern mehrere. In der Klausur (und der Praxis) müssen Sie prüfen, welches der Mittel „erforderlich“ zur Zielerreichung ist.

1055 **Beispiel:** Um einen flüchtigen Straftäter anzuhalten sind viele verschiedene Maßnahmen denkbar: Die verbale Aufforderung, stehen zu bleiben. Das

578 *Rachor*, in: Lisken/Denninger, E, Rn. 172.

Festhalten des Täters mit körperlicher Gewalt. Der Einsatz eines Diensthundes. Einsatz von Pfefferspray oder Schlagstock. Einsatz des Funkstreifenwagens. Ein Schuss mit der Dienstwaffe in das Bein.

Erforderlich ist eine Maßnahme, wenn zur Erreichung des angestrebten Ziels keine andere, gleich wirksame, die Rechte des Betroffenen und der Allgemeinheit weniger einschränkende Maßnahme zur Verfügung steht, sie folglich das mildeste Mittel darstellt. **1056**

Die Erforderlichkeit (auch Interventionsminimum, Notwendigkeit, mildestes Mittel genannt) ist der Grundsatz des **mildesten Mittels**. Das ist das Mittel, das die Rechte des Betroffenen am wenigsten einschränkt.[579] Auf der Eskalationsskala muss immer das mildeste Mittel angewendet werden, das **geeignet ist.** **1057**

Klausurhinweis: Daraus ergibt sich, dass zuerst die Geeignetheit des Mittels zu prüfen ist, bevor die Erforderlichkeit geprüft werden kann. **1058**

Bei der Prüfung sind auch die Belange der Allgemeinheit zu berücksichtigen. Eine Maßnahme ist nicht das mildeste Mittel, wenn zwar die Rechte des Betroffenen nicht oder weniger eingeschränkt werden, dies aber zu Lasten der Allgemeinheit geht. **1059**

Beispiel: Eine Person liegt im Sommer sinnlos betrunken auf der Hauptstraße. Ein milderes Mittel **für den Betroffenen** als eine Aufforderung, die Straße zu räumen (oder gar eine Ingewahrsamnahme) wäre, die Absperrung der „Gefahrenstelle“ und die Umleitung des fließenden Verkehrs, bis die Person ihren Rausch ausgeschlafen hat. Dies wäre jedoch nicht das mildeste Mittel für die **Allgemeinheit.** **1060**

Formulierungsvorschlag zum Sachverhalt: *„Erforderlich ist eine Maßnahme, wenn zur Erreichung des angestrebten Ziels nicht eine andere, gleich wirksame, die Rechte des Betroffenen und der Allgemeinheit weniger einschränkende Maßnahme zur Verfügung steht, sie folglich das mildeste Mittel darstellt.* **1061**
Ein milderes Mittel als die Aufforderung, die Scherben zu beseitigen, wäre es, wenn die Beamten selber die Scherben entfernen würden. Dies würde aber die Allgemeinheit stärker beeinträchtigen, da es nicht die Aufgabe der von der Allgemeinheit bezahlten Polizei ist, anderen Personen ihren Müll hinterher zu tragen. Das würde auch den staatlichen Durchsetzungsanspruch bezüglich der Rechtsordnung untergraben, die Beamten der Lächerlichkeit preisgeben und Nachahmungseffekte provozieren. Für den Betroffenen ist ein milderes Mittel als die Aufforderung, die Scherben zu entfernen, nicht ersichtlich.
Bezüglich der IDF wäre ein milderes Mittel, auf diese zu verzichten, im Vertrauen darauf, der Betroffene werde sich schon an die erteilte Aufforderung halten. Das wäre jedoch, gerade weil der Betroffene betrunken ist,

579 Z. B. BVerfG, *Beschluss* vom 16.3.1971 – 1 BvR 52, 665, 667, 754/66 – BVerfGE 30, 292, 316.

lediglich eine Wunschvorstellung von fraglicher Geeignetheit hinsichtlich der Zielerreichung.

Ein milderes Mittel wäre auch, auf die IDF zu verzichten und „vor Ort" das Aufräumen der Scherben zu überwachen. Auch dem stehen jedoch die Belange der Allgemeinheit entgegen, denn die Polizisten könnten in dieser Zeit andere Aufgaben wahrnehmen. Außerdem dürfte die IDF darüber hinaus zumindest für die nächste Zeit beim Betroffenen dafür sorgen, sich sozialadäquat zu verhalten. Die Maßnahme ist also das mildeste Mittel."

1062 **Hinweis zum Fall 2:** Das Abschleppen des Pkw ist durchaus eine geeignete Maßnahme, um eine weitere Trunkenheitsfahrt des Justin zu verhindern. Aber sie ist im vorliegenden Fall nicht erforderlich: Die Ingewahrsamnahme ist grundsätzlich ausreichend um zu verhindern, dass Justin im Zustand der Trunkenheit ein Kraftfahrzeug führt. Während er in der Zelle sitzt, kann er nicht auf seinen Pkw zugreifen. Somit ist das Abschleppen ein überflüssiges -und somit nicht das mildeste- Mittel.

3. Verhältnismäßigkeit im engeren Sinne

1063 Dritter Prüfungspunkt der Prüfung der Verhältnismäßigkeit einer polizeilichen Maßnahme ist die „**Verhältnismäßigkeit im engeren Sinne**" (auch Angemessenheit, Zumutbarkeit, Mittel-Zweck-Relation, Proportionalität[580] genannt). An diesem Punkt wird zwischen dem öffentlichen Interesse an der Wirksamkeit der jeweiligen polizeilichen Maßnahme und der Schwere des Eingriffs in die Rechte des Betroffenen[581] abgewogen. Mit anderen Worten: Es wird geprüft, ob die Maßnahme mit Blick auf das angestrebte Ziel angemessen ist, oder ob sprichwörtlich „Mit Kanonen auf Spatzen geschossen" wird. In letzterem Fall wäre die Maßnahme trotz ihrer Eignung und Erforderlichkeit rechtswidrig.

1064 Eine Maßnahme ist **verhältnismäßig**, wenn die Intensität des Eingriffs in das grundrechtlich geschützte Rechtsgut des Betroffenen nicht erkennbar außer Verhältnis zum Ziel und Zweck der Maßnahme steht.[582]

1065 Zunächst muss die Schwere des Eingriffs in die Rechte des Betroffenen bestimmt werden. Hier gilt es zu klären, in **welche Grundrechte** mit **welcher Intensität** und **Dauer** eingegriffen wird.

1066 **Klausurhinweis:** Ziehen sie hier die Grundrechtsprüfung zu Rate. Bewerten sie den Rang der Grundrechte (z. B. beim Anhalten „nur" Allgemeine Handlungsfreiheit oder schon Freiheit der Person?), stellen sie die Intensität und Dauer fest (Freiheitsbeschränkung oder -entziehung; leichte Schürfwunden oder Schussverletzung, vorübergehende Sicherstellung eines Gegenstandes für die Dauer einer polizeilichen Maßnahme oder dauerhafte Entziehung?).

1067 Sodann ist auf den **Zweck der Maßnahme** abzustellen. Welche Rechtsgüter werden (bei präventiven Maßnahmen) geschützt? Welchen Rang haben diese?

580 *Rachor*, in: Lisken/Denninger, E, Rn. 143.
581 *Rachor*, in: Lisken/Denninger, E, Rn. 180.
582 BVerfG, Beschluss vom 24.5.1977 – 2 BvR 988/75 – BVerfGE 44, 353, 373 f.

Wie wahrscheinlich ist der Schadenseintritt? Es ist auch zu berücksichtigen, ob der Betroffene die Gefahr bewusst verursacht hat oder ob andere Gründe diese hervorgerufen haben. Weiterhin muss bewertet werden, ob gegen einen Verantwortlichen oder einen Nichtverantwortlichen eingeschritten wird.

Bei repressiven Maßnahmen ist hier das **Strafverfolgungsinteresse des Staates** zu prüfen. Welche Straftat liegt vor (z. B. Bagatelldelikt, Verbrechen)? Wie stark ist der Tatverdacht? 1068

Im letzten Schritt sind **Mittel und Zweck ins Verhältnis** zu setzen. Es soll hierbei die Angemessenheit, Ausgewogenheit und Zumutbarkeit der Beeinträchtigung gewahrt bleiben. 1069

Eine Maßnahme wird nicht schon deshalb unverhältnismäßig, wenn der Nachteil für den Betroffenen geringfügig überwiegt. **Beachtlich ist dagegen ein erkennbares Missverhältnis.** 1070

Klausurhinweis: Die Prüfung der Verhältnismäßigkeit i. w. S. und speziell der Verhältnismäßigkeit i. e. S. sollte in der Klausur stets sorgfältig und substantiiert erfolgen. 1071

Formulierungsvorschlag zum Sachverhalt: *„Eine Maßnahme ist verhältnismäßig, wenn die Intensität des Eingriffs in das grundrechtlich geschützte Rechtsgut des Betroffenen nicht erkennbar außer Verhältnis zum Ziel und Zweck der Maßnahme stehen.* 1072
Durch die Aufforderung, die Scherben aufzuheben, wird in die Allgemeine Handlungsfreiheit (Art. 2 Abs. 1 GG), durch die IDF in das APR-RiS (Art. 2 Abs. 1 i. V. m. 1 Abs. 1 GG) eingegriffen. Eingriffe in die Allgemeine Handlungsfreiheit sind allgemein -und auch im vorliegenden Sachverhalt- von geringer Intensität. Höher zu bewerten ist der Eingriff in das APR-RiS, der aber hier insgesamt wenig intensiv ist, zumal es sich um eine offene Datenerhebung unmittelbar beim Betroffenen handelt.
Dem gegenüber stehen die Rechtsgüter des Einzelnen (Gesundheit, Eigentum). Durch das Verhalten des Betroffenen könnten andere Personen oder Sachen verletzt werden. Auch deshalb -neben umweltrechtlichen Aspekten- ist das Zurücklassen von Abfall auch untersagt (KrW-/AbfG). Zwar mag ein Schadenseintritt nicht hochgradig wahrscheinlich sein, andererseits sind aber hochwertige Rechtsgüter wie das Eigentum und insbesondere die Gesundheit bedroht. Durch die Maßnahme soll der ordnungswidrige Zustand, den der Betroffene ***selbst herbeigeführt hat****, von* ***diesem selbst*** *wieder beseitigt werden. Das Ziel der Maßnahme (Gefahrenabwehr) steht somit in keinem (erkennbaren) Missverhältnis zum Eingriff in die Rechte des Betroffenen. Die Maßnahme ist verhältnismäßig i. e. und i. w. Sinne."*

Teil 5 Materielle Rechtmäßigkeit: Standardmaßnahmen

I. Allgemeine Gefahrenabwehrmaßnahmen

1073 **Fall 1:** PK Loh kommt während einer Fußstreife auf den A zu, der den B mit einer Schusswaffe bedroht. PK Loh spricht den A an und fordert ihn auf, die Waffe sofort fallen zu lassen.

1074 **Fall 2:** PK Loh und PKin Orda erreichen beim Brand eines Mehrfamilienhauses noch vor der Feuerwehr den Einsatzort und stellen fest, dass ein ordnungsgemäß geparkter Pkw den Aufstellort der Drehleiter blockiert. Ein Verantwortlicher für den Pkw kann nicht erreicht werden. PK Loh beauftragt einen Abschleppunternehmer, den Pkw etwa 50 Meter weit umzusetzen.

1. Allgemeines

1075 Mit § 11 Nds. SOG stellt das Nds. SOG im Dritten Teil eine **Befugnisgeneralklausel** an den Anfang des Maßnahmenkanons. Sie berechtigt die Polizei (und die Verwaltungsbehörden) *„die notwendigen Maßnahmen [zu] treffen, um eine Gefahr abzuwehren, soweit nicht die Vorschriften des Dritten Teils die Befugnisse der Verwaltungsbehörden und der Polizei besonders regeln.*"

1076 Die Generalklausel dient zum einen als Auffangtatbestand für neue, noch nicht geregelte Eingriffsmaßnahmen,[583] für nicht geregelte Eingriffsmaßnahmen mit geringer Eingriffsintensität[584] und als Grundlage für polizeiliche **Verfügungen.**

1077 Die Notwendigkeit einer solchen Befugnisgeneralklausel ist inzwischen allgemein anerkannt,[585] auch wenn die Bedeutung der Befugnisgeneralklausel wegen der Fülle der spezielleren Standardmaßnahmen stark zurückgeht.[586] Bedenken wegen einer möglichen Unbestimmtheit (und somit Verfassungswidrigkeit) wurden erhoben, jedoch von der h. M.[587] und der Rechtsprechung nicht geteilt, zumindest, wenn auf die Befugnisgeneralklausel keine Maßnahmen gestützt werden, die intensiver als die Standardmaßnahmen in die Grundrechte des Betroffenen eingreifen.

2. Betroffene Grundrechte

1078 Da es sich bei § 11 Nds. SOG um eine Befugnisgeneralklausel handelt, kommt es auf die Natur der konkreten Einzelmaßnahme an, welche Grundrechte von ihr betroffen sind.

583 *Böhrenz/Siefken,* Nds. SOG, § 11, Rn. 2.
584 *Knemeyer,* § 16, Rn. 146.
585 *Ipsen,* § 11, Rn. 334.
586 *Gusy,* § 4, Rn. 313.
587 *Gusy,* § 4, Rn. 314 m. w. N., *Schenke,* § 3, Rn. 49; *Knemeyer,* a. a. O.

Handelt es sich um eine auf § 11 Nds. SOG gestützte, selbstständige Verfügung, wird in der Regel lediglich die Allgemeines Handlungsfreiheit (Art. 2 Abs. 1 GG) betroffen sein. 1079

Denkbar[588] sind aber auch Eingriffe in die Freiheit der Person (beispielsweise bei Meldeauflagen), in die Versammlungsfreiheit (beispielsweise bei Gefährderansprachen) und in das Grundrecht auf Eigentum (beispielsweise beim Umsetzen eines Pkw). 1080

3. Befugnisgeneralklausel (§ 11 Nds. SOG)

a) Wichtige Normen

→ § 11 Nds. SOG 1081
→ §§ 6–8 Nds. SOG

b) Materielle Rechtmäßigkeit. – aa) Tatbestandsvoraussetzungen. Eine wichtige Einschränkung findet die Befugnisgeneralklausel zum einen darin, dass **als erste Voraussetzung** eine **konkrete Gefahr** (§ 2 Nr. 1a Nds. SOG) gefordert wird. 1082

Maßnahmen, die im Vorfeld einer konkreten Gefahr stattfinden (also Vorfeldmaßnahmen wie die Gefahrenverhütung, die Gefahrenvorsorge und die Straftatenverhütung als explizite Vorfeldmaßnahme) können grundsätzlich **nicht** auf § 11 Nds. SOG gestützt werden. Das ist nach den Grundsätzen des Volkszählungsurteils[589] folgerichtig, da es sich bei diesen Vorfeldmaßnahmen häufig um Informationsbeschaffungsmaßnahmen (also die Erhebung personenbezogener Daten) handelt, für die es eine spezielle, gesetzlich normierte und bereichsspezifische Regelung geben muss. 1083

Eine Ausnahme stellt in diesem Zusammenhang das Vorliegen eines Gefahrenverdachts (hierzu Rn. 605) dar: Die h. M.[590] und die Rechtsprechung[591] halten bei einem Gefahrenverdacht vorläufige, auf die Generalbefugnis gestützte Maßnahmen zur Sachverhaltsaufklärung (sogenannte **Gefahrenerforschungseingriffe**) für zulässig. Für endgültige Maßnahmen soll dies aber nur gelten, wenn es für den Schutz besonders wichtiger Rechtsgüter erforderlich ist.[592] 1084

> **Klausurhinweis:** Sofern Sie das Vorliegen einer konkreten Gefahr nicht ausführlich im Rahmen der sachlichen Zuständigkeit geprüft haben, ist hier der richtige Standort für die Prüfung. Legen Sie bei der Gefahrenprüfung Wert auf eine saubere und gut begründete Prüfung. Anregungen und Formulierungshilfen finden Sie oben ab Rn. 498. 1085

---

588 Im Einzelfall kann die Eingriffsqualität strittig sein.
589 BVerfG, *Urteil* vom 15.12.1983 – 1 BvR 209/83 u. a. – BVerfGE 65,1.
590 *Knemeyer,* § 10, Rn. 96f, *Gusy,* § 4, Rn. 194 ff., *Ipsen,* § 5, Rn. 143 ff., der zumindest für eine Übergangszeit eine Anwendung des § 11 Nds. SOG für zulässig hält; a. A. *Schenke,* § 3, Rn. 83 ff.
591 OVG Münster, *Beschluss* vom 21.1.2002 – 21 A 5820/00 – BeckRS 2002, 10356.
592 BVerwG, *Urteil* vom 16.12.1971 – I C 60/67 – BVerwGE, 39, 190, 196.

1086 **Zweite Voraussetzung** ist, dass die getroffene Maßnahme nicht im Dritten Teil des Nds. SOG speziell geregelt ist.

1087 § 11 Nds. SOG darf nicht dazu dienen, Maßnahmen zu treffen, die als sonstige Standardmaßnahme nicht getroffen werden dürfen. Wenn beispielsweise eine Durchsuchung einer Person nach § 22 Nds. SOG nicht zulässig ist, kann sie nicht auf § 11 Nds. SOG gestützt werden.

1088 Für die Beurteilung der Frage, ob eine Maßnahme speziell geregelt ist, muss auf die Tatbestandsseite abgestellt werden: Wenn auf der Tatbestandsebene ein Sachverhalt von einer speziellen Maßnahme erfasst ist, diese jedoch nicht die „gewünschten“ Rechtsfolgen enthält, so können die Rechtsfolgen nicht „hilfsweise“ auf § 11 Nds. SOG gestützt werden.[593]

1089 **Beispiel:** Geht beispielsweise eine Gefahr für die öffentliche Sicherheit von der Anwesenheit einer Person an einem Ort aus, so ist als spezielle Maßnahme der Platzverweis und das Aufenthaltsverbot (§ 17 Nds. SOG) einschlägig.

1090 bb) **Rechtsfolge. Rechtsfolge** des § 11 Nds. SOG ist, dass u. a. die Polizei die
- notwendigen
- **Maßnahmen** (vgl. § 2 Nr. 3 Nds. SOG)

treffen kann.

1091 Die **Notwendigkeit** ist ein Synonym für den Begriff „**Erforderlichkeit**“ als Bestandteil der Verhältnismäßigkeit im weiteren Sinne. Die konkrete Maßnahme muss also geeignet und erforderlich sein, um die Gefahr abzuwehren.

1092 **Klausurhinweis:** Folglich muss hier die Prüfung der Geeignetheit und Erforderlichkeit vorgezogen werden. Im Rahmen der Verhältnismäßigkeitsprüfung kann kurz auf die bereits erfolgte Prüfung verwiesen werden.

1093 Nach der Definition in § 2 Nr. 3 Nds. SOG sind **Maßnahmen** „*Verordnungen, Verwaltungsakte und andere Eingriffe*“.

1094 **Polizeilich relevante** Beispiele für Maßnahmen nach § 11 Nds. SOG sind:
- (selbstständige) Verfügungen (wie im **Fall 1**);
  - hierunter fällt auch die sogenannte „Umsetzung“ (Abschleppen eines Kfz und Absetzen in unmittelbarer Nähe) wie im **Fall 2**.
- Verfügungen, um eine Ge- oder Verbotsnorm durchzusetzen
- Gefährderansprachen bzw. -anschreiben
- Meldeauflagen

1095 **Verfügungen**, die zur Durchsetzung einer **speziellen** Maßnahme (z. B. Durchsuchung) ergehen, sind sogenannte (unselbstständige) **Begleitverfügungen**, die ihre Grundlage in der jeweiligen Standardmaßnahme haben. Ein Rückgriff auf § 11 Nds. SOG ist hier **nicht** angezeigt.

---

593 VGH Kassel, *Beschluss* vom 28.1.2003 – 11 TG 2548/02, NVwZ 2003, 1400, 1401.

Formulierungsvorschlag zu Fall 1: *„Die Ermächtigung für die Verfügung könnte sich aus § 11 Nds. SOG ergeben. Dies setzt zunächst das Vorliegen einer konkreten Gefahr voraus. In der sachlichen Zuständigkeit wurde bereits das Vorliegen einer gegenwärtigen Gefahr für Leib oder Leben begründet.* **1096**
Weiterhin darf keine andere Maßnahme des Dritten Teils einschlägig sein. Es ist im Dritten Teil des Nds. SOG keine Maßnahme vorhanden, die polizeiliche Verfügungen regelt.
Als ***Rechtsfolge*** *ergibt sich, dass die Polizei die notwenigen Maßnahmen treffen kann. Mit Maßnahme ist nach § 2 Nr. 3 Nds. SOG u. a. eine -hier vorliegende- Verfügung gemeint. Diese muss auch notwendig sein, also geeignet und erforderlich.*
Eine Maßnahme ist geeignet, wenn mit ihrer Hilfe das angestrebte Ziel der Maßnahme erreicht bzw. die Zielerreichung gefördert wird.
Hält sich A an die Verfügung und lässt die Waffe fallen, so wird der Zweck -die Abwehr der gegenwärtigen Lebensgefahr- erfüllt, denn A kann den B nun nicht mehr erschießen. Die Verfügung ist also geeignet.
Erforderlich ist eine Maßnahme, wenn zur Erreichung des angestrebten Ziels nicht eine andere, gleich wirksame, aber die Grundrechte des Betroffenen und der Allgemeinheit weniger einschränkende Maßnahme zur Verfügung steht.
Eine mildere, geeignete Maßnahme, als den A zu aufzufordern, die Waffe fallen zu lassen, ist nicht ersichtlich. Die Maßnahme stellt das mildeste Mittel dar."

cc) Ermächtigungsbegrenzende Bestimmungen. Ermächtigungsbegrenzende Bestimmungen sind nicht vorhanden. **1097**

c) Formelle Rechtmäßigkeit. – aa) Funktionelle Zuständigkeit. Auf § 11 Nds. SOG gestützte Maßnahmen können von der Verwaltungsbehörde und der Polizei (§ 2 Nr. 5, 6 Nds. SOG, AB 2.6) getroffen werden. **1098**

bb) Besondere Form- und Verfahrensvorschriften. Besondere Form- und Verfahrensvorschriften sind nicht vorhanden. **1099**

Zu beachten ist jedoch, dass auf § 11 Nds. SOG gestützte Verfügungen **Verwaltungsakte** im Sinne des § 35 VwVfG darstellen. Somit sind die Form- und Verfahrensvorschriften des VwVfG zu beachten (§§ 43, 44, 41, 37, 39, 28 VwVfG). **1100**

cc) Adressat. Adressat der Maßnahme können nur die polizeirechtlich Verantwortlichen im Sinne der §§ 6 bis 8 Nds. SOG sein.[594] **1101**

594 *Weiner*, in: BeckOK-Nds. SOG, § 11 Rn. 21.

1102 **Checkliste § 11 Nds. SOG**

Tatbestand

✓ (Konkrete) Gefahr

✓ Keine Regelung durch Vorschriften des Dritten Teils

Rechtsfolge

✓ Treffen von **notwendigen** (geeigneten und erforderlichen) **Maßnahmen** (§ 2 Nr. 3 Nds. SOG)

Form- und Verfahrensvorschriften

✓ Keine besonderen. Die allg. Vorschriften des VwVfG sind jedoch zu beachten.

II. Allgemeine Ermittlungsmaßnahmen

1. Allgemeines

1103 Nach § 163 Abs. 1 Satz 2 StPO sind die Behörden und Beamten des Polizeidienstes insbesondere befugt, „*Ermittlungen jeder Art vorzunehmen*", soweit nicht speziellere Ermittlungsbefugnisse greifen. § 163 Abs. 1 S. 2 StPO stellt eine Generalbefugnis für Ermittlungsmaßnahmen dar.

1104 **Vertiefung:** Sie wurde erst im Jahre 1999 eingeführt.[595] Davor wurden die entsprechenden Maßnahmen auf die Aufgabenzuweisungsnorm in § 163 Abs. 1 S. 1 StPO gestützt. Da es sich bei den Maßnahmen ganz überwiegend über Datenerhebungsmaßnahmen handelt, hat sich der Gesetzgeber in konsequenter Umsetzung des Volkszählungsurteils[596] dazu entschieden, diese Ermittlungsmaßnahmen zu **normieren.**

1105 Zumindest wenn es sich um niedrigschwellige Eingriffsmaßnahmen handelt, steht das verfassungsrechtliche Bestimmtheitsgebot der Anwendung einer Generalklausel nicht entgegen.[597]

2. Betroffene Grundrechte

1106 Da § 163 Abs. 1 S. 2 StPO eine Generalklausel darstellt, ist eine grundrechtliche Einordnung nur anhand der konkreten Maßnahme möglich.

1107 In Frage kommen Eingriffe in die **Allgemeine Handlungsfreiheit** (Art. 2 Abs. 1 GG) bzw. in die **Freiheit der Person** (Art. 2 Abs. 2 S. 2 GG), wenn beispielsweise ein Tatort abgesperrt und eine Spurensicherung durchgeführt wird.

1108 Eingriffe in das Allgemeine Persönlichkeitsrecht (Art. 2 Abs. 1 i. V. m. Art. 1 Abs. 1 GG), insbesondere in das **Recht auf informationelle Selbstbestimmung,** können sich aus Maßnahmen wie der **kurzfristigen Observation** oder allgemei-

595 *Plöd,* in: KMR-StPO, § 163, Rn. 13.

596 BVerfG, *Urteil* vom 15.12.1983 – 1 BvR 209/83 u. a. – BVerfGE 65, 1.

597 *Beulke,* § 6, Rn. 104.

nen Fahndungsmaßnahmen ergeben. Gleiches gilt für verdeckte Datenerhebungen, wie sie sich beispielsweise aus dem **Einsatz von Vertrauensleuten** ergeben.

Vertiefungshinweis: Der Einsatz von **Vertrauensleuten** darf nicht mit dem Einsatz von **Verdeckten Ermittlern** verwechselt werden. 1109
Verdeckte Ermittler sind Polizeibeamte, die unter Verwendung einer dauerhaften Legende versuchen, das kriminelle Milieu zu infiltrieren, insbesondere im Bereich der Organisierten Kriminalität. Ihr Einsatz regelt § 110a StPO bzw. § 36a Nds. SOG.
Keine Verdeckten Ermittler sind dagegen die sogenannten „Nicht offen ermittelnden Beamten" (NoeB). Hierbei handelt es sich um Polizeibeamte, die sich als solche nicht zu erkennen geben. Der Unterschied zum Verdeckten Ermittler ergibt sich dadurch, dass die nicht offen ermittelnden Beamten keine **auf Dauer** angelegte Legende nutzen.
Vertrauensleute sind dagegen Privatpersonen, die sich -oftmals gegen Bezahlung- bereit erklärt haben, der Polizei über einen längeren Zeitraum Informationen zu verschaffen. Nicht selten stammen diese „Vertrauensleute" selber aus dem zu überwachenden Milieu, so dass deren Einsatz besondere Risiken birgt. Im Bereich der Gefahrenabwehr ist die Rechtsgrundlage für den Einsatz von Vertrauenspersonen § 36 Nds. SOG.

3. Ermittlungsgeneralklausel (§ 163 Abs. 1 S. 2 StPO)

Fall 1: PK Loh wird von einem Passanten auf den A aufmerksam gemacht, der angeblich „an einem PKW herumfummeln" würde. PK Loh nähert sich dem PKW und beobachtet den A. 1110

Fall 2: PKin Orda versieht in ziviler Kleidung Dienst und hält sich auftragsgemäß an einem bekannten Drogenumschlagsplatz auf. Dort wird sie von D angesprochen, der ihr Drogen zum Verkauf anbietet. PKin Orda geht zum Schein auf das Angebot ein und verlangt eine größere Menge Betäubungsmittel. Bei der Übergabe wird der D schließlich festgenommen. 1111

a) Wichtige Normen

→ § 163 Abs. 1 S. 2 StPO 1112

b) Materielle Rechtmäßigkeit. – aa) Tatbestandsvoraussetzungen. Erste Voraussetzung für die Anwendung der Ermittlungsgeneralklausel ist das **Vorliegen des Anfangsverdachts einer verfolgbaren Straftat** (§ 152 Abs. 2 StPO). 1113

Es müssen also tatsächliche Anhaltspunkte gegeben sein, die das Vorliegen einer tatbestandsmäßigen, rechtswidrigen und schuldhaften Handlung wahrscheinlich erscheinen lassen (hierzu ausführlich Rn. 444). 1114

Klausurhinweis: In der Klausur kann auf die entsprechende Prüfung der sachlichen Zuständigkeit verwiesen werden. Völlig ausreichend wäre z. B. die schlichte Feststellung „*Der für die Anwendung des § 163 Abs. 1 Satz 2 StPO erforderliche Anfangsverdacht einer Straftat liegt vor, vgl. oben.*" 1115

1116 **Zweite Voraussetzung** ist, dass **keine spezielleren Regelungen** in der StPO vorhanden sind, die diese Maßnahme regeln. So sind beispielsweise die längerfristigen[598] Observationen in § 163f StPO geregelt, der Einsatz von Verdeckten Ermittlern in § 110a StPO, die Sicherstellung von Beweismitteln in § 94 StPO und die Öffentlichkeitsfahndung in § 131 StPO.

1117 **Klausurhinweis:** Kommt keine speziellere Regelung in Betracht, ist eine kurze Feststellung ausreichend. Ist die Maßnahme speziell geregelt, ist eine Abgrenzung (z. B. kurzfristige vs. längerfristige Observation; nicht offen ermittelnder Polizeibeamter vs. verdeckter Ermittler) vorzunehmen und darzulegen, wieso die spezielle Regelung im konkreten Fall nicht zum Tragen kommt.

1118 bb) **Rechtsfolge.** Die **Rechtsfolge** ist die Befugnis zur Vornahme von Ermittlungshandlungen jeder Art.

1119 Eine Besonderheit dieser Vorschrift ist, dass ihr nicht die Befugnis zur zwangsweisen Durchsetzung innewohnt.[599] Dies unterscheidet sie von allen anderen strafprozessualen Maßnahmen.

1120 Zu den typischen Anwendungsfällen gehören:
- Tatortaufnahme/Spurensicherung[600]
- **kurzfristige** Observation[601]
- Einsatz von Vertrauensleuten (V-Leute)
- Einsatz von nicht offen ermittelnden Beamten (NoeB)[602]
- Einsatz von Lockspitzeln (Agent Provokateur)
- (einfache) Fahndungsmaßnahmen wie die Tatortnahbereichsfahndung

1121 In Abgrenzung dazu sind für viele der o. g. Maßnahmenkomplexe, die tiefer in die Grundrechte des Betroffenen eingreifen, spezielle Regelungen vorhanden. So regelt die StPO z. B. speziellere Bild und Tonaufnahmen (§§ 81b StPO, 100h StPO), die längerfristige Observation (§ 163f StPO), den Einsatz von Verdeckten Ermittlern (§ 110a ff. StPO), die Rasterfahndung (§ 98a-c StPO) und andere mehr.[603]

1122 **Beispiel:** So handelt es sich im **Fall 1** nicht um eine längerfristige Observation, sondern lediglich um eine kurzfristige, so dass die Beobachtung auf § 163 Abs. 1 S. 2 StPO gestützt werden kann. Gleiches gilt für den **Fall 2**, denn PKin Orda ist keine verdeckte Ermittlerin, sondern „nur" eine nicht offen ermittelnde Beamtin (NoeB), da ihre Legende nicht auf Dauer angelegt ist.

1123 cc) **Exkurs: behördliches Auskunftsrecht.** In § 163 Abs. 1 Satz 2 StPO ist auch das so genannte behördliche Auskunftsrecht niedergelegt. Die Polizei ist dem-

598 Durchgängig länger als 24 Stunden oder an mehr als zwei Tagen, vgl. § 163f Abs. 1 StPO.
599 *Meyer-Goßner/Schmitt*, StPO, § 163 Rn. 32.
600 *Kölbel*, in: MüKo-StPO, § 163, Rn. 11.
601 *Pflieger/Ambos*, in: DDKR-Strafrecht, § 163 StPO, Rn. 12.
602 *Pflieger/Ambos*, in: DDKR-Strafrecht, § 163 StPO, Rn. 13.
603 *Beulke*, § 6, Rn. 104.

nach befugt, zum Zwecke von Ermittlungen von anderen Behörden Auskunft zu **erbitten.**[604]

Zu beachten ist, dass einige Daten, in deren Besitz andere Behörden sind, speziell geschützt sein können. So sind beispielsweise grundsätzlich Finanz-, Kranken- und Sozialdaten vor dem polizeilichen Zugriff geschützt. **1124**

Bei Gefahr im Verzug ist die Polizei berechtigt, Auskünfte von anderen Behörden zu **verlangen.** **1125**

dd) Ermächtigungsbegrenzende Bestimmungen. Ermächtigungsbegrenzende Bestimmungen sind nicht vorhanden. **1126**

c) Formelle Rechtmäßigkeit. – aa) Anordnungs- und Durchführungskompetenz. Die Anordnungs- und Durchführungskompetenz liegt bei der Staatsanwaltschaft und den „Beamten des Polizeidienstes" (dazu gehören jedenfalls Polizeivollzugsbeamte im Sinne des § 2 Nr. 6 Nds. SOG). **1127**

Die Ermittlungsgeneralklausel weist den „*Behörden und Beamten des Polizeidienstes*" die Kompetenz zu, im Rahmen des „ersten Zugriffs" Ermittlungsmaßnahmen anzuordnen und durchzuführen. Gleichzeitig wird klargestellt, dass – trotz der Herrschaft der Staatsanwaltschaft über das Ermittlungsverfahren[605] – auch die Polizei ein Ermittlungsverfahren einleiten kann. **1128**

Vertiefung: Es gilt der Grundsatz der Einheit und Unteilbarkeit des Ermittlungsverfahrens. Die Staatsanwaltschaft muss auch in Fällen, in denen die Polizei ein Ermittlungsverfahren eingeleitet hat, dieses leiten und über Klageerhebung oder Einstellung entscheiden.[606] **1129**

bb) Besondere Form- und Verfahrensvorschriften. Besondere Form- und Verfahrensvorschriften ergeben sich aus § 163 Abs. 1 S. 2 StPO nicht. Nach **§ 163 Abs. 2 StPO** hat die Polizei den Ermittlungsvorgang (die „Verhandlungen") jedoch unverzüglich der Staatsanwaltschaft zu übersenden. **1130**

> **Vertiefung:** In der Praxis werden im Bereich der kleinen und mittleren Kriminalität der Großteil der Fälle vollständig durch die Polizei bearbeitet. Erst nach Abschluss der Ermittlungen werden die Ergebnisse der Staatsanwaltschaft vorgelegt.[607] **1131**

cc) Adressat/Betroffener. § 163 Abs. 1 S. 2 StPO nennt keinen Adressaten der Maßnahme. Eine auf die Ermittlungsgeneralklausel gestützte Maßnahme kann sich daher nicht nur gegen den Verdächtigen richten, sondern auch gegen den Unverdächtigen, wobei in diesen Fällen der Grundsatz der Verhältnismäßigkeit besonders zu beachten ist.[608] **1132**

---

604 *von Häfen*, in: BeckOK-StPO, § 163, Rn. 7.
605 Die Staatsanwaltschaft kann sich jederzeit einschalten.
606 *Griesbaum*, in: KK-StPO, § 163 Rn. 2.
607 *Ziegler/Vordermayer*, in: Satzger/Schluckebier/Widmaier, StPO, § 163, Rn. 52; *Griesbaum*, in: KK-StPO, § 163 Rn. 4.
608 *König/Trurnit*, Rn. 120.

III. Repressive Identitätsfeststellung (§ 163b StPO)

1. Identitätsfeststellung im Strafverfahren

1133 Um ein Strafverfahren effektiv sichern zu können, ist es in der Regel erforderlich die bürgerliche Identität der im weitesten Sinne beteiligten Personen festzustellen. Nur durch eine solche Identitätsfeststellungsmaßnahme (im Polizeijargon auch **„Idf-Maßnahme“** oder einfach **„Idf“** genannt) können wichtige Folgemaßnahmen (z. B. Zeugenvernehmung) durchgeführt werden. Ohne Kenntnis der Identität von Verdächtigen und Zeugen kann das spätere Wiederauffinden erschwert oder gar unmöglich sein.

1134 Unter **Identität** werden in diesem Zusammenhang die personenbezogenen Daten (vgl. § 3 NDSG) verstanden, die es möglich machen, die jeweilige Person eindeutig zu bestimmen und sie bei Bedarf zuverlässig und ohne übermäßigen Aufwand zu erreichen. Zu diesen Daten gehören Name und Vorname, ggf. Geburtsname, Geburtsdatum, Geburtsort und Anschrift. Andere Informationen wie Beschäftigungsstatus, Beruf, Familienstand, Nationalität sind für die Identifizierung **in der Regel** nicht erforderlich (und daher auch nicht im Rahmen einer Idf-Maßnahme abzufragen).

1135 **Vertiefung:** Nicht zu verwechseln ist die Identitätsfeststellung mit der Frage, ob eine bestimmte Person Täter einer Straftat ist (den „Täter identifizieren“). Hat beispielsweise ein Zeuge den Täter anhand einer auffälligen Narbe am rechten Oberarm beschrieben, so ist die Aufforderung an den Verdächtigen, den Oberarm zum Zweck der Inaugenscheinnahme zu entblößen keine Idf, sondern eine körperliche Untersuchung im Sinne des § 81a StPO.

1136 Bei der repressiven Identitätsfeststellung[609] unterscheidet die StPO zwischen der Identitätsfeststellung bei Verdächtigen (§ 163b Abs. 1 StPO) und der Identitätsfeststellung bei Unverdächtigen (§ 163b Abs. 2 StPO). Unterschiede bestehen bei den Tatbestandsvoraussetzungen und insbesondere bei den zur Identitätsfeststellung zulässigen Maßnahmen. So ist bei der Identitätsfeststellung bei Unverdächtigen eine Durchsuchung oder erkennungsdienstliche Behandlung gegen deren Willen ausgeschlossen, bei Verdächtigen hingegen gestattet.

1137 **Selbststudiumsaufgabe:** Vergleichen Sie § 163b Abs. 1 StPO mit § 163b Abs. 2 StPO. Welche Unterschiede sehen Sie? Wo sind Gemeinsamkeiten?

1138 Die Identitätsfeststellung ist nicht nur im Straf-, sondern grundsätzlich (und unter strenger Beachtung des Verhältnismäßigkeitsgrundsatzes) auf Grund der Transmissionsklausel des § 46 Abs. 1 OWiG auch im Ordnungswidrigkeitenverfahren zulässig.

2. Betroffene Grundrechte

1139 **a) Recht auf informationelle Selbstbestimmung.** Identitätsfeststellungsmaßnahmen nach § 163b StPO zielen auf die Feststellung personenbezogener Daten

609 Zur präventiven Identitätsfeststellung noch unten.

(Name, Anschrift etc.) zum Zwecke der Sicherung des Strafverfahrens. Es handelt sich somit um ein Erheben von personenbezogenen Daten durch den Staat, mithin um einen Eingriff in das Recht auf informationelle Selbstbestimmung (Art. 2 Abs. 1 iVm. Art. 1 Abs. 1 GG).[610] Die vom BVerfG aufgestellten Anforderungen an das den Eingriff in das Recht auf informationelle Selbstbestimmung gestattende Gesetz werden durch § 163b StPO erfüllt. Es handelt sich um ein förmliches, bereichsspezifisches und hinreichend bestimmtes bzw. normenklares Gesetz.

b) **Freiheit der Person.** Regelmäßig greift die Polizei im Rahmen einer Identitätsfeststellungsmaßnahme auch in das Recht der Freiheit der Person (Art. 2 Abs. 2 Satz 2 GG, Art. 104 Abs. 1 GG) ein. Bei der Prüfung ist der konkrete Einzelfall genau zu betrachten. Eine begründete Einordnung des Eingriffs als Freiheitsbeschränkung oder Freiheitsentziehung ist zwingend erforderlich. **1140**

> **Vertiefung:** Bei sehr kurzen Maßnahmen, z. B. schlichte Feststellung der Personalien anhand des Personalausweises, ist es vertretbar, einen (erheblichen) Eingriff in die Freiheit der Person abzulehnen und lediglich einen Eingriff in die Allgemeine Handlungsfreiheit (Art. 2 Abs. 1 GG) zu bejahen (vgl. dazu bereits oben Rn. 168). Es ist aber auch – mit entsprechender Begründung – gut vertretbar, derartige Maßnahmen ebenfalls als Eingriff in Form der Freiheitsbeschränkung einzustufen. In jedem Fall ist dies an dieser Stelle im Gutachten auszuführen. **1141**

Sollte eine **Freiheitsentziehung** angenommen werden,[611] weil beispielsweise der zu Identifizierende zum Zwecke der erkennungsdienstlichen Behandlung auf der Dienststelle (eng umgrenzter Raum) verweilen muss, werden die erhöhten Anforderungen an das einschränkende Gesetz (siehe Art. 104 GG) durch die Regelungen des § 163c StPO (dazu noch unten) erfüllt. Darauf ist in der Klausur kurz hinzuweisen. **1142**

3. Identitätsfeststellung beim Verdächtigen (§ 163b Abs. 1 StPO)

> **Fall 1:** PK Loh und PK Orda werden an einem Samstagnachmittag vom Ladendetektiv des örtlichen Supermarktes gerufen. Dieser hat den Ronny beim Diebstahl einer Spielkonsole im Wert von 399 Euro „erwischt". PK Loh fordert Ronny auf, seinen Personalausweis auszuhändigen. **1143**

> **Fall 1a:** Ronny weigert sich, seinen Personalausweis auszuhändigen. Daraufhin wird er von PK Orda nach Ausweispapieren durchsucht. Es wird ein Reisepass gefunden. **1144**

---

610 Vgl. z. B. BVerfG, Beschluss vom 24.7.2015 – 1 BvR 2501/13.

611 Nach Auffassung von *Meyer-Goßner/Schmitt*, StPO, § 163b Rn. 7 ist jedes „Festhalten" eine Freiheitsentziehung; so auch *Wolter* in: SK-StPO, § 163b, Rn. 4; *Erb* in: LR-StPO, § 163b, Rn. 23; a. A. *Ziegler/Vordermayer*, in: Satzger/Schluckebier/Widmaier, StPO, § 163b, Rn. 5; *Kölbel*, in: MüKo-StPO, § 163b, Rn. 12.

1145 **Fall 1b:** Der Reisepass ist seit zehn Jahren abgelaufen. Das Passbild hat nur ganz entfernt Ähnlichkeit mit Ronny. Die Beamten nehmen Ronny mit zur Wache um ihn erkennungsdienstlich zu behandeln. Die Maßnahme dauert voraussichtlich 30 Minuten bis 1 Stunde. Ein Richter ist erst wieder am Montag um 9 Uhr erreichbar.

a) **Wichtige Normen**

1146 → § 163b Abs. 1 StPO
→ § 163c StPO (iVm. §§ 114a – c StPO)
→ § 81d StPO (entsprechende Anwendung)

1147 b) **Allgemeines.** Die Identitätsfeststellung des oder der Verdächtigen hat bei der Sicherung des Strafverfahrens höchste Priorität. Die Identität gibt nicht nur Auskunft über die ladungsfähige Anschrift, also die Anschrift, an welche wirksam Ladungen etc. zugestellt werden können, sondern kann auch z. B. Hinweis auf Verwandtschaftsverhältnisse, Wohnsituation etc. geben. Sie steht daher – so ein Verdächtiger bereits ausgemacht werden kann – regelmäßig neben der Beweissicherung am Anfang der Ermittlungsmaßnahmen.

1148 c) **Materielle Rechtmäßigkeit. – aa) Tatbestandsvoraussetzungen.** Damit eine Idf-Maßnahme nach § 163b Abs. 1 StPO zulässig ist, muss der Betroffene „**einer Straftat verdächtig**" sein.

1149 Voraussetzung ist also zunächst das Vorliegen eines **Anfangsverdachts einer (verfolgbaren) Straftat** (hierzu bereits oben Rn. 444).

1150 **Klausurhinweis:** Ist der Anfangsverdacht in der Klausur bereits im Rahmen der sachlichen Zuständigkeit bejaht worden, kann kurz verwiesen werden. Ansonsten ist das Vorliegen als Tatbestandsvoraussetzung zu prüfen.

1151 Die zu identifizierende Person muss **verdächtig** mit Blick auf diese konkrete Straftat sein. Dabei ist es ausreichend, dass der Betroffene vom Verdacht der Begehung oder Beteiligung an einer Straftat nicht frei ist. Auch geringe und ungewisse Anhaltspunkte reichen grundsätzlich aus. Es ist nicht erforderlich, dass bereits eine Person (formell) Beschuldigter ist.[612]

1152 **Vertiefung:** Eine Idf nach § 163b Abs. 1 StPO kommt zwar bei Schuldunfähigen, aber nicht bei Strafunmündigen (z. B. Kinder) in Frage. Es kann jedoch eine Idf nach § 163b Abs. 2 StPO in Betracht kommen, wenn Anhaltspunkte dafür vorliegen, dass eine strafmündige Person tatbeteiligt (und das Kind z. B. „nur" Werkzeug) ist. Das Kind ist dann gegebenenfalls Zeuge.[613]

1153 Aus dem Erforderlichkeitsgrundsatz folgt die weitere Voraussetzung, dass die **zu identifizierende Person den handelnden Beamten unbekannt** beziehungs-

612 Nach *Erb*, in: LR-StPO, § 163b Rn. 10a wird durch die Identitätsfeststellung nach § 163b Abs. 1 StPO die Beschuldigteneigenschaft begründet.
613 *König/Trurnit*, Rn. 170.

weise die **Identität zweifelhaft** sein muss.[614] Letzteres ist immer dann der Fall, wenn (noch) berechtigte Zweifel an der Richtigkeit der angegebenen Personalien bestehen.

Vertiefung: Legt der Betroffene einen gültigen Personalausweis oder Pass vor und gibt es keine konkreten Anhaltspunkte für dessen Fälschung, Verfälschung oder Unrichtigkeiten, gilt die Identität ab dem Zeitpunkt der Vorlage als feststehend. Weitere Idf-Maßnahmen, insbesondere ein Festhalten, sind dann nicht mehr auf Basis des § 163b Abs. 1 StPO zulässig.[615] **1154**

Eine Identitätsfestellungsmaßnahme bei einer bereits bekannten Person ist rechtswidrig, es sei denn, es bestehen Anhaltspunkte dafür, dass sich beispielsweise die Wohnanschrift geändert hat. **1155**

Klausurhinweis: Die Voraussetzung „Identität unbekannt oder zweifelhaft" ist nach hier vertretener Auffassung keine Tatbestandsvoraussetzung, sondern ein im Rahmen der Verhältnismäßigkeit zu prüfender Umstand. Es ist daher gut vertretbar, auf diesen Umstand auch „erst" im Rahmen der Prüfung der Verhältnismäßigkeit, genauer bei der Erforderlichkeit, einzugehen. **1156**

bb) Rechtsfolge. Nach § 163b Abs. 1 StPO dürfen die zur Feststellung der Identität **„erforderlichen Maßnahmen"** getroffen werden. Erforderlich sind all die Maßnahmen die nach Art und Umfang geeignet und erforderlich sind um die Personalien zweifelsfrei festzustellen. Dazu gehört z. B. das Anhalten und die Frage nach beziehungsweise die Aufforderung zur Aushändigung von Ausweisdokumenten. **1157**

Vertiefung: Auch Art und Umfang der erhobenen Daten muss zur Identitätsfeststellung erforderlich sein. **1158**

Wird der Verdächtige zum Zweck der Identitätsfeststellung festgehalten, durchsucht oder werden erkennungsdienstliche Maßnahmen durchgeführt, ist zu prüfen ob die Identität **„sonst nicht oder nur unter erheblichen Schwierigkeiten"** festgestellt werden kann. Das folgt aus § 163b Abs. 1 Satz 2 und 3 StPO. Es handelt sich hierbei um eine aus dem Verhältnismäßigkeitsgrundsatz resultierende zusätzliche Anforderung. **1159**

Beispiel: Derartige Schwierigkeiten sind regelmäßig gegeben, wenn der zu Identifizierende keine oder nicht ausreichende Ausweispapiere bei sich hat (oder aushändigen möchte). **1160**

aaa) Festhalten. Ein **Festhalten** liegt vor, wenn der Betroffene gegen seinen Willen über die für eine (einfache) Identitätsfeststellung übliche Zeit hinaus in seiner körperlichen Bewegungsfreiheit eingeschränkt wird.[616] Es beginnt mit der Aufforderung, sich nicht vom Ort der Identitätsfeststellung zu entfernen, weil die Identitätsfeststellung auf Grund anderer, vordringlicher Maßnahmen **1161**

---

614 *Erb*, in: LR-StPO, § 163b Rn. 13.
615 Vgl. OLG Nürnberg vom 30.6.1988 – VAs 21/87 – StV 1988, 372, 373.
616 *Griesbaum*, in: KK-StPO, § 163b Rn. 15.

erst später durchgeführt werden kann.[617] Ein Festhalten wird auch angenommen, wenn der zu Identifizierende ohne sein Einverständnis an einen anderen Ort verbracht wird.[618]

1162 **Beispiel:** In **Fall 1b** wird Ronny festgehalten, da er zum Zweck der ED-Behandlung mit zur Wache genommen wird. Noch kein Festhalten liegt vor, wenn der Betroffene aufgefordert wird, während der Personalienfeststellung anhand der Ausweispapiere an Ort und Stelle zu verbleiben (solange diese die übliche Zeit nicht überschreitet).

1163 Ein Festhalten ist nach hier vertretener Auffassung nicht notwendigerweise als Freiheitsentziehung einzuordnen, es kann auch „nur“ freiheitsbeschränkenden Charakter haben. Ob eine Freiheitsentziehung oder eine Freiheitsbeschränkung vorliegt, ist anhand der oben (Rn. 173 f.) dargestellten Kriterien (insb. Aufhebung der Fortbewegungsfreiheit) festzustellen.

1164 **Vertiefung:** In der Klausur ist die Entscheidung zu begründen. Es bietet sich in den Fällen, in denen eine Freiheitsentziehung ernsthaft in Betracht kommt – so z. B. in **Fall 1b** –, an, die entsprechenden Form- und Verfahrensvorschriften zumindest „hilfsweise“ zu prüfen. So wird der Aufgabenstellung „Erstellung eines Gutachtens aus grund- und eingriffsrechtlicher Sicht“ am besten entsprochen.

1165 bbb) **Durchsuchen.** Ein **Durchsuchen** der Person und der mitgeführten Sachen des Verdächtigen darf nur zum Zweck der Identitätsfeststellung (und nicht etwa zum Auffinden von Beweismitteln) erfolgen. Zielrichtung ist also die Suche nach Dokumenten, anderen Gegenständen die einen Hinweis auf die Identität geben könnten, aber auch „körperlichen“ Merkmalen wie Narben oder Tätowierungen.[619] Bei den mitgeführten Sachen ist für die Frage der Zulässigkeit der Durchsuchung die tatsächliche Sachherrschaft, nicht die Eigentumslage ausschlaggebend.

1166 **Beispiel:** Sollte Ronny in **Fall 1a** behaupten, dass der von ihm mitgeführte „Hello Kitty“-Rucksack nicht ihm, sondern seiner jüngeren Schwester gehört, ist das unbeachtlich.

1167 Eine Durchsuchung von Wohnungen und anderen Räumlichkeiten ist zum Zweck der Identitätsfeststellung nicht möglich. Es kann sich hierbei schon begrifflich nicht um „mitgeführte Sachen“ handeln.[620]

1168 ccc) **Erkennungsdienstliche Behandlung.** Die zulässigen **erkennungsdienstlichen Maßnahmen** entsprechen denjenigen des § 81b StPO.[621] Zum Zweck der Identitätsfeststellung dürfen also *„Lichtbilder und Fingerabdrücke des Beschuldigten auch gegen seinen Willen aufgenommen und Messungen und ähnli-*

617 Vgl. *König/Trurnit*, Rn. 173.
618 *Griesbaum*, in: KK-StPO, § 163b Rn. 15.
619 *Meyer-Goßner/Schmitt*, StPO, § 163b Rn. 10.
620 *Erb*, in: LR-StPO, § 163b Rn. 41.
621 *Erb*, in: LR-StPO, § 163b Rn. 42.

che Maßnahmen“ vorgenommen werden (§ 81b StPO). Zu diesem Zweck ist die Verbringung des Betroffenen zu einer entsprechend ausgestatteten Dienststelle zulässig.[622]

cc) **Ermächtigungsbegrenzende Bestimmungen.** Für den Fall des Festhaltens stellt § 163c Abs. 1 Satz 1 StPO klar, dass dieses in keinem Fall länger als bis zur Feststellung der Identität dauern darf. 1169

> **Klausurhinweis:** In der Klausur ist dieser Punkt kurz anzusprechen, wenn tatsächlich ein Festhalten im o. g. Sinne vorliegt. Ein Verstoß ist gleichzeitig ein Verstoß gegen das Übermaßverbot bzw. den Verhältnismäßigkeitsgrundsatz (mangelnde Erforderlichkeit). Nach hier vertretener Auffassung kann dieser Punkt auch als Verfahrensvorschrift im Rahmen der formellen Rechtmäßigkeit, bei der der § 163c StPO sowieso „durchzuprüfen“ ist, angesprochen werden. 1170

d) **Formelle Rechtmäßigkeit.** – aa) **Anordnungs- und Durchführungskompetenz.** Die Anordnungs- und Durchführungskompetenz liegt bei der Staatsanwaltschaft und den „Beamten des Polizeidienstes“ (dazu gehören jedenfalls Polizeivollzugsbeamte im Sinne des § 2 Nr. 6 Nds. SOG). 1171

> **Vertiefung:** Die Eigenschaft als Ermittlungsperson der Staatsanwaltschaft ist nicht erforderlich, für sich allein auch nicht ausreichend.[623] 1172

Ein Richtervorbehalt ist grundsätzlich nicht vorgesehen, vgl. aber § 163c Abs. 1 Satz 2 StPO. 1173

bb) **Besondere Form- und Verfahrensvorschriften.** Die Identitätsfeststellung eines Verdächtigen unterliegt einer Reihe von Form- und Verfahrensvorschriften: 1174

> **Selbststudiumshinweis:** Verinnerlichen Sie die im Folgenden kurz dargestellten Form- und Verfahrensvorschriften. Sie sind in der Klausur stets kurz anzusprechen und spielen – wie alle Form- und Verfahrensvorschriften – in der Praxis eine große Rolle. 1175

aaa) **Allg. Belehrungspflicht (§ 163b Abs. 1 Satz 1 Hs. 2 iVm. § 163a Abs. 4 S. 1 StPO).** Für Nichtjuristen etwas kryptisch verweist § 163b Abs. 1 Satz 1 Halbsatz 2 StPO darauf, dass diese Regelung bei der Identitätsfeststellung nach § 163b Abs. 1 StPO „*entsprechend*“ gilt. Nach § 163a Abs. 4 StPO ist dem Beschuldigten vor der ersten Vernehmung zu eröffnen, **welche Tat** ihm zur Last gelegt wird. Bei „entsprechende“ Anwendung im Rahmen einer Idf-Maßnahme ist dem zu Identifizierenden also zu offenbaren, welcher Tat er verdächtigt wird. Dabei ist eine ungefähre Bezeichnung (z. B. „wegen eines Körperverletzungsdelikts“) ausreichend. Eine konkrete Strafvorschrift braucht nicht genannt werden. Es handelt sich bei der **Belehrung** um eine **wesentliche Förmlichkeit.** Fehlt sie, ist z. B. ein Festhalten zur Idf nicht rechtmäßig im Sinne des 1176

622 *Griesbaum*, in: KK-StPO, § 163b Rn. 24.
623 *Erb*, in: LR-StPO, § 163b Rn. 44.

§ 113 Abs. 3 StGB und ein etwaiger Widerstand des Betroffenen rechtmäßig.[624]

1177 **Vertiefung:** Die Belehrung ist nicht erforderlich, wenn der Verdächtige weiß oder wissen muss, welcher Tat er verdächtigt wird (z. B. der Ladendieb, der vom Kaufhausdetektiv der Polizei „übergeben" wird).[625] Der Grund der Idf muss so offensichtlich sein, dass ihn auch ein juristischer Laie ohne weiteres nachvollziehen kann.[626]

1178 **bbb) Belehrung bei Festhaltesituation (§ 163c Abs. 1 S. 3 iVm. §§ 114a-c StPO).** Nach § 163c Abs. 1 Satz 3 StPO sind auch die §§ 114a – c StPO, die eigentlich für den Fall der Verhaftung eines Beschuldigten gelten, entsprechend anzuwenden, wenn – was in der Klausur zu prüfen ist – eine **Festhaltesituation**[627] besteht.

1179 In diesem Fall muss der Betroffene (die Vorschrift gilt auch für den Fall des Festhaltens von zu identifizierenden Unverdächtigen iSd. § 163b Abs. 2 StPO) in einer für ihn verständlichen Sprache
- darüber in Kenntnis gesetzt werden, wieso seine Identität festgestellt wird und (so dass der Fall ist) welche Beschuldigungen gegen ihn erhoben werden (§ 114a StPO entsprechend);
- über seine Rechte (siehe im Einzelnen § 114b Abs. 2 StPO) belehrt werden, insb. darüber, dass er (so der Zweck der Untersuchung dadurch nicht gefährdet wird) 1. eine Vertrauensperson benachrichtigen darf, 2. einen Verteidiger beiziehen kann,[628] 3. unentgeltlich einen Dolmetscher oder Übersetzer verlangen kann, sollte das erforderlich sein und 4. die Unterrichtung „seiner" konsularischen Vertretung verlangen kann und dieser Mitteilungen machen darf (§ 114b entsprechend).

1180 **ccc) Benachrichtigungsrecht (§ 163c Abs. 1 S. 3 iVm. § 114c StPO).** Aus dem ebenfalls entsprechend anwendbaren § 114c StPO folgt, dass der festgehaltenen Person die Möglichkeit gegeben werden muss, einen Angehörigen oder eine Vertrauensperson zu benachrichtigen, wenn der Zweck der Untersuchung dadurch nicht gefährdet wird.

1181 **Vertiefung:** Der Zweck der Untersuchung könnte z. B. dann gefährdet sein, wenn zu befürchten ist, dass Hintermänner oder Mittäter gewarnt werden. Sollte die Strafverfolgungsbehörde entscheiden, dass eine Benachrichtigung nicht gestattet werden soll, ist die Entscheidung mit einer einzelfallbezogenen Begründung in einem Aktenvermerk niederzulegen.[629]

1182 **ddd) Richterliche Entscheidung (§ 163c Abs. 1 S. 2 StPO). § 163c Abs. 1 Satz 2 StPO** bestimmt, dass *„die festgehaltene Person […] unverzüglich dem Richter*

---

624 KG, Urteil vom 12.6.2002 – (5) 1 Ss 424/00 (6/01) – NJW 2002, 3789 (Leitsatz).
625 Vgl. *Erb*, in: LR-StPO, § 163b Rn. 17.
626 KG, Urteil vom 12.6.2002 – (5) 1 Ss 424/00 (6/01) – NJW 2002, 3789, 3790.
627 Vgl. zur Frage, wann ein „Festhalten" vorliegt bereits oben Seite 173.
628 So explizit für die Identitätsfeststellung *Griesbaum*, in: KK-StPO, § 163b Rn. 18; *Erb*, in: LR-StPO, § 163b Rn. 34.
629 *Böhm/Werner*, in: MüKo-StPO, § 114c Rn. 8.

bei dem Amtsgericht, in dessen Bezirk sie ergriffen worden ist, zum Zwecke der Entscheidung über Zulässigkeit und Fortdauer der Freiheitsentziehung vorzuführen [...], es sei denn, dass die Herbeiführung der richterlichen Entscheidung voraussichtlich längere Zeit in Anspruch nehmen würde, als zur Feststellung der Identität notwendig wäre.". Eine Vorführung ist also nicht erforderlich, wenn 1. keine Festhaltesituation besteht oder 2. das Festhalten durch sie verlängert würde. Auf beides ist in der Klausur kurz einzugehen.

eee) **Maximale Dauer der Freiheitsentziehung (§ 163c Abs. 2 StPO). § 163c Abs. 2 StPO** bestimmt, dass eine Freiheitsentziehung zum Zweck der Identitätsfeststellung nicht länger als insgesamt zwölf Stunden dauern darf. Ist diese Frist abgelaufen, ist der Betroffene freizulassen, wenn nicht ein weiteres Festhalten auf Basis einer anderen rechtlichen Grundlage möglich ist. **1183**

fff) **Umgang mit angefallenen Unterlagen (§ 163c Abs. 3 StPO).** § 163c Abs. 3 StPO bestimmt schließlich, dass im Fall der Identitätsfeststellung eines Unverdächtigen die im Zusammenhang mit der Feststellung angefallenen **Unterlagen** (z. B. im Rahmen einer freiwilligen ED-Behandlung erstellt) vernichtet werden müssen. Im Umkehrschluss sind die Unterlagen bei Verdächtigen **nicht zu vernichten**, sondern zur Ermittlungs- bzw. Strafakte zu nehmen. **1184**

ggg) **Gleichgeschlechtliche Durchsuchung (§ 81d StPO entsprechend).** Für den Fall einer Durchsuchung der Person ist nach hier vertretener Auffassung der § 81d StPO (lesen!) entsprechend anzuwenden, wenn sie „*das Schamgefühl verletzen*" kann (hierzu noch unten Rn. 2269). Eine Durchsuchung der Person ist dann grundsätzlich von einer Person gleichen Geschlechts vorzunehmen. **1185**

cc) **Adressat/Betroffener.** Adressat bzw. Betroffener der Maßnahme ist der **Verdächtige** (siehe dazu bereits oben). **1186**

> **Klausurhinweis:** In der B.A.-Klausur wird dieser Punkt als Tatbestandsvoraussetzung in der materiellen Rechtmäßigkeit geprüft. **1187**

e) **Klausurtaktik.** In der Klausur sind sowohl Tatbestand als auch Rechtsfolge **substantiiert** darzulegen. **1188**

Im Rahmen der Rechtsfolge ist zu prüfen, ob die konkret gewählten Maßnahmen (z. B. Mitnahme zur Wache, Durchsuchung des Rücksacks) zur Identitätsfeststellung geeignet und erforderlich waren. In der Prüfung der Verhältnismäßigkeit ist sodann die Identitätsfeststellungsmaßnahme als solche zu prüfen. Ein schlichter Verweis verbietet sich. **1189**

> **Klausurhinweis:** Die Intensität der Maßnahme (z. B. Dauer des Festhaltens) ist im Rahmen der Prüfung der Verhältnismäßigkeit im engeren Sinne in Relation zur verfolgten Straftat, Stärke des Tatverdachts, etc. zu setzen. **1190**

Gerade Anfänger unterschätzen die praktische Relevanz der besonderen Form- und Verfahrensvorschriften. Das führt dazu, dass hier in der Klausurprüfung ohne Not „Punkte liegengelassen" werden. Prüfen Sie die erforderlichen Form- und Verfahrensvorschriften in der gebotenen Kürze aber sorgsam Schritt für **1191**

Schritt entlang des Gesetzestextes. Regelmäßig verlangt der Klausurersteller hier keine breite Darstellung im Gutachtenstil. Lesen Sie diesbezüglich aufmerksam die Bearbeiterhinweise. Kann beispielsweise die Einhaltung der Form- und Verfahrensvorschriften „unterstellt“ werden, vergeuden Sie mit einer zu breiten Prüfung nur wertvolle Zeit.

1192 **Beispiel:** In **Fall 1b** könnte eine Prüfung des Erfordernisses einer richterlichen Vorführung so lauten: „Da der Ronny festgehalten wird und für die Dauer der ED-Behandlung die Wache nicht verlassen kann, ist von einer Freiheitsentziehung auszugehen (siehe bereits oben [*Anm.: Die Freiheitsentziehung wäre bereits in der Grundrechtsprüfung festzustellen gewesen.*]). Die nach § 163c Abs. 1 Satz 2 StPO erforderliche richterliche Vorführung kann vorliegend unterbleiben. Die gesamte Maßnahme soll maximal eine Stunde dauern. Die Herbeiführung einer richterlichen Entscheidung würde voraussichtlich längere Zeit in Anspruch nehmen. Ein Richter ist erst wieder am Montag, also zudem nach Ablauf der Höchstfrist des § 163c Abs. 2 StPO erreichbar.“

1193 **Checkliste § 163b Abs. 1 StPO**

Tatbestand

✓ Anfangsverdacht einer Straftat
✓ Betroffener ist Verdächtiger dieser Straftat
✓ Identität des Betroffenen unbekannt oder unklar

Rechtsfolge

✓ Zur Identitätsfeststellung erforderliche (geeignet und erforderlich) Maßnahme: z. B. Anhalten, Befragen, Aufforderung Angaben zu Personalien zu machen und Ausweispapiere auszuhändigen, Feststellung Personalien, ggf. Abgleich mit Einwohnermeldeamt o. ä.
✓ Falls Festhalten, Durchsuchen, ED-Behandlung → Identität sonst nicht oder nur unter erheblichen Schwierigkeiten feststellbar

Ermächtigungsbegrenzung

✓ Festhalten in keinem Fall länger als bis zur Feststellung Identität unerlässlich

Form- und Verfahrensvorschriften

✓ Belehrung über Tatvorwurf
✓ Falls Festhalten: Belehrung über Grund Idf, erhobene Beschuldigung, Rechte
✓ Falls Festhalten: Möglichkeit geben Vertrauensperson/Angehöriger/Konsulat zu benachrichtigen
✓ Falls Freiheitsentziehung: Vorführung Richter
✓ Falls Freiheitsentziehung: maximal 12 Stunden
✓ Eventuell angefallene Unterlagen zu Ermittlungsakte nehmen
✓ Falls Durchsuchung der Person: gleichgeschlechtliche Durchsuchung

4. Identitätsfeststellung beim Unverdächtigen (§ 163b Abs. 2 StPO)

Fall 1: Angie hat angeblich einen Raub beobachtet. PK Müller fordert sie auf, ihren Personalausweis zum Zweck der Identitätsfeststellung auszuhändigen. PK Müller notiert sich die Personalien. 1194

Fall 1a: Angie sagt, sie habe einen wichtigen Friseurtermin und könne sich nicht mit derartigen Dingen aufhalten. Daraufhin fordert PK Müller sie auf, an Ort und Stelle zu verbleiben und nunmehr den Personalausweis auszuhändigen. 1195

Fall 1b: Angie möchte „mit der ganzen Sache nichts zu tun haben" und verweigert die Herausgabe des Ausweises sowie weiterer Angaben zu ihrer Person. Daraufhin wird sie von PKin Müller (ohne ihr Einverständnis) durchsucht. 1196

a) Wichtige Normen

→ § 163b Abs. 2 iVm. Abs. 1 StPO 1197
→ § 163c iVm. §§ 114a – c StPO
→ § 81d StPO (entsprechende Anwendung)

b) **Allgemeines.** Zur Sicherung des Strafverfahrens ist es häufig erforderlich, 1198 auch die Identität von **Unverdächtigen** festzustellen. Hierbei handelt es sich in der Regel um Zeugen der Tat (darunter fällt auch ein eventuelles Opfer). Auch wenn diese Zeugen bereits vor der Polizei eine Aussage gemacht haben, müssen sie vor Gericht diese Aussage wiederholen und gegebenenfalls Fragen beantworten. Schon zu diesem Zweck ist es erforderlich eine Möglichkeit zu haben den Zeugen zu kontaktieren und ihn als solchen zu laden.

c) **Materielle Rechtmäßigkeit. – aa) Tatbestandsvoraussetzungen.** Erste Voraus- 1199 setzung für eine Identitätsfeststellungsmaßnahme nach § 163b Abs. 2 StPO ist das Vorliegen eines **Anfangsverdachts einer verfolgbaren Straftat.**

Die **betroffene Person muss** im Fall des § 163b Abs. 2 StPO mit Blick auf die 1200 dem Ermittlungsverfahren gegenständliche Straftat unverdächtig sein. **Unverdächtig** ist eine Person, wenn keine Anhaltspunkte für eine Täterschaft oder Teilnahme im konkreten Ermittlungsverfahren bestehen.

> **Vertiefung:** Typischerweise soll die Identität eines potentiellen Zeugen fest- 1201 gestellt werden. Auch Straftäter einer anderen Tat können „unverdächtig" sein.

Die Identitätsfeststellung muss **zur Aufklärung der Straftat geboten** sein 1202 (§ 163b Abs. 2 Satz 1 StPO). Gebotenheit zur Aufklärung der Straftat ist gegeben, wenn zum Zeitpunkt der Maßnahme Anhaltspunkte dafür vorliegen, dass der zu Identifizierende als Zeuge, als Spurenträger oder Augenscheinsobjekt zur Aufklärung des Sachverhaltes beitragen kann.[630]

1203 Wie auch bei der Identitätsfeststellung des Verdächtigen muss die **Identität** der betroffenen Person **unbekannt oder zweifelhaft** sein.

1204 **bb) Rechtsfolge.** Auch bei der Identitätsfeststellung bei einer unverdächtigen Person dürfen grundsätzlich **alle zur Identitätsfeststellung „erforderlichen" Maßnahmen** getroffen werden. Das sind alle Maßnahmen die nach Art und Umfang geeignet und erforderlich sind um die Personalien zweifelsfrei festzustellen. Umfasst ist auch bei Unverdächtigen z. B. das Anhalten und die Frage nach beziehungsweise die Aufforderung zur Aushändigung von Ausweisdokumenten.

1205 **Vertiefung:** Gerade bei potentiellen Zeugen ist zu prüfen, ob das Abfragen von Daten, die über die ladungsfähige Anschrift hinausgehen, tatsächlich „erforderlich" ist.

1206 Sollten weitere, eingriffsintensivere Maßnahmen erforderlich sein, werden erhöhte Anforderungen gestellt, die sowohl in der Praxis als auch der Klausur zu prüfen sind.

1207 Ein **Festhalten** ist – wie bei einem Verdächtigen – nur dann zulässig, wenn die Identität sonst nicht oder nur unter erheblichen Schwierigkeiten festgestellt werden kann.[631]

1208 Darüber hinaus muss das Festhalten „zur Bedeutung der Sache" im Verhältnis stehen, vgl. § 163b Abs. 2 Satz 2 StPO. Damit ist nicht etwa die Bedeutung des Unverdächtigen für das weitere Verfahren gemeint, sondern die Schwere der Straftat, insbesondere die im Einzelfall zu erwartende Strafe (soweit das beurteilt werden kann).[632]

1209 **Beispiel:** Ein Passant, der Zeuge eines Verkehrsunfalls ohne größere Folgen ist, dürfte nicht festgehalten werden.[633]

1210 Bereits an dieser Stelle wird also geprüft, ob das Festhalten verhältnismäßig im engeren Sinne ist.

1211 **Klausurhinweis:** Wird eine unverdächtige Person zum Zwecke der Identitätsfeststellung festgehalten, ist demnach zu prüfen, ob im konkreten Fall der mit dem Festhalten verbundene Eingriff in die Freiheit der Person nicht zum Strafanspruch des Staates im Missverhältnis steht. In **Fall 1b** könnte man wie folgt formulieren: *„Die Aufforderung an Ort und Stelle zu verbleiben stellt ein Festhalten dar, welches zur Bedeutung der Sache nicht außer Verhältnis steht. Das Festhalten stellt im konkreten Fall einen Eingriff in die Freiheit der Person der Angie dar, der aber noch nicht die Schwelle zur*

630 *Erb*, in: LR-StPO, § 163b Rn. 16.
631 Vgl. auch *Meyer-Goßner/Schmitt*, StPO, § 163b Rn. 17.
632 *Erb*, in: LR-StPO, § 163b Rn. 26.
633 *Meyer-Goßner/Schmitt*, StPO, § 163b Rn. 17.

Freiheitsentziehung überschreitet [Anm.: Die Abgrenzung zwischen Freiheitsbeschränkung und -entziehung müsste bereits in der Grundrechteprüfung erfolgen.]. *Dem gegenüber steht ein Ermittlungsverfahren wegen eines Raubdelikts. Da es sich bei einem Raub um ein Verbrechen handelt, ist der Strafanspruch des Staates sehr hoch. Ein Missverhältnis zwischen Festhalten und dem Strafanspruch des Staates ist nicht gegeben.*"

Ein **Durchsuchen** der Sachen oder der Person sowie eine **erkennungsdienstliche Behandlung** dürfen nach § 163b Abs. 2 Satz 2 Halbsatz 2 iVm. § 163b Abs. 1 Satz 3 StPO **nicht gegen den Willen** des Betroffenen durchgeführt werden. 1212

Vertiefung und Klausurhinweis: Die genauen Anforderungen an eine mögliche **Einwilligung** sind umstritten. Es wird die Auffassung vertreten, dass sowohl eine Belehrung über das Weigerungsrecht als auch ein ausdrückliches Einverständnis erforderlich ist (strenge Auffassung). Es gibt aber auch Stimmen, die eine Belehrungspflicht ablehnen und ein „Dulden" der Maßnahme ausreichen lassen. Eine Auseinandersetzung mit diesen Auffassungen[634] ist in der Klausur nur erforderlich, wenn die Anforderungen der „strengen Auffassung" nicht erfüllt werden. 1213

In jedem Fall führt eine explizite oder schlüssige Weigerung zur Unzulässigkeit einer Maßnahme nach § 163b Abs. 2 StPO. 1214

Vertiefung: Da die Verweigerung der Identitätsmitteilung – wie z. B. in Fall 1b – zugleich eine Ordnungswidrigkeit (§ 111 OWiG) darstellt, wird in der Praxis über § 46 OWiG die Rechtmäßigkeit der Maßnahme nach § 163b Abs. 1 StPO – die betroffene Person ist ja jetzt einer Ordnungswidrigkeit verdächtig – konstruiert. Ein Vorgehen, das unter dem Gesichtspunkt der Verhältnismäßigkeit (im engeren Sinne) ganz besonders sorgfältiger Prüfung bedarf. 1215

cc) **Ermächtigungsbegrenzende Bestimmungen.** Auch bei Unverdächtigen gilt, dass ein eventuelles Festhalten nur so lange fortgesetzt werden darf, wie es für die Feststellung der Identität unerlässlich ist, § 163c Abs. 1 Satz 1 StPO. 1216

d) **Formelle Rechtmäßigkeit. – aa) Funktionelle Zuständigkeit.** Auch die Identitätsfeststellung des Unverdächtigen darf durch die „Beamten des Polizeidienstes" angeordnet und durchgeführt werden. 1217

bb) **Besondere Form- und Verfahrensvorschriften.** Auch die Identitätsfeststellung des Unverdächtigen unterliegt einer Vielzahl von Form- und Verfahrensvorschriften: 1218

- Ausweislich **§ 163b Abs. 2 Satz 1 Halbsatz 2 StPO gilt der § 69 Abs. 1 Satz 2 StPO** entsprechend. Daraus folgt, dass dem Zeugen mitzuteilen ist, weshalb er einer Identitätsfeststellung unterzogen wird und wer die möglichen Verdächtigen[635] – sofern vorhanden – sind. Die Belehrung kann unter-

634 Nachweise im KK-StPO zu § 163b StPO, Rn. 31.

635 Ob über die möglichen Verdächtigen aufzuklären ist, ist unter Juristen umstritten, vgl. hierzu *Erb*, in: LR-StPO, § 163b Rn. 17 mit weiteren Nachweisen.

bleiben, wenn der Zeuge nach Lage der Dinge über den Grund der Idf nicht im Unklaren sein kann, z. B. weil er die Tat beobachtet hat.[636]

- Die bereits oben dargestellten Regelungen des **§ 163c StPO** gelten auch für den Fall der Identitätsfeststellung eines Unverdächtigen. Im Rahmen einer Idf-Maßnahme angefallene Unterlagen sind allerdings nicht zu den Akten zu nehmen, sondern zu vernichten, vgl. § 163c Abs. 3 StPO.
- So eine Durchsuchung der Person überhaupt zulässig ist, ist auch bei Unverdächtigen der **§ 81d StPO** entsprechend (siehe oben) zu beachten. Danach ist eine Durchsuchung der Person durch eine Person gleichen Geschlechts durchzuführen. Das Gebot der gleichgeschlechtlichen Durchsuchung gilt auch für den Fall der Einwilligung der zu durchsuchenden Person, § 81d Abs. 2 StPO.

1219 cc) **Adressat/Betroffener.** „Adressat" bzw. Betroffener der Maßnahme ist der **Unverdächtige.** In der B.A.-Klausur wird dieser Punkt als Tatbestandsvoraussetzung in der materiellen Rechtmäßigkeit geprüft.

1220 e) **Klausurtaktik.** Hier gilt das zur Identitätsfeststellung bei Verdächtigen Gesagte entsprechend.

1221 **Checkliste § 163b Abs. 2 StPO**

Tatbestand

✓ Anfangsverdacht einer Straftat
✓ Zu identifizierende Person ist „unverdächtig"
✓ Identität unbekannt oder unklar
✓ Identitätsfeststellung zur Aufklärung „geboten"

Rechtsfolge

✓ Zur Identitätsfeststellung erforderliche (geeignet und erforderlich) Maßnahme: z. B. anhalten, befragen, Aufforderung Angaben zu Personalien zu machen und Ausweispapiere auszuhändigen, Feststellung Personalien, ggf. Abgleich mit Einwohnermeldeamt o. ä.
✓ Falls Festhalten → Identität sonst nicht oder nur unter erheblichen Schwierigkeiten feststellbar + Festhalten steht im Verhältnis „zur Bedeutung der Sache"
✓ Falls Durchsuchen, ED-Behandlung → Identität sonst nicht oder nur unter erheblichen Schwierigkeiten feststellbar + Einwilligung der zu identifizierenden Person

Ermächtigungsbegrenzung

✓ Festhalten in keinem Fall länger als bis zur Feststellung Identität unerlässlich

Form- und Verfahrensvorschriften

✓ Information über Grund Idf, ggf. Verdächtige
✓ Falls Festhalten: Belehrung über Rechte

---

636 *Erb*, in: LR-StPO, § 163b Rn. 17.

- ✓ Falls Festhalten: Möglichkeit geben Vertrauensperson/Angehöriger/Konsulat zu benachrichtigen
- ✓ Falls Freiheitsentziehung: Vorführung Richter
- ✓ Falls Freiheitsentziehung: maximal 12 Stunden
- ✓ Eventuell angefallene Unterlagen vernichten
- ✓ Falls Durchsuchung der Person: gleichgeschlechtliche Durchsuchung

IV. Präventive Identitätsfeststellung (§ 13 Nds. SOG)

1. Identitätsfeststellung zu präventiven Zwecken

Im Aufgabenfeld der Gefahrenabwehr und der Straftatenverhütung hat die Identitätsfeststellung ebenfalls ihren festen Platz unter den alltäglich getroffenen Maßnahmen. Die maßgebliche Ermächtigungsgrundlage findet sich in § 13 Nds. SOG. Es wird nicht, wie im Fall der repressiven Idf, nach der Rolle des Adressaten, sondern nach Anlass beziehungsweise Ort der Identitätsfeststellung differenziert. Diese sind abschließend in § 13 Abs. 1 Nds. SOG aufgelistet. Die möglichen konkreten Maßnahmen zeigt zunächst der nicht abschließende § 13 Abs. 2 Nds. SOG auf. 1222

Vertiefung und Klausurhinweis: Die Möglichkeit der Durchsuchung sowie der erkennungsdienstlichen Behandlung ist ebenfalls geregelt, bedarf aber einiger juristischer „Bastelarbeit“: Die Durchsuchung einer Person zum Zweck der Idf folgt aus § 22 Abs. 1 Nr. 1 iVm. 13 Abs. 2 Satz 2 iVm. Abs. 1 Nr. x Nds. SOG. Die Durchsuchung einer Sache, die eine zu identifizierende Person mit sich führt gestattet § 23 Abs. 1 Nr. 1 iVm. § 22 Abs. 1 Nr. 1 iVm. 13 Abs. 2 Satz 2 iVm. Abs. 1 Nr. x Nds. SOG. Die erkennungsdienstliche Behandlung schließlich ist über § 15 Abs. 1 Nr. 1 iVm. § 13 Abs. 1 Nr. x Nds. SOG zulässig. 1223

Auch im Rahmen von Befragungen nach § 12 Nds. SOG oder Maßnahmen nach § 36 Abs. 5 StVO ist die Feststellung von Personalien nicht unüblich. Diese Maßnahmen zielen aber nicht vorrangig auf die „Feststellung“ der Identität ab.[637] 1224

2. Betroffene Grundrechte

Präventive Identitätsfeststellungsmaßnahmen greifen grundsätzlich in die gleichen Grundrechte ein wie repressive (siehe oben), also das Recht auf informationelle Selbstbestimmung (Art. 2 Abs. 1 GG iVm. Art. 1 Abs. 1GG)[638] und gegebenenfalls die Freiheit der Person (Art. 2 Abs. 2 Satz 2 GG). Die besonderen Anforderungen an eine freiheitsentziehende Maßnahme werden in den §§ 19–21 Nds. SOG beachtet. 1225

637 *Schütte/Braun/Keller,* Rn. 101 a. E.
638 Vgl. BVerfG, Beschluss vom 24.7.2015 – 1 BvR 2501/13.

3. Präventive Identitätsfeststellung (§ 13 Abs. 1 Nr. 1–3 Nds. SOG)

1226 **Fall 1:** Der betrunkene Harry wandert mit einem Baseballschläger „bewaffnet“ durch die Fußgängerzone. PK Müller nimmt ihm den Schläger ab und fordert ihn auf, seine Personalien anzugeben.

1227 **Fall 1a:** Harry ist so betrunken, dass er zum Ausnüchtern in Gewahrsam genommen wird. In seiner Tasche findet PK Müller einen Personalausweis, anhand dessen die Personalien von Harry festgestellt werden.

1228 **Fall 2:** PK Müller wird zum Porzellanladen des Paul gerufen. Dort soll der (bis dahin unbekannte) Emil Elefant versehentlich eine Vase umgeworfen haben, die er nicht ersetzen möchte. PK Müller stellt anhand des Personalausweises des Emil die Personalien fest, die er dann dem Paul mitteilt, damit dieser zivilrechtliche Schritte einleiten kann.

1229 **Fall 3:** An einem Drogenumschlagplatz wird der dort auf einer Bank sitzende „Junkie“ von PK Müller aufgefordert den Personalausweis zum Zweck der Identitätsfeststellung auszuhändigen.

1230 **Fall 4:** Rechtsextreme Vereinigungen haben zu Brandanschlägen auf Flüchtlingsunterkünfte aufgerufen. Um 3 Uhr morgens trifft PK Müller den Sven in unmittelbarer Nähe einer solchen Unterkunft an. Sven trägt einen großen Rucksack auf dem Rücken und versucht sich zunächst zu verstecken. PK Müller fordert ihn auf, seinen Personalausweis zur Identitätsfeststellung auszuhändigen.

a) Wichtige Normen

1231 → § 13 Abs. 1 Nr. 1, Abs. 2 Nds. SOG (Idf zur Gefahrenabwehr)
→ § 13 Abs. 1 Nr. 2 Nds. SOG (Idf am kriminalitätsbelasteten Ort)
→ § 13 Abs. 1 Nr. 3 Nds. SOG (Idf am gefährdeten Ort oder Objekt)
→ § 13 Abs. 2 Nds. SOG (Rechtsfolge)
→ §§ 19 bis 21 Nds. SOG
→ § 30 Nds. SOG
→ § 28 VwVfG (Anhörung)

1232 **b) Allgemeines.** Die unterschiedlichen Tatbestände[639] die eine Identitätsfeststellungsmaßnahme legitimieren können, finden sich in § 13 Abs. 1 Nds. SOG.

1233 **Selbststudiumsaufgabe:** Lesen Sie aufmerksam den § 13 Abs. 1 Nds. SOG. Machen Sie sich klar, welche unterschiedlichen Situationen geregelt sind.

1234 Es ist möglich, dass mehrere Tatbestände des § 13 Abs. 1 Nds. SOG erfüllt sind. Für die in § 13 Abs. 2 einheitlich geregelte Rechtsfolge ist jedoch nur das Vorliegen einer Tatbestandsvariante erforderlich.

639 Umfassend hierzu *Waechter*, in: BeckOK-Nds. SOG, § 13 Nds. SOG.

Klausurhinweis: In der Klausur ist nur der Tatbestand zu prüfen, der als Grundlage für die konkrete Idf-Maßnahme ernsthaft in Betracht kommt. Es ist also in der Regel *entweder* Nr. 1, Nr. 2a, b oder c, Nr. 3 oder nur Nr. 4 des § 13 Abs. 1 Nds. SOG zu prüfen. Kommen ausnahmsweise zwei Tatbestände in Betracht, ist natürlich (Stichwort: Gutachten) entsprechend auszuführen. 1235

c) Materielle Rechtmäßigkeit. – aa) Tatbestände. Der § 13 Abs. 1 Nds. SOG enthält insgesamt sechs verschiedene Tatbestände. Einzige Voraussetzung die allen gemeinsam ist, ist das die **Identität** des Adressaten den handelnden Beamten **unbekannt oder zweifelhaft** sein muss. 1236

aaa) Identitätsfestellung zur Gefahrenabwehr (§ 13 Abs. 1 Nr. 1 Nds. SOG). Eine Identitätsfeststellung nach § 13 Abs. 1 Nr. 1 Nds. SOG ist zulässig, wenn sie *„zur Abwehr einer Gefahr"* erforderlich ist. Voraussetzung ist also zunächst das **Vorliegen einer Gefahr.** Damit ist eine „konkrete Gefahr" im Sinne des § 2 Nr. 1a Nds. SOG gemeint. 1237

Klausurhinweis: Sollte das Vorliegen einer konkreten Gefahr bereits im Rahmen der Prüfung der sachlichen Zuständigkeit ausführlich geprüft worden sein, kann in der Klausur an dieser Stelle kurz verwiesen werden. In allen anderen Fällen hat eine ausführliche Prüfung zu erfolgen, ob tatsächlich eine konkrete Gefahr vorliegt. Hierzu näher ab Rn. 498. 1238

Sodann muss die Identitätsfeststellung zur Abwehr der Gefahr **„erforderlich"** sein. Es hat eine vorgezogene Verhältnismäßigkeits(teil)prüfung zu erfolgen. Bei dieser ist darzulegen, ob die Idf-Maßnahme überhaupt und auch im konkreten Umfang zur Gefahrenabwehr zumindest beitragen konnte (Geeignetheit) und erforderlich war. Hier ist insbesondere im Rahmen der Geeignetheit substantiiert darzulegen, inwiefern die Identitätsfeststellungsmaßnahme das Ziel der Gefahrenabwehr zumindest fördern konnte. 1239

Nur ausnahmsweise kann allein eine Identitätsfeststellungsmaßnahme **unmittelbar** zur Abwehr einer konkreten Gefahr dienen. 1240

Vertiefung: Das ist zum Beispiel der Fall, wenn gerade durch die Idf-Maßnahme der Betroffene gewissermaßen „aus der Anonymität" gerissen werden und dadurch von (weiteren) schädigenden Handlungen abgehalten werden soll.[640] 1241

Meist ist die Identitätsfeststellung ein **Zwischenschritt** auf dem Weg zur Gefahrenabwehr.[641] 1242

Beispiel: So kann beispielsweise in **Fall 2** die Gefahr für die Durchsetzung der vermeintlichen Schadensersatzansprüche (Stichwort: Schutz privater Rechte) abgewehrt werden, indem PK Müller die Identität des Emil fest- 1243

---

640 *Waechter*, in: BeckOK-Nds. SOG, § 13 Rn. 18.

641 OVG Berlin-Brandenburg, Beschluss vom 6.6.2012 – OVG 1 N 28.11; Fallgruppen bei *Waechter*, in: BeckOK-Nds. SOG, § 13 Rn. 12 ff.

stellt (Schritt 1) und diese Daten dann dem Paul nach § 44 Abs. 1 Nr. 1 Nds. SOG „übermittelt" (Schritt 2).

1244 Häufig hat die Identitätsfeststellung zur Gefahrenabwehr (nur) **begleitenden Charakter.**[642]

1245 **Beispiel:** So muss beispielsweise im Rahmen der Sicherstellung in **Fall 1** die Identität geklärt werden, damit eine eventuelle Rückgabe an die richtige Person erfolgen kann.

1246 Liegt nur ein begründeter **Gefahrenverdacht** vor, ist eine Identitätsfeststellungsmaßnahme als Gefahrerforschungseingriff zulässig.[643]

1247 Schließlich kann eine Identitätsfeststellung auch für die im **Nachgang** an die Gefahrenabwehrmaßnahme erfolgenden Maßnahmen (insbesondere Gebührenforderungen) erforderlich sein.[644] In keinem Fall darf eine Idf-Maßnahme nur „routinemäßig" erfolgen.

1248 **bbb) Identitätsfeststellung am kriminalitätsbelasteten bzw. „verrufenem" Ort (§ 13 Abs. 1 Nr. 2 Nds. SOG).** Eine Identitätsfeststellung ist auch ohne Vorliegen einer konkreten Gefahr **an bestimmten Orten** zum Zweck der Straftatenverhütung (§ 1 Abs. 1 Satz 3 Nds. SOG) möglich. Dabei handelt es sich namentlich um kriminalitätsbelastete Orte (§ 13 Abs. 1 Nr. 2a Nds. SOG[645]), aufenthaltsrechtlich belastete Orte (§ 13 Abs. 1 Nr. 2b Nds. SOG) sowie Verstecke von (gesuchten) Straftätern (§ 13 Abs. 1 Nr. 2c Nds. SOG).

1249 **Vertiefung:** Der Begriff „Ort" ist im Nds. SOG nicht näher definiert. Zutreffend wird darunter eine eng umgrenzte Fläche verstanden, z. B. ein bestimmter Platz oder eine Wohnung und nicht etwa ein ganzer Straßenzug, ein Stadion oder gar ein ganzer Stadtteil.[646]

1250 In der Anfängerklausur spielt die Idf an kriminalitätsbelasteten Orten (**kbO**) – die insbesondere auch „verrufene", seltener „verruchte" oder „gefährliche" Orte genannt werden[647] – hierbei die größte Rolle.

1251 **Vertiefung:** Es handelt sich bei Idf-Maßnahmen an kbO um Gefahrerforschungsmaßnahmen. Durch die Idf soll festgestellt werden, ob tatsächlich eine konkrete Gefahr vorliegt oder nicht.[648] Der Gesetzgeber hat hierbei von seiner Einschätzungsprärogative Gebrauch gemacht und bestimmte Sachverhalte bzw. Umstände als „kontrollwürdig" eingestuft.[649] Zweck der

642 *Waechter*, in: BeckOK-Nds. SOG, § 13 Rn. 16.
643 *Schütte/Braun/Keller*, Rn. 103; OVG Berlin-Brandenburg, Beschluss vom 6.6.2012 – OVG 1 N 28.11.
644 *Waechter*, in: BeckOK-Nds. SOG, § 13 Rn. 15.
645 Zur Verfassungsmäßigkeit des § 13 Abs. 1 Nr. 2a Nds. SOG siehe OVG Lüneburg, Beschluss vom 4.3.2010 – 11 PA 191/09.
646 Vgl. *Waechter*, in: BeckOK-Nds. SOG, § 13 Rn. 23.
647 Vgl. die Wortwahl des Gesetzgebers in Nds. LT-Drs. 15/240, S. 10.
648 *Schütte/Braun/Keller*, Rn. 105.
649 *Baldarelli*, Kriminalistik 2007, 791; *Schütte/Braun/Keller*, Rn. 105.

Norm ist nach der Rechtsprechung die Vorsorge für die Verhütung von Straftaten an Orten, an denen eine besonders hohe Wahrscheinlichkeit dafür besteht, Gefahrenverursacher anzutreffen.[650] Daneben ist Zweck der Idf am kbO aber auch *„Straftäter zu verunsichern und in Bewegung zu halten und ihnen dadurch die Begehung von Straftaten zu erschweren."*[651]

Erste wesentliche Tatbestandsvoraussetzung ist die Einstufung des **konkreten** **1252**
Ortes der Maßnahme als Örtlichkeit im Sinne des § 13 Abs. 1 Nr. 2a–c Nds. SOG. Es bedarf ausweislich des Gesetzestextes **„Tatsachen"** die **„die Annahme rechtfertigen"**, dass es sich um einen der genannten Orte handelt. Vorurteile, bloße Vermutungen oder „sittliche Missbilligung" reichen nicht aus.[652]

Beispiel: Eine Kneipe die als „Rockertreff" bekannt ist, ist nicht per se ein **1253**
kriminell belasteter bzw. „verrufener" Ort.

Sowohl in der Klausur als auch in der Praxis muss dargelegt werden können, **1254**
auf welche Umstände oder Vorkommnisse die Annahme gerade bei dem konkreten Ort gestützt wird.[653]

Klausurhinweis: In der Klausur finden sich hierfür regelmäßig argumenta- **1255**
tiv zu verarbeitende Hinweise wie *„der Bahnhofsvorplatz, der der Polizei als Drogenumschlagplatz bekannt ist"*, *„die Kneipe, in der es in den letzten Monaten wiederholt zu bewaffneten Auseinandersetzungen gekommen ist"*, *„der Parkplatz, auf welchem in den letzten Wochen nachts wiederholt Autos aufgebrochen wurden"* oder ähnliches.

Ein kbO im Sinne des § 13 Abs. 1 **Nr. 2a** Nds. SOG liegt vor, wenn die o. g. **1256**
Annahme besteht, dass dort Personen **„Straftaten von erheblicher Bedeutung** oder die in §§ 232 und 233 StGB genannten Straftaten verabreden, vorbereiten oder verüben". Welche Straftaten von „erheblicher Bedeutung" sind, ist in § 2 Nr. 11 Nds. SOG legaldefiniert.

Klausurhinweis: In der Klausur wird erwartet, dass hier eine genaue Zuord- **1257**
nung erfolgt. Ist die entsprechende Straftat noch nicht im materiellen Recht behandelt worden, findet sich regelmäßig ein Hinweis auf den konkreten Straftatbestand im Sachverhalt oder den Bearbeitungshinweisen.

Vertiefung: Die Belastung des Ortes kann auch **nur zu bestimmten Tageszei-** **1258**
ten bestehen. Werden z. B. auf einem öffentlichen Parkplatz regelmäßig nachts PKWs aufgebrochen, ist der Ort nur nachts, aber nicht auch tagsüber ein kbO im Sinne des § 13 Abs. 1 Nr. 2a Nds. SOG.

Ein **aufenthaltsrechtlich belasteter Ort** im Sinne des § 13 Abs. 1 Nr. 2b Nds. **1259**
SOG liegt vor, wenn die o. g. Annahme besteht, dass dort Personen **gegen aufenthaltsrechtliche Strafvorschriften** (nicht nur gegen Ordnungsvorschriften[654])

650 OVG Lüneburg, Beschluss vom 04. März 2010 – 11 PA 191/09.
651 *Rachor*, in Lisken/Denninger, E, Rn 330.
652 *Waechter*, in: BeckOK-Nds. SOG, § 13 Rn. 27.
653 Vgl. BayVGH, Beschluss vom 8.3.2012 – 10 C 12.141.
654 *Waechter*, in: BeckOK-Nds. SOG, § 13 Rn. 34.

verstoßen. Die praktisch relevanten Tatbestände finden sich in § 85 Nr. 2 AsylG sowie § 95 AufenthG (lesen!).

1260 Ein (vermeintliches) **Versteck von Straftätern** im Sinne des § 13 Abs. 1 Nr. 2c Nds. SOG ist gegeben, wenn die o. g. Annahme besteht, dass ein (nicht notwendigerweise „per Haftbefehl") **gesuchter Straftäter** sich dort **„verbirgt"**. Die konkrete Straftat ist irrelevant, es muss sich insbesondere nicht um eine erhebliche Straftat handeln. Ein Verbergen setzt nicht nur einen temporären Aufenthalt voraus (z. B. das Restaurant, in welchem der Gesuchte sein Abendessen zu sich nimmt), sondern die Absicht, sich dem Auffinden (und dem Strafverfahren) zu entziehen.

1261 Der **Adressat** der Idf-Maßnahme muss nach dem Wortlaut des § 13 Abs. 1 Nr. 2 Nds. SOG an einem der eben dargestellten Orte **„angetroffen"** werden. Ein längerer Aufenthalt im Sinne eines „Verweilens" ist (im Gegensatz zu einigen anderen Bundesländern[655]) nicht erforderlich.[656] Es braucht auch (noch) kein konkreter Verdacht gegen den Adressaten vorzuliegen.

1262 Von der Rechtsprechung und der Literatur[657] wird diese recht weite Eingriffsbefugnis dahingehend korrigiert, dass nicht jede beliebige Person einer präventiven Idf-Maßnahme (insb. mit Blick auf Durchsuchung) unterzogen werden darf. Die **Idf-Maßnahme muss – als ungeschriebenes Tatbestandsmerkmal**[658] **– einen „inneren Bezug"** zu dem verfolgten polizeilichen Ziel behalten. Bei Personen, die *„offensichtlich harmlos"* erscheinen[659] bzw. Personen *„die ersichtlich nichts mit dem Zweck der Maßnahmen zu tun haben"*[660] fehlt dieser Bezug.

1263 **Beispiel und Klausurhinweis:** Werden zur Straftatenverhütung an einem Drogenumschlagplatz Idf-Maßnahmen durchgeführt, fehlt es bei der zufällig über den Platz laufenden 80jährigen Dame an diesem inneren Zusammenhang (Ausnahmen natürlich denkbar). Bei einem „Junkie" wie in **Fall 3** ist der innere Zusammenhang hingegen gegeben. Er ist in der Klausur kurz darzulegen.

1264 ccc) **Identitätsfeststellung am „gefährdeten Objekt" (§ 13 Abs. 1 Nr. 3 Nds. SOG).** Im Zusammenhang z. B. mit der Gefahr terroristisch- oder erpresserisch motivierter Straftaten (Bombendrohung, Ankündigung von Anschlägen, etc.) kann ebenfalls eine Identitätsfeststellungsmaßnahme zur Gefahrenabwehr und/ oder Straftatenverhütung angezeigt sein.

---

655 Vgl. z. B. § 21 Abs. 2 Nr. 1 ASOG Berlin; Art. 13 Abs. 1 Nr. 2 PAG Bayern.

656 *Saipa*, § 13 Rn. 5.

657 Vgl. ausführlich und mit weiteren Nachweisen *Neuhäuser*, in: BeckOK-Nds. SOG, § 22 Rn. 37.

658 Vgl. auch *Neuhäuser*, in: BeckOK-Nds. SOG, § 22 Rn. 37 für die Durchsuchung nach § 22 Abs. 1 Nr. 4 Nds. SOG; nach a. A. ist dies eine Frage der „Geeignetheit" der Maßnahme, vgl. *Waechter*, in: BeckOK-Nds. SOG, § 13 Rn. 24.

659 *Saipa*, § 13 Rn. 5.

660 *Waechter*, in: BeckOK-Nds. SOG, § 13 Rn. 24.

Tatbestandsvoraussetzung ist zunächst, dass ein **besonders gefährdetes Objekt** Ort der Identitätsfeststellungsmaßnahme ist. Die im § 13 Abs. 1 Nr. 3 Nds. SOG genannten Objekte sind eine nicht abschließende Aufzählung möglicher Objekte. Ausreichend ist, dass ein bestimmter Typ Objekt gefährdet ist (z. B. Bahnhöfe, Botschaften/Konsulate eines bestimmten Landes). Eine **Gefährdung** besteht, wenn im konkreten Fall Tatsachen die Annahme rechtfertigen, dass in oder an diesem Objekt(typ) Straftaten begangen werden sollen. Es bedarf also einer konkreten Gefährdungssituation mit Blick auf den Objekttypus. Die drohenden Straftaten müssen sich entweder gegen das Objekt selbst oder die darin oder in seiner Nähe befindlichen Personen richten. Sie müssen die **Intensität einer „erheblichen" Gefährdung** im Sinne des § 2 Nr. 1c Nds. SOG haben. Die Straftaten gegen das Objekt müssen dessen Funktionsfähigkeit beeinträchtigen können. Verhältnismäßig „leichte" Sachbeschädigungen wie Graffiti („Tags"), Scratching, Verschmutzung etc. sind nicht erfasst.[661] 1265

> **Beispiel und Klausurhinweis:** Hat eine rechte Vereinigung Brandanschläge „in Flüchtlingsunterkünften" angekündigt, sind sowohl Unterkünfte als auch die darin befindlichen Menschen gefährdet. Eine allgemeine Bedrohungslage reicht noch nicht aus. In der Klausur finden sich regelmäßig ausdrückliche Hinweise auf eventuelle gefährdete Objekte. 1266

Der Adressat der Idf-Maßnahme muss in oder in **unmittelbarer Nähe** des Objekts angetroffen werden. Eine „unmittelbare Nähe" wird angenommen, wenn eine direkte Einwirkung durch Waffen oder Werkzeuge möglich ist.[662] 1267

Die Identitätsfeststellungsmaßnahme muss schließlich *„auf Grund der Gefährdungslage oder auf Grund von auf die Person bezogenen Anhaltspunkten **erforderlich**"* sein. Ein reines Antreffen reicht im Falle des § 13 Abs. 1 Nr. 3 Nds. SOG also bereits tatbestandsmäßig nicht aus. Sowohl in der Praxis als auch der Klausur muss die Notwendigkeit der konkreten Identitätsfeststellung unter Berücksichtigung der konkreten polizeilichen Zielsetzung (Abwehr möglicher Gefahren für das Objekt bzw. die darin befindlichen Personen und Gegenstände) dargelegt werden können. 1268

> **Beispiel:** In Fall 4 wäre eine Identitätsfeststellung von jedem Passanten, der am gefährdeten Objekt „vorbeischlendert" unzulässig. Der S befindet sich jedoch a) zu einer ungewöhnlichen Zeit, b) mit einem Rucksack in der Nähe des gefährdeten Objekts. Zudem versucht er c) sich zu verstecken. Diese drei Anhaltspunkte rechtfertigen eine Idf-Maßnahme gerade bei Sven. Die Idf-Maßnahme ist der erste Schritt zur Gewinnung weiterer Erkenntnisse (z. B. im Rahmen eines Datenabgleichs), die wiederum Anlass für weitere Maßnahmen (zur gebotenen Durchsuchung siehe unten) sein können. Zudem hat eine Idf auch eigenständige präventive Wirkung (Stichwort: Herausreißen aus der Anonymität). 1269

ddd) Idf an einer Kontrollstelle (§ 13 Abs. 1 Nr. 4 Nds. SOG). Die Feststellung der Identität ist schließlich auch im Zusammenhang mit der Errichtung von 1270

---

661 *Waechter*, in: BeckOK-Nds. SOG, § 13 Rn. 42
662 *Waechter*, in: BeckOK-Nds. SOG, § 13 Rn. 43.

Kontrollstellen nach § 14 Nds. SOG (lesen!) eine Maßnahme zur Verhütung von Straftaten.

1271 Tatbestandsvoraussetzung ist das Vorliegen einer rechtmäßig nach § 14 Nds. SOG errichteten **Kontrollstelle.** Die Voraussetzungen des § 14 Nds. SOG müssen daher in der Tatbestandsprüfung des § 13 Abs. 1 Nr. 4 Nds. SOG inzident geprüft werden. Der Adressat der Idf-Maßnahme muss an einer Kontrollstelle „angetroffen" werden. Ein Antreffen liegt vor, wenn der Adressat die Kontrollstelle passieren, aber auch, wenn er einer Kontrolle ersichtlich „aus dem Weg gehen" will.

1272 **Klausurhinweis:** Die Anordnung und Errichtung von Kontrollstellen nach § 14 Nds. SOG spielt erst im zweiten Studienjahr des B.A.-Studiengangs eine Rolle. Daher hat diese Maßnahmenvariante eher praktische Bedeutung.

1273 bb) **Rechtsfolge.** Ist einer der Tatbestände des § 13 Abs. 1 Nds. SOG erfüllt, gestattet § 13 Abs. 2 Nds. SOG die zur Feststellung der Identität **„erforderlichen Maßnahmen"**. Die Aufzählung möglicher Maßnahmen in § 13 Abs. 2 Satz 1 Nds. SOG ist, das verdeutlicht das Wörtchen *„insbesondere"*, nicht abschließend. Auch hier (vgl. bereits oben) ist – auch wenn eine explizit aufgezählte Maßnahme getroffen wird – zu fragen, ob die Maßnahme nach Art und Umfang geeignet und erforderlich sind um die Personalien zweifelsfrei festzustellen.

1274 Wie auch bei der repressiven Identitätsfeststellung ist bei freiheitsbeschränkenden Idf-Maßnahmen zwischen **Anhalten** und **Festhalten** zu unterscheiden. Ein Festhalten liegt vor, wenn der Betroffene über die für eine (einfache) Identitätsfeststellung übliche Zeit hinaus (also ab ca. 15 Minuten[663]) in seiner körperlichen Bewegungsfreiheit eingeschränkt wird. Insbesondere mit Blick auf die §§ 19 bis 21 Nds. SOG (dazu sogleich) ist bei Vorliegen eines „Festhaltens" weiter zu unterscheiden zwischen einem Festhalten mit freiheitsbeschränkendem oder freiheitsentziehendem Charakter.

1275 **Klausurhinweis:** Da bereits im Rahmen der Grundrechtsprüfung der Charakter des Eingriffs in die Freiheit der Person geprüft wurde, kann hierauf im Rahmen der Rechtsfolge nur kurz verwiesen werden.

1276 Wie bei der Idf nach § 163b StPO ist ein Festhalten nur zulässig, wenn *„die Identität auf andere Weise nicht oder nur unter erheblichen Schwierigkeiten festgestellt werden kann"* (§ 13 Abs. 2 Satz 2 Nds. SOG). Dies ist im Rahmen der Prüfung der Rechtsfolge darzulegen.

1277 Wurde zum Zweck der Idf eine **Durchsuchung** oder **erkennungsdienstliche Behandlung** vorgenommen, ist die maßgebliche Ermächtigungsgrundlage in den §§ 22, 23 Nds. SOG (Durchsuchung von Personen bzw. Sachen) oder § 15 Nds. SOG zu finden. Die Tatbestandsvoraussetzungen der Idf sind in diesen Fällen inzident zu prüfen (vgl. z. B. § 15 Abs. 1 Nr. 1 Nds. SOG).

663 *Waechter*, in: BeckOK-Nds. SOG, § 13 Rn. 57.

cc) **Ermächtigungsbegrenzende Bestimmungen.** Da es sich bei der Identitätsfeststellung um eine Erhebung personenbezogener Daten im Sinne des § 3 Abs. 1 NDSG handelt (hierzu näher Rn. 2336), findet § 30 Nds. SOG als ermächtigungsbegrenzende Bestimmung Anwendung (zu § 30 Nds. SOG näher Rn. 2338 ff.). Das bedeutet, dass die **Grundsätze der unmittelbaren** (§ **30 Abs. 1 Nds. SOG) und offenen** (§ **30 Abs. 2 Nds. SOG) Datenerhebung** zu beachten sind (vgl. auch AB 13.0). **1278**

> **Klausurhinweis:** Regelmäßig wird eine Identitätsfeststellungsmaßnahme offen und unmittelbar beim Betroffenen durchgeführt. Dementsprechend reicht eine kurze Feststellung, dass die ermächtigungsbegrenzenden Bestimmungen beachtet wurden. Wird ausnahmsweise von den Grundsätzen abgewichen, ist zu prüfen und darzulegen, ob eine der Ausnahmeregelungen des § 30 Nds. SOG (lesen!) einschlägig ist. **1279**

d) **Formelle Rechtmäßigkeit. – aa) Sachliche Zuständigkeit.** Liegt eine **konkrete Gefahr** vor, stellt sich bei der Darstellung der präventiven Zielrichtung die Frage, ob und warum eine Identitätsfeststellungsmaßnahme überhaupt zu den präventiven Gefahrenabwehrmaßnahmen zählt. Typischerweise dient eine Identitätsfeststellungsmaßnahme nicht unmittelbar der konkreten Gefahrenabwehr. Nur ausnahmsweise kann durch die Idf selbst eine Gefahr abgewehrt werden. Es ist aber ausreichend, dass die Idf-Maßnahme zur Gefahrenabwehr **beiträgt.** Hierin liegt ihr praktischer polizeilicher Nutzen. Durch eine Identitätsfeststellung können (möglicherweise) verantwortliche Personen identifiziert werden und/oder es können die Voraussetzungen für weitere Maßnahmen geschaffen werden (vgl. dazu bereits oben Rn. 1237). **1280**

Eine konkrete Gefahr ist jedoch nur bei einer Maßnahme nach § 13 Abs. 1 Nr. 1 Nds. SOG erforderlich. Die in § 13 Abs. 1 Nr. 2, 3 und 4 Nds. SOG genannten sind Maßnahmen, deren **primäres Ziel die Straftatenverhütung** im Sinne des § 1 Abs. 1 Satz 3 Nds. SOG ist. Für die Aufgabe der Straftatenverhütung muss keine konkrete Gefahr vorliegen. Daher findet man diese auch nicht in den Tatbestandsvoraussetzungen der Ziffern 2–4. **1281**

bb) **Funktionelle Zuständigkeit.** Die Anordnungs- und Durchführungskompetenz liegt – auch für den Fall des Festhaltens – bei der Polizei (vgl. § 2 Nr. 5 und 6 Nds. SOG). **1282**

> **Vertiefung:** Eine richterliche Entscheidung ist zwar grundsätzlich „unverzüglich“ zu beantragen, § 19 Abs. 1 Satz 1 Nds. SOG. Hierbei handelt es sich aber um eine Verfahrensvorschrift, die die polizeiliche Anordnungskompetenz nicht einschränkt. Ist allerdings schon vor der Durchführung der Maßnahme die Notwendigkeit eines Antrags bei Gericht ersichtlich und tatsächlich auch möglich, muss die Polizei dementsprechend handeln. **1283**

cc) **Form- und Verfahrensvorschriften. – aaa) Verwaltungshandeln.** Die Feststellung der Identität selbst ist ein Realakt. Die begleitenden Verfügungen (z. B. die Aufforderung den Personalausweis auszuhändigen) sind als Verwaltungsakte im Sinne des § 35 Satz 1 VwVfG einzustufen. Für sie gelten die allgemeinen Form- und Verfahrensvorschriften (siehe oben). **1284**

1285 Besondere Bedeutung hat die **Pflicht zur Anhörung** nach § 28 Abs. 1 VwVfG. Im Rahmen dieser ist dem Betroffenen der **Grund für die Identitätsfeststellungsmaßnahme** mitzuteilen. Begründet wird dies damit, dass sich grundsätzlich niemand grundlos vor dem Staat ausweisen muss.[664] Das gilt jedoch nicht, wenn der Grund für den Betroffenen offensichtlich ist. Die Mitteilung wäre dann „bloße Förmelei".[665]

1286 **Klausurhinweis:** Dieser Prüfungspunkt ist in der Klausur zwingend anzusprechen.

1287 **bbb) Besondere Form- und Verfahrensvorschriften.** Sofern die Identitätsfestellungsmaßnahme als Freiheitsbeschränkung oder -entziehung zu qualifizieren ist, finden die §§ 19–21 Nds. SOG Anwendung. Die folgenden Form- und Verfahrensvorschriften sind in der Klausur anzusprechen beziehungsweise zu prüfen, wenn ein „Festhalten" vorliegt:

- Nach § 19 Abs. 1 Nds. SOG hat die Polizei unverzüglich eine **richterliche Entscheidung über die Zulässigkeit und Fortdauer einer *Freiheitsentziehung*** zu beantragen. Das gilt nicht, wenn mit einer Entscheidung erst nach Wegfall des Maßnahmegrundes zu rechnen ist. Liegt „nur" eine Freiheitsbeschränkung vor, muss auf diese Vorschrift nicht eingegangen werden.
- Einer festgehaltenen Person ist nicht nur der **Grund der Identitätsfeststellung bekanntzugeben** (siehe auch bereits oben). Sie ist auch **über mögliche Rechtsbehelfe zu belehren,** § 20 Abs. 1 Nds. SOG
- Nach § 20 Abs. 2 Nds. SOG ist einer festgehaltenen Person die **Möglichkeit** zu geben, eine **Person ihrer Wahl zu benachrichtigen** und zur Beratung hinzuzuziehen. Das gilt nicht, wenn Zweck oder Durchführung der Maßnahme dadurch gefährdet würde (z. B. Warnung anderer Straftäter). Die Modalitäten der Benachrichtigung in Sonderfällen (Bewusstlose, Volltrunkene, Minderjährige, betreute Personen) sind in § 20 Abs. 2 geregelt.
- Regelungen zur **Unterbringung** enthält § 20 Abs. 4 Nds. SOG (lesen!).
- Die **Dauer** der Identitätsfeststellungsmaßnahme soll nach § 21 Satz 3 Nds. SOG **nicht länger als sechs Stunden** dauern. Gerechnet wird hier ab dem Zeitpunkt des „Ergreifens", also der ersten freiheitsbeschränkenden Handlung. Eine Überschreitung der Frist ist nur zulässig, wenn das zu schützende Rechtsgut und die bei der Identitätsfeststellung bestehenden Schwierigkeiten das rechtfertigen. In jedem Fall hat eine Entlassung am Ende des Tages nach dem „Ergreifen" zu erfolgen, § 21 Satz 1 Nr. 3 Nds. SOG. Sobald der Grund für die Maßnahme weggefallen ist, darf die betroffene Person ebenfalls nicht mehr festgehalten werden (§ 21 Satz 1 Nr. 1 Nds. SOG). Aus § 13 Abs. 2 Nds. SOG wird gefolgert, dass der Adressat einer Idf-Maßnahme zu entlassen ist, sobald die Identität festgestellt wurde. Ein weiteres Festhalten ist dann nicht mehr „erforderlich".

1288 **Klausurhinweis:** Die Bearbeitung dieser Punkte ist nur auf den ersten Blick kompliziert. Gehen Sie im Falle eines Festhaltens zum Zwecke der Identitätsfeststellung die §§ 19 bis 21 Nds. SOG Schritt für Schritt durch und

664 Vgl. BVerfG, Beschluss vom 24.7.2015 – 1 BvR 2501/13 – GRUR 2016, 311.
665 Vgl. zur Belehrungspflicht bei repressiver Identitätsfeststellung Rn. 1176.

sprechen Sie alle oben genannten Punkte zumindest kurz an. Lesen Sie aufmerksam den Bearbeiterhinweis am Ende der Klausuraufgabenstellung. Häufig wird dort die detaillierte Prüfung erlassen (z. B. „*Die relevanten Form- und Verfahrensvorschriften sind nur zu nennen.*“) oder es finden sich für die Prüfung relevante Hinweise oder Sachverhaltsergänzungen (z. B. „Erforderliche Anhörungen, Bekanntgaben und Belehrungen sind erfolgt.“ oder „*Die Einhaltung der Form- und Verfahrensvorschriften kann unterstellt werden.*“).

Nur auf Verlangen ist dem Betroffenen die **Rechtsgrundlage für die Identitätsfeststellungsmaßnahme mitzuteilen,** § 30 Abs. 1 Satz 3 Nds. SOG. 1289

Vertiefung: In der Literatur[666] wird verlangt, dass sowohl die Vorschrift zu bezeichnen ist, die Gesetzesbezeichnung und die Fundstelle, an der der Betroffene die Vorschrift nachlesen kann. 1290

dd) **Adressat.** Die Identitätsfeststellungsmaßnahme nach § 13 Abs. 1 Nr. 1 Nds. SOG (zur Gefahrenabwehr) ist gegenüber polizeipflichtigen Personen zulässig. Die §§ 6 bis 8 Nds. SOG finden Anwendung.[667] 1291

Die Identitätsfeststellungsregelung nach den § 13 Abs. 1 Nr. 2–4 Nds. SOG enthält eine so genannte **Ortshaftung.** Richtiger (Norm-)Adressat im Sinne des § 9 Nds. SOG ist grundsätzlich (zu den Einschränkungen siehe oben) **jeder,** der an den betreffenden Orten angetroffen wird. Die §§ 6 bis 8 Nds. SOG kommen nicht zur Anwendung. 1292

e) **Klausurtaktik.** Die Prüfung der präventiven Identitätsfeststellung ist eher anspruchsvoll. Arbeiten Sie sowohl die sachliche Zuständigkeit als auch die korrekte Ermächtigungsgrundlage besonders sorgfältig heraus. 1293

Checkliste § 13 Nds. SOG 1294

Tatbestand (§ 13 Abs. 1)

- ✓ Adressatenidentität unbekannt oder zweifelhaft
- ✓ Nr. 1: Kenntnis Identität zur Abwehr konkreter Gefahr erforderlich
- ✓ Nr. 2: Tatsachen rechtfertigen Annahme, dass an bestimmten Ort a) Straftaten von erheblicher Bedeutung (oder §§ 232, 233 StGB) verabredet/vorbereitet/verübt werden ODER b) Personen gegen aufenthaltsrechtliche Strafvorschriften verstoßen ODER c) sich Personen verbergen die wegen Straftaten gesucht werden
- ✓ Nr. 3: Tatsachen rechtfertigen Annahme, dass in oder an Objekt bestimmter Art Straftaten begangen werden sollen, durch die Personen in oder an diesen Objekten oder das Objekt selbst gefährdet werden UND Intensität einer erheblichen Gefahr UND Person wird in unmittelbarer Nähe angetroffen UND Gefährdungslage oder personenbezogen Anhaltspunkte machen Idf erforderlich

666 *Heinemann*, in: BeckOK-Nds. SOG § 30 Rn. 29.
667 *Waechter*, in: BeckOK-Nds. SOG, § 13 Rn. 20; *Saipa*, § 13 Rn. 3.

✓ Nr. 4: Rechtmäßige Kontrollstelle (Inzidentprüfung des § 14 Nds. SOG) UND Person wird an dieser angetroffen (oder will diese erkennbar meiden)

Rechtsfolge (§ 13 Abs. 2)

✓ Zur Identitätsfeststellung erforderliche (geeignet und erforderlich) Maßnahme: z. B. anhalten, befragen, Aufforderung Angaben zu Personalien zu machen und Ausweispapiere auszuhändigen, Feststellung Personalien, ggf. Abgleich mit Einwohnermeldeamt o. ä.
✓ Falls Festhalten → Identität auf andere Weise nicht oder nur unter erheblichen Schwierigkeiten feststellbar
✓ Falls Durchsuchen, ED-Behandlung → Ermächtigungsgrundlage in §§ 22,23 oder § 15 Nds. SOG – inzidente Prüfung des § 13

Ermächtigungsbegrenzung

✓ Offene und unmittelbare Datenerhebung, § 30 Abs. 1 und 2 Nds. SOG

Form- und Verfahrensvorschriften

✓ Information über Grund Idf (bereits im Rahmen der Anhörung nach § 28 VwVfG)
✓ Falls Freiheitsentziehung: Richterliche Entscheidung über Fortdauer
✓ Falls Festhalten: Belehrung über Rechte
✓ Falls Festhalten: Möglichkeit geben Vertrauensperson zu benachrichtigen
✓ Falls Festhalten und Unterbringung: Modalitäten nach § 20 Abs. 4
✓ Falls Festhalten: grundsätzlich maximal 6 Stunden, ausnahmsweise bis Ende darauffolgender Tag
✓ Falls Festhalten: Entlassen sobald Idf beendet, bei Wegfall Grund,
✓ Auf Verlangen: Mitteilung Rechtsgrundlage

V. Prüfung von Berechtigungsscheinen (§ 13 Abs. 3 Nds. SOG)

1295 Neben der Identitätsfeststellung enthält der § 13 Nds. SOG auch eine Befugnis zur Prüfung so genannter Berechtigungsscheine. Bei einem **Berechtigungsschein** handelt es sich um eine von einer öffentlichen Stelle ausgestellte Urkunde, aus der hervorgeht, dass eine Person zu einem bestimmten (ohne Erlaubnis verbotenen) Verhalten berechtigt ist.[668]

1296 **Beispiel:** Die Ausführungsbestimmungen (AB 13.3) nennen als Beispiele „*Jagdschein, Waffenschein, Reisegewerbekarte, Führerschein*". Keine Berechtigungsscheine sind Personalausweis und Reisepass.[669]

668 *Waechter*, in: BeckOK-Nds. SOG, § 13 Rn. 74.
669 *Waechter*, in: BeckOK-Nds. SOG, § 13 Rn. 82. Siehe dort auch die Auflistung der Berechtigungsscheine in Rn. 84.

Die Befugnis ist nur dann von Relevanz, wenn ein eventuell einschlägiges Spezialgesetz die Prüfung (d. h. Kontrolle der Echtheit und Überprüfung, ob die vorlegende Person die im Berechtigungsschein genannte ist) nicht abschließend regelt.[670] So enthält beispielsweise der § 38 WaffG eine **spezifische Befugnis** zur Prüfung durch die Polizei, die die Regelung des § 13 Abs. 3 Nds. SOG verdrängt. **1297**

Eine Prüfungsbefugnis besteht nur bei Vorliegen einer **Mitführungspflicht**. Ob eine solche besteht, ergibt sich aus dem jeweiligen Fachgesetz.[671] **1298**

VI. Befragung (§ 12 Abs. 1–5 Nds. SOG)

Fall 1: PK Loh und PKin Orda sind auf dem Weg zu einem Einsatzort: In der Husarenstraße 7f soll ein Einfamilienhaus brennen. In der verwinkelten Reihenhaussiedlung finden sie jedoch nicht die entsprechende Hausnummer. PK Loh fragt daher einen Spaziergänger, der gerade mit seinem Hund Gassi geht, nach der Anschrift. **1299**

Fall 2: PK Loh versieht Innendienst, als ein Bürger die Wache betritt und mitteilt, dass im nahegelegenen Stadtpark eine Person offenbar betrunken bei den herrschenden winterlichen Temperaturen auf der Parkbank schlafe. PK Loh fragt gezielt nach, auf welcher Parkbank die Person denn liege. Weiterhin erfragt er den Namen, die Anschrift und die Mobiltelefonnummer des Hinweisgebers. **1300**

Fall 3: In Ostrhauderfehn brennt ein abseits gelegenes Gebäude der örtlichen Lack- und Farbenfabrik. Die eingesetzten Polizeibeamten PK Loh und PKin Orda fragen den anwesenden Geschäftsführer, ob in diesem Gebäude gefährliche Güter gelagert werden. **1301**

Fall 4:[672] G entführt den Bankierssohn M, um dessen Eltern zu erpressen, wird jedoch nach dem Einwurf des Erpresserbriefes durch umfangreiche Ermittlungen identifiziert und vorläufig festgenommen. Der Vernehmungsbeamte V fragt den G nach dem Aufenthaltsort des M. In der Annahme, dass das Leben des M durch Verhungern und Verdursten akut gefährdet ist, weist V den M auf seine Pflicht hin, den Aufenthaltsort preis zu geben und sagt ihm zu, dass seine Aussage nicht vor Gericht verwertet wird. **1302**

670 *Waechter*, in: BeckOK-Nds. SOG, § 13 Rn. 70. Daher ist die Befugnis hier auch nur der Vollständigkeit halber dargestellt.

671 *Saipa*, § 13 Rn. 10.

672 In Anlehnung an LG Frankfurt a. M., *Urteil* vom 20.12.2004 – 5/27 KLs 7570 Js 203814/03 (4/04) – Fall Daschner – NJW 2005, 692.

1. Allgemeines

1303 Die polizeiliche Befragung von Personen zum Zwecke der Gefahrenabwehr ist eine der wichtigsten Datenerhebungsmaßnahmen.[673] Ihr strafprozessualer Gegenpart ist die Vernehmung.

1304 Die in § 12 Nds. SOG geregelte Befragung stellt eine komplexe Eingriffsermächtigung dar, die

- ein Fragerecht (Abs. 1)
- eine Auskunftspflicht bezüglich **personenbezogener Daten** (Abs. 2)
- eine Auskunftspflicht bezüglich **sachlicher Angaben** (Abs. 3)
- ein Anhalterecht (Abs. 4 S. 1)
- das Verbot von bestimmten Befragungsmethoden -entsprechend § 136a StPO- (Abs. 4 S. 2)
- Belehrungspflichten (Abs. 5 S. 1)
- Verweigerungsrechte und deren (Rück-) Ausnahme (Abs. 5 S. 2)
- ein gesetzliches Beweisverwertungsverbot (Abs. 5 S. 3)

enthält.

1305 Weiterhin stellt § 12 Abs. 6 Nds. SOG eine weitere, eigenständige Maßnahme zur Informationsgewinnung (Verdachtsschöpfung) dar, nämlich die „verdachts- und ereignisunabhängige Kontrolle“, auch **Schleierfahndung**, oder im (niedersächsischen) polizeilichen Sprachgebrauch **Zwölf-sechser-Maßnahme** genannt. Diese wird ab Rn. 1385 gesondert dargestellt.

2. Betroffene Grundrechte

1306 Da die **ausschließlich** nach § 12 Abs. 1 Nds. SOG (Fragerecht) befragte Person weder anhalten (Abs. 4 Satz 1) noch zur Person (Abs. 2) oder Sache (Abs. 3) Angaben machen muss, liegt in dieser Form der Befragung nach hier vertretener Auffassung **kein Grundrechtseingriff** vor. Eine gesetzliche Regelung wäre daher nicht erforderlich gewesen.[674] Da eine gesetzliche Regelung jedoch besteht, ist sie wegen des Vorrangs des Gesetzes zu beachten. Das hat zur Folge, dass die Polizei nur unter den Voraussetzungen des § 12 Abs. 1 Nds. SOG eine Person zum Zwecke der Gefahrenabwehr befragen darf.[675]

1307 Bei der Auskunftspflicht bezüglich personenbezogener Daten (§ 12 Abs. 2 Nds. SOG) liegt dagegen ein Eingriff in das **Recht auf informationelle Selbstbestimmung** (Art. 2 Abs. 1 i. V. m. Art. 1 Abs. 1 GG) vor. Gleiches kann -je nach Fallgestaltung- auch für Auskunftspflicht bezüglich sachlicher Angaben gelten.

1308 Da eine zur Auskunft verpflichtete Person zwecks Befragung anhalten muss (Abs. 4 S. 1), liegen diesbezüglich – je nach Dauer und Intensität – Eingriffe in die **Allgemeine Handlungsfreiheit** (Art. 2 Abs. 1 GG) oder sogar in die **Freiheit der Person** (Art. 2 Abs. 2 S. 2 GG) vor.

---

673 *Schenke*, § 3, Rn. 181.

674 *Ipsen*, § 12, Rn. 354.

675 *Waechter*, in: BeckOK-Nds. SOG, § 12 Rn. 33.

3. Fragerecht (§ 12 Abs. 1 Nds. SOG)

a) Wichtige Normen

→ § 12 Nds. SOG 1309
→ § 13 Nds. SOG
→ § 30 Nds. SOG
→ § 31 Nds. SOG

b) **Allgemeines.** § 12 Abs. 1 Nds. SOG räumt der Verwaltungsbehörde und der Polizei das Recht ein, **jede** Person, von der sachdienliche Angaben erwartet werden können, **zum Zwecke der Aufgabenerfüllung** zu befragen. 1310

Da nicht jedes polizeiliche Gespräch mit einem Bürger eine Befragung im Sinne des Nds. SOG ist, ist zunächst zu prüfen, ob eine solche überhaupt vorliegt. Eine **Befragung** ist eine zielgerichtete, offene Informationsbeschaffung zum Zwecke der Gefahrenabwehr, die auf das Herbeiführen von Äußerungen angelegt ist.[676] 1311

> **Beispiel:** So verhält es sich beispielsweise in den **Fällen 1–4.** Allgemeine Gespräche mit dem Bürger, beispielsweise die Frage nach dem Befinden, stellen demgegenüber keine Befragungen dar, sofern es nicht um eine gezielte Informationsbeschaffung zur Gefahrenabwehr geht. 1312

c) **Materielle Rechtmäßigkeit. – aa) Tatbestandsvoraussetzungen. Erste Voraussetzung** für eine Befragung ist, dass **von der befragten Person Angaben erwartet werden können.** 1313

Hinsichtlich der Erwartung, dass die Person sachdienliche Angaben machen kann, ist eine **Prognose** erforderlich. Eine allgemeine Ausforschung gegenüber jedermann ist unzulässig. Jedoch sind an die Erwartung keine überhöhten Anforderungen zu stellen. Allgemeine Erfahrungssätze, dass eine Person Angaben machen kann, sind ausreichend.[677] 1314

> **Beispiel:** Im **Fall 1** ergibt sich die Erwartung daraus, dass die befragte Person augenscheinlich in der näheren Umgebung wohnen könnte, da er mit seinem Hund Gassi geht. Anwohner kennen sich für gewöhnlich in der Nachbarschaft gut aus. Für den **Fall 2** ergibt sich die Erwartung aus der Aussage des Hinweisgebers, im **Fall 3** aus der Funktion des Geschäftsführers und in **Fall 4** aus den Ermittlungsergebnissen. 1315

Weitere Voraussetzung ist, dass die **Befragung für die Erfüllung einer Aufgabe nach § 1 erforderlich ist.** Erfasst sind also **alle** in § 1 Nds. SOG genannten Aufgaben, nicht nur die Abwehr (konkreter) Gefahren, sondern auch die Gefahrenvorsorge, die Straftatenverhütung und die Vollzugshilfe. Für eine Befragung muss also **nicht** zwingend eine konkrete Gefahr im Sinne der §§ 2 Nr. 1a, 1 Abs. 1 S. 1 Nds. SOG vorliegen. 1316

---

676 *Rachor,* in: Lisken/Denninger, E, Rn. 196.
677 *Waechter,* in: BeckOK-Nds. SOG § 12 Rn. 44.

1317 **Vertiefung:** Die StPO enthält für die Befragung im Rahmen eines Strafverfahrens – sog. **Vernehmungen** – spezielle Regelungen. Diese gehen dem Nds. SOG vor, vgl. § 3 Abs. 1 Satz 2 Nds. SOG. Für Vernehmungen von Tatverdächtigen sind die §§ 163a Abs. 4 i. V. m 136 StPO einschlägig, für Zeugen der § 163 Abs. 3 S. 1 bis 3 StPO. Diese werden im zweiten Studienjahr vertieft behandelt.

1318 Die Erforderlichkeit ist gegeben, *„wenn ohne Kenntnis der zu erfragenden Informationen die Aufgabe nicht oder nicht zeit- oder sachgerecht wahrgenommen werden kann“* (vgl. AB 12.1).

1319 bb) **Rechtsfolge. Rechtsfolge** ist die Befugnis zur **Befragung**, also zur zielgerichteten, offenen, auf das Herbeiführen einer Äußerung gerichteten Informationsbeschaffung zum Zwecke der Gefahrenabwehr.

1320 Von der Befragung sind nur **offene** Datenerhebungen umfasst. Heimliche bzw. verdeckte Datenerhebungen regeln beispielsweise die §§ 32 Abs. 2 und 5, 33a bis 37 Nds. SOG spezialgesetzlich.

1321 **Beispiel:** In **Fall 1** und **Fall 2** dient die Befragung dem Auffinden des Einsatzortes, in **Fall 3** der Gefahrenprognose und in **Fall 4** dem Auffinden des Opfers, also in allen Fällen der **Abwehr von Gefahren** bzw. zumindest der **Gefahrenerforschung.**[678] Erlaubt ist aber nur die offene Datenerhebung, so dass die Beamten auch als Polizeibeamte erkennbar sein müssen bzw. sich als Polizeibeamte zu erkennen geben müssen.

1322 **Formulierungsvorschlag zum Fall 3:** *„Nach § 12 Abs. 1 Nds. SOG ist die Befragung einer Person möglich, wenn von ihr Angaben erwartet werden können, die der Aufgabenerfüllung dienen.*
Die Beamten werden (wie in der sachlichen Zuständigkeit geprüft) zum Zwecke der Gefahrenabwehr nach § 1 Abs. 1 S. 1 Nds. SOG tätig. Diesem Zweck dient die Frage der Beamten nach den in der Halle gelagerten Gütern, denn das Wissen um die dort gelagerten Güter ist für die Lage- und Gefahreneinschätzung enorm wichtig (beispielsweise bei giftigen, umweltgefährdenden oder explosionsgefährlichen Stoffen).
Vom Geschäftsführer dieser Fabrik kann die Kenntnis von den entsprechenden Informationen zumindest erwartet werden.
Rechtsfolge ist die Befugnis zur Befragung, also zur zielgerichteten, offenen, auf die Herbeiführung einer Äußerung gerichteten Informationsbeschaffung. Diesen rechtlichen Rahmen halten die Beamten ein.“

1323 cc) **Ermächtigungsbegrenzende Bestimmungen.** Ermächtigungsbegrenzende Bestimmungen sind für das Fragerecht nicht vorhanden.

1324 d) **Formelle Rechtmäßigkeit. – aa) Funktionelle Zuständigkeit.** Für die Befragung sind sowohl die Verwaltungsbehörden als auch die Polizei (§ 2 Nr. 5, 6 Nds. SOG) funktionell zuständig.

678 *Rachor,* in: Lisken/Denninger, E, Rn. 213.

bb) Besondere Form- und Verfahrensvorschriften. Besondere Formvorschriften sind nicht vorhanden. Die Befragung ist sowohl mündlich als auch schriftlich zulässig.[679] 1325

Nach § 12 Abs. 5 Satz 1 Nds. SOG ist die zu befragende Person auf ihr Verlangen (!) auf die Rechtsgrundlage ihrer Auskunftspflicht oder die Freiwilligkeit ihrer Auskunft hinzuweisen. Sie ist zudem über ihr Auskunftsrecht nach § 16 des Niedersächsischen Datenschutzgesetzes (lesen!) zu unterrichten. (Hierzu noch näher unten Rn. 1373) 1326

Zu beachten ist die Besonderheit, dass zu befragende Personen nach § 16 Abs. 1 Nr. 1 Nds. SOG vorgeladen werden können. Hierbei ist u. U. auch eine zwangsweise Vorführung (§ 16 Abs. 3 Nds. SOG) möglich. 1327

cc) Adressat/Betroffener. Die Maßnahme ist gegenüber jeder Person (Normadressat, § 9 Nds. SOG) möglich. 1328

Checkliste § 12 Abs. 1 Nds. SOG 1329

Tatbestand

✓ Angaben können von der befragten Person erwartet werden
✓ Angaben sind für Erfüllung einer Aufgabe nach § 1 Nds. SOG erforderlich

Rechtsfolge

✓ Befragung möglich (= zielgerichtete, offene, auf das Herbeiführen einer Äußerung gerichtete Informationsbeschaffung zum Zwecke der Gefahrenabwehr)

Form- und Verfahrensvorschriften

✓ Keine besondere Formvorschriften
✓ Auf Verlangen Belehrung über Auskunftspflicht/Freiwilligkeit, Rechtsgrundlage, Rechte nach § 16 NDSG

4. Auskunftspflicht zur Person (§ 12 Abs. 2 Nds. SOG)

a) Wichtige Normen

→ § 12 Nds. SOG 1330
→ § 13 Nds. SOG
→ § 30 Nds. SOG
→ § 31 Nds. SOG

b) Allgemeines. Nach § 12 Abs. 2 Nds. SOG ist die Person zur Angabe von einigen bestimmten personenbezogenen Daten (Name, Vorname, Geburtsdatum und -ort, Anschrift, Staatsangehörigkeit) verpflichtet, sofern diese **zur Aufgabenerfüllung erforderlich** sind. 1331

---

679 *Waechter*, in: BeckOK-Nds. SOG § 12 Rn. 32.

1332 Hier ist eine **Abgrenzung zur Idf nach § 13 Nds. SOG** anhand des mit der Personalienerhebung verfolgten Zwecks vorzunehmen. Soll die Identitätsfeststellung zum **Zwecke der Gefahrenabwehr** erfolgen, so ist § 13 Nds. SOG einschlägig. In diesem Fall ist die Identitätsfeststellung grundsätzlich nur beim Vorliegen einer konkreten Gefahr zulässig (§ 13 Abs. 1 Nr. 1 Nds. SOG – vgl. hierzu näher Rn. 1237). Geht es um eine Personalienfeststellung zum **Zwecke der Befragung**, also mit dem Ziel, die getätigten Angaben zu verifizieren oder eine weitere Kontaktaufnahme mit dem Befragten zu ermöglichen, ist § 12 Abs. 2 Nds. SOG mit seiner niedrigeren Eingriffsschwelle heranzuziehen, und zwar sowohl bei dem unmittelbar Betroffenen als auch bei einem Dritten.[680]

1333 Sollen dagegen personenbezogene Daten eines **Dritten** ohne Bezug auf eine Sachbefragung erfragt werden, stellt dies eine Maßnahme nach **§ 31 Abs. 1**, 30 Abs. 1 S. 2 Nds. SOG (hierzu ausführlich unten Rn. 2334) dar.[681]

1334 **c) Materielle Rechtmäßigkeit. – aa) Tatbestandsvoraussetzungen. Voraussetzung** ist, dass die Angabe der personenbezogenen Daten (Name, Vorname, Geburtsdatum und -ort, Anschrift, Staatsangehörigkeit) **zur Aufgabenerfüllung erforderlich** sind.

1335 Hiermit sind – wie beim Fragerecht[682] nach Abs. 1 – alle in § 1 Nds. SOG genannten gefahrenabwehrrechtlichen Aufgaben gemeint.

1336 Die personenbezogenen Daten müssen für die Aufgabenerfüllung **erforderlich** sein. Dies ist der Fall, wenn die Datenerhebung zur Aufgabenerfüllung geeignet ist (also zumindest zu dieser beitragen kann) und das mildeste Mittel darstellt.

1337 **Klausurhinweis:** Hier wird also die Prüfung der Verhältnismäßigkeit im weiteren Sinne teilweise vorgezogen.

1338 Die personenbezogenen Daten sind für die Aufgabenerfüllung beispielsweise dann erforderlich, wenn mit dem Befragten zu einem späteren Zeitpunkt noch einmal Kontakt aufgenommen werden muss oder die Angaben des Befragten auf ihren Wahrheitsgehalt überprüft werden müssen.[683]

1339 **Beispiel:** So ist in **Fall 2** der Name und die Anschrift des Hinweisgebers erforderlich, um eine spätere Kontaktaufnahme zu ermöglichen, beispielsweise für den Fall, dass die betrunkene Person nicht aufgefunden wird und Zweifel bestehen, ob die Nachsuche überhaupt am richtigen Ort vorgenommen wurde.

1340 In diesem Zusammenhang gilt zu beachten, dass **jedes** auf Grundlage des § 12 Abs. 2 Nds. SOG abgefragte personenbezogene Datum zur Aufgabenerfüllung erforderlich sein muss. Dies wird z. B. für die Staatsangehörigkeit in der Regel kaum zu begründen sein.[684]

---

680 Zu diesen Fragen ausführlich *Waechter,* in: BeckOK-Nds. SOG, § 12 Rn. 16 ff.
681 *Waechter,* in: BeckOK-Nds. SOG, § 12 Rn. 22.
682 Vgl. die dortigen Ausführungen.
683 Vgl. die AB 12.2.
684 *Rachor,* in:Lisken/Denninger, E, Rn. 217.

bb) Rechtsfolge. Rechtsfolge ist die Verpflichtung der befragten Person, Angaben über den Familiennamen, Vornamen, Geburtsdatum und -ort, Anschrift und die Staatsangehörigkeit zu machen. Eine Befugnis zur umfassenden Identitätsfeststellung wie in § 13 Nds. SOG ergibt sich daraus nicht.[685] 1341

> **Vertiefung:** Weigert sich die verpflichtete Person jedoch, die genannten personenbezogenen Daten anzugeben, stellt dies eine Ordnungswidrigkeit nach § 111 OWiG dar, mit der Folge, dass eine Identitätsfeststellung nach §§ 163b Abs. 1 StPO i. V. m. 53 Abs. 1 OWiG möglich ist. 1342

Eine Befugnis zur Erhebung **anderer als in Abs. 2 genannten Daten** erhält die Vorschrift **nicht.** 1343

> **Beispiel:** Dies gilt beispielsweise -wie in **Fall 2**- für die Mobiltelefonnummer. 1344

Sollen im Rahmen der Befragung weitere personenbezogene Daten erlangt werden, so müssen die engeren Voraussetzungen des § 31 Abs. 1 Nds. SOG erfüllt sein. 1345

Weitere Rechtsfolge ist, dass die befragte Person nach § 12 Abs. 4 Satz 1 Nds. SOG zum Zwecke der Befragung ***„kurzzeitig angehalten"*** **werden darf.** Anhalten ist Unterbrechen der Fortbewegung und Festhalten am gegenwärtigen Aufenthaltsort für die Dauer der Maßnahme.[686] 1346

> **Hinweis:** Das **Anhalten** ist strikt vom **Festhalten** zu trennen. Nach Auffassung der Rechtsprechung[687] stellt das kurzzeitige Anhalten keinen Eingriff in die Freiheit der Person dar,[688] solange es nur von kurzer Dauer ist. 1347

cc) **Ermächtigungsbegrenzende Bestimmungen.** Nach § 12 Abs. 4 Satz 2 Nds. SOG gelten die Vorschriften der StPO über die verbotenen Vernehmungsmethoden (§ 136a StPO) entsprechend. 1348

Demnach darf die Freiheit der Willensentschließung und der Willensbetätigung des Beschuldigten nicht durch **Misshandlung, Ermüdung, körperliche Eingriffe, Verabreichung von Mitteln, Quälerei, Täuschung oder Hypnose** beeinträchtigt werden. 1349

Weiterhin ist die Drohung mit einer nach seinen Vorschriften unzulässigen Maßnahme und das Versprechen eines gesetzlich nicht vorgesehenen Vorteils verboten.[689] 1350

---

685 Vgl. die AB 12.2.

686 *Waechter*, in: BeckOK-Nds. SOG, § 12 Rn. 72.

687 OVG Lüneburg, *Beschluss* vom 04. März 2010 – 11 PA 191/09 für das Anhalten im Rahmen einer Identitätsfeststellung.

688 So auch *Ullrich/Weiner/Brüggemann*, Rn. 141; A. A. die h. M., vgl. *König/Trurnit*, Rn. 166, *Waechter*, in: BeckOK-Nds. SOG, § 12 Rn. 75.

689 Vertiefend hierzu *Rachor*, in: Lisken/Denninger, E, Rn. 232 f., wobei viele der dort genannten Beispiele keine zielgerichtete Befragung darstellen.

1351 d) **Formelle Rechtmäßigkeit. – aa) Funktionelle Zuständigkeit.** Für die Befragung sind sowohl die Verwaltungsbehörden als auch die Polizei (§ 2 Nr. 5, 6 Nds. SOG) funktionell zuständig.

1352 bb) **Besondere Form- und Verfahrensvorschriften.** Besondere Formvorschriften sind für das Auskunftsverlangen nach § 12 Abs. 2 Nds. SOG nicht zu beachten.

1353 Auch hier gilt die Regelung des § 12 Abs. 5 Satz 1 Nds. SOG (Hierzu noch näher unten Rn. 1373), nach welchem die zu befragende Person auf ihr Verlangen auf die Rechtsgrundlage ihrer Auskunftspflicht oder die Freiwilligkeit ihrer Auskunft hinzuweisen ist. Sie ist zudem über ihr Auskunftsrecht nach § 16 des Niedersächsischen Datenschutzgesetzes (lesen!) zu unterrichten.

1354 cc) **Adressat/Betroffener.** Die Maßnahme ist gegenüber jeder Person (Normadressat, § 9 Nds. SOG) möglich.

1355 **Checkliste § 12 Abs. 2 Nds. SOG**

Tatbestand

✓ Angaben sind zur Erfüllung einer Aufgabe nach § 1 Nds. SOG
✓ erforderlich

Rechtsfolge

✓ Verpflichtung des Befragten zur Angabe über Familiennamen, Vornamen, Geburtsdatum und -ort, Anschrift und die Staatsangehörigkeit
✓ kurzzeitiges Anhalten

Ermächtigungsbegrenzende Bestimmung

✓ § 136a StPO gilt entsprechend (§ 12 Abs. 4 S. 2 Nds. SOG)

Form- und Verfahrensvorschriften

✓ Keine besonderen Formvorschriften
✓ Auf Verlangen Belehrung über Auskunftspflicht/Freiwilligkeit, Rechtsgrundlage, Rechte nach § 16 NDSG

5. Auskunftspflicht zur Sache (§ 12 Abs. 3 Nds. SOG)

a) Wichtige Normen

1356 → § 12 Nds. SOG
→ § 136a StPO
→ §§ 52–55 StPO

1357 b) **Allgemeines.** Unter engeren Voraussetzungen als das Fragerecht (Abs. 1) und die Auskunftsplicht hinsichtlich bestimmter personenbezogener Daten (Abs. 2) verpflichtet § 12 Abs. 3 Nds. SOG eine Person zur Sachauskunft, wenn sie als Verantwortlicher im Sinne der § 6–8 Nds. SOG in Betracht kommt.

1358 Das bedeutet beispielsweise, dass eine Person, die eine Gefahr verursacht hat, der Polizei Angaben zum Sachverhalt machen muss, damit diese die Gefahr abwehren kann. Dies ist insofern bemerkenswert, als dass **im Strafverfahren** aus rechtsstaatlichen Erwägungen der Grundsatz der Selbstbelastungsfreiheit gilt. **Im Gefahrenabwehrrecht** gilt dies jedoch nicht absolut.

Die erlangten Informationen können sowohl zu anderen Zwecken der Gefahrenabwehr (§ 39 Abs. 1 Nds. SOG) als auch gem. §§ 39 Abs. 6 Nds. SOG und 161 Abs. 2 StPO zu strafprozessualen Zwecken verwendet werden (Zweckdurchbrechung), da eine Befragung (Vernehmung) auch in der StPO vorgesehen ist.[690] **1359**

c) Materielle Rechtmäßigkeit. – aa) Tatbestandsvoraussetzungen. Kommt die befragte Person aufgrund der §§ 6 bis 8 Nds. SOG für eine gegen sie zu richtende Maßnahme in Betracht, so ist sie nach § 12 Abs. 3 Nds. SOG zur Auskunft in der Sache verpflichtet, wenn die **Angaben zur Abwehr der Gefahr** oder **für die weitere Aufklärung des Sachverhalts erforderlich sind.** **1360**

Im Gegensatz zu den Absätzen 1 und 2, bei denen das Fragerecht und die Verpflichtung zur Angabe der Personalien zum Zwecke der Befragung schon grundsätzlich möglich ist, um **irgendeine** der in § 1 Nds. SOG genannten Aufgaben zu erfüllen, verlangt der Gesetzgeber für die Auskunftspflicht zur Sache das Vorliegen einer **konkreten Gefahr.** **1361**

Alternativ ist es ausreichend, wenn die Befragung der **weiteren Aufklärung des Sachverhaltes** dient. Diese in der Rechtswissenschaft wenig beachtete Voraussetzung stellt nach hier vertretener Auffassung einen gesetzlich normierten Gefahrenerforschungseingriff (hierzu Rn. 607) dar und ist somit auch zulässig, wenn eine konkrete Gefahr (noch) nicht mit der hinreichenden Wahrscheinlichkeit prognostiziert werden kann, also lediglich ein Gefahrenverdacht vorliegt. **1362**

Eine Auskunftspflicht besteht darüber hinaus auch nur, wenn als **weitere Voraussetzung** die Auskunft zur Abwehr der Gefahr oder zur weiteren Sachverhaltsaufklärung **erforderlich** ist. Kann die Polizei die Gefahr auch ohne die Auskunft der verpflichteten Person abwehren bzw. den Sachverhalt auch auf andere Weise aufklären, so ist die Maßnahme unzulässig. Dies entspricht dem allgemeinen Grundsatz der Verhältnismäßigkeit i. w. S. und insbesondere dem Grundsatz des mildesten Mittels. **1363**

> **Klausurhinweis:** Somit ist die Prüfung der Geeignetheit und Erforderlichkeit als Bestandteil der Verhältnismäßigkeit im weiteren Sinne vorzuziehen. **1364**

Dritte Voraussetzung ist, dass die befragte Person **als Verantwortlicher nach den §§ 6 bis 8 Nds. SOG für eine gegen sie zu richtende Maßnahme in Betracht kommt.** Diese etwas unklare Formulierung[691] setzt grundsätzlich das Vorliegen einer **konkreten Gefahr** (vgl. §§ 6 und 7 Nds. SOG) bzw. sogar einer gegenwärtigen erheblichen Gefahr (§ 8 Nds. SOG) voraus. **1365**

Andererseits muss der potentiell Verantwortliche für eine gegen ihn zu richtende Maßnahme nur **in Betracht kommen.** Dies umfasst die Fälle, in denen **1366**

---

690 *Waechter,* in: BeckOK-Nds. SOG, § 12 Rn. 67 ff.
691 *Waechter,* in: BeckOK-Nds. SOG, § 12 Rn. 52.

lediglich ein Gefahrenverdacht gegeben ist und somit die Befragung einen Gefahrenerforschungseingriff darstellt (siehe oben).

1367 **bb) Rechtsfolge.** Die befragte Person darf aufgefordert werden, Angaben zur Sache zu machen. Sie ist verpflichtet, wahrheitsgemäß ihr Wissen über den Sachverhalt preiszugeben. Umfasst sind alle zur Gefahrenabwehr oder zur Aufklärung des Sachverhalts erforderlichen Umstände.

1368 **Sachverhaltsfortschreibung zu Fall 3:** Der Geschäftsführer antwortet nicht auf die Frage der Beamten. Nunmehr verlangen die Beamten die entsprechende Auskunft.

1369 **Formulierungsvorschlag zum Fall 3:** *„Der Geschäftsführer müsste als Verantwortlicher nach den §§ 6–8 Nds. SOG in Betracht kommen. Der Geschäftsführer ist nach § 7 Nds. SOG Zustandsverantwortlicher, da er die tatsächliche Gewalt über die Sache (Lagerhalle) hat. Weiterhin muss die Information zur Abwehr der Gefahr oder zur Sachverhaltsaufklärung erforderlich sein, was die Geeignetheit voraussetzt. Eine Maßnahme ist geeignet, wenn mit ihrer Hilfe das angestrebte Ziel der Maßnahme erreicht bzw. die Zielerreichung gefördert wird. Durch das Wissen um die gelagerten Stoffe kann sowohl die Feuerwehr als auch die Polizei ihren Einsatz entsprechend ausrichten, um die Sicherheit der Einsatzkräfte und der Bevölkerung zu gewährleisten. Erforderlich ist eine Maßnahme, wenn zur Erreichung des angestrebten Ziels nicht eine andere, gleich wirksame, aber die Grundrechte des Betroffenen und der Allgemeinheit weniger einschränkende Maßnahme zur Verfügung steht. Die Feuerwehr könnte selbst in der brennenden Lagerhalle nachschauen, welche Stoffe dort gelagert sind. Dies würde die Einsatzkräfte aber erheblich gefährden und in einer brennenden Halle auch kaum möglich sein, da die entsprechenden Stoffe und Gebinde wohl bereits brennen und somit unkenntlich sein dürften. Eine mildere Maßnahme ist nicht ersichtlich. Die Auskunft ist somit zur Gefahrenabwehr und Sachverhaltsaufklärung erforderlich.*
Die Rechtsfolge ist, dass der Geschäftsführer nach § 12 Abs. 3 Nds. SOG zur Auskunft verpflichtet ist.“

1370 Zum Zwecke der Befragung darf der nach § 12 Abs. 2 Nds. SOG[692] und Abs. 3 Nds. SOG Auskunfts**pflichtige** kurzzeitig (!) angehalten werden (§ 12 Abs. 4 S. 1 Nds. SOG). Die explizite Gestattung „kurzzeitigen“ Anhaltens (anders z.B. bei der IDF nach § 13 Abs. 2 Nds. SOG) ist nach hier vertretener Auffassung so zu interpretieren, dass nur Eingriffe in die Allgemeine Handlungsfreiheit zulässig sind[693] nicht aber, was bei einer Anhaltesituation von längerer Dauer (ausgiebige Befragung) der Fall wäre, in die Freiheit der Person. Die Verpflichtung zum Anhalten kann -unter Berücksichtigung der Verhältnismäßigkeit- mit unmittelbarem Zwang durchgesetzt werden.[694]

692 Zurückhaltend *Waechter,* in: BeckOK-Nds. SOG, § 12 Rn. 73.
693 *Ullrich/Weiner/Brüggemann,* Rn. 141.
694 *Waechter,* in: BeckOK-Nds.SOG, § 12 Rn. 77.

cc) **Ermächtigungsbegrenzende Bestimmungen.** Nach § 12 Abs. 4 Satz 2 Nds. SOG gelten die Vorschriften der StPO über die verbotenen Vernehmungsmethoden (§ 136a StPO) entsprechend (siehe oben). **1371**

d) **Formelle Rechtmäßigkeit. – aa) Funktionelle Zuständigkeit.** Für die Befragung sind sowohl die Verwaltungsbehörden als auch die Polizei (§ 2 Nr. 5, 6 Nds. SOG) funktionell zuständig. **1372**

bb) **Besondere Form- und Verfahrensvorschriften.** § 12 Abs. 5 Nds. SOG sieht eine Belehrungspflicht, ein Auskunftsverweigerungsrecht und Vorschriften für dessen Nichtanwendbarkeit sowie ein Verwendungsverbot vor: **1373**

Auf Verlangen muss der Befragte über die Rechtsgrundlage der Auskunftspflicht (also § 12 Abs. 2 und/oder Abs. 3 Nds. SOG) unterrichtet werden. Sollten die Voraussetzungen des § 12 Abs. 2 bzw. 3 Nds. SOG nicht vorliegen, so ist der Befragte auf Verlangen über die Freiwilligkeit seiner Auskunft zu informieren. **1374**

Die nach § 12 Abs. 5 Satz 1 Nds. SOG erforderliche **Belehrung** über die Bedeutung des § 16 NDSG beinhaltet die Information, dass die befragte Person bei Behörden Auskunft darüber verlangen kann, welche personenbezogenen Daten über sie gespeichert werden, zu welchem Zweck und auf welcher Rechtsgrundlage dies geschieht, woher die Daten stammen und wer Adressat einer Datenübermittlung ist.[695] **1375**

Nach § 12 Abs. 5 Satz 2 StPO kann der zur Auskunft Verpflichtete die **Angaben verweigern**, wenn er einen Angehörigen (§ 52 StPO) oder sich selbst (§ 55 StPO) einer Straftat oder Ordnungswidrigkeit bezichtigen müsste. Gleiches gilt für Berufsgeheimnisträger (§ 53 StPO) oder deren Berufshelfer (§ 53a StPO).[696] **1376**

Der Befragte kann sich auf diese Auskunftsverweigerungsrechte jedoch dann **nicht** berufen, wenn die Auskunft zur Abwehr einer Gefahr für Leib, Leben oder ähnlich schutzwürdige Belange erforderlich ist. In diesen Fällen wiegt die Gefahrenabwehr schwerer als das individuelle Interesse des Befragten, nicht Auskunft geben zu müssen. **1377**

> **Beispiel:** So verhält es sich im **Fall 4:** G ist nach § 12 Abs. 3 Nds. SOG zur Auskunft über den Aufenthaltsort des Entführungsopfers verpflichtet, da diese Auskunft zur Abwehr einer Gefahr erforderlich ist. Mit der Auskunft würde er sich aber selbst belasten, so dass nach er nach § 12 Abs. 5 S. 2 Nds. SOG grundsätzlich nicht zur Auskunft verpflichtet ist. Dies gilt jedoch nicht (§ 12 Abs. 5 S. 2 Nds. SOG), wenn die Auskunft zur Abwehr einer Gefahr für Leib oder Leben erforderlich ist. Ohne die Angaben über den Aufenthaltsort des M würde dieser in seinem Versteck elendig verdursten, so dass eine Gefahr für Leib oder Leben zu bejahen ist. **1378**

---

695 *Böhrenz/Siefken,* Nds. SOG, § 12, Rn. 8.
696 *Rachor,* in:Lisken/Denninger, E, Rn. 223.

1379 Da die befragte Person wie gesehen unter Umständen verpflichtet ist, sich selbst oder Angehörige zu belasten, sieht § 12 Abs. 5 Satz 3 Nds. SOG ein gesetzliches **Verwendungsverbot** für die unter den Voraussetzungen des Satz 2 getätigten Auskünfte vor:
Die Angaben dürfen für ein Straf- oder Ordnungswidrigkeitenverfahren nicht verwendet werden. Dies gilt im Rahmen des Satzes 2 für **freiwillige** Auskünfte genauso wie für **erzwungene.** Die Ausführungsbestimmungen erläutern unter Ziffer 12.5, dass die gegebenen Auskünfte jedoch als Ermittlungsansatz in einem Strafverfahren dienen können. Dies ist aus rechtsstaatlichen Gründen durchaus umstritten.[697]

1380 **Beispiel:** Wenn der Geschäftsführer der Lack- und Farbenfabrik im **Fall 3** durch seine Auskunft zugeben müsste, dass in der Lagerhalle unzulässigerweise giftige Chemikalien gelagert wurden, so kann er sich grundsätzlich auf sein Auskunftsverweigerungsrecht (§ 55 StPO) berufen und müsste keine Auskunft zur Sache geben. Da jedoch im vorliegenden Fall durch den Brand eine Gefahr für Leib und Leben der Einsatzkräfte und der Anwohner besteht, wäre der Geschäftsführer dennoch zur Auskunft verpflichtet. Dessen Angaben dürften aber im folgenden Strafverfahren nicht verwendet werden. Dennoch ist natürlich eine Untersuchung des Brandschutts möglich und nötig, die vermutlich auch zum Ergebnis führen wird, dass Chemikalien gelagert wurden.

1381 Die Auskunftspflicht kann im Übrigen mit Zwangsmitteln durchgesetzt werden. In Frage kommt jedoch nur das Zwangsgeld. Eine Ersatzvornahme scheidet, da die Auskunft eine höchstpersönliche Handlung ist. Die Anwendung unmittelbaren Zwangs ist aus rechtsstaatlichen Gründen und wegen § 69 Abs. 7 Nds. SOG ausgeschlossen.[698]

1382 **Beispiel:** In **Fall 4** kann daher die Auskunft über den Aufenthaltsort des Entführungsopfers durch die Anwendung von Zwangsmitteln erzwungen werden. In Frage kommt aber einzig und allein die Androhung und Verhängung eines Zwangsgeldes (§ 67 Nds. SOG) bzw. der Ersatzzwangshaft (§ 68 Nds. SOG). Dass diese Zwangsmittel höchstwahrscheinlich nicht zum Erfolg führen, liegt auf der Hand. Andere Zwangsmittel kommen jedoch nicht in Betracht. Hier liegt eine der Grenzen des rechtsstaatlichen Handelns: „Rettungsfolter" ist jedenfalls nicht zulässig.[699]

1383 cc) **Adressat/Betroffener.** Der Verweis auf die §§ 6 bis 8 Nds. SOG bedeutet, dass für den Abs. 3 im Gegensatz zu den Abs. 1 und 2 nicht der Normadressat (§ 9 Nds. SOG), sondern die Polizeipflichtigen nach den §§ 6 bis 8 Nds. SOG im Adressatenkomplex zu prüfen sind.

---

697 *Rachor,* in: Lisken/Denninger, E, Rn. 228.

698 *Waechter,* BeckOK PolR Nds, Nds. SOG § 12 Rn. 95 ff.

699 Der „Fall Daschner" hat zu einer heftigen rechtswissenschaftlichen Diskussion über die Zulässigkeit der Rettungsfolter geführt. Vgl. u. a. *Götz,* NJW 2005, 953, *Rachor,* in: Lisken/Denninger, E, Rn. 858.

Checkliste § 12 Abs. 3 Nds. SOG 1384

Tatbestand

- ✓ Angaben zur Abwehr einer Gefahr oder zur Aufklärung des Sachverhalts
- ✓ erforderlich
- ✓ Befragter kommt als Verantwortlicher nach §§ 6–8 Nds. SOG in Betracht

Rechtsfolg

- ✓ Verpflichtung des Befragten zu Angaben die Sache
- ✓ kurzzeitiges Anhalten

Ermächtigungsbegrenzende Bestimmungen

- ✓ § 136a StPO gilt entsprechend (§ 12 Abs. 4 S. 2 Nds. SOG)

Form- und Verfahrensvorschriften

- ✓ Belehrungspflicht nach § 12 Abs. 5 S. 1 Nds. SOG über die Rechtsgrundlage oder Freiwilligkeit der Auskunft sowie § 16 NDSG
- ✓ Auskunftsverweigerungsrecht nach § 12 Abs. 5 S. 2 Nds. SOG i. V. m. §§ 52–55 StPO
- ✓ kein Auskunftsverweigerungsrecht unter den Voraussetzungen des § 12 Abs. 5 S. 2 Nds. SOG
- ✓ Verwendungsverbot der Informationen für andere Zwecke als der Gefahrenabwehr nach § 12 Abs. 5 S. 3 Nds. SOG

VII. Verdachts- und ereignisunabhängige Kontrollen (§ 12 Abs. 6 Nds. SOG)

Fall 1: Im Rahmen mehrerer Ermittlungsverfahren wurde bekannt, dass ein Spediteur ohne die erforderlichen Genehmigungen asbesthaltige Abfälle in die Niederlande transportiert, um sie von dort nach Afrika zu verschiffen. Benutzt werden hierzu Muldenkipper von verschiedenen Subunternehmen. PK Loh und PKin Orda halten daraufhin auf der BAB 30 einen Muldenkipper an und fordern den Fahrer auf, Führerschein, Fahrzeugschein und die erforderlichen Ladungsunterlagen auszuhändigen. Danach klettert PK Loh auf die Mulde und kontrolliert deren Inhalt. 1385

1. Allgemeines

§ 12 Abs. 6 Nds. SOG sieht eine **verdachts- und ereignisunabhängige Kontrolle** 1386
vor (sogenannte Schleierfahndung).

Vertiefung: Eine verdachts- und ereignisunabhängige Kontrolle ist rechtlich 1387
generell problematisch, da Eingriffsmaßnahmen grundsätzlich entweder einen Anfangsverdacht einer Straftat oder eine konkrete Gefahr voraussetzen. Die Befugnis wurde Mitte der 1990er Jahre eingeführt, um den vermeintlichen Sicherheitsverlust durch den Wegfall der Grenzkontrollen

innerhalb des Schengen-Raums auszugleichen.[700] Sowohl diese Zielrichtung als auch die Unbestimmtheit der materiellen Voraussetzungen werden zu recht kritisiert. § 12 Abs. 6 Nds. SOG beinhaltet das Risiko einer ausufernden und unrechtmäßigen Anwendung.[701] Die Eingriffsermächtigung muss daher nachvollziehbar zur Verhütung erheblicher Straftaten mit internationalem Bezug angewandt werden. Sie darf nicht als Vorwand für „Alltagskontrollen" herhalten.

2. Betroffene Grundrechte

1388 Die Kontrolle nach § 12 Abs. 6 Nds. SOG greift in die Allgemeine Handlungsfreiheit (Art. 2 Abs. 1 GG) und in das Recht auf informationelle Selbstbestimmung (Art. 2 Abs. 1 i. V. m. Art. 1 Abs. 1 GG) ein.[702]

3. Verdachts- und ereignisunabhängige Kontrollen

a) Wichtige Normen

1389 → § 12 Abs. 6 Nds. SOG
→ § 36 Abs. 5 StVO

1390 **b) Materielle Rechtmäßigkeit. – aa) Tatbestandsvoraussetzungen.** Ziel der Maßnahme ist die **Verhütung von Straftaten**. Die Verfolgung dieser Zielrichtung ist zugleich erste Voraussetzung für die Rechtmäßigkeit. Sie ist eine **Vorfeldmaßnahme** und dient der Informationsgewinnung, nämlich der **Verdachtsschöpfung** (siehe auch Rn. 663). Als Vorfeldmaßnahme muss weder der Anfangsverdacht einer Straftat, noch eine konkrete Gefahr gegeben sein.[703]

1391 **Beispiel:** So lässt sich im **Fall 1** nicht die konkrete Gefahr begründen, dass dieser Muldenkipper asbesthaltige Abfälle transportiert: Auf Autobahnen fahren viele Lkw und auch viele Muldenkipper. Konkrete Anhaltspunkte auf einen bestimmten Muldenkipper oder zumindest auf einen bestimmten Subunternehmer sind aber nicht vorhanden. Eine konkrete Gefahr ist aber gar nicht erforderlich. Entscheidend ist, dass die Kontrolle der Verhütung einer Straftat dient. Dies ist vorliegend der Fall.

1392 Weitere Voraussetzung ist, dass sich die Zielrichtung der Straftatenverhütung zum einen auf **erhebliche Straftaten** (vgl. § 2 Nr. 11 Nds. SOG) beschränken muss, die darüber hinaus noch einen **internationalen Bezug** haben.[704] Erhebliche Straftaten im Sinne des § 2 Nr. 11 Nds. SOG sind unter anderem alle Verbrechen mit Ausnahme des Meineids (§§ 154, 155 StGB) sowie banden- oder gewerbsmäßig begangene Vergehen. Insbesondere bei Letzteren ist ein weites Spektrum denkbar (Diebesbanden, illegaler Müllhandel, Kfz-Verschiebung, Drogenschmuggel, Waffenhandel, Schleuserkriminalität u. v. m.).

---

700 *Waechter,* in: BeckOK-Nds. SOG, § 12 Rn. 111.
701 Vgl. hierzu die unbedingt lesenswerten Ausführungen von *Rachor,* in: Lisken/Denninger, E, Rn. 355.
702 *Waechter,* in: BeckOK-Nds. SOG, § 12 Rn. 116.
703 *Ipsen,* § 12, Rn. 358.
704 *Böhrenz/Siefken,* Nds. SOG, § 12, Rn. 11; *Waechter,* in: BeckOK-Nds. SOG, § 12 Rn. 136.

Ein **internationaler Bezug** ist nach den **AB 12.6** gegeben, wenn 1393
- die Straftat unmittelbar durch den Grenzübertritt begangen wird
- Tatbeteiligte im Ausland wohnen und zur Tatbegehung in die Bundesrepublik Deutschland einreisen oder vom Ausland aus an der Tatbegehung mitwirken
- Tatbeteiligte in der Bundesrepublik Deutschland wohnen und zur Tatbegehung ins Ausland reisen oder von der Bundesrepublik Deutschland aus an der Tatbegehung im Ausland mitwirken
- deliktisch erlange Sachen illegal in die Bundesrepublik Deutschland eingeführt oder ins Ausland verbracht werden.

Beispiel: Im **Fall 1** handelt es sich offensichtlich um eine gewerbsmäßige Straftatbegehung, so dass eine erhebliche Straftat im Sinne des § 2 Nr. 11 Nds. SOG vorliegt. Diese hat auch einen internationalen Bezug, da in der BRD wohnende Tatverdächtige die Abfälle in das Ausland überführen.

Nicht ausreichend für einen internationalen Bezug ist es, wenn der mutmaßliche Täter keine deutsche Staatsangehörigkeit hat.[705] 1394

Als **weitere Voraussetzung** muss sich die Notwendigkeit der Kontrolle für die Verhütung von Straftaten von erheblicher Bedeutung mit internationalem Bezug aus **polizeilichen Lageerkenntnissen** ergeben. 1395

Zwar ist es für die Zulässigkeit der Maßnahme wie bereits erwähnt nicht nötig, dass bereits eine konkrete Gefahr begründbar ist. Die Ausführungsbestimmung 12.6 stellt aber klar, dass „*Ort und Art der Kontrollen [...] nach kriminalistischer Erfahrung oder an Hand kriminalistischer Lagebilder hinreichende Aussicht auf Erfolg bieten [müssen].*" 1396
Diese Erfahrungswerte müssen auf **Tatsachen** beruhen und -auch im Hinblick auf ein mögliches Klageverfahren- **nachvollziehbar** sein.[706]

Die Maßnahme ist nicht auf den grenznahen Raum oder auf bestimmte Hauptverkehrsstraßen beschränkt, sondern ist konsequenterweise landesweit[707] im gesamten **öffentlichen Verkehrsraum** zulässig.[708] Zum öffentlichen Verkehrsraum gehören alle Wege und Plätze,[709] die jedermann oder allgemein bestimmten Gruppen von Verkehrsteilnehmern dauernd oder vorübergehend zur Benutzung offenstehen. 1397

Beispiel: Aufgrund der Lageerkenntnisse sind nachvollziehbare Tatsachen vorhanden, dass die Abfälle mit Muldenkippern in die Niederlande transportiert werden. Ein viel befahrener Verkehrsweg in Richtung Niederlande ist die BAB 30. Daher ist der Kontrollort nicht zu beanstanden. 1398

bb) Rechtsfolge. So die Tatbestandsvoraussetzungen erfüllt sind, sind 1399
- das kurzzeitige Anhalten,

---

705 *Waechter*, in: BeckOK-Nds. SOG, § 12 Rn. 137.
706 *Waechter*, in: BeckOK-Nds. SOG, § 12 Rn. 135 ff.
707 AB 12.6
708 *Böhrenz/Siefken*, Nds. SOG, § 12, Rn. 11.
709 Zur Problematik der sog. Moscheenkontrollen *Groh*, NdsVBl 2011, 10.

- das Befragen,
- das Verlangen, mitgeführte Ausweispapiere auszuhändigen, sowie
- die Inaugenscheinnahme mitgeführter Sache zulässig.

Das kurzzeitige **Anhalten** berechtigt nicht zum Festhalten im Sinne des § 13 Abs. 2 Nds. SOG, sondern umfasst nur die relativ kurze Zeitdauer, die für die Durchführung der Maßnahme (einschließlich eines eventuellen Datenabgleichs nach § 45 Nds. SOG) erforderlich ist.

1400 Es kann verlangt werden, dass mitgeführte Ausweispapiere ausgehändigt werden. Eine Pflicht zum Mitführen von Ausweispapieren besteht jedoch grundsätzlich nicht. Die Vorschrift ermächtigt auch nicht zum Durchsuchen nach Ausweispapieren.[710] Mitumfasst ist die Prüfung der Echtheit der Ausweispapiere, was zwangsläufig auch zu einer Kenntnisnahme der personenbezogenen Daten (§ 3 Abs. 1 NDSG – vgl. hierzu unten Rn. 2336) führt. § 12 Abs. 6 Nds. SOG gestattet jedoch **keine zielgerichtete Identitätsfeststellung.**[711] Diese ist nur unter den Voraussetzungen des § 13 Nds. SOG möglich.

1401 **Vertiefung:** Die Prüfung der Echtheit der Ausweispapiere kann auch durch „Prüfung der Person" erfolgen. Es wird als zulässig angesehen, dass die Personalien durch einen Datenabgleich nach § 45 Nds. SOG geprüft werden.[712]

1402 Die Inaugenscheinnahme der mitgeführten Sachen ist eine Maßnahme, die von der Eingriffsintensität her **unterhalb der Durchsuchung** anzusiedeln ist.[713] Mitgeführte Sachen dürfen angesehen werden, ein „Durchwühlen" ist dagegen nicht gestattet. Nach der Ausführungsbestimmung 12.6 und der hier vertretenen Auffassung ist auch das Öffnen mitgeführter Behältnisse, des Kofferraums oder der Ladeflächen von Kraftfahrzeugen gestattet.[714]

1403 cc) **Ermächtigungsbegrenzende Bestimmungen.** Ermächtigungsbegrenzende Bestimmungen sind nicht vorhanden.

1404 c) **Formelle Rechtmäßigkeit. – aa) Funktionelle Zuständigkeit.** Aus der Zielrichtung der Straftatenverhütung ergibt sich auch die Konsequenz, dass nur die Polizei -und nicht die Verwaltungsbehörde- für die Kontrolle funktionell zuständig ist (vgl. § 1 Abs. 1 S. 3 Nds. SOG).[715]

1405 bb) **Besondere Form- und Verfahrensvorschriften.** Besondere Form- und Verfahrensvorschriften sind nicht vorhanden.

1406 cc) **Adressat/Betroffener. Adressat** der Maßnahme ist **jede** im öffentlichen Verkehrsraum angetroffene Person (Normadressat, § 9 Nds. SOG). Nicht erfor-

---

710 *Waechter*, in: BeckOK-Nds. SOG, § 12 Rn. 149.

711 *Waechter*, in: BeckOK-Nds. SOG, § 12 Rn. 146; a. A. offenbar *Graf*, in: BeckOK-Nds. SOG, § 45 Rn. 13.

712 *Waechter*, in: BeckOK-Nds. SOG, § 12 Rn. 150.

713 *Böhrenz/Siefken*, Nds. SOG, § 12, Rn. 11.

714 Ebenso VG Hamburg, Urteil vom 2.10.2012 – 5 K 1236/11; a. A. *Waechter*, in: BeckOK-Nds. SOG, § 12 Rn. 152.

715 *Waechter*, in: BeckOK-Nds. SOG, § 12 Rn. 129.

derlich ist es, dass die angetroffene Person ein Fahrzeug führt.[716] Jedoch werden sich die notwendigen kriminalistischen Erfahrungen, die auf erhebliche Straftaten mit internationalem Bezug hindeuten müssen, bei Fußgängern in der Regel kaum begründen lassen.

Checkliste § 12 Abs. 6 Nds. SOG 1407

Tatbestand

✓ polizeiliche Lageerkenntnisse
✓ Verhütung von Straftaten:
  → Straftaten von erheblicher Bedeutung (§ 2 Nr. 11 Nds. SOG)
  → Straftaten mit internationalem Bezug
✓ öffentlicher Verkehrsraum

Rechtsfolge

✓ kurzzeitiges Anhalten
✓ Befragen
✓ Verlangen, mitgeführte Ausweispapiere auszuhändigen
✓ Inaugenscheinnahme mitgeführter Sachen

Form- und Verfahrensvorschriften

✓ keine

VIII. Repressive Durchsuchung (§§ 102, 103 StPO)

1. Durchsuchung im Strafverfahren

a) Bedeutung und Differenzierung. Die Durchsuchung gehört zu den unverzichtbaren Standardmaßnahmen im Strafverfahren. Ohne die Möglichkeit, an oder in einem bestimmten Gegenstand (z. B. Rucksack, Auto), einer bestimmten Räumlichkeit (z. B. Wohnung, Geschäftsräume) oder eine Person (z. B. Verdächtiger, Unverdächtiger) nach Gegenständen oder Personen zu suchen, wäre eine zielführende Ermittlungstätigkeit nicht denkbar. 1408

Gleichzeitig stellt die Durchsuchung einen mitunter **schwerwiegenden Eingriff in Grundrechte** des Bürgers dar. Da eine erfolgversprechende Durchsuchung gründlich sein muss, ist es mitunter erforderlich tiefe Einblicke in die räumliche oder körperliche Privatsphäre des Betroffenen zu nehmen. Eine Durchsuchung am Körper bedingt mitunter, dass sich die betroffene Person vollständig entkleiden muss. Bei der Durchsuchung einer Wohnung kann es erforderlich sein, im wahrsten Sinne des Wortes jedes Blatt und jeden Stein umzudrehen. Die Strafprozessordnung differenziert dementsprechend mit Blick auf die Anforderungen an die Tatbestandsvoraussetzungen für eine Durchsuchung nach der Durchsuchung bei **Verdächtigen** (§ 102 StPO) und der Durchsuchung **„bei anderen Personen"** (§ 103 StPO). Bei Letzteren ist eine Durchsuchung, die grundsätzlich in beiden Fällen durch einen Richter gestattet werden muss (vgl. § 105 1409

716 Vgl. *Waechter,* in: BeckOK-Nds. SOG, § 12 Rn. 142.

StPO), nur unter erhöhten Anforderungen möglich (dazu noch unten Rn. 1491 ff.).

1410 **Klausurhinweis:** Die Frage, ob eine Durchsuchung auf Grundlage des § 102 StPO oder § 103 StPO geprüft wird, muss in der Klausur nicht thematisiert werden. Es ist allerdings erforderlich, im Rahmen der Tatbestandvoraussetzungen zu prüfen, ob der von der Maßnahme betroffene „Verdächtiger" oder „andere Person" im Sinne der jeweiligen EGL ist.

1411 b) **Definitionen und Abgrenzung.** Eine **Durchsuchung einer Person** ist eine ziel- und zweckgerichtete Suche nach Gegenständen in der Kleidung der betroffenen Person oder an ihrem Körper, die nicht sofort erkennbar sind.[717] Umfasst ist die Suche in der Kleidung, das Abtasten des bekleideten Körpers, sowie die Suche nach Gegenständen an der Körperoberfläche einschließlich der ohne weiteres einsehbaren Körperöffnungen – Mundhöhle, Ohren, Nasenlöcher, Achseln.

1412 Im Gegensatz dazu liegt eine Untersuchung des Körpers bzw. **körperliche Untersuchung** vor, wenn nicht nach Gegenständen, sondern beispielsweise Spuren oder körperlichen Merkmalen gesucht wird (sog. Inaugenscheinnahme) oder die Grenzen des leicht Einsehbaren überschritten werden.

1413 **Vertiefung:** So stellt z. B. das Anfertigen von **Röntgenaufnahmen** zwecks „Untersuchung" des Mageninhaltes keine Durchsuchung, sondern eine körperliche Untersuchung (in Form eines körperlichen Eingriffs) nach § 81a StPO dar.[718] Eine **Nachschau im After** ist nach richtiger Auffassung ebenfalls eine körperliche Untersuchung, da es sich hierbei nicht um eine ohne weiteres einsehbare Körperöffnung handelt.[719]

1414 Eine **Durchsuchung einer Sache** (einschließlich einer „Räumlichkeit"), ist die ziel- und zweckgerichtete Suche in oder an Sachen nach anderen Sachen oder Personen, die nicht sofort erkennbar sind bzw. deren räumliche Lage nicht bekannt ist. Die Durchsuchung ist von der schlichten **Untersuchung** einer Sache zu unterscheiden, bei welcher Zustand (z. B. Fahrtauglichkeit eines PKW) oder Beschaffenheit einer Sache festgestellt werden sollen.[720] Ein schlichtes **Betreten** einer Wohnung liegt vor, wenn eine Wohnung nur aufgesucht und dort gegebenenfalls verweilt wird. Es fehlt dann an dem „Such"-Element.

1415 **Vertiefung:** Dementsprechend ist die sog. **Nachschau**, bei der die Anwesenheit des Betroffenen in der zu betretenden Wohnung bekannt ist und der „nur" festgenommen werden soll, keine Wohnungs- bzw. Raumdurchsuchung.[721]

---

717 Vgl. *Tsambikakis*, in: LR-StPO, § 102 Rn. 1 der die vom BVerfG (z. B. Beschluss vom 3.4.1979 – 1 BvR 994/76 – BVerfGE 51, 97, 106) verwendete Definition zur Wohnungsdurchsuchung auf alle Durchsuchungen anwendet (vgl. *Tsambikakis*, a. a. O., Fn. 2 m. w. N.).

718 Vgl. z. B. OLG Karlsruhe, Beschl. vom 7.5.2004 – 2 Ws 77/04 – NStZ 2005, 399.

719 *Neuhäuser*, in: BeckOK-Nds. SOG, § 22 Rn. 9.

720 Vgl. *Hoge/Suckow*, Rn. 167.

721 *Meyer-Goßner/Schmitt*, § 102, Rn. 8; a. A. mit guten Argumenten *Tsambikakis*, LR-StPO § 102 Rn. 3.

2. Betroffene Grundrechte

Bei einer Durchsuchung ist regelmäßig das Allgemeine Persönlichkeitsrecht (Art. 2 Abs. 1 iVm. Art. 1 Abs. 1 GG) desjenigen betroffen, dessen Gegenstände oder Person durchsucht werden. Durch die Durchsuchung wird die Privatsphäre aufgehoben. Ist die Durchsuchung einer Person mit einem **Entkleiden** verbunden, stellt dies einen schwerwiegenden Eingriff in das APR, genauer die Intimsphäre, dar.[722] Wird eine **Wohnung** (zum weiten Wohnungsbegriff siehe oben) durchsucht, liegt ein tiefgreifender Eingriff in die durch Art. 13 Abs. 1 GG geschützte räumliche Privatsphäre vor.[723] **1416**

Vertiefung: Ein Eingriff in das Wohnungsgrundrecht (dazu ausführlich bereits oben) in Gestalt einer Durchsuchung ist zulässig, wenn er auf Grundlage eines Gesetzes erfolgt. Diese muss dem in Art. 13 Abs. 2 GG enthaltenen qualifizierten Gesetzesvorbehalt entsprechen. Die Durchsuchung muss grundsätzlich unter einem Richtervorbehalt stehen. Ausnahmsweise dürfen bei Gefahr im Verzug auch andere gesetzl. vorgesehene Organe die Durchsuchung anordnen. Diese Anforderungen werden durch §§ 102, 103 iVm. § 105 StPO respektive § 24 iVm. § 25 Nds. SOG erfüllt. **1417**

Da mit einer **Personendurchsuchung** stets auch eine Einschränkung der körperlichen Bewegungsfreiheit verbunden ist, stellt diese einen Eingriff in die **Freiheit der Person** (Art. 2 Abs. 2 Satz 2 iVm. Art. 104 Abs. 1 GG) dar.[724] Da die Zielrichtung einer Durchsuchungsmaßnahme nicht primär die Beschränkung der körperlichen Bewegungsfreiheit ist und zudem die zeitliche Dauer eher begrenzt ist, liegt regelmäßig lediglich eine Freiheitsbeschränkung und keine Freiheitsentziehung vor. **1418**

3. Durchsuchung bei Verdächtigen (§ 102 StPO)

Fall 1: Henning steht im Verdacht, im Supermarkt ein Computerspiel gestohlen zu haben. Der herbeigerufene PK Loh möchte den von Henning mitgeführten rosa „Hello Kitty"-Rucksack nach dem Diebesgut durchsuchen. Henning meint, dass der Rucksack nicht ihm, sondern seiner kleinen Schwester gehöre. **1419**

Fall 2: Miriam, Verdächtige eines Mordes, hat ihren Porsche an Maren vermietet. PK Loh vermutet, dass Miriam unter der Kofferraumverkleidung die Tatwaffe versteckt hat. Kann der PKW nach § 102 StPO durchsucht werden? **1420**

722 *Rachor*, in: Lisken/Denninger, E, Rn. 592; OVG Saarlouis, Urteil vom 30.11.2007 – 3 R 9/06.
723 Vgl. z. B. BVerfG, Urteil vom 20.2.2001 – 2 BvR 1444/00.
724 Vgl. *Schütte/Braun/Keller*, Rn. 198.

a) Wichtige Normen

1421 → § 102 StPO (Ermächtigungsgrundlage)
→ § 104 StPO (Nachtzeitregelung)
→ § 105 StPO (Anordnungsbefugnis)
→ §§ 106, 107, 109, 81d StPO (Form- und Verfahrensvorschriften)
→ § 108 StPO (Zufallsfunde)

1422 b) **Allgemeines.** Der § 102 StPO ist die Ermächtigungsgrundlage für die Durchsuchung des Verdächtigen selbst, der von ihm mitgeführten Sachen oder seiner Räumlichkeiten. Es handelt sich um eine offen durchzuführende Maßnahme.[725] Mit Vollzug der Maßnahme wird der Betroffene zum Beschuldigten.[726]

1423 c) **Materielle Rechtmäßigkeit. – aa) Tatbestandsvoraussetzungen.** Erste Voraussetzung für eine Durchsuchung bei Verdächtigen ist, wie bei anderen Maßnahmen gegen Verdächtige[727] auch, das Vorliegen eines **Anfangsverdachts einer (verfolgbaren) Straftat** im Sinne des § 152 Abs. 2 StPO (hierzu bereits oben Rn. 444).

1424 **Klausurhinweis:** Auch hier gilt: wenn der Anfangsverdacht in der Klausur bereits im Rahmen der sachlichen Zuständigkeit bejaht worden ist, kann kurz verwiesen werden. Ansonsten ist das Vorliegen als Tatbestandsvoraussetzung zu prüfen.

1425 Die von der Durchsuchung betroffene Person muss **verdächtig** mit Blick auf diese konkrete Straftat sein. Es reicht aus, dass der Betroffene vom Verdacht der Begehung oder Beteiligung an einer Straftat nicht frei ist. Vage Anhaltspunkte und bloße Vermutungen reichen jedoch – insbesondere bei einer Wohnungsdurchsuchung – nicht aus.[728]

1426 **Vertiefung:** Strafunmündige (§ 19 StGB) können nicht „Verdächtige“ sein. Die Durchsuchungsmaßnahmen gegen sie müssen den Anforderungen des § 103 StPO genügen.

1427 Die Durchsuchung muss des Weiteren einem **zulässigen Durchsuchungszweck** dienen. Das kann zunächst das Auffinden von Spuren oder Beweismitteln oder zumindest Anhaltspunkten für Beweismittel (**Ermittlungsdurchsuchung**) sein.[729] Auch Personen, die zu Beweiszwecken in Augenschein genommen werden sollen, können „Beweismittel“ sein.[730]

1428 **Vertiefung:** Nach § 111b Abs. 3 StPO gilt der § 102 StPO für die Suche nach Gegenständen, die voraussichtlich der Einziehung oder dem Verfall unterliegen und dementsprechend vollstreckungssichernd beschlagnahmt

725 BVerfG, Urteil vom 2.3.2006 – 2 BvR 2099/04.
726 *Bruns*, in: KK-StPO, § 102, Rn. 1.
727 Z.B. § 163b Abs. 1 StPO.
728 BVerfG, Entscheidung vom 26.10.2011 – 2 BvR 15/11 – Rn. 14.
729 *Meyer-Goßner/Schmitt*, StPO, § 102 Rn. 13.
730 *Hegmann*, in: BeckOK-StPO, § 102 Rn. 5.

werden sollen, entsprechend. Die Einzelheiten dieser Maßnahme sind Gegenstand der Studiumsinhalte im zweiten Studienjahr.

Aber auch das Ergreifen des Täters (**Ergreifungsdurchsuchung**) ist ein zulässiger Durchsuchungszweck. 1429

Vertiefung: Das Ergreifen muss dazu dienen, den Beschuldigten festzunehmen um ihn einer gesetzlich zugelassenen strafprozessualen Zwangsmaßnahme, deren Voraussetzung bei der Anordnung und Durchführung der Durchsuchung gegeben sein muss zuzuführen.[731] 1430

Beispiel: Als gesetzlich zugelassene Zwangsmaßnahmen kommen unter anderem die Identitätsfeststellung (§ 163b Abs. 1 StPO), vorläufige Festnahme (§ 127 StPO), Festnahme auf Grund eines Vorführungs- oder Haftbefehls oder die zur Ermöglichung der dem Zweck eines Strafverfahrens dienende körperlichen Untersuchung (§ 81a StPO) in Betracht.[732] 1431

Aus dem Wortlaut des § 102 StPO („*wenn zu vermuten ist*") folgt, dass eine gewisse **Erfolgswahrscheinlichkeit** der Durchsuchungsmaßnahme bestehen muss. Ausreichend ist es, wenn auf Grund kriminalistischer Erfahrung die begründete Aussicht besteht, dass der konkrete Zweck der Durchsuchung erreicht werden kann.[733] 1432

Vertiefung: So erachtet das Bundesverfassungsgericht[734] den konkreten Tatverdacht bei einer Ermittlungsdurchsuchung als ausreichende Grundlage: „*Ist eine Person einer Straftat verdächtig, so ist es bereits nach der Lebenserfahrung in gewissem Grade wahrscheinlich, dass bei dieser Person Beweisgegenstände zu finden sind, die zur Prüfung der Verdachtsannahme beitragen können. Durch die Verknüpfung des personenbezogenen Tatverdachts mit einem eher abstrakten Auffindeverdacht wird ein ausreichender Eingriffsanlass geschaffen.*" 1433

bb) Rechtsfolge. Liegen die Tatbestandsvoraussetzungen vor, dürfen die in § 102 StPO genannten Durchsuchungsobjekte durchsucht werden. Das sind Wohnungen und Räume des Verdächtigen, die Person des Verdächtigen und die ihm gehörenden Sachen. Der Betroffene muss die Durchsuchungsmaßnahme dulden, jedoch nicht aktiv mitwirken. 1434

Wohnungen und Räume des Verdächtigen sind alle Räumlichkeiten, die der Verdächtige tatsächlich innehat, unabhängig davon ob er sie berechtigt oder unberechtigt nutzt, ob er Allein- oder Mitinhaber ist und ob ihm das Hausrecht zusteht.[735] 1435

731 *Bruns*, in: KK-StPO, § 102, Rn. 5 – Eine Ergreifungsdurchsuchung nach einem bereits rechtskräftig Verurteilten ist nach *Bruns* nach § 102 StPO entsprechend zulässig.
732 *Bruns*, in: KK-StPO, § 102, Rn. 5.
733 Vgl. BVerfG, Beschluss vom 28.4.2003 – 2 BvR 358/03 – NJW 2003, 2669, 2670.
734 BVerfG, Beschluss vom 28.4.2003 – 2 BvR 358/03 – NJW 2003, 2669, 2670.
735 *Meyer-Goßner/Schmitt*, StPO, § 102 Rn. 7.

1436 **Vertiefung:** Bei Wohngemeinschaften („WG“) dürfen nach § 102 StPO grundsätzlich nur die Räume des Verdächtigen und die Gemeinschaftsräumlichkeiten durchsucht werden. Die Durchsuchung der selbständigen Räumlichkeiten der (unverdächtigen) Mitbewohner stellt, auch wenn diese unverschlossen sind, eine eigenständige Durchsuchung, die an § 103 StPO zu messen ist, dar.[736]

1437 Die Durchsuchung der **Person** des Verdächtigen beschränkt sich (zur Abgrenzung siehe bereits oben Rn. 1411) auf die Suche nach Gegenständen in und unter der Kleidung, auf der Körperoberfläche und in den ohne weiteres einsehbaren bzw. zugänglichen natürlichen Körperöffnungen.[737] Erfasst sind nach hier geteilter Auffassung[738] **lediglich Mund, Nase, Ohren und Achseln.** Eine „Augenscheinnahme“ des (insb. des weiblichen) Genital- und Analbereiches fällt einerseits wegen der mit ihr verbundenen Eingriffsintensität,[739] andererseits auf Grund der erforderlichen Mitwirkungshandlung des bzw. der Betroffenen nicht mehr in den Bereich der „nicht ohne weiteres zugänglichen“ Körperöffnungen.[740]

1438 Schließlich dürfen die dem Verdächtigen „gehörenden“ **Sachen** durchsucht werden. Als dem Verdächtigen gehörende Sachen werden alle beweglichen Gegenstände angesehen, die der Verdächtige in seinem Allein- oder Mitgewahrsam oder Besitz hat. Auf Eigentumsverhältnisse kommt es nicht an.

1439 **Fallbeispiel:** Daher darf in Fall 1 auch der von Henning lediglich (angeblich) nur mitgeführte Rucksack der Schwester durchsucht werden.

1440 Es kommt nicht darauf an, wo sich die Sachen befinden. Ausreichend ist die Erreichbarkeit.

1441 **Vertiefung und Fallbeispiel:** Diese ist dann nicht gegeben, wenn rechtliche Gründe – z. B. Alleingewahrsam eines Dritten – entgegenstehen. In diesem Fall ist (bei Vorliegen der Voraussetzungen) nur eine Durchsuchung nach § 103 StPO möglich. Der PKW der Miriam in Fall 2 steht auf Grund des Mietverhältnisses im Alleingewahrsam der Maren. Eine Durchsuchung nach § 102 StPO ist nicht möglich, da der PKW Miriam (derzeit) nicht „gehört“.

1442 Die Durchsuchung ist auch an Sachen zulässig, die zwar keine Beweismittel sind, aber solche (oder einen Hinweis auf diese) enthalten können.[741]

---

736 Vgl. LG Heilbronn, Urteil vom 16.12.2004 – 5 Ns 41 Js 26937/02 – StV 2005, 380

737 Teilweise wird die Zulässigkeit der Durchsuchung in den natürlichen Körperöffnungen als nicht mehr von § 102 StPO erfasst angesehen, z. B. *Park*, § 2 Rn. 53 mwN.

738 *Borsdorff*, in: *Möllers*, Wörterbuch der Polizei, Stichwort: „Durchsuchungen“; *Patzak*, in: Körner/Patzak/Vollmer, BtMG, § 29 Rn. 42.

739 Vgl. BVerfG, Beschluss vom 4.2.2009 – 2 BvR 455/08 – Rn. 25.

740 Vgl. VGH München, Beschluss vom 16.7.1998 – 24 ZB 98.850; zu pauschal: *Meyer-Goßner/Schmitt*, StPO, § 102 Rn. 9, der auf die Zugänglichkeit „*ohne medizinische Hilfsmittel*“ abstellt, was de facto eine Nachschau im After- sowie Vaginalbereich ermöglichen würde.

741 *Tsambikakis*, in: LR-StPO, § 102 Rn. 22.

Beispiel: So ist bei der Suche nach einem Koffer die Durchsuchung eines Rucksacks zulässig, wenn zu erwarten ist, dass sich in diesem Hinweise auf den Verbleib (z. B. Hinterlegungsschein, Schlüssel für Kofferschließfach am Bahnhof, etc.) finden können.[742] 1443

Von der Befugnis zur Durchsuchung ist die **Durchsicht von Papieren** (und diesen gleichgestellten Datenträgern (Festplatte, CD, USB-Stick, etc.)[743]) nicht erfasst. Wenn Papiere oder Datenträger bei einer Durchsuchung gefunden werden, die für das konkrete Verfahren von Bedeutung sein können, gilt **§ 110 StPO** (lesen!). Danach ist die Durchsicht von Papieren (auf Beweisbedeutung) grundsätzlich von der Staatsanwaltschaft und (nur) auf deren Anordnung durch Ermittlungspersonen der Staatsanwaltschaft zulässig. 1444

Vertiefung: Kann die Durchsicht nicht vor Ort erfolgen, sind die Papiere (und Datenträger) vorläufig sicherzustellen.[744] Eine Beschlagnahme nach den §§ 94, 98 StPO erfolgt erst, nachdem die Durchsicht stattgefunden hat bezüglich der Papiere mit Beweisbedeutung und nach entsprechender richterlicher Anordnung. 1445

Bei Vorliegen einer wirksamen Durchsuchungsanordnung sind für die Durchsuchung notwendige **Begleitmaßnahmen** wie z. B. die Mitnahme auf die Polizeiwache, um dort eine Durchsuchung der Person durchführen zu können, zulässig. Auch die Anwendung von **unmittelbarem Zwang** gegen Sachen und Personen ist erfasst, wenn dieser der Durchsetzung der Durchsuchungsanordnung dient.[745] 1446

cc) **Ermächtigungsbegrenzende Bestimmungen: Nachtzeitregelung.** Durchsuchungen von Wohnungen, Geschäftsräumen und befriedetem Besitztum dürfen grundsätzlich nicht zur Nachtzeit stattfinden, wenn nicht eine Ausnahmeregelung greift. Diese so genannte **Nachtzeitregelung** des § 104 StPO stellt eine ermächtigungsbegrenzende Bestimmung dar. Sie spielt sowohl in der Praxis als auch der Klausur eine große Rolle. 1447

aaa) Nachtzeit. Zunächst ist bei der Prüfung der Zulässigkeit der nächtlichen Durchsuchung zu fragen, ob diese zur **Nachtzeit** stattgefunden hat. Die Nachtzeit beginnt stets um 21 Uhr und endet vom 1.4 bis 30.9. um 4 Uhr, vom 1.10. bis 31.3. um 6 Uhr, siehe § 104 Abs. 3 StPO. 1448

Vertiefung: Die Durchsuchung sollte so rechtzeitig begonnen werden, dass sie vor Einbruch der Nachtzeit beendet werden kann.[746] Eine Durchsuchung, die vor der Nachtzeit begonnen wurde, muss nicht (kann aber, auch wenn dies einsatztaktisch selten sinnvoll sein dürfte) abgebrochen und am Folgetag fortgesetzt werden.[747] 1449

---

742 Vgl. *Tsambikakis*, in: LR-StPO, § 102 Rn. 22.
743 *Bruns*, in: KK-StPO, § 110 Rn. 2.
744 Vgl. BGH, Beschluss vom 5.8.2003 – 2 BJs 11/03-5 – StB 7/03.
745 *Bruns*, in: KK-StPO, § 105 Rn. 14a.
746 BVerfG, Beschluss vom 24.5.1977 – 2 BvR 988/75 – NJW 1977, 1489, 1489.
747 Vgl. *Bruns*, in: KK-StPO, § 104 Rn. 2.

1450 bbb) **Räume minderen Schutzes.** Liegt eine Durchsuchung zur Nachtzeit vor, ist diese nach § 104 Abs. 2 StPO zulässig, wenn es sich bei den zu durchsuchenden Räumlichkeiten um Räume handelt, die zur Nachtzeit **für jedermann zugänglich** sind. Ob ein Eintrittsgeld zu zahlen ist, ist gleichgültig.

1451 **Beispiele:** Diskotheken, Gaststätten, Theater, Kino, etc. während der Öffnungszeiten.[748]

1452 Sind Räumlichkeiten nicht für jedermann zugänglich, dürfen sie dennoch zur Nachtzeit durchsucht werden, wenn sie der Polizei als Herberge oder Versammlungsort bestrafter Personen, Versteck für Beute oder „Schlupfwinkel" des (illegalen) Glücksspiels, Btm- oder Waffenhandels oder der Prostitution bekannt sind. Das ist der Fall, wenn sie bereits einmal zu einem solchen Zweck aufgefallen sind.[749]

1453 ccc) **Verfolgung auf frischer Tat.** Eine Durchsuchung darf nach § 104 Abs. 1 auch zur Nachtzeit erfolgen, wenn ein Täter **auf frischer Tat verfolgt** wird. Das ist zu bejahen, wenn unmittelbar nach Entdeckung der kurz zuvor verübten Tat Maßnahmen zur Ergreifung des Täters oder zur Sicherstellung der Beute oder dem Auffinden sonstiger Beweismittel getroffen werden.[750]

1454 ddd) **Gefahr im Verzug.** Auch bei Vorliegen von **Gefahr im Verzug** ist eine Durchsuchung jedweder Räumlichkeit zulässig. Gefahr im Verzug im Sinne der Nachtzeitregelung liegt vor, wenn das Ende der Nachtzeit nicht abgewartet werden kann, ohne dass der Durchsuchungszweck vereitelt würde.

1455 **Klausurhinweis:** Diese Gefahr im Verzug – Regelung ist nicht identisch mit der Frage, ob auf Grund des Vorliegens von Gefahr im Verzug ausnahmsweise eine Durchsuchung durch Ermittlungspersonen der Staatsanwaltschaft angeordnet werden darf. Ein pauschaler Verweis auf eine eventuell bereits erfolgte Prüfung im Rahmen der funktionellen Zuständigkeitsprüfung verbietet sich.

1456 eee) **Ergreifung entwichener Gefangener.** Schließlich darf eine Ergreifungsdurchsuchung zur Ergreifung eines **entwichenen Gefangenen** (vgl. § 120 Abs. 1 und 4 StGB) ebenfalls zur Nachtzeit durchgeführt werden.

1457 dd) **Verhältnismäßigkeit (Besonderheiten).** Auch bei Vorliegen der Voraussetzungen einer Durchsuchung sind nur die mit Blick auf die konkrete Zielrichtung der Maßnahme erforderlichen Durchsuchungshandlungen erlaubt. Insbesondere bei Wohnungsdurchsuchungen darf die Integrität der Wohnung nicht mehr als unbedingt erforderlich beeinträchtigt werden.

1458 **Beispiel:** Soll in der Wohnung eines wegen Totschlags Verdächtigen nach der Tatwaffe gesucht werden, ist eine Durchsuchung mit Hilfe von Drogenspürhunden nicht erforderlich und damit unzulässig.[751]

---

748 *Hegmann*, in: BeckOK-StPO, § 104 Rn. 8.
749 *Tsambikakis*, in: LR-StPO § 104 Rn. 13.
750 *Hegmann*, in: BeckOK-StPO, § 104 Rn. 5.
751 BVerfG, Beschluss vom 28.9.2006 – 2 BvR 876/06 – NJW 2007, 1444.

Eine Wohnungsdurchsuchung stellt zudem einen besonders schwerwiegenden Eingriff in Art. 13 Abs. 1 GG dar. Bei Bagatelldelikten ist sie daher unverhältnismäßig im engeren Sinne. 1459

Vertiefung: Nach dem Bundesverfassungsgericht[752] gilt bei der Prüfung der Verhältnismäßigkeit von Wohnungsdurchsuchungen Folgendes: „*Dem erheblichen Eingriff in die grundrechtlich geschützte Lebenssphäre des Betroffenen entspricht ein besonderes Rechtfertigungsbedürfnis nach dem Grundsatz der Verhältnismäßigkeit. Die Durchsuchung muss im Blick auf den bei der Anordnung verfolgten Zweck verhältnismäßig sein. Ferner muss gerade diese Zwangsmaßnahme zur Ermittlung und Verfolgung der vorgeworfenen Tat erforderlich sein; dies ist nicht der Fall, wenn andere, weniger einschneidende Mittel zur Verfügung stehen. Schließlich muss der jeweilige Eingriff in angemessenem Verhältnis zu der Schwere der Straftat und der Stärke des Tatverdachts stehen […]. Hierbei sind auch die Bedeutung des potentiellen Beweismittels für das Strafverfahren sowie der Grad des auf die verfahrenserheblichen Informationen bezogenen Auffindeverdachts zu bewerten […]. Im Einzelfall können die Geringfügigkeit der zu ermittelnden Straftat, eine geringe Beweisbedeutung der zu beschlagnahmenden Gegenstände sowie die Vagheit des Auffindeverdachts der Durchsuchung entgegenstehen […].*“ 1460

d) Formelle Rechtmäßigkeit. – aa) Funktionelle Zuständigkeit. Jede repressive Durchsuchungsmaßnahme unterliegt grundsätzlich der **Anordnungskompetenz** des Richters (§ 105 Abs. 1 StPO). Wenn keine ausdrückliche (!) Einwilligung des Betroffenen vorliegt, darf die Durchsuchung nur bei Vorliegen einer entsprechenden richterlichen Gestattung erfolgen. 1461

Vertiefung: Eine bestimmte Form ist nicht explizit vorgeschrieben, d. h. eine mündliche, telefonische oder elektronische Anordnung genügt.[753] Aus dem Rechtsstaatsprinzip folgert die Rechtsprechung jedoch, dass eine Durchsuchungsanordnung grundsätzlich (Ausnahme: Eilfälle) schriftlich abgefasst werden sollte,[754] jedenfalls aber ausführlich in den Ermittlungsakten dokumentiert werden muss. 1462

Liegt (nur) eine richterliche Anordnung zur Beschlagnahme vor, ist eine zusätzliche Durchsuchungsanordnung erforderlich.[755] Existiert ein Haft- oder Vorführungsbefehl, ist eine Durchsuchungsanordnung der Wohnung des Betroffenen (nicht aber anderer Personen im Sinne des § 103 StPO) enthalten. 1463

Ausnahmsweise, nämlich wenn **Gefahr im Verzug** vorliegt, besteht eine Eilkompetenz der Staatsanwaltschaft und ihrer Ermittlungspersonen. Gefahr im Verzug ist anzunehmen, wenn bei Einholung der richterlichen Anordnung die Erreichung des Zwecks der Durchsuchung gefährdet wäre. 1464

---

752 BVerfG, Beschluss vom 28.9.2008 – 2 BvR 1800/07.
753 Vgl. *Meyer-Goßner/Schmitt*, StPO, § 105 Rn. 3; a. A. *Harms*, StV 2006, 215.
754 BVerfG, Teilurteil vom 5.8.1966 – 1 BvR 586/62, 610/63, 512/64 – NJW 1966, 1603, 1615.
755 *Bruns*, in: KK-StPO, § 105 Rn. 3.

1465 **Vertiefung:** Regelmäßig spielt hier der Faktor **Zeit** eine große Rolle. Ist zu erwarten, dass sich die Beweislage oder die Möglichkeit des Ergreifens des Gesuchten bei Abwarten der richterlichen Entscheidung verschlechtert, liegt Gefahr im Verzug vor. Da die richterliche Anordnung die Regel ist, muss grundsätzlich versucht werden einen Richter (z. B. – falls vorhanden – telefonisch über einen Bereitschaftsdienst) zu erreichen.[756] Insbesondere bei Wohnungsdurchsuchungsfällen legt das Bundesverfassungsgericht strenge Maßstäbe an: *„Sowohl die Strafverfolgungsbehörden als auch die Ermittlungsrichter und die Gerichtsorganisation haben im Rahmen des Möglichen sicherzustellen, dass auch in der Masse der Alltagsfälle die in der Verfassung vorgesehene Regelzuständigkeit des Richters gewahrt bleibt. Die Strafverfolgungsbehörden müssen regelmäßig versuchen, eine Anordnung des instanziell und funktionell zuständigen Richters zu erlangen, bevor sie eine Durchsuchung beginnen. Die Annahme von Gefahr im Verzug kann nicht allein mit dem abstrakten Hinweis begründet werden, eine richterliche Entscheidung sei in einer Großstadt gewöhnlicherweise am späten Nachmittag oder frühen Abend nicht zu erlangen.“*[757]

1466 bb) **Form- und Verfahrensvorschriften.** Bei einer Durchsuchung gelten die folgenden Form- und Verfahrensvorschriften, die im Rahmen der formellen Rechtmäßigkeitsprüfung anzusprechen sind.

1467 aaa) **Anwesenheitsrecht.** Der Verdächtige darf bei der Durchsuchung seiner Räumlichkeiten oder Gegenstände **anwesend** sein, § 106 Abs. 1 StPO. Es besteht keine Verpflichtung, auf einen abwesenden Betroffenen zu warten. Wenn ein Herbeiholen aber keine wesentliche Verzögerung bedeutet, sollte dies jedoch geschehen.[758]

1468 Bei Abwesenheit des Verdächtigen sind, wenn möglich (!), in der gesetzlichen Reihenfolge hinzuzuziehen: 1. sein Vertreter (z. B. Ehefrau, Hausverwalter soweit Vollmacht vorhanden), 2. ein erwachsener Angehöriger, 3. ein Hausgenosse oder 4. ein Nachbar (§ 106 Abs. 1 S. 2 StPO).

1469 bbb) **Durchsuchungszeugen.** Bei Durchsuchungen von Wohnung, Geschäftsräumen und befriedetem Besitztum ist, wenn kein Staatsanwalt oder Richter der Durchsuchung beiwohnt, die Notwendigkeit der Hinzuziehung von **Durchsuchungszeugen** gem. § 105 Abs. 2 StPO zu beachten. Es handelt sich um eine wesentliche Förmlichkeit der Durchsuchung.

1470 **Vertiefung:** Die Vorschrift schützt nicht nur den Betroffenen, sondern auch die durchführenden Beamten vor unberechtigten Vorwürfen. Achtung: Eine Missachtung des § 105 Abs. 2 StPO ist nicht „nur“ formell rechtswidrig, sondern auch rechtswidrig im Sinne des § 113 StGB, so dass eine Widerstandshandlung des Betroffenen zulässig wäre.

---

756 Hierzu, mit vielen Nachweisen, *Meyer-Goßner/Schmitt*, StPO, § 105 Rn. 2.
757 BVerfG, Beschluss vom 28.9.2006 – 2 BvR 876/06 – NJW 2007, 1444.
758 *Meyer-Goßner/Schmitt*, StPO, § 106 Rn. 2.

Wenn dies nach den Umständen des Einzelfalles **möglich** ist, sind entweder ein Gemeindebeamter (keine Polizeibeamten oder Ermittlungspersonen der Staatsanwaltschaft) oder zwei Mitglieder der Gemeinde, in deren Bezirk die Durchsuchung stattfindet, als Durchsuchungszeugen zuzuziehen. 1471

Die Hinzuziehung von Durchsuchungszeugen ist nicht möglich, wenn dies – und sei es durch Zeitverlust – den Erfolg der Durchsuchung gefährdet.[759] Weiterhin ist die Hinzuziehung von Durchsuchungszeugen nicht möglich, wenn diese bei der Durchsuchung gefährdet würden. Das ist insbesondere bei einer Ergreifungsdurchsuchung eines gefährlichen Verdächtigen der Fall. 1472

ccc) **Mitteilungspflichten.** Bereits aus § 35 StPO folgt, dass eine richterliche (!) Durchsuchungsanordnung dem Betroffenen bekanntzumachen ist.[760] Ihm ist eine Abschrift, d. h. die grundsätzlich vollständige richterliche Durchsuchungsanordnung, auszuhändigen.[761] 1473

Dem Inhaber der zu durchsuchenden Gegenstände oder Räumlichkeiten bzw. dem in dessen Abwesenheit zugezogenen Vertreter ist zu Beginn der Durchsuchungsmaßnahme der Zweck der Durchsuchung bekannt zu geben. Das gilt (über den Wortlaut des § 106 Abs. 2 S. 1 StPO hinaus) auch für Durchsuchungen beim Verdächtigen nach § 102 StPO.[762] 1474

Zusätzlich bestimmt § 107 Satz 1 StPO, dass dem Betroffenen der Durchsuchung auf Verlangen schriftlich mitzuteilen ist, was der Grund der Durchsuchung und – im Fall einer Durchsuchung beim Verdächtigen – die vorgeworfene Straftat ist. 1475

> **Vertiefung:** Auch wenn im Gesetz als Zeitpunkt die „Beendigung der Durchsuchung" genannt ist, soll der Betroffene auch schon vor der Durchsuchung zumindest mündlich informiert werden.[763] 1476

Dem Betroffenen ist zudem auf Verlangen (!) entweder ein Verzeichnis der in Verwahrung/Beschlag genommenen Gegenstände (vgl. auch Sicherstellung/Beschlagnahme) oder eine sog. Negativbescheinigung darüber auszuhändigen, dass nichts gefunden wurde (§ 107 Satz 2 StPO). 1477

> **Klausurhinweis:** Hierauf ist, so keine weiteren Anhaltspunkte zur Prüfung im Sachverhalt stehen, in der Klausurlösung nur kurz hinzuweisen. 1478

ddd) **Verzeichnis- und Siegelpflicht.** In Verwahrung genommene Gegenstände sind genau zu verzeichnen und zur Verhütung von Verwechslungen durch amtliche Siegel oder sonst in geeigneter Weise kenntlich zu machen, § 109 StPO. 1479

> **Klausurhinweis:** Auf diese Vorschrift muss in der Klausur nur kurz hingewiesen werden. Es handelt sich um eine Ordnungsvorschrift. Ein Verstoß 1480

759 BGH, Urteil vom 15.10.1985 – 5 StR 338/85 – NStZ 1986, 84, 85.
760 *Bruns*, in: KK-StPO, § 105 Rn. 5 und § 107 Rn. 2.
761 BGH, Beschluss vom 28.6.2017 – 1 BGs 148/17 – NJW 2017, 2359.
762 Vgl. *Rengier*, NStZ 1981, 373.
763 *Bruns*, in: KK-StPO, § 107 Rn. 3.

macht die Durchsuchungsmaßnahme nicht rechtswidrig, kann aber bei Schadensersatzforderungen relevant werden.[764]

1481 eee) **Gleichgeschlechtliche Durchsuchung.** Der Betroffene ist grundsätzlich von einem Polizeibeamten gleichen Geschlechts zu durchsuchen (§ 81d StPO analog).

1482 **Klausurhinweis:** Die o. g. Formvorschriften sind kurz im Urteilsstil zu prüfen bzw. „abzuhaken". Beispiel: „*Das Anwesenheitsrecht des Inhabers der Wohnung nach § 106 Abs. 1 StPO wurde gewahrt. Der Verdächtige V durfte der Durchsuchung beiwohnen. ...*" – Problematische Stellen, z. B. die Unmöglichkeit der Hinzuziehung eines Dritten im Sinne des § 106 Abs. 1 Satz 2 sind freilich etwas ausführlicher darzustellen. Beispiel: „*Fraglich ist, ob die fehlende Hinzuziehung des V oder einer Dritten Person zur Durchsuchung rechtlich zu beanstanden ist. Grundsätzlich hat der Inhaber zu durchsuchender Räume ein Anwesenheitsrecht, § 106 Abs. 1 StPO. Der V konnte dieses, weil er zum Durchsuchungszeitpunkt in einer Kneipe war, nicht wahrnehmen. Es bestand keine Verpflichtung der Beamten auf ihn zu warten. Da den Beamten der Aufenthaltsort nicht bekannt war, mussten sie den V auch nicht herbeiholen. Eine Hinzuziehung Dritter gem. § 106 Abs. 1 Satz 2 StPO war nicht möglich. Ein Vertreter, erwachsener Angehöriger oder Hausgenosse war nicht zugegen. Die Hinzuziehung eines Nachbarn ist zur Nachtzeit (3:30 morgens) nicht zumutbar. Daher war die Durchsuchung ohne Hinzuziehung Dritter zulässig.*"

1483 fff) **Durchsuchung bei der Bundeswehr.** Bei einer Durchsuchung bei der **Bundeswehr** muss die vorgesetzte Dienststelle der Bundeswehr um Durchführung der Durchsuchung ersucht werden, § 105 Abs. 3 StPO.

1484 **Klausurhinweis:** Diese Formvorschrift muss nur angesprochen werden, wenn der Sachverhalt hierzu Anlass gibt.

1485 ggg) **Keine heimliche Durchsuchung.** Aus den §§ 105 Abs. 2, 106 und 107 folgt, dass eine Durchsuchung nicht heimlich, sondern **offen** zu erfolgen hat und Ermittlungsbeamten physisch vor Ort anwesend sein müssen.[765]

1486 **Vertiefung:** Eine so genannte (heimliche) Online-Durchsuchung eines Computers ist nicht nach § 102 StPO zulässig.[766] Sie ist unter den Voraussetzungen des § 100b StPO möglich.

1487 hhh) **Zufallsfunde.** Werden bei der Durchsuchung Gegenstände gefunden, die selbst, oder durch die Umstände ihres Auffindens auf eine andere Straftat **hindeuten**, dürfen diese nicht ignoriert werden. Sie sind zur Prüfung, ob sie für ein (eventuell noch einzuleitendes) Strafverfahren als Beweismittel in Betracht kommen, nach § 108 Abs. 1 StPO vorläufig zu beschlagnahmen.[767]

---

764 *Tsambikakis*, in: LR-StPO, § 109 Rn. 5.

765 Vgl. BVerfG, Urteil vom 2.3.2006 – 2 BvR 2099/04; NJW 2006, 976, 981; *Tsambikakis*, in: LR-StPO, § 102 Rn. 1 m. w. N.

766 BGH, Beschluss vom 31.1.2007 – StB 18/06.

767 Vgl. *Tsambikakis*, in: LR-StPO, § 108 Rn. 1.

Selbststudiumsaufgabe: Vertiefen Sie Ihre Kenntnisse zum Problemkreis „Zufallsfunde" anhand eines Lehrbuchs. In der Anfängerklausur spielt der Zufallsfund nur eine geringe Rolle. **1488**

e) **Klausurtaktik.** Die Durchsuchung des Verdächtigen ist äußerst praxis- und damit auch klausurrelevant. Eine gute Klausurbearbeitung zeichnet sich nicht nur durch eine saubere Tatbestandsprüfung, sondern auch Kenntnis und korrekte Anwendung der ermächtigungsbegrenzenden Bestimmungen und Form- und Verfahrensvorschriften aus. **1489**

Checkliste § 102 StPO **1490**

Tatbestand

✓ Anfangsverdacht einer Straftat
✓ Betroffener ist Verdächtiger
✓ Zulässiger Durchsuchungszweck (Ermittlungs- oder Ergreifungsdurchsuchung)
✓ Begründete Aussicht, dass Durchsuchungszweck erreicht werden kann

Rechtsfolge

✓ Durchsuchung: Suche nach Gegenständen/Personen
✓ Durchsuchungsobjekt: Sachen/Räumlichkeiten/Person des Verdächtigen
✓ Betroffener muss Durchsuchungshandlungen dulden
✓ Ggf. Begleitmaßnahmen (z. B. Mitnahme zur Wache zum Zweck der Durchsuchung)

Ermächtigungsbegrenzung

✓ Nachtzeitregelung bei Durchsuchung von Räumlichkeiten, § 104 StPO

Funktionelle Zuständigkeit

✓ Anordnungsbefugnis: Richter → § 105 StPO Abs. 1
✓ Ausnahme bei Gefahr im Verzug: → Staatsanwalt, Ermittlungsperson der StA

Form- und Verfahrensvorschriften

✓ Zeugenhinzuziehung, § 105 Abs. 2
✓ Anwesenheitsrecht, § 106 Abs. 1
✓ Mitteilung/Verzeichnis, § 107 StPO
✓ Gegenstände siegeln, § 109 StPO
✓ Gleichgeschlechtliche Durchsuchung, § 81d StPO analog

4. Durchsuchung bei Anderen (§ 103 Abs. 1 StPO)

Fall 1: Max wird eines Totschlags verdächtigt. Ein Zeuge will beobachtet haben, wie er die Tatwaffe in einem Müllcontainer auf dem Grundstück des Simon „entsorgt" hat. Simon, der mit Max nichts zu tun hat, aber die „negative Publicity" scheut, möchte nicht, dass die Polizei „seine Mülltonnen durchwühlt". **1491**

1492 **Fall 2:** Der Drogendealer Daniel wird in der Wohnung seiner Freundin Jacqueline ergriffen. Unmittelbar danach wird die Jacquelines Wohnung durch die Polizei nach versteckten Drogenpäckchen durchsucht.

a) Wichtige Normen

1493 → § 103 StPO
→ § 104 StPO (Nachtzeitregelung)
→ § 105 StPO (Anordnungsbefugnis)
→ §§ 106, 107, 109, 81d StPO (Form- und Verfahrensvorschriften)
→ § 108 StPO (Zufallsfunde)

1494 b) **Allgemeines.** Während der § 102 StPO die Befugnisnorm für eine Durchsuchung bei Verdächtigen ist, regelt der § 103 StPO die Durchsuchung bei Personen, die gerade (mit Blick auf das konkrete Strafverfahren) nicht verdächtig sind.

1495 c) **Materielle Rechtmäßigkeit. – aa) Tatbestandsvoraussetzungen.** Erste Voraussetzung für eine Durchsuchung nach § 103 StPO ist, wie bei § 102 StPO auch, ein **Anfangsverdacht einer Straftat**. Spätestens durch die Durchsuchung wird ein Ermittlungsverfahren gegen einen (nicht notwendigerweise bereits namentlich bekannten) Beschuldigten eingeleitet.

1496 Zweite Voraussetzung ist, dass die von der Durchsuchung betroffene Person eine „andere Person" (als der Verdächtige/Beschuldigte) ist. **Andere Personen** sind alle Personen, bei denen nach Sachlage nicht der Anfangsverdacht besteht, dass sie sich bezüglich der Tat, die Gegenstand des Ermittlungsverfahrens ist, nach materiellem Recht strafbar gemacht haben.[768]

1497 **Vertiefung:** Zu den „anderen Personen" gehören auch strafunmündige Personen wie z. B. Kinder.

1498 Bezüglich des verfolgten Durchsuchungszwecks stellt § 103 Abs. 1 Satz 1 StPO grundsätzlich **strengere Anforderungen** als der § 102 StPO. Ziel der Durchsuchung ist auch bei § 103 StPO die Ergreifung des Beschuldigten, die Verfolgung von Spuren einer Straftat beziehungsweise die Beschlagnahme **bestimmter** Gegenstände.[769] Es bedarf aber – im Gegensatz zu § 102 StPO – einer erhöhten **Erfolgswahrscheinlichkeit** in Form eines konkreten Auffindungsverdachts. Ein konkreter **Auffindungsverdacht** ist ein durch Tatsachen untermauerter Verdacht, dass eine bestimmte Person oder eine hinreichend, wenigstens der Gattung nach näher bestimmte Spur oder Sache bei der Durchsuchung gefunden werden kann. Eine allgemeine Suche nach Spuren oder Beweisgegenständigen ist grundsätzlich unzulässig.[770]

---

768 *Tsambikakis*, in: LR-StPO, § 103 Rn. 2 uHa BVerfGE 20, 162, 185 – NJW 1966, 1603 – *Spiegel*.

769 Vgl. insoweit bereits die Ausführungen zu § 102 StPO.

770 Vgl. BGH, Beschluss vom 15.10.1999 – 2 BJs 20/97 – 2 – StB 9/99 – NStZ 2000, 154, 155.

Eine **Ausnahme** macht **§ 103 Abs. 2 StPO** im Fall von Räumen, *„in denen der Beschuldigte ergriffen worden ist oder die er während der Verfolgung betreten hat“*. In diesen Räumen darf eine allgemeine Durchsuchung zur Auffindung von Beweismitteln (auch Zeugen) wie bei § 102 StPO erfolgen, auch wenn die Räume einer „anderen Person“ gehören (vgl. Fall 2). Wurde der Beschuldigte nicht ergriffen, dürfen die von ihm während der Flucht betretenen Räume auch zu seiner Ergreifung durchsucht werden, ohne dass es hierfür der o. g. erhöhten Erfolgswahrscheinlichkeit bedürfte. Da der Beschuldigte eine besondere „Beziehung“ zu diesen Räumen aufgebaut hat, gilt in beiden Fällen die gesetzliche Vermutung, dass ein Durchsuchungszweck erreicht werden kann.[771] **1499**

bb) Rechtsfolge. Liegen die Tatbestandsvoraussetzungen vor, ist eine **Durchsuchung** nach dem Beschuldigten bzw. den konkreten Spuren oder Beweismitteln zulässig. Der von der Durchsuchung Betroffene muss die Durchsuchung und eventuelle Begleitmaßnahmen (z. B. Betreten der zu durchsuchenden Räume) dulden. Eine Pflicht zur aktiven Mitwirkung besteht nicht. **1500**

Durchsuchungsobjekte sind, auch wenn in § 103 Abs. 1 Satz 1 a. E. nur „zu durchsuchende Räume“ genannt sind, sowohl Räume und Gegenstände „anderer Personen“ als auch die Person selbst.[772] **1501**

> **Vertiefung:** Unter den weiteren Voraussetzungen des § 103 Abs. 1 Satz 2 StPO darf auch eine **Gebäudedurchsuchung** zum Zweck der Ergreifung eines Beschuldigten erfolgen, der dringend verdächtig ist, eine Straftat nach den §§ 89a, 129a (ggf. iVm. § 129b) StGB oder eine der dort genannten Katalogstraftaten begangen zu haben. Bei einer Gebäudedurchsuchung dürfen sämtliche Wohnungen und Räumlichkeiten in einem Gebäude nach der gesuchten Person durchsucht werden, wenn auf Grund von Tatsachen anzunehmen ist, dass sich der Gesuchte in dem Gebäude aufhält. Die Gebäudedurchsuchung spielt in Anfängerklausuren regelmäßig nur eine untergeordnete Rolle. **1502**

cc) Ermächtigungsbegrenzende Bestimmungen. Die Durchsuchung nach § 103 StPO unterliegt denselben ermächtigungsbegrenzenden Bestimmungen wie die Durchsuchung nach § 102 StPO. Bezüglich der Durchsuchung von Räumlichkeiten ist die **Nachtzeitregelung** des § 104 StPO zu beachten (hierzu im Einzelnen bereits oben). **1503**

> **Vertiefung:** Die Durchsuchung ist unzulässig, wenn die gesuchten Gegenstände nicht beschlagnahmt werden dürften (z. B. nach § 97 StPO).[773] **1504**

d) Formelle Rechtmäßigkeit. – aa) Funktionelle Zuständigkeit. Die Anordnungskompetenz für eine Durchsuchung bei „anderen Personen“ liegt, wie bei der Durchsuchung nach § 102 StPO auch, grundsätzlich beim Richter. Nur bei Gefahr im Verzug ist eine Anordnung durch die Staatsanwaltschaft oder ihre Ermittlungspersonen zulässig. **1505**

---

771 *Meyer-Goßner/Schmitt*, StPO, § 103 Rn. 15.
772 *Tsambikakis*, in: LR-StPO, § 103 Rn. 15 m. w. N. auch zur a. A.
773 *Tsambikakis*, in: LR-StPO, § 103 Rn. 12.

1506 **Vertiefung:** Eine Gebäudedurchsuchung nach § 103 Abs. 1 Satz 2 StPO darf bei Gefahr im Verzug nur durch die Staatsanwaltschaft, nicht aber durch Ermittlungspersonen der Staatsanwaltschaft angeordnet werden.

1507 **bb) Form- und Verfahrensvorschriften.** Die zu beachtenden Form- und Verfahrensvorschriften einer Durchsuchung bei „anderen Personen" entsprechen denen der Durchsuchung bei Verdächtigen. Insofern wird auf die obigen Ausführungen verwiesen.

1508 **e) Klausurtaktik.** Achten Sie insbesondere darauf, die gegenüber einer Durchsuchung bei einem Verdächtigen erhöhten Anforderungen im Tatbestand sowie die Form- und Verfahrensvorschriften hinreichend zu würdigen.

1509 **Checkliste § 103 Abs. 1 StPO**

Tatbestand

- ✓ Anfangsverdacht einer Straftat
- ✓ Betroffener ist „andere Person"
- ✓ Zulässiger Durchsuchungszweck (Ermittlungs- oder Ergreifungsdurchsuchung)
- ✓ Auffindungsverdacht (Ausnahme: § 103 Abs. 2 StPO)

Rechtsfolge

- ✓ Durchsuchung: Suche nach Gegenständen/Personen
- ✓ Durchsuchungsobjekt: Sachen/Räumlichkeiten/Person des „anderen"
- ✓ Ausnahmsweise (unter Vss des § 103 Abs. 1 Satz 2): Gebäudedurchsuchung
- ✓ Betroffener muss Durchsuchungshandlungen dulden
- ✓ Ggf. Begleitmaßnahmen

Ermächtigungsbegrenzung

- ✓ Nachtzeitregelung bei Durchsuchung von Räumlichkeiten, § 104 StPO

Funktionelle Zuständigkeit

- ✓ Anordnungsbefugnis: Richter → § 105 Abs. 1 StPO
- ✓ Ausnahme bei Gefahr im Verzug: → Staatsanwalt, Ermittlungsperson der StA
- ✓ Bei Gebäudedurchsuchung: → nur Richter und StA (§ 105 Abs. 1 Satz 2 StPO)

Form- und Verfahrensvorschriften

- ✓ Zeugenhinzuziehung, § 105 Abs. 2
- ✓ Anwesenheitsrecht, § 106 Abs. 1
- ✓ Mitteilung/Verzeichnis, § 107 StPO
- ✓ Gegenstände siegeln, § 109 StPO
- ✓ Gleichgeschlechtliche Durchsuchung, § 81d StPO analog

IX. Präventive Durchsuchung (§§ 22–25 Nds. SOG)

1. Durchsuchung zur Prävention

a) Bedeutung und Differenzierung. Durchsuchungsmaßnahmen spielen nicht nur im Bereich der Strafverfolgung, sondern auch bei der Gefahrenabwehr eine große Rolle. Maßgeblich sind hierbei die Regelungen der §§ 22 bis 25 Nds. SOG, die teilweise auf andere Maßnahmen, z. B. die Identitätsfeststellung (§ 13 Nds. SOG) verweisen. Größte Herausforderung für den Anfänger ist es, das Zusammenspiel der verschiedenen Normen zu verstehen. 1510

Beispiel: Nach § 22 Abs. 1 Nr. 4 Nds. SOG ist die Durchsuchung von Personen gestattet, die an einem in § 13 Abs. 1 Nr. 2 Nds. SOG genannten Ort – also entweder § 13 Abs. 1 Nr. 2a, Nr. 2b oder Nr. 2c Nds SOG – angetroffen werden. Die in § 13 Abs. 1 Nr. 2 Nds. SOG genannten Voraussetzungen werden dadurch Bestandteil des Tatbestandes der Durchsuchung nach § 22 Abs. 1 Nds. SOG. 1511

Selbststudiumsaufgabe: Lesen Sie die §§ 22, 23 und 24 Nds. SOG und gehen Sie jedem Gesetzesnachweis nach, indem Sie auch die referenzierten §§ aufmerksam lesen. Achten Sie auf die konkreten Verweisungsangaben. Mitunter wird nur auf einen kleinen Teil einer anderen Norm, z. B. nur einen bestimmten Absatz verwiesen. 1512

Im Gegensatz zur repressiven Durchsuchungsermächtigung, unterscheidet das Nds. SOG nicht nach der Rolle des Adressaten/Betroffenen, sondern nach dem konkreten **Durchsuchungsobjekt.** In § 22 Nds. SOG ist dementsprechend die Durchsuchung (und die Untersuchung – dazu näher ab Rn. 2311 ff.) der Person geregelt, § 23 Nds. SOG regelt das Durchsuchen von Sachen die nicht unter den Wohnungsbegriff des § 24 Abs. 1 Nds. SOG fallen. Die §§ 24 und 25 Nds. SOG zeigen auf, wann ein Betreten und Durchsuchen (bzw. gegebenenfalls nur das Betreten) von Wohnungen zulässig ist. 1513

Schließlich ist die spezielle Regelung der **Eigensicherungsdurchsuchung** zu beachten. Die in § 22 Abs. 2 Nds. SOG enthaltene spezielle Regelung geht den allgemeineren Durchsuchungsbefugnissen vor, ermächtigt aber „nur" zur Suche nach Waffen und gefährlichen Gegenständen. 1514

b) Definitionen und Begriffsbestimmungen. Auch im präventiven Bereich bedarf es einer Abgrenzung zwischen Durchsuchung und körperlichen Untersuchung. Die Definitionen sind im Strafverfahrensrecht und im Gefahrenabwehrrecht gleichlautend (vgl. auch bereits oben Rn. 1411). Eine **Durchsuchung einer Person** ist eine ziel- und zweckgerichtete Suche nach Gegenständen in der Kleidung der betroffenen Person oder an ihrem Körper, die nicht sofort erkennbar sind. Umfasst ist die Suche in den ohne Hilfsmittel einsehbaren Körperöffnungen oder Körperhöhlen (Mund, Nase, Ohren).[774] Ist eine **Körperöffnung** nicht 1515

774 *Neuhäuser*, in: Beck-OK-Nds. SOG, § 22 Rn. 7 unter Hinweis auf § 19 Abs. 2 Satz 1 BremPolG.

mehr ohne weiteres einsehbar, liegt eine **körperliche Untersuchung** vor, die präventiv abschließend in § 22 Abs. 4 Nds. SOG geregelt ist (siehe Rn. 2311 ff.).

1516 **Beispiel:** Eine Nachschau im After ist demnach eine körperliche Untersuchung und keine Durchsuchung mehr.[775]

1517 Eine **Durchsuchung einer Sache** (einschließlich einer „Räumlichkeit"), ist die ziel- und zweckgerichtete Suche in oder an Sachen nach anderen Sachen oder Personen, die nicht sofort erkennbar sind bzw. deren räumliche Lage nicht bekannt ist.

1518 Die **Durchsuchung einer Wohnung** ist vom schlichten Betreten einer Wohnung (für welches keine richterliche Gestattung erforderlich ist, vgl. noch unten Rn. 1687 ff.) abzugrenzen. In AB 24.0 wird das **Betreten** definiert als schlichtes *„Aufsuchen und Verweilen in einer Wohnung. Es schließt die Befugnis ein, von Personen, Sachen und Zuständen, die ohne jeglichen Aufwand wahrgenommen werden können, Kenntnis zu nehmen."* Immer dann, wenn der Maßnahme kein aktiv „ausforschendes" Element anhaftet, ist die Schwelle vom schlichten Betreten zur Durchsuchung noch nicht überschritten.[776]

2. Betroffene Grundrechte

1519 Die präventive Durchsuchung berührt dieselben Grundrechte wie die bereits oben dargestellte repressive Durchsuchung. Es ist das **Allgemeine Persönlichkeitsrecht** (Art. 2 Abs. 1 iVm. Art. 1 Abs. 1 GG) desjenigen betroffen, dessen Gegenstände oder Person durchsucht werden. Durch die Durchsuchung wird die **Privatsphäre** aufgehoben.

1520 Eine körperliche Durchsuchung die mit einem (nicht nur unerheblichen) Entkleiden verbunden ist, wird von der Rechtsprechung[777] als schwerwiegender Eingriff in die **Intimsphäre** und damit in das durch Art. 2 Abs. 1 GG gewährleistete Persönlichkeitsrecht angesehen, welches zudem die Menschenwürde (Art. 1 Abs. 1 GG) berühren könne.

1521 **Klausurhinweis:** Dieser Aspekt muss im Rahmen der Verhältnismäßigkeitsprüfung, im Rahmen der Prüfung der Verhältnismäßigkeit im engeren Sinne Berücksichtigung finden.

Eine **präventive Wohnungsdurchsuchung** – aber auch das Betreten der Wohnung – ist ein Eingriff in die durch Art. 13 Abs. 1 GG geschützte **räumliche Privatsphäre**. Bei der Frage nach der verfassungsrechtlichen Rechtfertigung spielt sodann die o. g. Differenzierung zwischen Durchsuchung und Betreten eine große Rolle. Während alle Durchsuchungsmaßnahmen sich an Art. 13 Abs. 2 GG messen lassen müssen, ist bei einem schlichten Betreten der Art. 13 Abs. 7 GG (sonstiger „Eingriff" bzw. „Beschränkung") maßgeblich.

---

775 *Neuhäuser*, in: Beck-OK-Nds. SOG, § 22 Rn. 9; OVG Saarlouis, Urteil vom 30.11.2007 – 3 R 9/06.

776 Vgl. *Neuhäuser*, in: Beck-OK Nds. SOG, § 24 Rn. 25; vgl. auch BVerfG, Beschluss vom 16.6.1987 – 1 BvR 1202/84 – BVerfGE 76, 83, 89.

777 OVG Saarlouis, Urteil v. 30.11.2007 – 3 R 9/06 (unter Hinweis auf BVerfG, Beschluss vom 29.10.2003 – 2 BvR 1745/01).

Personendurchsuchungen sind regelmäßig als Eingriff in die **Freiheit der Person** (Art. 2 Abs. 2 Satz 2 iVm. Art. 104 Abs. 1 GG) in Gestalt einer Freiheitsbeschränkung zu werten.[778] 1522

3. Durchsuchung von Personen (§ 22 Abs. 1–3 Nds. SOG)

a) Wichtige Normen

→ § 22 Abs. 1–3 Nds. SOG 1523

b) Allgemeines. Es gibt keine allgemein gehaltene präventive Befugnis zur Durchsuchung von Personen. Die möglichen Situationen, in denen eine Durchsuchung einer Person zulässig sein kann, sind in § 22 Nds. SOG niedergelegt. 1524

> **Selbststudiumsaufgabe:** Das Zusammenspiel der verschiedenen Normen des Nds. SOG und die extensive Ausnutzung der juristischen Verweisungstechnik kann für den Anfänger auf den ersten Blick einschüchternd wirken. Bei konzentrierter Befassung wird jedoch schnell das Verknüpfungssystem transparent. Lesen Sie die §§ 22 bis 25 Nds. SOG aufmerksam durch und verdeutlichen Sie sich die Zusammenhänge. 1525

c) Materielle Rechtmäßigkeit. Bei der Prüfung der Tatbestandsvoraussetzungen für eine präventive Durchsuchung ist das Zusammenspiel mit anderen Maßnahmen und Befugnisnormen zu beachten. Sowohl § 22 Abs. 1 Nr. 1 und 2 sowie Nr. 4 und 5 Nds. SOG knüpfen an andere Regelungen an. 1526

Diese anderen Regelungen sind „inzident“, d. h. im Rahmen der Prüfung der Durchsuchungsmaßnahme zu prüfen. Nur wenn die (ggf. nur geplante) Anknüpfungsmaßnahme materiell (!) rechtmäßig ist, ist auch die Durchsuchungsmaßnahme rechtmäßig. 1527

aa) Tatbestandsvoraussetzungen. Die im folgenden dargestellten Tatbestandsvoraussetzungen stellen Alternativen für eine Durchsuchung einer Person nach dem Nds. SOG dar. Das bedeutet, dass sie nicht gleichzeitig vorliegen müssen. Es ist jedoch denkbar, dass eine Durchsuchung sowohl nach einer als auch der anderen Alternative zulässig ist. In der Klausur sind alle in Betracht kommenden Alternativen zu prüfen. 1528

aaa) Festhalteberechtigung (§ 22 Abs. 1 Nr. 1 Nds. SOG)

> **Fall 1:** Uli wird der Steuerhinterziehung in Millionenhöhe verdächtigt. Seit Wochen wird sein Telefonanschluss (§ 100a StPO) überwacht. Um 23 Uhr nachts ruft Uli den Rudi an und sagt ihm, er habe jetzt genug Geld ins Ausland transferiert und gerade einen Flug nach Caracas (Venezuela) gebucht. Ihm werde alles „zu heiß“. Keinesfalls würde er „für Jahre in den Knast gehen“. Notfalls würde er sich „mit Gewalt den Weg in die Freiheit bahnen“. Sofort suchen PK Loh und PK Orda die Wohnung des Uli auf, um ihn wegen Fluchtverdacht vorläufig festzunehmen. In diesem Zusammen- 1529

778 Vgl. *Schütte/Braun/Keller*, Rn. 198.

hang wird er nach Waffen, gefährlichen Gegenständen und „Fluchthilfsmitteln“ durchsucht.

1530 **Fall 2:** Harald ist betrunken und randaliert in einer Kneipe. Bis zur Ausnüchterung soll Harald in Gewahrsam genommen werden. Zuvor wird er von PK Orda nach Gegenständen durchsucht, mit denen sich Harald selbst oder andere verletzen könnte.

1531 **Fall 3:** Der angetrunkene Justin, den die Beamten auf ca. 16 Jahre schätzen, soll zu seinen Eltern gebracht werden. Nachdem er sich geweigert hat, seine Personalien anzugeben, wird er nach Hinweisen auf seine Identität (BPA, EC-Karte, Schülerausweis o. ä.) durchsucht.

1532 Nach § 22 Abs. 1 Nr. 1 Nds. SOG darf eine Person durchsucht werden, wenn sie *„nach diesem Gesetz oder anderen Rechtsvorschriften festgehalten werden kann“*.

1533 Mit **„nach diesem Gesetz“** ist das Nds. SOG gemeint. In Betracht kommen als Anknüpfungsmaßnahmen aus dem Nds. SOG insbesondere
- der **§ 13 Abs. 2 Satz 2 Nds. SOG** (Festhalten zum Zwecke der Idf)
- der **§ 18 Nds. SOG** (Ingewahrsamnahme).

1534 **Vertiefung:** Ferner kann ein Festhalten nach dem Nds. SOG auch auf Basis des § 16 Abs. 3 Nds. SOG erfolgen, nämlich der zwangsweisen Durchsetzung einer Vorladung.

1535 Durch die Erweiterung auf Festhalterechte nach ***„anderen Rechtsvorschriften“*** wird zum Beispiel die vorläufige Festnahme nach **§ 127 Abs. 2 StPO** erfasst.

1536 **Klausurhinweis:** Im Fall eines Festhaltens zu repressiven Zwecken ist regelmäßig eine Abgrenzung zur Durchsuchung nach §§ 102, 103 StPO vorzunehmen und in der Klausur kurz (unter dem Punkt Befugnisnorm) darzustellen. In Fall 2 wäre eine Durchsuchung nach § 102 StPO nicht zulässig, da die Zielrichtung der Durchsuchung nicht das Auffinden von Beweismitteln (auch nicht für den Fluchtverdacht) ist. Eine Eigensicherungsdurchsuchung nach § 22 Abs. 2 Nds. SOG dient zwar auch dem Auffinden von Waffen und gefährlichen Gegenständen, ist aber nur im Vorfeld einer Idf-Maßnahme zulässig. Diese ist hier nicht erforderlich (und wäre rechtswidrig), da den Beamten die Identität von Uli bekannt ist.

1537 Sofern das Festhalten nach den o. g. Vorschriften materiell rechtmäßig ist bzw. wäre (ein tatsächliches Festhalten ist nicht erforderlich), sind die Tatbestandsvoraussetzungen des § 22 Abs. 1 Nr. 1 Nds. SOG noch nicht erfüllt.

1538 Es muss zudem **zumindest** ein Gefahrenverdacht dahingehend bestehen, dass die zu durchsuchende Person Gegenstände bei sich führt, die geeignet sind, die eigene oder eine andere Person zu verletzen oder die zu einem Entweichen eingesetzt werden könnten. Konkrete Anhaltspunkte, dass eine solcher Gegenstand tatsächlich mitgeführt wird, müssen nicht vorliegen.[779]

Beispiel: Im Rahmen der Ingewahrsamnahme einer betrunkenen Person (Fall 2) besteht auf Grund der Unzurechenbarkeit des Verhaltens Betrunkener stets die zumindest abstrakte Gefahr, dass diese sich selbst verletzen könnten. Ihnen sind alle entsprechenden Gegenstände abzunehmen. Zu diesem Zweck sind sie zu durchsuchen. 1539

Klausurhinweis: Eine klare Grenze zu § 22 Abs. 1 Nr. 2 Nds. SOG (Durchsuchung nach § 26 Nr. 3 Nds. SOG sicherzustellenden Sachen) ist nicht gegeben. Beide Tatbestände können in diesen Fallgestaltungen erfüllt sein. Da vom Klausurbearbeiter ein umfassendes Gutachten der Rechtslage erwartet wird, sind auch beide Tatbestandsvarianten zu prüfen. 1540

Alternativ muss bei einer Durchsuchung im Zusammenhang mit einer Festhalteberechtigung zum Zwecke der Identitätsfeststellung die Durchsuchung zum Zweck der Idf dienen, also z. B. (wie in Fall 3) auf das Auffinden von Personaldokumenten gerichtet sein.[780] 1541

bbb) Suche nach sicherzustellenden Gegenständen (§ 22 **Abs. 1 Nr. 2 Nds. SOG**)

Fall: Niki betreibt in seinem Porsche ein mobiles amerikanisches „Radarwarngerät" im Handyformat. Dieses darf in Deutschland nicht zum Betrieb bereitgehalten werden (§ 23 Abs. 1b StVO). Im Rahmen einer allgemeinen Verkehrskontrolle sieht PK Orda noch, wie Niki das Gerät hastig aus der Halterung an der Windschutzscheibe entnimmt und in seine Hose steckt. Er fordert ihn auf auszusteigen und das Gerät auszuhändigen. Als Niki dem nicht nachkommt, durchsucht ihn PK Orda nach dem Gerät. 1542

Nach § 22 Abs. 1 Nr. 2 Nds. SOG darf eine Person durchsucht werden, *„wenn Tatsachen die Annahme rechtfertigen, dass sie Sachen mit sich führt, die sichergestellt werden dürfen"*. 1543

Auch hier ist wieder eine inzidente Prüfung einer anderen Befugnisnorm erforderlich, nämlich des § 26 Nds. SOG. Es ist zu prüfen, ob die gesuchte Sache, sollte sie denn gefunden werden, sichergestellt werden dürfte. 1544

Beispiel: Im Fall wäre eine Sicherstellung nach § 26 Nr. 1 Nds. SOG zur Abwehr einer gegenwärtigen Gefahr (Integrität der Rechtsordnung) zulässig, da das Radarwarngerät im PKW zum Betrieb bereitgehalten wird.[781] 1545

Des Weiteren müssen **„Tatsachen"** vorliegen, die die Annahme rechtfertigen, dass die zu durchsuchende Person die gesuchte Sache auch mit sich führt. Der 1546

---

779 Vgl. *Thiel*, in: BeckOK-PolG NRW, § 39 Rn. 17 zur gleichlautenden Parallelregelung in NRW.

780 *Neuhäuser*, in: BeckOK-Nds. SOG, § 22 Rn. 15 unter Hinweis auf BayVerfGH vom 28.3.2003 – Vf. 7-VII-00,

781 Vgl. VGH Bayern, Beschluss v. 13.11.2007 – 24 ZB 07.1970.

Begriff der Tatsachen ist wie bei Maßnahmen nach der StPO zu definieren. Es bedarf also dem Beweis zugänglicher Verhältnisse, Zustände oder Geschehnisse. Vermutungen, Spekulationen, Erfahrungen etc. reichen nicht aus.[782]

1547 **Beispiel:** In Fall 1 ist die durch PK Orda beobachtete Versteckaktivität des Niki ausreichende Tatsache.

1548 Der Adressat muss nicht Eigentümer oder (rechtmäßiger) Besitzer der Sache sein. Ausreichend ist das tatsächliche „Mitsichführen".

1549 Zielrichtung der Durchsuchung muss das Auffinden des sicherzustellenden Gegenstandes sein.

ccc) Hilflose Lage (§ 22 Abs. 1 Nr. 3 Nds. SOG)

1550 **Fall:**[783] Am späten Abend wird Axel von PK Loh und PK Orda an der Bushaltestelle „N-Burg G-Straße" angetroffen. Axel sitzt desorientiert auf dem Boden neben der Bushaltestelle. Die Beamten durchsuchen ihn daraufhin nach Hinweisen auf den Grund der Orientierungslosigkeit sowie Hinweisen auf dessen Personalien.

1551 Personen, die sich „*erkennbar in einem die freie Willensbestimmung ausschließenden Zustand oder sonst in hilfloser Lage*" Lage befinden, dürfen nach § 22 Abs. 1 Nr. 3 Nds. SOG durchsucht werden. Kern- und Oberbegriff ist hierbei die „hilflose Lage". Eine „**hilflose Lage**" liegt vor, wenn eine Person für die Gefahrenabwehrbehörde oder für die Polizei erkennbar außer Stande ist, sich ohne Hilfe anderer gegen eine ihr Leben oder ihre Gesundheit bedrohende Gefahr zu helfen. Das ist der Fall, wenn sich eine Person in **einem die freie Willensbestimmung ausschließenden Zustand befindet.**[784] Die freie Willensbestimmung ist **ausgeschlossen**, wenn die Person entweder nicht mehr in der Lage ist, einen Willensentschluss zu fassen, oder falls sie hierzu noch imstande ist, diesem Entschluss entsprechend zu handeln.[785]

1552 **Beispiel:** Stark alkoholisierte bzw. unter starkem Drogeneinfluss stehende Personen.

1553 Eine hilflose Lage liegt auch dann vor, wenn sich die Person zum Beispiel mangels körperlicher Kräfte oder bei Orientierungslosigkeit **selbst nicht helfen kann**, ohne jedoch in ihrer Willensfreiheit beeinträchtigt zu sein.[786]

1554 **Beispiel:** Kinder oder alte, gebrechliche Menschen.

1555 **Zielrichtung** der Durchsuchung einer Person in einer hilflosen Lage ist die Ermittlung der Ursache der Hilflosigkeit um weitere geeignete Maßnahmen er-

---

782 Vgl. *Neuhäuser*, in: BeckOK-Nds. SOG, § 22 Rn. 20.
783 Fall nach VG Berlin, Urteil v. 25.4.2013 – 1 K 27.12.
784 *Neuhäuser*, in: BeckOK-Nds. SOG, § 22 Rn. 24.
785 OLG Frankfurt, Beschl. v. 23.7.2007 – 20 W 129/07 m. w. N.
786 *Neuhäuser*, in: BeckOK-Nds. SOG, § 22 Rn. 24.

greifen zu können.[787] Darüber hinaus wird auch die Identifizierung der hilflosen Person, um zum Beispiel Angehörige zu benachrichtigen, als mögliche Zielrichtung angesehen.[788]

Vertiefung: Da in der Regel auch eine Festhaltebefugnis (z. B. zum Zweck der Identitätsfeststellung bzw. zur Ingewahrsamnahme) besteht, wäre eine Durchsuchung bereits nach § 22 Abs. 1 Nr. 1 Nds. SOG zulässig. In der Klausur sind beide Tatbestände zu bejahen. **1556**

ddd) Am verrufenen Ort (§ 22 Abs. 1 Nr. 4 iVm. § 13 Abs. 1 Nr. 2 Nds. SOG)

Fall 1: Auf dem R-Platz, einem bekannten Drogenumschlagplatz hinter dem örtlichen Bahnhof, wird Johnny – der unverkennbar Konsument „harter Drogen" ist – von PK Orda angehalten und nachdem eine Idf und ein Datenabgleich entsprechende Erkenntnisse ergeben haben, durchsucht. **1557**

Fall 2: Auf dem R-Platz, einem bekannten Drogenumschlagplatz hinter dem örtlichen Bahnhof, wird eine ca. 80jährige Dame – die zufällig mit ihrer Einkaufstüte vom nahegelegenen Supermarkt über den Platz läuft – von PK Loh angehalten und durchsucht. **1558**

Nach dem Wortlaut des § 22 Abs. 1 Nr. 4 Nds. SOG dürfen alle Personen, die an einem in § 13 Abs. 1 Nr. 2 Nds. SOG genannten Ort, dem sog. „verrufenen Ort" angetroffen werden, durchsucht werden. Praktische Relevanz erhält diese Befugnis insbesondere bei der Durchführung einer „Razzia". **1559**

Vertiefung: Der sehr weite Wortlaut ist indes verfassungsrechtlich bedenklich. Gestattet wird ein sehr intensiver Grundrechtseingriff, ohne dass entsprechend hohe Anforderungen an den Anlass gestellt werden.[789] **1560**

Erste Tatbestandsvoraussetzung ist demzufolge, dass es sich bei dem Ort, an welchem der Adressat angetroffen wird um einen **Ort im Sinne des § 13 Abs. 1 Nr. 2 Nds. SOG** handelt. Tatsachen müssen also die Annahme rechtfertigen, dass an bestimmten Ort a) Straftaten von erheblicher Bedeutung (oder §§ 232, 233 StGB) verabredet/vorbereitet/verübt werden oder b) Personen gegen aufenthaltsrechtliche Strafvorschriften verstoßen oder c) sich Personen verbergen die wegen Straftaten gesucht werden. Zu diesen Merkmalen siehe bereits die Darstellung oben zu § 13 Abs. 1 Nr. 2 Nds. SOG (0). **1561**

Zweite Tatbestandsvoraussetzung ist, dass die zu durchsuchende Person an diesem Ort **„angetroffen"** wird. Hier gilt das oben zu § 13 Abs. 1 Nr. 2 Nds. SOG Gesagte: ein längerer Aufenthalt im Sinne eines „Verweilens" ist ebenso wenig erforderlich wie ein konkreter Verdacht. **1562**

---

787 *Neuhäuser*, in: BeckOK-Nds. SOG, § 22 Rn. 22; *Saipa*, § 22 Rn. 4.
788 *Neuhäuser*, in: BeckOK-Nds. SOG, § 22 Rn. 22.
789 Lesenswert hierzu die Kommentierung von *Neuhäuser*, in: BeckOK-Nds. SOG, § 22 Rn. 22 ff.

1563 Auch bei einer Durchsuchung am verrufenen Ort (siehe Darstellung bei der Idf nach § 13 Abs. 1 Nr. 2 Nds. SOG) darf, entgegen dem scheinbar eindeutigen Wortlaut, nicht jede beliebige Person durchsucht werden. Mit Blick auf die mit einer Durchsuchung einer Person (die ggf. eine Mitnahme zur „Wache“ und ein Entkleiden erfordert) einhergehende Eingriffsintensität, wird zu Recht gefordert, dass zusätzlich **tatsächliche Anhaltspunkte (z. B. Lageerkenntnisse, Täterprofile) dafür vorliegen müssen, dass gerade die zu durchsuchende Person als Urheber einer Gefährdung anzusehen ist.**[790]

1564 **Beispiel:** Diese Anhaltspunkte sind in Fall 1 gegeben (und in der Klausur darzulegen). In Fall 2 bestehen keinerlei Anhaltspunkte dafür, dass die Oma in irgendeinem Zusammenhang mit dem Drogenumschlagplatz steht. Eine Durchsuchung wäre unzulässig.

eee) **Am gefährdeten Objekt (§ 22 Abs. 1 Nr. 5 iVm. § 13 Abs. 1 Nr. 3 Nds. SOG)**

1565 **Fall:** Rechtsextreme Vereinigungen haben zu Brandanschlägen auf Flüchtlingsunterkünfte aufgerufen. Um 3 Uhr morgens trifft PK Müller den Sven in unmittelbarer Nähe einer solchen Unterkunft an. Sven trägt einen großen Rucksack auf dem Rücken und versucht sich zunächst zu verstecken. PK Müller fordert ihn zunächst auf, seinen Personalausweis zur Identitätsfeststellung auszuhändigen. Sodann durchsucht er ihn nach Gegenständen die im Zusammenhang mit einem möglichen Anschlag stehen könnten.

1566 Eine Durchsuchung einer Person ist schließlich auch dann möglich, wenn die zu durchsuchende Person *„in einem Objekt im Sinne des § 13 Abs. 1 Nr. 3 oder in dessen unmittelbarer Nähe angetroffen wird und die weiteren Voraussetzungen dieser Vorschrift erfüllt sind“*.

1567 Daraus folgt, dass der Adressat der Durchsuchungsmaßnahme zunächst a) in oder in „unmittelbarer Nähe“ eines **gefährdeten Objekts** b) **„angetroffen“** wird. Bezüglich dieser Tatbestandsmerkmale gilt das soeben bzw. zur Idf nach § 13 Abs. 1 Nr. 3 Nds. SOG Gesagte entsprechend.

1568 Des Weiteren müssen die weiteren Voraussetzungen der Identitätsfeststellung nach § 13 Abs. 1 Nr. 3 Nds. SOG vorliegen. Die Durchsuchung muss also *„auf Grund der Gefährdungslage oder auf Grund von auf die Person bezogenen Anhaltspunkten* ***erforderlich****“* sein.

1569 **Beispiel:** Das ist im Fallbeispiel gegeben. Ziel der Maßnahme ist es, eine erhebliche Gefährdung der Flüchtlingsunterkunft bzw. seiner Bewohner abzuwehren. Dazu ist eine Durchsuchung des Sven der sich a) zu einer ungewöhnlichen Zeit am Objekt aufhält, b) einen großen Rucksack mit sich führt und c) versucht sich zu verstecken, objektiv geeignet und auch erforderlich. Ein milderes Mittel zur Gefahrenabwehr ist nicht ersichtlich.

---

790 *Neuhäuser*, in: BeckOK-Nds. SOG, § 22 Rn. 37 unter Hinweis auf *Gusy* POR Rn. 246; vgl. auch BayVerfGH, Entscheidung vom 7.2.2006 – Vf. 69-VI-04 – NVwZ 2006, 1284, 1288.

fff) Eigensicherungsdurchsuchung (§ 22 Abs. 2 Nds. SOG). Die Polizei hat nicht nur die Aufgabe, Gefahren für Bürger abzuwehren, sie darf und muss auch sich selbst schützen (sog. **Eigensicherung**). Für die Frage des Vorliegens einer Gefahr ist es dementsprechend unerheblich, ob diese einem Dritten, oder der bzw. dem handelnden Beamten droht. In bestimmten Situationen besteht typischerweise ein erhöhtes Gefährdungspotential mit dem Bedürfnis durch eine Durchsuchung einer Eigen- oder Fremdgefährdung vorzubeugen. Der Gesetzgeber hat namentlich die Identitätsfeststellung (sowohl nach § 13 Nds. SOG als auch nach § 163b StPO) als auch die Kontrollstellen (§ 14 Nds. SOG) als Situationen mit erhöhtem Bedürfnis nach Eigensicherung erkannt und eine eigene Durchsuchungsermächtigung geschaffen. **1570**

> **Vertiefung:** Die Eigensicherungsdurchsuchung stellt sich in der Regel als **Gefahrerforschungsmaßnahme** bei Vorliegen eines (bereits stark konkretisierten) Gefahrenverdachts (hierzu oben) dar. Die Frage, ob tatsächlich eine Gefahr besteht, kann naturgemäß erst mit Sicherheit beantwortet werden, wenn die Durchsuchung beendet wurde. **1571**

Eine Durchsuchung einer Person ist nach § 22 Abs. 2 Nds. SOG dementsprechend zulässig, wenn entweder deren „*Identität nach diesem Gesetz oder anderen Rechtsvorschriften festgestellt werden soll*“ oder die zu durchsuchende Person „*an einer Kontrollstelle (§ 14) angetroffen wird*“. **1572**

> **Klausurhinweis:** Die Regelungen zu den Kontrollstellen (§ 14 Nds. SOG), die insbesondere im Vorfeld von Versammlungen relevant sind, spielen in Anfängerklausuren (noch) keine Rolle. Daher wird auf eine vertiefte Darstellung verzichtet. Interessierten Studierenden sei die Lektüre der Kommentierung des § 14 Nds. SOG in den Kommentaren von Saipa bzw. Möstl/Weiner empfohlen. **1573**

Die erste zu prüfende Tatbestandsvoraussetzung ist die Tatsache, dass eine Idf-Maßnahme stattfinden soll. Da die **geplante Identitätsfeststellung rechtmäßig** sein muss, sind die Voraussetzungen der materiellen Rechtmäßigkeit (entweder des § 13 Nds. SOG oder § 163b StPO – zu den Einzelheiten oben) inzident zu prüfen. Eine Eigensicherungsdurchsuchung einer bekannten Person wäre unzulässig. **1574**

> **Klausurhinweis:** Es ist eine ausführliche Prüfung der materiellen Rechtmäßigkeit der Idf erforderlich. Die schlichte Feststellung „PK A möchte die Identität des B feststellen.“ ist keinesfalls ausreichend. **1575**

Zweite Voraussetzung ist, dass die **Zielrichtung** der Durchsuchung das **Auffinden von „*Waffen, anderen gefährlichen Werkzeugen und Explosivmitteln*“** ist. Eine Eigensicherungsdurchsuchung mit dem Ziel Drogen, Diebesgut o. ä. aufzufinden ist unzulässig. **1576**

Weitere Voraussetzung ist, dass die Durchsuchung „*nach den Umständen zum Schutz gegen eine Gefahr für Leib oder Leben erforderlich ist*“. Es bedarf also zunächst hinreichend greifbarer Anhaltspunkte, dass eine (konkreten) **Gefahr für Leib oder Leben** (vgl. § 2 Nr. 1 d)) für die Polizeibeamten oder Dritte von **1577** der zu durchsuchenden Person ausgehen könnte.[791] Eine absolute Sicherheit ist jedoch nicht erforderlich.[792] Ausreichend ist ein konkreter Gefahrenverdacht.

1578 Die Durchsuchung muss schließlich zur Abwehr der vermeintlichen Gefahr „**erforderlich**“ sein. Dieses Tatbestandsmerkmal dürfte, wenn ein hinreichend konkreter Gefahrenverdacht vorliegt, stets gegeben sein. Andere zur Gefahrerforschung/Gefahrenabwehr geeigneten und ebenso effektiven aber milderen Mittel sind nur schwer vorstellbar.

1579 **Klausurhinweis:** Dennoch ist auch die Erforderlichkeit der Durchsuchung in der Klausur ordnungsgemäß – wenn auch in der gebotenen Kürze – zu prüfen.

1580 bb) **Rechtsfolge.** Liegen die Tatbestandsvoraussetzung mindestens einer Tatbestandsvariante vor, darf eine **körperliche Durchsuchung** erfolgen. Ebenso wie bei der Durchsuchung einer Person nach den §§ 102, 103 StPO (hierzu bereits oben) ist hierunter eine ziel- und zweckgerichtete Suche nach Gegenständen in der Kleidung der Person oder an ihrem Körper (einschließlich ohne weiteres einsehbare Körperöffnungen) erfolgen, die nicht sofort erkennbar sind. Auch hier ist eine **Abgrenzung** zur körperlichen Untersuchung (§ 22 Abs. 4 Nds. SOG) vorzunehmen (hierzu ebenfalls bereits oben).

1581 Ebenfalls von der Durchsuchungsbefugnis sind **notwendige Begleitmaßnahmen** abgedeckt, so z. B. die Aufforderung sich zu entkleiden oder einen bestimmten Raum aufzusuchen.[793]

1582 Im Gegensatz zur repressiven Durchsuchung ist die Rechtmäßigkeit der **Anwendung von Zwang** zur Durchsetzung der Begleitmaßnahmen vom Vorliegen der weiteren Voraussetzungen der §§ 64 ff. Nds. SOG abhängig.[794]

1583 cc) **Adressat.** Adressat der Durchsuchungsmaßnahme ist der jeweils in der Tatbestandsvariante genannte **Normadressat** (vgl. § 9 Nds. SOG). Die §§ 6–8 Nds. SOG kommen nicht – auch nicht analog – zur Anwendung.

1584 Richtiger Adressat ist also
- Bei § 22 Abs. 1 Nr. 1 Nds. SOG die Person, die festgehalten werden darf.
- Bei § 22 Abs. 1 Nr. 2 Nds. SOG die Person, die vermeintlich eine sicherzustellende Sache mit sich führt.
- Bei § 22 Abs. 1 Nr. 3 Nds. SOG die Person, die sich in hilfloser Lage befindet.
- Bei § 22 Abs. 1 Nr. 4 Nds. SOG die Person, die am „verrufenen Ort“ angetroffen wird. Diese weite **Ortshaftung** wird jedoch (siehe dazu bereits oben) dahingehend eingeschränkt, dass tatsächliche Anhaltspunkte dafür vorliegen müssen, dass gerade die zu durchsuchende Person als Urheber einer

791 Vgl. *Neuhäuser*, in: BeckOK-Nds. SOG, § 22 Rn. 46.
792 *Schütte/Braun/Keller*, Rn. 205 für die Parallelregelung in NRW.
793 *Rachor*, in: Lisken/Denninger, E, Rn. 592.
794 A.A. scheinbar *Neuhäuser*, in: BeckOK-Nds. SOG, § 22 Rn. 10.

Gefährdung anzusehen ist. In der Klausur genügt ein kurzer Verweis auf die entsprechende Prüfung im Rahmen der Tatbestandsmäßigkeit.
- Bei § 22 Abs. 1 Nr. 5 Nds. SOG die Person, die im oder in unmittelbarer Nähe zum gefährdeten Objekt angetroffen wird.
- Bei § 22 Abs. 2 die Person, deren Identität festgestellt werden soll oder die an einer Kontrollstelle angetroffen wird.

d) Formelle Rechtmäßigkeit. – aa) Funktionelle Zuständigkeit. Die funktionelle Zuständigkeit für eine körperliche Durchsuchung liegt bei der Polizei und den Verwaltungsbehörden. Eine richterliche Anordnung ist nicht erforderlich. **1585**

bb) Form- und Verfahren. – aaa) Verwaltungshandeln. Die Durchsuchung selbst ist ein **Realakt**. Die Anordnung der Durchsuchung, die begleitenden Verfügungen (z. B. die Aufforderung die Durchsuchung zu dulden, die Aufforderung mit zur Wache zu kommen) sind als Verwaltungsakte im Sinne des § 35 Satz 1 VwVfG einzustufen. Für sie gelten die allgemeinen Form- und Verfahrensvorschriften (siehe oben). **1586**

bbb) Gleichgeschlechtliche Durchsuchung, § 22 Abs. 3 Nds. SOG. Nach § 22 Abs. 3 Nds. SOG darf eine körperliche Durchsuchung grundsätzlich nur von Personen gleichen Geschlechts, Ärztinnen oder Ärzten vorgenommen werden. **1587**

> **Vertiefung:** Bei Transsexuellen ist auf das empfundene Geschlecht abzustellen.[795] **1588**

Nur wenn eine sofortige Durchsuchung zum Schutz gegen eine Gefahr für Leib oder Leben erforderlich ist, darf ausnahmsweise auch eine Person des anderen Geschlechts die Durchsuchung vornehmen. Im Übrigen muss auf das Eintreffen einer zur Durchsuchung befugten Person gewartet werden. **1589**

> **Klausurhinweis:** Die Frage nach der gleichgeschlechtlichen Durchsuchung wird an der Polizeiakademie Niedersachsen überwiegend als formelle Anforderung angesehen und dementsprechend im Rahmen der Form- und Verfahrensvorschriften geprüft. Richtigerweise handelt es sich jedoch um eine Frage der materiellen Rechtmäßigkeit der Maßnahme.[796] Eine Prüfung im Rahmen der Tatbestandsvoraussetzungen oder ermächtigungsbegrenzenden Bestimmungen wäre ebenfalls zumindest vertretbar und dürfte nicht als „falsch" gewertet werden. **1590**

Checkliste § 22 Nds. SOG **1591**

Tatbestände

✓ § 22 Abs. 1 Nr. 1 – a) Festhalten materiell rechtmäßig (inzidente Prüfung!) und b) abstrakte Gefahr Verletzung/Entweichen **oder** Idf nicht anders möglich

✓ § 22 Abs. 1 Nr. 2 – a) Sicherstellung gesuchter Gegenstand materiell rechtmäßig (inzidente Prüfung), b) Tatsachen rechtfertigen Annahme,

795 *Neuhäuser*, in: BeckOK-Nds. SOG, § 22 Rn. 52 unter Hinweis auf BVerfGE 116, 243, 264.
796 *Neuhäuser*, in: BeckOK-Nds. SOG, § 22 Rn. 51.

dass Adressat Gegenstand „mit sich führt", c) Zielrichtung: Auffinden sicherzustellender Gegenstände
- ✓ § 22 Abs. 1 Nr. 3 – a) Adressat in hilfloser Lage, b) Zielrichtung: Erkenntnisse bezüglich der Gründe oder Identität um geeignete Maßnahmen zu treffen
- ✓ § 22 Abs. 1 Nr. 4 – Adressat wird an a) Ort iSd. § 13 Abs. 1 Nr. 2 Nds. SOG b) angetroffen und c) es bestehen Anhaltspunkte, dass dieser Urheber einer Gefährdung ist
- ✓ § 22 Abs. 2 – a) Rechtmäßige Idf geplant (inzidente Prüfung!) oder Antreffen an Kontrollstelle (inzidente Prüfung des § 14 Nds. SOG), b) Zielrichtung: Auffinden Waffen/gefährliche Gegenstände, c) hinreichende Wahrscheinlichkeit einer Gefahr für Leib/Leben, d) Durchsuchung zur Gefahrenabwehr erforderlich

Rechtsfolge
- ✓ Durchsuchung Person

Ermächtigungsbegrenzung
- ✓ Gleichgeschlechtliche Durchsuchung, § 22 Abs. 3 Nds. SOG (alternativ bei den Form- und Verfahrensvorschriften)

Adressat
- ✓ Normadressat, § 9 Nds. SOG iVm. konkretem Tatbestand des § 22

Funktionelle Zuständigkeit
- ✓ Polizei und Verwaltungsbehörden

Form- und Verfahrensvorschriften
- ✓ Durchsuchung selbst ist Realakt
- ✓ Begleitverfügungen (z. B. Aufforderung Durchsuchung zu dulden und „still" zu halten) sind Verwaltungsakt(e) iSd. § 35 Satz 1 VwVfG
- ✓ Gleichgeschlechtliche Durchsuchung, § 22 Abs. 3 Nds. SOG (alternativ bei Ermächtigungsbegrenzung)

4. Durchsuchung von Sachen (§ 23 Abs. 1 Nds. SOG)

a) Wichtige Normen

1592 → § 23 Nds. SOG

1593 **b) Allgemeines.** Auch für die präventive Befugnis zur Durchsuchung von Sachen existiert keine allgemein gehaltene Durchsuchungsbefugnis. Die möglichen Situationen, in denen eine Durchsuchung einer Person zulässig sein kann, sind in § 23 Nds. SOG geregelt.

1594 **Selbststudiumsaufgabe:** Auch die Tatbestände des § 23 Nds. SOG sind mit anderen Normen des Nds. SOG verknüpft. Verdeutlichen Sie sich diese Zusammenhänge durch aufmerksame Lektüre der Norm und der in ihr enthaltenen Verweise.

c) **Materielle Rechtmäßigkeit.** Wie auch bei der Prüfung der Tatbestandsvoraussetzungen für eine präventive Durchsuchung der Person ist das Zusammenspiel mit anderen Maßnahmen und Befugnisnormen zu beachten. Alle Tatbestandsvarianten knüpfen an andere Regelungen (z. B. Idf, Ingewahrsamnahme, Sicherstellung) an, die „inzident" zu prüfen sind. Auch hier gilt: nur wenn die (ggf. nur geplante) Anknüpfungsmaßnahme materiell (!) rechtmäßig ist, ist auch die Durchsuchungsmaßnahme rechtmäßig. 1595

aa) **Tatbestandsvoraussetzungen.** Die im folgenden dargestellten Tatbestandsvoraussetzungen stellen **Alternativen** für eine Durchsuchung von Sachen nach dem Nds. SOG dar. Das bedeutet, dass sie nicht kumulativ vorliegen müssen. Es ist jedoch denkbar, dass eine Durchsuchung sowohl nach einer als auch der anderen Alternative zulässig ist. In der Klausur sind alle in Betracht kommenden Alternativen zu prüfen. 1596

Zulässiges Durchsuchungsobjekt sind Sachen. Unter dem Begriff **Sachen** im Sinne des § 23 Nds. SOG sind – wie auch sonst im Recht, vgl. § 90 BGB – alle körperlichen Gegenstände (einschließlich Tieren, vgl. § 90a BGB) zu sehen. Im § 23 Nds. SOG wird nicht zwischen kleinen und großen (ggf. sogar betretbaren), beweglichen und unbeweglichen Sachen unterschieden. 1597

Beispiel: Durchsuchungsfähige Sachen sind z. B. Rucksack, Koffer, Kiste, PKW, Container, LKW-Anhänger, Geldbörse. 1598

Bei unbeweglichen Sachen ist allerdings gegebenenfalls eine **Abgrenzung zu Wohnungen** (lies § 24 Abs. 1 Nds. SOG) vorzunehmen. Die Durchsuchung von Wohnungen richtet sich nach der spezielleren Vorschrift des § 24 Nds. SOG. 1599

aaa) **Berechtigung zur Durchsuchung der Person** (**§ 23 Abs. 1 Nr. 1 Nds. SOG**)

Fall: Der angetrunkene den die Beamten auf ca. 16 Jahre schätzen, soll zu seinen Eltern gebracht werden. Nachdem er sich geweigert hat, seine Personalien anzugeben, wird er sowohl am Körper als auch sein Rucksack nach Hinweisen auf seine Identität (BPA, EC-Karte, Schülerausweis o. ä.) durchsucht. 1600

Eine Durchsuchung einer von einer Person mitgeführten Sache ist nach § 23 Abs. 1 Nr. 1 Nds. SOG zulässig, wenn diese Person auch selbst durchsucht werden dürfte. 1601

Dementsprechend ist eine inzidente Prüfung der **Personendurchsuchungstatbestände** (§ 22 Abs. 1 oder 2 Nds. SOG) vorzunehmen. 1602

Klausur- und Selbststudiumshinweis: Die korrekte Befugnisnorm für die Durchsuchung des Rucksacks des Justin wäre im Ausgangsfall §§ 23 Abs. 1 Nr. 1, 22 Abs. 1 Nr. 1 iVm. § 13 Abs. 2 iVm. Abs. 1 Nr. 1 Nds. SOG. Diese Kette ist nur auf den ersten Blick kompliziert. Vergegenwärtigen Sie sich, wofür die einzelnen Normen in der Kette stehen bzw. die dahinterstehenden (in der Klausur ausführlich zu prüfenden) Anforderungen: der § 23 Abs. 1 1603

Nr. 1 ist die Befugnis zur Durchsuchung von mitgeführten Sachen. Der § 22 Abs. 1 Nr. 1 ist die Befugnis zur Durchsuchung von Person bei Festhaltebefugnis. In § 13 Abs. 2 Nds. SOG findet sich die Festhaltebefugnis zur Identitätsfeststellung zur Gefahrenabwehr nach § 13 Abs. 1 Nr. 1 Nds. SOG.

1604 Des Weiteren muss diese Person die zu durchsuchende Sache mit sich führen. Auf Eigentumsverhältnisse kommt es also nicht an. Es reicht aus, wenn die Person die tatsächliche Gewalt über die Sache ausübt.

1605 Insofern eine Durchsuchung nur zulässig ist, wenn **zusätzliche** (ggf. ungeschriebene) **Voraussetzungen** vorliegen (vgl. oben bei § 22 Abs. 1 Nr. 4 und 5 Nds. SOG), müssen diese Voraussetzungen auch bezüglich der Sache erfüllt sein.

1606 **Beispiel:** So müssen bei der Durchsuchung einer Sache die eine Person mit sich führt, die nach § 22 Abs. 1 Nr. 4 Nds. SOG (am verrufenen bzw. kriminalitätsbelasteten Ort) durchsucht werden darf tatsächliche Anhaltspunkte dafür vorliegen, dass gerade die zu durchsuchende Sache in Beziehung zu einer Gefährdung steht.[797]

bbb) Sache, in welcher bestimmte Person ist (§ 23 Abs. 1 Nr. 2 Nds. SOG)

1607 **Fall:** Georg hat einen kleinen Jungen entführt. Nachdem er von PK Loh und PK Orda aufgegriffen und befragt wurde, räumt er ein, den Jungen in einem VW Caddy auf einem Parkplatz am naheliegenden Schwarzen See „versteckt“ zu haben. PK Jastis öffnet daraufhin einen auf die Beschreibung passenden PKW in der Hoffnung, den Jungen lebend zu finden.

1608 Die Durchsuchung einer Sache ist nach § 23 Abs. 1 Nr. 2 Nds. SOG immer dann zulässig, wenn Tatsachen die Annahme rechtfertigen, dass sich **in** der Sache eine Person befindet, die entweder (Variante a)) in Gewahrsam genommen werden darf, oder (Variante b)) widerrechtlich festgehalten wird oder (Variante c)) hilflos ist.

1609 Bei Variante a) muss bezüglich der gesuchten Person die **Ingewahrsamnahme** nach § 18 Nds. SOG rechtmäßig sein. Dementsprechend sind die Voraussetzungen der materiellen Rechtmäßigkeit der Ingewahrsamnahme inzident zu prüfen.

1610 Variante b) erfordert ein **widerrechtliches Festhalten.** Das ist jedenfalls immer dann gegeben, wenn (mindestens) eine Freiheitsberaubung (wie z. B. im Ausgangsfall) zu bejahen wäre.

1611 Eine Person ist **hilflos** im Sinne der Variante c), wenn sie erkennbar außer Stande ist, sich ohne Hilfe anderer gegen eine ihr Leben oder ihre Gesundheit bedrohende Gefahr zu helfen.[798] Das ist der Fall, wenn sich eine Person in einem die freie Willensbestimmung ausschließenden Zustand befindet (Beispiel:

797 Vgl. *Neuhäuser*, in: BeckOK-Nds. SOG, § 23 Rn. 11.
798 Es gelten die gleichen Grundsätze wie bei § 22 Abs. 1 Nr. 3 Nds. SOG (siehe oben, auch zu den Quellennachweisen).

Bewusstlosigkeit) oder wenn sich die Person zum Beispiel mangels körperlicher Kräfte oder bei Orientierungslosigkeit selbst nicht helfen kann, ohne jedoch in ihrer Willensfreiheit beeinträchtigt zu sein (Beispiel: Person hat sich in Container eingeschlossen und kann ohne Hilfe nicht mehr heraus).

ccc) Sache, in welcher sich sicherzustellende Sache befindet (§ 23 Abs. 1 Nr. 3 Nds. SOG)

> **Fall:** Im Rahmen einer allgemeinen Verkehrskontrolle stellt PK Orda ein „illegales" Radarwarngerät sicher. Eine Befragung ergibt, dass der Marvin die Geräte aus einem Lieferwagen heraus auf einem Rastplatz verkauft. Als PK Orda auf dem Rastplatz eintrifft, entdeckt er einen Lieferwagen mit der Aufschrift „Marvins Elektrohandel – Import/Export". PK Orda fordert den Fahrer auf, den Lieferwagen zu öffnen, damit er ihn nach weiteren Radarwarngeräten durchsuchen kann. **1612**

Soll eine bestimmte, nach § 26 Nds. SOG **sicherzustellende Sache** gesucht werden, darf dies auf § 23 Abs. 1 Nr. 3 Nds. SOG gestützt werden. Die Befugnis ist von § 22 Abs. 1 Nr. 2 abzugrenzen. Letztere ist immer in den Fällen einschlägig, in denen die zu durchsuchende Sache von einer Person „mitgeführt wird". Der § 23 Abs. 1 Nr. 3 Nds. SOG kommt dann zur Anwendung, wenn eine solche „mitführende" Person gerade nicht vorhanden ist. **1613**

Beispiel: Der „herrenlose" Koffer. Ein Frachtcontainer. Ein geparkter PKW/LKW. **1614**

Zunächst ist zu prüfen, ob die gesuchte Sache (also körperliche Gegenstände und Tiere, vgl. §§ 90, 90a BGB) **sichergestellt** werden dürfte. Inzident ist also die materielle Rechtmäßigkeit des § 26 Nds. SOG zu prüfen. **1615**

Zweite Voraussetzung ist dann, dass „**Tatsachen die Annahme rechtfertigen**", dass sich in der zu durchsuchenden Sache die gesuchte Sache befindet. Auch hier gilt: bloße Vermutungen, Vorurteile etc. reichen nicht aus. **1616**

Klausurhinweis: Legen Sie in der Klausur genau dar, aus welchen im Sachverhalt vorgegebenen Tatsachen sich die Annahme rechtfertigt, die sicherzustellende Sache befinde sich in der zu durchsuchenden Sache. **1617**

Zielrichtung der Durchsuchung muss das Auffinden des sicherzustellenden Gegenstandes (und nicht etwa das Auffinden von Beweisen oder gar nur Verdachtsschöpfung, vgl. aber § 23 Abs. 1 Nr. 4 Nds. SOG sogleich) sein. **1618**

ddd) Sache an verrufenem bzw. kriminalitätsbelastetem Ort (§ 23 Abs. 1 Nr. 4 Nds. SOG)

> **Fall:** Auf einem bekannten Drogenumschlagplatz entdeckt PK Loh im Gebüsch eine zurückgelassene Sporttasche. Er durchsucht sie nach Drogen, findet aber nur Sportkleidung. **1619**

1620 Eine Sache, die nicht von einer Person mitgeführt wird, darf auch durchsucht werden, wenn sie sich an einem sog. **verrufenen bzw. kriminalitätsbelastetem Ort** im Sinne des § 13 Abs. 1 Nr. 2 Nds. SOG befindet. Zu den – auch hier zu prüfenden – Voraussetzungen siehe bereits oben.

1621 Wie auch bei der Durchsuchung von Personen am verrufenen Ort ist mit Blick auf die Weite des Tatbestandes als einschränkendes Tatbestandsmerkmal zu fordern, dass Tatsachen darauf hindeuten, dass die **Sache in einer Beziehung zu einer konkreten Gefahr** steht bzw. stehen könnte.[799]

1622 **Beispiel:** Die Anforderungen sind nicht zu überziehen. Im Ausgangsfall kann schon der ungewöhnliche Fundort (Gebüsch) ausreichende Tatsache sein.

eee) Sache an oder in gefährdetem Objekt (§ 23 Abs. 1 Nr. 5 Nds. SOG)

1623 **Fall:** In der Abflughalle des Flughafens Hannover-Langenhagen wird von einer Fußstreife ein scheinbar herrenloser Koffer festgestellt. Trotz Lautsprecherdurchsagen findet sich kein Besitzer. Nachdem die Eingangshalle abgesperrt wurde, untersucht und öffnet ein angeforderter Delaborierer des LKA den Koffer. In diesem befinden sich nur Kleidungsstücke.

1624 Eine nicht von einer Person mitgeführte Sache darf durchsucht werden, wenn sie sich in oder an einem **gefährdeten Objekt** im Sinne des § 13 Abs. 1 Nr. 3 Nds. SOG befindet. Die bereits oben dargelegten Voraussetzungen sind inzident zu prüfen.

1625 Zudem müssen „*die weiteren Voraussetzungen dieser Vorschrift erfüllt*" sein. Daraus folgt, dass die Durchsuchung „*auf Grund der Gefährdungslage […]* ***erforderlich***" sein muss. Eine uferlose Durchsuchung aller in oder an dem gefährdeten Objekt befindlichen Gegenständen verbietet sich also. Die Erforderlichkeit ist einzelfallbezogen darzulegen.

1626 **fff) Fahrzeug und darin enthaltene Sachen an Kontrollstelle (§ 23 Abs. 1 Nr. 6 Nds. SOG).** Schließlich bietet § 23 Abs. 1 Nr. 6 Nds. SOG eine Befugnis zur Durchsuchung von Fahrzeugen (Land-, Wasser- oder Luftfahrzeug) sowie der darin befindlichen Sachen an Kontrollstellen im Sinne des § 14 Nds. SOG.

1627 Erste Voraussetzung ist somit, dass ein **Fahrzeug** oder eine darin befindliche Sache durchsucht werden soll. Fahrzeug ist jedes zur Ortsveränderung bestimmte Fortbewegungsmittel zur Beförderung von Personen oder Gütern.[800] Auf Grund der in der Norm selbst enthaltenen Erstreckung auf Wasser- und Luftfahrzeuge ist der Begriff umfassend zu verstehen. Auch Boote, Yachten, Flugzeuge, Heißluftballons etc. sind Fahrzeuge im Sinne der Vorschrift.

---

799 *Neuhäuser*, in: BeckOK-NdsSOG, § 23 Rn. 17.
800 *Pegel*, in: MüKo-StGB, § 315c Rn. 8.

In dem Fahrzeug, so die zweite Voraussetzung, muss sich eine Person **befinden.** Aus der Wortwahl folgt, dass Gewissheit diesbezüglich bestehen muss. Die reine Vermutung, dass sich in einem Fahrzeug eine Person befinden könnte, reicht nicht.[801] 1628

Schließlich muss die **Identität der Person nach § 13 Abs. 1 Nr. 4 Nds. SOG** festgestellt werden dürfen. Das ist der Fall, wenn sie an einer **Kontrollstelle** (§ 14 Nds. SOG) angetroffen wird. Die materielle Rechtmäßigkeit der Kontrollstelle ist inzident zu prüfen, vgl. bereits oben bei § 13 Abs. 1 Nr. 4 Nds. SOG. 1629

Da auch diese Befugnis als übermäßig weit gefasst anzusehen ist, bedarf es einer verfassungskonformen Einschränkung. Als ungeschriebenes Tatbestandsmerkmal ist zu fordern, dass in Bezug auf das Fahrzeug oder die in ihm angetroffenen Personen ein begründeter Verdacht besteht, dass ein **Zusammenhang mit den konkreten Straftaten** besteht, derentwegen die Kontrollstelle eingerichtet wurde.[802] 1630

bb) Rechtsfolge. Liegen die Tatbestandsvoraussetzung mindestens einer Tatbestandsvariante vor, darf eine **Durchsuchung** der jeweils in der Norm genannten **Sache** erfolgen. Der an der Sache Berechtigte hat die Durchsuchung zu dulden.[803] 1631

Von der Durchsuchungsbefugnis sind **notwendige Begleitmaßnahmen** abgedeckt, so z. B. die Aufforderung die Sache zu öffnen, die Aufforderung die Durchsuchung zu ermöglichen, zu übergeben, das Hochheben der Sache etc. Die Rechtmäßigkeit der **Anwendung von Zwang** zur Durchsetzung der Begleitmaßnahmen vom Vorliegen der weiteren Voraussetzungen der §§ 64 ff. Nds. SOG abhängig. 1632

cc) Adressat/Betroffener. Adressat ist derjenige, der die „tatsächliche Gewalt“ innehat. Das folgt mittelbar aus dem Anwesenheitsrecht des § 23 Abs. 2 Satz 1 Nds. SOG. Die §§ 6 bis 8 Nds. SOG kommen nicht – auch nicht analog – zur Anwendung. 1633

d) Formelle Rechtmäßigkeit. – aa) Funktionelle Zuständigkeit. Die funktionelle Zuständigkeit für eine Durchsuchung von Sachen nach § 23 Abs. 1 Nds. SOG liegt bei der Polizei und den Verwaltungsbehörden. Eine richterliche Anordnung ist nicht erforderlich. 1634

bb) Form- und Verfahren. – aaa) Verwaltungshandeln. Die Durchsuchung selbst ist ein **Realakt.** Die Anordnung der Durchsuchung, die begleitenden Verfügungen (z. B. die Aufforderung die Durchsuchung zu dulden, die Aufforderung mit zur Wache zu kommen) sind als **Verwaltungsakte** im Sinne des § 35 Satz 1 VwVfG einzustufen. Für sie gelten die allgemeinen Form- und Verfahrensvorschriften (siehe oben). 1635

---

801 *Neuhäuser*, in: BeckOK-Nds. SOG, § 23 Rn. 22.
802 *Neuhäuser*, in: BeckOK-Nds. SOG, § 23 Rn. 21 u.H.a. Schmidt POR Rn. 508.
803 Vgl. auch § 1004 Abs. 2 BGB.

1636 bbb) **Anwesenheitsrecht und Bescheinigung (§ 23 Abs. 2 Nds. SOG).** Bei der Durchsuchung von Sachen hat die Person, die die tatsächliche Gewalt innehat, das Recht, bei der Durchsuchung **anwesend** zu sein (§ 23 Abs. 2 Satz 1 Nds. SOG). Ist sie abwesend, so bestimmt § 23 Abs. 2 Satz 2 Nds. SOG, dass, wenn möglich, ihre Vertretung oder eine andere Person hinzuzuziehen ist.

1637 Nach § 23 Abs. 2 Satz 3 Nds. SOG ist der Person, die die tatsächliche Gewalt innehat, auf Verlangen eine „**Bescheinigung** über die Durchsuchung und ihren Grund" zu erteilen. Enthalten sein muss Grund, Ort, Zeit und die Namen der beteiligten Bediensteten sowie Sachverhalt und Rechtsgrundlage.[804]

1638 **Checkliste § 23 Nds. SOG**

Tatbestände

✓ Durchsuchungsobjekt **Sache** im Sinne der §§ 90, 90a BGB

✓ § 23 Abs. 1 Nr. 1 – a) Person darf durchsucht werden (inzidente Prüfung § 22 Abs. 1 oder 2 Nds. SOG), b) Sache wird von dieser Person **mitgeführt**, ggf. c) zusätzliche ungeschriebene Voraussetzungen

✓ § 23 Abs. 1 Nr. 2 – **In** der Sache befindet sich Person, die entweder (Variante a)) in **Gewahrsam** genommen werden darf, oder (Variante b)) **widerrechtlich festgehalten** wird oder (Variante c)) **hilflos** ist

✓ § 23 Abs. 1 Nr. 3 – a) gesuchte Sache dürfte nach § 26 Nds. SOG **sichergestellt** werden, b) Tatsachen rechtfertigen Annahme, dass **gesuchte Sache sich in zu durchsuchender Sache** befindet, c) **Zielrichtung**: Auffinden der sicherzustellenden Sache

✓ § 23 Abs. 1 Nr. 4 – a) Sache (die nicht von Person mitgeführt wird) an **verrufenem Ort** iSd. § 13 Abs. 1 Nr. 2 Nds. SOG, b) Sache steht **in Beziehung zu konkreter Gefahr**

✓ § 23 Abs. 1 Nr. 5 – a) Sache (die nicht von Person mitgeführt wird) **in oder an einem gefährdeten Objekt** iSd § 13 Abs. 1 Nr. 3 Nds. SOG, b) auf Grund der Gefährdungslage ist Durchsuchung **erforderlich**

✓ § 23 Abs. 1 Nr. 6 – a) Durchsuchungsobjekt **Fahrzeug** oder darin befindliche Sache, b) in Fahrzeug **befindet** sich Person, c) **Identität** der Person **darf** nach § 13 Abs. 1 Nr. 4 Nds. SOG (inzident zu prüfen) **festgestellt** werden, d) begründeter Verdacht, dass Zusammenhang mit **konkreten Straftaten** besteht, deretwegen **Kontrollstelle** eingerichtet

Rechtsfolge

✓ Durchsuchung Sache

Adressat

✓ Normadressat, § 9 Nds. SOG iVm. konkretem Tatbestand des § 23 Nds. SOG

Funktionelle Zuständigkeit

✓ Polizei und Verwaltungsbehörden

---

804 *Saipa*, § 23 Rn. 2.

Form- und Verfahrensvorschriften

✓ Durchsuchung selbst ist Realakt
✓ Begleitverfügungen (z. B. Aufforderung Durchsuchung zu dulden) sind Verwaltungsakt(e) iSd. § 35 Satz 1 VwVfG
✓ Anwesenheitsrecht (ggf. Vertreter), § 23 Abs. 2 Satz 1, 2 Nds. SOG
✓ Bescheinigung, § 23 Abs. 2 Satz 3 Nds. SOG

5. Betreten und Durchsuchen von Wohnungen (§ 24 Abs. 2, 3 Nds. SOG)

a) **Wichtige Normen**

→ § 24 Abs. 1–3 Nds. SOG 1639
→ § 25 Nds. SOG
→ § 104 Abs. 3 StPO

b) **Allgemeines.** Die präventive **Wohnungsdurchsuchung** ist in den §§ 24 und 25 Nds. SOG (lesen!) geregelt. Zunächst enthält § 24 Abs. 1 Nds. SOG eine Legaldefinition des Begriffs der „**Wohnung**“. Der Gesetzgeber hat sich hier an dem weiten Wohnungsbegriff des Bundesverfassungsgerichts[805] orientiert (hierzu oben Rn. 226 f.), der insbesondere auch Betriebs- und Geschäftsräume erfasst. In AB 24.1 wird klargestellt, dass *„auch zum Wohnen genutzte bewegliche Sachen wie Schiffe oder Schiffsteile, Wohnwagen, Zelte“* als Wohnungen im Sinne des Nds. SOG anzusehen sind. 1640

Das Nds. SOG differenziert zwischen dem „Betreten und Durchsuchen“ von Wohnungen und dem schlichten „Betreten“ von Wohnungen. Befugnisse zu Letzterem werden ab Rn. 1687 behandelt. In den Ausführungsbestimmungen (AB 24.0 a) und b)) finden sich Definitionsvorschläge. 1641

c) **Materielle Rechtmäßigkeit. – aa) Tatbestandsvoraussetzungen.** Die im folgenden dargestellten Tatbestandsvoraussetzungen stellen **Alternativen** für eine Durchsuchung von Wohnungen nach dem Nds. SOG dar. Sie müssen nicht kumulativ vorliegen. Es ist jedoch denkbar, dass eine Durchsuchung sowohl nach einer als auch der anderen Alternative zulässig ist. In der Klausur sind alle in Betracht kommenden Alternativen zu prüfen. 1642

Zulässiges Durchsuchungsobjekt aller Alternativen sind **Wohnungen** im Sinne des § 24 Abs. 1 Nds. SOG. Die Durchsuchung von Sachen, die nicht Wohnung sind, richtet sich nach § 23 Nds. SOG. 1643

aaa) **Durchsuchung nach Person (§ 24 Abs. 2 Nr. 1 Nds. SOG).** Eine Wohnungsdurchsuchung ist nach § 24 Abs. 2 Nr. 1 Nds. SOG zulässig, wenn Tatsachen die Annahme rechtfertigen, dass sich in ihr eine Person befindet, die nach § 16 Abs. 3 Nds. SOG vorgeführt oder nach § 18 Nds. SOG in Gewahrsam genommen werden darf. 1644

---

805 BVerfG, Beschluss vom 13.10.1971 – 1 BvR 280/66 – BVerfGE 32, 54, 68 ff.

1645 Erste Voraussetzung ist somit, dass eine **Person** gesucht wird. Diese Person müsste rechtmäßigerweise nach § 16 Abs. 3 Nds. SOG vorgeführt *oder* nach § 18 Nds. SOG in Gewahrsam genommen werden dürfen. Das bedeutet, dass die Voraussetzungen der materiellen Rechtmäßigkeit einer dieser Befugnisse vorliegen müssen. Ob das der Fall ist, ist inzident zu prüfen.

1646 **Selbststudiumsaufgabe:** Die Vorführung nach § 16 Abs. 3 Nds. SOG spielt in der Anfängerveranstaltung noch keine große Rolle. Dennoch sollten Sie sich die Norm bereits jetzt einmal durchlesen und sich vergegenwärtigen, in welchen Fällen eine Vorführung in Betracht kommt.

1647 Des Weiteren darf nicht nur vermutet werden, dass sich diese Person in der zu durchsuchenden Wohnung befindet. Es bedarf diesbezüglich vielmehr **tatsächlicher** (also dem Beweis zugänglicher) **Anhaltspunkte**.

1648 bbb) **Durchsuchung nach sicherzustellender Sache (§ 24 Abs. 2 Nr. 2 Nds. SOG).** Eine Wohnungsdurchsuchung ist nach § 24 Abs. 2 Nr. 2 Nds. SOG zulässig, wenn Tatsachen die Annahme rechtfertigen, dass sich in ihr eine Sache befindet, die nach § 26 Nr. 1 Nds. SOG sichergestellt werden darf.

1649 Bei dieser Alternative ist die erste Voraussetzung, dass eine Sache (§§ 90, 90a BGB) gesucht wird. Die **Sicherstellung dieser Sache zur Abwehr einer gegenwärtigen Gefahr** (§ 2 Nr. 1 b) Nds. SOG) müsste rechtmäßig sein. Es ist also die materielle Rechtmäßigkeit des § 26 Nr. 1 Nds. SOG inzident zu prüfen. Die anderen Varianten des § 26 Nds. SOG kommen nicht als Grundlage für eine Wohnungsdurchsuchung in Betracht.

1650 Auch bei der Durchsuchung nach einer sicherzustellenden Sache bedarf es bereits zum Zeitpunkt der Durchsuchungsanordnung **tatsächlicher Anhaltspunkte** dafür, dass sich die Sache in der zu durchsuchenden Wohnung befindet. Eine reine Vermutung oder gar eine Durchsuchung „auf Verdacht“ ist unzulässig.

1651 Zielrichtung der Durchsuchung muss das Auffinden der sicherzustellenden Sache sein.

1652 ccc) **Durchsuchung zur Gefahrenabwehr (§ 24 Abs. 2 Nr. 3 Nds. SOG).** Wenn es zur Abwehr einer gegenwärtigen Gefahr für Leib, Leben oder Freiheit einer Person oder für Sachen von bedeutendem Wert erforderlich ist, ist eine Wohnungsdurchsuchung nach § 24 Abs. 2 Nr. 3 Nds. SOG zulässig.

1653 Bei dieser Variante ist die erste Tatbestandsvoraussetzung das Vorliegen einer gegenwärtigen Gefahr (§ 2 Nr. 1 b) Nds. SOG) für Leib oder Leben (§ 2 Nr. 1 d) Nds. SOG) oder Sachen von bedeutendem Wert. Ein **bedeutender Wert** wird ab einem zu erwartenden Schaden (der Wert der Sache allein ist nicht maßgeblich) in Höhe von ca. **750 Euro** angenommen.[806]

---

806 *Neuhäuser*, in: BeckOK-Nds. SOG, § 24 Rn. 37 unter Verweis auf die std. Rechtsprechung des BGH.

Die Durchsuchung muss zudem zur Abwehr der Gefahr „**erforderlich**" sein. Zu prüfen ist, mit Blick auf das Ziel der Gefahrenabwehr, die Geeignetheit und Erforderlichkeit. 1654

ddd) Durchsuchung bei Emissionen (§ 24 Abs. 2 Nr. 4 Nds. SOG)

Fall: Paul „übt" am liebsten um 2 Uhr morgens für seine geplante Teilnahme bei „Deutschland sucht den Karaoke Star" mit seiner Karaokeanlage. Da er in einer kleinen Wohnung in einem Mietshaus wohnt, werden seine Nachbarn von dem anhaltenden Gesang und der Musik aus der Anlage wachgehalten. Auf die Aufforderung von PK Loh, mit dem Lärm aufzuhören, reagiert Paul nicht. Da die Wohnungstür offensteht, betritt er die Wohnung um nach der Quelle der „Musik" zu suchen. 1655

Wenn von der Wohnung Emissionen ausgehen, die nach Art, Ausmaß oder Dauer geeignet sind, die Gesundheit in der Nachbarschaft wohnender Personen zu beschädigen, kommt als Ermächtigungsgrundlage zur Durchsuchung der Wohnung § 24 Abs. 2 Nr. 4 Nds. SOG in Betracht. 1656

Unter **Emissionen** (lat. für „Ausstoß"), deren Beendigung Ziel des Maßnahmenbündels sein wird, wird das Ausströmen bzw. Freisetzen von Stoffen, Wärme/Kälte, Geräuschen, Strahlung, Erschütterung etc. verstanden.[807] 1657

Beispiel: Party-/Baulärm, (starke) Gerüche. 1658

Diese Emissionen müssen *„nach Art, Ausmaß oder Dauer"* potentiell geeignet sein, die Gesundheit der Nachbarn zu **beschädigen**. Eine bloße Lästigkeit reicht nicht aus. Andererseits muss nicht gewartet werden, bis eine Gesundheitsschädigung eintritt oder mit hinreichender Wahrscheinlichkeit (im Sinne einer konkreten Gefahr) einzutreten droht. Daher ist beispielsweise laute Musik nur dann als gesundheitsschädliche Emission zu werten, wenn sie zu einer Uhrzeit gespielt wird, zu der allgemeine Nachtruhe herrscht. Hier kann die Gesundheitsschädlichkeit, an die keine überspannten Anforderungen zu stellen sein dürften, bereits aus den negativen Folgen von Schlafentzug/-mangel gefolgert werden. 1659

Vertiefung: Oft sind bei einer Ruhestörung auch die Voraussetzungen der Nr. 3 erfüllt. Als speziellere Vorschrift ist sie im Falle gesundheitsgefährdender Emissionen zuerst heranzuziehen. Im Ausgangsfall kommt zudem noch die Variante Nr. 2 (Durchsuchung zur Sicherstellung) in Betracht, da PK Loh zur sicheren Gefahrenabwehr die Anlage sicherstellen wird. 1660

eee) Gebäudedurchsuchung (§ 24 Abs. 3 Nds. SOG)

Fall: Der Georg hat einen kleinen Jungen entführt, der dringend ein Medikament benötigt. Nachdem er von PK Loh und PK Orda aufgegriffen und befragt wurde, räumt er ein, den Jungen in einem angemieteten Apartment 1661

807 Immission ist demgegenüber die Bezeichnung einer schädlichen Einwirkung.

in einem Apartmentgebäude „versteckt" zu haben. „Leider" habe er die genaue Wohnungsnummer vergessen. Die Polizei durchsucht alle Apartments nach dem Jungen.

1662 Nicht nur eine Wohnung, sondern alle in einem **Gebäude** befindlichen Wohnungen dürfen nach § 24 Abs. 3 Nds. SOG durchsucht werden, wenn Tatsachen die Annahme rechtfertigen, dass sich in dem Gebäude eine Person befindet, die widerrechtlich festgehalten wird oder hilflos ist und für die dadurch Gefahr für Leib oder Leben besteht.

1663 Ein **widerrechtliches Festhalten** ist immer dann gegeben, wenn (mindestens) eine Freiheitsberaubung (wie z. B. im Ausgangsfall) zu bejahen wäre. Eine Person ist **hilflos**, wenn sie erkennbar außer Stande ist, sich ohne Hilfe anderer gegen eine ihr Leben oder ihre Gesundheit bedrohende Gefahr zu helfen.[808]

1664 Auf Grund des Festhaltens bzw. der Hilflosigkeit muss zudem eine **Gefahr für Leib oder Leben** bestehen.

1665 Schließlich ist nach § 24 Abs. 3 Nds. SOG Voraussetzung für eine Gebäudedurchsuchung, dass die die Gefahr für Leib oder Leben der gesuchten Person *„auf andere Weise nicht beseitigt werden kann"*. Es darf also **keine andere Möglichkeit** geben, **die Gefahr abzuwehren.** Mit Blick auf die Hochrangigkeit des zu schützenden Rechtsgutes und der regelmäßig vorliegenden gebotenen Eile sind an die Suche nach Alternativen keine überzogenen Anforderungen zu stellen.

1666 **bb) Rechtsfolge.** Liegen die Tatbestandsvoraussetzungen vor, darf eine Wohnung betreten und durchsucht werden, auch wenn der Wohnungsinhaber hierzu keine Einwilligung erteilt oder sogar ausdrücklich widerspricht. Er muss die Durchsuchung dulden.

1667 Von der Befugnis sind auch alle notwendigen **Begleitmaßnahmen**, wie z. B. die Aufforderung, die Wohnungstür zu öffnen, erfasst.

1668 **cc) Ermächtigungsbegrenzende Bestimmungen.** Eine Durchsuchung nach einer Person zum Zwecke der Vorführung oder Ingewahrsamnahme sowie nach sicherzustellenden Gegenständen darf nicht in der **Nachtzeit** (1.4.-30.9. von 21 bis 04 Uhr; 1.10–31.3. von 21 bis 06 Uhr) vorgenommen werden.

1669 Das Nds. SOG verweist bezüglich der Nachtzeitregelung nur auf § 104 Abs. 3 StPO. Daraus folgt, dass die in § 104 Abs. 2 StPO enthaltenen Ausnahmen keine Anwendung finden.

1670 **Vertiefung:** Für das reine Betreten (vgl. Darstellung ab Rn. 1687) enthält § 24 Abs. 5 Nds. SOG Einschränkungen der Nachtzeitregelung.

---

808 Es gelten die gleichen Grundsätze wie bei § 22 Abs. 1 Nr. 3 und § 23 Abs. 1 Nr. 2 Nds. SOG (siehe oben, auch zu den Quellennachweisen).

dd) Adressat. Normadressat (§ 9 Nds. SOG) ist der jeweilige Wohnungsinhaber. **Wohnungsinhaber** ist, wer die tatsächliche Verfügungsgewalt über die betreffende Wohnung und die Möglichkeit, andere Personen von deren Nutzung auszuschließen.[809] Auf eine Berechtigung (z. B. Mietvertrag) kommt es mit Blick auf Art. 13 GG, der die räumliche Privatsphäre unabhängig von (einfachrechtlichen) Berechtigungen schützt, nicht an.[810] 1671

Vertiefung: Die AB 24.0 c), nach welcher es auf die Rechtmäßigkeit der Ausübung der Verfügungsgewalt ankommen soll, ist diesbezüglich zu pauschal und mit Art. 13 GG nicht vereinbar. Wenn eine Person (z. B. in einem besetzten Haus) tatsächlich wohnt und dementsprechend eine räumliche Privatsphäre existiert, ist sie „Wohnungsinhaber" im Sinne des Gesetzes. 1672

d) Formelle Rechtmäßigkeit. – aa) Funktionelle Zuständigkeit. Für die **Durchführung** einer Wohnungs- bzw. Gebäudedurchsuchung sind sowohl Verwaltungsbehörden als auch die Polizei funktionell zuständig, vgl. § 24 Abs. 2 und Abs. 3 Nds. SOG. 1673

Ausweislich § 25 Abs. 1 Nds. SOG (der die aus Art. 13 Abs. 2 GG folgenden verfassungsrechtlichen Vorgaben wiedergibt bzw. konkretisiert) bedarf es jedoch grundsätzlich einer vorherigen **richterlichen Anordnung.** 1674

Vertiefung: Zuständig ist das Amtsgericht, in dessen Bezirk die zu durchsuchende Wohnung liegt, § 25 Abs. 1 Satz 2 Nds. SOG 1675

Ausnahmsweise ist eine richterliche Anordnung entbehrlich und eine **Anordnung durch Polizei** oder Verwaltungsbehörde zulässig, wenn Gefahr im Verzug gegeben ist. Die Legaldefinition in § 2 Nr. 4 Nds. SOG kann bei der Definition (nur) Orientierung geben: **Gefahr im Verzug** liegt vor, wenn bei Abwarten der Einholung der richterlichen Anordnung der Eintritt des schädigenden Ereignisses zu erwarten ist. Es muss sich also um eine zeitliche Ausnahmesituation handeln.[811] 1676

Klausurhinweis: Das Vorliegen von Gefahr im Verzug ist anhand des konkreten Sachverhalts zu prüfen und zu begründen. 1677

bb) Form- und Verfahren. – aaa) Verwaltungshandeln. Betreten und Durchsuchung der Wohnung sind **Realakte.** Die Anordnung der Durchsuchung, die begleitenden Verfügungen (z. B. die Aufforderung die Durchsuchung zu dulden) sind **Verwaltungsakte** im Sinne des § 35 Satz 1 VwVfG. Für sie gelten die allgemeinen Form- und Verfahrensvorschriften (siehe oben). 1678

bbb) Besondere Form- und Verfahrensvorschriften. Die im Falle der Wohnungsdurchsuchung zu beachtenden Form- und Verfahrensvorschriften ergeben sich aus § 25 Abs. 2 bis 5 Nds. SOG. 1679

809 *Neuhäuser*, in: BeckOK-Nds. SOG, § 24 Rn. 9 mit weiteren Nachweisen.
810 Vgl. auch VG Berlin, Urteil vom 16.7.2003 – 1 A 321.98 – BeckRS 2003, 25903.
811 *Neuhäuser*, in: BeckOK-Nds. SOG, § 25 Rn. 21.

1680 Nach § 25 Abs. 2 Nds. SOG hat der bzw. jeder Wohnungsinhaber ein **Anwesenheitsrecht.** Bei Abwesenheit ist, *„wenn möglich"*, eine dem Wohnungsinhaber *„nahe stehende oder bekannte Person"* hinzuzuziehen. Da hierdurch auch unberechtigten Vorwürfen gegenüber den durchsuchenden Beamten vorgebeugt werden soll, soll jedwede Person die nicht Polizeibeamte(r) ist als Durchsuchungszeuge ausreichen.[812]

1681 **Klausurhinweis:** In der Klausur ist gegebenenfalls darzulegen, ob die Möglichkeit der Zeugenhinzuziehung bestand bzw. warum sie nicht bestand.

1682 Dem Wohnungsinhaber ist nach § 25 Abs. 3 Nds. SOG der **Grund der Durchsuchung bekanntzugeben.**

1683 Nach § 25 Abs. 4 Nds. SOG ist über die Durchsuchung eine **Niederschrift** zu fertigen. Sie muss – so ausdrücklich § 25 Abs. 4 Satz 2 Nds. SOG – die verantwortliche Behörde sowie den Grund, die Zeit, den Ort und das Ergebnis der Durchsuchung enthalten. Der Wohnungsinhaber (bzw. dessen Vertreter) ist anzuhalten, die Niederschrift zu unterzeichnen. Bei Unterschriftsverweigerung ist dies zu vermerken (Satz 4). Wenn der Wohnungsinhaber das verlangt, ist ihm eine Durchschrift der Niederschrift auszuhändigen (Satz 5).

1684 In **Ausnahmefällen** muss dem Betroffenen lediglich die Durchsuchung schriftlich bestätigt werden. Die **Bestätigung** muss (nur) die Angabe der verantwortlichen Behörde sowie Zeit und Ort der Durchsuchung enthalten. Ein solcher Ausnahmefall ist nach § 25 Abs. 5 Nds. SOG gegeben, wenn die Anfertigung einer Niederschrift oder die Aushändigung einer Durchschrift nach den besonderen Umständen des Falles nicht möglich ist oder sie den Zweck der Durchsuchung gefährden würde.

1685 **Checkliste § 24 Abs. 2, 3 Nds. SOG**

Tatbestände

✓ Durchsuchungsobjekt **Wohnung** im Sinne des § 24 Abs. 1 Nds. SOG

✓ § 24 Abs. 2 Nr. 1 – a) Person, die nach § 16 Abs. 3 Nds. SOG vorgeführt oder nach § 18 Nds. SOG in Gewahrsam genommen werden dürfte, b) Tatsachen rechtfertigen Annahme, dass Person sich in Wohnung befindet

✓ § 24 Abs. 2 Nr. 2 – a) gesuchte Sache dürfte nach § 26 **Nr. 1** Nds. SOG **sichergestellt** werden, b) Tatsachen rechtfertigen Annahme, dass **gesuchte Sache sich in zu durchsuchender Sache** befindet, c) **Zielrichtung:** Auffinden der sicherzustellenden Sache

✓ § 24 Abs. 2 Nr. 3 – a) Gefahr für Leib, Leben, Sachen von bedeutendem Wert, b) Durchsuchung zur Abwehr „erforderlich)

✓ § 24 Abs. 2 Nr. 4 – a) Emissionen von Wohnung ausgehend, b) abstrakt geeignet Gesundheit der Nachbarn zu schädigen

812 Neuhäuser, in: BeckOK-Nds. SOG, § 25 Rn. 25.

✓ § 24 Abs. 3 – a) Durchsuchungsobjekt Gebäude (alle darin befindlichen Wohnungen), b) Person die widerrechtlich festgehalten wird oder hilflos ist, c) Auf Grund des Festhaltens/Hilflosigkeit Gefahr für Leib oder Leben, d) keine andere Möglichkeit um Gefahr abzuwehren

Rechtsfolge

✓ Durchsuchung Wohnung (bzw. alle Wohnungen im Gebäude)

Adressat

✓ Wohnungsinhaber – Normadressat, § 9 Nds. SOG

Funktionelle Zuständigkeit

✓ Durchführung: Polizei und Verwaltungsbehörden
✓ Anordnung: Richter, bei GiV auch Polizei/Verwaltung, § 25 Abs. 1 Nds. SOG

Form- und Verfahrensvorschriften

✓ Durchsuchung selbst ist Realakt
✓ Begleitverfügungen (z. B. Aufforderung Durchsuchung zu dulden) sind Verwaltungsakt(e) iSd. § 35 Satz 1 VwVfG
✓ Anwesenheitsrecht (ggf. Vertreter), § 25 Abs. 2 Nds. SOG
✓ Bekanntgabe des Grundes, § 25 Abs. 3
✓ Niederschrift bzw. Bestätigung, § 25 Abs. 4 und 5 Nds. SOG

6. Betreten von Wohnungen (§ 24 Abs. 5 Nds. SOG)

a) Wichtige Normen

→ § 24 Abs. 5, 6 Nds. SOG 1686

b) Allgemeines. Die Wohnungsdurchsuchung ist, wie bereits oben kurz darge- 1687
stellt, vom Betreten der Wohnung abzugrenzen. AB 24.0 definiert das Betreten als das schlichte *„Aufsuchen und Verweilen in einer Wohnung"*. Nach AB 24.0 berechtigt die Befugnis zum Betreten, *„von Personen, Sachen und Zuständen, die ohne jeglichen Aufwand wahrgenommen werden können, Kenntnis zu nehmen."*

c) Betroffene Grundrechte. Durch ein solches Betreten wird zwar in das Woh- 1688
nungsgrundrecht (Art. 13 Abs. 1 GG) eingegriffen, jedoch nicht mit derselben Intensität wie bei einer Durchsuchung oder einem Überwachen einer Wohnung mit technischen Mitteln. Den dies berücksichtigenden Anforderungen des Art. 13 Abs. 7 GG entsprechend (hierzu oben) hat der niedersächsische Gesetzgeber die Anforderungen an das Betreten von Wohnungen in § 24 Abs. 5 Nds. SOG normiert.

Auch Arbeits-, Betriebs- und Geschäftsräume unterfallen dem Wohnungs- 1689
grundrecht. Sind sie aber der Öffentlichkeit zugänglich, werden sie als „Räume minderen Schutzes" (hierzu oben) angesehen. Die Beeinträchtigung wird durch ein Betreten dieser Räume zu den „Öffnungszeiten" als gering angesehen. Die

Anforderungen an die verfassungsrechtliche Rechtfertigung bemessen sich nicht nach Art. 13 Abs. 7 GG, sondern vielmehr – mit Einschränkungen (dazu ausführlich oben) – an Art. 2 Abs. 1 GG. Der § 24 Abs. 6 Nds. SOG wird diesen gerecht.

1690 **d) Materielle Rechtmäßigkeit. – aa) Tatbestandsvoraussetzungen.** Der § 24 enthält mit Abs. 5 und Abs. 6 zwei Tatbestandsvarianten des Betretens von Wohnungen im Sinne des weiten Wohnungsbegriffes.

1691 **aaa) Betreten einer „verrufenen" Wohnung (§ 24 Abs. 5 Nds. SOG).** Das Betreten einer Wohnung (unabhängig davon, ob es sich um eine Wohnung im engeren Sinne oder Arbeits-, Betriebs- und Geschäftsräume handelt) ist zunächst daran geknüpft, dass es sich bei der Wohnung um einen **„verrufenen Ort"** handelt. Bezüglich dieser Feststellung gilt das zur Identitätsfeststellung an derartigen Orten (§ 13 Abs. 1 Nr. 2 Nds. SOG) Gesagte entsprechend. Es müssen auch hier **„Tatsachen" die „die Annahme rechtfertigen"** vorliegen, dass es sich um einen Ort handelt, an dem entweder „*1. Personen Straftaten von erheblicher Bedeutung oder die in den §§ 232 und 233 StGB genannten Straftaten verabreden, vorbereiten oder verüben, 2. sich Personen aufhalten, die gegen aufenthaltsrechtliche Strafvorschriften verstoßen, oder 3. sich Personen verbergen, die wegen Straftaten gesucht werden.*" Vorurteile, bloße Vermutungen oder „sittliche Missbilligung" reichen nicht aus.

1692 Ziel des Betretens muss die „*Verhütung des Eintritts erheblicher Gefahren*" sein. Es bedarf entsprechend § 2 Nr. 1c) also einer „*Gefahr für ein bedeutsames Rechtsgut wie Bestand des Staates, Leben, Gesundheit, Freiheit, nicht unwesentliche Vermögenswerte sowie andere strafrechtlich geschützte Güter*".

1693 **bbb) Betreten von Räumen „minderen Schutzes" (§ 24 Abs. 6 Nds. SOG).** Das Betreten eines Raumes „minderen Schutzes", d. h. eines Arbeits-, Betriebs- und Geschäftsraums (oder anderer der Öffentlichkeit zugänglicher Räume sowie mit diesen in Zusammenhang stehendes befriedetes Besitztum) erfordert zunächst, dass ein solcher überhaupt gegeben ist. Nach dem BVerfG soll ein verminderter Schutz nur bei den Räumlichkeiten bestehen, die **„reine Geschäfts- und Betriebsräume"** sind. Wohnungen im engeren Sinne, in denen *auch* eine geschäftliche Tätigkeit ausgeübt wird unterfallen vollumfänglich dem Schutz des Wohnungsgrundrechts.[813]

1694 **Beispiel:** Verminderter Schutz besteht somit z. B. in einem Ladenlokal, einem Restaurant, einer Kneipe, einem Ausstellungsraum. Vollen Grundrechtsschutz genießt hingegen z. B. das in einer Wohnung eingerichtete Büro, auch wenn der dort Tätige hier z. B. Geschäftspartner empfängt.

1695 Die Räume müssen „*der Öffentlichkeit zugänglich*" sein. Das bedeutet, dass grundsätzlich einem unbestimmten Personenkreis (ggf. auch gegen Eintrittsgeld o. ä.) Zutritt gewährt werden muss. Der Ausschluss einzelner Personengruppen

---

813 BVerfG, Beschluss vom 13.10.1971 – 1 BvR 280/66 – C II 4 c).

(z. B. durch Schild „Kein Zutritt für Polizisten.“) ändert hieran nichts, da hierdurch noch keine zureichende Bestimmung des Personenkreises erfolgt.

Das Betreten muss – entsprechend den Anforderungen des BVerfG – zu den *„Arbeits-, Betriebs-, Geschäfts- oder Öffnungszeit[en] sowie in der Zeit, in der sich Beschäftigte oder Publikum dort aufhalten“* erfolgen. **1696**

> **Klausurhinweis:** Dieser Punkt kann auch als ermächtigungsbegrenzende Bestimmung interpretiert werden. Nach hier vertretener Auffassung ist aber durch § 24 Abs. 6 Nds. SOG die Befugnis des Betretens von vorneherein auf die in der Norm genannten Zeiten beschränkt, weshalb die Einordnung als Tatbestandsvoraussetzung näherliegt. **1697**

bb) Rechtsfolge. Sind die Tatbestandsvoraussetzungen gegeben, dürfen die Räume **betreten** und in Augenschein genommen werden. Jedwede „ausforschende Tätigkeit“ ist unzulässig. Ist also das Betreten von der Absicht getragen *„etwas nicht klar zu Tage Liegendes, vielleicht Verborgenes aufzudecken oder ein Geheimnis zu lüften“*, so liegt eine Durchsuchung vor, auch wenn eine *„Nachschau in oder unter Gegenständen nicht erfolgt“*.[814] **1698**

Die für das Betreten erforderlichen Begleitmaßnahmen (z. B. die Aufforderung, die Tür zu öffnen) sind von der Befugnisnorm miterfasst. **1699**

cc) Adressat. Adressat ist der Inhaber der zu betretenden Räumlichkeiten (Normadressat, § 9 Nds. SOG). **1700**

e) Formelle Rechtmäßigkeit. – aa) Verwaltungshandeln. Das Betreten selbst ist ein Realakt. Begleitverfügungen (z. B. die Tür zu öffnen) sind Verwaltungsakte im Sinne des § 35 Satz 1 VwVfG. **1701**

bb) Besondere Form- und Verfahrensvorschriften. Besondere Form- und Verfahrensvorschriften gibt es nicht. Insbesondere gilt der § 25 Nds. SOG nur für die Durchsuchung von Wohnungen, nicht aber für das Betreten. **1702**

Checkliste § 24 Abs. 5, 6 Nds. SOG **1703**

Tatbestände

✓ Durchsuchungsobjekt **Wohnung** im Sinne des § 24 Abs. 1 Nds. SOG
✓ § 24 Abs. 5 – a) Wohnung ist verrufener Ort, b) Zielrichtung: Abwehr einer erheblichen Gefahr
✓ § 24 Abs. 6 – a) Wohnung ist der Öffentlichkeit zugänglicher „Raum minderen Schutzes“, b) Betreten zu Öffnungs- bzw. Arbeitszeiten

Rechtsfolge

✓ Betreten ohne „Ausforschungsabsicht“

---

814 VG Oldenburg, Urteil vom 6.6.2012 – 11 A 3099/12 – NVwZ-RR 2012, 721 für den Fall, dass mehrere Polizeibeamte ohne ausdrückliche Zustimmung des Wohnungsinhabers eine Doppelhaushälfte betreten, um in sämtlichen Stockwerken sowie in Nebengebäuden nach einem Ausländer zu suchen, dessen Abschiebung beabsichtigt ist.

Adressat
✓ Wohnungsinhaber – Normadressat, § 9 Nds. SOG

Funktionelle Zuständigkeit
✓ Anordnung und Durchführung: Polizei und Verwaltungsbehörden

Form- und Verfahrensvorschriften
✓ Betreten selbst ist Realakt
✓ Begleitverfügungen (z. B. Aufforderung Tür zu öffnen) sind Verwaltungsakt(e) iSd. § 35 Satz 1 VwVfG

X. Platzverweis, Wegweisung und Aufenthaltsverbot (§ 17 Nds. SOG)

1. Allgemeines

1704 Der Platzverweis ist eine der wichtigsten und am häufigsten angewendeten Standardbefugnisse zur Gefahrenabwehr. Die Effektivität des Platzverweises ergibt sich aus der räumlichen Trennung von Gefahrenquelle und dem zu schützenden Rechtsgut.[815]

1705 Unter dem Begriff Platzverweis werden die nachfolgenden, zu unterscheidenden Eingriffsmaßnahmen nach § 17 Nds. SOG unterschieden:

1706 Der **„einfache“ Platzverweis** zur Gefahrenabwehr nach § 17 Abs. 1 S. **1** Nds. SOG ist historisch gesehen eine Weiterentwicklung der präventiven Generalklausel (§ 11 Nds. SOG).

1707 **Vertiefung:** Die systematische Einordnung des § 17 Abs. 1 S. 2 Nds. SOG, der einen Platzverweis gegen eine Person zulässt, die den Einsatz von Rettungs- und Hilfsdiensten behindert, ist dagegen umstritten. Nach zutreffender Auffassung[816] handelt es sich um eine Spezialvorschrift mit besonderer Adressatenregelung die eine Inanspruchnahme von Nichtstörern im Sinne des § 8 Nds. SOG ausschließt. Es ist in den in § 17 Abs. 1 Satz 2 Nds. SOG genannten Fällen stets gegen die behindernden Personen (Normadressaten im Sinne des § 9 Nds. SOG) vorzugehen.[817]

1708 Betrifft die Platzverweisung eine Wohnung, so stellt diese einen **„qualifizierten“ Platzverweis** nach § 17 Abs. 2 S. 1 Nds. SOG dar.

1709 Der qualifizierte Platzverweis darf nicht mit der sogenannten **„Wohnungswegweisung“** verwechselt werden, die in § 17 Abs. 2 S. 2 ff. und Abs. 3 Nds. SOG als eigenständige Maßnahme geregelt ist.

---

815 *Waechter*, in: BeckOK-Nds. SOG, § 17 Rn. 2.
816 *Ullrich/Weiner/Brüggemann*, Rn. 243; *Waechter*, in: BeckOK-Nds. SOG, § 17 Rn. 33 ff.; *Rachor*, in: Lisken/Denninger, E, Rn. 438; a. A. *Würtenberger/Heckmann*, Rn. 308.
817 Kritisch *Waechter*, in: BeckOK-Nds. SOG, § 17 Rn. 35.

Das **Aufenthaltsverbot,** § 17 Abs. 4 Nds. SOG, ist ebenfalls eine eigenständige Maßnahme. Sie unterscheidet sich vom einfachen Platzverweis dadurch, dass die Rechtsfolgen in zeitlicher und räumlicher Hinsicht weiter gefasst sind. Auf der Tatbestandsebene ist das Aufenthaltsverbot zur Straftatenverhütung und somit bereits im Vorfeld konkreter Gefahren zulässig. Es ist die einzige Vorfeldmaßnahme im Nds. SOG, die **nicht** der Informationsbeschaffung bzw. Verdachtsschöpfung dient.[818] 1710

2. Betroffene Grundrechte

a) Freiheit der Person. Der „einfache" Platzverweis ist das Gebot an eine Person, einen bestimmten Ort vorübergehend zu verlassen und/oder diesen bestimmten Ort vorübergehend nicht zu betreten. 1711

Damit greift ein Platzverweis nach hier vertretener Auffassung grundsätzlich in die körperliche Bewegungsfreiheit (Art. 2 Abs. 2 Satz 2 GG) in Form einer **Freiheitsbeschränkung** ein, sofern es sich bei dem bestimmten Ort um einen rechtlich und tatsächlich zugänglichen Ort handelt.[819] 1712

> **Vertiefung:** Nach anderer Auffassung[820] ist in einer Platzverweisung lediglich ein Eingriff in die Allgemeine Handlungsfreiheit (Art. 2 Abs. 1 GG) zu sehen, weil die körperliche Bewegungsfreiheit an sich nicht aufgehoben wird. 1713

b) Recht auf Freizügigkeit (Art. 11 GG). Aufgrund ihrer Kurzfristigkeit stellen sowohl der „einfache" als auch der qualifizierte Platzverweis grundsätzlich keine Eingriffe in das Grundrecht auf Freizügigkeit (Art. 11 GG) dar.[821] 1714

Anders ist dies bei einer **Wohnungswegweisung.** Da diese in der Regel für mehrere Tage Geltung beansprucht, wird in das Grundrecht auf Freizügigkeit (Art. 11 GG) eingegriffen.[822] Art. 11 GG schützt nicht nur die Wohnsitznahme, sondern nach h. M. auch den längerfristigen Aufenthalt an einem bestimmten Ort.[823] 1715

> **Vertiefungshinweis:** Ob darüber hinaus auch ein Eingriff in das Grundrecht nach Art. 6 GG (Ehe und Familie) vorliegt, ist ebenfalls umstritten. Dieses Grundrecht wird im ersten Studienabschnitt an der Polizeiakademie Niedersachsen jedoch nicht thematisiert. 1716

Aus dem gleichen Grund ist auch die Verhängung eines Aufenthaltsverbots als Eingriff in das Recht auf Freizügigkeit[824] zu werten. 1717

c) Unverletzlichkeit der Wohnung (Art. 13 GG). Ob die Wohnungswegweisung nach § 17 Abs. 2 S. 2 Nds. SOG und der qualifizierte Platzverweis nach § 17 1718

818 *Waechter,* in: BeckOK-Nds. SOG, § 17 Rn. 89.
819 So auch *Rachor,* in: Lisken/Denninger, E, Rn. 435.
820 *Schenke,* § 3, Rn. 132, *König/Trurnit,* Rn. 490.
821 *Waechter,* in: BeckOK-Nds. SOG, § 17 Rn. 5.
822 *Gusy,* § 4, Rn. 282.
823 *Kingreen/Poscher,* Rn. 880 f.; hierzu auch bereits oben Rn. 277 f.
824 *Ipsen,* § 12, Rn. 400.

Abs. 2 S. 1 Nds. SOG (sofern er den Wohnungsinhaber betrifft) in das Grundrecht auf Unverletzlichkeit der Wohnung (Art. 13 GG) eingreifen, ist ebenfalls strittig. Gute Gründe sprechen zumindest bei der Wohnungswegweisung für einen Eingriff in die Unverletzlichkeit der Wohnung, da der Wohnungsinhaber bei dieser polizeilichen Ad-hoc-Maßnahme seine etablierte räumliche Privatsphäre in der Regel für mehrere Tage verliert und sie in dieser Zeit an anderer Stelle nicht ohne weiteres neu schaffen kann.[825]

1719 d) **Recht auf Eigentum (Art. 14 GG).** Aufgrund der eingeschränkten Nutzungsmöglichkeit der Wohnung ist auch der Schutzbereich des Art. 14 GG (Recht auf Eigentum) berührt,[826] sofern es sich um einen Platzverweis (bzw. Wegweisung) aus einer Wohnung handelt. Dies gilt jedoch nur, wenn die Maßnahme den Wohnungsinhaber betrifft.

3. Platzverweisung (§ 17 Abs. 1, Abs. 2 S. 1 Nds. SOG)

1720 **Fall 1:** PK Loh und PK Orda treffen um 17 Uhr während einer Fußstreife in der Fußgängerzone auf Stephan, der nach übermäßigem Alkoholkonsum in den Brunnen auf dem Marktplatz uriniert. Als vorbeigehende Passanten ihren Unmut äußern, pöbelt Stephan die Passanten unflätig an. PK Loh erteilt Stephan einen Platzverweis für den Fußgängerbereich, der nur wenige Straßen umfasst, bis um 24 Uhr.

1721 **Fall 2:** Am gleichen Tag werden PK Loh und PK Orda um 23 Uhr nach Beschwerden mehrerer Anwohner zu einer Ruhestörung gerufen. In der betroffenen Wohnung treffen sie auf Xaver, den Mieter der Wohnung. Dieser feiert gemeinsam mit Stephan (aus Fall 1) eine Party, um ihn nach einem ereignisreichen Tag wieder aufzumuntern: Während Stephan lauthals zu Schlagern der 70er-Jahre singt, gibt ihm Xaver mit den Füßen stampfend den Takt vor. Unter dem heftigen Protest des Xaver verweist PK Orda den Stephan bis zum nächsten Tag um 8 Uhr morgens aus der Wohnung des Xaver.

a) Wichtige Normen

1722 → § 17 Abs. 1 S. 1 Nds. SOG
→ § 17 Abs. 2 S. 1 Nds. SOG

1723 b) **Allgemeines.** In § 17 Abs. 1 Nds. SOG ist der „einfache" Platzverweis geregelt. Er wird durch den qualifizierten Platzverweis nach § 17 Abs. 2 S. 1 Nds. SOG ergänzt, der auch den Platzverweis aus einer Wohnung gegen den Willen des Wohnungsinhabers zulässt.

1724 Darüber hinaus lässt § 17 Abs. 1 S. 2 Nds. SOG einen Platzverweis gegen eine Person zu, die den Einsatz von Rettungs- und Hilfsdiensten behindert. Nach

825 Vgl. *Krugmann,* NVwZ 2006, 152 m. w. N; OVG Münster, Beschluss vom 15.2.2002 – 5 B 278/02 – NJW 2002, 2195; VGH Mannheim, Urteil vom 22.7.2004 – 1 S 2801/03 – NJW 2005, 88.

826 *Krugmann,* NVwZ 2006, 152.

hier vertretener Auffassung (vgl. bereits oben) hat § 17 Abs. 1 S. 2 Nds. SOG nicht lediglich **deklaratorischen** Charakter, da er eine konkrete Adressatenregelung enthält. Da eine Person, die den Einsatz von Rettungs- und Hilfsdiensten behindert, in der Regel auch immer eine konkrete Gefahr verursacht,[827] die einen Platzverweis nach § 17 Abs. 1 S. 1 Nds. SOG rechtfertigt, ist die Unterscheidung aber nur theoretisch von Interesse.

> **Klausurhinweis:** Insofern muss § 17 Abs. 1 S. 2 Nds. SOG in einer Klausur an der Polizeiakademie Niedersachsen nicht zwingend als eigenständige Maßnahme geprüft werden. Es ist jedoch im Rahmen der Adressatenprüfung zu fragen, ob dieser den Einsatz „behindert". **1725**

c) Materielle Rechtmäßigkeit. – aa) Tatbestandsvoraussetzungen. – aaa) Einfacher Platzverweis (§ 17 Abs. 1 Satz 1 Nds. SOG). Beim „einfachen" **Platzverweis** nach § 17 Abs. 1 S. 1 Nds. SOG ist einzige Tatbestandsvoraussetzung das Vorliegen einer (konkreten) Gefahr. **1726**

> **Klausurhinweis:** Sofern noch nicht im Rahmen des Prüfungspunktes „sachliche Zuständigkeit" geschehen, ist an dieser Stelle in der Klausur eine ausführliche Prüfung vorzunehmen, ob eine konkrete Gefahr vorliegt. Vergleiche hierzu bereits oben, Rn. 504. **1727**

Liegt lediglich ein **Gefahrenverdacht** vor, so sind vorrangig Gefahrenerforschungseingriffe -sofern sinnvoll anwendbar- vorzunehmen. Bei Beachtung der Verhältnismäßigkeit ist eine Platzverweisung aber auch beim Vorliegen eines Gefahrenverdachts zulässig.[828] **1728**

bbb) Qualifizierter Platzverweis (§ 17 Abs. 2 Satz 1 Nds. SOG). Beim **qualifizierten Platzverweis** nach § 17 Abs. 2 S. 1 Nds. SOG ist erste Voraussetzung, dass sich der Platzverweis auf eine **Wohnung** bezieht. Der Wohnungsbegriff ist in § 24 Abs. 1 Nds. SOG legaldefiniert und umfasst auch die Arbeits-, Betriebs- und Geschäftsräume. **1729**

Entscheidend ist, dass es sich um einen Platzverweis **aus** einer Wohnung handelt. Nicht erforderlich ist es, dass es sich auch um den Wohnungsinhaber selbst handelt. Denn ein qualifizierter Platzverweis liegt nur vor, wenn er **gegen den erkennbaren oder mutmaßlichen Willen der berechtigten Person erfolgt** (zweite Voraussetzung). **1730**

Berechtigte Person ist der Inhaber des Hausrechts. Das kann beispielsweise nicht nur der Mieter einer Wohnung sein, sondern auch dessen Kind.[829] Vom qualifizierten Platzverweis kann aber auch der Berechtigte selbst betroffen sein. **1731**

> **Beispiel:** Platzverweis des Berechtigten aus seiner Wohnung bei einer Bombenräumung. **1732**

---

827 Es wird vertreten, dass eine konkrete Gefahr in diesen Fällen nicht notwendigerweise nachgewiesen werden muss, siehe *Rachor*, in: Lisken/Denninger, E, Rn. 438.

828 *Waechter*, in: BeckOK-Nds. SOG, § 17 Rn. 21.

829 *Waechter*, in: BeckOK-Nds. SOG, § 17, Rn. 56.

1733 Wird eine Person mit Einverständnis des Berechtigten aus einer Wohnung verwiesen, so handelt es sich nicht um einen qualifizierten Platzverweis, sondern um einen „einfachen" Platzverweis nach § 17 Abs. 1 S. 1 Nds. SOG.

1734 Um einen qualifizierten Platzverweis erteilen zu können, muss als dritte Voraussetzung eine **gegenwärtige erhebliche Gefahr nach § 2 Nr. 1b, c Nds. SOG** vorliegen.

1735 bb) **Rechtsfolge.** Der Platzverweis erlaubt **zwei** Rechtsfolgen:

1736 aaa) **Betretungsverbot. Zum einen** kann einer Person verboten werden, einen bestimmten **Ort** vorübergehend aufzusuchen (sog. Betretungsverbot).

1737 Der Begriff **Ort** meint hier einen räumlich eng umgrenzten Ort. Das räumliche Ausmaß muss sich an der abzuwehrenden Gefahr orientieren und auf das Erforderliche beschränkt sein. Orte können somit Räume, Gebäude, (einzelne) Straßen oder Plätze sein.[830] Ein größeres räumliches Ausmaß, beispielsweise die Verweisung aus einem ganzen Stadtteil, kann nicht auf den einfachen Platzverweis gestützt werden.[831]

1738 Der qualifizierte Platzverweis beschränkt sich zwangsläufig auf die **betroffene Wohnung**. Ein räumlich weitergehender Platzverweis muss auf § 17 Abs. 1 S. 1 Nds. SOG gestützt werden und ist auf das erforderliche Maß zu beschränken.

1739 Ein Platzverweis kann nur **vorübergehend** erteilt werden. Eine genaue zeitliche Maximalfrist ist nicht vorgesehen. Aus dem Wortlaut ergibt sich eine Beschränkung auf relativ kurze Zeiträume. So werden bis zu 24 Stunden[832] als vorübergehend angesehen. Der Zeitraum muss sich richtigerweise auch hier an der vorliegenden Gefahr orientieren.[833]

1740 Der Platzverweis ist ein Verwaltungsakt im Sinne des § 35 Satz 1 VwVfG, der – wie jeder Verwaltungsakt – hinreichend bestimmt sein muss (vgl. § 37 Abs. 1 VwVfG). Das bedeutet, dass Ort als auch die Dauer der Platzverweisung für den Adressaten erkennbar sein müssen.

1741 **Praxishinweis:** In der Praxis sollten klare Formulierungen gewählt werden, die eine objektive Bestimmung der Zeitspanne und des Ortes erlauben: z. B. Platzverweis bis 06:00 Uhr für die X-Straße.

1742 **Vertiefungshinweis:** Problematisch erweisen sich Fälle, in denen eine Person gegen ein privatrechtliches Hausverbot verstößt. Um die andauernde Straftat zu beenden, ist es zulässig, die Person der Räumlichkeit zu verweisen. Es kann ihr aber grundsätzlich nach § 17 Abs. 1 Nds. SOG nicht untersagt werden, für die Dauer des Hausverbots nicht mehr diese Räumlichkeit zu betreten. Denn ein Hausverbot ist in der Regel langfristig angelegt. Ein solcher **„atypischer Platzverweis"** lässt sich auch nicht auf § 11 Nds. SOG

830 VG Hannover, Urteil vom 7.7.1997 – 10 A 5589/96 – NdsVBl 1998, 147.
831 *Schucht*, Die Polizei 2011, 287, 289.
832 So *Schenke*, § 3, Rn. 132 m. w. N.
833 *Rachor*, in: Lisken/Denninger, E, Rn. 435, *Waechter*, in: BeckOK-Nds. SOG, § 17 Rn. 28.

stützen.[834] Er wäre allerdings auch nicht erforderlich, denn jedes erneute Betreten wäre wiederum nach § 123 StGB strafbewehrt. Ein Hinweis auf diese Rechtslage ist ausreichend und wäre mangels Grundrechtseingriff keine „belastende“ polizeiliche Maßnahme.

bbb) Verweisung von einem Ort. Zum anderen erlaubt § 17 Abs. 1 Nds. SOG, eine Person eines Ortes **zu verweisen.** Befindet sich die Person zum Zeitpunkt der Maßnahme noch am Ort des Platzverweises, so kann die Gefahr nur abgewendet werden, wenn sich die Person entfernen muss und anschließend den Ort vorübergehend nicht betreten darf. Insofern sind beide Rechtsfolgen Kehrseiten derselben Medaille. 1743

In Fall 1 verursacht S durch sein Verhalten eine gegenwärtige Gefahr. Der Verweis aus der Innenstadt verhindert zum einen, dass S abermals im Zustand offensichtlicher alkoholbedingter Enthemmung in den Brunnen uriniert. Zum anderen wird verhindert, dass S mit weiteren Passanten aneinandergerät, die sein Verhalten anstößig finden. So werden Streitereien oder gar Handgreiflichkeiten vermieden. Der Platzverweis ist vorübergehend (bis 24 Uhr), bezieht sich auf einen eng umgrenzten Ort (kleinere Fußgängerzone) und ist diesbezüglich eindeutig, also hinreichend bestimmt. 1744

Im Fall 2 bezieht sich der Platzverweis zum einen auf eine Wohnung, zum anderen wird der Platzverweis gegen den Willen des Berechtigten (X) erteilt. Dieser qualifizierte Platzverweis muss sich also an den Voraussetzungen des § 17 Abs. 2 S. 1 Nds. SOG messen lassen, die aber vorliegen: Durch die massive Ruhestörung in der Nacht wird die Nachbarschaft erheblich in ihrem Ruhebedürfnis beeinträchtigt. Erkennbar ist dies daran, dass nicht nur eine vereinzelte Beschwerde vorliegt, sondern sich mehrere Nachbarn beschweren. Die Ruhestörung ist geeignet, die Gesundheit der Nachbarschaft zu beeinträchtigen (andauernde Schlaflosigkeit), so dass eine gegenwärtige erhebliche Gefahr vorliegt. Auch hier ist der Platzverweis vorübergehend, örtlich begrenzt und hinreichend bestimmt. 1745

cc) **Funktionelle Zuständigkeit.** Für den Platzverweis sind sowohl die Verwaltungsbehörden als auch die Polizei (§ 2 Nr. 5, 6 Nds. SOG) funktionell zuständig. Die Polizei wird nur im Rahmen ihrer Eilkompetenz nach § 1 Abs. 2 Nds. SOG tätig, wenn die Verwaltungsbehörde nicht oder nicht rechtzeitig tätig werden kann. 1746

dd) **Besondere Form- und Verfahrensvorschriften.** Besondere Form- und Verfahrensvorschriften sind nicht zu beachten. 1747

ee) **Adressat/Betroffener.** § 17 Abs. 1 **Satz 1** und 2 Satz 1 Nds. SOG lässt einen Platzverweis gegen „jede“ Person zu. Der Adressat des Platzverweises ist Normadressat im Sinne des § 9 Nds. SOG. Die Vorschriften über die Verantwortlichkeit nach §§ 6 bis 8 Nds. SOG finden **keine** Anwendung.[835] 1748

834 So auch VG Frankfurt a. M., Urteil vom 21.2.2002 – 5 E 4962/01 – NVwZ-RR 2002, 575.
835 *Waechter*, in: BeckOK-Nds. SOG, § 17 Rn. 22.

1749 Das hat zur Folge, dass Platzverweise auch gegen Personen möglich sind, die überhaupt keine Gefahr verursachen, ohne dass die strengen Anforderungen des § 8 Nds. SOG (Inanspruchnahme von Nichtverantwortlichen) vorliegen müssten. Dies ist rechtsstaatlich nicht unbedenklich.[836]

1750 **Vertiefungshinweis:** Bis auf Bremen stellen daher alle anderen Bundesländer auf eine polizeirechtliche Verantwortlichkeit ab.

1751 Im Auswahlermessen ist kritisch zu prüfen, gegen wen sich der Platzverweis richten muss. Der Verhältnismäßigkeit kommt eine entscheidende Bedeutung zu, so dass sich -auch wenn hier die §§ 6 bis 8 Nds. SOG nicht greifen – der Platzverweis grundsätzlich gegen die gefahrenverursachende Person richten muss.[837]

1752 Im Falle des § 17 Abs. 1 **Satz 2** Nds. SOG ist (Norm-)Adressat des Platzverweises eine Person, die *„den Einsatz der Feuerwehr oder von Hilfs- und Rettungsdiensten behindert“*. Unter einer Behinderung wird alles verstanden, was einen schnellen und wirkungsvollen Erfolg der Hilfsbemühungen beeinträchtigt.[838]

1753 d) **Klausurtaktik.** Keine Besonderheiten.

1754 **Checkliste § 17 Abs. 1 S. 1 Nds. SOG**

Tatbestand

✓ (konkrete) Gefahr

Rechtsfolge

✓ Gebot, einen **Ort** vorübergehend zu verlassen
✓ Verbot, einen bestimmten **Ort** vorübergehend zu betreten

Form- und Verfahrensvorschriften

✓ keine
✓ beachte aber hinreichende Bestimmtheit (§ 37 Abs. 1 VwVfG)

Adressat

✓ Normadressat – „jede Person“ (Abs. 1 S. 1) oder „behindernde Person“ (Abs. 1 S. 2)

1755 **Checkliste § 17 Abs. 2 S. 1 Nds. SOG**

Tatbestand

✓ gegenwärtige erhebliche Gefahr
✓ Wohnung
✓ gegen den erkennbaren oder mutmaßlichen Willen des Berechtigten

---

836 Vgl. *Zott/Geber*, JA 2014, 328.
837 *Waechter*, in: BeckOK-Nds. SOG, § 17 Rn. 22 f. sowie AB 9.0.
838 *Schmidbauer/Steiner*, Art. 16 PAG Rn. 32.

Rechtsfolge

✓ Gebot, diese Wohnung vorübergehend zu verlassen
✓ Verbot, diese Wohnung vorübergehend zu betreten

Form- und Verfahrensvorschriften

✓ keine
✓ beachte aber hinreichende Bestimmtheit (§ 37 Abs. 1 VwVfG)

4. Wohnungswegweisung (§ 17 Abs. 2 S. 2 Nds. SOG)

Fall 1: PK Loh und PK Orda werden am 23. Dezember, einer Dienstagnacht, zu einem Fall häuslicher Gewalt (HG) gerufen: Nach einem heftigen Streit schlug der M nach Angaben seiner Ehefrau dieser mit der flachen Hand mehrmals ins Gesicht und zog ihr an den Haaren. Dies geschah vor den Augen des 6-jährigen Sohnes. Frau M. schildert, dass es bereits häufiger zu Streitigkeiten aufgrund der angespannten finanziellen Situation gekommen sei. Bisher habe ihr Mann sie aber im Streit „nur" fest an den Armen gehalten. Aufgrund des Vorfalls überlege sich Frau M, ob sie sich von ihrem Mann trennen werde. 1756
PK Loh erteilt dem M mit dem hierfür vorgesehenen Formular schriftlich eine Wegweisung aus der Wohnung und verbietet ihm das Betreten der Wohnung für 14 Tage.
Herr M. fragt sich, ob das Verbot für einen solch langen Zeitraum überhaupt erforderlich ist und ob PK Loh überhaupt von seinem Ermessen Gebrauch gemacht hat.

a) Wichtige Normen

→ § 17 Abs. 2 S. 2, 3 Nds. SOG 1757
→ § 17 Abs. 3 Nds. SOG

b) Allgemeines. Die Möglichkeit, speziell bei Gewalt im so genannten „sozialen Nahraum" den Verursacher aus der gemeinsamen Wohnung zu verweisen, ist seit 2001 im niedersächsischen Gefahrenabwehrrecht zur Unterstützung der Ziele des Gewaltschutzgesetzes vorgesehen. In den maximal 14 Tagen, in denen ein Gewalttäter der Wohnung verwiesen wird, soll das Opfer seine Lebenssituation in Ruhe und ohne Beeinflussung seitens des Täters überdenken können und entscheiden, ob es gerichtliche Maßnahmen nach dem Gewaltschutzgesetz (GewSchG) beantragt.[839] 1758

Vertiefung: Als gerichtlich angeordnete Maßnahmen nach dem Gewaltschutzgesetz kommen insbesondere die Zuweisung der Wohnung zur ausschließlichen Nutzung und Kontaktverbote in Betracht. 1759

839 *Gusy*, § 4, Rn. 280; VG Hannover, Urteil vom 18.9.2014 – 10 A 128/13 – FamRZ 2015, 858.

1760 Das Wissen um diese Zielrichtung der Maßnahme ist für die rechtliche Begründung der polizeilichen Maßnahmen (und hier insbesondere hinsichtlich der Dauer der Wegweisung) von entscheidender Bedeutung.

1761 c) **Materielle Rechtmäßigkeit. – aa) Tatbestandsvoraussetzungen. Erste Voraussetzung** für eine Wohnungswegweisung ist das Vorliegen einer **gegenwärtigen Gefahr für Leib, Leben, Freiheit oder die sexuelle Selbstbestimmung.**

1762 In der Praxis liegt häufig eine gegenwärtige Gefahr für Leib oder Leben vor, die Gefahr für die sexuelle Selbstbestimmung spielt dagegen eher eine untergeordnete Rolle. Bei deren Vorliegen liegt für gewöhnlich auch immer eine Leibesgefahr vor.[840]

1763 **Vertiefung:** Gewalttätigkeiten, die eine solche Gefahr begründen, können nicht nur zwischen Lebensgefährten entstehen. Auch **Kinder** sind nicht selten Opfer von Gewalttätigkeiten. Geht die Gewalt von beiden Elternteilen aus, kommt auch eine Inobhutnahme der Kinder nach § 42 SGB VIII in Betracht.

1764 Im Rahmen der Gefahrenprognose können auch sozialwissenschaftliche Erkenntnisse herangezogen werden die besagen, dass es in Fällen häuslicher Gewalt häufig zu einer Gewaltspirale kommt. Gewalttätige Episoden finden oft in immer kürzeren Abständen bei sich steigernder Intensität statt.[841]

1765 Die Begründung der Gegenwärtigkeit einer Gefahr ist häufig gerade vor dem Hintergrund problematisch,[842] dass eine Wohnungswegweisung bis zu 14 Tagen ausgesprochen werden kann. Mit Blick auf die Hochrangigkeit der zu schützenden Rechtsgüter, sind an die Prognose der Wahrscheinlichkeit des Schadenseintritts keine allzu hohen Anforderungen zu stellen.

1766 **Zweite Voraussetzung** ist, dass die Gefahr für eine **in derselben Wohnung lebende Person** besteht. Entscheidend sind die tatsächlichen Wohnverhältnisse. Nicht erforderlich ist, dass diese Person auch Mieter oder gar Eigentümer ist.

1767 **Dritte Voraussetzung** ist die **Erforderlichkeit** der Wohnungswegweisung zur Abwehr der Gefahr.

1768 **Klausurhinweis:** Es ist bereits an dieser Stelle eine Prüfung der Geeignetheit und Erforderlichkeit vorzunehmen. Im Rahmen des Prüfungspunktes „Verhältnismäßigkeit" kann auf die Ausführungen verwiesen werden.

1769 bb) **Rechtsfolge.** Bei Vorliegen der Tatbestandsvoraussetzungen darf ein **Verweis aus der Wohnung** ausgesprochen werden. Der Aggressor (und Adressat) darf aufgefordert werden, die Wohnung (und die unmittelbare Umgebung der Wohnung, siehe noch unten) zu verlassen.

---

840 *Waechter, in:* BeckOK-Nds. SOG, § 17 Rn. 69.
841 *Michelmann/Becker*, FPR 2011, 214
842 Vertiefend hierzu *Rachor,* in: Lisken/Denninger, E, Rn. 480 f.

Darüber hinaus kann dem Adressaten das **Betreten der Wohnung für einen Zeitraum von maximal 14 Tagen verboten** werden. **Gleiches gilt für die unmittelbare Umgebung der Wohnung.** Das heißt, dass die Wohnungswegweisung mit einem speziellen, längerfristigen Platzverweis für die unmittelbare Umgebung ergänzt werden kann. **1770**

Vertiefung: Diese Ergänzung ist sinnvoll, da ein „einfacher" Platzverweises nach § 17 Abs. 1 S. 1 Nds. SOG ungeeignet ist und die Voraussetzungen eines Aufenthaltsverbots nach § 17 Abs. 4 Nds. SOG in der Regel nicht vorliegen werden: Der einfache Platzverweis ist nur vorübergehend zulässig, die Verhängung eines Aufenthaltsverbots ist nicht möglich, wenn der Betroffene seine Wohnung im Gebiet des Aufenthaltsverbots hat. **1771**

Bei der **Entscheidung über die Länge** der Wohnungswegweisung, die eine Ermessensentscheidung im Einzelfall darstellt,[843] sind viele Aspekte zu berücksichtigen: Einerseits muss die hohe Intensität der mit der Maßnahme verbundenen Grundrechtseingriffe ebenso Beachtung finden, wie die Tatsache, dass es sich um einen längerfristigen Verweis vom Lebensmittelpunkt „von jetzt auf gleich" handelt. Andererseits ist Ziel der Maßnahme, dem Opfer Ruhe zu verschaffen, sich beraten zu lassen und Anträge nach dem Gewaltschutzgesetz zu stellen. Hierfür muss ein ausreichend langer Zeitraum zur Verfügung gestellt werden. Da in der Regel eine **schriftliche Wohnungswegweisung** erfolgt, ist diese nach § 39 VwVfG zu **begründen.** Hierbei muss erkennbar sein, dass die einschreitenden Beamten ihr Ermessen auch gebraucht haben.[844] **1772**

Praxishinweis: Daher verbietet sich die pauschale Aussage, dass Wohnungswegweisungen immer für x Tage angeordnet werden. Jeder Fall ist einzeln zu betrachten. **1773**

Das niedersächsische Innenministerium hält diesbezüglich eine begründete und auf den Einzelfall bezogene Höchstdauer von 10 Tagen für grundsätzlich gerechtfertigt. Längere Fristen seien gesondert zu begründen.[845] **1774**

Beispiel: Im **Fall 1** dürfte die Ausschöpfung der 14-Tages-Frist ausnahmsweise gerechtfertigt sein, da der Betroffenen aufgrund der Häufung der Feiertage innerhalb der Woche ansonsten keine ausreichende Zeit verbleibt, sich beraten zu lassen und gerichtliche Anträge zu stellen. **1775**

Weitere, flankierende Maßnahmen, wie z. B. der Erlass eines Kontaktverbots, müssen mangels spezieller Regelung auf § 11 Nds. SOG gestützt werden.[846] **1776**

Die Wohnungswegweisung **endet** entweder nach Fristablauf oder nach § 17 Abs. 3 S. 1 Nds. SOG zum Zeitpunkt der gerichtlichen Entscheidung über Anträge nach dem Gewaltschutzgesetz. **1777**

---

843 OVG Lüneburg, *Beschluss* vom 12.7.2010 – 11 LA 362/09, BeckRS 2010, 51698.
844 VG Göttingen, Urteil vom 19.1.2012 - 1 A 94/10 – NJW 2012, 1675.
845 Erlass MI vom 13.7.2012, Az. P23.15-12334/11-3.8.
846 *Waechter,* in: BeckOK-Nds. SOG, § 17 Rn. 75.

1778 **Vertiefung:** Letzteres hat den Hintergrund, dass die polizeiliche Wohnungswegweisung überflüssig wird, wenn eine Schutzanordnung nach dem Gewaltschutzgesetz ergeht. Wird ein solcher Antrag nach dem Gewaltschutzgesetz abgelehnt, so sieht der entscheidende Richter folglich die Voraussetzungen nicht als gegeben an, so dass gesetzlich vermutet wird, dass auch eine weitere Wohnungswegweisung nicht erforderlich ist. In beiden Fällen führt die richterliche Entscheidung also zur Unwirksamkeit der polizeilichen Maßnahme. Darüber muss die Polizei unterrichtet werden (§ 17 Abs. 3 S. 2 Nds. SOG), da ansonsten die Gefahr bestünde, dass ein nunmehr unwirksamer Verwaltungsakt mit Zwangsmitteln durchgesetzt wird.

1779 cc) **Funktionelle Zuständigkeit.** Für die Wohnungswegweisung ist ausschließlich die Polizei (§ 2 Nr. 5, 6 Nds. SOG) funktionell zuständig.

1780 dd) **Besondere Form- und Verfahrensvorschriften.** Dem Betroffenen ist nach § 17 Abs. 2 S. 3 Nds. SOG Gelegenheit zu geben, dringend benötigte **Gegenstände des persönlichen Bedarfs** mitzunehmen. Hierzu gehört beispielsweise Bekleidung, Hygieneartikel, Ausweise, Versichertenkarte, Bargeld, EC-/Kreditkarte.

1781 Die gefährdete Person ist unverzüglich über die Dauer des Platzverweises zu **unterrichten.** Dies dient dazu, dass sich die gefährdete Person auf die Länge der Wohnungswegweisung einstellen und rechtzeitig gerichtliche Anträge stellen kann.

1782 ee) **Adressat/Betroffener.** Normadressat im Sinne des § 9 Nds. SOG[847] ist nach § 17 Abs. 2 S. 2 Nds. SOG die Person, von der die Gefahr ausgeht.

1783 d) **Klausurtaktik.** Keine Besonderheiten.

1784 **Checkliste § 17 Abs. 2 S. 2 Nds. SOG**

Tatbestand

✓ Gegenwärtige Gefahr für Leib, Leben, Freiheit oder sexuelle Selbstbestimmung
✓ Gefahr besteht für in der Wohnung lebende Personen
✓ Erforderlichkeit der Wohnungswegweisung

Rechtsfolge

✓ Gebot, die Wohnung zu verlassen
✓ Verbot, die Wohnung für eine bestimmte Zeit (max. 14 Tage) zu betreten

Adressat

✓ Person, von der die Gefahr ausgeht

Form- und Verfahrensvorschriften

✓ Mitnahme dringend benötigter Gegenstände des persönlichen Bedarfs

847 *Ullrich/Weiner/Brüggemann,* Rn. 249.

✓ Unterrichtung der gefährdeten Person über Dauer der Wegweisung

Sonstige Hinweise

✓ Ermessen hinsichtlich der Länge der Wegweisung ausüben
✓ Schriftlicher Verwaltungsaktes mit Begründung erforderlich

5. Aufenthaltsverbot (§ 17 Abs. 4 Nds. SOG)

Fall 1: Toni Schläger ist in den letzten sechs Monaten vier Mal im Innenstadtbereich einer niedersächsischen Großstadt polizeilich in Erscheinung getreten. Jedes Mal war er Täter einer Körperverletzung bzw. teilweise sogar einer gefährlichen Körperverletzung. Alle Fälle fanden am Wochenende statt, Toni Schläger war jedes Mal alkoholisiert und befand sich in Begleitung „seiner Clique". 1785
Der zuständige Sachbearbeiter im Ermittlungsdienst überlegt, ob es nicht möglich wäre, dem Toni Schläger den Aufenthalt im Innenstadtbereich an den Wochenenden für einen längeren Zeitraum zu verbieten.

a) Wichtige Normen

→ § 17 Abs. 4 Nds. SOG 1786
→ § 1 Abs. 1 S. 3 Nds. SOG

b) Allgemeines. Das Aufenthaltsverbot wurde im Jahr 1996 in das damalige Gefahrenabwehrgesetz[848] eingefügt. Grund hierfür waren die Erfahrungen aus den jährlich stattfindenden sogenannten „Chaos-Tagen" in Hannover, während der es im Jahr 1995 unter anderem zur Plünderung eines Supermarktes kam. 1787

Vertiefung: Vertreter aus Kreisen der Polizei und der Politik monierten eine vermeintliche Regelungslücke,[849] da die Voraussetzungen eines Platzverweises, nämlich das Vorliegen einer konkreten Gefahr, einerseits häufig nicht prognostiziert werden konnte. Zudem ist ein „normaler" Platzverweis nur vorübergehend und nur für einen eng begrenzten Ort möglich. Ein einfacher **Platzverweis** für ganze Stadtteile war und ist nicht zulässig. Mit der Einführung des Aufenthaltsverbots sollte der Polizei ein effektives Mittel zur Straftatenverhütung an die Hand gegeben werden. Ob dies gelungen ist, kann bezweifelt werden.[850] 1788

Das Aufenthaltsverbot ist eine Maßnahme zur **Straftatenverhütung.** Eine konkrete Gefahr muss nicht notwendigerweise vorliegen. Im Gegensatz zu den anderen Maßnahmen zur Straftatenverhütung, die als Vorfeldmaßnahmen der 1789

---

848 Zur Frage der Gesetzgebungskompetenz *Rachor,* in: Lisken/Denninger, E, Rn. 449; *Waechter,* BeckOK, § 17, Rn. 90 ff.

849 Insgesamt kritisch *Seifert,* KJ 1996, 356.

850 Auch aus diesem Grunde können Zweifel an der Verfassungsmäßigkeit in Feld geführt werden *Gusy,* § 4, Rn. 283 m. w. N.; hierzu auch *Waechter,* in: BeckOK-NdsSOG, § 17 Rn. 90.

Informationserhebung bzw. Verdachtsschöpfung dienen, ist das Aufenthaltsverbot eine endgültige Maßnahme und nimmt somit eine Sonderstellung ein.[851]

1790 c) **Materielle Rechtmäßigkeit. – aa) Tatbestandsvoraussetzungen. Erste Voraussetzung** ist das Vorliegen von **Tatsachen,** die die **Annahme rechtfertigen,** dass eine Person in einem **bestimmten örtlichen Bereich** eine **Straftat begehen** wird. Es wird das Vorliegen von nachprüfbaren, wahrnehmbaren Tatsachen (die in der Klausur darzulegen, in der Praxis zu „verakten" sind) verlangt. Vermutungen, Hypothesen oder allgemeine Erfahrungssätze reichen also nicht aus. Andererseits muss (noch) keine konkrete Gefahr vorliegen. Es muss also noch nicht die hinreichende Wahrscheinlichkeit des Schadenseintritts (hier: die Begehung einer Straftat) begründet werden.

1791 **Beispiele und Vertiefung: Tatsachen** können beispielsweise die wiederholte, beharrliche Begehung von Straftaten in einem bestimmten örtlichen Bereich sein (offene Drogenszene), die Androhung, Straftaten zu begehen, das Mitführen von gefährlichen Gegenständen oder Vermummungsgegenständen zu einer Veranstaltung (Fußballspiel). Die Ausführungsbestimmung (AB) 17.2 zählt diesbezüglich noch weitere Tatsachen auf. An der AB 17.2 können Sie erkennen, dass die Ausführungsbestimmungen seit dem Jahr 1998 nicht aktualisiert wurden. Damals war das Aufenthaltsverbot noch in § 17 Abs. 2 NGefAG geregelt.

1792 Allein der Umstand, dass eine Person einer bestimmten „Szene" angehört bzw. zumindest entsprechende Bekleidung trägt, oder in einer polizeilichen Datei (z. B. „Gewalttäter Sport") eingetragen ist, stellt zwar an sich eine Tatsache dar.[852] **Allein** aus dieser Tatsache lässt sich aber in der Regel[853] nicht die Begehung von Straftaten prognostizieren.[854]

1793 Die Straftatenbegehung muss in einem **bestimmten örtlichen Bereich** stattfinden. Die allgemeine Annahme, der Adressat werde irgendwo eine Straftat begehen (bzw. rückfällig werden), reicht nicht aus.

1794 **Vertiefung:** Lesen Sie AB 17.2 für ein plastisches Beispiel.

1795 **Welche** Straftat begangen wird, ist zunächst irrelevant. § 17 Abs. 4 Nds. SOG schränkt die möglichen Straftaten nicht ein. So muss es sich insbesondere **nicht** um erhebliche Straftaten im Sinne des § 2 Nr. 11 Nds. SOG handeln.

1796 **Zweite Voraussetzung** ist, dass der Adressat im Bereich des Aufenthaltsverbots **keine Wohnung hat.** Das Aufenthaltsverbot soll nicht zu einem Hausarrest führen.[855] Daher verbietet sich ein Aufenthaltsverbot, wenn der Adressat in diesem Bereich eine Wohnung hat. Das Aufenthaltsverbot darf auch nicht so aus-

---

851 *Götz,* Allgemeines Polizei- und Ordnungsrecht, § 8, Rn. 24 ff.

852 *Rachor,* in: Lisken/Denninger, E, Rn. 456.

853 Zu Einzelheiten siehe *Waechter,* in: BeckOK-NdsSOG, § 17 Rn. 107 mit vielen Rechtsprechungsnachweisen.

854 *König/Trurnit,* Rn. 496.

855 Vgl. AB 17.2.

gestaltet werden, dass zwar die Wohnung davon ausgenommen ist, die unmittelbare Umgebung aber umfasst ist, so dass der Wohnungsinhaber faktisch seine Wohnung nicht verlassen kann. Als **Wohnung** zählen die Haupt- und die Nebenwohnung. Ist die Person einwohnermeldeamtlich nicht erfasst, so kann sie den Nachweis, dass sie im Bereich eine Wohnung hat, auch anders führen.

Hinweis: In solchen Fällen dürfte eine Ordnungswidrigkeit nach dem Meldegesetz vorliegen. 1797

bb) Rechtsfolge. Liegen die Voraussetzungen vor, so kann der Person das Betreten eines **bestimmten örtlichen Bereichs** bzw. der Aufenthalt dort verboten werden. 1798

Unter einem **örtlichen Bereich** ist nach § 17 Abs. 4 S. 2 Nds. SOG ein Ort oder ein Gebiet innerhalb einer Gemeinde oder ein ganzes Gemeindegebiet[856] zu verstehen. Das Aufenthaltsverbot ist somit in seiner räumlichen Ausdehnung deutlich weiter gefasst als der Platzverweis.[857] 1799

Dem Betroffenen müssen jedoch Möglichkeiten eingeräumt werden, aus berechtigtem Anlass Orte in der Verbotszone aufzusuchen. Zu denken ist hierbei beispielsweise an Behörden, Rechtsanwälten oder Ärzten, die ihren Sitz in der Verbotszone haben, oder aber an Verkehrsmittel (Durchfahren der Verbotszone in der U-Bahn; Erreichen des Hauptbahnhofs u. s. w.).[858] 1800

Eine ausdrückliche **zeitliche Befristung** des Aufenthaltsverbots sieht das Gesetz nicht vor. Jedoch ist das Aufenthaltsverbot nach § 17 Abs. 4 S. 3 Nds. SOG **zeitlich und örtlich** auf den zur **Verhütung der Straftaten erforderlichen Umfang** zu beschränken. 1801

Klausurhinweis: Es wird also eine Prüfung der Geeignetheit und Erforderlichkeit verlangt, die sich insbesondere auf die zeitliche und örtliche Komponente bezieht. Diese Prüfung kann allerdings auch „erst" im Rahmen der Prüfung der Verhältnismäßigkeit der Maßnahme erfolgen. 1802

Da ein Aufenthaltsverbot nach dem Wortlaut des § 17 Abs. 4 S. 1 Nds. SOG nur für eine „bestimmte Zeit" zulässig ist, darf es nicht unbefristet erteilt werden.[859] Typisch sind drei bis sechs Monate.[860] Eine Maximalgrenze dürfte bei einem Jahr liegen.[861]

Vertiefung: Zur Frage der Angemessenheit eines einjährigen Aufenthaltsverbots hat das VG Berlin[862] im Fall eines „Hütchenspielers" instruktiv ausge- 1803

856 Vgl. z. B. VG Göttingen, Beschluss vom 14.10.1998 – 1 B 1194–98 – NVwZ-RR 1999, 169.
857 *Ipsen*, § 12, Rn. 400.
858 *Schenke*, § 3, Rn. 135.
859 *Waechter*, in: BeckOK-NdsSOG, § 17 Rn. 114.
860 Vgl. z. B. OVG Lüneburg, *Beschluss* vom 12.5.2009, Az. 11 ME 190/09 und *Beschluss* vom 18.05.2010 – 11 LC 566/09.
861 Vgl. *Waechter*, in: BeckOK-NdsSOG, § 17 Rn. 114.
862 VG Berlin, *Beschluss* vom 30.8.2012 – 1 L 196.12- ZfWG 2012, 451.

führt: „*Angesichts der vielfachen Platzverweise, die über einen Zeitraum von fast einem Jahr ausgesprochen wurden, aber den Antragsteller nicht davon abhielten, weiterhin dem „Hütchenspiel" nachzugehen, erscheint die Dauer von zwölf Monaten angemessen, um ihn von weiterem „Hütchenspiel" abzuhalten. Dabei ist für die Bemessung der Zeitdauer des Aufenthaltsverbots […] nicht die konkrete Zahl bisheriger Vorfälle maßgeblich. Denn das Verbot stellt keine repressive Maßnahme dar, sondern soll die Gefahr weiteren „Hütchenspiels", möglichst nachhaltig, abwehren. Hierzu erscheint die Zeitdauer von zwölf Monaten als erforderlich und angemessen.*"

1804 cc) **Funktionelle Zuständigkeit.** Für das Aufenthaltsverbot ist originär die Polizei (§ 2 Nr. 5, 6 Nds. SOG) funktionell zuständig.[863] Dies ergibt sich nicht unmittelbar aus § 17 Abs. 4 Nds. SOG, der hierzu gar keine Aussage trifft, sondern aus dem Regelungszusammenhang und aus § 1 Abs. 1 S. 3 Nds. SOG, der die Straftatenverhütung grundsätzlich der Polizei zuweist.

1805 dd) **Besondere Form- und Verfahrensvorschriften.** Besondere Form- und Verfahrensvorschriften sind nicht zu beachten.

1806 Ein Aufenthaltsverbot ist ein **Dauerverwaltungsakt,** der in der Regel schriftlich erteilt wird und zu begründen ist (lies § 39 VwVfG). Das Aufenthaltsverbot muss nach § 37 Abs. 1 VwVfG inhaltlich hinreichend bestimmt sein. Das heißt, dass für den Betroffenen der räumliche Geltungsbereich klar ersichtlich sein muss.

1807 **Praxishinweis:** Diesbezüglich können Kartenausschnitte, in denen die räumliche Ausdehnung markiert ist, ein sinnvolles Hilfsmittel sein.

1808 ee) **Adressat/Betroffener.** Das Aufenthaltsverbot richtet sich an einen **Normadressaten** im Sinne von § 9 Nds. SOG. Das ergibt sich schon daraus, dass ein Aufenthaltsverbot auch gegen Personen verhängt werden kann, die (noch) keine konkrete Gefahr verursacht haben. Die §§ 6 bis 8 Nds. SOG verlangen jedoch das Vorliegen einer (mindestens) konkreten Gefahr.

1809 Im **Fall 1** ergibt sich aus den Tatsachen (häufige Taten in relativ kurzer Zeit, die allesamt am Wochenende, in der Gruppe und unter Alkoholeinfluss begangen wurden) die gerechtfertigte Annahme, dass Toni Schläger auch weiterhin unter ähnlich gelagerten Umständen Straftaten begehen wird. Denn Toni Schläger zeigt eine offensichtliche Gewaltneigung, die sich insbesondere durch alkoholbedingte Enthemmung und im Rahmen von gruppendynamischen Prozessen manifestiert. Insofern kann ein Aufenthaltsverbot gerechtfertigt sein. Dieses muss aber im vorliegenden Fall zeitlich auf das Wochenende (Freitagnacht/Samstagnacht) und örtlich auf den Innenstadtbereich beschränkt sein. Ebenso muss es Ausnahmeregelungen geben, die es dem Toni Schläger erlauben, aus berechtigtem Anlass den Innenstadtbereich aufzusuchen (z. B. bei einer Bahnreise).

863 OVG Lüneburg, Beschluss vom 12.5.2009 – 11 ME 190/09 – juris Rn. 20 ff.

d) **Klausurtaktik.** Keine Besonderheiten. 1810

Checkliste § 17 Abs. 4 Nds. SOG 1811

Tatbestand

- ✓ Tatsachen rechtfertigen die Annahme der Straftatenbegehung in einem bestimmten örtlichen Bereich
- ✓ Betroffener hat keine Wohnung in diesem Bereich

Rechtsfolge

- ✓ Verbot, diesen Bereich zu betreten oder sich dort aufzuhalten

Ermächtigungsbegrenzende Bestimmung:

- ✓ Zeitliche und örtliche Beschränkung auf den zur Straftatenverhütung erforderlichen Umfang

Adressat

- ✓ Normadressat iSd. § 9 Nds. SOG

Form- und Verfahrensvorschriften

- ✓ keine

Sonstige Hinweise

- ✓ Ermessen hinsichtlich der Länge des Aufenthaltsverbots ausüben
- ✓ Schriftlicher Verwaltungsakt mit Begründung erforderlich
- ✓ Hinreichende Bestimmtheit insbesondere hinsichtlich der Verbotszone

XI. Ingewahrsamnahme (§ 18 Nds. SOG)

1. Allgemeines

Die Ingewahrsamnahme ist wie der Platzverweis eine unverzichtbare Standardmaßnahme. Hierunter versteht man die Anordnung einer vorübergehenden nicht nur kurzfristigen allseitigen Entziehung der Bewegungsfreiheit eines Menschen. Sie ist häufig – aber nicht zwingend – mit der Unterbringung in einem Haftraum verbunden. Auch das **Einsperren** in einem Streifenwagen oder die Einkesselung von Personen[864] (z. B. nach der Auflösung einer Versammlung oder von Fußballfans in einem Fanblock) sind Freiheitsentziehungen und somit Ingewahrsamnahmen nach dem Nds. SOG oder vorläufige Festnahmen nach der StPO. Bei der sogenannten „geschlossenen Begleitung“ eines Aufzugs kommt es dagegen auf die Umstände des Einzelfalls an.[865] 1812

Die Einhaltung der relevanten Formvorschriften bereitet gerade bei den letztgenannten Freiheitsentziehungen praktische Schwierigkeiten. Darüber hinaus hat 1813

864 *Schenke*, § 3, Rn. 142; Stoermer, Der polizeirechtliche Gewahrsam, S. 25.
865 *Waechter,* in: BeckOK-Nds. SOG, § 18 Rn. 44 f.

das niedersächsische Innenministerium eine Polizeigewahrsamsordnung[866] erlassen, die in der Praxis zu beachten ist.

1814 **Vertiefungshinweis:** Diese ist in einer Klausur weder anzusprechen noch zu prüfen. Ihre Kenntnis ist für die Praxis dennoch enorm wichtig, denn aufgrund der Weisungsgebundenheit der Beamten sind die Vorschriften rechtlich bindend. Verstöße können zu disziplinar- und strafrechtlichen Konsequenzen führen. Dies gilt insbesondere für die regelmäßige Zellenkontrolle, die zu dokumentieren ist.

2. Betroffene Grundrechte

1815 **a) Freiheit der Person.** Eine Ingewahrsamnahme stellt immer eine Freiheitsentziehung dar,[867] da der Adressat an einem eng umgrenzten Ort und unter Aufhebung der Bewegungsfreiheit in alle Richtungen festgehalten wird.[868] Dementsprechend ist aufgrund Art. 104 Abs. 2 GG grundsätzlich eine richterliche Entscheidung über die Rechtmäßigkeit und Fortdauer der Maßnahme einzuholen bzw. der Betroffene unverzüglich einem Richter vorzuführen. Spätestens nach Ablauf des nächsten Tages ist der Betroffene freizulassen, wenn bis dahin keine Richtervorführung stattgefunden hat.

3. Ingewahrsamnahme (§ 18 Nds. SOG)

1816 **Fall 1:** Der Schriftsteller Frederik Feder hat mit seinen gesellschaftskritischen Büchern eine hitzige, gesellschaftliche Debatte entfacht. Wenige Minuten nach Beginn einer Bücherlesung erhält die Polizei glaubwürdige Hinweise, dass während der Lesung ein Attentat auf den Frederik Feder geplant sei. Der Einsatzleiter sieht keine andere Möglichkeit, als die Lesung zu beenden. Als sich Frederik Feder weigert, die Bühne zu verlassen, ordnet der Einsatzleiter die (kurzzeitige) Ingewahrsamnahme an.

Fall 2: PK Loh und PKin Orda werden zu einer orientierungslosen Person gerufen. Sie stellen fest, dass es sich um eine ältere Dame handelt, die nicht mehr weiß, wo sie hergekommen ist und auch ihren Namen nicht nennen kann. PKin Orda findet beim Umkrempeln des Kragens den Aufnäher eines nahegelegenen Seniorenheims. Die Seniorin weigert sich jedoch vehement, mit zum Seniorenheim zu gehen, so dass PK Loh und PKin Orda die Dame am Arm ergreifen müssen und sie in den Streifenwagen verbringen. Dort wird sie festgehalten, bis ein Mitarbeiter des Seniorenheims sie abholt.

Fall 3: Georg Grobian gerät im alkoholisierten Zustand mit seinem Partner in Streit und versetzt ihm mehrere Fausthiebe. Die eingesetzten Polizeibeamten PK Loh und PKin Orda stellen bei der Befragung fest, dass sich der Grobian nicht beruhigen lässt und selbst in Anwesenheit der Beamten immer wieder versucht, seinen Partner zu schlagen. Eine angedachte Wohnungs-

866 RdErl. d. MI v. 15.12.2008, Az. P 22.2-12340/1.
867 *König/Trurnit*, Rn. 454.
868 *Ullrich/Weiner/Brüggemann*, Rn. 258 ff.

wegweisung (§ 17 Abs. 2 S. 2 Nds. SOG) kommt nicht in Frage, weil Georg über einen Ersatzschlüssel zur Wohnung verfügt, der sich an einem unbekannten Ort außerhalb der Wohnung befindet und den er nicht freiwillig herausgibt. PK Loh ordnet daraufhin die Ingewahrsamnahme an. Georg Grobian wird einem Richter vorgeführt.

Fall 4: Nach einer Abi-Feier in einer Diskothek randaliert der Hermann Hilflos in der Nachbarschaft und versucht, sich Zugang zu fremden Häusern zu verschaffen, um dort zu schlafen. Er ist stark alkoholisiert und desorientiert, was auch den herbeigerufenen PK Loh und PKin Orda nicht entgeht. Sie erteilen dem Hermann einen Platzverweis, dem er jedoch keine Folge leistet. Daraufhin transportieren sie ihn mit dem Streifenwagen in den Bereich der Nachbardienststelle und lassen ihn dort bei einer Temperatur von 4 Grad Celsius an einer Landstraße aus dem Wagen aussteigen, obwohl Hermann keine Jacke anhat. Kurze Zeit später wird Hermann von einem Pkw auf der Landstraße sitzend erfasst und verstirbt. Zum Todeszeitpunkt beträgt seine Blutalkoholkonzentration 1,99 Promille.[869]

a) **Wichtige Normen**

→ § 18 Nds. SOG **1817**
→ § 19, 20, 21 Nds. SOG

b) **Schutzgewahrsam (§ 18 Abs. 1 Nr. 1 Nds. SOG). – aa) Tatbestandsvoraussetzungen.** Der Schutzgewahrsam erlaubt die Ingewahrsamnahme einer Person, wenn dies zum Schutz vor einer Gefahr für Leib oder Leben erforderlich ist. **1818**

Erste Voraussetzung ist somit das Vorliegen einer konkreten Gefahr für Leib oder Leben (§ 2 Nr. 1d Nds. SOG). Diese Gefahr muss **für** die in Gewahrsam zu nehmende Person vorliegen. Nicht notwendig ist es, dass diese Gefahr auch **von** dieser Person verursacht wurde.[870] Dies wird zwar häufig der Fall sein, ist aber nicht zwingend: Nach § 18 Abs. 1 Nr. 1 Nds. SOG kann prinzipiell **jede** Person, für die eine Gefahr für Leib oder Leben vorliegt, in Gewahrsam genommen werden. Aus der Formulierung ergibt sich nämlich, dass hier der Normadressat (§ 9 Nds. SOG) gemeint ist.[871] Gleichwohl haben sich Maßnahmen – schon allein aus Gründen der Verhältnismäßigkeit – natürlich nach Möglichkeit gegen den Verantwortlichen zu richten.[872] **1819**

Im Fall 1 hätte der Einsatzleiter vorrangig Maßnahmen gegen den Attentäter richten müssen, der zu diesem Zeitpunkt aber unbekannt war. Die Vorlesung hatte bereits begonnen, für eine Durchsuchung der Zuschauer war **1820**

869 Nach BGH, *Urteil* vom 10.1.2008 – 3 StR 463/07, NStZ 2008, 395.
870 *Rachor,* in: Lisken/Denninger, E, Rn. 519.
871 *Geißler/Haase/Subatzus*, NVwZ 1998, 711; widersprüchlich hier *Ullrich/Weiner/Brüggemann,* Rn. 59 und 267.
872 vgl. AB 9.0.

es schon zu spät. Einzige effektive Maßnahme zur Abwehr der Gefahr für Leib und Leben des F. war hier dessen Ingewahrsamnahme.

1821 Zu beachten ist jedoch, dass nicht jede Gefahr für Leib oder Leben, die einer Person droht, zu einer Ingewahrsamnahme berechtigt. Nach der Lehre vom erlaubten Risiko ist es dem Gefährdeten grundsätzlich möglich, seine Rechtsgüter – und sogar das Leben – unter bestimmten Voraussetzungen einer Gefährdung auszusetzen.[873]

1822 **Praxishinweis:** Viele Personen des öffentlichen Lebens sind potentiell anschlagsgefährdet. Dies rechtfertigt selbstredend nicht deren Ingewahrsamnahme. Stattdessen hat die Polizei die erforderlichen Maßnahmen zu treffen, um Leib und Leben dieser Personen zu schützen. Für den **Fall 1** bedeutet dies, dass eine Ingewahrsamnahme des Feder nur gerechtfertigt wäre, wenn man davon ausgeht, dass er in der Kürze der zur Verfügung stehenden Zeit und aufgrund seiner unvollständigen Informationslage nicht in der Lage gewesen ist, eine wohlüberlegte, eigenverantwortliche Entscheidung zu treffen.

1823 Das Gesetz nennt beispielhaft den häufigsten Anwendungsfall der Nr. 1: Eine Gefahr für Leib oder Leben für eine Person kann insbesondere vorliegen, wenn sie sich in einem **die freie Willensbestimmung ausschließenden Zustand** oder sonst in **hilfloser Lage** befindet. Ein die **freie Willensbestimmung ausschließender Zustand** liegt vor, wenn die Person nicht in der Lage ist, einen Willensentschluss zu fassen bzw. nach diesem Entschluss zu handeln.[874] Kennzeichnend ist eine massive Einschränkung der Kommunikations-, Handlungs- und/oder Steuerungsfähigkeit. Diese wird sehr häufig durch schwere Rauschzustände bedingt sein, kann sich aber auch durch z. B. Selbsttötungsphantasien ergeben.

1824 Die **hilflose Lage** ist hiervon ein Unterfall, so dass Überschneidungen zwischen beiden Voraussetzungen möglich sind. Eine Person befindet sich in hilfloser Lage, wenn sie erkennbar nicht im Stande, sich ohne fremde Hilfe gegen drohende Gefahren für Leib oder Leben zu schützen.[875] Die Ursache (z. B. Alter, Krankheit, Unfall, Drogenintoxikation) ist hierbei irrelevant. Es ist nicht erforderlich, dass die hilflose Person keinen Willensentschluss mehr treffen kann.

1825 **Im Fall 2** ist die Seniorin in der Lage, einen Willensentschluss zu fassen. Ob es sich um einen „freien“ Willensentschluss handelt, oder ob sie krankheitsbedingt nicht in der Lage ist, einen solchen zu fassen, ist bereits zweifelhaft. In jedem Fall ist sie offenkundig hilflos und kann daher – notfalls auch unter Anwendung von verhältnismäßigen Zwangsmitteln – in Gewahrsam genommen werden.

1826 Der ehemals häufigste Anwendungsfall für den Schutzgewahrsam, die Ingewahrsamnahme zwecks „Ausnüchterung“, hat zwischenzeitlich zumindest in Niedersachsen zu Recht an Bedeutung verloren: Personen, die so stark unter

---

873 *Waechter,* in: BeckOK-Nds. SOG, § 18 Rn. 29.
874 *Rachor,* in: Lisken/Denninger, E, Rn. 520.
875 *Rachor,* in: Lisken/Denninger, E, Rn. 521.

dem Einfluss von berauschenden Mitteln (welcher Art auch immer) stehen, dass sie die rechtlichen Voraussetzungen der Nr. 1 erfüllen, sollten (zwingend) einem Arzt vorgestellt werden und gehören grundsätzlich nicht in eine Zelle, sondern in ein Krankenhaus, wo ihre Vitalfunktionen **durchgängig** überwacht werden können.[876]
Für die Beurteilung des Trunkenheitsgrades ist in diesen Fällen im Übrigen auch die Analyse des Atemalkohols wenig aussagekräftig, da eine Polyintoxikation niemals ausgeschlossen werden kann und auch nicht selten gegeben ist.

Zweite Voraussetzung ist die Erforderlichkeit der Ingewahrsamnahme. Mildere, gleich geeignete Maßnahmen dürfen nicht ersichtlich sein. So kann beispielsweise statt der Ingewahrsamnahme einer alkoholisierten Person (sofern dies überhaupt sinnvoll ist, s. o.) die Überstellung an eine Betreuungsperson (z. B. dem Ehegatten) ausreichen. **1827**

> **Klausurhinweis:** An dieser Stelle kann die Prüfung der Geeignetheit und Erforderlichkeit auf die Ebene der Prüfung der Tatbestandsvoraussetzungen vorgezogen werden. Im Rahmen der Verhältnismäßigkeitsprüfung kann dann nach oben verwiesen werden. **1828**

bb) **Rechtsfolge.** Rechtsfolge ist die Befugnis zur Ingewahrsamnahme. Die Ingewahrsamnahme stellt einen Realakt dar. Verfügungen zur Durchsetzung der Ingewahrsamnahme finden ihre Rechtsgrundlage ebenfalls in § 18 Nds. SOG. Es handelt sich bei ihnen um Begleitverfügungen. **1829**

cc) **Funktionelle Zuständigkeit.** Zur Ingewahrsamnahme sind die Verwaltungsbehörden und die Polizei (§ 2 Nr. 5, 6 Nds. SOG, AB 2.6) befugt. **1830**

dd) **Besondere Form- und Verfahrensvorschriften.** Die Formvorschriften für die Ingewahrsamnahme ergeben sich aus den §§ 19–21 Nds. SOG. **1831**

Zunächst ist nach § 19 Abs. 1 S. 1 Nds. SOG unverzüglich eine **richterliche Entscheidung** über die Zulässigkeit und Fortdauer der Freiheitsentziehung einzuholen. „Unverzüglich“ meint hier nicht wie im Zivilrecht „ohne schuldhafte Verzögerung“, sondern vielmehr „ohne sachlich nicht gerechtfertigte Verzögerung“.[877] **1832**

> **Vertiefungshinweis:** So kann es zunächst erforderlich sein, die Identität sicher zu klären oder Berichte eingesetzter Beamte abzuwarten. Bei Masseningewahrsamnahmen lassen sich Wartezeiten nicht vermeiden, die je nach Einzelfall auch wenige Stunden dauern können. **1833**

Sprachlich bezieht sich § 19 Abs. 1 Nds. SOG nur auf den Fall, in dem zunächst eine polizeiliche Freiheitsentziehung stattfindet und erst anschließend ein Richter über Zulässigkeit und Fortdauer der Freiheitsentziehung entschei- **1834**

---

876 Vgl. hierzu Nr. 8 der Polizeigewahrsamsordnung (RdErl. d. MI v. 15.12.2008, Az. P 22.2-12340/1).

877 *Gusy,* § 4, Rn. 303; BVerfG, Beschluss vom 19.1.2007 – 2 BvR 1206/04 – NVwZ 2007, 1044; BVerwG, NJW 1974, 807.

det. Art. 104 II GG setzt dagegen voraus, dass eine Freiheitsentziehung grundsätzlich nur nach **vorheriger** richterlicher Entscheidung zulässig sein soll. Der niedersächsische Gesetzgeber hat nur den allerhäufigsten Anwendungsfall normiert. Sollte es in seltenen Konstellationen möglich sein, vor der Ingewahrsamnahme einen richterlichen Beschluss zu erwirken, so muss dies auch geschehen.

1835 Nach § 19 Abs. 1 S. 2 Nds. SOG ist eine richterliche Vorführung entbehrlich, wenn die Vorführung vor den Richter länger dauern würde, als die Ingewahrsamnahme.

1836 § 19 Abs. 2 bis 4 Nds. SOG regelt das gerichtliche Verfahren. Nach § 19 Abs. 3 S. 1 Nds. SOG ist für die Entscheidung über Zulässigkeit und Fortdauer der Ingewahrsamnahme das **Amtsgericht** zuständig, in dessen Bezirk die betroffene Person festgehalten wird.

1837 Folgende Vorschriften über die Behandlung der festgehaltenen Person ergeben sich aus § 20 Nds. SOG:

- Bekanntgabe des Grundes und Belehrung über Rechtsbehelfe (Abs. 1)
- Gelegenheit zur Benachrichtigung einer Vertrauensperson, es sei denn, der Zweck der Maßnahme würde durch die Benachrichtigung gefährdet (Abs. 2 S. 1)
- Benachrichtigung einer Vertrauensperson, wenn der Betroffene hierzu nicht in der Lage ist und dies seinem mutmaßlichen Willen entspricht (Abs. 2 S. 2)
- Bei Minderjährigen: Benachrichtigung eines Sorgeberechtigten (auch gegen den Willen des Minderjährigen, Abs. 2 S. 3)
- Weitere **Soll**-Vorschriften: gesonderte Unterbringung; getrennte Unterbringung von Straf- und Untersuchungsgefangenen; geschlechtlich getrennte Unterbringung (Abs. 4)

Die Deklaration des Absatzes 4 als Soll-Vorschrift trägt dem Umstand Rechnung, dass beispielsweise bei Masseningewahrsamnahmen (Einkesselung) eine Einhaltung der Vorschriften nicht möglich ist.

1838 In § 21 Nds. SOG wird die zulässige Dauer einer Freiheitsbeschränkung oder -entziehung geregelt. So ist nach Satz 1 Nr. 1 eine Person zu entlassen, wenn der Grund der Maßnahme weggefallen ist. Dies entspricht dem Verhältnismäßigkeitsgrundsatz. Eine Person ist auch zu entlassen, wenn dies richterlich angeordnet worden ist (S. 1 Nr. 2). Spätestens am Tage nach dem Ergreifen ist die Person zu entlassen, wenn bis dahin kein Richter über die Fortdauer der Freiheitsentziehung entschieden hat (S. 1 Nr. 3; Art. 104 Abs. 2 S. 3 GG).

1839 Nach § 21 S. 2 Nds. SOG kann die richterlich angeordnete Ingewahrsamnahme in Fällen des

- § 18 Abs. 1 Nr. 2 (Verhinderungsgewahrsam) bis zu zehn Tage
- § 18 Abs. 1 Nr. 1 (Schutzgewahrsam) und Nr. 3 (Durchsetzungsgewahrsam) bis zu vier Tage

andauern. Die genaue Zeitdauer ist im Beschluss zu bestimmen. Die Höchstgrenze von zehn Tagen beim Verhinderungsgewahrsam kann insbesondere bei schweren Fällen häuslicher Gewalt angeordnet werden, wenn der Betroffene beispielsweise beharrlich die Wohnungswegweisung (§ 17 Abs. 2 S. 2 Nds. SOG) missachtet.

Eine Freiheitsentziehung zum Zwecke der Identitätsfeststellung **soll** die Dauer von 6 Stunden nicht überschreiten (§ 21 S. 3 Nds. SOG). **1840**

ee) **Adressat/Betroffener.** Adressat bzw. Betroffener der Maßnahme ist der Normadressat (§ 9 Nds. SOG). **1841**

Checkliste § 18 Abs. 1 Nr. 1 Nds. SOG **1842**

Tatbestand

✓ Schutz vor einer Gefahr für Leib oder Leben (**z. B.** wegen eines a) die freie Willensbestimmung ausschließenden Zustands oder b) hilfloser Lage)
✓ Erforderlichkeit

Rechtsfolge

✓ Ingewahrsamnahme der Person und entsprechende Begleitverfügungen

Ermächtigungsbegrenzende Bestimmung

✓ keine

Form- und Verfahrensvorschriften

✓ § 19 Nds. SOG: Unverzügliche richterliche Entscheidung, es sei denn, diese würde länger dauern als die Ingewahrsamnahme selbst
✓ § 20 Nds. SOG: Belehrung über den Grund (Abs. 1), Benachrichtigungsrechte und -pflichten sowie Ausnahmen hierzu (Abs. 2), getrennte Unterbringung (Abs. 4)
✓ § 21 Nds. SOG: absolute und relative Zeitgrenzen (S. 1), Höchstgrenzen für die richterliche Anordnung von Ingewahrsamnahmen (S. 2), Soll-Vorschrift für die Dauer von Freiheitsentziehungen für Identitätsfeststellungen (S. 3).

c) **Verhinderungsgewahrsam** (**§ 18 Abs. 1 Nr. 2 Nds. SOG**). **– aa) Tatbestandsvoraussetzungen.** Der Gewahrsam ist nach § 18 Abs. 1 Nr. 2 Nds. SOG auch zulässig, wenn er **unerlässlich** ist, um eine **unmittelbar bevorstehende** **1843**

– Straftat oder
– Ordnungswidrigkeit von erheblicher Gefahr für die Allgemeinheit

zu verhindern.

Erfasst sind **alle Straftaten**. An die Schwere der Straftat werden keine besonderen Anforderungen gestellt. Aufgrund der besonderen Bedeutung des Freiheitsgrundrechts muss die Verhältnismäßigkeit bei Bagatelldelikten jedoch besonders beachtet werden.[878] Die Tat muss rechtswidrig, nicht aber schuldhaft **1844**

878 *Rachor*, in: Lisken/Denninger, E, Rn. 507.

erfolgen. Auch nicht zurechnungsfähige Personen dürfen nach dieser Variante des § 18 Nds. SOG in Gewahrsam genommen werden.[879]

1845 Bei der bevorstehenden Begehung einer **Ordnungswidrigkeit** muss es sich um eine von erheblicher Gefahr für die Allgemeinheit handeln. Neben Ordnungswidrigkeiten im Bereich des Umweltrechts kann aus polizeipraktisch relevanter Sicht der ruhestörende Lärm (§ 117 OWiG) in Frage kommen. Bedingung ist jedoch, dass die Allgemeinheit beeinträchtigt wird, und zwar so erheblich, dass die Schwelle zur Gesundheitsschädigung erreicht wird.[880]

1846 Die Tat bzw. Begehung der Ordnungswidrigkeit steht **unmittelbar bevor,** wenn sie in kürzester Frist mit an Sicherheit grenzender Wahrscheinlichkeit eintreten wird. Insofern besteht kein Unterschied zur gegenwärtigen Gefahr. Bezüglich der (auf Tatsachen zu stützenden) Prognose gilt auch hier, dass die Anforderungen an die Wahrscheinlichkeit umso geringer werden, je höherwertig das durch die Tat bedrohte Rechtsgut ist.[881]

1847 Bereits auf Tatbestandsebene ist schließlich zu prüfen, ob der Verhinderungsgewahrsam „unerlässlich" ist. Die **Unerlässlichkeit** beschreibt eine gesteigerte Form der Erforderlichkeit.[882] Ein Verhinderungsgewahrsam ist nur dann unerlässlich, wenn die Verhinderung der bevorstehenden Tat nur auf diese Weise möglich und nicht durch eine andere Maßnahme ersetzbar ist.[883]

1848 **bb) Rechtsfolge.** Rechtsfolge ist die Befugnis zur Ingewahrsamnahme. Die Ingewahrsamnahme stellt einen Realakt dar. Begleitverfügungen zur Durchsetzung der Ingewahrsamnahme finden ihre Rechtsgrundlage ebenfalls in § 18 Nds. SOG.

1849 **cc) Funktionelle Zuständigkeit.** Zur Ingewahrsamnahme sind die Verwaltungsbehörden und die Polizei (§ 2 Nr. 5, 6 Nds. SOG, AB 2.6) befugt.

1850 **dd) Besondere Form- und Verfahrensvorschriften.** Die Formvorschriften für die Ingewahrsamnahme ergeben sich aus den §§ 19–21 Nds. SOG (s. o.).

1851 **ee) Adressat/Betroffener.** Die Adressatenregelung ergibt sich aus den §§ 6 bis 8 Nds. SOG.[884]

1852 **Checkliste § 18 Abs. 1 Nr. 2 Nds. SOG**

Tatbestand

- ✓ Verhinderung einer Straftat oder Ordnungswidrigkeit von erheblicher Gefahr für die Allgemeinheit
- ✓ o. g. Straftat oder OWi steht **unmittelbar bevor**
- ✓ Unerlässlichkeit der Ingewahrsamnahme

---

879 *Waechter*, in: BeckOK-Nds. SOG, § 18 Rn. 41.
880 *Waechter*, in: BeckOK-Nds. SOG, § 18 Rn. 41.
881 Vgl. OLG Rostock, Beschluss vom 10.7.2007 – 3 W 92/07.
882 *Ipsen*, § 12, Rn. 412; OLG Frankfurt, Beschluss vom 18.6.2007 – 20 W 221/06.
883 OLG Frankfurt, Beschluss vom 18.6.2007 – 20 W 221/06.
884 Waechter, in: BeckOK-Nds. SOG, § 18 Rn. 46 unter Hinweis auf AG Berlin-Tiergarten, Beschluss vom 11.2.2004 – 352 AR 89/01 ASOG.

Rechtsfolge

✓ Ingewahrsamnahme der Person und entsprechende Begleitverfügungen

Ermächtigungsbegrenzende Bestimmung

✓ keine

Form- und Verfahrensvorschriften

✓ § 19 Nds. SOG: Unverzügliche richterliche Entscheidung, es sei denn, diese würde länger dauern als die Ingewahrsamnahme selbst

✓ § 20 Nds. SOG: Belehrung über den Grund (Abs. 1), Benachrichtigungsrechte und -pflichten sowie Ausnahmen hierzu (Abs. 2), getrennte Unterbringung (Abs. 4)

✓ § 21 Nds. SOG: absolute und relative Zeitgrenzen (S. 1), Höchstgrenzen für die richterliche Anordnung von Ingewahrsamnahmen (S. 2), Soll-Vorschrift für die Dauer von Freiheitsentziehungen für Identitätsfeststellungen (S. 3).

d) Durchsetzungsgewahrsam (§ 18 Abs. 1 Nr. 3 Nds. SOG). – aa) Tatbestandsvoraussetzungen. Nach § 18 Abs. 1 Nr. 3 Nds. SOG ist eine Ingewahrsamnahme auch zulässig, wenn sie **unerlässlich** ist, um einen **Platzverweis nach** § 17 durchzusetzen. **1853**

Auch hier meint **Unerlässlichkeit** eine gesteigerte Form der Erforderlichkeit (s. Verhinderungsgewahrsam). Die Ingewahrsamnahme muss das letzte Mittel sein, um den Platzverweis durchzusetzen. **1854**

Alle Varianten des Platzverweises sind grundsätzlich durch eine Ingewahrsamnahme durchsetzbar.[885] Die Durchsetzung eines Aufenthaltsverbots (§ 17 Abs. 4 Nds. SOG) ist jedoch nur denkbar, wenn es sich um ein so kurzzeitiges Aufenthaltsverbot handelt,[886] dass es mit der Ingewahrsamnahme gänzlich durchgesetzt werden kann (in Niedersachsen also nach § 21 S. 2 Nds. SOG maximal vier Tage). **1855**

Der Durchsetzungsgewahrsam stellt – obwohl mit ihm der Platzverweis letztlich durchgesetzt wird- nach umstrittener Auffassung **kein Zwangsmittel** dar.[887] Sowohl Platzverweis als auch die Ingewahrsamnahme können eigenständig mit Zwangsmitteln (unmittelbarer Zwang) nach § 64 Abs. 1 (im gestreckten Verfahren) oder nach § 64 Abs. 2 Nds. SOG (im Sofortvollzug) vollstreckt werden. **1856**

e) **Sonderform: Verbringungsgewahrsam.** Eine eigene – und sehr umstrittene[888] – Form der Ingewahrsamnahme stellt der sogenannte **Verbringungsgewahr-** **1857**

---

885 *Waechter*, in: BeckOK-Nds. SOG, § 18 Rn. 50.

886 *Rachor*, in: Lisken/Denninger, E, Rn. 534.

887 A. A. *Rachor*, in: Lisken/Denninger, E, Rn. 528, der die Ingewahrsamnahme analog der Fesselung als Anwendung unmittelbaren Zwangs ansieht.

888 *Gusy*, § 4, Rn. 297.

sam[889] dar. Bei diesem wird die betroffene Person nicht in eine Gewahrsamszelle eingesperrt, sondern – gewöhnlich mit dem Streifenwagen – zu einem entfernten Ort verbracht und dort wieder in Freiheit entlassen. Der Entlassungsort wird dabei so gewählt, dass der Betroffene den Gefahrenort in der kritischen Zeit nicht mehr erreichen kann, so dass das Ziel der Maßnahme, die Gefahrenabwehr, gesichert ist. Eine ausdrückliche Rechtsgrundlage für den Verbringungsgewahrsam **fehlt.** Er wird teilweise als sogenannte „Minder- oder Minusmaßnahme" auf §§ 17 Abs. 1 Nr. 2 oder 3 i. V. m. 18 Abs. 1 Nds. SOG gestützt,[890] denn sowohl Verhinderungs- als auch Durchsetzungsgewahrsam können prinzipiell durch einen Verbringungsgewahrsam gesichert werden. Eine Minusmaßnahme ist eine Maßnahme, die geringer in die Rechte des Betroffenen eingreift, als die gesetzlich geregelte, intensivere Maßnahme. Die Anwendung einer Minusmaßnahme ist daher in Anwendung des Verhältnismäßigkeitsgrundsatzes prinzipiell möglich.

1858 Im **Fall des Verbringungsgewahrsams** ist es jedoch durchaus fraglich, ob dieser eine mildere Maßnahme darstellt.[891] Denn aus taktischer Sicht ist es nötig, den Betroffenen an einem Ort freizulassen, von dem er so schnell nicht wieder den Gefahrenort erreicht. Witterung, Wochentag und Uhrzeit spielen somit für die Frage der Verhältnismäßigkeit eine große Rolle. Gleiches gilt auch hinsichtlich des Betroffenen für seine Konstitution, Gesundheit, das Mitführen von Bargeld oder Kommunikationsmitteln.

1859 Ob ein Verbringungsgewahrsam daher zulässig ist, ist umstritten.[892] Keinesfalls darf er dazu dienen, „unliebsame Klienten" in andere Bereiche zu verbringen und sie dort – unter Umständen hilflos – auszusetzen. **Fall 4**, der auf wahren Tatsachen beruht, muss hierfür als warnendes Beispiel dienen.

1860 Richtigerweise kann ein Verbringungsgewahrsam nur in Frage kommen, wenn der Betroffene ihm als **Austauschmittel** (**§ 5 Abs. 2 Nds. SOG**) zugestimmt hat.[893]

1861 aa) **Rechtsfolge.** Rechtsfolge ist die Befugnis zur Ingewahrsamnahme. Die Ingewahrsamnahme stellt einen Realakt dar. Verfügungen zur Durchsetzung der Ingewahrsamnahme finden ihre Rechtsgrundlage ebenfalls in § 18 Nds. SOG. Es handelt sich bei ihnen um Begleitverfügungen.

1862 bb) **Funktionelle Zuständigkeit.** Zur Ingewahrsamnahme sind die Verwaltungsbehörden und die Polizei (§ 2 Nr. 5, 6 Nds. SOG, AB 2.6) befugt.

1863 cc) **Besondere Form- und Verfahrensvorschriften.** Die Formvorschriften für die Ingewahrsamnahme ergeben sich aus den §§ 19 bis 21 Nds. SOG (s. o.).

---

889 Hierzu ausführlich *Waechter*, in: BeckOK-Nds. SOG, § 18 Rn. 55 ff.
890 *Ipsen*, § 12, Rn. 420.
891 Verneinend LG Hamburg, Beschluss vom 14.6.1996 – 608 Os 18/96, NVwZ-RR 1997, 537.
892 Ebenfalls verneinend *Rachor*, in: Lisken/Denninger, E, Rn. 532.
893 *Waechter*, in: BeckOK-Nds. SOG, § 18 Rn. 55.

dd) Adressat/Betroffener. Richtiger Adressat ist der Adressat des durchzusetzenden Platzverweises.[894] 1864

Checkliste § 18 Abs. 1 Nr. 3 Nds. SOG 1865

Tatbestand

✓ Durchsetzung einer Platzverweisung (inzidente Prüfung § 17 Nds. SOG)
✓ Unerlässlichkeit der Ingewahrsamnahme

Rechtsfolge

✓ Ingewahrsamnahme der Person und entsprechende Begleitverfügungen

Ermächtigungsbegrenzende Bestimmung

✓ keine

Form- und Verfahrensvorschriften

✓ § 19 Nds. SOG: Unverzügliche richterliche Entscheidung, es sei denn, diese würde länger dauern als die Ingewahrsamnahme selbst
✓ § 20 Nds. SOG: Belehrung über den Grund (Abs. 1), Benachrichtigungsrechte und -pflichten sowie Ausnahmen hierzu (Abs. 2), getrennte Unterbringung (Abs. 4)
✓ § 21 Nds. SOG: absolute und relative Zeitgrenzen (S. 1), Höchstgrenzen für die richterliche Anordnung von Ingewahrsamnahmen (S. 2), Soll-Vorschrift für die Dauer von Freiheitsentziehungen für Identitätsfeststellungen (S. 3).

f) Vollzugssicherungsgewahrsam (§ 18 Abs. 2 Nds. SOG). – aa) Tatbestandsvoraussetzungen. Der zulässige Anwendungsbereich des § 18 Abs. 2 Nds. SOG ist umstritten.[895] Er erlaubt die Ingewahrsamnahme einer Person und deren Rückführung in die Justizvollzugsanstalt (JVA), wenn die Person aus dem Vollzug einer richterlich angeordneten Freiheitsentziehung entwichen ist oder sich sonst ohne Erlaubnis außerhalb der Vollzugsanstalt aufhält. 1866

Problematisch ist, dass der **Strafvollzug** im Nds. StVollzG geregelt ist. Nach § 80 Abs. 1 Nds. StVollzG kann die Polizei einen entwichenen Strafgefangenen **auf Veranlassung der Vollzugsbehörde** festnehmen. Dies stellt rechtlich eine Amtshilfe dar und setzt voraus, dass die Vollzugsbehörde überhaupt schon Kenntnis davon hat, dass die Person entwichen ist. Dies muss freilich in der Praxis nicht immer der Fall sein, denn gelegentlich wird ein entwichener Strafgefangener von der Polizei aufgegriffen, bevor dessen Verschwinden von der Vollzugsbehörde bemerkt wurde bzw. die Polizei um Amtshilfe gebeten werden konnte. 1867

Ist nach der Flucht eines Strafgegangenen ein zeitlicher Bezug zur Strafvollstreckung nicht mehr gegeben – hat sich die Flucht sozusagen „verfestigt" – **kann** 1868

894 *Waechter*, in: BeckOK-Nds. SOG, § 18 Rn. 53.
895 *Schenke*, § 3, Rn. 143, *Rachor*, in: Lisken/Denninger, E, Rn. 527.

die Staatsanwaltschaft einen **Vollstreckungshaftbefehl nach § 457 Abs. 2 S. 2 StPO** erlassen, der wiederum von der Polizei vollstreckt werden kann.

1869 Gleichwohl stellt das Entweichen eines Strafgefangenen polizeirechtlich eine gegenwärtige Gefahr für die öffentliche Sicherheit dar. Zum Kollektivrechtsgut „Bestand der Rechtsordnung“ gehört auch das Nds. StVollzG, das vorschreibt, dass sich der Strafgefangene auch im Strafvollzug aufzuhalten hat.[896]

1870 Richtigerweise ist die Anwendung des § 18 Abs. 2 Nds. SOG auf die Fälle beschränkt, in denen noch kein Amtshilfeersuchen der Vollzugsbehörde -und somit schon gar nicht ein Vollstreckungshaftbefehl- vorliegt. In diesen Fällen kann man annehmen, dass das Nds. StVollzG nicht abschließend geregelt ist und somit das Nds. SOG Anwendung finden kann.[897]

1871 Erfasst sind alle Formen gerichtlich verhängter Freiheitsentziehungen. Neben der **Freiheitsstrafe** sind dies insbesondere **Untersuchungshaft, Maßregeln der Besserung und Sicherung** aber auch gerichtliche Freiheitsentziehungen gefahrenabwehrrechtlicher Art.

1872 Neben dem **Entweichen** ist auch der **sonstige Aufenthalt ohne Erlaubnis** erfasst. Gemeint ist beispielsweise das Überschreiten des Hafturlaubs oder des Freigangs.

1873 bb) **Rechtsfolge.** Rechtsfolge ist die Befugnis nicht nur zur Ingewahrsamnahme, sondern **auch zur Rückführung in die JVA**. Beide Rechtsfolgen stellen einen Realakt dar. Verfügungen zur Durchsetzung der Ingewahrsamnahme und Rückführung finden ihre Rechtsgrundlage ebenfalls in § 18 Nds. SOG. Es handelt sich bei ihnen um Begleitverfügungen.

1874 cc) **Funktionelle Zuständigkeit.** Zur Ingewahrsamnahme sind die Verwaltungsbehörden und die Polizei (§ 2 Nr. 5, 6 Nds. SOG, AB 2.6) befugt.

1875 dd) **Besondere Form- und Verfahrensvorschriften.** Nach dem Wortlaut des Gesetzes ergeben sich die Formvorschriften für die Ingewahrsamnahme – prinzipiell – auch hier aus den §§ 19 bis 21 Nds. SOG (s. o.).

1876 **Vertiefungshinweis:** Hier werden die Schwächen der Norm ebenfalls erkennbar: Würde die Polizei die Ingewahrsamnahme im Rahmen der Amtshilfe nach § 80 Abs. 1 Nds. StVollzG durchführen, würde sie den Betroffene direkt in die JVA zurückbringen.
Bei einer Ingewahrsamnahme nach § 18 Abs. 2 Nds. SOG müsste jedoch prinzipiell der Richter über die Ingewahrsamnahme entscheiden, obwohl es der Staatsanwaltschaft obliegt, einen Vollstreckungshaftbefehl zu erlassen. Gleichzeitig erlaubt die Norm als Rechtsfolge auch die Rückführung in die JVA. Genau so wird dies auch in der polizeilichen Praxis gehandhabt.

1877 ee) **Adressat/Betroffener.** Adressat ist hier der Normadressat (§ 9 Nds. SOG).

---

896 § 3 Nds. StVollzG.
897 *Waechter*, in: BeckOK-Nds. SOG, § 18, Rn. 61.

g) Zuführungsgewahrsam (§ 18 Abs. 3 Nds. SOG). – aa) Tatbestandsvoraussetzungen. Der Zuführungsgewahrsam erlaubt die **Inobhutnahme** einer minderjährigen Person, die sich der Sorge einer erziehungsberechtigten Person entzogen hat. **Minderjährig** ist eine Person, die das 18. Lebensjahr noch nicht vollendet hat (vgl. § 2 BGB). 1878

Die Vorschrift ist auf Minderjährige anwendbar, die „ausgerissen" sind. Eine Regelung im Nds. SOG war erforderlich, weil Inobhutnahmen nach Spezialgesetzen der Gefahrenabwehr, hier: § 8 JuSchG oder § 42 SGB VIII, nur unter engeren Voraussetzungen möglich sind bzw. nicht von der Polizei veranlasst werden können. 1879

So setzt § 8 JuSchG voraus, dass dem Minderjährigen an einem Ort eine „Kindeswohlgefährdung" droht. § 42 SGB VIII ist dagegen auf die langfristige Unterbringung eines Minderjährigen angelegt, für die ausschließlich das Jugendamt zuständig ist.[898] 1880

bb) Rechtsfolge. Rechtsfolge ist die Befugnis zur Inobhutnahme. Diese stellt einen Realakt dar. Verfügungen zur Durchsetzung der Inobhutnahme finden ihre Rechtsgrundlage ebenfalls in § 18 Nds. SOG. Es handelt sich bei ihnen um Begleitverfügungen. 1881

Die minderjährige Person darf kurzzeitig in Obhut genommen und den Sorgeberechtigten oder dem Jugendamt zugeführt werden. 1882

cc) Funktionelle Zuständigkeit. Zur Inobhutnahme sind die Verwaltungsbehörden und die Polizei (§ 2 Nr. 5, 6 Nds. SOG, AB 2.6) befugt. 1883

dd) Besondere Form- und Verfahrensvorschriften. Die Formvorschriften für die Inobhutnahme ergeben sich grundsätzlich aus den §§ 19–21 Nds. SOG (s. o.). In der Praxis dürfte es für gewöhnlich jedoch nicht zu einer richterlichen Vorführung kommen, da von der Inobhutnahme lediglich kurzfristige Maßnahmen, nämlich die Zuführung zum Jugendamt oder zu den Sorgeberechtigten erfasst sind. Diese Maßnahmen dürften grundsätzlich nicht länger dauern als die Herbeiführung einer richterlichen Entscheidung. 1884

ee) Adressat/Betroffener. Adressat ist der Minderjährige. 1885

XII. Vorläufige Festnahme (§ 127 StPO)

1. Allgemeines

Die Durchführung der Hauptverhandlung im Strafverfahren setzt grundsätzlich die Anwesenheit des Angeklagten voraus. Dessen Bereitschaft, sich der Hauptverhandlung zu stellen, kann aus nachvollziehbaren Gründen im Einzelfall gering sein. Auch andere Verhaltensweisen des Beschuldigten -wie die Beeinflussung von Zeugen- können das Strafverfahren gefährden. 1886

898 Vertiefend *Waechter*, in: BeckOK-Nds. SOG § 18, Rn. 75 ff.

1887 Deshalb sieht die StPO die Möglichkeit vor, einen Beschuldigten bereits vor seiner Verurteilung zu inhaftieren. Diese Untersuchungshaft (U-Haft) stellt einen schwerwiegenden Grundrechtseingriff in die Freiheit der Person dar. Zu beachten ist, dass im Falle der U-haft der Beschuldigte noch nicht verurteilt wurde und somit die **Unschuldsvermutung** gilt.[899]

1888 Da die U-Haft nur vom Richter angeordnet werden kann, in den allermeisten Fällen jedoch Polizeibeamte den ersten Zugriff auf den Beschuldigten haben, sieht § 127 Abs. 2 StPO die vorläufige Festnahme des Beschuldigten vor, wenn die Voraussetzungen eines Haftbefehls vorliegen. Man spricht hier auch von der „**Offizialfestnahme**".

1889 Mit § 127 Abs. 1 StPO hat der Gesetzgeber darüber hinaus die Möglichkeit für Jedermann geschaffen, einen auf frischer Tat betroffenen oder verfolgten Täter unter bestimmten Voraussetzungen festzunehmen (sog. „Flagranzfestnahme" oder „Jedermannsfestnahme"). Diese Vorschrift ist grundsätzlich auch für Polizeibeamte anwendbar,[900] aber gegenüber den spezielleren §§ 127 Abs. 2 und 163b Abs. 1 StPO nachrangig.

1890 **Klausurhinweis:** Der § 127 Abs. 1 StPO ist als Ermächtigungsgrundlage daher äußerst selten klausurrelevant. Im Folgenden wird zunächst der – äußerst klausur- und praxisrelevante – § 127 Abs. 2 StPO dargestellt.

1891 Die Abgrenzung zwischen § 127 Abs. 1 und Abs. 2 StPO bereitet im Einzelfall Schwierigkeiten. Gleiches gilt für die Frage, nach welcher Rechtsvorschrift der flüchtige Straftäter zunächst einmal „angehalten" werden kann. Hier wird häufig auch § 163b Abs. 1 StPO als Rechtsgrundlage in Frage kommen.

1892 **Klausurhinweis:** Um die Zielrichtung der Maßnahme deutlich zu machen, werden in einer Klausur sehr häufig entsprechende Hinweise gegeben, ob es sich um eine Maßnahme nach § 163b Abs. 1, § 127 Abs. 1 oder §§ 127 Abs. 2 i. V. m. 112, 112a StPO handelt. Diese Hinweise können sich aus dem Sachverhalt selbst oder aus der Aufgabenstellung ergeben.

1893 Darüber hinaus hat der Gesetzgeber mit § 127b StPO eine Möglichkeit geschaffen, eine vorläufige Festnahme durchzuführen, um in der Folge eine Haft zur Sicherung der Hauptverhandlung im beschleunigten Verfahren erwirken zu können.

1894 Eine andere Zielrichtung dagegen verfolgt § 164 StPO, der die Festnahme bei der Störung von Amtshandlungen ermöglicht und somit eher der Funktionsfähigkeit staatlicher Organe dient.

2. Betroffene Grundrechte

1895 Vorläufige Festnahmen greifen **immer** in die Freiheit der Person (Art. 2 Abs. 1 S. 2 GG) in Form einer **Freiheitsentziehung** ein.[901]

---

899 *Hartmann/Schmidt,* Strafprozessrecht, Rn. 695.

900 *Wagner,* ZJS 2001, 465, 466.

901 *Kramer,* Rn. 53.

Die Einordnung als Freiheitsentziehung ergibt sich zum einen aus der Art der Maßnahme. Ziel einer vorläufigen Festnahme ist es immer, die Freiheit der Person zu entziehen und nicht nur zu beschränken. Da die Person an einem eng umgrenzten Ort festgehalten werden soll, spricht auch die Intensität der Maßnahme für eine Freiheitsentziehung. Unerheblich ist dagegen die Dauer der Maßnahme: Auch die ganz kurzfristige vorläufige Festnahme ist immer eine Freiheitsentziehung.[902] **1896**

Eingriffe in die Freiheit der Person bedürfen eines förmlichen Gesetzes (Art. 104 Abs. 1 S. 1 GG). Die im Gesetz genannten Formvorschriften müssen eingehalten werden (qualifizierter Gesetzesvorbehalt). Als spezielle Schranken-Schranke verbietet Art. 104 Abs. 1 S. 2 GG die körperliche Misshandlung von Festgenommenen. **1897**

Art. 104 Abs. 3 GG schreibt vor, dass über eine Freiheitsentziehung der **Richter** zu entscheiden hat. Ist die Freiheitsentziehung nicht durch den Richter angeordnet worden, so ist die Entscheidung unverzüglich herbei zu führen. Die Person darf höchstens bis zum Ablauf des der Festnahme folgenden Tages festgehalten werden. **1898**

3. Vorläufige Festnahme (§ 127 Abs. 2, 112, 112a StPO)

Fall 1: PK Loh und PK Orda fahnden aufgrund einer detaillierten Personenbeschreibung nach einer Person, die einer anderen Person in den Brustbereich geschossen hat. 15 Minuten nach der Tat stellen sie in Tatortnähe eine Person (T) fest, die auf die Beschreibung passt. Bei einer Durchsuchung der Person wird die Schusswaffe aufgefunden. T ist verheiratet und hat ein 16-jähriges Kind. Er war in den letzten drei Jahren teilweise arbeitslos bzw. nur kurzzeitig bei verschiedenen Arbeitgebern geringfügig beschäftigt. **1899**

Fall 2: Gegen T wird ein Ermittlungsverfahren wegen gewerbsmäßigen Betrugs geführt. Er ist dringend verdächtig, älteren Personen billige Auslegeware als hochwertige Perserteppiche völlig überteuert verkauft zu haben. Als der ermittelnde Polizeibeamte erfährt, dass der T seine Opfer aufgesucht und ihnen Geld für eine Falschaussage angeboten hat, überlegt er, ob er bei der Staatsanwaltschaft die Beantragung eines Untersuchungshaftbefehls anregen soll. **1900**

Fall 3: T ist ein amts- und stadtbekannter Schläger. In den letzten fünf Jahren wurde er wegen gefährlicher Körperverletzung (§ 224 StGB) bereits vier Mal gerichtlich verurteilt, beim letzten Mal zu einer Freiheitsstrafe von 10 Monaten, die auf Bewährung ausgesetzt wurde. Nach der Bewährungszeit wurde T erneut straffällig: Zwei Ermittlungsverfahren wegen gefährlicher Körperverletzung sind bei der Polizei aktuell anhängig. T ist verheiratet und hat zwei Kinder, 2 und 4 Jahr alt. Er ist seit Jahren beim selben Arbeitgeber beschäftigt. Seine Ehefrau ist arbeitssuchend. Nach einer erneuten ge- **1901**

902 Hierzu bereits oben Rn. 173.

fährlichen Körperverletzung nehmen PK Loh und PK Orda den T vorläufig fest.

a) **Wichtige Normen**

1902 → § 127 Abs. 2 StPO
→ § 112 StPO
→ § 112a StPO
→ § 113 StPO
→ § 128 Abs. 1 StPO
→ §§ 127 Abs. 4 i. V. m. 114a-c StPO

1903 b) **Allgemeines.** Insbesondere die vorläufige Festnahme nach § 127 Abs. 2 StPO – die sogenannte **Offizialfestnahme** – ist ein polizeilicher Standardfall und somit sehr häufig klausurrelevant.

1904 Zwingende Voraussetzung für eine vorläufige Festnahme nach § 127 Abs. 2 StPO ist das Vorliegen eines **Haftgrundes**, der sich wiederum aus §§ 112 oder 112a StPO ergeben kann. § 113 StPO schränkt wiederum die Möglichkeit der U-Haft bei Bagatelldelikten ein. § 127a StPO sieht unter bestimmten Voraussetzungen ein Absehen von der Anordnung der Untersuchungshaft vor, wenn der Beschuldigte eine Sicherheit („Kaution") leistet.

1905 § 127 Abs. 2 StPO setzt voraus, dass die Voraussetzungen für einen Untersuchungshaftbefehl vorliegen, die sich wiederum aus §§ 112 und 112a StPO ergeben. Die Haftgründe **Flucht, Fluchtgefahr** und **Verdunklungsgefahr** nach § 112 Abs. 2 StPO sind gewissermaßen „klassische" Haftgründe. Die Haftgründe „Schwere der Tat" nach § 112 Abs. 3 StPO und „Wiederholungsgefahr" nach § 112a StPO wurden später eingefügt und sind in der Rechtswissenschaft umstritten.

1906 **Vertiefung:** So muss der Haftgrund „Schwere der Tat" verfassungskonform ausgelegt werden. Der Haftgrund „Wiederholungsgefahr" dient letztlich präventiven Zwecken. Hier stellt sich die Frage, ob dieser Zweck in der StPO geregelt werden darf.

1907 **Praxishinweis:** In der polizeilichen Praxis ist die Prüfung der Haftgründe ein „fließender Prozess". Zum Zeitpunkt des ersten Anhaltens wird für gewöhnlich keine gesicherte Tatsachenbasis vorhandenen sein, nach der man beispielsweise die Haftgründe Flucht- oder Verdunklungsgefahr sicher bejahen könnte. Erst recht gilt dies für den Haftgrund der Wiederholungsgefahr. Andererseits kann man gerade aufgrund dieser fehlenden Tatsachenbasis häufig den Haftgrund „Fluchtgefahr" begründen. Im weiteren Verlauf der polizeilichen Ermittlungen – also in den Stunden bis zur Richtervorführung – können diese Haftgründe dann aufgrund neuer Fakten, die sich aus den gebotenen Ermittlungen ergeben, verifiziert oder falsifiziert werden. Das Ergebnis der ständig fortlaufenden rechtlichen Bewertung der Haftgründe führt dann entweder zur Richtervorführung oder zur Entlassung des Beschuldigten (§ 128 StPO).

Klausurhinweis: Die Herausforderung der Klausurbearbeitung liegt darin, die vielen Tatbestandsvoraussetzungen systematisch zu prüfen. Dies gilt insbesondere für den Haftgrund der Wiederholungsgefahr nach § 112a StPO, der alleine schon eine Fülle an Tatbestandsvoraussetzungen enthält. **1908**

c) **Materielle Rechtmäßigkeit. – aa) Tatbestandsvoraussetzungen.** § 127 Abs. 2 StPO erlaubt der Staatsanwaltschaft oder den **Beamten des Polizeidienstes** bei **Gefahr im Verzug** die vorläufige Festnahme, wenn die **Voraussetzungen eines Haft- oder Unterbringungsbefehls** vorliegen. **1909**

Erste Voraussetzung ist – wie bei allen Strafverfolgungsmaßnahmen – zunächst das Vorliegen des **Anfangsverdachts einer Straftat** (§ 152 Abs. 2 StPO). **1910**

Des Weiteren muss ein „**Beamter des Polizeidienstes**“ oder die Staatsanwaltschaft handeln und es muss „**Gefahr im Verzug**“ vorliegen. Zumindest die Voraussetzung „Gefahr im Verzug“ gehört systematisch zur materiellen Rechtmäßigkeit. Sie ist im Falle der vorläufigen Festnahme gegeben, wenn die „normale“ Festnahme wegen des Zeitverlustes, der mit der vorherigen Erwirkung eines richterlichen Haft- oder Unterbringungsbefehls verbunden ist, gefährdet wäre.[903] Hierbei kommt es darauf an, ob der Beamte zum Zeitpunkt des Einschreitens es auf Grund der gesamten tatsächlichen Umstände des Einzelfalls als wahrscheinlich annehmen konnte, dass der Festnahmeerfolg gefährdet ist.[904] **1911**

Klausurhinweis: An der Polizeiakademie Niedersachsen werden beide Voraussetzungen als Teil der funktionellen Zuständigkeit angesehen und können somit grundsätzlich in der formellen Rechtmäßigkeit geprüft werden. Nach hier vertretener Auffassung ist zumindest die Prüfung des Vorliegens der Gefahr im Verzug auch im Rahmen der materiellen Rechtmäßigkeit möglich. In der Sache ist die **Gefahr im Verzug** kritisch zu prüfen: Wird der mit der Untersuchungshaft verfolgte Zweck gefährdet, wenn auf eine richterliche Entscheidung gewartet werden müsste? Diese Frage stellt sich **insbesondere** bei dem Haftgrund der **Wiederholungsgefahr.** **1912**

Da die vorläufige Festnahme die Vorstufe zur Untersuchungshaft ist, ist weitere Voraussetzung, dass die **Voraussetzungen eines Haft-** oder (alternativ) eines **Unterbringungsbefehls** vorliegen. **1913**

aaa) **Unterbringungsvoraussetzungen** (**§ 126a StPO**). Der **Unterbringungsbefehl** nach § 126a StPO kann vom Richter erlassen werden, wenn dringende Gründe für Annahme bestehen, dass jemand eine rechtswidrige Tat im Zustand der (verminderten) Schuldunfähigkeit begangen hat und die Unterbringung in einem psychiatrischen Krankenhaus zu erwarten ist. **1914**

Klausurhinweis: In Theorie und Praxis spielt der Unterbringungsbefehl eine untergeordnete Rolle. **1915**

---

903 *Schultheis*, in: KK-StPO, § 127 Rn. 35 unter Hinweis auf BayObLG OLGSt. S. 7, 9.
904 *Hilger*, in: LR-StPO, § 127 Rn. 35.

1916 **bbb) Haftvoraussetzungen (§§ 112, 112a StPO).** Die Voraussetzungen des Haftbefehls (besser: Haftvoraussetzungen) richten sich nach **§§ 112 und 112a StPO.** § 112 StPO regelt im Abs. 1 die grundsätzlichen Tatbestandsvoraussetzungen. Diese gelten für alle Haftgründe, also sowohl für § 112 Abs. 2 als auch für § 112a StPO.

1917 Demnach kann die Untersuchungshaft nur gegen einen **Beschuldigten** angeordnet werden. **Beschuldigter** ist der Tatverdächtige, gegen den sich das Strafverfahren gezielt richtet. Die Beschuldigteneigenschaft wird durch einen Willensakt der Strafverfolgungsbehörde begründet.[905]

1918 **Vertiefung:** Um die Beschuldigteneigenschaft zu begründen, muss zunächst ein einfacher Tatverdacht (vgl. §§ 163b Abs. 1, 102 StPO) vorliegen. Dieser Tatverdacht ist so konkretisiert, dass die Strafverfolgungsbehörden gezielt gegen den Beschuldigten ermitteln. Die Entscheidung, gezielt gegen eine Person zu ermitteln, ist ein **Willensakt der Strafverfolgungsbehörde.** Dieser kann auch dadurch verdeutlicht werden, dass gegen den Verdächtigen Maßnahmen getroffen werden, die nur gegen Beschuldigte zulässig sind (z. B. Maßnahmen nach §§ 81a, 94 Abs. 2 iVm. 98 oder 127 Abs. 2, 112 I StPO).

1919 Zweite Haftvoraussetzung ist das Vorliegen eines dringenden Tatverdachts gegen den Beschuldigten. **Ein dringender Tatverdacht** liegt vor, wenn die hohe Wahrscheinlichkeit besteht, dass eine bestimmte Person eine bestimmte Straftat begangen hat. Die belastenden Momente müssen dabei die entlastenden bei weitem überwiegen.[906]

1920 **Klausurhinweis 1:** Es werden Ihnen in einer Klausur Hinweise gegeben, aus denen sich der dringende Tatverdacht ergibt. Wägen Sie ausführlich die belastenden und die entlastenden Momente ab.

1921 **Klausurhinweis 2:** Da beim Tatbestandsmerkmal „Beschuldigter" der einfache Tatverdacht begründet werden muss, ist es sinnvoll, in einer Klausur zunächst den „dringenden Tatverdacht" zu prüfen. Liegt dieser vor, so ist zwangsläufig auch der einfache Tatverdacht gegeben. Es muss nun nur noch geprüft werden, ob sich das Strafverfahren auch gezielt gegen den Verdächtigen richtet.

1922 Dritte Voraussetzung ist die **Verhältnismäßigkeit der Untersuchungshaft.**[907] Diese Tatbestandsvoraussetzung ergibt sich aus der etwas verklausulierten Formulierung in § 112 Abs. 1 StPO, wonach eine Untersuchungshaft nicht angeordnet werden darf, *„wenn sie zu der Bedeutung der Sache und der zu erwartenden Strafe […] außer Verhältnis steht"*. Bei der erforderlichen Abwägung sind unter anderem der Strafverfolgungsanspruch des Staates, die Bedeutung des verletzten Rechtsguts (die sich aus der Strafandrohung ergibt), die Tatfolgen und die kriminelle Energie des Täters zu berücksichtigen. Dem ist der in-

905 BGH, *Urteil* vom 23.7.1986 – 3 StR 164/86 – BGHSt 34, 138, 140.
906 *Wankel*, in: KMR-StPO, § 112, Rn. 2.
907 *Paeffgen*, in: SK-StPO, § 112 Rn. 10.

tensive Eingriff in die grundrechtlich geschützte Freiheit der Person, die Auswirkung der Untersuchungshaft auf den Beschuldigten (Arbeitsplatzverlust, Ansehensschädigung, familiäre Auswirkungen) und die voraussichtliche Dauer der Haft gegenüberzustellen.[908]

> **Klausurhinweis:** Im Rahmen dieser Tatbestandsvoraussetzung wird die Prüfung der Verhältnismäßigkeit im weiteren Sinne vorgezogen. Bei dem entsprechenden Prüfungspunkt genügt dann ein Verweis „nach oben". **1923**

Die vierte Voraussetzung ist das Vorliegen eines **Haftgrunds**. Dieser kann sich aus § 112 Abs. 2, 3 oder 112a StPO ergeben. **1924**

§ 112 Abs. 2 StPO sieht drei Haftgründe vor: Flucht bzw. Verborgen halten (Nr. 1), Fluchtgefahr (Nr. 2) und Verdunklungsgefahr (Nr. 3). **1925**

ccc) Haftgrund Flucht oder Verborgen halten (§ 112 Abs. 2 Nr. 1 StPO). Flucht ist anzunehmen, wenn der Beschuldigte sich von seinem bisherigen räumlichen Lebensmittelpunkt abgesetzt hat, um für die Strafverfolgungsbehörden und das Gericht unerreichbar zu sein.[909]

Verborgen hält sich der Beschuldigte, wenn er unter falschem Namen oder an unbekanntem Ort lebt, um sich dem Verfahren zu entziehen.[910] **1926**

> **Klausurhinweis:** Da der Beschuldigte bei diesem Haftgrund bereits geflohen ist und insofern Gefahr im Verzug (§ 127 Abs. 2 StPO) kaum vorliegen kann, ist dieser Haftgrund in der Theorie und der polizeilichen Praxis wenig relevant. **1927**

ddd) Haftgrund Fluchtgefahr (§ 112 Abs. 2 Nr. 2 StPO). Die **Fluchtgefahr** ist in § 112 Abs. 2 Nr. 2 StPO legaldefiniert. Sie liegt vor, wenn bei Würdigung der Umstände des Einzelfalls die Gefahr besteht, dass der Beschuldigte sich dem Strafverfahren entziehen werde. Eine solche Gefahr liegt vor, wenn eine höhere Wahrscheinlichkeit für die Annahme spricht, dass der Beschuldigte sich – zumindest für eine gewisse Zeit – dem Strafverfahren entziehen wird, als für die Erwartung, er werde sich dem Verfahren zur Verfügung halten.[911] **1928**

Es ist dementsprechend eine **Prognose** erforderlich, die sich hauptsächlich auf kriminalistische Erfahrungswerte stützt. Es muss im konkreten Einzelfall abgewogen werden, welche Aspekte dafür sprechen, dass der Beschuldigte „fliehen" und welche dafür sprechen, dass er sich dem Strafverfahren stellen wird.[912] **1929**

Allein eine hohe Straferwartung (d. h. eine mehrjährige Freiheitsstrafe) reicht noch nicht aus, um eine Fluchtgefahr zu bejahen.[913] Sie ist jedoch Ausgangs- **1930**

---

908 *Hilger*, in: LR-StPO, § 112 Rn. 57 f.; *Meyer-Goßner/Schmitt*, § 112 Rn. 11.
909 *Graf*, in: KK-StPO, § 112 Rn. 10 ff.
910 *Wankel* in: KMR-StPO, § 112 Rn. 4.
911 KG, *Beschluss* vom 3.11.2011 – 4 Ws 96/11 m. w. N.
912 Vertiefend *Paeffgen*, SK-StPO, § 112, Rn. 24 ff.
913 Vgl. z. B. KG, *Beschluss* vom 3.11.2011 – 4 Ws 96/11; LG Braunschweig, *Beschluss* vom 10.6.2015 – 13 Qs 109/15 – BeckRS 2016, 7529.

punkt für die weitere Prognose: je höher die Straferwartung, desto gewichtiger müssen die den Fluchtanreiz mindernden Gesichtspunkte sein.[914]

1931 Relevante Aspekte:[915]

- Fluchtanreiz mindernd wirken in der Regel:
  - ein fester Wohnsitz im Inland
  - familiäre Bindungen, Familie, Kinder
  - andere soziale Bindungen, Umfeld, Freunde
  - feste Arbeit
  - Alter, schlechter Gesundheitszustand
- Für einen hohen Fluchtanreiz sprechen:
  - Beziehungen zum und/oder Vermögen im Ausland
  - Suchtmittelabhängigkeit
  - kriminelle Energie, Beziehungen zur organisierten Kriminalität
  - bereits getroffene Fluchtvorbereitungen

Im Rahmen der Prognose können auch Erkenntnisse aus früheren Verfahren eine Rolle spielen.

1932 **Klausurhinweis:** In einer Klausur werden Ihnen deutliche Hinweise gegeben, die eine Abwägung möglich machen. Ordnen Sie diese nach „Pro" und „Contra" Fluchtgefahr und stellen Sie sie ausführlich gegenüber.

1933 **Beispiel:** Im **Fall 1** spricht gegen eine Fluchtgefahr der Umstand, dass T verheiratet ist und ein Kind hat. Für eine Fluchtgefahr spricht jedoch, dass T eine erhebliche Strafe zu erwarten hat, so dass ein hoher Fluchtanreiz besteht. Weiterhin hat er zwar Arbeit, jedoch nicht regelmäßig und durchgängig sowie nur auf geringfügiger Basis. Sein Kind ist bereits 16 Jahre alt und steht somit „auf eigenen Füßen". Die Gesamtabwägung rechtfertigt die Annahme, dass sich der T dem Strafverfahren entziehen werde. Fluchtgefahr ist zu bejahen.

1934 eee) **Haftgrund Verdunklungsgefahr (§ 112 Abs. 2 Nr. 3 StPO). Verdunklungsgefahr** liegt nach der Legaldefinition des § 112 Abs. 2 Nr. 3 StPO vor, wenn das Verhalten des Beschuldigten den **dringenden Verdacht** begründet, dass er entweder **Beweismittel vernichten**, verändern, beiseiteschaffen, unterdrücken oder fälschen oder **auf Mitbeschuldigte, Zeugen** oder Sachverständige in **unlauterer Weise einwirken** oder **andere zu solchem Verhalten veranlassen** wird und dadurch die Gefahr droht, dass die Ermittlung der Wahrheit erschwert werde.

1935 Mit der Untersuchungshaft soll die unzulässige Einwirkung auf Personen- oder Sachbeweise verhindert werden, namentlich durch

1. die Einwirkung auf Beweismittel
2. die Einwirkung auf Prozessbeteiligte
3. die Veranlassung Dritter zu einem solchen Verhalten nach Ziff. 1 oder 2

1936 Es muss – zum Zeitpunkt der Anordnung der vorläufigen Festnahme – die **große Wahrscheinlichkeit** bestehen, dass der Beschuldigte eine dieser Verdunk-

914 KG, *Beschluss* vom 3.11.2011 – 4 Ws 96/11.
915 *Wankel*, in: KMR-StPO, § 112 Rn. 7 f.; KG, *Beschluss* vom 3.11.2011 – 4 Ws 96/11.

lungshandlungen begeht.[916] Bloße Vermutungen reichen zur Begründung nicht aus. Es bedarf vielmehr der Darlegung von entsprechenden Tatsachen, die sich sowohl aus dem Vor- als auch aus dem Nachtatverhalten des Beschuldigten ergeben können. Die Anforderungen sind hierbei nicht allzu hoch. So sollen z. B. frühere Verurteilungen des Beschuldigten wegen Meineids, Vortäuschen einer Straftat oder anderer Delikte, die auf Irreführung angelegt sind, als Beweiszeichen ausreichen.[917]

Das Verhalten des Beschuldigten muss allerdings **prozessordnungswidrig** und anstößig sein. Zulässige Verhaltensweisen können keine Verdunklungsgefahr begründen. **1937**

So ist der Beschuldigte beispielsweise nicht verpflichtet, **Beweismittel** auszuhändigen (h. M.,[918] vgl. § 95 StPO). Unzulässig ist es jedoch, Beweismittel so zu verändern, dass sie ihren Beweiswert verlieren, sie zu vernichten, neue falsche Beweismittel herzustellen oder andere Handlungen durchzuführen, die bewirken, dass das Beweismittel den Strafverfolgungsbehörden nicht jederzeit unverändert zur Verfügung steht. Andere zulässige Verhaltensweisen des Beschuldigten wie Leugnen, Geständniswiderruf, Aussageverweigerung, Verweigerung der Mitwirkung im Strafverfahren, Weigerung, Mittäter preiszugeben, können ebenfalls keine Verdunklungsgefahr begründen.[919] **1938**

Bezüglich anderer prozessbeteiligter Personen ist es zulässig, wenn der Beschuldigte mit Zeugen zur Feststellung ihres Wissens (und ohne Anwendung von Druck oder Beeinflussung) spricht.[920] Ebenfalls zulässig ist die Bitte des Beschuldigten, von einem eventuell bestehenden Zeugnisverweigerungsrecht Gebrauch zu machen.[921] Unzulässig ist es hingegen einen Zeugen zu beeinflussen, die Unwahrheit zu sagen, ihn unter Druck zu setzen oder ihm eine falsche Erinnerung zu suggerieren.[922] **1939**

Durch die Verdunklungshandlung muss die **Wahrheitsermittlung gefährdet** sein.[923] Wenn der Beschuldigte hierzu keine Möglichkeit (mehr) hat, so kann auch keine Verdunklungsgefahr vorliegen. So kann beispielsweise ein fundiertes Geständnis des Beschuldigten im Rahmen einer richterlichen Vernehmung die Verdunklungsgefahr unter Umständen ausschließen. Gleiches gilt für Zeugenaussagen, die während einer richterlichen Vernehmung getätigt wurden. **1940**

Einer höchstpersönlichen Verdunklungshandlung steht es gleich, wenn der Beschuldigte einen Dritten zu den entsprechenden Handlungen veranlasst. **1941**

---

916 *Kramer,* Rn. 71.
917 *Meyer-Goßner/Schmitt,* StPO, § 112 Rn. 30.
918 *Wohlers/Greco,* in: SK-StPO, § 163b Rn. 12 und 18; *Meyer-Goßner/Schmitt,* StPO, § 95, Rn. 5.
919 *Wankel* in: KMR-StPO, § 112 Rn. 12.
920 *Wankel* in: KMR-StPO, § 112 Rn. 11.
921 *Meyer-Goßner/Schmitt,* StPO, § 112 Rn. 33.
922 *Hilger,* LR-StPO, § 112 Rn. 48.
923 *Beulke,* § 11, Rn. 213.

1942 **Beispiel:** Im **Fall 2** wirkt der Beschuldigte mit unzulässigen Mitteln auf einen Zeugen ein. Er will sie zur Falschaussage bewegen. Aufgrund dieses Nachtatverhaltens könnte Untersuchungshaft angeordnet werden.

1943 **fff) Haftgrund Schwere der Tat (§ 112 Abs. 3 StPO).** Der Haftgrund **Schwere der Tat** ergibt sich aus § 112 Abs. 3 StPO. Nach dem Wortlaut des Gesetzes ist die Untersuchungshaft bereits dann anzuordnen, wenn der Beschuldigte einer bestimmten, besonders schweren Straftat dringend verdächtig ist.

1944 Diese besonders schweren Straftaten sind abschließend aufgezählt:
- § 6 Abs. 1 Nr. 1 VStGB: Völkermord
- § 129a Abs. 1 und 2 StGB: Bildung einer terroristischen Vereinigung (auch im Ausland)
- 211, 212, 226 StGB: Mord, Totschlag, schwere Körperverletzung
- 306b, c StGB: Besonders schwere Brandstiftung, Brandstiftung mit Todesfolge
- 308 StGB: Herbeiführen einer Sprengstoffexplosion, sofern durch die Tat Leib oder Leben eines anderen gefährdet wurden

1945 **Vertiefung:** Intention des Gesetzgebers war es, bei Kapitaldelikten einen Haftgrund zu etablieren, ohne dass im Einzelfall die Haftgründe Flucht, Fluchtgefahr oder Verdunklungsgefahr vorliegen müssen. Es sollte der vermeintlich unerträgliche Zustand verhindert werden, dass beispielsweise ein Mörder nach der Tat „noch frei herumläuft", nur, weil keine Fluchtgefahr begründet werden kann.[924]

1946 Der Haftgrund ist verfassungsrechtlich problematisch, denn eine verhältnismäßige Befugnisnorm setzt einen legitimen Zweck voraus. Zweck der Untersuchungshaft ist es **nicht**, gewissermaßen die Strafe (des ja nur vermeintlichen Straftäters) vorwegzunehmen, allgemein die Ermittlung zu erleichtern, den Beschuldigten zu „erziehen" oder gar ihn zu einem Geständnis oder zur Kooperation zu bewegen.[925] Die Untersuchungshaft ist nach dem BVerfG nur legitim um „*die Durchführung eines geordneten Strafverfahrens zu gewährleisten und die spätere Strafvollstreckung sicherzustellen; ist sie zu einem dieser Zwecke nicht mehr nötig, so ist es unverhältnismäßig und daher grundsätzlich unzulässig, sie anzuordnen, aufrechtzuerhalten oder zu vollziehen*".[926] In den Fällen, in denen der § 112 Abs. 3 StPO zur Anwendung kommt liegt aber gerade kein die Untersuchungshaft rechtfertigender Haftgrund nach § 112 Abs. 2 StPO vor (vgl. § 112 Abs. 3 am Ende).

1947 Das BVerfG[927] hält den Haftgrund „Schwere der Tat" dennoch grundsätzlich für verfassungsgemäß, verlangt aber – mit Blick auf den Zweck der Untersuchungshaft – eine verfassungskonforme Auslegung: Die Begehung der Katalogtaten des § 112 Abs. 3 StPO reicht für sich genommen nicht aus. Es muss

924 *Paeffgen*, SK-StPO, § 112 Rn. 41 ff.
925 Vgl. *Graf*, in: KK-StPO, Vorbem zu § 112 Rn. 12.
926 BVerfG, Beschluss vom 29.6.1995 – 2 BvR 2537/94.
927 BVerfG, Beschluss vom 16.3.1966 – 1 BvR 675/65, 55/66.

zusätzlich zumindest der Verdacht bzw. die Vermutung bestehen, dass der Beschuldigte flüchten oder Verdunklungshandlungen begehen könnte. **Es muss nach den Umständen des Falles zusätzlich also ein Flucht- oder Verdunklungsverdacht bestehen.**[928] Die Anforderungen an die Annahme eines solchen Verdachts sind geringer als an die Flucht- oder Verdunkelungsgefahr. Insbesondere bedarf es keiner bestimmten Tatsachen, die den Verdacht belegen. Ausreichend (aber auch erforderlich und darzulegen) ist vielmehr, dass eine Flucht oder Verdunkelungshandlung nicht auszuschließen ist.[929]

ggg) Haftgrund Wiederholungsgefahr (§ 112a StPO). Durch den besonderen Haftgrund der Wiederholungsgefahr (§ 112a StPO) soll der Gefahr begegnet werden, dass ein Sexualstraftäter oder ein „Gewohnheitstäter" vor rechtskräftiger Verurteilung weitere Straftaten begeht. Es handelt sich um eine **vorbeugende Maßnahme präventiv-polizeilicher Natur** zum Schutze der Rechtsgemeinschaft vor weiteren erheblichen Straftaten des Beschuldigten.[930] **1948**

Da es sich bei der Verhinderung weiterer Straftaten eigentlich um Gefahrenabwehr und somit „Polizeirecht" handelt, stellt sich die Frage, ob der Bund überhaupt die Gesetzgebungskompetenz hat, diesen Haftgrund zu regeln, oder ob er nicht durch die Länder im Gefahrenabwehrrecht – in Niedersachsen also im Nds. SOG – geregelt werden müsste.[931] Nach der Rechtsprechung des Bundesverfassungsgerichts sind alle Regelungen staatlicher Reaktionen *„auf Straftaten, die an die Straftat anknüpfen, ausschließlich für Straftäter gelten und ihre sachliche Rechtfertigung auch aus der Anlasstat beziehen"* dem **Straf(verfahrens)recht**[932] und nicht dem Gefahrenabwehrrecht zuzuordnen.[933] **1949**

> **Vertiefung:** Daher handelt es sich bei § 112a StPO nicht um eine Regelung im Sinne des § 3 Abs. 1 Satz 2 Nds. SOG. Es ist keine Vorschrift des Bundesrechts, in welcher die Gefahrenabwehr „besonders geregelt" ist. **1950**

Diese Besonderheit muss in der Klausur bei der Prüfung der sachlichen Zuständigkeit Berücksichtigung finden. **1951**

> **Formulierungsvorschlag:** *„Die vorläufige Festnahme wegen des Haftgrunds der Wiederholungsgefahr dient nicht der Sicherung des Strafverfahrens, sondern der Verhinderung der wiederholten Tatbegehung. Da sie aber eine staatliche Reaktion auf eine konkrete Straftat ist und ihre sachliche Rechtfertigung aus der Anlasstat bezieht, ist dennoch **ausnahmsweise** eine sachliche Zuständigkeit der Strafverfolgungsbehörden gegeben."* **1952**

Zur besseren Übersicht sollen zunächst die grundlegenden Tatbestandvoraussetzungen kurz zusammengefasst werden: **1953**

---

928 *Graf*, in: KK-StPO, § 112 Rn. 42 m. w. N.
929 Z.B. OLG Frankfurt, Beschluss vom 18.1.2000 – 1 Ws 3/2000, 1 Ws 3/00 – juris Rn. 8.
930 *Graf*, in: KK-StPO, § 112a Rn. 2 m. w. N.
931 Kritisch daher *Paeffgen*, in: SK-StPO, § 112, Rn. 3 ff.
932 Gesetzgebungskompetenz des Bundes, vgl. Art. 72, 74 Abs. 1 GG.
933 BVerfG, Urteil vom 10.2.2004 – 2 BvR 834/02 u. 1588/02 – Leitsatz 1 – lesenswert auch die fundierte Begründung.

- Beschuldigter
- dringender Tatverdacht bezüglich einer Tat nach
- Nr. 1: Sittlichkeitsdelikte oder
- Nr. 2: bestimmte Katalogtaten, die
  - wiederholt begangen wurden (beachte § 112a Abs. 1 Satz 2 StPO) und
  - die Rechtsordnung schwerwiegend beeinträchtigen und
  - Straferwartung von über einem Jahr Freiheitsstrafe
- bestimmte Tatsachen begründen die Gefahr der Wiederholung gleichgelagerter Straftaten (Wiederholungsgefahr)
- Erforderlichkeit der Untersuchungshaft zur Abwendung dieser Wiederholungsgefahr
- Subsidiaritätsklausel, § 112a II StPO

1954 Aus der Übersicht ist ersichtlich, dass die tatbestandlichen Anforderungen im Bereich der Katalogtaten nach der Nr. 1 deutlich geringer sind als bei den Katalogtaten nach der Nr. 2, bei denen weitere Tatbestandvoraussetzungen vorliegen müssen.

1955 Nach der ersten Alternative muss der Beschuldigte dringend verdächtig sein, eine Straftat nach §§ 174, 174a, 176–179 und 238 Abs. 2 und 3 StGB begangen zu haben.

1956 Die genannten Straftaten umfassen besonders schwere Sexualstraftaten wie den sexuellen Missbrauch von Kindern, Schutzbefohlenen, Widerstandsunfähigen und Gefangenen, Vergewaltigung und sexuelle Nötigung sowie Fälle der Nachstellung („Stalking“). Bei der Nachstellung gemäß § 238 StGB sind jedoch nur Fälle erfasst, bei denen das Opfer oder ein Angehöriger des Opfers in die Gefahr des Todes oder einer schweren Gesundheitsschädigung gebracht oder der Tod verursacht wird.

1957 Dass für diese Delikte zunächst eine Anlasstat für die Begründung der Wiederholungsgefahr ausreicht – neben dem Vorliegen der weiteren Tatbestandsvoraussetzungen –, liegt in der Annahme des Gesetzgebers begründet, dass bei Tätern, die die genannten Sexualstraftaten begehen, ein psychischer Defekt vorliegt, der eine Wiederholungsgefahr impliziert. Ob diese pauschale Annahme aus wissenschaftlicher Sicht gerechtfertigt ist, kann bezweifelt werden.

1958 Bei den Katalogtaten der Nr. 2 reicht die Begehung einer Anlasstat dagegen nicht aus, sondern die entsprechenden Katalogtaten müssen wiederholt oder fortgesetzt begangen werden.

1959 Wiederholt heißt mindestens zwei eigenständige Tatbegehungen. Durch § 112a Abs. 1 S. 2 StPO hat der Gesetzgeber klargestellt, dass auch abgeurteilte Straftaten berücksichtigt werden können.

1960 **Klausur- und Praxishinweis:** Die anzustellende Wiederholungsprognose (dazu unten) ist natürlich sehr viel leichter durchzuführen, je mehr Vortaten in die Beurteilung einfließen können.

Beispiel: Im **Fall 3** können neben der Anlasstat nicht nur die zwei weiteren aktuell anhängigen Ermittlungsverfahren berücksichtigt werden, sondern darüber hinaus auch noch die fünf bereits abgeurteilten. 1961

Die **fortgesetzte** Tatbegehung bezog sich auf eine zwischenzeitlich aufgegebene Rechtsfigur des Bundesgerichtshofs und hat somit keine praktische Relevanz mehr.[934] 1962

Die Straftaten, die wiederholt begangen wurden, müssen aus derselben Kategorie der Katalogtaten stammen. In § 112a Abs. 1 S. 1 Nr. 2 StPO sind die möglichen Straftatbestände wie folgt katalogisiert: 1963
- Straftaten nach § 89a, c StGB (Vorbereitung einer schweren staatsgefährdenden Straftat)
- Straftaten nach § 125a StGB (Besonders schwerer Fall des Landfriedensbruchs)
- Straftaten nach §§ 243, 244, 249–255, 260 StGB (Besonders schwerer Fall des Diebstahls, Diebstahl mit Waffen, Wohnungseinbruchsdiebstahl, Bandendiebstahl, Raub, schwerer Raub, Raub mit Todesfolge, räuberischer Diebstahl, Erpressung, (schwere) räuberische Erpressung, Hehlerei und Bandenhehlerei)
- Straftaten nach § 263 StGB (Betrug)
- Straftaten nach §§ 306–306c oder 316a StGB (die gemeingefährlichen Straftaten in Form der Brandstiftungsdelikte und der räuberische Angriff auf Kraftfahrer)
- Straftaten nach §§ 29 Abs. 1 Nr. 1, 4, 10, Abs. 3, 29a Abs. 1, 30 Abs. 1 BtmG (z. B. unerlaubtes Anbauen, Herstellen, Handel treiben, Einführen Abgeben von Betäubungsmitteln, weitere -seltene- Tatmodalitäten nach § 29 BtmG sowie die Verbrechenstatbestände der §§ 29a und 30 BtmG, die jedoch -auch- die Tatbegehung des § 29 Abs. 1 BtmG umfassen.

Die Katalogisierung beruht auf der kriminalistischen Perseveranztheorie: Der Gesetzgeber hat Serienstraftäter im Blick[935] und geht davon aus, dass „der Betrüger“ auch immer wieder „Betrügereien“ begehen wird, sich also deliktstreu verhält. Die wiederholte Tatbegehung muss sich **aus derselben Kategorie** ergeben. Es ist also (theoretisch) ausreichend für die Annahme einer wiederholten Tatbegehung, wenn der Täter einen Einbruchsdiebstahl und einen Raub begeht. Begeht er jedoch einen Einbruchsdiebstahl und einen Betrug, so liegt **keine** wiederholte Tatbegehung vor. 1964

Beispiel: Im **Fall 3** handelt es sich bei den Vortaten durchgängig um gefährliche Körperverletzungen (§ 224 StGB) und somit um Katalogtaten nach Nr. 2. Einfache Körperverletzungen (§ 223 StGB) würden für die wiederholte Tatbegehung nicht ausreichen. 1965

Zusätzlich muss die wiederholte Begehung der Katalogtaten eine **schwerwiegende Beeinträchtigung der Rechtsordnung** darstellen. Eine **Straftat beeinträch-** 1966

934 *König/Trurnit,* Rn. 442.
935 *Graf,* in: KK-StPO, § 112a Rn. 6a.

tigt die Rechtsordnung schwerwiegend, wenn sie *„mindestens in die obere Hälfte der mittelschweren Straftaten“* einzuordnen ist.[936] Sie muss hinsichtlich ihres Unrechtsgehalts und Schweregrads überdurchschnittlich und geeignet sein, in weiten Kreisen der Bevölkerung *„das Gefühl der Geborgenheit im Recht“* zu beeinträchtigen.[937] Neben der Art der Tatbegehung stellen insbesondere Art und Ausmaß des angerichteten Schadens im Einzelfall ein gewichtiges Indiz dar.[938]

1967 Dieser Tatbestandsvoraussetzung kommt bei der wiederholten Begehung von „einfachen“ Erpressungen oder geringfügigen Betrügereien besondere Bedeutung zu, da diese für sich genommen die Rechtsordnung regelmäßig nicht schwerwiegend beeinträchtigen.[939]

1968 **Vertiefung:** In der Rechtsprechung wird eine schwerwiegende Beeinträchtigung der Rechtsordnung in der Regel abgelehnt, wenn der (zu erwartende) Schaden ca. 2.000 Euro nicht übersteigt.[940] Das gilt nach zutreffender Auffassung[941] nicht für Fälle des Wohnungseinbruchsdiebstahls (§ 244 StGB). Hier hängt die Frage der Erheblichkeit nicht von der Höhe der Beute und dem angerichteten Sachschaden ab. Das OLG Celle führt hierzu aus: *„Denn zum einen hängt es letztlich vom Zufall und von den konkreten, im Vornherein indessen nicht absehbaren Umständen ab, wie hoch die Beute schließlich ausfällt, und zum anderen tritt in nicht unbedeutendem Maße hinzu, dass die Rechtsordnung zumindest aus Sicht der betroffenen Be- und auch Anwohner bei unbefugtem Einsteigen in einen Wohnraum – vor allem auch psychisch – in ganz erheblicher Weise beeinträchtigt wird. Der Wert des erlangten Diebesgutes ist nach aller kriminologischer Erfahrung hierbei regelmäßig nachrangig. Derartige Taten sind sowohl vom Unrechtsgehalt als auch von der aufgewendeten kriminellen Energie mit sonstigen Vermögenstaten nicht zu vergleichen. Das Sicherheitsgefühl der Bevölkerung und deren „Gefühl der Geborgenheit im Recht“ […] werden gerade bei Serieneinbruchstaten ungleich mehr beeinträchtigt. Demnach sind Amts- und Landgericht auch vor dem Hintergrund, dass die Vorschrift des § 112a Abs. 1 Nr. 2 StPO nach der Rechtsprechung des Bundesverfassungsgerichts als vorbeugende Schutzmaßnahme eher restriktiv auszulegen ist (BVerfGE 19, 342), völlig zutreffend von der Erheblichkeit im Sinne von § 112a Abs. 1 Nr. 2 StPO ausgegangen.“*

1969 Dieses Kriterium muss bei allen zu beurteilenden, wiederholten Straftaten vorliegen.

---

936 LG Braunschweig, Beschluss vom 10.6.2015 – 13 Qs 109/15 – BeckRS 2016, 7529.

937 *Meyer-Goßner/Schmitt,* StPO, § 112a, Rn. 9; *Hilger,* in: LR-StPO, § 112a, Rn. 33, jeweils m. w. N.

938 OLG Karlsruhe, Beschluss vom 15.6.2016 – 2 Ws 193+194/16.

939 *Hilger,* in: LR-StPO, § 112a, Rn. 34.

940 Z.B. OLG Naumburg, Beschluss vom 26.7.2011 – 1 Ws 615/11 – NStZ-RR 2013, 49; OLG Oldenburg, Beschluss vom 10.6.2005 – 1 Ws 297/05 – StV 2005, 618; LG Regensburg, Beschluss vom 16.10.2014 – 3 Ns 112 Js 5299/14.

941 OLG Celle, Beschluss vom 19.12.2013 – 1 Ws 561/13 – NdsRpfl 2014, 127.

Beispiel: Im **Fall 3** werden keine weiteren Aussagen über die Vortaten gemacht, aber T ist ein „stadtbekannter Schläger“. Daher kann davon ausgegangen werden, dass seine Vortaten bei der Bevölkerung das Gefühl der Geborgenheit im Recht vermindert haben. 1970

Weiterhin muss bezüglich der Anlasstat **eine Freiheitsstrafe von mehr als einem Jahr zu erwarten sein.**[942] Bei der Beurteilung, ob eine solche Freiheitsstrafe zu erwarten ist, spielen die Anzahl und die Höhe der (einschlägigen) Vorstrafen, die Zeitspanne zwischen den Taten, die kriminelle Energie, die Schadenshöhe und das Nachtatverhalten eine entscheidende Rolle. 1971

Klausurhinweis: Gerade Berufsanfängern kann diese Beurteilung Schwierigkeiten bereiten. Entsprechende Hinweise, die eine Beurteilung möglich machen, sollten sich jedoch aus einer Klausur ergeben, so dass die Straferwartung über einem Jahr letztlich unterstellt werden kann. 1972

Beispiel: Im **Fall 3** kann aufgrund der diversen Vorstrafen und der letztmalig verhängten, langen Freiheitsstrafe davon ausgegangen werden, dass eine Freiheitsstrafe von mehr als einem Jahr zu erwarten ist. 1973

Für **beide Alternativen (Nr. 1 und Nr. 2)** sind die **weiteren Tatbestandsvoraussetzungen** die folgenden: 1974

Es müssen bestimmte Tatsachen die Gefahr begründen, dass der Beschuldigte vor rechtskräftiger Verurteilung **weitere erhebliche Straftaten gleicher Art** begehen wird. Diese Tatbestandsvoraussetzung stellt die eigentliche **Wiederholungsgefahr** dar und erfordert eine **Prognose**. 1975

Die Prognose muss auf Tatsachen beruhen. Vermutungen und Hypothesen reichen nicht aus. Eine Tatsache, die auf die Wiederholungsgefahr hindeutet, ist beispielsweise die wiederholte Tatbegehung an sich, die auf eine starke innere Neigung des Beschuldigten zu einschlägigen Taten hindeutet.[943] Auf diese Neigung des Beschuldigten können auch andere Tatsachen hindeuten, wie z. B. die Lebensverhältnisse,[944] Schulden, Suchtmittelabhängigkeit oder eine abnorm gesteigerte Aggressivität. 1976

Es muss prognostiziert werden, dass der Beschuldigte zumindest gleichgelagerte Taten wie die Vortaten begehen wird, und diese Taten wiederum erheblich sein müssen, also wiederum mindestens dem oberen Bereich der mittleren Kriminalität zuzuordnen sind.[945] 1977

Beispiel: Im **Fall 3** ergibt sich aus seinen vielen Vortaten, dass der T eine Neigung zu Gewalttaten hat und ihn auch längere Freiheitsstrafe unbeeindruckt lassen. Nachdem er zwar die Bewährungszeit „durchgehalten“ hat, sind aktuell bereits zwei weitere Ermittlungsverfahren anhängig. Aus diesen 1978

942 LG Braunschweig, Beschluss vom 10.6.2015 – 13 Qs 109/15 – BeckRS 2016, 7529.
943 *Meyer-Goßner/Schmitt*, StPO, § 112a Rn. 14.
944 *Hilger*, in: LR-StPO, § 112a Rn. 36.
945 OLG Oldenburg, Beschluss vom 10.6.2005 – 1 Ws 297/05 – StV 2005, 618.

Gründen lässt sich die Wahrscheinlichkeit begründen, dass der T auch vor rechtskräftiger Verurteilung weitere Körperverletzungsdelikte begehen wird.

1979 Abschließend muss die Untersuchungshaft **erforderlich** sein, **um die drohende Gefahr der wiederholten Tatbegehung abzuwehren.**

1980 Sind die vorherigen Tatbestandsvoraussetzungen gegeben, so wird die U-Haft in der Regel auch erforderlich sein. Zu prüfen ist jedoch, ob andere Maßnahmen, wie z. B. die Einweisung in ein psychiatrisches Krankenhaus, die Untersuchungshaft entbehrlich machen können.

1981 **Beispiel:** Im **Fall 3** sind solche anderen Maßnahmen nicht ersichtlich. In einer Klausur muss hier die Geeignetheit und Erforderlichkeit der Untersuchungshaft geprüft werden.

1982 Aus § 112a Abs. 2 StPO ergibt sich eine **Subsidiaritätsklausel: § 112a StPO ist nicht anzuwenden, wenn Haftgründe nach § 112 StPO gegeben sind.**

1983 Vorrangig wird der Haftrichter somit Haftgründe nach § 112 StPO prüfen. Für die polizeiliche Praxis ist die Subsidiaritätsklausel von untergeordneter Rolle, da alle in Betracht kommenden Haftgründe zu prüfen und in der Festnahmeanzeige zu dokumentieren sind.

1984 **Klausurhinweis:** Daran orientiert sich auch die Prüfung der Haftgründe in einer Klausur an der Polizeiakademie Niedersachsen: Es sind **alle in Betracht** kommenden Haftgründe zu prüfen, das heißt zumindest anzuprüfen und gegebenenfalls abzulehnen.

1985 **bb) Rechtsfolge.** Rechtsfolge ist die Befugnis zur vorläufigen Festnahme, also zum Festhalten des Betroffenen bis eine richterliche Entscheidung (vgl. § 128 StPO) herbeigeführt werden kann.

1986 **Vertiefung:** Der vorläufig Festgenommene ist freizulassen, wenn eine Vorführung vor dem Richter nicht innerhalb der Frist des § 128 Abs. 1 Satz 1 (also spätestens am Tag nach der Festnahme) vorgeführt werden kann oder sich schon vorher herausstellt, dass die Gründe für die vorläufige Festnahme nicht (mehr) bestehen.[946]

1987 Umfasst ist auch die (praktisch hochrelevante) Befugnis zur Anwendung von Zwangsmitteln, namentlich unmittelbarem Zwang. Bezüglich der Art und Weise der Anwendung von unmittelbarem Zwang sind nach § 3 Abs. 2 Nds. SOG die Voraussetzungen der §§ 72 bis 79 Nds. SOG zu beachten.

1988 Bei einem Schusswaffengebrauch[947] kommen insbesondere die § 77 Abs. 1 Nr. 3 und 4 Nds. SOG zur Anwendung (vgl. unten Rn. 2634 ff.). Dieser darf nur dazu dienen, die Person fluchtunfähig zu schießen, § 76 Abs. 2 Satz 1 Nds. SOG. Der Schuss auf vitale Körperbereiche ist dagegen zum Zwecke der vor-

946 *Meyer-Goßner/Schmitt*, § 128 Rn. 2.
947 Hierzu ausführlich ab Rn. 2614.

läufigen Festnahme unverhältnismäßig und schon aus diesem Grund unzulässig.

Vertiefung: Zudem verfehlt ein voraussichtlich tödlicher Schuss den Festnahmezweck „Sicherung des Strafverfahrens". Nur gegen einen lebenden Beschuldigten kann ein Strafverfahren durchgeführt werden kann. 1989

cc) **Ermächtigungsbegrenzende Bestimmungen.** Nach § 113 Abs. 1 StPO ist eine Untersuchungshaft wegen **Verdunklungsgefahr** grundsätzlich ausgeschlossen, wenn die Tat lediglich mit einer Freiheitsstrafe bis zu 6 Monaten bzw. 180 Tagessätzen bedroht ist. Es handelt sich folglich um Fälle der Bagatellkriminalität (z. B. Teilnahme am verbotenen Glückspiel, § 285 StGB), bei denen Untersuchungshaft häufig schon nicht verhältnismäßig sein dürfte. 1990

Nach § 113 Abs. 2 StPO ist Untersuchungshaft auch in diesen Fällen ausnahmsweise möglich, wenn der Beschuldigte sich bereits in früheren Verfahren entzogen hat, Anstalten zur Flucht trifft, im Inland über keinen festen Wohnsitz verfügt oder seine Identität ungeklärt ist. 1991

dd) **Funktionelle Zuständigkeit.** Im Gegensatz zu § 127 Abs. 1 StPO sind zur vorläufigen Festnahme nach Abs. 2 nur die Staatsanwaltschaft und die Beamten des Polizeidienstes befugt,[948] somit alle – auch die in der Ausbildung befindlichen – Polizeivollzugsbeamten. Diese müssen nicht Ermittlungsperson der Staatsanwaltschaft[949] sein. 1992

Ein Richtervorbehalt ist in § 127 Abs. 2 StPO nicht vorgesehen. Vielmehr ist Voraussetzung für eine vorläufige Festnahme das Vorliegen von Gefahr im Verzug (s. o.). Läge eine richterliche Entscheidung – also ein Untersuchungshaftbefehl oder ein Unterbringungsbefehl – vor, bedürfte es keiner vorläufigen Festnahme und es läge auch keine Gefahr im Verzug vor. 1993

ee) **Besondere Form- und Verfahrensvorschriften.** Für vorläufige Festnahmen gelten nach § 127 Abs. 4 StPO die §§ 114a bis c StPO entsprechend,[950] soweit sie sinnvoll anwendbar sind. 1994

Daraus folgt zunächst, dass dem Beschuldigten unverzüglich – also ohne schuldhaftes Zögern – mitzuteilen ist, dass er vorläufig festgenommen wurde, aus welchem Grund er vorläufig festgenommen wurde und welche Beschuldigungen gegen ihn erhoben werden,[951] § 114a Satz 2 StPO entsprechend. Diese Mitteilung hat in einer ihm verständlichen Sprache zu erfolgen. 1995

Vertiefung: Nach § 114a Satz 1 StPO wäre grundsätzlich der Haftbefehl in einer dem Beschuldigten verständlichen Sprache auszuhändigen. Ein Haftbefehl liegt in den Fällen des § 127 StPO jedoch nicht vor. Dementspre- 1996

948 *Krauß*, in: BeckOK-StPO, § 127 Rn. 12.
949 Zur Frage, ob und welche Ermittlungspersonen der Staatsanwaltschaft, die nicht zugleich Polizeibeamte sind, zur vorläufigen Festnahme befugt sind vgl. *Hilger*, in: LR-StPO, § 127 Rn. 41.
950 *Wankel*, in: KMR-StPO, § 127, Rn. 13.
951 So auch *Meyer-Goßner/Schmitt*, § 127 Rn. 12 sowie 22a.

chend kommt die Regelung des § 114a Satz 2 StPO zum Tragen, nach welcher gilt: „*Ist die Aushändigung einer Abschrift und einer etwaigen Übersetzung nicht möglich, ist ihm unverzüglich in einer für ihn verständlichen Sprache mitzuteilen, welches die Gründe für die Verhaftung sind und welche Beschuldigungen gegen ihn erhoben werden.*"

1997 Der Beschuldigte ist schriftlich und in einer ihm verständlichen Sprache über seine Rechte zu **belehren** (§ 114b StPO). Dies umfasst nach § 114b Abs. 2 StPO insbesondere die Belehrung über das Recht auf

- Richtervorführung
- Aussageverweigerung
- Erhebung von Beweismitteln
- Verteidigerkonsultation
- einen Pflichtverteidiger
- ärztliche Untersuchung
- Angehörigenbenachrichtigung
- Akteneinsicht
- Einlegen von Rechtsmitteln.
- einen Dolmetscher
- Unterrichtung der konsularischen Vertretung (bei Ausländern).

1998 Nach § 114c Abs. 1 StPO hat der Beschuldigte das Recht, unverzüglich Angehörige (auch entfernte Verwandte) oder Personen des Vertrauens (z. B. Freunde) zu benachrichtigen. Sollte die Untersuchung der Straftat durch die **Angehörigenbenachrichtigung** gefährdet werden, so kann sie verschoben werden.

1999 **Vertiefung:** Wird die Haft vollzogen, besteht eine Benachrichtigungspflicht (§ 114c Abs. 2 StPO) auch gegen den Willen des Beschuldigten.[952] Eine Benachrichtigung unterbleibt dann nur, wenn Angehörige bzw. Vertrauenspersonen nicht bekannt sind und vom Beschuldigten auch nicht benannt werden.[953]

2000 Nach § 128 StPO ist der Beschuldigte entweder **freizulassen** oder einem **Richter vorzuführen.** Die Richtervorführung muss unverzüglich erfolgen, spätestens aber bis zum Ablauf des der Festnahme folgenden Tages. Somit ist eine Zeitspanne von maximal 24–48 Stunden möglich, je nach Festnahmezeit.

2001 **ff) Adressat/Betroffener.** Betroffener der Maßnahme der **Beschuldigte** (siehe dazu bereits oben).

2002 **Klausurhinweis:** In der B.A.-Klausur wird dieser Punkt als Tatbestandsvoraussetzung in der materiellen Rechtmäßigkeit geprüft.

2003 **d) Sicherheitsleistung (§§ 127a oder 132 StPO).** Ergänzend zu den Haftvorschriften nach §§ 112 und 127b Abs. 2 StPO gestatten die §§ 127a und 132

---

952 *Meyer-Goßner/Schmitt*, § 114c Rn. 6.
953 *Meyer-Goßner/Schmitt*, § 114c Rn. 4.

StPO, von dem Beschuldigten eine „angemessene“ Sicherheitsleistung zu nehmen.

aa) Freilassung gegen Sicherheit (§ 127a StPO). Nach **§ 127a StPO** kann der Beschuldigte, der **2004**
- dringend tatverdächtig ist und
- im Geltungsbereich der StPO keinen festen Wohnsitz oder Aufenthalt hat und
- bei dem die Voraussetzungen der Untersuchungshaft nur wegen Fluchtgefahr vorliegen,

die Anordnung der Untersuchungshaft abwenden, wenn er eine angemessene Sicherheit leistet.

Dies ist jedoch nur möglich, wenn keine Freiheitsstrafe oder eine freiheitsentziehende Maßregel der Besserung und Sicherung zu erwarten ist. Folglich kommt dies für Fälle in Betracht, in denen die **Verhängung einer Geldstrafe** zu erwarten ist. **2005**

Wenn der Beschuldigte eine Sicherheitsleistung in Höhe der voraussichtlichen Geldstrafe einschließlich der Verfahrenskosten leistet, kann von der Untersuchungshaft abgesehen werden. Die Entscheidung darüber kann nicht nur der Richter im Rahmen der Vorführung (§ 128 StPO) treffen, sondern auch bereits der festnehmende Beamte.[954] **2006**

> **Praxishinweis:** Die Höhe der Sicherheitsleistung richtet sich nach der Strafzumessungspraxis der Gerichte.[955] Häufig sind für Standardfälle entsprechende Listen vorhanden. **2007**

Der Beschuldigte hat in diesem Fall einen Zustellungsbevollmächtigten zu bestimmen (§ 116a Abs. 3 StPO). **2008**

> **Praxishinweis:** Die Bestellung des Zustellungsbevollmächtigten ist in der Praxis sehr wichtig. Kann der Beschuldigte keinen Zustellungsbevollmächtigten bestimmen, so sind auf den Dienststellen häufig Listen von Personen vorhanden, die sich als Zustellungsbevollmächtigte zur Verfügung stellen. Über den Zustellungsbevollmächtigten werden amtliche Schriftstücke an den Beschuldigten übersandt, wobei es genügt, dass die Schriftstücke dem Bevollmächtigten zugestellt werden. So kann dem Beschuldigten -auf schriftlichem Wege- rechtliches Gehör in Form einer Anhörung zukommen, oder es können Ladungen und Urteile übersandt werden. **2009**

bb) Sicherheitsleistung (§ 132 StPO). Eine andere Möglichkeit, eine Sicherheitsleistung zu erheben, bietet **§ 132 StPO**. Der Unterschied zu § 127a StPO besteht darin, dass hier die Voraussetzungen eines Haftbefehls nicht vorliegen.[956] Diese Vorschrift dient also nicht dazu, eine Untersuchungshaft abzuwenden. **2010**

---

954 *Meyer-Goßner/Schmitt,* § 127a StPO Rn. 1.
955 *Schultheis,* in: KK-StPO, § 127a StPO Rn. 5.
956 *König/Trurnit,* Rn. 448.

2011 Auch hier beschränkt sich die Anwendbarkeit auf Personen, die im Geltungsbereich der StPO keinen festen Wohnsitz haben (z. B. durchreisende ausländische LKW-Fahrer[957]), aber einer Straftat dringend verdächtig sind.

2012 Sie ist daher in erster Linie bei **Bagatellstraftaten** anzuwenden, beispielsweise im Bereich der (leichteren) Verkehrsstraftaten. Bei diesen Straftaten wird der Erlass eines Haftbefehls sehr häufig an der Verhältnismäßigkeit scheitern. Eine weitere Anwendungsmöglichkeit liegt im Bereich der Ordnungswidrigkeiten. § 132 StPO ist gemäß § 46 Abs. 1 OWiG entsprechend anzuwenden, und eine Untersuchungshaft bei Ordnungswidrigkeiten ist schon nach § 46 Abs. 3 OWiG ausgeschlossen.

2013 Auch hier hat der Betroffene eine angemessene Sicherheit für die Geldstrafe und die Verfahrenskosten durch Hinterlegung von Bargeld, Wertpapieren, Pfandbestellung oder Bürgschaft zu leisten (§§ 132 Abs. 2, 116a Abs. 1 StPO) und einen **Zustellungsbevollmächtigten** zu bestellen.

2014 Die **Anordnung nach § 132 StPO** obliegt -im Gegensatz zu § 127a StPO, ausschließlich dem **Richter** (§ 132 Abs. 2 StPO). Nur bei **Gefahr im Verzug** dürfen auch die **Ermittlungspersonen der Staatsanwaltschaft** die Anordnung treffen.

2015 Kann der Betroffene keine Sicherheit leisten, so erlaubt § 132 Abs. 3 StPO auch die Beschlagnahme von Beförderungsmitteln oder anderen Sachen, die der Beschuldigte **mit sich führt** und **die ihm gehören,** wobei die §§ 94 und 98 StPO entsprechend anzuwenden sind. Entsprechende Durchsuchungen sind durch § 132 StPO mitumfasst.[958]

2016 Schlägt auch die Beschlagnahme von Wertgegenständen fehl, so ist der Beschuldigte zu entlassen.

2017 **Vertiefungshinweis:** Dieses Ergebnis ist bei Bagatellstraftaten oder Ordnungswidrigkeiten aus verfassungsrechtlichen Gründen zwingend. Umso wichtiger ist die Bestellung eines Zustellungsbevollmächtigten, denn in diesen Fällen kann dem Betroffenen das Urteil und die Ladung zum Haftantritt förmlich zugestellt werden, so dass entsprechende Haftbefehle bei Wiedereinreise vollstreckt werden können.

2018 e) **Klausurtaktik.** Die vorläufige Festnahme bietet die Möglichkeit, umfassend „mit dem Sachverhalt“ zu arbeiten. Es wird eine ausführliche Darstellung erwartet, welche Umstände den dringenden Tatverdacht beim Beschuldigten begründen.

2019 Insbesondere bieten aber die Haftgründe Flucht- und Wiederholungsgefahr Gelegenheit, eine Bewertung der im Sachverhalt enthaltenen Tatsachen vorzunehmen. Hier ist es (fast) unmöglich, **zu viel** zu schreiben. Der Haftgrund Wiederholungsgefahr verlangt darüber hinaus noch das Erkennen der diversen Tatbestandsvoraussetzungen und eine entsprechende Prüfung.

957 *Meyer-Goßner/Schmitt,* § 132 Rn. 1.
958 *Meyer-Goßner/Schmitt,* StPO, § 132 Rn. 19.

2020

Checkliste § 127 Abs. 2 StPO

Tatbestand

✓ Anfangsverdacht einer Straftat
✓ Gefahr im Verzug (* Prüfung ggf. im Rahmen der funktionellen Zuständigkeit)
✓ Beamte des Polizeidienstes (* Prüfung ggf. im Rahmen der funktionellen Zuständigkeit)
✓ Voraussetzung eines Haftbefehls (§ 112 Abs. 1 StPO) liegen vor:
✓ dringender Tatverdacht
✓ Beschuldigter
✓ keine Unverhältnismäßigkeit der Untersuchungshaft
✓ Haftgrund (§§ 112 Abs. 2, Abs. 3 oder 112a Abs. 1 StPO):
- z. B. Fluchtgefahr (§ 112 Abs. 2 Nr. 2 StPO)
- z. B. Verdunklungsgefahr (§ 112 Abs. 2 Nr. 3 StPO)
  → Einwirken auf Beweismittel
  → Einwirken auf Mitbeschuldigte oder Zeugen
  → dringender Verdacht bezüglich der o. g. Handlungen
  → Gefährdung der Wahrheitsermittlung
- z. B. Schwere der Tat (§ 112 Abs. 3 StPO)
  → genannte Kapitalverbrechen
  → Flucht- oder Verdunklungsverdacht
- z. B. Wiederholungsgefahr (§ 112a Abs. 1 StPO)
  → **eine** Anlasstat nach Nr. 1 (Sittlichkeitsdelikte) <u>**oder**</u>
  → **wiederholte** Begehung einer **Katalogtat** nach Nr. 2
  + schwerwiegende Beeinträchtigung der Rechtsordnung
  + Freiheitsstraft über einem Jahr zu erwarten
  → Gefahr der Wiederholung gleichgearteter, erheblicher Straftaten
  → U-Haft zur Abwehr dieser Gefahr erforderlich
  → kein anderer Haftgrund vorliegend (Subsidiaritätsklausel, § 112a Abs. 2 StPO)

Rechtsfolge

✓ Vorläufige Festnahme

Ermächtigungsbegrenzende Bestimmung

✓ § 113 StPO: bei Straferwartung bis max. 6 Monate/180 Tagessätze:
  → keine U-Haft bei Verdunklungsgefahr (Abs. 1)
  → U-Haft bei Fluchtgefahr nur unter engeren Voraussetzungen (Abs. 2)

Form- und Verfahrensvorschriften

✓ Belehrung gem. §§ 127 IV, 114a-c StPO
✓ Richtervorführung gem. § 128 StPO

4. Vorläufige Festnahme durch Jedermann (§ 127 Abs. 1 StPO)

2021 **Fall:** PK Loh und PK Orda kommen während ihrer nächtlichen Streifenfahrt auf eine Schlägerei zu. Nach Erkennen des Streifenwagens läuft eine der beteiligten Personen davon. Während sich Passanten um den Verletzten kümmern, nehmen PK Loh und Orda die Verfolgung auf, holen den Flüchtigen ein, halten ihn fest und legen ihm Handfesseln an.

a) **Wichtige Normen**

2022 → § 127 Abs. 1 StPO
→ § 128 Abs. 1 StPO
→ §§ 127 Abs. 4 i. V. m. 114a-c StPO

2023 b) **Allgemeines.** Mit § 127 Abs. 1 StPO räumt der Gesetzgeber jeder Person die Möglichkeit ein, beim Vorliegen der rechtlichen Bedingungen eine andere Person vorläufig festzunehmen. Ziel der Maßnahme ist ausschließlich die Sicherung des Strafverfahrens.[959] Wie jede rechtlich zulässige Maßnahme rechtfertigt sie tatbestandsmäßige Handlungen des Festnehmenden, also in erster Linie die Freiheitsberaubung (§ 239 StGB).[960]

2024 c) **Materielle Rechtmäßigkeit. – aa) Tatbestandsvoraussetzungen.** § 127 Abs. 1 StPO setzt voraus, dass eine Person **auf frischer Tat betroffen** oder **verfolgt** wird.

2025 Auf frischer Tat betroffen wird, wer während der Tatausführung oder unmittelbar danach entweder am Tatort oder in dessen unmittelbarer Nähe angetroffen wird.[961] Um was für eine Straftat es sich handelt, spielt grundsätzlich keine Rolle, solange die vorläufige Festnahme insgesamt noch verhältnismäßig ist.

2026 Auf frischer Tat verfolgt wird jemand, wenn ihm kurz nach der Tat aufgrund von vorhandenen Spuren oder Hinweisen nachgestellt wird. Eine Verfolgung auf Sicht und Gehör und nicht erforderlich.[962] Die Verfolgung muss zwar nicht sofort aufgenommen werden, doch ist ein enger zeitlicher Bezug zwischen Tatausführung, Tatentdeckung und Verfolgung erforderlich. Häufig wird die Verfolgung auf Sicht und Gehör stattfinden, sie muss es aber nicht. So können auch Spuren (Blutspuren oder Fußabdrücke im Neuschnee) eine Verfolgung zulassen. Auch andere Hinweise, die eine Identifizierung des Flüchtigen zulassen (beispielsweise ein auffälliges Aussehen oder ein abgelesenes Kfz-Kennzeichen), sind taugliche Anhaltspunkte für eine Verfolgung.[963]

2027 Die Festnahme muss nicht zwingend vom Tatentdecker durchgeführt werden. Dieser kann sich nämlich auch anderer „Verfolger“ bedienen, die sich erst spä-

959 *Paeffgen,* in: SK-StPO, § 127 Rn. 5.
960 Vgl. z. B. OLG Stuttgart, Beschluss vom 2.3.1984 – 3 Ss (14) 75/84 – NJW 1984, 1694.
961 *Beulke,* § 12, Rn. 235.
962 Hierzu *Krauß* in: BeckOK-StPO, § 127, Rn. 5.
963 *Hilger,* in: LR-StPO, § 127 Rn. 15.

ter an der Verfolgung beteiligen. Die Dauer der Verfolgung ist zeitlich grundsätzlich nicht begrenzt. Wird die Verfolgung aufgegeben, ist eine spätere vorläufige Festnahme nicht mehr möglich, wobei kurze Pausen jedoch keine Beendigung der Verfolgung darstellen.[964]

Die zweite Voraussetzung ist, dass überhaupt eine Straftat vorliegt. Umstritten **2028**
ist die Frage, ob tatsächlich eine Straftat vorliegen muss,[965] oder ob ein dringender Tatverdacht[966] ausreicht. Für beide Auffassungen sprechen jeweils gewichtige Argumente.

Selbststudiumsaufgabe: Lesen Sie die Argumente für beide Auffassungen in **2029**
einem Lehrbuch oder Kommentar nach.

Nach der für die Polizei relevanten höchstrichterlichen Rechtsprechung reicht **2030**
es aus, wenn *„die erkennbaren äußeren Umstände einen dringenden Tatverdacht vermitteln"*.[967]

Dritte Voraussetzung ist ein **Festnahmegrund.** § 127 Abs. 1 StPO nennt hier **2031**
zwei Alternativen: Fluchtverdacht und nicht feststellbare Identität.

Fluchtverdacht liegt vor, wenn nach den Umständen des Einzelfalls die An- **2032**
nahme gerechtfertigt ist, der Tatverdächtige werde sich seiner Verantwortung durch Flucht entziehen.[968]

Die Eingriffsschwelle ist beim Fluchtverdacht sehr niedrig. Eine versuchte **2033**
Flucht oder eine nach den Umständen zu vermutende Flucht reichen aus. So lange die Identität nicht festgestellt wurde, ist ein Fluchtverdacht grundsätzlich immer zu begründen. Andererseits schließt eine festgestellte Identität den Fluchtverdacht nicht aus.[969]

Die **Identität ist nicht feststellbar,** wenn der Täter unbekannt ist und sich nicht **2034**
mit einem amtlichen Ausweisdokument (z. B. Reisepass oder Personalausweis) ausweist. Auf mündliche Angaben muss nicht vertraut werden. Auch ist ein Kraftfahrzeugkennzeichen nicht geeignet, um die Identität des Fahrers festzustellen.[970] Ein Führerschein allein ist ebenfalls grundsätzlich kein geeignetes Dokument, um die Identität sicher festzustellen:[971] Der Führerschein muss nicht aktualisiert werden, so dass Lichtbilder so alt sein können, dass eine Identifizierung kaum möglich ist. Weiterhin kann der Familienname abweichen und die Adresse ist nicht vermerkt.

---

964 *Schultheis*, in: KK-StPO, § 127 Rn. 13.
965 So *König/Trurnit*, Rn. 432, *Meyer-Goßner/Schmitt*, § 127 Rn. 4, *Kramer*, Rn. 60.
966 So *Hilger*, in: LR-StPO, § 127, Rn. 9 ff., Wagner, ZJS 2011, 468 ff. (m. w. N.), *Paeffgen*, SK-StPO, § 127, Rn. 10.
967 BGH, Entscheidung vom 18.11.1980 – VI ZR 151/78 – NJW 1981, 745.
968 *Meyer-Goßner/Schmitt*, § 127 Rn. 10.
969 *Schultheis*, in: KK-StPO, § 127 Rn. 16.
970 *Paeffgen*, in: SK-StPO, § 127, Rn. 16.
971 *Kühne*, Strafprozessrecht, § 26, Rn. 452.

2035 Für die **Polizei** richtet sich die Identitätsfeststellung (einschließlich des Festhaltens zum Zweck der Identitätsfeststellung) nach § 163b Abs. 1 StPO, wie § 127 Abs. 1 Satz 2 StPO klarstellt. Aus § 127 Abs. 1 Satz 2 StPO wird im Umkehrschluss gefolgert, dass § 127 Abs. 1 StPO (nur) für die Polizei anwendbar ist, wenn der Täter der Flucht verdächtig ist.[972]

2036 **Klausur-, Praxis- und Vertiefungshinweis:** In der **Praxis** ist beim ersten Zugriff auf den Täter eine **Abgrenzung** zwischen dem Anhalten/Festhalten nach §§ 163b Abs. 1, 127 Abs. 1 oder 127 Abs. 2 StPO häufig schwierig und auch nicht zwingend erforderlich: Sehr häufig werden alle drei Alternativen rechtlich zu vertreten sein. Im Detail können sich aber Unterschiede ergeben: So wäre § 163b StPO nicht anzuwenden, wenn der Täter bereits bekannt ist. § 127 Abs. 1 StPO ist nicht einschlägig, wenn der Täter nicht (mehr) auf frischer Tat verfolgt oder betroffen wird.

Im **Fallbeispiel** wäre das Festhalten der Person grundsätzlich nach allen drei Rechtsgrundlagen prinzipiell vorstellbar. Für die Beurteilung, welche Maßnahme nunmehr die „passende" ist, sind weitere Anhaltspunkt im Sachverhalt erforderlich. In einer **Klausur** werden Ihnen deutliche Hinweise gegeben, welche der drei möglichen Maßnahmen zu prüfen ist. Diese Hinweise ergeben sich aus dem Sachverhalt selbst und/oder aus der Aufgabenstellung. Fehlen diese Hinweise und sind mehrere Maßnahmen rechtlich vertretbar, so muss sich für eine Maßnahme entschieden werden.

2037 bb) **Rechtsfolge.** Rechtsfolge ist die Befugnis zur vorläufigen Festnahme. Das bedeutet, dass der Täter festgehalten werden darf. Zudem dürfen ihm Sachen (z. B. Fahrzeugschlüssel) weggenommen werden,[973] um eine Fortbewegung zu verhindern, er darf vorübergehend z. B. in einer Wohnung „verwahrt", ggf. auch gefesselt werden und er darf zur Polizeiwache gebracht werden.[974]

2038 Diese umfasst auch die Befugnis zur Anwendung von Zwangsmitteln, und zwar auch durch Privatpersonen. Diese Befugnis wird für **Privatpersonen** vom Verhältnismäßigkeitsgrundsatz begrenzt. Festnahmemittel und Gewaltanwendung müssen in einem angemessenen Verhältnis zum Festnahmezweck, also der Sicherung des Strafverfahrens, stehen. Dies schließt lebensgefährdende Gewaltanwendung aus.[975] So ist der gezielte Schusswaffengebrauch für Privatpersonen nicht zulässig, die Androhung desselben wird aber als zulässig erachtet.[976]

2039 Auch im Rahmen der Festnahme nach § 127 Abs. 1 StPO müssen niedersächsische Polizeibeamte bei Anwendung von **unmittelbarem Zwang** gemäß § 3 Abs. 2 Nds. SOG die Voraussetzungen der §§ 72 bis 79 Nds. SOG beachten.

---

972 L/R-*Hilger*, StPO, § 127, Rn. 26; *Krauß*, in: BeckOK-StPO, § 127 Rn. 9.
973 Vgl. jedoch *Wagner*, ZJS 2011, 472 ff.
974 *Krauß*, in: BeckOK-StPO, § 127 Rn. 11 m. w. N.
975 *Meyer-Goßner/Schmitt*, StPO, § 127 Rn. 14 f.
976 Hilger, in: LR-StPO, § 127 Rn. 29.

cc) **Funktionelle Zuständigkeit.** Zur vorläufigen Festnahme nach § 127 Abs. 1 StPO ist **jedermann** befugt. Eine persönliche Beziehung des Festnehmenden zur Tat (z. B. der Bestohlene) ist nicht erforderlich.[977] **2040**

Ein Richtervorbehalt ist nicht vorgesehen. Eine vorherige richterliche Anordnung ist beim Betreffen oder Verfolgen auf frischer Tat auch nicht denkbar. **2041**

Beamte des Polizeidienstes, für die eine vorläufige Festnahme nach § 127 Abs. 1 StPO nur bei Fluchtverdacht zulässig ist, sind alle Polizeibeamten. Sie müssen nicht Ermittlungspersonen der Staatsanwaltschaft sein. **2042**

dd) **Besondere Form- und Verfahrensvorschriften.** Soweit ein Polizeibeamter nach § 127 Abs. 1 StPO handelt, gelten die oben ab Rn. 1994 dargestellten Form- und Verfahrensvorschriften entsprechend. **2043**

ee) **Adressat/Betroffener.** Adressat bzw. Betroffener der Maßnahme ist nach h. M. der **dringend Tatverdächtige** (siehe dazu bereits oben). **2044**

> **Klausurhinweis:** In der B.A.-Klausur wird dieser Punkt als Tatbestandsvoraussetzung in der materiellen Rechtmäßigkeit geprüft. **2045**

d) **Klausurtaktik.** Die Jedermannsfestnahme spielt als Ermächtigungsgrundlage für Polizeibeamte nur eine ganz untergeordnete Rolle. Regelmäßig ist die speziellere Regelung des § 127 Abs. 2 StPO einschlägig. Ist Ziel des Festhaltens durch die Polizei (zunächst) die Identitätsfeststellung eines Verdächtigen, kommt vorrangig § 163b Abs. 1 StPO zur Anwendung.[978] **2046**

Checkliste § 127 Abs. 1 StPO **2047**

Tatbestand

- ✓ Anfangsverdacht einer Straftat
- ✓ Betroffener ist dringend tatverdächtig
- ✓ Frische Tat
- ✓ Betreffen oder verfolgen auf frischer Tat
- ✓ Festnahmegrund Fluchtverdacht **oder** Feststellung der Identität nicht möglich (gilt nicht für Beamte des Polizeidienstes)

Rechtsfolge

- ✓ Vorläufige Festnahme
- ✓ Bei Privatpersonen: Feststellung der Identität

Form- und Verfahrensvorschriften

- ✓ Belehrung gem. §§ 127 IV, 114a-c StPO
- ✓ Richtervorführung gem. § 128 StPO

---

977 *Schultheis*, in: KK-StPO, § 127 Rn. 20.
978 *Meyer-Goßner/Schmitt*, § 127 Rn. 7.

5. Vorläufige Festnahme zur Sicherung der Hauptverhandlungshaft

2048 **Fall 1:** PK Loh und PK Orda werden zu einem Ladendiebstahl entsandt. Der Detektiv teilt mit, dass er den T dabei beobachtet habe, sie dieser mit einem Werkzeug die Sicherungsetiketten von mehreren hochwertigen Mobiltelefonen entfernt und die Telefone in seinem Rucksack verstaut habe. Anschließend habe der T den Kassenbereich passiert, ohne die Ware im Gesamtwert von 2500 € zu bezahlen. Die entsprechenden Videoaufnahmen werden vom Detektiv übergeben. T räumt die Taten nach Belehrung ein. Er ist georgischer Staatsangehöriger und hält sich mit einem Touristenvisum in Deutschland auf.

a) Wichtige Normen

2049 → § 127b StPO
→ § 417–420 StPO

2050 **b) Allgemeines.** Die Strafprozessordnung sieht in den §§ 417 bis 420 StPO die Möglichkeit des sogenannten **„beschleunigten Verfahrens“** vor. Es soll die Justiz entlasten und insbesondere Präventionswirkung dadurch entfalten, dass die „Strafe auf dem Fuße folgt“.[979]

2051 Die Beschleunigung des Prozesses wird dadurch erreicht, dass auf bestimmte Formalitäten des normalen Verfahrens verzichtet wird. So wird die Anklage nur mündlich erhoben (statt der Zustellung einer Anklageschrift). Der Beschuldigte wird nicht förmlich geladen bzw. die Ladungsfrist kann auf 24 Stunden verkürzt werden. Ein Eröffnungsbeschluss ist nicht erforderlich.

2052 Weit schwerwiegender (und die Rechte des Angeklagten stark beschneidend) ist jedoch die Vereinfachung der Beweisaufnahme im beschleunigten Verfahren: das Beweisantragsrecht ist eingeschränkt und die Vernehmung von Zeugen, Sachverständigen und Mitbeschuldigten kann in einem großen Umfang durch die Verlesung der Äußerungen ersetzt werden (§ 420 Abs. 2 StPO). Um die Rechte des Beschuldigten dennoch zu wahren, steht diesem bereits ein Pflichtverteidiger zu, wenn eine Freiheitsstrafe von mindestens sechs Monaten **zu erwarten** ist.

2053 Das beschleunigte Verfahren ist zum Teil starker **Kritik** ausgesetzt.[980] Auch wurde es in der Praxis nicht so häufig angewandt, wie vom Gesetzgeber erhofft, da gerade reisende Täter der Hauptverhandlung fernblieben.

2054 Auch aus diesem Grund wurde im Jahr 1997 die StPO mit dem § 127b ergänzt, der eine **vorläufige Festnahme zur Sicherung der Hauptverhandlung** ermöglicht.

979 Kritisch *Meyer-Goßner/Schmitt*, vor § 417 Rn. 3 ff.
980 *Scheffler*, NJW 1994, 2191.

Diese Vorschrift ermöglicht zum einen den Erlass eines Haftbefehls (§ 127b Abs. 2 StPO) auch – und gerade – wenn keine anderen Haftgründe gegeben sind. Zum anderen beinhaltet § 127b Abs. 1 StPO auch eine Festnahmevorschrift für die Staatsanwaltschaft und die Beamten des Polizeidienstes. Diese Doppelregelung dient der Präsenzsicherung des Beschuldigten im beschleunigten Verfahren und stellt somit systematisch eine Untersuchungshaft dar.[981] **2055**

c) **Materielle Rechtmäßigkeit. – aa) Tatbestandsvoraussetzungen. Erste Voraussetzung** ist der **Anfangsverdacht einer Straftat** (§ **152 Abs. 2 StPO).** **2056**

> **Vertiefungshinweis:** Die weiteren Voraussetzungen ergeben sich zum Teil aus dem Wortlaut des § 127b StPO, zum Teil aber auch aus der Systematik des Haftrechts: So muss auch bei der vorläufigen Festnahme zur Sicherung der Hauptverhandlungshaft ein dringender Tatverdacht vorliegen und die vorläufige Festnahme -bzw. die Hauptverhandlungshaft- verhältnismäßig sein.[982] **2057**

Zweite Voraussetzung ist ein dringender Tatverdacht gegen den **Beschuldigten** (vgl. hierzu die Ausführungen zu § 112 Abs. 1 StPO). **2058**

Der Beschuldigte muss entweder **auf frischer Tat betroffen** oder **auf frischer Tat verfolgt** werden (vgl. hierzu die Ausführungen zu § 127 Abs. 1 StPO). **2059**

Weiterhin muss als **vierte Voraussetzung** ein **Haftgrund** gegeben sein. **2060**

Ein solcher liegt vor, wenn **2061**
- eine unverzügliche Entscheidung im beschleunigten Verfahren wahrscheinlich ist **und**
- auf Grund bestimmter Tatsachen zu befürchten ist, dass der Festgenommene der Hauptverhandlung fernbleiben wird.

Eine **unverzügliche Entscheidung im beschleunigten Verfahren** kann nur wahrscheinlich sein, wenn die Voraussetzungen des beschleunigten Verfahrens überhaupt gegeben sind. **2062**

Nach § 417 StPO ist das beschleunigte Verfahren nur geeignet, wenn es sich um einen **einfachen Sachverhalt** oder **um eine klare Beweislage** handelt. In der Regel werden beide Voraussetzungen kumulativ vorliegen.[983] **2063**
Ein einfacher Sachverhalt wird in der Regel nicht vorliegen, wenn dem Täter eine Vielzahl von Straftaten vorgeworfen wird. Für die klare Beweislage ist ein Geständnis des Beschuldigten zwar hilfreich, aber keine Voraussetzung. Das Erfordernis einer umfangreichen Beweisaufnahme steht dem beschleunigten Verfahren jedoch entgegen.[984]

Darüber hinaus muss die Wahrscheinlichkeit bestehen, dass ein beschleunigtes Verfahren überhaupt organisatorisch möglich ist. Dies kann der festnehmende **2064**

---

981 *Hilger*, in: LR-StPO, § 127b Rn. 1 ff.
982 *Hilger*, in: LR-StPO, § 127b Rn. 8.
983 *Meyer-Goßner/Schmitt*, StPO, § 417 Rn. 16.
984 *Meyer-Goßner/Schmitt*, StPO, § 417 Rn. 16.

Beamte in der Regel nicht mit Sicherheit beurteilen, so dass ihm ein entsprechend großzügiger Beurteilungsspielraum zugestanden werden muss.[985] Etwas Anderes kann aber gelten, wenn am Amtsgericht augenblicklich bekanntermaßen kein beschleunigtes Verfahren durchgeführt werden kann.

2065 Weiterhin muss **aufgrund bestimmter Tatsachen zu befürchten sein, dass der Festgenommene der Hauptverhandlung fernbleiben wird.** Das ist der Fall, wenn die Möglichkeit des Fernbleibens ernsthaft (und tatsachenbegründet) in Betracht kommt. Es ist eine Prognose im Einzelfall erforderlich. Eine ernsthafte Möglichkeit des Fernbleibens kann zu bejahen sein, wenn der Beschuldigte bereits früheren Verhandlungen ferngeblieben ist oder ihm wegen des Fehlens einer ladungsfähigen Anschrift keine Ladungen zugestellt werden können.[986]

2066 **Fünfte Voraussetzung** ist die **Verhältnismäßigkeit der Haft** (vgl. hierzu die Ausführungen zu § 112 Abs. 1 StPO). Ist die Hauptverhandlungshaft nicht verhältnismäßig, so kommt die Anordnung einer Sicherheitsleistung nach § 132 StPO in Betracht.[987]

2067 bb) **Rechtsfolge.** Rechtsfolge ist die Befugnis zur vorläufigen Festnahme.

2068 Der Richter entscheidet im weiteren Verfahren dann, ob er nach § 127b Abs. 2 StPO die Hauptverhandlungshaft anordnet. Dies ist nur zulässig, wenn die Durchführung der Hauptverhandlung **innerhalb einer Woche zu erwarten ist.**

2069 cc) **Funktionelle Zuständigkeit.** Zur vorläufigen Festnahme nach § 128b Abs. 1 StPO sind neben dem Staatsanwalt auch die **Beamten des Polizeidienstes** befugt, also alle Polizeibeamten. Diese müssen **nicht** Ermittlungspersonen der Staatsanwaltschaft sein.

2070 dd) **Besondere Form- und Verfahrensvorschriften.** Nach § 127b Abs. 1 Satz 2 StPO gelten die §§ 114a-c StPO entsprechend.

2071 Weiterhin ist der Festgenommene nach § 128 Abs. 1 StPO unverzüglich dem Richter vorzuführen (vgl. hierzu jeweils die Ausführungen zu § 127 Abs. 2 StPO).

2072 ee) **Adressat/Betroffener.** Adressat bzw. Betroffener der Maßnahme der **Beschuldigte** (siehe dazu bereits oben).

2073 **Klausurhinweis:** In der B.A.-Klausur wird dieser Punkt als Tatbestandsvoraussetzung in der materiellen Rechtmäßigkeit geprüft.

2074 d) **Klausurtaktik.** Die Festnahme zur Sicherung der Hauptverhandlungshaft hat in erster Linie praktische Bedeutung, da sie in der polizeilichen Praxis relativ häufig zur Anwendung kommt. In Klausuren spielt diese Maßnahme dagegen eine eher untergeordnete Rolle.

---

985 *Krauß*, in: BeckOK-StPO, § 127b Rn. 3.
986 *König/Trurnit*, Rn. 451.
987 *Hilger*, in: LR-StPO, § 127b, Rn. 8.

Checkliste § 127b Abs. 1 StPO 2075

Tatbestand

- ✓ Anfangsverdacht einer Straftat
- ✓ Beamte des Polizeidienstes
- ✓ dringender Tatverdacht
- ✓ Beschuldigter
- ✓ auf frischer Tat betroffen oder
- ✓ auf frischer Tat verfolgt
- ✓ keine Unverhältnismäßigkeit der Hauptverhandlungshaft
- ✓ Haftgrund:
  - unverzügliche Entscheidung im beschleunigten Verfahren wahrscheinlich
  - aufgrund bestimmter Tatsachen ist zu befürchten, dass der Festgenommene der Hauptverhandlung fernbleiben wird

Rechtsfolge

- ✓ Vorläufige Festnahme

Ermächtigungsbegrenzende Bestimmung

- ✓ keine

Form- und Verfahrensvorschriften

- ✓ Belehrung gem. §§ 127b Abs. 1 S. 2, 114a-c StPO
- ✓ Richtervorführung gem. § 128 StPO

6. Festnahme bei Störung von Amtshandlungen (§ 164 StPO)

Fall: POK Loh und PK Orda durchsuchen aufgrund eines richterlichen Beschlusses die Wohnung des T. Dieser versucht mehrmals, PK Orda daran zu hindern, Schubladen eines Schrankes zu öffnen. Nach entsprechender Androhung wird T von POK Loh der Wohnung verwiesen. T steigt jedoch kurze Zeit später durch ein Fenster in die Wohnung ein und öffnet heimlich einen Schrank, wobei er von PK Orda überrascht wird. Daraufhin ordnet POK Loh die Festnahme des T für die Dauer der Durchsuchung an. Er wird in einen Funkstreifenwagen gesetzt und dort bewacht. 2076

a) Wichtige Normen

→ § 164 StPO 2077
→ § 104 Abs. 1 und 2 GG

b) Allgemeines. Die Befugnis zur **Festnahme von Störern bei einer Amtshandlung** besteht in dieser Form unverändert seit Inkrafttreten der StPO im Jahre 1879.[988] Sie dient dazu, Störungen von rechtmäßigen Amtshandlungen in allen 2078

988 *Wohler*, in: SK-StPO, § 164, Rn. 1.

Verfahrensstadien[989] zu unterbinden und soll die Funktionsfähigkeit staatlicher Organe gewährleisten.

2079 Insofern kann man zwar durchaus von einem „amtlichen Selbsthilferecht[990]" sprechen, tatsächlich ist § 164 StPO jedoch eine klassische Befugnisnorm.[991]

2080 Sofern mit einer Festnahme des Störers – oder einer anderen Maßnahme – die Vollstreckung einer strafprozessualen Maßnahme geschützt werden soll, ist § 164 StPO einschlägig. Eine Anwendung des § 17 Nds. SOG (Platzverweis) oder § 18 Nds. SOG (Gewahrsam) ist wegen des in § 3 Abs. 1 S. 2 Nds. SOG dargestellten Vorrangs spezialgesetzlicher Regelungen ausgeschlossen. Der § 164 StPO regelt nach hier vertretener Auffassung[992] den Schutz strafprozessualer Maßnahmen durch Festnahme abschließend.

2081 c) **Materielle Rechtmäßigkeit. – aa) Tatbestandsvoraussetzungen.** Geschützt werden **Amtshandlungen an Ort und Stelle.** Hierunter versteht man alle rechtmäßigen strafprozessualen Maßnahmen, auf die am Ort der Amtshandlung in physischer Art unmittelbar eingewirkt wird.[993]

2082 Wo die Amtshandlung stattfindet, ist irrelevant. Entscheidend ist, dass sich die Störung am Ort der Amtshandlung auswirkt. So reicht z. B. das Schreiben eines Drohbriefs nicht aus.[994]

2083 Sämtliche strafprozessualen Maßnahmen sind geschützt, also beispielsweise neben Festnahmen und Durchsuchungen auch die Einrichtung von Kontrollstellen, Vernehmungen oder die Tatortaufnahme und Spurensuche.

2084 Gegen eine dieser Amtshandlungen muss eine **vorsätzliche Störung** vorgenommen werden. Darunter wird jedes zumindest bedingt vorsätzliche und rechtswidrige Verhalten, das die Durchführung der strafprozessualen Maßnahme nicht ganz unerheblich beeinträchtigt oder erschwert verstanden.[995] Prozessual zulässiges Verhalten (z. B. Nichtöffnen der Tür[996]) stellt keine Störung dar.

2085 Die Störung kann durch aktives Tun (Verbergen von Gegenständen, Dazwischentreten, ständiges Herumlaufen, Geräuschentwicklung) aber auch durch Passivität (z. B. Sitzblockaden) hervorgerufen werden.[997] Voraussetzung ist, dass die Störung zumindest unmittelbar bevorsteht.[998]

2086 Von wem die Störung ausgeht, ist hierbei unbeachtlich. Störer im Sinne der Vorschrift kann ein Dritter sein oder ein von der Maßnahme Betroffener. Bei

989 *Plöd* in: KMR-StPO, § 164, Rn. 1.
990 *Meyer-Goßner/Schmitt,* § 164, Rn. 1.
991 Ebenso *Wohler,* in: SK-StPO, § 164, Rn. 1.
992 A. A. *Meyer-Goßner/Schmitt,* § 164, Rn. 1.
993 *Patzak,* in: BeckOK-StPO, § 164 Rn. 4.
994 *Rieß,* in: LR-StPO, § 164 Rn. 4.
995 *Patzak,* in: BeckOK-StPO, § 164 Rn. 5.
996 LG Frankfurt a. M., Beschluss vom 26.2.2008 – 5/26 Qs 6/08 – NStZ 2008, 591.
997 *Rieß,* in: LR-StPO, § 164 Rn. 7.
998 *Meyer-Goßner/Schmitt,* StPO, § 164 Rn. 1.

Letzterem ist es irrelevant, ob er ein strafprozessuales Anwesenheitsrecht (z. B. § 106 StPO) hat.

Ebenfalls ausreichend – als alternative Tatbestandsvoraussetzung – ist das **Widersetzen gegen Anordnungen**, also das zumindest bedingt vorsätzliche und rechtswidrige Nichtbefolgen der Anordnungen.[999] Dies ist z. B. gegeben, wenn eine von der Wohnungsdurchsuchung nicht betroffene Person sich weigert, das Durchsuchungsobjekt zu verlassen.[1000] Zu strafbarem Verhalten im Sinne des § 113 StGB (Widerstand gegen Vollstreckungsbeamte) oder § 240 StGB (Nötigung) muss es nicht kommen.[1001] **2087**

bb) Rechtsfolge. Rechtsfolge ist die Befugnis zur Festnahme und zum Festhalten. **2088**

Die Dauer der Festnahme ist auf das **unbedingt notwendige Maß** zu begrenzen. Sie darf nicht länger andauern als die zu schützende Maßnahme, wie aus dem Wortlaut der Vorschrift unmittelbar hervorgeht. Der Betroffene ist aber bereits freizulassen, wenn eine Störung der Maßnahme – z. B. aus zeitlichen Gründenüberhaupt nicht mehr möglich ist. **2089**

Die höchstzulässige Dauer ist das Ende des nächsten Tages. Sollte die zu schützende Maßnahme unterbrochen werden, so ist auch der Störer in diesem Zeitraum zu entlassen. Sollte dieser die Störung dann abermals fortsetzen, so kommt eine erneute Festnahme in Betracht.[1002] **2090**

Auf der Grundlage des § 164 StPO dürfen auch weniger einschneidende Maßnahmen (sog. Minusmaßnahmen) getroffen werden. In Frage kommt hier in erster Linie der Verweis des Betroffenen vom Ort der Maßnahme (im Sinne eines Platzverweises), oder zunächst die Androhung der entsprechenden Maßnahmen.[1003] **2091**

Das Festhalten bzw. die Festnahme kann an Ort und Stelle erfolgen (z. B. in Form der Fesselung), der Störer kann aber auch an einen anderen Ort (FuStw, Dienststelle, Haftraum) verbracht werden.[1004] **2092**

cc) Funktionelle Zuständigkeit. Anordnungsbefugt ist der Beamte, der die Durchführung der Amtshandlung leitet. Dies kann ein Richter oder ein Staatsanwalt sein. In der Praxis wird es sich aber in erster Linie um Polizeibeamte handeln. **2093**

Der Beamte, der mit der Durchführung der Maßnahme betraut wurde, leitet sie. Wurde dies im Vorfeld nicht festgelegt, so hat grundsätzlich der Beamte mit der höheren Amtsbezeichnung die Leitung. **2094**

---

999 *Patzak*, in: BeckOK-StPO, § 164 Rn. 6.
1000 *Patzak*, in: BeckOK-StPO, § 164 Rn. 6.
1001 *Wohler*, in: SK-StPO, § 164 Rn. 14.
1002 *Plöd*, in: KMR-StPO, § 164 Rn. 6.
1003 *Wohler*, in: SK-StPO, § 164 Rn. 9.
1004 *Rieß*, in: LR-StPO, § 164 Rn. 14.

2095 Es ist nicht erforderlich, dass der Polizeibeamte Ermittlungsperson der Staatsanwaltschaft ist.[1005]

2096 dd) **Besondere Form- und Verfahrensvorschriften.** § 164 StPO enthält bezüglich des weiteren Verfahrens nach der Festnahme bzw. nach dem Festhalten keine weiteren Regelungen. Nach Art. 104 Abs. 2 S. 2 GG ist der Festgenommene jedoch **unverzüglich** einem Richter vorzuführen, der über Zulässigkeit und Fortdauer der Freiheitsentziehung entscheidet.

2097 Etwas anderes kann nur gelten, wenn die Richtervorführung länger dauern würde als die Freiheitsentziehung.

2098 ee) **Adressat/Betroffener.** Adressat bzw. Betroffener der Maßnahme die Person, die die Amtshandlung stört oder sich Anordnungen widersetzt (s. o.).

2099 d) **Klausurtaktik.** Die Festnahme bei Störung von Amtshandlungen ist von praktischer Relevanz, jedoch nur selten Thema einer Klausur.

2100 **Checkliste § 164 StPO**

Tatbestand

✓ Amtshandlung
✓ vorsätzliche Störung der Amtshandlung an Ort und Stelle oder
✓ Widersetzen gegen Anordnungen

Rechtsfolge

✓ Vorläufige Festnahme (oder Minusmaßnahmen wie Platzverweis)

Ermächtigungsbegrenzende Bestimmung

✓ keine

Form- und Verfahrensvorschriften

✓ Richtervorführung, Art. 104 Abs. 2 S. 2 GG

XIII. Repressive Sicherstellung und Beschlagnahme (§ 94 StPO)

1. Allgemeines

2101 Zum Zweck der Sicherung von Beweisen und des Strafverfahrens[1006] sieht die StPO seit ihrer Ursprungsfassung in § 94 Abs. 1 und Abs. 2 StPO die Sicherstellung und Beschlagnahme von körperlichen (bzw. körperlich fixierbaren[1007]) **Beweismitteln** vor.

2102 **Vertiefung:** Die so genannte **vollstreckungssichernde Beschlagnahme** von Einziehungsgegenständen (z. B. dem Tatwerkzeug) ist in den §§ 111b ff. StPO geregelt. Diese wird im zweiten Studienjahr behandelt und hier nicht

1005 *Griesbaum,* in: KK-StPO, § 164 Rn. 10.
1006 Über § 46 OWiG ist eine Anwendung auch im Ordnungswidrigkeitenverfahren denkbar.
1007 Zu elektronisch vorliegenden Daten sogleich.

näher betrachtet. Ebenfalls nicht zu den eingriffsrechtlichen Standardmaßnahmen gehört die **Führerscheinbeschlagnahme** nach § 94 Abs. 3 StPO. Diese wird im Kontext der Verkehrsrechtsveranstaltungen erläutert. Zur **einstweiligen Beschlagnahme von Zufallsfunden** (§ 108 StPO) näher unten.

Unter einer **Sicherstellung** wird die Herstellung der staatlichen Gewalt über den als Beweismittel in Betracht kommenden Gegenstand verstanden.[1008] Die staatliche Inbesitznahme kann ausweislich § 94 Abs. 1 und Abs. 2 StPO auf zwei Arten erfolgen. Zunächst kann der Staat einen Gegenstand formlos sicherstellen: **2103**

Eine **formlose Sicherstellung** – geregelt in § 94 Abs. 1 StPO – ist immer dann möglich, wenn **2104**
- eine bewegliche Sache, im Gewahrsam einer Person, freiwillig herausgegeben wird, oder
- eine bewegliche Sache, die gewahrsamslos ist *oder* deren Gewahrsamsinhaber unbekannt ist, in amtliche Verwahrung genommen wird.[1009]

Gewahrsamsinhaber ist dabei derjenige, der nach der Verkehrsanschauung mit zumindest generellem Gewahrsamswillen die tatsächliche Sachherrschaft über den Gegenstand ausübt.[1010] **2105**

> **Vertiefung:** Haben mehrere Personen Mitgewahrsam, müssen alle in die Herausgabe einwilligen, es sei denn eine Person ist allein verfügungsberechtigt.[1011] **2106**

Eine **Beschlagnahme** (§ 94 Abs. 2 StPO) ist die förmliche Sicherstellung eines Gegenstands. Sie kommt immer dann in Betracht, wenn **2107**
- eine im Gewahrsam einer Person befindliche bewegliche Sache nicht freiwillig herausgegeben wird, oder
- eine Sache nicht in Verwahrung genommen werden kann, sondern in sonstiger Weise sichergestellt werden muss (z. B. Grundstücke, Häuser, Wohnungen)[1012]

Durch die (formlose und förmliche) Sicherstellung entsteht ein **öffentlich-rechtliches Verwahrverhältnis** des Staates dem Betroffenen der Sicherstellung gegenüber.[1013]

2. Betroffene Grundrechte

Durch eine Beweismittelbeschlagnahme wird in das **Eigentumsgrundrecht** (Art. 14 GG) eingegriffen. Die Beschlagnahme nach § 94 StPO ändert die rechtliche Stellung des Eigentümers nicht. Da aber die beschlagnahmten Gegenstände (zumindest zeitweise) in amtliche Verwahrung zu nehmen sind, wird faktisch die Möglichkeit der Nutzung bzw. die Verfügungsmöglichkeit entzo- **2108**

1008 *Menges*, in: LR-StPO, § 94 Rn. 4.
1009 *Meyer-Goßner/Schmitt*, § 94 Rn. 12.
1010 *Ritzert*, in: BeckOK-StPO, § 94 Rn. 7.
1011 *Meyer-Goßner/Schmitt*, § 94 Rn. 12.
1012 *Pieper*, Kriminalistik 2008, 457, 457.
1013 *Greven*, in: KK-StPO, § 94 Rn. 1 dazu noch unten.

gen. Das ist ein Eingriff in Art. 14 Abs. 1 Satz 2 GG in Form einer Eigentumsbeschränkung, der § 94 StPO ist also eine Inhalts- und Schrankenbestimmung. Betroffener Grundrechtsträger ist hierbei derjenige, der der Rechteinhaber ist.

2109 **Vertiefung:** Bei der so genannten Postbeschlagnahme nach § 99 StPO ist Art. 10 Abs. 1 GG (Post- bzw. Briefgeheimnis) betroffen. Bei der Beschlagnahme von Mobiltelefonen, Tablets, Laptops, Datenträgern etc. kommt zudem ein Eingriff in das APR-RiS (Art. 2 Abs. 1 iVm. Art. 1 Abs. 1 GG) in Betracht.

2110 Eine formlose Sicherstellung nach § 94 Abs. 1 StPO stellt keinen Eingriff in den Schutzbereich des Art. 14 Abs. 1 GG dar.[1014]

3. Repressive Beschlagnahme (§ 94 Abs. 2 (iVm. Abs. 1, § 98 Abs. 1 Satz 1) StPO)

2111 **Fall 1:** POK A findet nach einer Schießerei Patronenhülsen auf dem Boden.

2112 **Fall 1a:** POK A nimmt die Schusswaffe des Tatverdächtigen Hans an sich, um sie auf Übereinstimmung mit den Patronenhülsen testen zu lassen.

2113 **Fall 2:** Aus Nikos Schulter entfernt ein Arzt eine steckengebliebene Patrone, die ein Unbekannter auf diesen geschossen hatte. Niko erhält sie als „Souvenir" vom Arzt. POK A fordert Niko auf, ihm die Patrone herauszugeben.

2114 **Fall 3:** Martin hat Unmengen von kinderpornographischem Material aus dem Internet auf der Festplatte seines Desktop-PC gespeichert. PK A nimmt den gesamten PC samt Monitor mit.

a) Wichtige Normen

2115
→ § 94 StPO
→ § 98 StPO (Anordnungsregelung)
→ § 97 StPO (Beschlagnahmeverbote)
→ § 95 StPO (Herausgabepflichten)
→ § 96 StPO (Schriftstücke in Ämtern)
→ § 108 StPO (Beschlagnahme von Zufallsfunden)
→ § 111k StPO (Herausgabe)

2116 b) **Allgemeines.** Die Beschlagnahme **zur Sicherung von Beweismitteln** ist eine der zentralen Standardmaßnahmen im Rahmen des Ermittlungsverfahrens. Um einen Verlust des Beweismittels z. B. durch Zerstörung vorzubeugen und um es im Rahmen des weiteren Strafverfahrens ggf. untersuchen, in Augenschein nehmen und vor Gericht vorlegen zu können, wird es im Zuge der Beschlagnahme in öffentliche bzw. zunächst polizeiliche Verwahrung genommen.

1014 *Menges*, in: LR-StPO, § 94 Rn. 6.

c) **Materielle Rechtmäßigkeit. – aa) Ermächtigungsgrundlage.** Ermächtigungsgrundlage für die Beweismittelbeschlagnahme ist § 94 Abs. 2 StPO (iVm. § 94 Abs. 1 StPO). 2117

Klausurhinweis: Gegebenenfalls muss nach den oben dargelegten Kriterien eine Abgrenzung zur (formlosen) Sicherstellung nach § 94 Abs. 1 StPO vorgenommen werden. 2118

bb) **Tatbestandsvoraussetzungen.** Erste Tatbestandsvoraussetzung für eine Beschlagnahme nach § 94 Abs. 2 StPO ist das Vorliegen eines **Anfangsverdachts einer Straftat.** Es muss noch keinen konkreten Tatverdacht bezüglich einer bestimmten Person geben. 2119

Vertiefung: Mitunter kann auch das Auffinden des Beschlagnahmegegenstandes den Anfangsverdacht begründen, z. B. wenn eine Leiche in einem Wald aufgefunden wird. 2120

Des Weiteren muss ein **Beweisgegenstand** beschlagnahmt werden. Taugliche Beweisgegenstände sind alle (beweglichen und unbeweglichen) körperlichen Gegenstände, die unmittelbar oder mittelbar für die Tat oder die Umstände der Tat Beweis erbringen könnten. 2121

Zu prüfen ist zunächst, ob der Beweisgegenstand **potentiell für die Beweisführung Bedeutung** hat (vgl. § 94 Abs. 1 StPO *„für die Untersuchung von Bedeutung sein können"*). Dabei reicht es aus, dass die Möglichkeit nicht fernliegt, dass er für Be- oder Entlastung des Beschuldigten (sowohl im Rahmen der Tatbestandsmäßigkeit, Rechtswidrigkeit oder Schuld) oder die Klärung von Tatzusammenhängen relevant werden könnte. 2122

Beispiele: Tatinstrumente; Produkte der Tat; Gegenstände, die Spurenträger sind; Gegenstände auf deren Wiedererkennung durch Zeugen es ankommt; Gegenstände für die strafprozessuale Untersuchung (z. B. Foto für die Fahndung) – In Fall 1 gibt die Hülse ggf. einen Hinweis auf die Tatwaffe. 2123

Der Beweisgegenstand muss **beschlagnahmefähig** sein. Das setzt zunächst eine **Sachqualität** im Sinne der §§ 90, 90a BGB (lesen!) – also eine tatsächliche Beschlagnahmefähigkeit – voraus. Es muss sich also um einen körperlichen Gegenstand handeln. Eine Beschlagnahme von unkörperlichen Rechtspositionen (z. B. Forderungen, Patente) ist nach § 94 StPO nicht möglich. Sollen aber z. B. in **digitaler Form** vorliegende Beweise (z. B. rechtswidrige Bilder, Musik, Schriften – vgl. Fall 3) beschlagnahmt werden, so können „Verkörperungen", also entweder Ausdrucke oder die die Daten enthaltenden Datenträger (z. B. Festplatte) beschlagnahmt werden.[1015] Als „Minusmaßnahme" zur Beschlagnahme eines Datenträgers ist auch die Anfertigung von Kopien zulässig.[1016] 2124

Vertiefung: Die Beschlagnahme von E-Mails auf dem Server des Providers richtet sich nach den §§ 94 ff. StPO. § 94 StPO ist ausreichende Rechts- 2125

1015 Vgl. BVerfG, Beschluss vom 12.4.2005 – 2 BvR 1027/02.
1016 *Menges*, in: LR-StPO, § 94 Rn. 14.

grundlage für den damit verbundenen Eingriff in das Fernmeldegeheimnis (Art. 10 Abs. 1 GG).[1017] Die (heimliche) Überwachung des laufenden E-Mailverkehrs ist hingegen als Telekommunikationsüberwachungsmaßnahme nach § 100a StPO einzustufen.

2126 Ist eine lebende **Person** (z. B. das Opfer einer Körperverletzung) „Beweismittel", so richtet sich ihre Untersuchung nach § 81a StPO bzw. § 81c StPO (lesen!). Wird bei einer körperlichen Untersuchung ein Gegenstand (z. B. Patrone im Körper) gefunden, kann dieser beschlagnahmt werden. Abgetrennte Körperteile, außerhalb des Körpers befindliche Körperflüssigkeiten und -inhalte (Urin, Sperma, Blut, Mageninhalte, Kot), Prothesen sowie Leichen(teile) unterliegen der Beschlagnahmeregelung des § 94 Abs. 2 StPO.[1018]

2127 **Vertiefung:** Eine Beschlagnahme von Körperflüssigkeiten kommt bei einer zwangsweisen Entnahme in Betracht. Werden Körperflüssigkeiten „aufgefunden", ist in der Regel mangels Gewahrsam von einer Sicherstellung auszugehen.

2128 cc) **Rechtsfolge.** Der jeweilige Gegenstand ist förmlich in Beschlag zu nehmen. Das kann – ähnlich der formlosen Sicherstellung – bei **beweglichen Gegenständen** durch Inverwahrungnahme geschehen. Der Beweisgegenstand ist in den Besitz der Staatsanwaltschaft oder einer von ihr beauftragten Stelle zu überführen.[1019]

2129 Bei **unbeweglichen Gegenständen**, z. B. einem Haus oder Grundstück, erfolgt eine Sicherstellung „in sonstiger Weise", z. B. durch Absperrung oder Versiegelung.

2130 dd) **Ermächtigungsbegrenzung durch Beschlagnahmeverbote.** Stets ist zu prüfen, ob **Beschlagnahmeverbote** vorliegen. Diese **begrenzen** die Ermächtigung zur Beschlagnahme.[1020] Die wichtigste gesetzliche Regelung eines derartigen Verbots findet sich in § 97 StPO (in Ruhe durchlesen!). Dort finden sich Beschlagnahmeverbote bezüglich der Mitteilungen, Aufzeichnungen u. ä. von zeugnisverweigerungsberechtigten Personen, die sich in deren Gewahrsam befinden. Den § 97 StPO kann man gewissermaßen als notwendige „Nebenregelung" zu den in den §§ 52 ff. StPO niedergelegten Zeugnisverweigerungsrechten von nahen Angehörigen und so genannten „Berufsgeheimnisträgern" (z. B. Rechtsanwälte, Geistliche, Ärzte) sehen.[1021] So würde beispielsweise das Zeugnisverweigerungsrecht des Anwalts wertlos sein, wenn die Anwaltsakte mit allen Gesprächsvermerken beschlagnahmt werden dürfte.

2131 **Vertiefung:** Das Beschlagnahmeverbot gilt natürlich nicht unbegrenzt. Gibt es einen Verdacht der Tatbeteiligung z. B. des Anwalts, ist die Beschlagnahme durchaus denkbar, vgl. § 97 Abs. 2 Satz 3 StPO.

1017 BVerfG, Urteil vom 16.6.2009 – 2 BvR 902/06 – NJW 2009, 2431.

1018 *Greven*, in: KK-StPO, § 94 Rn. 3; *Pfeiffer*, StPO, 5. Aufl, § 94 Rn. 1.

1019 *Ritzert*, in: BeckOK-StPO, § 94 Rn. 9.

1020 So ausdrücklich das BVerfG, Beschluss vom 12.4.2005 – 2 BvR 1027/02 – NJW 2005, 1917, 1919.

1021 Vgl. *Meyer-Goßner/Schmitt*, StPO, § 97 Rn. 1.

Über § 97 StPO hinaus folgt aus § 148 StPO (lesen!), dass auch Schriftstücke die vom Verteidiger stammen, die sich aber im Gewahrsam des Beschuldigten befinden, nicht beschlagnahmt werden dürfen.[1022] **2132**

Auch aus dem Grundgesetz selbst werden Beschlagnahmeverbote gefolgert. Ein solches Beschlagnahmeverbot liegt immer dann vor, wenn die **Verwertung** gegen ein grundrechtlich geschütztes Recht verstieße oder der mit der Beschlagnahme zu Beweiszwecken verbundene Eingriff in Grundrechte **unverhältnismäßig** wäre.[1023] Das ist (nur) dann der Fall, wenn dem Eingriff in die Rechte des Betroffenen *„gegenüber den Bedürfnissen einer nach dem Rechtsstaatsprinzip gebotenen wirksamen Strafverfolgung und Verbrechensbekämpfung das größere Gewicht zukommt“*.[1024] Das bedeutet, dass im Einzelfall eine Abwägungsentscheidung getroffen werden muss. **2133**

> **Vertiefung:** Diese Frage stellt sich beispielsweise bei der Beschlagnahme von **Tagebuchaufzeichnungen** eines Beschuldigten. Hier vertritt das BVerfG[1025] die Auffassung, dass immer dann, wenn Anlass zur Annahme besteht, dass die Tagebuchaufzeichnungen auch über strafbare Handlungen Aufschluss geben, kein verfassungsrechtliches Hindernis bestehe, diese im Strafverfahren zu verwerten. Bei der diesbezüglichen Durchsicht sei aber „größtmögliche Zurückhaltung“ zu wahren. Die Verfassungsmäßigkeit bereits der Beschlagnahme von Tagebüchern könne daher nur dann berührt sein, wenn eine Verwertbarkeit des gesamten Inhalts einer Aufzeichnung daher von vornherein ausgeschlossen werden könnte. Gehörten private Aufzeichnungen nicht zum absolut geschützten **Kernbereich der privaten Lebensgestaltung** (also der Intimsphäre), so bedürfe ihre Verwertung im Strafverfahren der Rechtfertigung durch ein überwiegendes Interesse der Allgemeinheit. Ein solches wurde z. B. bei Verdacht eines sexuellen Missbrauchs von Kindern und gleichzeitigem Fehlen von verwertbaren Zeugenaussagen bejaht. **2134**

ee) **Adressat/Betroffener.** Betroffener der Beschlagnahme ist der **Gewahrsamsinhaber.** Das muss nicht notwendigerweise der Beschuldigte sein. Auch auf die Rechtsstellung, also Eigentums- oder Besitzverhältnisse des Gewahrsamsinhabers kommt es nicht an.[1026] Des Weiteren ist Betroffener jeder, dessen Eigentums- oder Besitzrechte berührt werden.[1027] **2135**

§ 95 Abs. 1 StPO bestimmt, dass der Gewahrsamsinhaber einer sicherzustellenden oder zu beschlagnahmenden Sache verpflichtet ist, ihn auf Erfordern (aktiv!) vorzulegen. Man spricht hier von der so genannten **Editionspflicht.** **2136**

> **Klausurhinweis:** Auf die Editionspflicht ist in der Klausur nur einzugehen, wenn der Klausursachverhalt hierzu Anlass gibt. So. z. B. in Fall 2. **2137**

1022 BGH, Urteil vom 25.2.1998 – 3 StR 490–97 – NJW 1998, 1963, 1964.
1023 *Ritzert*, in: BeckOK-StPO, § 97 Rn. 1.
1024 BGH, Urteil vom 13.11.1997 – 4 StR 404/97 – NJW 1998, 840, 841.
1025 BVerfG, Beschluss vom 17.11.2007 – 2 BvR 518/07 – BeckRS 2007, 28275 (mit weiteren Nachweisen).
1026 *Kramer*, Rn. 189.
1027 *Meyer-Goßner/Schmitt*, § 98 Rn. 15.

2138 Die Verpflichtung zur aktiven Unterstützung der Ermittlungsbehörden wird durch die Regelung in § 95 Abs. 2 StPO gestützt. Ein Zuwiderhandeln kann danach nämlich mit einem Ordnungs- oder Zwangsmittel nach § 70 StPO, also Ordnungsgeld oder – im Extremfall – Ordnungshaft durchgesetzt werden.

2139 Es gibt allerdings **Ausnahmen** von der Herausgabeverpflichtung. Da niemand gezwungen werden darf, sich selbst zu belasten,[1028] gilt der § 95 StPO **für Beschuldigte gar nicht.**[1029] Ausdrücklich sind außerdem in § 95 Abs. 2 StPO all diejenigen von der Herausgabepflicht ausgenommen, die ein **Zeugnisverweigerungsrecht** (§§ 52 ff. StPO) haben.

2140 **Vertiefung:** Wird der Herausgabepflicht rechtswidrig nicht nachgekommen, wird in der Regel im Rahmen einer Durchsuchung nach dem Gegenstand gesucht und dieser dann nach §§ 94 Abs. 2, 98 StPO beschlagnahmt. Wird der Gegenstand nicht aufgefunden, kommt die Verhängung eines Ordnungsgeldes (s. o.) zur Erzwingung der Herausgabe in Betracht.

2141 Bei Akten oder anderen in amtlicher Verwahrung befindlichen Schriftstücken, die mit einer so genannten **Sperrerklärung** versehen sind, ist die Herausgabepflicht des § 95 StPO ausgeschlossen.[1030] Inhalt der Erklärung (durch eine oberste Dienstbehörde) ist nach § 96 Abs. 1 StPO (lesen!), dass das „*Bekanntwerden des Inhalts dieser Akten oder Schriftstücke dem Wohl des Bundes oder eines deutschen Landes Nachteile bereiten würde*". Auf Parlamentsunterlagen findet die Vorschrift nach § 96 Abs. 1 Satz 2 StPO entsprechende Anwendung.

2142 **d) Formelle Rechtmäßigkeit. – aa) Funktionelle Zuständigkeit.** Grundsätzlich bedarf die Beschlagnahme der **richterlichen Anordnung**, vgl. § 98 Abs. 1 Satz 1 StPO. Ausnahmsweise darf bei Gefahr im Verzug eine Anordnung durch die Staatsanwaltschaft oder – wenn diese nicht erreichbar ist[1031] – die Ermittlungspersonen der Staatsanwaltschaft erfolgen.

2143 **Vertiefung:** Eine Beschlagnahme, die die grundrechtlich geschützte Pressefreiheit berührt, weil sie z. B. in einer Redaktion erfolgt (sog. **Pressebeschlagnahme**), bedarf nach § 98 Abs. 2 StPO immer der richterlichen Anordnung. Keine Pressebeschlagnahme liegt vor, wenn bei einem beschuldigten Journalisten außerhalb der Redaktionsräume eine Beschlagnahme erfolgt.[1032]

2144 **Gefahr im Verzug** kann angenommen werden, wenn im Einzelfall der Erfolg der Beschlagnahme durch die Verzögerung, welche die Erwirkung der richterlichen Entscheidung mit sich bringen würde, gefährdet wäre.[1033] Es muss auch im Fall der Beschlagnahme zumindest versucht werden, einen Richter zu erreichen. Wenn kein Richter erreicht werden kann, ist sodann zu prüfen, ob und

1028 Zum Grundsatz „Nemo tenetur se ipsum accusare" bereits oben Rn. 380.
1029 Vgl. *Greven*, in: KK-StPO, § 95 Rn. 2.
1030 *Greven*, in: KK-StPO, § 96 Rn. 1.
1031 *Meyer-Goßner/Schmitt*, § 98 Rn. 6.
1032 BGH (Ermittlungsrichter), Beschluss vom 13.1.1999 – StB 14/98.
1033 *Greven*, in: KK-StPO, § 98 Rn. 13 mit weiteren Nachweisen.

wann eine richterliche Erreichbarkeit (und Entscheidung zu erwarten ist) und dies der Gefahr eines Beweismittelverlusts gegenüberzustellen. Die Bemühungen bzw. die Gründe für die Annahme von Gefahr im Verzug sind zu dokumentieren.[1034]

Vertiefung: Wenn ein Richter erreicht wird, dieser aber der Auffassung ist, er könne ohne Aktenkenntnis oder mangels Zuständigkeit keine Entscheidung am Telefon treffen, kann nicht vom Vorliegen einer Gefahr im Verzug ausgegangen werden.[1035] 2145

bb) Form- und Verfahrensvorschriften. Es gibt keine besonderen formellen Anforderungen an die Beschlagnahmeanordnung. Sie kann also mündlich, telefonisch, per E-Mail, o. ä. erfolgen.[1036] Eine Anordnung der Staatsanwaltschaft oder einer Ermittlungsperson ist ebenfalls formfrei möglich, muss aber aktenkundig gemacht werden.[1037] 2146

Die sichergestellten bzw. beschlagnahmten Gegenstände sind, so bestimmt es § 94 Abs. 1 StPO, in (amtliche) **Verwahrung** zu nehmen oder **in anderer Weise sicherzustellen.** Es ist eine amtliche Handlung (z. B. Inbesitznahme, Versiegelung) erforderlich, die deutlich zum Ausdruck bring, dass der Gegenstand der *„amtlichen Obhut untersteht“*.[1038] 2147

Vertiefung: Nach Nr. 74 der RiStBV gilt *„Gegenstände, die in einem Strafverfahren beschlagnahmt oder sonst in amtliche Verwahrung genommen worden sind, müssen zur Vermeidung von Schadensersatzansprüchen vor Verlust, Entwertung oder Beschädigung geschützt werden. Die Verantwortung hierfür trifft zunächst den Beamten, der die Beschlagnahme vornimmt; sie geht auf die Stelle (Staatsanwaltschaft oder Gericht) über, der die weitere Verfügung über den verwahrten Gegenstand zusteht. Die Verwaltungsvorschriften der Länder über die Verwahrung sind zu beachten.“* 2148

Im Rahmen der (typischerweise einer Beschlagnahme vorausgehenden) Durchsuchung findet § 107 Satz 2 StPO Beachtung. Wenn (!) der Betroffene einer Durchsuchung es verlangt, ist ihm *„ein **Verzeichnis** der in Verwahrung oder in Beschlag genommenen Gegenstände, falls aber nichts Verdächtiges gefunden wird, eine Bescheinigung hierüber zu geben“*. 2149

Ausweislich § 109 StPO sind die sichergestellten bzw. beschlagnahmten Gegenstände *„genau zu verzeichnen und zur Verhütung von Verwechslungen durch amtliche **Siegel** oder in sonst geeigneter Weise kenntlich zu machen“*. 2150

1034 Vgl. BVerfG, Beschluss vom 12.2.2004 – 2 BvR 1687/02.

1035 BVerfG, Beschluss vom 16.6.2015 – 2 BvR 2718/10, 2 BvR 1849/11, 2 BvR 2808/11 – BVerfGE 139, 245, NStZ 2015, 529; OLG Oldenburg, Beschluss vom 20.6.2016 – 2 Ss OWi 152/16 – NStZ 2016, 747; LG Berlin, Beschluss vom 30.11.2009 – 522a – 2/09 – NStZ 2010, 415 mit ablehnender Anmerkung *Hofmann.*; a. A. noch BGH, Beschluss vom 11.8.2005 – 5 StR 200/05 – NStZ 2006, 114, 115.

1036 *Kramer*, Rn. 190b.

1037 *Meyer-Goßner/Schmitt*, StPO, § 98 Rn. 8.

1038 *Meyer-Goßner/Schmitt*, StPO, § 94 Rn. 14.

2151 Im Falle einer Beschlagnahmeanordnung durch eine Ermittlungsperson der Staatsanwaltschaft oder den Staatsanwalt selbst ist durch diese eine **richterliche Bestätigung** zu beantragen, wenn weder der Betroffene noch ein erwachsener Angehöriger anwesend waren, vgl. § 98 Abs. 2 StPO. Als **Angehöriger** gilt dabei jede tatsächlich nahestehende Person.[1039] Als **Erwachsener** wird jeder angesehen, der nach seiner körperlichen Entwicklung und Erscheinung „erwachsen“ ist.[1040] Das Gleiche gilt im Fall, dass ausdrücklich Widerspruch erhoben wurde.

2152 Ist die Beantragung der richterlichen Bestätigung durch die Ermittlungsbehörden nach § 98 Abs. 2 Satz 1 StPO nicht erforderlich, weil der Betroffene z. B. anwesend war und keinen Widerspruch erhoben hat, so kann der Betroffene dennoch eine richterliche Entscheidung über die Beschlagnahme **beantragen.** Das muss er dann allerdings selbst machen, d. h. es findet keine Beantragung durch die anordnenden Beamten statt. Der Betroffene ist über dieses Recht zu **belehren,** § 98 Abs. 2 Satz 5 StPO.

2153 Eine Beschlagnahme bei der **Bundeswehr** wird durch diese entweder allein oder unter Mitwirkung der anordnenden Behörde durchgeführt, § 98 Abs. 4 StPO.

2154 Es wird vertreten, dass – wie auch bei der Identitätsfeststellung – die **Belehrungspflicht** des § 163a Abs. 4 StPO entsprechend besteht. Das würde bedeuten, dass dem Betroffenen bei bzw. vor der Beschlagnahme zu eröffnen ist, welche Tat (nicht notwendig die in Betracht kommenden Strafvorschriften) ihm vorgeworfen wird. Nach hier vertretener Auffassung ist eine solche Information in der Regel unschädlich, aber gesetzlich gerade nicht vorgesehen. Aus den §§ 33 Abs. 2, 35 Abs. 2 StPO folgt jedoch, dass die Beschlagnahmeanordnung dem Betroffenen bekanntzugeben ist.

2155 e) **Klausurtaktik.** Typischerweise ist Gegenstand einer Klausur die Beschlagnahme nach § 94 Abs. 2 StPO und nicht die Sicherstellung, da letztere in der Regel keinen Eingriff in Grundrechte darstellt. Dennoch ist im Rahmen der materiellen Rechtmäßigkeit, gewissermaßen als Vorabprüfung, kurz darzulegen, welche Form der „Sicherstellung“ vorliegt.

2156 Ein vermeidbarer Fehler stellt, wie auch bei den anderen Standardmaßnahmen, eine unvollständige Darstellung der Tatbestandsvoraussetzungen und/oder nicht hinreichende Verknüpfung mit dem Prüfungssachverhalt dar. Zudem sollten alle in Betracht kommenden Form- und Verfahrensvorschriften zumindest kurz angesprochen werden.

2157 **Checkliste §§ 94 Abs. 2 (iVm. Abs. 1), 98 Abs. 1 Satz 1 StPO**

Ermächtigungsgrundlage

✓ Kurze Erläuterung, wieso Beschlagnahme und nicht „nur“ Sicherstellung

1039 *Ritzert*, in: BeckOK-StPO, § 98 Rn. 6.
1040 *Ritzert*, in: BeckOK-StPO, § 98 Rn. 6.

Tatbestand
- ✓ Anfangsverdacht einer Straftat
- ✓ Beweisgegenstand hat potentielle Beweisbedeutung
- ✓ Beweisgegenstand ist beschlagnahmefähig

Rechtsfolge
- ✓ Beschlagnahme durch Inverwahrungnahme oder „sonstige Weise"

Ermächtigungsbegrenzung
- ✓ Beschlagnahmeverbot aus Gesetz oder Verfassung

Funktionelle Zuständigkeit
- ✓ Anordnungsbefugnis: Richter
- ✓ Ausnahme bei Gefahr im Verzug: → Staatsanwalt, Ermittlungsperson der StA

Form- und Verfahrensvorschriften
- ✓ Amtliches Herrschaftsverhältnis herstellen
- ✓ ggf. Antrag auf richterliche Bestätigung, § 98 Abs. 2 Satz 1 StPO
- ✓ ggf. Belehrung über Möglichkeit richterliche Bestätigung, § 98 Abs. 2 Satz 2 StPO
- ✓ Mitteilung/Verzeichnis, § 107 StPO
- ✓ Gegenstände siegeln, § 109 StPO
- ✓ Belehrung über Tatvorwurf, § 164a StPO entsprechend (streitig, ob erforderlich)

4. Exkurs: Beschlagnahme von Zufallsfunden (§ 108 StPO)

Fall: Bei einer Hausdurchsuchung mit dem Ziel des Auffindens von Beweisen für ein Delikt aus dem Bereich der Betäubungsmittelkriminalität wird in einer Wohnung ein berühmtes Gemälde sowie Einbruchswerkzeug gefunden. **2158**

Wenn bei einer Durchsuchung[1041] – wie im o. g. Fall beschrieben – Gegenstände gefunden werden, die darauf hindeuten, dass eine andere (weitere) Straftat stattgefunden hat, als die, die Anlass für die Durchsuchung ist, müssen diese Gegenstände nach § 108 Abs. 1 StPO **einstweilen in Beschlag** genommen werden. **2159**

Funktionell zuständig ist der die Durchsuchung vornehmende Beamte. Auf die Eigenschaft als Ermittlungsperson der Staatsanwaltschaft kommt es nicht an. Unter Berücksichtigung der Vorläufigkeit der Maßnahme ist eine richterliche **2160**

1041 Ausgenommen ist explizit die Gebäudedurchsuchung nach § 103 Abs. 1 Satz 2 StPO – hier soll aber eine „normale" Beschlagnahme nach § 94 StPO möglich sein, *Meyer-Goßner/Schmitt*, § 108, Rn. 5.

Anordnung nicht erforderlich.[1042] Es besteht jedoch die Verpflichtung die Staatsanwaltschaft in Kenntnis zu setzen (§ 108 Abs. 1 Satz 2 StPO) und ihr den beschlagnahmten Gegenstand zur Verfügung zu stellen.[1043] Diese muss – so sie es für erforderlich hält – nunmehr eine (endgültige) Beschlagnahme nach den §§ 94, 98 StPO herbeiführen, d. h. insbesondere eine richterliche Anordnung einholen.

2161 Die oben beschriebenen Beschlagnahmeverbote gelten für die einstweilige Beschlagnahme von Zufallsfunden entsprechend.

XIV. Präventive Sicherstellung und ihre Folgen (§ 26 ff. Nds. SOG)

2162 **Fall 1:** PK Loh und PKin Orda stellen im Rahmen einer Streifenfahrt einen Pkw fest, der a) im absoluten Halteverbot (VZ 283) parkt, jedoch im Augenblick niemanden behindert oder gefährdet; b) der unverschlossen ist.

2163 **Fall 2:** Bei dem amtsbekannten, arbeitslosen Drogenhändler D werden im Rahmen einer Durchsuchung (§ 102 StPO) in dessen Wohnung diverse Klemmleistenbeutel, eine Feinwaage sowie 900 € Bargeld (gestückelt in 5-, 10- und 20-Euro-Scheinen) aufgefunden und sichergestellt, jedoch keine Betäubungsmittel. Staatsanwalt S stellt das Verfahren mangels hinreichendem Tatverdacht ein und ordnet die Herausgabe des Bargelds an, da die Voraussetzungen des Verfalls (§ 73 StGB) nicht gegeben seien.
Sachbearbeiter S überlegt, ob er das Geld, das zwischenzeitlich auf ein Konto der Staatsanwaltschaft eingezahlt wurde, nicht gefahrenabwehrrechtlich sicherstellen kann.

2164 **Fall 3:** Trotz vorheriger Ermahnung zur Ruhe spielt der alkoholisierte M mitten in der Nacht immer und immer wieder die CD „Die schönsten Schlager der 70er-Jahre" ab. PK Loh und PKin Orda stellen daraufhin das Lautsprecherkabel der Stereoanlage sicher.

2165 **Fall 4:** T wird nach einem vollendeten Tötungsdelikt zum Nachteil seiner Ehefrau noch am Tatort von PKin Loh und PK Orda vorläufig festgenommen. Bis zur Vorführung vor den Haftrichter soll er in einer Haftzelle untergebracht werden. Dem T werden zuvor folgende Gegenstände abgenommen:

a) seine Schuhe mit Klettverschluss und sein Gürtel
b) sein Mobiltelefon und seine Uhr
d) sein Bargeld in Höhe von 10,56 Euro
e) eine Packung Zigaretten mitsamt Feuerzeug
f) sein Ehering und ein weiterer Ring (Siegelring)

1042 BGH, Beschluss vom 4.8.1964 – 3 StB 12/63 – juris Rn. 34.
1043 *Meyer-Goßner/Schmitt*, § 108 Rn. 7.

1. Allgemeines

Gefahren für die öffentliche Sicherheit und Ordnung können nicht nur durch Personen, sondern auch durch Sachen entstehen. Eine Gefahr kann von einer Sache **selbst** (Bombe, bissiger Hund, Pkw mit auslaufenden Betriebsstoffen), von ihrer **Lage im Raum** (Spanngurt auf der Autobahn, ordnungswidrig geparkter Pkw) aber auch durch die **Verwendung der Sache** durch eine Person (Angriff mit einem Messer, Fahrzeugschlüssel in der Hand eines Betrunkenen, Bargeld, das für den Ankauf einer größeren Menge Heroin zwecks Drogenhandels verwendet wird) entstehen. **2166**

Eine Möglichkeit, um Gefahren abzuwehren, die von einer Sache ausgehen, stellt die Sicherstellung der Sache dar. **2167**

a) Begriffsbestimmung. Umstritten ist, was genau unter einer **Sicherstellung** zu verstehen ist. Besonders deutlich wird dies, wenn eine Gefahr von einer Sache aufgrund ihrer Lage im Raum ausgeht. **2168**

> **Beispiel:** Muss die Polizei, um die Gefahr für die Sicherheit und Leichtigkeit des Straßenverkehrs abzuwehren, den o. g. Spanngurt unbedingt sicherstellen, oder reicht es nicht aus, den Spanngurt einfach von der Fahrbahn zu räumen? Und selbst wenn sie den Spanngurt mitnimmt, ist darin zwangsläufig eine Sicherstellung zu sehen? **2169**
> Muss der ordnungswidrig geparkte Pkw unbedingt sichergestellt, also z. B. vom Abschleppunternehmer auf dessen Betriebshof abgestellt werden, oder reicht es aus, ihn in eine freie Parklücke in der unmittelbaren Umgebung „umzusetzen"? Stellt dies dennoch eine Sicherstellung dar?

Die Sicherstellung eines Gegenstandes ist untrennbar mit der Verwahrung verbunden.[1044] **2170**

> **Vertiefungshinweis:** Dies wird aus dem Wortlaut des § 27 Abs. 1 S. 1 Nds. SOG deutlich: „*Sichergestellte Sachen sind in Verwahrung zu nehmen.*" **2171**

Unter diesem Gesichtspunkt muss man die Sicherstellung wie folgt definieren: Eine **Sicherstellung im polizeirechtlichen Sinne** ist die Herstellung eines amtlichen Gewahrsams über eine Sache (gegen den Willen) und unter Ausschluss des Betroffenen mit dem Ziel der Verwahrung.[1045] **2172**

> **Vertiefung:** Eine Sicherstellung ist ihrem Wesen nach darauf gerichtet, den Gewahrsam des bisherigen Gewahrsamsinhabers zu beenden und neuen Gewahrsam der Verwaltungsbehörde oder Polizei oder solchen einer von ihr beauftragten Person zu begründen.[1046] **2173**

b) Exkurs: Umsetzung von PKW und Abschleppfälle. Nach der obigen Definition ist bei der reinen **Umsetzung** eines ordnungswidrig parkenden Pkw **keine Sicherstellung** gegeben, da der Betroffene von der Sache nicht ausgeschlossen **2174**

1044 *Rachor*, in: Lisken/Denniger, E, Rn. 667 f.
1045 *Neuhäuser*, in: BeckOK-Nds. SOG, § 26 Rn. 11 f.
1046 *Neuhäuser*, in: BeckOK-Nds. SOG, § 26 Rn. 11.

wird und auch kein Verwahrverhältnis entsteht.[1047] Bei der Umsetzung wird das ordnungswidrig geparkte Kfz von seinem Standort entfernt und in unmittelbarer Umgebung – beispielsweise in einer freien Parklücke – wieder abgestellt.

2175 Umstrittener ist die Natur der Maßnahme, wenn der Pkw mangels Parkraums nicht umgesetzt werden kann, sondern – in der Regel auf dem Betriebsgelände des Abschleppunternehmers – untergestellt werden muss. Aber auch hier ist die Rechtsfolge nicht der Ausschluss des Betroffenen. Im Gegenteil: Das zeitnahe Abholen des Pkw ist ausdrücklich erwünscht, und sofern der Fahrzeugführer beim Abschleppvorgang vor Ort erscheint, wird die Maßnahme abgebrochen und das Fahrzeug sofort wieder ausgehändigt. Daher liegt auch in diesen Fällen (nach strittiger Auffassung) ebenfalls **keine Sicherstellung vor.**[1048] Rechtsgrundlage für die genannten Fälle ist stattdessen § 11 Nds. SOG.

2176 Diese sogenannten Abschleppfälle (wie in Fall 1a) spielen in der polizeilichen Praxis eine erhebliche Rolle.

2177 **Lösungs- und Vertiefungshinweis zu Fall 1a:** Das VZ 283 (absolutes Halteverbot) stellt einen Verwaltungsakt in Form einer Allgemeinverfügung dar. Es beinhaltet sowohl das Verbot, dort zu halten, als auch das Gebot, das Fahrzeug sofort zu entfernen. Sofern das Verkehrszeichen für einen durchschnittlich aufmerksamen Verkehrsteilnehmer auch bei einem beiläufigen Blick erkennbar ist, wurde der Verwaltungsakt diesem Verkehrsteilnehmer gegenüber auch wirksam bekanntgegeben (§§ 43, 41 VwVfG), und zwar als besondere Form der öffentlichen Bekanntgabe, so dass es auch nicht darauf ankommt, ob der Verkehrsteilnehmer das Verkehrszeichen tatsächlich wahrgenommen hat.[1049] Gegen diesen Verwaltungsakt ist im Übrigen Widerspruch bzw. Klage möglich, wobei die Frist hierzu mangels Rechtsbehelfsbelehrung (vgl. § 37 Abs. 6 VwVfG) ein Jahr beträgt (§ 58 Abs. 2 VwGO). Ob die Frist hierfür mit der Aufstellung des Verkehrszeichens beginnt, oder aber erst, sobald der Betroffene sich das erste Mal diesem Verkehrszeichen gegenübersieht, ist (noch) umstritten.[1050] Eine vorherige Anhörung ist dagegen verzichtbar (§ 28 Abs. 2 Nr. 4 VwVfG). Der Verwaltungsakt -das Gebot, das Fahrzeug zu entfernen- könnte somit nach § 64 Abs. 1 Nds. SOG durch eine Ersatzvornahme (§ 66 Nds. SOG) in Form einer Fremdvornahme (Abschleppunternehmer) mit Zwang durchgesetzt werden. Aber: Nach § 64 Abs. 3 Nds. SOG ist für die Anwendung der Zwangsmittel die Behörde zuständig, die für den Erlass des Grundverwaltungsakts zuständig ist. Dies ist jedoch die Straßenverkehrsbehörde, die das Verkehrszeichen aufgestellt hat. Die Polizei kann nur im Rahmen der Amtshilfe (§ 4 VwVfG) bzw. -praxisrelevanter- unter den engeren Voraus-

---

1047 *Gusy*, § 4, Rn. 290.

1048 *Rachor*, in: Lisken/Denniger, E, Rn. 667 f.; vgl. *Neuhäuser*, BeckOK-Nds.SOG, § 26 Rn. 11 ff. (m. w. N.), a. A. *Gusy*, § 4, Rn. 290.

1049 BVerwG, Urteil vom 6.4.2016 – 3 C 10/15; BVerwG, Urteil vom 11.12.1996 – 11 C 15/95 – BVerwGE 102, 316, 318 f.

1050 BVerfG, Beschluss vom 10.9.2009 – 1 BvR 814/09 – NJW 2009, 3642.

setzungen des § 64 Abs. 2 Nds. SOG tätig werden, in dem sie „ihren eigenen", fiktiven Verwaltungsakt („*Entfernen Sie das Fahrzeug*") im Wege des Sofortvollzugs durchsetzt.

Gleichwohl kann von einem Pkw auch unabhängig von seiner Lage im Raum eine Gefahr ausgehen. 2178

Beispiel: Pkw eines betrunkenen Fahrzeugführers. 2179

In diesen Fällen kann das Fahrzeug – unter Berücksichtigung der Erforderlichkeit – zur Gefahrenabwehr sichergestellt werden. Hier besteht der Zweck der Maßnahme in dem Ausschluss des Betrunkenen an der Nutzung des Fahrzeugs bis zum Wegfall der Gefahr. 2180

Praxishinweis: Für die polizeiliche Praxis ist die oben dargestellte Unterscheidung der Maßnahme von untergeordneter Bedeutung, da in den obigen Fällen in der Regel immer sowohl die Voraussetzungen des § 11 als auch des § 26 Nds. SOG vorliegen.[1051] 2181

Unabhängig von der Frage, ob das Abschleppen von Fahrzeugen im Einzelfall eine Sicherstellung nach § 26 Nds. SOG darstellt, oder auf die Befugnisgeneralklausel nach § 11 Nds. SOG gestützt werden kann, ist die Frage der **Verhältnismäßigkeit von Abschleppmaßnahmen** von hoher **praktischer** Bedeutung. 2182

Vertiefung: Hier hat sich eine umfangreiche Rechtsprechung entwickelt, die sich im Ergebnis so zusammenfassen lässt, dass Abschleppmaßnahmen grundsätzlich gerechtfertigt sein können, wenn es zu Behinderungen anderer Verkehrsteilnehmern kommt.[1052] 2183

c) **Folgemaßnahmen.** Die Sicherstellungsmaßnahme kann nicht isoliert betrachtet werden. Sie steht in einem engen Zusammenhang mit der in § 27 Nds. SOG geregelten **Verwahrung** der sichergestellten Sache. Das weitere Schicksal der sichergestellten Sache wird in den nachfolgenden Paragraphen geregelt. Der sichergestellte Gegenstand wird, wenn die Voraussetzungen des § 29 Nds. SOG vorliegen, **herausgegeben**. Es gibt aber auch Situationen, in denen der Gegenstand **verwertet** oder sogar **vernichtet** wird. Wann dies der Fall ist, ist in § 27 Nds. SOG (Verwertung) und § 28 Nds. SOG (Vernichtung) geregelt. 2184

2. Betroffene Grundrechte

Durch die Sicherstellung wird dem Berechtigten die **Nutzungsmöglichkeit** (die ein vermögenswertes Recht ist) über den Gegenstand zumindest zeitweise **entzogen**. Das stellt einen Eingriff in Art. 14 Abs. 1 GG dar.[1053] 2185

Einen weiteren, eigenständigen Eingriff stellt darüber hinaus eine etwaige Verwertung beziehungsweise Vernichtung des Gegenstandes dar. In diesen Fällen 2186

1051 Ähnlich OVG Münster, Urteil vom 28.11.2000 – 5 A 2625/00 – NJW 2001, 2035, 2036.
1052 BVerwG, Beschluss vom 18.2.2002 – 3 B 149/01 – NJW 2002, 2122, der auch das Hinterlassen einer Handynummer im Pkw thematisiert.
1053 Vgl. die Ausführungen zu §§ 94, 98 StPO.

wird nicht nur das Nutzungsrecht für einen bestimmten Zeitraum entzogen, sondern – dauerhaft – das Eigentum an der Sache.

2187 **Klausurhinweis:** Hier ist zu beachten, dass unterschiedliche Grundrechtsbetroffene existieren können. Wird ein gemieteter PKW sichergestellt und verwertet, sind sowohl der Mieter (Nutzungsberechtigter) als auch der Vermieter (Eigentümer) betroffen.

2188 Die verfassungsrechtliche Rechtfertigung ergibt sich aus der Schrankenbestimmung des Art. 14 Abs. 1 GG und der Sozialpflichtigkeit des Eigentums (Art. 14 Abs. 2 S. 2 GG): Wer Eigentümer einer Sache ist, hat dafür Sorge zu tragen, dass von dieser keine Gefahr für die öffentliche Sicherheit ausgeht. § 28 Nds. SOG setzt vor diesem Hintergrund dem Eigentumsrecht Schranken. Eine **Enteignung** liegt in diesen Fällen nicht vor.[1054]

2189 Kann sich der Betroffene nicht auf das Eigentumsrecht nach Art. 14 GG berufen, verbleibt als Auffanggrundrecht die Allgemeine Handlungsfreiheit (Art. 2 Abs. 1 GG).

3. Sicherstellung, § 26 Nds. SOG

a) Wichtige Normen

2190 → § 26 Nds. SOG
→ § 27 Nds. SOG
→ § 28 Nds. SOG
→ § 29 Nds. SOG

2191 **b) Allgemeines.** Im Gegensatz zur StPO unterscheidet das Nds. SOG nicht zwischen Sicherstellung und Beschlagnahme, sondern verwendet **ausschließlich** den Begriff der **Sicherstellung**.

2192 **Vertiefungshinweis:** Einige Spezialgesetze der Gefahrenabwehr sehen eigene Sicherstellungsvorschriften vor, so bspw. §§ 37 Abs. 1 S. 2 WaffG, 40 Abs. 5 S. 2 WaffG, 47 BNatSchG, 13 PassG, § 16a Abs. 1 Nr. 2 TierSchG und 5 Abs. 3 bis 7 AtG. Aber auch die StPO -zusammen mit dem StGB- enthält Beschlagnahmevorschriften mit zumindest teilweise präventiver Zielrichtung, nämlich § 111b StPO in Verbindung mit § 73 StGB (Verfall) und § 74 StGB (Einziehung). Diese speziellen Beschlagnahmevorschriften gehen gem. § 3 Abs. 1 S. 2 Nds. SOG vor, sofern sie abschließend geregelt sind.

2193 Der Rechtscharakter der Sicherstellung ist umstritten.[1055] Nach der hier vertretenen Auffassung ist die Sicherstellung an sich -also die Begründung eines staatlichen Herrschafts- und Verwahrverhältnisses- ein **Realakt.** Auf § 26 Nds. SOG gestützte Begleitverfügungen (beispielsweise „Geben Sie das Messer heraus.“) sind dagegen **Verwaltungsakte** im Sinne des § 35 VwVfG.

1054 *Neuhäuser*, in: BeckOK-Nds. SOG, § 28 Rn. 4.
1055 *Gusy*, § 4, Rn. 286 m. w. N.

c) **Materielle Rechtmäßigkeit. – aa) Tatbestandsvoraussetzungen.** § 26 Nds. SOG unterscheidet drei Varianten. Allen gemein ist, dass nach § 26 Nds. SOG lediglich **Sachen** sichergestellt werden können. Sachen sind alle körperlichen Gegenstände sowie Tiere (vgl. §§ 90, 90a BGB), unabhängig davon, ob sie beweglich oder unbeweglich sind.[1056] **2194**

Beispiele: Messer, Schusswaffen, Kraftfahrzeuge, **Bargeld**, Hunde, Grundstücke und Wohnungen. **2195**

Vertiefung: Buchgeld (also eine Forderung auf Bargeld) ist keine Sache und somit -eigentlich- kein sicherstellungsfähiger Gegenstand.[1057] Andere Bundesländer haben deswegen auch ausdrücklich die **Pfändung von Forderungen** gesetzlich[1058] geregelt.[1059] Das OVG Lüneburg lässt aber eine analoge Anwendung des § 26 Nds. SOG auf Buchgeld zu, sofern es sich um ehemaliges Bargeld handelt, dass im Rahmen der Verwahrung auf ein behördliches Konto eingezahlt wurde.[1060] **2196**

Neben dem Sachbegriff, der in der Klausur nur in problematischen Fällen angesprochen werden muss, müssen die Voraussetzungen **einer** der folgenden Tatbestandsvarianten erfüllt sein. **2197**

aaa) **Abwehr gegenwärtiger Gefahr (§ 26 Nr. 1 Nds. SOG).** Nach § 26 Nr. 1 Nds. SOG ist die Sicherstellung einer Sache zugelassen, um eine gegenwärtige Gefahr abzuwehren. **2198**

Tatbestandsvoraussetzung ist also das **Vorliegen einer gegenwärtigen Gefahr** (§ 2 Nr. 1a Nds. SOG), die durch die Sicherstellung der Sache abgewehrt werden soll. **2199**

Klausurhinweis: Sofern das Vorliegen dieser Gefahr bereits bei der sachlichen Zuständigkeit geprüft wurde, kann auf das Ergebnis der Prüfung verwiesen werden. **2200**

Eine Gefahr kann sich nicht nur aus der Eigenschaft der Sache selbst, sondern auch aus den Absichten des Besitzers ergeben. Beispiele sind die Sicherstellung eines Messers bei einem psychisch Kranken, die Sicherstellung eines bissigen Hundes oder die Sicherstellung einer Stereoanlage bei einer nächtlichen Ruhestörung (vgl. Fall 3). **2201**

Vertiefungshinweis: Auch **Bargeld** in den Händen eines Kriminellen, das dieser für die Begehung von weiteren Straftaten einsetzen will, kann eine Gefahr im o. g. Sinne darstellen. Ob in Fällen, wie Fall 2, eine Sicherstellung **2202**

1056 *König/Trurnit*, Rn. 335.

1057 *Rachor*, in: Lisken/Denniger, E, Rn. 672; VG Braunschweig, Urteil vom 2.12.2009 – 5 A 25/08, BeckRS 2010, 45180; *Söllner*, NJW 2009, 3339.

1058 Insofern ist ein Erlass (Präventive Gewinnabschöpfung, Gem. RdErl. d. MI und MJ v. 16.11.2007 -P 22.2-1201-26- NdsMBl 2007, 1515) keine ausreichende Rechtsgrundlage.

1059 Vgl. bspw. § 33 Abs. 2 BWPolG.

1060 OVG Lüneburg, Urteil vom 7.3.2013 – 11 LB 438/10 – BeckRS 2013, 48248.

des Geldes nach § 26 Nr. 1 Nds. SOG zulässig ist, um z. B. den Ankauf von Drogen zu verhindern, ist unter Juristen streitig.

Die Voraussetzungen der Einziehung von Taterträgen (§ 73 StGB), der erweiterten Einziehung von Taterträgen (§ 73a StGB) und insbesondere der erweiterten, selbständigen Einziehung (§ 76a Abs. 4 StGB) sind -nicht zuletzt aus verfassungsrechtlichen Gründen- sehr hochschwellig.[1061] Daher kommt es in der Praxis vor, dass Gegenstände -und somit auch Bargeld-, die sehr wahrscheinlich aus deliktischer Herkunft stammen, an den letzten Gewahrsamsinhaber (und somit in der Regel an den Tatverdächtigen) ausgehändigt werden müssen. Denn eine „hohe Wahrscheinlichkeit" ist nicht ausreichend, sondern der (Tat-)Richter muss von der deliktischen Herkunft überzeugt sein.

Die Aushändigung solcher vermeintlich deliktischen Gegenstände mag für den Praktiker zwar ein unliebsames Ereignis darstellen, ist aus rechtsstaatlichen Gründen aber die zwangsläufige Folge, wenn es im Strafverfahren nicht gelingt, entsprechende Beweise zu erbringen.

Ob hier die (ausdrücklich so genannte) „präventive Gewinnabschöpfung"[1062] eine Lösung darstellen kann, erscheint sehr fraglich: Bedenken gibt es bereits bei der Gesetzgebungskompetenz des Landes bezüglich der Gewinnabschöpfung, die für das Strafverfahren vom Bundesgesetzgeber abschließend in den § 73 ff. StGB geregelt wurde. Insofern ist die StPO auch im Sinne des § 3 Abs. 1 S. 2 Nds. SOG spezieller, so dass sich eine Anwendung des § 26 Nds. SOG bereits verbietet.

Die Rechtsprechung teilt zumindest diese grundsätzlichen Bedenken augenblicklich nicht.[1063]

Von den rechtlichen Bedenken abgesehen wird es auch praktisch nur schwer möglich sein, im Rahmen der Gefahrenprognose eine mit an Sicherheit grenzende Wahrscheinlichkeit zu begründen, dass **genau das sichergestellte Bargeld** in allernächster Zeit der Begehung von Straftaten dienen wird,[1064] was aber Voraussetzung für das Vorliegen einer gegenwärtigen Gefahr ist.

Es bleibt abzuwarten, wie sich die umfangreichen **Neuregelungen der Vermögensabschöpfung**, die der -Gesetzgeber mit dem Gesetz zur Reform der strafrechtlichen Vermögensabschöpfung vom 13.4.2017 geschaffen hat, in der Praxis auswirken.

2203 **bbb) Schutz vor Beschädigung oder Verlust (§ 26 Nr. 2 Nds. SOG).** Ziel der Tatbestandsvariante Nr. 2 ist es, die Sicherstellung einer Sache zu ermöglichen, um den **Eigentümer** oder den **rechtmäßigen Inhaber der tatsächlichen Gewalt** vor Beschädigung oder Verlust der Sache zu schützen.

2204 **Beispiele:** Sicherstellung eines verunfallten Pkw, weil der Fahrzeugführer schwer verletzt in ein Krankenhaus eingeliefert wurde.

1061 BVerfG, Beschluss v. 14.1.2004 – 2 BvR 564/95.

1062 Gem. RdErl. d. MI und MJv. 16.11.2007 -P 22.2-1201-26- NdsMBl 2007, 1515.

1063 Eine Übersicht -mit vertiefender Kritik- bei *Rachor,* in: Lisken/Denninger, E, Rn. 689 ff.

1064 *Neuhäuser,* in: BeckOK-Nds. SOG, § 26 Rn. 25 ff.

Insofern handelt es sich um einen speziellen Fall des **Schutzes privater Rechte.**[1065] Aus der diesbezüglichen Natur der Maßnahme ergeben sich auch deren Grenzen: Die Sicherstellung muss – als ungeschriebene Tatbestandsvoraussetzung – **dem ausdrücklichen oder mutmaßlichen Willen** des Berechtigten entsprechen.[1066] **2205**

Praxishinweis: Daher muss beim Auffinden unverschlossener Pkw[1067](siehe Fall 1b) kritisch geprüft werden, ob die Sicherstellung des Fahrzeugs im Interesse des Halters ist. Beispielsweise stellt sich die Sicherstellung einzelner Wertgegenstände aus dem Fahrzeug als mildere Maßnahme dar. Gerade bei offen abgestellten Cabriolets muss grundsätzlich davon ausgegangen werden, dass das Abschleppen gerade nicht im Sinne des Fahrzeugführers ist. **2206**

ccc) **Sicherstellung bei festgehaltenen Personen (§ 26 Nr. 3 Nds. SOG).** Wenn eine Person nach dem Nds. SOG oder einer anderen Rechtsvorschrift festgehalten wird, können Sachen sichergestellt werden, die von dieser Person mitgeführt werden, wenn diese Sachen von der Person dazu verwendet werden können, um **2207**

- sich zu töten oder zu verletzen,
- Leben oder Gesundheit anderer zu schädigen,
- fremde Sachen zu beschädigen oder
- die Flucht zu ermöglichen oder zu erleichtern.

Das Vorliegen einer konkreten Gefahr ist **nicht** erforderlich.[1068] Somit muss auch nicht die hinreichende Wahrscheinlichkeit begründet werden, dass die festgehaltene Person eine der genannten Verhaltensweisen zeigen wird. Vielmehr handelt es sich in der Regel lediglich um einen **Gefahrenverdacht.** Die Maßnahme dient in erster Linie der **Gefahren- und Straftatenverhütung.** **2208**

Erste Voraussetzung ist, dass die Person nach dem Nds. SOG oder anderen Vorschriften -insbesondere der StPO- rechtmäßig **festgehalten** wird. Neben den Festhaltevorschriften der §§ 13 Abs. 2 und 18 Nds. SOG kommen hier insbesondere die §§ 81a, 163b, c und 127 StPO in Betracht. **Nicht ausreichend** ist es, wenn die Person lediglich **angehalten** werden darf. **2209**

Klausurhinweis: Die materielle Rechtmäßigkeit des Festhaltens ist inzident zu prüfen. **2210**

Zweite Voraussetzung ist, dass die Sache von der Person **mitgeführt** wird, sie also die tatsächliche Verfügungsgewalt über die Sache ausübt. Auf Eigentumsverhältnisse kommt es dabei nicht an. **2211**

1065 So z. B. OLG Hamm, Urteil vom 13.3.1998 – 11 U 186–97.

1066 BVerwG, Beschluss vom 3.5.1999 – 3 B 48.99 – NZV 2000, 514; *Rachor,* in: Lisken/Denniger, E, Rn. 696.

1067 Z.B. VG München, Urteil vom 23.6.1999 – M 17 K 97.8084 – NZV 1999, 487; VG Frankfurt, Urteil vom 8.6.2000 – 5 E 287/00 (3) – NJW 2000, 3224.

1068 *Rachor,* in: Lisken/Denniger, E, Rn. 698.

2212 **Dritte Voraussetzung** ist, dass die Sache **geeignet** ist, eine der o. g. vier Handlungsvarianten (Selbstgefährdung, Fremdgefährdung, Sachbeschädigung, Flucht) zu ermöglichen oder zu erleichtern.

2213 **Praxishinweis:** Mit Blick darauf verbietet es sich, einem Festgehaltenen „routinemäßig“ alle Gegenstände -mit Ausnahme der getragenen Textilbekleidung- abzunehmen. Für jeden Gegenstand muss die potentielle Eignung hinterfragt werden.

2214 **Beispiel:** So ist im Fall 4 fraglich, ob dem T alle genannten Gegenstände abgenommen werden mussten:

a) Schuhe mit Klettverschluss und Gürtel: Schuhe mit Schnürsenkeln sind potentiell geeignet, sich mit den Schnürsenkeln zu strangulieren. Gleiches gilt für den Gürtel. Aber auch Schuhe mit Klettverschluss sind geeignet, die Flucht zu erleichtern, denn auf Socken läuft es sich bedeutend schlechter.

b) Mobiltelefon und Uhr: Das VG Düsseldorf[1069] hat hierzu festgehalten: *„Dass Handy oder Uhr geeignet sind, sich zu töten oder zu verletzen, Leben oder Gesundheit anderer oder fremde Sachen zu beschädigen bzw. die Flucht zu ermöglichen oder zu erleichtern, […], ist selbst bei lebhaftester Fantasie im vorliegenden Fall nicht vorstellbar.“*

c) In anderen Fällen kann sich -nach polizeilicher Erfahrung sowie der hier vertretenen Auffassung- jedoch auch ein anderes Bild ergeben: So kann ein Mobiltelefon sehr wohl die Flucht erleichtern (Kontaktaufnahme mit Fluchthelfern, Kartenmaterial u.v.m.), und auch mit dem zerbrochenen Uhrenglas lassen sich Pulsadern öffnen. So kann im Einzelfall auch die Sicherstellung dieser Gegenstände angezeigt sein.[1070]

d) Bargeld in Höhe von 10,56 Euro: Bargeld erleichtert die Fortbewegung (Taxi, ÖPNV) und somit die Flucht.

e) Packung Zigaretten mitsamt Feuerzeug: Mit einem Feuerzeug könnte unter ungünstigen Bedingen selbst eine schwer entflammbare Matratze in Brand gesetzt werden. Tabak enthält das Nervengift Nikotin. Das Essen von Tabak in entsprechender Menge[1071] kann daher tödlich sein.

g) Ehering und weiterer Ring (Siegelring): Je nach Beschaffenheit des Siegelrings kann dieser geeignet sein, Verletzungen zu verursachen. Bei anderen Ringen dürfte die Notwendigkeit einer Sicherstellung dagegen nur schwer zu begründen sein.

2215 **bb) Rechtsfolge.** Rechtsfolge ist die **Sicherstellung** der Sache. Sie umfasst als Realakt (siehe oben unter Allgemeines) die tatsächliche Inbesitznahme und Verwahrung der Sache unter Ausschluss des Betroffenen durch den Staat.

1069 VG Düsseldorf, Urteil vom 30.1.2013 – 18 K 5912/11 – BeckRS 2013, 55703

1070 Vgl. auch Ziff. 6.2 der Polizeigewahrsamsordnung, RdErl. d. MI v. 15.12.2008 – P 22.2-12340/1 (Nds.MBl. Nr. 4/2009), geändert durch RdErl. v. 15.2.12340/1 (Nds. MBl. Nr. 8/2016).

1071 Ca. 2–5 Zigaretten.

Vertiefung: Hierdurch wird eine sogenannte **Verstrickung** hergestellt.[1072] Die rechtswidrige und schuldhafte Aufhebung der Verstrickung ist nach § 136 StGB (Verstrickungsbruch) strafbar. 2216

Gleichzeitig ergibt sich aus der Anordnung der Sicherstellung nach § 26 Nds. SOG – die ein Verwaltungsakt ist – die Rechtsfolge, dass der Betroffene die Sache herausgeben und die Verwahrung der Sache dulden muss. Alle zur Vornahme der Sicherstellung erforderlichen Begleitverfügungen (z. B. „Geben Sie die Sache heraus.") sind also von der Rechtsfolge umfasst. 2217

cc) **Ermächtigungsbegrenzende Bestimmungen.** Ermächtigungsbegrenzende Bestimmungen sind nicht vorhanden. 2218

d) **Formelle Rechtmäßigkeit. – aa) Funktionelle Zuständigkeit.** Für die Sicherstellung sind sowohl die Verwaltungsbehörden als auch die Polizei (§ 2 Nr. 5, 6 Nds. SOG) funktionell zuständig. Eine richterliche Anordnung ist, im Gegensatz zur repressiven Beschlagnahme (vgl. § 98 StPO) auch dann nicht erforderlich, wenn der Adressat mit der (rechtmäßigen) Sicherstellung nicht einverstanden ist. 2219

bb) **Besondere Form- und Verfahrensvorschriften.** Form- und Verfahrensvorschriften ergeben sich aus den §§ 27 und 29 Nds. SOG: 2220

Zunächst **ist** die sichergestellte Sache nach § 27 Abs. 1 S. 1 Nds. SOG **in Verwahrung zu nehmen.** Es handelt sich folglich um eine rechtliche Verpflichtung. 2221

Vertiefung: Nur wenn die Beschaffenheit der Sachen das nicht zulässt oder die Verwahrung bei der Polizei unzweckmäßig erscheint, so **sind** die Sachen auf andere geeignete Weise aufzubewahren oder zu sichern. In Frage kommt in erster Linie die **Inverwahrunggabe** (beispielswiese die Unterstellung eines Pkw bei einem Abschleppunternehmen) oder die Versiegelung eines Raumes bzw. das Versehen eines (sehr großen) Gegenstandes mit einem Siegel. 2222

Die Verwahrung des Gegenstandes dient auch dazu, diesen Gegenstand vor Verlust und Beschädigung zu schützen.[1073] 2223

Nach § 27 Abs. 2 S. 1 Nds. SOG ist der Person, bei der die Sache sichergestellt wurde, eine **Bescheinigung**[1074] auszustellen. 2224

Kann nach den Umständen des Einzelfalles vor Ort eine Bescheinigung nicht ausgestellt werden, so ist über die Sicherstellung eine **Niederschrift** (Dokumentation im Aktenvorgang) aufzunehmen, die auch erkennen lässt, warum eine Bescheinigung nicht ausgestellt worden ist (§ 27 Abs. 2 S. 2 Nds. SOG). 2225

1072 *Schenke*, § 3, Rn. 158.

1073 Vgl. Ziff. 1 des RdErl. d. MI v. 6.5.2015 -22.2-12341/1- „Behandlung von Verwahrstücken durch die Polizei" (Nds. MBl. Nr. 19/2015).

1074 In Niedersachsen Vordruck PolN 189, „Durchsuchungs-, Sicherstellungs- und Beschlagnahmeprotokoll".

2226 Sofern die betroffene Person nicht vor Ort ist, ist der Eigentümer oder die Person, die rechtmäßig die tatsächliche Gewalt innehat, unverzüglich über die Sicherstellung zu **unterrichten** (§ 27 Abs. 2 S. 3 Nds. SOG).

2227 Sobald die Voraussetzungen für die Sicherstellung weggefallen sind, sind die Sachen an diejenige Person **herauszugeben**, bei der sie sichergestellt worden sind (§ 29 Abs. 1 S. 1 Nds. SOG), oder die ihre Berechtigung glaubhaft macht (§ 29 Abs. 1 S. 2 Nds. SOG), beispielsweise durch Vollmacht oder Eigentumsnachweis.

2228 Die Herausgabe ist jedoch ausgeschlossen, wenn dadurch erneut die Voraussetzungen für eine Sicherstellung eintreten würden (§ 29 Abs. 1 S. 3 Nds. SOG).

2229 **Vertiefungshinweise:** Weiterhin regelt § 29 Nds. SOG die Herausgabe des Erlöses für den Fall, dass die sichergestellte Sache nach § 28 Nds. SOG verwertet (=versteigert) wurde und regelt Kostenfragen.
Weiterhin stellt § 28 Nds. SOG, der darüber hinaus auch die Möglichkeit bietet, eine sichergestellte Sache zu vernichten, eine eigenständige Eingriffsmaßnahme dar, auf deren Voraussetzungen hier jedoch nicht eingegangen wird.

2230 **Selbststudiumsaufgabe:** Lesen sie die §§ 28, 29 Nds. SOG und 979, 983 BGB.

2231 cc) **Adressat/Betroffener.** Adressat der Maßnahme ist die Person, die die tatsächliche Sachherrschaft über die sicherzustellende Sache hat, und zwar unabhängig von ihrer eigenen polizeirechtlichen Verantwortlichkeit im Sinne der §§ 6–8 Nds. SOG.[1075] Es handelt sich somit um einen **Normadressaten** nach § 9 Nds. SOG.

2232 e) **Klausurtaktik.** Aus der Systematik der Nr. 3 ergibt sich, dass eine inzidente Prüfung der entsprechenden Festhaltevorschriften erforderlich sein kann. In diesem Falle sind die materiellen Voraussetzungen der entsprechenden Vorschrift zu prüfen.

2233 **Checkliste § 26 Nds. SOG**

Tatbestand

✓ Sache (nur wenn problematisch anzusprechen)
✓ Nr. 1:
- gegenwärtige Gefahr die durch Sicherstellung abgewehrt werden soll

✓ Nr. 2:
- Schutz des Eigentümers/des rechtmäßigen Inhabers der tatsächlichen **Gewalt** vor Beschädigung oder Verlust der Sache
- nach dem ausdrücklichen oder mutmaßlichen Willen des Betroffenen

1075 *Neuhäuser*, in: BeckOK-Nds.SOG, § 26 Rn. 10.

✓ Nr. 3:
- Festhalten nach Nds. SOG oder anderer Rechtsvorschrift
- Sache vom Betroffenen mitgeführt
- Geeignetheit der Sache, eine Fremd- oder Selbstgefährdung, Sachbeschädigung oder Flucht zu ermöglichen oder zu erleichtern

Rechtsfolge

✓ Sicherstellung der Sache mit dem Ziel der Verwahrung unter Ausschluss des Betroffenen

Form- und Verfahrensvorschriften

✓ Amtliche Inverwahrungnahme der Sache bzw. Sicherstellung auf andere Weise
✓ Ausstellen einer Bescheinigung, § 27 Abs. 2 Satz 1 Nds. SOG
✓ Unterrichtung des Berechtigten, § 27 Abs. 2 Satz 3 Nds. SOG
✓ Herausgabe unter den Voraussetzungen des § 29 Nds. SOG

XV. Repressive körperliche Untersuchung (§§ 81a, 81c StPO)

1. Körperliche Untersuchung im Strafverfahren

Nicht selten ist im Ermittlungsverfahren die **körperliche Beschaffenheit** (dazu gehört auch der psychische Zustand) des Beschuldigten oder des Opfers einer Straftat von Relevanz. Dann ist eine körperliche Untersuchung angezeigt. Diese kann sich in einer schlichten Inaugenscheinnahme des Körpers erschöpfen (Feststellung von Kratzspuren, Hämatomen, o. ä.). Sie kann aber auch einen körperlichen Eingriff – prominentestes Beispiel ist wohl die Blutentnahme zur Messung der Blutalkoholkonzentration – erfordern. Die StPO hält zu diesem Zweck zwei Befugnisnormen bereit, die – differenziert nach Rolle des Betroffenen im Verfahren (Beschuldigter oder „andere Personen") – unterschiedlichen Voraussetzungen unterfallen. 2234

a) **Körperliche Untersuchung.** Die körperliche Untersuchung ist von der Durchsuchung am Körper abzugrenzen. Eine **körperliche Untersuchung** ist nach dem BGH[1076] die Untersuchung der körperlichen Beschaffenheit, „die äußere und innere Seinsweise des Körpers" einschließlich in diesen geratener Fremdkörper, unter Umständen auch das körperliche Verhalten gegenüber äußeren Einflüssen (z. B. Alkohol). 2235

> **Beispiel:** Die Suche nach am Körper befestigten Drogenpäckchen ist demnach eine Durchsuchung. Wird im Körper (Magen, Rektal-/Genitalbereich) nach diesen gesucht, handelt es sich um eine körperliche Untersuchung, da der Körper auf „in diesen geratene Fremdkörper" untersucht wird. 2236

Maßnahmen, die zwar die Körpersubstanz berühren, bei denen aber keinerlei Gesundheitsbeschädigung zu befürchten ist, sind nach hier vertretener Auffas- 2237

1076 BGH, Urteil vom 16.2.1954 – 1 StR 578/53 – NJW 1954, 649, 650.

sung ebenfalls als einfache körperliche Untersuchung zu werten. Hierzu ist z. B. die Gewinnung einer Speichelprobe,[1077] das Abschneiden weniger Haare zwecks Drogentest oder das Abschneiden von Fingernägeln zu zählen.[1078]

2238 b) **Körperlicher Eingriff.** Ein **körperlicher Eingriff** liegt vor, wenn unter Zufügung auch nur geringfügiger Verletzungen in das haut- und muskelumschlossene Innere des Körpers eingedrungen wird, um Körperbestandteile, insbesondere Körperzellen, Körperflüssigkeiten (insbesondere Blut, Liquor, Samen, Harn) zu entnehmen oder dem Körper Stoffe zuzuführen.[1079] Es handelt sich um einen Unterfall der körperlichen Untersuchung, der durch einen Arzt vorzunehmen ist, vgl. § 81a Abs. 1 Satz 2 StPO.

2239 **Klausurhinweis:** Dementsprechend ist in der Klausur bereits beim Punkt „Funktionelle Zuständigkeit/Durchführungskompetenz" eine Abgrenzung zur einfachen körperlichen Untersuchung vorzunehmen.

2240 Da das **Eindringen in das haut- und muskelumschlossene Innere des Körpers** (z. B. Rektal- oder Vaginaluntersuchung) stets mit einem Verletzungsrisiko einhergeht, ist nach hier vertretener Auffassung dieses stets als körperlicher Eingriff zu werten. Gleiches gilt für das Eindringen in die natürlichen Körperöffnungen welches auf Grund der Verwendung mit Instrumenten oder auf Grund der Tiefe des Eindringens eine Verletzungsgefahr birgt. Auch mit einer **Strahlenbelastung** einhergehende körperliche Untersuchungen, also z. B. Röntgen sowie Kernspin- und Computertomographie, sind körperliche Eingriffe.[1080]

2. Betroffene Grundrechte

2241 Auch geringfügige Verletzungen, wie sie z. B. bei einer Blutprobenentnahme die notwendige Folge sind, sind als Eingriff in die **körperliche Unversehrtheit** (Art. 2 Abs. 2 Satz 1 GG) zu werten.

2242 Die einfache körperliche Untersuchung, die die körperliche Integrität nicht berührt, ist stets als Eingriff in das **Allgemeine Persönlichkeitsrecht** zu werten. Ist es erforderlich, dass sich die zu untersuchende Person entblößt, liegt der Schwerpunkt des Eingriffs auf dem APR-Privat. Da in jedem Fall aber zielgerichtet Informationen über den körperlichen (und geistigen) Zustand erhoben werden, ist das APR (auch) in seiner Ausprägung als Recht auf informationelle Selbstbestimmung betroffen.

2243 **Vertiefung:** Die Auffassung, dass lediglich die freie Entfaltung der Persönlichkeit betroffen sein könnte,[1081] ist abzulehnen. Personenbezogene Daten über den Gesundheitszustand gehören zu den sog. „besonderen" bzw. sensiblen Daten (vgl. § 3 Nr. 9 BDSG).

1077 *Trück*, in: MüKo-StPO, § 81a Rn. 8.

1078 Vgl. auch *Schütte/Braun/Keller*, Rn. 458 die im Wege der teleologischen Reduktion den Arztvorbehalt bei Fehlen einer Gesundheitsgefährdung für verzichtbar halten.

1079 *Trück*, in: MüKo-StPO, § 81a Rn. 11; *Meyer-Goßner/Schmitt*, § 81a Rn. 15.

1080 *Trück*, in: MüKo-StPO, § 81a Rn. 16.

1081 In diese Richtung *Trück*, in: MüKo-StPO, § 81a Rn. 1.

Für die Dauer der Maßnahme ist der Betroffene zur Duldung verpflichtet. Er darf in der Regel seinen Standort für nicht unerhebliche Zeit nicht verlassen oder muss sogar (z. B. zum Zweck einer ärztlichen Untersuchung) gegen seinen Willen an einen anderen Ort verbracht werden. Darin ist jedenfalls ein Eingriff in die **Freiheit der Person** (Art. 2 Abs. 2 Satz 2 GG) zu sehen. Der § 81a StPO ist ein förmliches Gesetz im Sinne des Art. 104 Abs. 1 Satz 1 GG.[1082] 2244

3. Körperliche Untersuchung des Beschuldigten (§ 81a StPO)

Fall 1: Charlie wird einer Vergewaltigung verdächtigt. Das Opfer hat ausgesagt, es habe sich heftig gewehrt und dem Täter „den Rücken zerkratzt". Unter den Fingernägeln des Opfers wurden Haut- und Blutreste gefunden. POK Loh fordert Charlie auf, seinen Oberkörper zu entblößen, damit er den Rücken in Augenschein nehmen kann. 2245

Fall 2: Harald fährt in Schlangenlinien mit seinem PKW durch die Stadt. Als er von PK Orda gestoppt wird, verweigert er lallend den angebotenen Alkoholtest. Daraufhin soll ihm zur Feststellung der Blutalkoholkonzentration durch einen Arzt Blut entnommen werden. 2246

a) Wichtige Normen

→ § 81a StPO 2247
→ § 81d StPO (Gleichgeschlechtliche Untersuchung)

b) Allgemeines. Die körperliche Untersuchung des **Beschuldigten** ist in § 81a StPO geregelt. Unterschieden wird zwischen der einfachen körperlichen Untersuchung und dem körperlichen Eingriff (zur Unterscheidung bereits oben). Die in § 81a Abs. 1 Satz 2 StPO explizit genannte Blutprobenentnahme ist, das wird auch aus dem Wortlaut „*und andere körperliche Eingriffe*" deutlich, lediglich als Beispiel für körperliche Eingriffe zu sehen. 2248

> **Vertiefung:** Die „Veränderung der Haar- oder Barttracht" (z. B. Abrasieren eines Vollbarts) des Beschuldigten zum Zweck der Gegenüberstellung ist nicht als körperliche Untersuchung, sondern als Maßnahme nach § 81b StPO einzuordnen.[1083] 2249

c) Materielle Rechtmäßigkeit. – aa) Ermächtigungsgrundlage. Ermächtigungsgrundlage für eine **einfache körperliche Untersuchung** ist § 81a Abs. 1 Satz 1 StPO. Ein **körperlicher Eingriff** erfolgt auf Grundlage des § 81a Abs. 1 Satz 2 iVm. Satz 1 StPO. 2250

bb) Tatbestandsvoraussetzungen. Erste Voraussetzung ist die **Beschuldigteneigenschaft** des Betroffenen. Spätestens durch die Anordnung der körperlichen Untersuchung wird ein Verdächtiger zum Beschuldigten. Eine unverdächtige 2251

1082 *Senge*, in: KK-StPO, § 81a Rn. 10 m. w. N.
1083 *Schütte/Braun/Keller*, Rn. 458; *Meyer-Goßner/Schmitt*, StPO, § 81b Rn. 10.

oder strafunmündige Person darf hingegen nicht nach § 81a StPO (aber ggf. nach § 81c StPO) körperlich untersucht werden.[1084]

2252 Weitere Voraussetzung für die Anordnung und Durchführung einer körperlichen Untersuchung ist das Vorliegen eines **Anfangsverdachts einer Straftat.** Ein bestimmter Verdachtsgrad ist nicht erforderlich.

2253 **Klausurhinweis:** Diese Voraussetzung wird bereits im Rahmen der sachlichen Zuständigkeit geprüft. Ein kurzer Verweis auf diese Prüfung ist an dieser Stelle regelmäßig ausreichend.

2254 Zielrichtung der körperlichen Untersuchung muss die Feststellung von **Tatsachen** sein, die **„für das Verfahren von Bedeutung"** sind. Darunter fallen insbesondere Tatsachen, die für den Beweis der Straftat, der Täterschaft des Betroffenen, der Schuld (insbesondere Schuldfähigkeit) benötigt werden.

2255 **Beispiel:** In Fall 1 würde das Vorhandensein von Kratzspuren ein Indiz für die Täterschaft des Charlie sein, das Nichtvorhandensein würde ihn entlasten. In Fall 2 ist der Alkoholisierungsgrad des Harald für den Nachweis der Tatbestandsmäßigkeit des §§ 316 bzw. 315c StGB (absolute oder relative Fahruntüchtigkeit[1085]) von Relevanz.

2256 Schließlich darf durch die körperliche Untersuchung **kein „gesundheitlicher Nachteil"** zu erwarten sein. Hierbei ist nicht auf die Art der Untersuchung abzustellen, sondern auf die im konkreten Fall zu erwartenden gesundheitlichen Folgen. Erheblich über die Untersuchungsdauer fortwirkende Beeinträchtigungen des körperlichen Wohlbefindens müssen mit an Sicherheit grenzender Wahrscheinlichkeit (ggf. unter Hinzuziehung eines Sachverständigen) ausgeschlossen werden können.[1086]

2257 **Beispiel:** Eine Blutprobenentnahme zieht in der Regel keine „erheblichen" Beeinträchtigungen des körperlichen Wohlbefindens nach sich. Leidet der Beschuldigte jedoch unter Hämophilie (so genannte Bluterkrankheit) kann (!) dies anders zu beurteilen sein.

2258 cc) **Rechtsfolge.** Liegen die Tatbestandsvoraussetzungen vor, ist eine körperliche Untersuchung, also eine *„sachkundige Erforschung der äußeren und inneren Beschaffenheit des Körpers"*,[1087] zulässig.

2259 **Vertiefung:** Im OWi-Verfahren ist nach § 46 Abs. 4 OWiG eine körperliche Untersuchung des Beschuldigten mit Einschränkungen anwendbar. Gestattet sind nur die Entnahme von Blutproben und andere „geringfügige Eingriffe".

2260 § 81a StPO gestattet auch alle zum Zwecke der Durchführung der körperlichen Untersuchung erforderlichen **Begleitmaßnahmen.** Hierzu gehört neben dem

1084 Vgl. statt vieler BVerfG, Beschluss vom 2.8.1996 – 2 BvR 1511/96 – NJW 1996, 3071, 3072.
1085 Zur Ermittlung der BAK vgl. zum Einstieg *Kudlich*, in: BeckOK-StGB, § 315c Rn. 22 ff.
1086 *Ritzert*, in: BeckOK-StPO, § 81a Rn. 11 m. w. N.
1087 *Frister*, in: Lisken/Denninger, Kap. F, Rn. 261.

Entkleiden insbesondere die Verbringung und das Festhalten am Untersuchungsort (z. B. Krankenhaus).[1088] Die Voraussetzungen des § 127 StPO müssen nicht erfüllt sein.[1089]

Der Beschuldigte ist verpflichtet, die körperliche Untersuchung zu **dulden**, also passiv hinzunehmen. Er muss auch Begleitmaßnahmen (z. B. Fixierung des Armes zum Zwecke der sicheren Blutprobenentnahme) dulden. Aktive Tätigkeiten (z. B. Laufen auf einer Linie o. ä.) muss er nicht vornehmen. **2261**

Die Befugnis zur **zwangsweisen Durchsetzung** folgt ebenfalls aus § 81a StPO. **2262**

dd) Verhältnismäßigkeit. Grundsätzlich ist für die Zulässigkeit einer körperlichen Untersuchung das Vorliegen eines Anfangsverdachts ausreichend. Im Rahmen der Prüfung der **Angemessenheit** bzw. der Verhältnismäßigkeit im engeren Sinne ist insb. bei erheblichen körperlichen Eingriffen eingehend zu prüfen, ob angesichts der vorgeworfenen Straftat und des konkreten Verdachtsgrads ein Missverhältnis besteht.[1090] **2263**

d) Formelle Rechtmäßigkeit. – aa) Funktionelle Zuständigkeit. Grundsätzlich ist ausweislich § 81a Abs. 2 Satz 1 StPO der Richter **anordnungsbefugt**. Ausnahmsweise, nämlich bei *„bei Gefährdung des Untersuchungserfolges durch Verzögerung"* (also Gefahr im Verzug) dürfen auch Staatsanwalt oder die Ermittlungspersonen der Staatsanwaltschaft die Anordnung treffen. Letztere sind nur anordnungsbefugt, wenn die Staatsanwaltschaft nicht erreichbar ist.[1091] **2264**

Besteht der Anfangsverdacht einer **„Trunkenheitsfahrt"**, also einer Straftat nach den §§ 315a Abs. 1 Nr. 1, Abs. 2 und 3, 315c Abs. 1 Nr. 1a, Abs. 2 und 3 oder § 316 StPO ist ausweislich § 81a Abs. 2 Satz 2 StPO eine richterliche Anordnung der körperlichen Untersuchung seit August 2017 nicht (mehr) erforderlich. **2265**

Bei der **Durchführungskompetenz** ist zwischen der einfachen körperlichen Untersuchung und körperlichen Eingriffen zu unterscheiden. Die einfache körperliche Untersuchung darf sowohl durch die Polizei als auch die Staatsanwaltschaft erfolgen. Ein körperlicher Eingriff ist hingegen grundsätzlich zwingend durch einen **Arzt** vorzunehmen. Darunter sind alle Mediziner zu verstehen, die approbiert oder zur vorübergehenden Ausübung des ärztlichen Berufs nach der BÄO (Bundesärzteordnung) berechtigt sind.[1092] Zweck dieser Einschränkung ist der Schutz des vom körperlichen Eingriff Betroffenen.[1093] **2266**

1088 Vgl. z. B. OLG Köln, Urteil vom 17.12.1985 – 1 Ss 318/85 – NStZ 1986, 234, 236.

1089 *Senge*, in: KK-StPO, § 81a Rn. 10 m. w. N.

1090 Vgl. exemplarisch KG Berlin, Urteil vom 28. März 2000 – (4) 1 Ss 87/98 (74/98) – juris Rn. 8.

1091 *Ritzert*, in: BeckOK-StPO, § 81a Rn. 14.

1092 *Ritzert*, in: BeckOK-StPO, § 81a Rn. 9; vgl. auch BGH, Beschluss vom 17.3.1971 – 3 StR 189/70 zur Frage der Verwertbarkeit bei Verstoß.

1093 BGH, Beschluss vom 17.03.1971 – 3 StR 189/70.

2267 **Vertiefung:** In der Praxis wird, wenn medizinische Fachkenntnisse erforderlich sind, auch die einfache körperliche Untersuchung durch einen Arzt durchzuführen sein.

2268 Sanitäter, Krankenhelfer sowie sonstige Pflegekräfte sind nicht durchführungsbefugt.[1094] Ausnahmsweise darf die Entnahme einer Blutprobe auch durch einen Medizinalassistenten vorgenommen werden, wenn dies „*unter Anleitung, Aufsicht und Verantwortung eines hauptamtlich tätigen Arztes*" geschieht.[1095]

2269 **bb) Besondere Form- und Verfahrensvorschriften. – aaa) Gleichgeschlechtliche Untersuchung.** Nach § 81d StPO ist eine körperliche Untersuchung bei welcher die „*Verletzung des Schamgefühls*" möglich erscheint, durch eine Person gleichen Geschlechts vorzunehmen. Ob das der Fall ist, ist im konkreten Einzelfall zu entscheiden. Zu berücksichtigen sind hierbei auch kulturell-bedingte oder religiöse Aspekte.[1096]

2270 **Vertiefung:** Die Untersuchung der Geschlechtsorgane und des „Gesäßbereichs" ist in jedem Fall eine körperliche Untersuchung die das Schamgefühl verletzen kann.

2271 Nimmt eine Ärztin oder ein Arzt die körperliche Untersuchung vor, spielt das Geschlecht grundsätzlich keine Rolle. Nach § 81d Abs. 1 Satz 2 StPO hat der Betroffene – bei entsprechendem berechtigten Interesse und wenn hierdurch der Untersuchungserfolg nicht gefährdet wird – jedoch ein **Wahlrecht** bezüglich des Geschlechts der untersuchenden Person; auch wenn diese Arzt ist.

2272 Wenn die zu untersuchende Person dies verlangt, „soll" eine **Vertrauensperson** bei der Untersuchung zugelassen werden, § 81d Abs. 1 Satz 3 StPO. Eine Nichtzulassung bedarf triftiger Gründe (z. B. Gefährdung des Untersuchungserfolgs).

2273 Über das o. g. Wahlrecht sowie die Möglichkeit der Hinzuziehung einer Vertrauensperson ist der Beschuldigte zu **belehren**, § 81d Abs. 1 Satz 4 StPO.

2274 **bbb) Körperlicher Eingriff nach den Regeln der ärztlichen Kunst.** Körperliche Eingriffe sind nicht nur durch einen Arzt (s. o.), sondern auch nach den **Regeln der ärztlichen Kunst** vorzunehmen. Der Arzt hat seiner „*besonderen Schutzpflicht*" nachzukommen und „*das ihm anvertraute Rechtsgut, die Unversehrtheit der Gesundheit seiner Patienten*" bestmöglich zu schützen.[1097]

2275 **ccc) Vernichtung entnommener Blutproben und Körperzellen.** Nach § 81a Abs. 3 StPO sind entnommene Blutproben und Körperzellen zu **vernichten**, wenn sie für Zwecke bereits anhängiger Strafverfahren[1098] nicht mehr benötigt werden.

1094 *Trück*, in: MüKo-StPO, § 81a Rn. 12.

1095 OLG Köln, Urteil vom 19.11.1965 – Ss 375/65.

1096 Vgl. *Trück*, in: MüKo-StPO, § 81a Rn. 5; *Krause*, in: LR-StPO, § 81d Rn. 4.

1097 Vgl. BGH, Urteil vom 29.04.2010 – 5 StR 18/10 – NJW 2010, 2595, 2598.

1098 Vertiefend *Trück*, in: MüKo-StPO, § 81a Rn. 36 f.

e) **Klausurtaktik.** Die Prüfung der Tatbestandsmäßigkeit ist bei § 81a StPO wegen der geringen Voraussetzungen regelmäßig kein Problem. Eine eingehende Prüfung ist bei vermeintlichen „Nebensächlichkeiten“, wie z. B. der funktionellen Zuständigkeit (liegt Gefahr im Verzug vor? Handelt es sich um eine einfache körperliche Untersuchung oder einen Eingriff?) erforderlich. **2276**

Checkliste § 81a Abs. 1 StPO **2277**

Tatbestand

- ✓ Beschuldigter
- ✓ Anfangsverdacht einer Straftat (soweit noch nicht geprüft)
- ✓ Zielrichtung: Feststellung von verfahrensbedeutsamen Tatsachen
- ✓ Keine gesundheitlichen Nachteile zu befürchten

Rechtsfolge

- ✓ körperliche Untersuchung oder körperlicher Eingriff
- ✓ Begleitmaßnahmen: Entkleiden, Mitnahme ins Krankenhaus, etc.

Funktionelle Zuständigkeit

- ✓ Anordnung durch Richter, bei GiV auch Staatsanwaltschaft oder Polizei (Ausnahme: Anfangsverdacht einer Trunkenheitsfahrt, dann Anordnungskompetenz Polizei/StA)
- ✓ Durchführung bei einfacher Untersuchung: Polizei oder Staatsanwalt
- ✓ Durchführung bei körperlichem Eingriff: Arzt

Form- und Verfahrensvorschriften

- ✓ Gleichgeschlechtliche Untersuchung (§ 81d): Wahlrecht, Vertrauensperson, Belehrung
- ✓ Eingriff nach Regeln der ärztlichen Kunst
- ✓ Vernichtung Blutproben/Körperzellen, wenn nicht mehr erforderlich

4. Körperliche Untersuchung anderer Personen (§ 81c StPO)

Fall 1: Nachbarn haben die Polizei gerufen, weil aus der Wohnung der Familie Müller schmerzerfüllte Schreie einer Frau sowie dumpfe Schläge zu hören waren. PK Loh und POK Orda betreten die Wohnung der Müllers. Sophie, die Haushaltshilfe der Müllers, sitzt zitternd und leicht gekrümmt auf dem Sofa. Ihre Lippe blutet. Sie hat Blutflecken auf der Bluse. Sie gibt an, dass Herr Müller „etwas zu viel getrunken hat und ein wenig 'durchgedreht'“ sei. Er habe sie mit einem metallenen Schürhaken geschlagen. PK Loh fordert Sophie auf mitzukommen, um sich von einem Arzt untersuchen zu lassen. Sophie möchte „keinen Ärger“ und weigert sich. **2278**

2279 **Fall 2:** Der HIV-positive Charlie hatte mit Selena mehrfach ungeschützten Geschlechtsverkehr ohne sie vorher über seine Erkrankung aufzuklären. Als Selenas Kumpel Martin hiervon erfährt, erstattet er Anzeige bei der Polizei.[1099] Im Rahmen einer Blutuntersuchung soll geklärt werden, ob sich Selena infiziert hat.

a) Wichtige Normen

2280 → § 81c StPO
→ § 81d StPO (Gleichgeschlechtliche Untersuchung)
→ § 81f StPO

2281 **b) Allgemeines.** Ebenso wie die körperliche Untersuchung des Beschuldigten kann auch die Untersuchung des (vermeintlichen) Opfers einer Straftat (oder eines **Nichtbeschuldigten**) für die „Erforschung der Wahrheit" erforderlich sein. In der Praxis ist das immer dann problematisch, wenn das (vermeintliche) Opfer dies nicht möchte. Ob und in welchem Umfang ein Strafverfahren durchgeführt wird, steht grundsätzlich jedoch nicht zur Disposition des Opfers einer Straftat. Nicht zuletzt aus § 244 Abs. 2 StPO, nach welchem *„zur Erforschung der Wahrheit die Beweisaufnahme von Amts wegen auf alle Tatsachen und Beweismittel zu erstrecken [ist], die für die Entscheidung von Bedeutung sind"*, folgt, dass körperliche Untersuchungen auch gegen den Willen des (vermeintlichen) Opfers möglich sein müssen.

2282 Es erfolgt jedoch keine „Straftatenaufklärung um jeden Preis". Eine körperliche Untersuchung eines Nichtbeschuldigten ist unzulässig, wenn sie diesem nach *„Würdigung aller Umstände nicht zugemutet werden kann"*, vgl. § 81c Abs. 4 StPO. Zudem ist eine Durchsetzung mittels Anwendung von unmittelbarem Zwang nur in bestimmten Fällen und auf besondere richterliche Anordnung zulässig, § 81c Abs. 6 StPO.

2283 **c) Betroffene Grundrechte.** Wie auch bei der körperlichen Untersuchung eines Beschuldigten (siehe ausführlich dort) kommt eine Beeinträchtigung der körperlichen Unversehrtheit, des Allgemeinen Persönlichkeitsrecht und der Freiheit der Person in Betracht.

2284 **d) Materielle Rechtmäßigkeit. – aa) Ermächtigungsgrundlage.** Die Ermächtigungsgrundlage für **einfache körperliche Untersuchungen** eines Nichtbeschuldigten ist § 81c Abs. 1 StPO. Einziger zulässiger körperlicher Eingriff ist die **Blutprobenentnahme** nach § 81c Abs. 2 StPO. Andere körperliche Eingriffe (z. B. auch Röntgenaufnahmen) bedürfen für ihre Zulässigkeit stets der Einwilligung des Betroffenen.

1099 Nach BGH Urteil vom 4.11.1988 – 1 StR 262/88 – NStZ 1989, 114 ist ein derartiges Verhalten zumindest als (versuchte) gefährliche Körperverletzung einzustufen.

Vertiefung: Ist eine Einwilligung erforderlich, ist der Betroffene über die Maßnahme und die Tatsache zu **belehren**, dass diese ohne seine Einwilligung unzulässig ist.[1100] **2285**

bb) Tatbestandvoraussetzungen. Betroffener der körperlichen Untersuchung muss zunächst ein **Nichtbeschuldigter** sein, der *„als Zeuge in Betracht"* kommt, vgl. § 81c Abs. 1 StPO. Es gilt, bis auf Fälle der Abstammungsuntersuchung,[1101] der so genannte **Zeugengrundsatz**. Das bedeutet, dass jede Person untersucht werden kann, die theoretisch als Zeuge vernommen werden könnte, weil sie auf Grund ihrer (Opfer)Rolle eine hinreichende Nähe zur Straftat eines anderen hat. Dabei ist es unschädlich, dass der Betroffene – z. B., weil er noch ein Kleinkind oder Baby oder auf Grund von Krankheit – faktisch gar nicht in der Lage ist, eine Aussage zu machen.[1102] Ebenso erfasst sind Personen, die zur Tatzeit geschlafen haben oder bewusstlos waren.[1103] **2286**

Zweck der Untersuchung muss das Auffinden von Spuren oder Folgen einer Straftat sein, sog. **Spurengrundsatz. Spuren** sind unmittelbar durch die Tat verursachte Änderungen am Körper, die Rückschlüsse auf die Tatausführung oder den Täter ermöglichen.[1104] **2287**

Beispiele: Schnitt- und Stichwunden, Verbrennungen, Einschusskanal, Blutspuren auf der Haut, Hautreste unter Fingernägeln, Spermaspuren an oder in Körperöffnungen.[1105] **2288**

Tatfolgen sind auch mittelbar durch die Tat hervorgerufene, nicht notwendig dauerhafte Veränderungen am Körper, die Rückschlüsse auf konkrete Schädigungen und Qualifikationsmerkmale der Tat geben können und mindestens für die Strafzumessung von Bedeutung sind.[1106] **2289**

Beispiele: Erblinden, Zahnlücken, Infektionen und Ansteckung mit Krankheiten, starke Schmerzen, etc.[1107] **2290**

Die Untersuchung muss **konkrete Feststellungen** zum Ziel haben (z. B. Untersuchung des Vaginalbereichs nach Spermaspuren nach einer Sexualstraftat). Es müssen konkrete Anhaltspunkte über Art und Vorhandensein der Spuren oder Tatfolgen bestehen, zu deren Auffinden die Untersuchung dient.[1108] **2291**

Die körperliche Untersuchung ist zulässig, *„soweit"* sie *„zur Erforschung der Wahrheit"* durchgeführt werden *„muss"*. Das ist immer dann der Fall, wenn zumindest zweifelhaft ist, ob andere (ausreichende) Beweismittel gefunden werden, die die Untersuchung überflüssig werden lassen. Das Vorliegen eines Ge- **2292**

1100 *Meyer-Goßner/Schmitt*, § 81c Rn. 4.
1101 Hierzu ausführliche *Krause*, in: LR-StPO, § 81c Rn. 23 ff.
1102 *Senge*, in: KK-StPO, § 81c Rn. 1; *Trück*, in: MüKo-StPO, § 81c Rn. 8.
1103 *Trück*, in: MüKo-StPO, § 81c Rn. 8.
1104 *Trück*, in: MüKo-StPO, § 81c Rn. 10.
1105 Meyer-Goßner/Schmitt, § 81c Rn. 12.
1106 *Trück*, in: MüKo-StPO, § 81c Rn. 11.
1107 *Meyer-Goßner/Schmitt*, § 81c Rn. 12.
1108 *Trück*, in: MüKo-StPO, § 81c Rn. 12.

ständnisses des Beschuldigten lässt wegen der Gefahr des Widerrufs die Notwendigkeit einer körperlichen Untersuchung nicht entfallen.[1109] Eine Untersuchung die die Klärung des psychischen Zustands des Betroffenen (z. B. Vernehmungsfähigkeit) zum Gegenstand hat, ist von § 81c StPO nicht erfasst und bedarf der Einwilligung des zu Untersuchenden.[1110]

2293 Die körperliche Untersuchung darf **keinen Nachteil für die Gesundheit** des Betroffenen befürchten lassen. Es gilt das oben zu § 81a StPO Gesagte (siehe Rn. 2256 f.). Da als einziger Eingriff in die körperliche Unversehrtheit die Blutprobenentnahme zugelassen ist (vgl. § 81c Abs. 2 StPO), ist ein solcher Nachteil praktisch ausgeschlossen.

2294 Schließlich, so bestimmt es § 81c Abs. 4 StPO, darf die körperliche Untersuchung dem Betroffenen nicht **unzumutbar** sein, was auch schon aus dem Verhältnismäßigkeitsgrundsatz folgt und eigentlich keiner gesetzlichen Erwähnung bedürfte. Das Aufklärungsinteresse darf nicht im Missverhältnis zu dem mit der Untersuchung verbundenen Eingriff in das Persönlichkeitsrecht des Betroffenen stehen. Maßgeblich sind einerseits Nachteile und Unannehmlichkeiten der Untersuchung und die persönlichen Verhältnisse des Betroffenen (z. B. Verwandtschaft mit dem vermeintlichen Täter), andererseits Schwere der Tat, Stärke des Tatverdachts und mutmaßliche Beweisbedeutung des Untersuchungsergebnisses.[1111] Bereits aus dem Erforderlichkeitsgrundsatz folgt, dass eine körperliche Untersuchung eines Nichtbeschuldigten durch einen Arzt vorzunehmen ist.[1112]

2295 cc) **Rechtsfolge.** Liegen die Tatbestandsvoraussetzungen vor, sind körperliche Untersuchung und gegebenenfalls eine Blutprobenentnahme sowie die hierfür erforderlichen Begleitmaßnahmen grundsätzlich zulässig.

2296 Bei Weigerung des Betroffenen, die körperliche Untersuchung (oder erforderliche Begleitmaßnahmen) zu dulden ist **Durchsetzung mit unmittelbarem Zwang** nach § 81c Abs. 6 StPO nur zulässig, wenn eine entsprechende **richterliche Anordnung** vorliegt. Außer in Fällen, in denen Gefahr im Verzug vorliegt, muss eine Willensbeugung zunächst durch Festsetzung eines Ordnungsgeldes entsprechend § 70 StPO (lesen!) versucht werden.

2297 **Klausurhinweis:** Dieser Punkt kann auch bereits im Rahmen der Prüfung der funktionellen Zuständigkeit angesprochen werden.

2298 Nach § 81c Abs. 3 Satz 1 StPO darf eine körperliche Untersuchung beziehungsweise Blutprobenentnahme *„aus den gleichen Gründen wie das Zeugnis verweigert werden"*. Das bedeutet, dass Angehörige des Beschuldigten (vgl. § 52 Abs. 1 StPO) neben einem Zeugnisverweigerungsrecht auch ein **Untersu-**

1109 *Ritzert*, in: BeckOK-StPO, § 81c Rn. 7; *Meyer-Goßner/Schmitt*, § 81c Rn. 15.
1110 *Meyer-Goßner/Schmitt*, § 81c Rn. 7.
1111 *Krause*, in: LR-StPO, § 81c Rn. 21.
1112 Vgl. *Meyer-Goßner/Schmitt*, § 81c Rn. 17; *Krause*, in: LR-StPO, § 81c Rn. 21.

chungsverweigerungsrecht zusteht.[1113] Wird dieses vor oder während der Untersuchung ausgeübt, ist die körperliche Untersuchung oder ihre Fortsetzung unzulässig.[1114]

e) **Formelle Rechtmäßigkeit. – aa) Funktionelle Zuständigkeit.** Die körperliche Untersuchung des Nichtbeschuldigten bedarf der **Anordnung** durch den Richter, § 81c Abs. 5 StPO. Ausnahmsweise, nämlich bei „Gefährdung des Untersuchungserfolgs bei Verzögerung" (also Gefahr im Verzug) sind auch die Staatsanwaltschaft sowie die Ermittlungspersonen der Staatsanwaltschaft anordnungsbefugt. **2299**

Nach dem Wortlaut des Gesetzes ist eine körperliche Untersuchung nur dann von einem **Arzt** vorzunehmen, wenn es sich um eine **Blutprobenentnahme** handelt (vgl. § 81c Abs. 2 Satz 2 StPO). Unter Berücksichtigung der Zumutbarkeitsregelung des § 81c Abs. 4 StPO (hierzu bereits oben) häufig auch die einfache körperliche Untersuchung (z. B. Untersuchung des Genitalbereichs nach Spermaspuren) nur durch einen Arzt durchzuführen sein. **2300**

> **Klausurhinweis:** Die Frage, ob eine einfache körperliche Untersuchung durch einen Arzt durchzuführen ist, ist nach hier vertretener Auffassung erst bei der Prüfung der Zumutbarkeit zu problematisieren. So wird die entsprechende Prüfung nicht unnötig „zersplittert". **2301**

bb) Besondere Form- und Verfahrensvorschriften. – aaa) Gleichgeschlechtliche Untersuchung. Auch bei körperlichen Untersuchungen von Nichtbeschuldigten bei welcher die „*Verletzung des Schamgefühls*" möglich erscheint gilt § 81d StPO. Das oben Gesagte gilt entsprechend. **2302**

bbb) Vernichtung entnommener Blutproben und Körperzellen. Nach § 81c Abs. 5 Satz 2 StPO gilt § 81a Abs. 3 StPO entsprechend. Das bedeutet, dass entnommene Blutproben und Körperzellen zu **vernichten** sind, wenn sie für Zwecke bereits anhängiger Strafverfahren nicht mehr benötigt werden **2303**

f) **Klausurtaktik.** Die körperliche Untersuchung Nichtbeschuldigter spielt nur selten eine Rolle in der Anfängerklausur. Dennoch empfiehlt es sich – auch auf Grund der praktischen Relevanz – nicht, hier „auf Lücke" zu setzen. In der Sache erfordert insbesondere die Tatbestandsmäßigkeit eine sorgfältige Prüfung bei welcher die Gefahr besteht auf Grund von Oberflächlichkeit viele Punkte „liegenzulassen". **2304**

Checkliste § 81c Abs. 1 StPO **2305**

Tatbestand

- ✓ Anfangsverdacht einer Straftat (soweit noch nicht geprüft)
- ✓ Nichtbeschuldigter der theoretisch als Zeuge in Betracht kommt
- ✓ Zielrichtung: Feststellung von Spuren/Folgen der Tat

1113 Zu Betroffenen „*ohne ausreichende Verstandesreife*" u. ä. (§ 81c Abs. 3 Satz 2–5 StPO) näher *Krause*, in: LR-StPO, § 81c Rn. 41 ff.

1114 *Meyer-Goßner/Schmitt*, § 81c Rn. 25.

✓ Untersuchung „muss“ zur Erforschung der Wahrheit durchgeführt werden
✓ Keine gesundheitlichen Nachteile zu befürchten

Rechtsfolge

✓ körperliche Untersuchung oder Blutprobenentnahme
✓ Begleitmaßnahmen: Entkleiden, Mitnahme ins Krankenhaus, etc.
✓ Unmittelbarer Zwang nur bei richterlicher Anordnung

Funktionelle Zuständigkeit

✓ Anordnung durch Richter, bei GiV auch Staatsanwaltschaft oder Polizei
✓ Durchführung bei einfacher Untersuchung: Polizei oder Staatsanwalt (ggf. Arzt)
✓ Durchführung bei körperlichem Eingriff: Arzt

Form- und Verfahrensvorschriften

✓ Gleichgeschlechtliche Untersuchung (§ 81d): Wahlrecht, Vertrauensperson, Belehrung
✓ Vernichtung Blutproben/Körperzellen, wenn nicht mehr erforderlich

5. Exkurs: Molekulargenetische Untersuchung (§ 81e StPO)

2306 Einen wichtigen medizinischen Sachbeweis stellt die **DNA-Analyse** dar. Sie ist ein Sonderfall der körperlichen Untersuchung, dessen Zulässigkeit durch § 81e StPO klargestellt wird.[1115]

2307 Tatbestandsvoraussetzung ist, dass es sich bei dem molekulargenetisch zu untersuchenden „*Material*“ um solches handelt, welches durch eine (rechtmäßige) Maßnahme nach § 81a Abs. 1 StPO oder § 81c StPO erlangt wurde. Aber auch „*aufgefundenes, sichergestelltes oder beschlagnahmtes Spurenmaterial*“ darf nach § 81e Abs. 2 iVm. Abs. 1 StPO untersucht werden.

2308 **Klausurhinweis:** Die Rechtmäßigkeit der Maßnahme durch die das Material erlangt wurde, ist inzident zu prüfen.

2309 Ziel der molekulargenetischen Untersuchung ist die Beantwortung der Frage, ob „aufgefundenes Spurenmaterial“ (z. B. eine am Tatort hinterlassene Zigarettenkippe) von dem Beschuldigten, respektive Verletzten stammt. Außerdem sind eine Feststellung der Abstammung sowie die Bestimmung des Geschlechts zulässig. Andere Feststellungen sind ausdrücklich untersagt, § 81e Abs. 1 Satz 3 StPO

2310 Nach § 81f Abs. 1 StPO bedarf eine molekulargenetische Untersuchung der richterlichen Anordnung. Bei Gefahr im Verzug können auch die Staatsanwaltschaft beziehungsweise ihre Ermittlungspersonen die Anordnung treffen.[1116] Sollte der Betroffene der Untersuchung zustimmen, ist nach § 81f Abs. 1 StPO

1115 *Krause*, in: LR-StPO, § 81e Rn. 4.
1116 Kritisch hierzu: *Krause*, in: LR-StPO, § 81e Rn. 7.

eine schriftliche Einwilligung einzuholen. In diesem Zusammenhang besteht eine Belehrungspflicht über den Zweck der Untersuchung, vgl. § 81f Abs. 1 Satz 2 StPO. Die Durchführung der Untersuchung erfolgt durch Sachverständige (die in der Anordnung zu bestimmen sind).

XVI. Präventive körperliche Untersuchung (§ 22 Abs. 4 Nds. SOG)

1. Körperliche Untersuchung zur Gefahrenabwehr (§ 22 Abs. 4 Nds. SOG)

Fall: POK Loh wird im Rahmen einer Ingewahrsamnahme von Hannibal durch Bisse verletzt. Da Hannibal Junkie ist, wird angenommen, dass er gegebenenfalls an Hepatitis und/oder HIV erkrankt ist. Um dies zu überprüfen, wird Hannibal Blut abgenommen. **2311**

a) **Wichtige Normen**

→ § 22 Abs. 4 Nds. SOG **2312**

b) **Allgemeines.** Das Nds. SOG enthält seit 2008 eine sehr eng gefasste, präventive Befugnis zur körperlichen Untersuchung. Der Gesetzgeber hatte bei der Schaffung der Regelung insbesondere „*Fälle im Blick, in denen jemand einer besonderen Infektionsgefahr durch eine andere Person (Verursacher) ausgesetzt war und die Einleitung oder Fortführung medizinischer Maßnahmen auch davon abhängt, ob diese Person tatsächlich bestimmte Krankheitserreger in sich trägt*“.[1117] **2313**

c) **Betroffene Grundrechte.** Auch bei einer körperlichen Untersuchung mit präventiver Zielrichtung kommt eine Beeinträchtigung der körperlichen Unversehrtheit (bei körperlichen Eingriffen), des Allgemeinen Persönlichkeitsrecht und der Freiheit der Person in Betracht. **2314**

d) **Materielle Rechtmäßigkeit. – aa) Tatbestandsvoraussetzungen.** Voraussetzung für die körperliche Untersuchung ist die tatsachenbegründete Annahme, dass von dem Adressaten „*eine Gefahr für Leib oder Leben einer anderen Person ausgegangen ist, weil es zu einer Übertragung besonders gefährlicher Krankheitserreger (insbesondere Hepatitis-B-Virus, Hepatitis-C-Virus oder Humanes Immundefizienzvirus – HIV) gekommen sein kann*“, § 24 Abs. 4 Satz 1 Nds. SOG. **2315**

Es müssen also zunächst zureichende Anhaltspunkte dafür vorliegen, dass der **Adressat** der Maßnahme mit einem „*besonders gefährlichen Krankheitserreger*“ **infiziert** ist. Hepatitis und HIV sind dabei nur Beispiele. Eine besondere Gefährlichkeit ist immer dann anzunehmen, wenn nicht nur unerhebliche gesundheitliche Beeinträchtigungen drohen. **2316**

1117 Nds. LT-Drs. 15/3810, S. 21.

2317 Des Weiteren müssen zureichende Anhaltspunkte dafür vorliegen, dass es zu einer **Ansteckung einer anderen Person** gekommen ist.[1118] Auf ein Verschulden der infizierten Person kommt es nicht an.

2318 Schließlich muss die Kenntnis des Untersuchungsergebnisses **zur Abwehr der Gefahr erforderlich** sein. Mitunter besteht im Rahmen einer Postexpositionsprophylaxe die Möglichkeit eine mögliche Infektion noch zu verhindern. Zumindest aber bedarf es einer Erforderlichkeit der Kenntnis für weitere Untersuchungen beim Betroffenen.[1119]

2319 **Praxishinweis:** Eine entsprechende Einschätzung wird in der Regel nur ein Arzt vornehmen können.[1120]

2320 Soll ein körperlicher Eingriff vorgenommen werden, ist dies nur zulässig, wenn **kein gesundheitlicher Nachteil** für den Adressaten zu erwarten ist. Es gilt das zu § 81a StPO Gesagte entsprechend.

2321 **bb) Rechtsfolge.** In der Folge dürfen eine körperliche Untersuchung sowie gegebenenfalls ein körperlicher Eingriff bei der vermeintlich infizierten Person erfolgen. Die zu untersuchende Person ist zur Duldung verpflichtet.

2322 **e) Formelle Rechtmäßigkeit. – aa) Funktionelle Zuständigkeit.** Die körperliche Untersuchung bedarf der Anordnung durch den Richter (§ 22 Abs. 4 Satz 3 Nds. SOG). Bei Gefahr im Verzug ist auch die Polizei selbst anordnungsbefugt, muss aber eine richterliche Bestätigung einholen, § 22 Abs. 4 Satz 5.

2323 Die Durchführung eines körperlichen Eingriffs muss durch einen **Arzt** erfolgen, § 22 Abs. 4 Satz 2 Nds. SOG. Es gilt das zu § 81a StPO Gesagte (Rn. 2266) entsprechend.

2324 **bb) Besondere Form- und Verfahrensvorschriften. – aaa) Gleichgeschlechtliche Untersuchung?** Nach § 22 Abs. 3 Nds. SOG muss zwar die nichtärztliche Durchsuchung einer Person durch eine gleichgeschlechtliche Person, nicht jedoch die körperliche Untersuchung. Sollte ausnahmsweise[1121] die körperliche Untersuchung nicht durch einen Arzt vorgenommen werden, in welchem Fall es auf das Geschlecht nicht ankäme, wäre diese Regelung entsprechend anzuwenden.

2325 **bbb) Nach den Regeln der ärztlichen Kunst.** Auch präventive körperliche Eingriffe müssen nach den Regeln der ärztlichen Kunst erfolgen, § 22 Abs. 4 Satz 2 Nds. SOG.

2326 **ccc) Vernichtungsregelung.** Eventuell entnommene Blut- oder andere Proben sind nach Durchführung der Untersuchung zu **vernichten**, § 22 Abs. 4 Satz 6 Nds. SOG. Die gewonnenen Erkenntnisse, die Untersuchungsdaten, sind zu

---

1118 Ipsen, Rn. 438.
1119 Nds. LT-Drs. 15/3810, S. 22 f.
1120 Ipsen, Rn. 438.
1121 In der Regel wird für die sichere Feststellung der medizinischen Tatsache einer Infektion stets ein Arzt erforderlich sein.

löschen, sobald diese für die Abwehr von Gefahren für den Betroffenen nicht mehr benötigt werden.

cc) **Verwaltungshandeln.** Die körperliche Untersuchung ist ein Realakt. Die erforderlichen Begleitverfügungen (z. B. Aufforderung, sich zu entkleiden) sind Verwaltungsakte im Sinne des § 35 S. 1 VwVfG. **2327**

dd) **Adressat.** Adressat der Maßnahme ist die Person die (vermeintlich) Träger eines besonders gefährlichen Krankheitserregers ist und ursächlich für die (vermeintliche) Infektion des Betroffenen war (Normadressat iSd. § 9 Nds. SOG). **2328**

ee) **Klausurtaktik.** Die Maßnahme ist eher selten Gegenstand einer Anfängerklausur. Dennoch empfiehlt es sich, insbesondere die Tatbestandsvoraussetzungen zu verinnerlichen. **2329**

Checkliste § 22 Abs. 4 StPO **2330**

Tatbestand

- ✓ Adressat mit besonders gefährlichem Krankheitserreger infiziert
- ✓ Anhaltspunkte für Ansteckung
- ✓ Untersuchung zur Abwehr Gefahr für Leib/Leben erforderlich
- ✓ Keine gesundheitlichen Nachteile zu befürchten

Rechtsfolge

- ✓ körperliche Untersuchung oder körperlicher Eingriff
- ✓ Begleitmaßnahmen: Entkleiden, Mitnahme ins Krankenhaus, etc.

Funktionelle Zuständigkeit

- ✓ Anordnung durch Richter, bei GiV auch Polizei (dann Bestätigung)
- ✓ Durchführung bei einfacher Untersuchung: Polizei (sinnvoll wohl nur Arzt)
- ✓ Durchführung bei körperlichem Eingriff: Arzt

Form- und Verfahrensvorschriften

- ✓ Gleichgeschlechtliche Untersuchung (§ 22 Abs. 3 analog): wenn nicht sowieso Arzt
- ✓ Körperlicher Eingriff nach Regeln der ärztlichen Kunst
- ✓ Vernichtung Proben und Löschung Ergebnisse, wenn nicht mehr erforderlich

2. Exkurs: Molekulargenetische Untersuchung zur Identitätsfeststellung (§ 15a Nds. SOG)

Auch das Nds. SOG enthält eine Befugnis zur Analyse von DNA. Die Befugnis ist allerdings auf die Zielrichtung Identitätsfeststellung einer hilflosen Person oder eines unbekannten Toten anhand so genannter DNA-Identifizierungsmuster beschränkt. **2331**

Vertiefung: Hierzu erfolgt ein Abgleich mit der Verbunddatei „Vermi/Utot" des BKA, vgl. § 9 Abs. 2 Nr. 3 BKADV iVm § 9 BKAG. **2332**

2333 Eine allgemeine Befugnis zur DNA-Analyse existiert im Nds. SOG nicht. Im Gegenteil: die Regelung ist abschließend. Ein Rückgriff auf die Datenerhebungsgeneralklausel des § 31 Nds. SOG ist nicht möglich.[1122]

XVII. Datenerhebungsgeneralklausel (§ 31 Nds. SOG) und Grundsätze (§ 30 Nds. SOG)

1. Datenerhebung und -Verarbeitung im Nds. SOG

2334 Nach der Volkszählungsentscheidung des BVerfG,[1123] stellt jeder nicht durch Einwilligung gestattete staatliche Umgang mit personenbezogenen Daten einen Eingriff in das Recht auf informationelle Selbstbestimmung (Art. 2 Abs. 1 iVm. Art. 1 Abs. 1 GG – hierzu bereits oben Rn. 201 ff.) dar. Der Staat bedarf in diesen Fällen einer bereichsspezifischen Rechtsgrundlage. Gerade im präventiven Bereich ist die Erhebung und Verarbeitung personenbezogener Daten von großer Bedeutung. Das Nds. SOG enthält mit den §§ 30 bis 48 Nds. SOG sehr detaillierte Regelungen bezüglich allgemeiner Datenverarbeitung (z. B. die Übermittlung von Daten an andere Polizeibehörden in § 41 Nds. SOG) als auch spezielle Befugnisnormen, die besonders intensiv in das APR-RiS und das verwandte Fernmeldegeheimnis (Art. 10 GG) eingreifen (z. B. die Telekommunikationsüberwachung in § 33a Nds. SOG). Im Grundstudium kann und soll hier nur ein Überblick gegeben werden. Eine vertiefte Befassung ist späteren Studienabschnitten vorbehalten.

2. NDSG als allgemeines Datenschutzrecht

2335 Neben dem Nds. SOG spielt auch das Niedersächsische Datenschutzgesetz (NDSG) eine Rolle in der polizeilichen Praxis. Zwar ist seine unmittelbare Anwendbarkeit durch § 48 Nds. SOG beschränkt. Insbesondere aber finden die im NDSG legaldefinierten Begrifflichkeiten auch im Gefahrenabwehrrecht, also im Nds. SOG, Anwendung.

2336 a) **Personenbezogene Daten (§ 3 Abs. 1 NDSG).** Das Allgemeine Persönlichkeitsrecht ist immer dann berührt, wenn der Staat so genannte **„personenbezogene Daten“** verarbeitet. Der § 3 Abs. 1 NDSG enthält hierzu eine Legaldefinition. Danach sind personenbezogene Daten *„Einzelangaben über persönliche oder sachliche Verhältnisse von bestimmten oder bestimmbaren natürlichen Personen (Betroffene)“*. **Persönliche Verhältnisse** sind Angaben wie z. B. Name, Geburtstag, Alter, Gewicht, Familienstand. **Sachliche Verhältnisse** betreffen insbesondere das Vermögen und Eigentum von Personen, z. B. Grundeigentum, Steuerlast. Daten über eine **„bestimmte Person“** liegen vor, wenn sie auf eine konkrete Person verweist (z. B. Angaben in einem Personalausweis). Einzelangaben einer **„bestimmbaren Person“** liegen vor, wenn der Bezug zu einer Person mit Hilfe von Zusatzwissen hergestellt werden kann, z. B. Halter eines KFZ mit Hilfe von Informationen der für die KFZ-Zulassung zuständigen Stelle.[1124]

1122 *Waechter*, in: BeckOK-Nds. SOG, § 15a Rn. 4.

1123 BVerfG, Urteil vom 15.12.1983 – 1 BvR 209/83 u. a.

1124 *Wahlbrink* (Hrsg.), Das niedersächsische Datenschutzgesetz, S. 43.

b) Datenverarbeitung (§ 3 Abs. 2 NDSG). Auch der Begriff „Datenverarbeitung" ist erklärungsbedürftig. Nach § 3 Abs. 2 NDSG ist darunter das „*Erheben, Speichern, Verändern, Übermitteln, Sperren, Löschen und Nutzen personenbezogener Daten*" zu verstehen. Diese einzelnen Begriffe werden durch das NDSG wie folgt bestimmt: 2337

- **Erheben** ist das Beschaffen von Daten über die Betroffenen (§ 3 Abs. 2 Nr. 1 NDSG)
- **Speichern** ist das Erfassen, Aufnehmen oder Aufbewahren von Daten auf einem Datenträger (§ 3 Abs. 2 Nr. 2 NDSG)
- **Verändern** ist das inhaltliche Umgestalten von Daten (§ 3 Abs. 2 Nr. 3 NDSG)
- **Übermitteln** ist das Bekanntgeben von Daten an Dritte in der Weise, dass die Daten durch die Daten verarbeitende Stelle weitergegeben werden oder Dritte zur Einsicht oder zum Abruf bereitgehaltene Daten einsehen oder abrufen können (§ 3 Abs. 2 Nr. 4a und b NDSG)
- **Sperren** ist das Kennzeichnen von Daten, um ihre weitere Verarbeitung einzuschränken (§ 3 Abs. 2 Nr. 5 NDSG)
- **Löschen** ist das Unkenntlichmachen von Daten (§ 3 Abs. 2 Nr. 6 NDSG)
- **Nutzen** ist jede sonstige Verwendung von Daten (§ 3 Abs. 2 Nr. 7 NDSG)

3. Grundsätze der Datenerhebung (§ 30 Nds. SOG)

Bei jeder Maßnahme, bei welcher personenbezogene Daten erhoben werden, ist der § 30 Nds. SOG zu beachten. Er enthält Bestimmungen, die eine Befugnis zur Datenerhebung **begrenzen** (können). Es handelt sich um eine ermächtigungsbegrenzende Bestimmung. Diese findet nur bei präventiven Datenerhebungsmaßnahmen Anwendung. 2338

> **Klausurhinweis:** Dementsprechend ist in der Klausur im Rahmen der materiellen Rechtmäßigkeitsprüfung unter dem Punkt „Ermächtigungsbegrenzende Bestimmungen" stets zu prüfen, ob die im Folgenden kurz dargestellten Grundsätze bei einer präventiven Datenerhebung eingehalten wurden. Ist das der Fall, reicht eine kurze Feststellung. 2339

a) Direkterhebungsgrundsatz (§ 30 Abs. 1 Satz 1 Nds. SOG). Nach § 30 Abs. 1 Satz 1 Nds. SOG sind personenbezogene Daten „*bei der betroffenen Person mit ihrer Kenntnis zu erheben*" (sog. **Direkterhebungsgrundsatz**). Das bedeutet, dass grundsätzlich versucht werden muss, die Informationen zu einer bestimmten Person von dieser selbst und nicht von oder über einen Dritten zu erlangen. 2340

In § 30 Abs. 1 Satz 2 Nds. SOG sind abschließend Ausnahmen vom Direkterhebungsgrundsatz benannt. Sollen bzw. müssen Angaben zu einer Person überprüft werden, ist nach § 30 Abs. 1 Satz 2 Nr. 2 Nds. SOG die Erhebung bei Dritten, also Personen oder Stellen außerhalb der Daten verarbeitenden Stelle (§ 3 Abs. 4 Satz 2 NDSG), zulässig. Ebenfalls zulässig ist die Erhebung von Daten aus „*allgemein zugänglichen Quellen*" wie z. B. dem Telefonbuch oder dem Internet,[1125] § 30 Abs. 1 Satz 2 Nr. 4 Nds. SOG. 2341

1125 Vgl. AB 30.1.

2342 **Vertiefung:** Nach § 30 Abs. 1 Satz 2 Nds. SOG ist eine Datenerhebung von oder über Dritte zulässig, wenn 1. eine Rechtsvorschrift dies zulässt, 2. Angaben der betroffenen Person überprüft werden müssen, 3. offensichtlich ist, dass die Erhebung im Interesse der betroffenen Person liegt und sie einwilligen würde, 4. die Daten aus allgemein zugänglichen Quellen entnommen werden können, 5. die Erhebung bei der betroffenen Person einen unverhältnismäßigen Aufwand erfordern würde und keine Anhaltspunkte dafür bestehen, dass überwiegende schutzwürdige Interessen der betroffenen Person beeinträchtigt werden, 6. die Erhebung bei der betroffenen Person die Erfüllung der Aufgaben gefährden oder wesentlich erschweren würde oder 7. es zur Abwehr einer schwerwiegenden Beeinträchtigung der Rechte einer anderen Person erforderlich ist.

2343 b) **Hinweispflicht (§ 30 Abs. 1 Satz 3 Nds. SOG).** Auf Verlangen ist dem Betroffenen einer Datenerhebung **mitzuteilen**, auf welche Rechtsgrundlage die Erhebung gestützt wird, § 30 Abs. 1 Satz 3 Nds. SOG. Erforderlich ist eine Nennung des Gesetzes und der konkreten Norm.[1126]

2344 **Klausurhinweis:** Hierauf ist im Rahmen der Prüfung von Datenerhebungsmaßnahmen im Rahmen der Form- und Verfahrensvorschriften hinzuweisen.

2345 c) **Grundsatz der offenen Datenerhebung (§ 30 Abs. 1 Satz 2 Nds. SOG).** Grundsätzlich hat eine Erhebung personenbezogener Daten **offen** zu erfolgen, § 30 Abs. 2 Satz 1 Nds. SOG. Die Datenerhebung muss für den Betroffenen als präventive polizeiliche Maßnahme erkennbar sein.[1127]

2346 Eine **verdeckte Datenerhebung**, also eine Datenerhebung, die gerade nicht als Gefahrenabwehrmaßnahme erkennbar sein soll (vgl. Legaldefinition in § 30 Abs. 2 Satz 2 Nds. SOG),[1128] ist nur in den eng begrenzten Fällen, die in § 30 Abs. 2 Satz 2 Nds. SOG (lesen!) aufgezählt sind, zulässig.

2347 **Vertiefung:** Es handelt sich bei den verdeckten Maßnahmen vornehmlich um solche *„mit besonderen Mitteln und Methoden“* wie z. B. Telekommunikationsüberwachung oder längerfristige Observation. Diese Maßnahmen werden im zweiten und dritten Studienjahr vertieft behandelt. Sie sollten sich aber bereits jetzt durch Lektüre der genannten Normen die möglichen verdeckten Maßnahmen vor Augen führen. Eine verdeckte Datenerhebung ist zudem zulässig, wenn *„anderenfalls die Aufgabenerfüllung erheblich gefährdet würde“* (Nr. 4) oder *„dies dem Interesse der betroffenen Person entspricht“* (Nr. 5).

2348 Im Gegensatz zu vielen anderen Maßnahmen ist nur die Polizei, nicht aber die Verwaltung zur verdeckten Datenerhebung befugt (§ 30 Abs. 2 Satz 3 Nds. SOG).

1126 *Wahlbrink* (Hrsg.), Das niedersächsische Datenschutzgesetz, S. 77 (zu § 9 NDSG).

1127 *Saipa*, § 30 Rn. 5; *Heinemann*, in: BeckOK-Nds. SOG, § 30 Rn. 32.

1128 Es kommt hierbei auf die Intention an, nicht darauf, ob die Tarnung gelingt. *Saipa*, § 30 Rn. 6.

4. Datenerhebungsgeneralklausel (§ 31 Nds. SOG)

a) Wichtige Normen

→ § 31 Nds. SOG 2349
→ § 30 Nds. SOG

b) Allgemeines. Der § 31 Nds. SOG enthält eine differenzierte Befugnisnorm zur allgemeinen Datenerhebung durch die Polizei (und – mit Einschränkungen – durch die Verwaltung). Es handelt sich, wie bei § 11 Nds. SOG (der durch § 31 Nds. SOG als allgemeine Norm verdrängt wird) um eine **Generalklausel.** Das heißt, dass speziellere Befugnisse zur Datenerhebung dieser vorgehen. 2350

> **Beispiel:** So bemisst sich die Rechtmäßigkeit einer Identitätsfeststellung ausschließlich nach § 13 Nds. SOG. Eine körperliche Untersuchung ist nur nach und im Rahmen des § 22 Abs. 4 Nds. SOG zulässig. Ein Rückgriff auf die Generalklausel ist nicht möglich. 2351

Die Datenerhebungsgeneralklausel enthält **drei Befugnistatbestände** zur allgemeinen Datenerhebung: zur Gefahrenabwehr (§ 31 Abs. 1 Nds. SOG), zur Straftatenverhütung (§ 31 Abs. 2 Nds. SOG) sowie zur Gefahrenvorsorge (§ 31 Abs. 3 Nds. SOG). 2352

c) Betroffene Grundrechte. Die Erhebung von personenbezogenen Daten durch die Polizei ist stets als Eingriff in das **Recht auf informationelle Selbstbestimmung** (Art. 2 Abs. 1 iVm. Art. 1 Abs. 1 GG) zu werten. Auf die konkrete „Qualität" der Daten kommt es nicht an, da alle personenbezogenen Daten geschützt sind (siehe zum APR-RiS oben Rn. 201 ff.). 2353

d) Materielle Rechtmäßigkeit. – aa) Tatbestandsvoraussetzungen. – aaa) Allgemeine Datenerhebung zur Gefahrenabwehr (§ 31 Abs. 1 Nds. SOG). Aus § 31 Abs. 1 Nds. SOG folgt eine allgemeine Datenerhebungsbefugnis mit der Zielrichtung der Gefahrenabwehr.[1129] Dementsprechend ist erste Tatbestandsvoraussetzung das **Vorliegen einer konkreten Gefahr** (§ 2 Nr. 1a Nds. SOG). 2354

> **Klausurhinweis:** So das Vorliegen einer konkreten Gefahr schon im Rahmen der Prüfung der sachlichen Zuständigkeit erörtert wurde, kann auf diese Prüfung kurz verwiesen werden. 2355

Des Weiteren muss die Datenerhebung für die Abwehr der Gefahr **erforderlich** sein. Bereits aus AB 31.1 folgt, dass es nicht erforderlich ist, dass *„die Gefahr durch die Datenerhebung selbst abgewehrt wird; ausreichend ist vielmehr, dass die Datenerhebung dazu dient, Informationen zu erhalten, die die Abwehr der Gefahr mit anderen Maßnahmen ermöglichen."* Bei der Prüfung dieses Tatbestandsmerkmals ist kritisch zu hinterfragen, **ob die konkret abgefragten personenbezogenen Daten** für die Gefahrenabwehr **erforderlich sind.**[1130] 2356

1129 Zudem ist eine Datenerhebung nach § 31 Abs. 1 Nds. SOG durch die Polizei auch mit der Zielrichtung der Aufgabenwahrnehmung nach § 1 Abs. 4 (Vollzugshilfe) und Abs. 5 Nds. SOG (Aufgaben nach anderen Rechtsvorschriften) möglich.

1130 Vgl. *Weiner*, in: BeckOK-Nds. SOG, § 31 Rn. 13.

2357 **Klausurhinweis:** Zu prüfen ist die generelle Geeignetheit als auch die Erforderlichkeit in dem Sinne, dass die Datenerhebung – objektiv betrachtet – zumindest zur Gefahrenabwehr beitragen kann. Es handelt sich um eine vorgezogene Prüfung der sowieso im Rahmen der Prüfung der Verhältnismäßigkeit der Maßnahme zu prüfenden Fragen.

2358 bbb) **Allgemeine Datenerhebung zur Straftatenverhütung (§ 31 Abs. 2 Nds. SOG).** Eine Datenerhebung ist auch zulässig, wenn noch keine konkrete Gefahr vorliegt. Ist die Zielrichtung die **Verhütung von Straftaten**, dürfen Daten über bestimmte Personen beziehungsweise Personenkreise erhoben werden, nämlich:

1. Von **Personen, bei denen Tatsachen die Annahme rechtfertigen, dass sie künftig Straftaten begehen werden** (§ 31 Abs. 2 Nr. 1 Nds. SOG). Nicht auf Tatsachen basierende Vermutungen, Vorurteile u. ä. reichen nicht aus. Auf die Erheblichkeit der Straftat kommt es hierbei nicht an.
2. Von **Kontakt- oder Begleitpersonen** (§ 31 Abs. 2 Nr. 2 Nds. SOG). Nach der Legaldefinition in § 2 Nr. 12 Nds. SOG handelt es sich hierbei um „*eine Person, die mit einer anderen Person, von der Tatsachen die Annahme rechtfertigen, dass diese eine Straftat begehen wird, in einer Weise in Verbindung steht, die erwarten lässt, dass durch sie Hinweise über die angenommene Straftat gewonnen werden können, weil Tatsachen die Annahme rechtfertigen, dass die Person insbesondere von der Planung oder der Vorbereitung der Straftat oder der Verwertung der Tatvorteile oder von einer einzelnen Vorbereitungshandlung Kenntnis hat oder daran wissentlich oder unwissentlich mitwirkt.*“
3. Personen, bei denen Tatsachen die Annahme rechtfertigen, dass sie **Opfer von Straftaten** werden (§ 31 Abs. 2 Nr. 3 Nds. SOG).
4. Personen, die sich im engen räumlichen Umfeld einer Person aufhalten, die auf Grund ihrer beruflichen Tätigkeit oder ihrer Stellung in der Öffentlichkeit **besonders gefährdet** erscheint (§ 31 Abs. 2 Nr. 4 Nds. SOG). Die Datenerhebung ist in diesem Fall nur zulässig „*soweit dies zum Schutz von Leib, Leben oder Freiheit der gefährdeten Person erforderlich ist*“.
5. Zeuginnen oder Zeugen, Hinweisgeberinnen oder Hinweisgeber oder sonstige **Auskunftspersonen,** die dazu beitragen können, den Sachverhalt aufzuklären (§ 31 Abs. 2 Nr. 5 Nds. SOG).

2359 **Klausurhinweis:** Es bietet sich an, diese Voraussetzungen bereits im Tatbestand zu prüfen. Im Rahmen des Prüfungspunktes „Adressat“ kann nach oben verwiesen werden.

2360 Die Erhebung der Daten muss zur Zielerreichung **erforderlich** sein. Zu prüfen ist, ob die Erhebung der konkreten Informationen zur Straftatenverhütung geeignet und zu dieser auch zumindest (gegebenenfalls in Kombination mit weiteren Informationen und/oder Maßnahmen) beitragen kann.

2361 ccc) **Allgemeine Datenerhebung zur Gefahrenvorsorge (§ 31 Abs. 3 Nds. SOG).** Auch die Datenerhebungsbefugnis des § 31 Abs. 3 Nds. SOG erfordert (noch) keine konkrete Gefahr. Ausreichend ist vielmehr das Vorliegen einer **abstrakten Gefährdungslage**, also nach der Legaldefinition in § 2 Nr. 2 Nds. SOG eine

„nach allgemeiner Lebenserfahrung oder den Erkenntnissen fachkundiger Stellen mögliche Sachlage, die im Fall ihres Eintritts eine Gefahr [im Sinne des § 2 Nr. 1a Nds. SOG] darstellt“.

Zur **Vorbereitung auf die Abwehr künftiger Gefahren** dürfen von folgenden Personen beziehungsweise Personengruppen Daten erhoben werden: 2362
1. Von **Personen, deren Kenntnisse oder Fähigkeiten** zur Gefahrenabwehr benötigt werden (§ 31 Abs. 3 Nr. 1 Nds. SOG).
2. **Verantwortliche für Anlagen oder Einrichtungen**, von denen eine **erhebliche Gefahr** (vgl. § 2 Nr. 1c Nds. SOG) ausgehen kann (§ 31 Abs. 3 Nr. 2 Nds. SOG).
3. Verantwortliche für gefährdete Anlagen oder Einrichtungen (§ 31 Abs. 3 Nr. 3 Nds. SOG).
4. **Verantwortliche für Veranstaltungen in der Öffentlichkeit**, die nicht dem Niedersächsischen Versammlungsgesetz unterliegen. Beispiele sind: Konzerte oder Festivitäten wie Schützenfeste, Jahrmarkt, etc.

Die Kenntnis der Daten muss für die hypothetische Abwehr der Gefahren **erforderlich** sein. Auch hier ist wieder auf die konkret erhobenen Daten abzustellen (zu den bereits in der Norm vorgesehenen Einschränkungen sogleich). 2363

bb) Rechtsfolge. Liegen die Tatbestandsvoraussetzungen vor, ist die Datenerhebung über die jeweiligen Personen beziehungsweise Personenkreise zulässig. Die betroffenen Personen müssen die Datenerhebung dulden, sie trifft aber keine Mitwirkungspflicht.[1131] 2364

cc) Ermächtigungsbegrenzende Bestimmungen. – aaa) Allgemein. Als ermächtigungsbegrenzende Bestimmung ist der § 30 Nds. SOG zu beachten (siehe bereits oben Rn. 2338 ff.). Grundsätzlich hat also die Datenerhebung unmittelbar beim Betroffenen und offen zu erfolgen, wenn nicht eine der dort benannten Ausnahmen greift. 2365

> **Vertiefung:** Insbesondere bei der Datenerhebung zum Zwecke der Straftatenverhütung (§ 31 Abs. 2 Nds. SOG) kann eine verdeckte Datenerhebung in Betracht kommen, wenn zu befürchten ist, dass ansonsten die Aufgabenerfüllung *„erheblich gefährdet wäre“* (§ 30 Abs. 2 Satz 2 Nr. 4 Nds. SOG). 2366

bbb) Insbesondere Datenerhebung zur Gefahrenvorsorge. Bei der Datenerhebung zur Gefahrenvorsorge (§ 31 Abs. 3 Nds. SOG) ist die Datenerhebung auf Daten begrenzt, die für die **Erreichbarkeit** der in der Norm genannten Personen erforderlich sind (z. B. Telefonnummer). Des Weiteren dürfen die für die *„Zuordnung zu den in den Nummern 1 bis 4 genannten Personengruppen erforderlichen Daten“* erhoben werden, also die Information darüber, wer überhaupt zu den in § 31 Abs. 3 Nds. SOG genannten Personen gehört. 2367

Als **Datenquelle** dürfen – abweichend vom Direkterhebungsgrundsatz § 30 Abs. 1 Nds. SOG – allgemein zugängliche Quellen (z. B. Telefonbuch, Internet) oder bei öffentlichen Stellen gespeicherte Daten dienen. Eine freiwillige Abfrage 2368

1131 *Saipa*, § 31 Rn. 1.

bei der betroffenen Person ist ebenfalls möglich. Die Aufzählung der zulässigen Quellen ist abschließend. Die Ausnahmen des § 30 Abs. 1 Satz 2 Nds. SOG finden keine Anwendung. Ist beispielsweise eine Mobiltelefonnummer nur der betroffenen Person bekannt und will diese hierüber keine Auskunft geben, darf sie zur Gefahrenvorsorge nicht bei Dritten (z. B. Telekommunikationsdiensteanbieter) abgefragt werden.

2369 **Vertiefung:** Eine Auskunftspflicht besteht aber gegebenenfalls bei Vorliegen einer konkreten Gefahr, vgl. § 12 Abs. 3 Nds. SOG (hierzu bereits oben Rn. 1356). Zur sog. Bestandsdatenauskunft bei Telekommunikationsdiensteanbietern siehe § 33c Nds. SOG.

2370 Eine **verdeckte Datenerhebung** ist generell **unzulässig,** § 31 Abs. 3 Satz 2 Nds. SOG. Die Ausnahmen des § 30 Abs. 2 Nds. SOG finden keine Anwendung.

2371 **dd) Adressat.** Adressat einer Datenerhebung zur Gefahrenabwehr ist **„jede Person“** (Normadressat im Sinne des § 9 Nds. SOG). Das können Verantwortliche im Sinne der §§ 6 bis 8 Nds. SOG sein, aber auch gefährdete Personen, Zeugen, Hinweisgeber etc.[1132]

2372 Die möglichen Adressaten einer Datenerhebung zur Straftatenverhütung als auch zur Gefahrenvorsorge sind in der jeweiligen Norm abschließend aufgezählt. Es handelt sich ebenfalls um Normadressaten im Sinne des § 9 Nds. SOG.

2373 **e) Formelle Rechtmäßigkeit. – aa) Funktionelle Zuständigkeit.** Eine Datenerhebung zur Gefahrenabwehr (§ 31 Abs. 1 Satz 1 Alt. 1 Nds. SOG) als auch zur Gefahrenvorsorge (§ 31 Abs. 3 Nds. SOG) ist sowohl durch die Polizei als auch die Verwaltungsbehörden zulässig. Eine Datenerhebung zur Straftatenverhütung (§ 31 Abs. 2 Nds. SOG) darf nur durch die Polizei erfolgen.

2374 **bb) Verwaltungshandeln.** Die Datenerhebung ist **Realakt.** Da eine Mitwirkung des Betroffenen an der Datenerhebung mangels ausdrücklicher gesetzlicher Verpflichtung nicht verlangt werden kann, ist eine entsprechende „Aufforderung“ die gewünschten Daten anzugeben mangels Regelungswirkung (hierzu oben Rn. 804) kein Verwaltungsakt.

2375 **Checkliste § 31 Nds. SOG**

Tatbestand

- ✓ § 31 Abs. 1 Satz 1 Alt. 1 Nds. SOG – Zielrichtung: Abwehr konkrete Gefahr, Vorliegen konkreter Gefahr
- ✓ § 31 Abs. 2 Nds. SOG – Zielrichtung: Straftatenverhütung, Daten über in Norm genannte Personen (bzw. Personenkreise)
- ✓ § 31 Abs. 3 Nds. SOG – Zielrichtung: Gefahrenvorsorge, Daten über in Norm genannte Personen (bzw. Personenkreise)
- ✓ Konkret zu erhebende Daten zur Zielerreichung erforderlich

1132 *Weiner*, in: BeckOK-Nds. SOG, § 31 Rn. 11.

Rechtsfolge

- ✓ Datenerhebung zulässig
- ✓ Keine Mitwirkungspflicht der Betroffenen

Ermächtigungsbegrenzende Bestimmung

- ✓ Direkterhebungsgrundsatz und Grundsatz offene Datenerhebung (§ 30 Nds. SOG) beachten, ggf. greifen Ausnahmen
- ✓ Bei Erhebung zur Gefahrenvorsorge: nur Erreichbarkeitsinformationen, Zuordnung zu Personengruppen; beschränkte Quellen; keine verdeckte Datenerhebung

Adressat

- ✓ Normadressat, § 9 Nds. SOG

Funktionelle Zuständigkeit

- ✓ Polizei (bei Abs. 1 Alt. 1 und Abs. 3 auch Verwaltungsbehörde)

XVIII. Exkurs: Datenabgleich

Mitunter ist für die Aufgabenerfüllung nicht nur eine Datenerhebung, sondern auch ein Abgleich mit bereits vorhandenen Datensätzen erforderlich. Beim Abgleich von Daten handelt es sich um eine spezielle Form der Nutzung von personenbezogenen Daten mit dem Ziel der Feststellung, ob bezüglich einer bestimmten Person „Erkenntnisse“ vorliegen. So soll durch einen Abgleich mit dem Fahndungsbestand in INPOL/POLAS ermittelt werden, ob eine Person zur Fahndung ausgeschrieben ist.[1133] **2376**

Der Datenabgleich ist als eigenständiger Eingriff in das APR-RiS zu werten und bedarf daher einer eigenen Rechtsgrundlage.[1134] Nur wenn die Voraussetzung der jeweiligen Rechtsgrundlage – die im Folgenden kursorisch dargestellt werden – erfüllt sind, ist ein Abgleich zulässig. **2377**

1. Präventiver Datenabgleich (§ 45 Nds. SOG)

Die Polizei darf nach § 45 Abs. 1 Satz 1 Nds. SOG „*von ihr rechtmäßig erlangte personenbezogene Daten mit Dateien abgleichen, die der Suche nach Personen oder Sachen dienen.*“ Zudem darf sie nach § 45 Abs. 1 Satz 2 Nds. SOG „*jedes amtliche Kennzeichen von Kraftfahrzeugen mit den in Satz 1 genannten Dateien abgleichen, wenn dies zur Gefahrenabwehr erforderlich ist.*“. Der Abgleich darf nur mit polizeilichen Dateien bzw. Dateien der Verwaltungsbehörden (z. B. Kraftfahrtbundesamt) erfolgen.[1135] **2378**

Darüber hinaus ist nach § 45 Abs. 1 Satz 4 Nds. SOG ein Abgleich personenbezogener Daten mit dem Inhalt anderer polizeilich geführter Dateien im Rahmen **2379**

1133 *Graf*, in: BeckOK-Nds. SOG, § 45 Rn. 12.
1134 *Graf*, in: BeckOK-Nds. SOG, § 45 Rn. 1; *Günther*, in: MüKo-StPO, § 98c Rn. 12.
1135 *Graf*, in: BeckOK-Nds. SOG, § 45 Rn. 15 – bzgl. anderer Dateien vgl. § 45a Nds. SOG.

der Zweckbestimmung dieser Dateien abgeglichen werden, „*wenn Tatsachen die Annahme rechtfertigen, dass dies zur Erfüllung einer bestimmten Aufgabe der Gefahrenabwehr erforderlich ist.*“

2. Repressiver Datenabgleich (§ 98c StPO)

2380 Im Strafverfahren erhobene personenbezogene Daten (sog. Strafverfahrensdaten[1136]), also z. B. Daten, die im Rahmen einer Idf-Maßnahme nach § 163b StPO, einer Vernehmung oder einer Beschlagnahme (z. B. beschlagnahmte Dateien[1137]) erhoben wurden, dürfen nach § 98c StPO „*zur Aufklärung einer Straftat oder zur Ermittlung des Aufenthaltsortes einer Person, nach der für Zwecke eines Strafverfahrens gefahndet wird [...] mit anderen zur Strafverfolgung oder Strafvollstreckung oder zur Gefahrenabwehr gespeicherten Daten maschinell abgeglichen werden.*“.

2381 Voraussetzung für den Datenabgleich ist als das Vorliegen eines Anfangsverdachts einer Straftat. Ziel des Datenabgleichs muss entweder die Aufklärung der Straftat oder die Ermittlung des Aufenthaltsorts einer Person sein, nach der für Zwecke des Strafverfahrens gefahndet wird.[1138] Es ist nicht erforderlich, dass die betroffene Person Beschuldigter ist. Auch zur Suche nach Zeugen und Sachverständigen kann ein Datenabgleich nach § 98c StPO erfolgen.[1139]

1136 *Greven*, in: KK-StPO, § 98c Rn. 1.
1137 *Greven*, in: KK-StPO, § 98c Rn. 1.
1138 *Greven*, in: KK-StPO, § 98c Rn. 1.
1139 *Günther*, in: MüKo-StPO, § 98c Rn. 25.

Teil 6 **Zwang**

I. Allgemeines

In einem modernen Staatsgefüge hat der Staat das **Gewaltmonopol.**[1140] Das bedeutet, dass der **Bürger** grundsätzlich keine Gewalt für die Durchsetzung seiner Interessen anwenden darf, auch wenn diese berechtigt sein mögen. Er muss sich der Hilfe des Staates bedienen. **Im Streitfall** gilt der Grundsatz, dass zuerst der **Richter** entscheiden muss, bevor eine Partei zu einer Handlung, Duldung oder Unterlassung verpflichtet wird. Auch die Vollstreckung dieser Entscheidung obliegt wiederum dem Staat. So urteilt zunächst der Strafrichter, bevor eine Freiheitsstrafe von der Staatsanwaltschaft vollstreckt wird. Es urteilt der Zivilrichter, bevor der **Rechtstitel** (z. B. auf Zahlung von Schadensersatz) vom Gerichtsvollzieher vollstreckt wird.[1141] **2382**

> **Vertiefung:** Ausnahmen gibt es in Situationen, in denen der Bürger staatliche Hilfe nicht rechtzeitig in Anspruch nehmen kann. In diesen Fällen sieht das Recht diverse – stark begrenzte – Notwehr- und Selbsthilferechte[1142] vor. **2383**

1. Zwang im Gefahrenabwehrrecht

Kommt ein Bürger einer staatlichen Maßnahme in Gestalt eines Verwaltungsakts, der auf eine Handlung, Duldung oder Unterlassung gerichtet ist – aus welchen Gründen auch immer – nicht nach, muss der Staat in der Lage sein, diese Maßnahme dennoch umzusetzen. Dem liegt der Gedanke zu Grunde, dass die Gewährleistung bzw. Wiederherstellung der im öffentlichen Interesse liegenden öffentlichen Sicherheit und Ordnung Vorrang vor (gegenläufigen) Individualinteressen haben muss.[1143] Ist der Staat nicht in der Lage „seine" Rechtsordnung durchzusetzen, ist ihre Wirksamkeit und Legitimität und letztlich die Rechtssicherheit in Frage gestellt. Notwendiges Gegenstück der Rechtssetzung ist daher die Rechtsdurchsetzung.[1144] **2384**

Unter **Verwaltungszwang** wird die zwangsweise Durchsetzung öffentlich-rechtlicher Verpflichtungen des Bürgers (oder juristischer Personen) durch die Behörde in einem besonderen Verwaltungsverfahren verstanden.[1145] Ob, wann und mit welchen Mitteln die Polizei (und die Verwaltungsbehörden) eine Gefahrenabwehrmaßnahme (zu repressiven Maßnahmen noch unten) durchsetzen können, ist im so genannten **Verwaltungsvollstreckungsrecht** geregelt. Dabei ist es unerheblich, ob die Maßnahmen gegen den Willen, ohne den Willen (weil **2385**

1140 *Korioth*, in: Maunz/Dürig, GG, Art. 30 GG, Rn. 12.
1141 §§ 704 ff. ZPO.
1142 Diese Bereiche werden an der Polizeiakademie Niedersachsen im „Materiellen Recht" im Bereich der Rechtfertigungsgründe dargestellt.
1143 *Ipsen*, § 15, Rn. 608.
1144 So treffend *Voßkuhle/Wischmeyer*, JuS 2016, 698, 698.
1145 Vgl. *Muckel*, JA 2012, 272, 272.

der Adressat beispielsweise bewusstlos ist) oder gar mit dem Willen (Adressat ist leistungswillig, aber nicht leistungsfähig[1146]) durchgesetzt wird.[1147] Die für die Polizei maßgeblichen Vorschriften finden sich im 6. Teil des Nds. SOG (ab § 64 Nds. SOG), der mit dem Wort „Zwang" übertitelt ist.

2386 a) **Gestrecktes Verfahren (§ 64 Abs. 1 Nds. SOG).** Grundsätzlich gilt, dass ein Bürger, der mit einer staatlichen Maßnahme auf dem Gebiet des Gefahrenabwehrrechts nicht einverstanden ist (z. B. weil er der Auffassung ist, dass diese rechtswidrig ist), sich nicht ohne weiteres „seinem Schicksal fügen" muss. Ihm steht zur Klärung der Rechtmäßigkeit einer Maßnahme der **Rechtsweg** offen (vgl. Art. 19 Abs. 4 GG).

2387 **Beispiel:** Die zuständige Behörde verfügt, dass eine angeblich baurechtswidrige (= Verstoß gegen die öffentliche Sicherheit) Garage abgerissen wird. Der betroffene Bürger kann die Rechtmäßigkeit der Abrissverfügung nunmehr gerichtlich überprüfen lassen.

2388 Bis dieser Rechtsweg „erschöpft" ist, muss der Bürger dem Verwaltungsakt nicht nachkommen und die Verfügung darf auch nicht vollstreckt werden. Das Beschreiten des Rechtswegs hat grundsätzlich „aufschiebende Wirkung", § 80 Abs. 1 VwGO (lesen!).

2389 **Vertiefung:** Man spricht hier auch vom „Suspensiveffekt". Dieser kann im Einzelfall (z. B. in Eilfällen) allerdings aufgehoben werden, vgl. § 80 Abs. 2 VwGO.

2390 Bereits aus § 80 Abs. 2 Nr. 2 VwGO wird deutlich, dass dieser Grundsatz für die polizeiliche Tätigkeit mitunter durchbrochen wird. Danach entfällt die aufschiebende Wirkung „*bei unaufschiebbaren Anordnungen von Polizeivollzugsbeamten*". Das sind alle **eilbedürftigen Gefahrenabwehrmaßnahmen.**[1148]

2391 Ungeachtet etwaiger Einwände des Bürgers kann die Polizei diese abweichend vom o. g. Grundsatz **sofort**[1149] durchsetzen. Das folgt aus **§ 64 Abs. 1 Nds. SOG**, der bestimmt, dass „*Der Verwaltungsakt, der auf die Vornahme einer Handlung oder auf Duldung oder Unterlassung gerichtet ist, [...] mit Zwangsmitteln durchgesetzt werden [kann], wenn er unanfechtbar ist*[1150] *oder wenn ein Rechtsbehelf keine aufschiebende Wirkung hat.*"

2392 **Vertiefung:** Die Befugnisnormen des Nds. SOG berechtigen für sich noch nicht zu einer Durchsetzung mit Zwangsmitteln. Die Ermächtigungsgrundlagen für die Anwendung von Zwang stellen § 64 Abs. 1 bzw. Abs. 2 Nds. SOG dar.

1146 Beispiel: Ein insolventer Unternehmer soll den ölverseuchten Boden seines Firmengrundstücks sanieren.

1147 *Rachor*, in: Lisken/Denninger, E, Rn. 791.

1148 *Gersdorf*, in: BeckOK-VwGO, § 80 Rn. 56.

1149 Ggf. ist allerdings eine vorherige Androhung erforderlich, vgl. §§ 70, 74 Nds. SOG.

1150 Das ist der Fall, wenn der Verwaltungsakt bestandskräftig ist, also entweder Widerspruchs- oder Klagefristen abgelaufen sind oder die Klage gegen den VA rechtskräftig abgewiesen wurde, vgl. *Heinemann*, in: BeckOK-Nds. SOG, § 64 Rn. 5.

Die Polizei schafft sich durch den **Verwaltungsakt** (z. B. Platzverweis) in einem ersten Schritt faktisch einen eigenen **„Vollstreckungstitel“**.[1151] Sodann **vollstreckt** sie diesen im zweiten Schritt unmittelbar selbst (sog. Prinzip der Selbstvollstreckung).[1152] **2393**

> **Beispiel:** Meint ein Schaulustiger eines Unfalls, er müsse einer polizeilichen Aufforderung zur Seite zu treten, damit Rettungskräfte zur Unfallstelle gelangen können, nicht Folge leisten, kann dieser Platzverweis durch die Beamten selbst „umgesetzt“ werden. **2394**

> **Vertiefung:** Der Bürger kann die Rechtmäßigkeit der Maßnahme grundsätzlich nachträglich gerichtlich prüfen lassen, wenn er hieran ein berechtigtes Interesse besteht (vgl. § 43 VwGO). **2395**

Zum Zweck der Durchsetzung des Verwaltungsaktes darf die Polizei so genannte **Zwangsmittel** (vgl. § 65 Nds. SOG, hierzu noch näher unten ab Rn. 2456 ff.) nutzen. Man spricht vom **gestreckten Verfahren**, da der Zwangsanwendung ein Verwaltungsakt vorausgeht.[1153] **2396**

b) Sofortvollzug (§ 64 Abs. 2 Nds. SOG). Eine Durchsetzung mit Zwangsmitteln kann auch angezeigt sein, wenn Schritt Eins, also eine Maßnahme gegen einen Bürger nicht möglich ist, z. B. weil dieser nicht vor Ort oder volltrunken und „nicht ansprechbar“ ist. In diesen Fällen ist es nicht möglich, einen wirksamen Verwaltungsakt zu erlassen.[1154] Ein Verwaltungsakt muss, damit er wirksam ist, dem Adressaten bekanntgegeben werden, § 43 Abs. 1 Satz 1 VwVfG (dazu auch oben Rn. 821). **2397**

> **Beispiel:** Blockiert ein rechtmäßig geparkter PKW die Zufahrt für Rettungskräfte, ist es nicht möglich, den abwesenden Halter wirksam aufzufordern, den PKW wegzufahren. **2398**

Für diese Fälle bestimmt **§ 64 Abs. 2 Nr. 1 Nds. SOG**, dass Zwangsmittel (§ 65 Nds. SOG), soweit *„zur Abwehr einer gegenwärtigen Gefahr […] erforderlich“*, grundsätzlich auch ohne vorherigen Verwaltungsakt angewandt werden dürfen, wenn die Polizei (oder die Verwaltungsbehörde) *„innerhalb ihrer Befugnisse handelt“*. Letzteres ist der Fall, wenn der erforderliche Verwaltungsakt rechtmäßig gewesen wäre, wenn der Adressat anwesend gewesen wäre (sogenannter „fiktiver Verwaltungsakt“). **2399**

> **Beispiel:** Im o. g. Fall wäre zu prüfen, ob die Aufforderung den PKW wegzufahren rechtmäßig gewesen wäre. **2400**

Liegen die Voraussetzungen des § 64 Abs. 2 Nr. 1 Nds. SOG vor, darf der fiktive Verwaltungsakt mit Zwangsmitteln durchgesetzt werden. Man sprich hier- **2401**

1151 Man spricht hier auch vom Prinzip der Selbsttitulierung. Vgl. *Hyckel*, LKV 2015, 300, 301.
1152 Vgl. *Thiel*, § 11, Rn. 520.
1153 *Heinemann*, in: BeckOK-Nds. SOG, § 64 Rn. 4.
1154 *Thiel*, § 13, Rn. 556.

bei vom **Sofortvollzug**, da faktisch ja kein Verwaltungsakt vorliegt, sondern „unmittelbar zur Tat geschritten wird".[1155]

2. Zwang im Recht der Strafverfolgung

2402 Strafverfolgungsmaßnahmen dürfen grundsätzlich „aus sich heraus" mit Zwangsmitteln durchgesetzt werden. Die Befugnis zur Zwangsanwendung wird bei strafprozessualen Maßnahmen als Bestandteil der Rechtsfolge angesehen.[1156]

2403 **Beispiel:** So folgt bereits aus § 81a StPO die Pflicht zur Duldung einer Blutprobenentnahme. Versucht der Beschuldigte z. B. durch Wegziehen des Arms diese zu verhindern, dürfen Zwangsmittel (z. B. das Festhalten des Arms) angewandt werden, um die Durchführung zu ermöglichen.

2404 Aus den Regelungen der StPO folgt jedoch nur, dass überhaupt Zwangsmittel angewandt werden dürfen.

2405 Wie diese anzuwenden sind, ist in der StPO grundsätzlich nicht geregelt. Aus § 3 Abs. 2 Nds. SOG folgt, dass bei *„der Erforschung und Verfolgung von Straftaten und Ordnungswidrigkeiten"* die Vorschriften in den §§ 72 bis 79 Nds. SOG *„über die Art und Weise der Anwendung unmittelbaren Zwangs Anwendung"* finden, soweit die StPO hierzu keine abschließenden Regelungen enthält.

2406 Das **„Ob"** der Zwangsanwendung folgt also bei strafprozessualen Maßnahmen aus der StPO selbst, das **„Wie"** folgt aus dem Nds. SOG.[1157]

3. Zwangsmittel und ihre Funktion

2407 Sowohl im Gefahrenabwehr- als auch im Strafverfahrensrecht darf der Staat „seinen Willen" – also das Gesetz- notfalls auch gegen den Willen des Betroffenen durchsetzen.

2408 **Vertiefung:** Zwang darf niemals Selbstzweck sein, nicht der Befriedigung eines persönlichen Gerechtigkeitsgefühls dienen und auch nie routinemäßig und ohne Abwägung des Einzelfalls zur Anwendung kommen.[1158]

2409 Hierzu stehen ihm, gegebenenfalls nach vorheriger Androhung und Festsetzung, die Zwangsmittel **Ersatzvornahme** (§ 66 Nds. SOG), **Zwangsgeld** (und Ersatzzwangshaft – §§ 67, 68 Nds. SOG) und **unmittelbarer Zwang** (§ 69 Nds. SOG) zu Verfügung.

1155 In anderen Bundesländern existiert daneben noch die Möglichkeit der „unmittelbaren Ausführung" einer Maßnahme. Diese kommt immer dann zum Tragen, wenn die Polizei im (mutmaßlichen) Sinne des abwesenden/nicht ansprechbaren Adressaten handelt, vgl. z. B. § 15 ASOG-Berlin. Der niedersächsische Gesetzgeber hat auf diese Unterart des Sofortvollzugs verzichtet. Eingehend *Kugelmann,* 11. Kapitel, Rn. 40 ff.

1156 *Ullrich/Weiner/Brüggemann,* Rn. 129.

1157 *Ullrich,* in: BeckOK-Nds. SOG, § 3 Rn. 22.

1158 So auch eindringlich *Rachor,* in: Lisken/Denninger, E, Rn. 789.

Diese haben unterschiedliche, sich zum Teil ergänzende Funktionen. Das Zwangsgeld oder die Androhung der Ersatzvornahme oder des unmittelbaren Zwanges dienen dazu, den (aus welchen Gründen auch immer) entgegenstehenden Willen des Betroffenen zu beugen (**Beugefunktion**). Die Durchführung der Ersatzvornahme oder die Anwendung des unmittelbaren Zwangs dagegen beugen nicht mehr den Willen des Betroffenen, sie schließen ihn aus. Der Staatswille wird durch eine tatsächliche Handlung, einen Realakt,[1159] realisiert (**Realisierungsfunktion**).[1160] 2410

4. Zwangsmaßnahmen in der Klausur

Für die Prüfung von Zwangsmaßnahmen in der Klausur ist nach dem oben Gesagten zu unterscheiden, ob Zwangsmittel 2411

- Variante 1: Gefahrenabwehr im gestreckten Verfahren nach § 64 Abs. 1 Nds. SOG,
- Variante 2: Gefahrenabwehr im Sofortvollzug nach § 64 Abs. 2 Nr. 1 Nds. SOG, oder
- Variante 3: im Rahmen der Strafverfolgung nach der StPO i. V. m. § 3 Abs. 2 Nds. SOG

angewandt werden sollen. Je nachdem welche Variante einschlägig ist, unterscheidet sich der Prüfungsaufbau (vgl. auch die Prüfungsschemata im Anhang).

Allen drei Varianten gemein sind (weitestgehend) die zu prüfenden Anforderungen an die „Art und Weise" der Zwangsanwendung, also z. B. ob eine Androhung des Zwangs erfolgen muss, ob Schusswaffengebrauch zulässig ist oder ob eine Fesselung erfolgen darf. 2412

a) Zwang zur Gefahrenabwehr (Varianten 1 und 2)

Fall 1: POK Loh und PK Orda wollen zur Gefahrenabwehr eine Wohnung betreten. Ermächtigungsgrundlage ist § 24 Nds. SOG. Die Tür ist offen. Die beiden treten ein. 2413

Fall 2: Wie oben, jedoch ist die Tür verschlossen. Der Wohnungsinhaber brüllt nach Klopfen der Beamten „Hauen Sie ab!". POK Loh fordert ihn auf, die Wohnungstür zu öffnen. Dem wird nicht nachgekommen. PK Orda öffnet die Tür mit Gewalt. 2414

Fall 3: Wie Fall 1, jedoch ist die Tür verschlossen und es befindet sich niemand in der Wohnung. PK Orda öffnet die Tür mit Gewalt. 2415

Im **Gefahrenabwehrrecht** steht am Anfang der Prüfung immer (!) die Frage, ob ein Verwaltungsakt mit Zwangsmitteln durchgesetzt wird (dann sog. **gestrecktes Verfahren** nach § 64 Abs. 1 Nds. SOG),[1161] oder ob Zwang ohne vorheri- 2416

1159 *Kugelmann,* 11. Kapitel, Rn. 31.
1160 *Thiel,* § 12, Rn. 530 f.
1161 *Thiel,* § 13, Rn. 543 ff.

gen Erlass eines Verwaltungsaktes angewendet wird (dann **Sofortvollzug** nach § 64 Abs. 2 Nr. 1 Nds. SOG).[1162]

2417 Dreh- und Angelpunkt ist somit der **Verwaltungsakt** und bei dessen Vorliegen die Frage der Wirksamkeit, Bestandskraft oder Vollstreckbarkeit. Bei der Zwangsanwendung zur Gefahrenabwehr werden **ausschließlich Verwaltungsakte** (wenn auch nur hypothetisch angenommene, also „fiktive" Verwaltungsakte) durchgesetzt, keine Realakte.[1163]

2418 **Beispiel:** Wird eine Wohnung – wie in Fall 1 – ohne Zustimmung des Wohnungsinhabers betreten, so handelt es sich bei dem Betreten um einen Realakt. Solange die Beamten nicht auf „Widerstand" stoßen, ist eine Zwangsanwendung nicht erforderlich. Müssen sie jedoch – wie in Fall 2 und 3 – z. B. die Wohnungstür aufbrechen, um in die Wohnung zu gelangen, wenden sie Zwangsmittel an. Entweder haben die Beamten den anwesenden Wohnungsinhaber zuvor aufgefordert, die Tür zu öffnen, oder sie haben die Tür gleich aufgebrochen, weil der Wohnungsinhaber z. B. abwesend war. Im ersten Fall wurde ein wirksamer Verwaltungsakt („Machen sie die Tür auf.") im „gestreckten Verfahren" durchgesetzt. Im zweiten Fall wurde dagegen lediglich ein gedachter (fiktiver) Verwaltungsakt durchgesetzt (nämlich ebenfalls „Machen sie die Tür auf"), und zwar im sogenannten Sofortvollzug. In beiden Fällen handelte es sich bei Aufforderung, die Tür zu öffnen, um einen Verwaltungsakt in Form einer sogenannten **Begleitverfügung**, die ihre Rechtsgrundlage in § 24 Nds. SOG (und somit nicht in § 11 Nds. SOG!) hat. Wird die Wohnung dagegen ohne Zwangsmittel betreten, stellt dies -wie gesagt- lediglich einen Realakt dar, der nicht mit Zwang durchgesetzt werden muss. Leistet nun der anwesende Wohnungsinhaber innerhalb der Wohnung Widerstand gegen das Betreten der Wohnung und muss er von den Beamten z. B. festgehalten und gefesselt werden, so wird wiederum nicht der Realakt (Betreten der Wohnung), sondern ein Verwaltungsakt gegen den Wohnungsinhaber durchgesetzt, nämlich die **Begleitverfügung** „Dulden sie das Betreten der Wohnung", die ihre Rechtsgrundlage abermals in § 24 Nds. SOG hat. Diese Begleitverfügung könnten die Beamten ausdrücklich aussprechen und dann durchsetzen (im gestreckten Verfahren) oder -je nach den Umständen und den rechtlichen Voraussetzungen- ohne vorherige Aussprache des Verwaltungsaktes gleich im Sofortvollzug durchsetzen.

2419 **aa) Variante 1: Gestrecktes Verfahren.** Bei der Prüfung der Zwangsanwendung **im gestreckten Verfahren** (§ 64 Abs. 1 Nds. SOG) wird zunächst isoliert die **Rechtmäßigkeit** des zu Grunde liegenden Verwaltungsaktes (sowie der dazugehörigen Maßnahme) geprüft (im Fallbeispiel 2 also das Betreten der Wohnung sowie die Aufforderung, die Wohnungstür zu öffnen als Begleitverfügung).

2420 Sodann wird die Rechtmäßigkeit der Durchsetzung des „**Grundverwaltungsaktes**" mit Zwangsmitteln geprüft. Es handelt sich um eine vollständige Prüfung

1162 *Ipsen*, § 15, Rn. 612 ff.
1163 *Heinemann*, in: BeckOK-Nds. SOG, § 64 Rn. 1.

einschließlich Obersatz, Grundrechteprüfung, Prüfung der formellen und materiellen Rechtmäßigkeit (Tatbestand, Rechtsfolge, Ermessen, Adressatenprüfung und Verhältnismäßigkeit) sowie Ergebnis (vgl. Prüfungsschema auf Rn. 2696).

Beachten Sie, dass im **Obersatz** der Prüfung der Zwangsmaßnahme sowohl die in Betracht kommende Eingriffsermächtigung (§ 64 Abs. 1 Nds. SOG) als auch Mittel und Form der Zwangsmaßnahme (z. B. unmittelbarer Zwang in Form der körperlichen Gewalt, §§ 65 Abs. 1 Nr. 3, 69 Abs. 1, 2 Nds. SOG) genannt werden müssen. **2421**

Formulierungsvorschlag: *„Das Eintreten der Tür könnte als zwangsweise Durchsetzung der Begleitverfügung des Betretens mittels unmittelbaren Zwangs in Form von körperlicher Gewalt gem. §§ 64 Abs. 1, 65 Abs. 1 Nr. 3, 69 Abs. 1, 2 Nds. SOG gerechtfertigt sein.“* **2422**

bb) Variante 2: Sofortvollzug. Die Prüfung von Zwangsanwendung im **Sofortvollzug** (§ 64 Abs. 2 Nr. 1 Nds. SOG) erfordert – mangels Vorliegen eines „echten“ Grund-VA – eine **inzidente** Prüfung der Rechtmäßigkeit eines fiktiven Grundverwaltungsaktes. **Innerhalb** der Prüfung der Rechtmäßigkeit der Zwangsanwendung muss also geprüft werden, ob der nur hypothetisch angenommene Verwaltungsakt rechtmäßig gewesen wäre, wenn die Beamten ihn tatsächlich erlassen hätten. **2423**

Beispiel: In **Fall 3** ist zu prüfen, ob die Beamten den Wohnungsinhaber zum Öffnen der Tür hätten auffordern dürfen (wenn er denn da gewesen wäre), bevor sie die Tür aufbrechen. **2424**

Diese inzidente Prüfung des fiktiven Verwaltungsaktes erscheint zunächst anspruchsvoll, da sie ein gewisses Maß an Abstraktionsvermögen erfordert. Sie unterscheidet sich aber letztlich von der Zwangsprüfung im gestreckten Verfahren nur dadurch, dass sich die Prüfungsreihenfolge -jedenfalls nach dem an der Polizeiakademie Niedersachsen verwendeten Prüfungsschema- ändert. **2425**

Klausurhinweis: Betrachtet man das Lösungsschema als „Baukastensystem“, so sind beim Sofortvollzug nur die Bausteine in eine etwas andere Reihenfolge zu bringen: Die örtliche und sachliche Zuständigkeit für den fiktiven VA wird im Rahmen der Zuständigkeitsprüfung für die Zwangsmaßnahme, die weiteren Voraussetzungen im Rahmen der materiellen Rechtmäßigkeitsprüfung geprüft. **2426**

Da es sich um eine einheitliche Prüfung handelt, ist ein umfassender **Obersatz** zu formulieren. Dieser soll neben der Benennung der Ermächtigungsgrundlage für die Zwangsanwendung im Sofortvollzug (§ 64 Abs. 2 Nds. SOG) Mittel und Form der Zwangsmaßnahme (z. B. unmittelbarer Zwang in Form des Schusswaffengebrauchs gegen eine Person, §§ 69 Abs. 1, Abs. 4, 77 Abs. 1 Nr. 1, 2 Nds. SOG) verdeutlichen. Zudem ist die in Betracht kommende Eingriffsermächtigung für den fiktiven Grundverwaltungsakt (z. B. § 17 Abs. 1 Nds. SOG) zu benennen. **2427**

2428 **Formulierungsvorschlag:** *„Der Schuss auf den Geiselnehmer,* [der unmittelbar ansetzte, eine Geisel zu erschießen], *könnte als Schusswaffengebrauch im Sofortvollzug zur Durchsetzung des fiktiven Verwaltungsaktes „Lassen Sie die Waffe fallen!" (o. ä.) nach den §§ 64 Abs. 2, 69 Abs. 1 und 4, 77 Abs. 1 Nr. 1 und 2, 11 Nds. SOG gerechtfertigt sein."*

b) Zwang zur Durchsetzung einer strafprozessualen Maßnahme (Variante 3)

2429 **Fall:** POK Loh und PK Orda wollen eine Wohnung eines Beschuldigten durchsuchen (§ 102 StPO). Die Tür ist verschlossen. Nach entsprechender Aufforderung wird die Tür nicht geöffnet. PK Orda öffnet die Wohnungstür mit Gewalt.

2430 Die Prüfung der zwangsweisen Durchsetzung einer strafprozessualen Maßnahme (einschließlich der von der Rechtsfolge erfassten Begleitmaßnahmen) ist dagegen relativ einfach und vom Prüfungsaufwand übersichtlich.

2431 **Klausurhinweis:** Gleichwohl sind auch hier in Theorie und Praxis Zwangsmaßnahmen bis zum Schusswaffengebrauch gegen eine Person (z. B. Festnahme eines flüchtigen Mörders) möglich. Schwierigkeiten bereitet den Studierenden erfahrungsgemäß die Überleitung „von der Strafprozessordnung in das Nds. SOG".

2432 Eine Besonderheit der Klausurbearbeitung besteht darin, dass die zwangsweise Durchsetzung einer strafprozessualen Maßnahme nicht nacheinander, also zunächst Grundmaßnahme (z. B. Durchsuchung einer Wohnung) und eventuelle Begleitmaßnahmen (z. B. Aufforderung Tür zu öffnen) und dann die Zwangsanwendung (z. B. Aufbrechen der Tür mit Gewalt) geprüft wird. Vielmehr ist eine **Gesamtprüfung** erforderlich. Im Beispielsfall wäre also Prüfungsgegenstand die Rechtmäßigkeit der Durchsuchung der Wohnung des Beschuldigten unter zwangsweiser Öffnung der Tür.

2433 **Klausurhinweis:** Das führt dazu, dass bei der **Verhältnismäßigkeitsprüfung** immer zwei Aspekte zu beleuchten sind. Zum einen muss geprüft werden, ob die strafprozessuale Maßnahme an sich verhältnismäßig war, zum anderen muss gefragt werden, ob denn auch die Anwendung von Zwangsmitteln verhältnismäßig war.

II. Zwangsanwendung zur Gefahrenabwehr (§ 64 ff. Nds. SOG)

1. Zwangsanwendung im gestreckten Verfahren (§ 64 Abs. 1 Nds. SOG)

2434 **Fall 1:** Anton wird durch den PK Orda aufgefordert, sich auszuweisen, weil er sich vermeintlich an einem verrufenen Ort (§ 13 I Nr. 2 Nds. SOG) aufhält. Tatsächlich liegen die Voraussetzungen des § 13 I Nr. 2 Nds. SOG nicht vor. Anton kommt der Aufforderung nicht nach. Als ihn PK Orda nach einem Ausweispapier durchsucht und von Anton verlangt, die Durchsuchung zu dulden, sperrt sich Anton, so dass er von PK Orda am Arm festgehalten werden muss.

Fall 2: PK Orda fordert Sören dazu auf, eine Stahltür zu öffnen, in welcher sicherzustellende Gegenstände vermutet werden. Sören weigert sich. PK Orda lässt daraufhin die Tür durch einen Schlüsseldienst öffnen. **2435**

a) **Wichtige Normen**

→ § 64 Abs. 1 Nds. SOG (Befugnis zur Zwangsanwendung im gestreckten Verfahren) **2436**
→ § 64 Abs. 3 Nds. SOG (Zuständigkeitsregelung)

b) **Allgemeines.** Nach § 64 Abs. 1 Nds. SOG können die Verwaltungsbehörden und die Polizei einen **Verwaltungsakt**, der auf die Vornahme einer **Handlung, Duldung oder Unterlassung** gerichtet ist, mit **Zwangsmitteln** durchsetzen, wenn der Verwaltungsakt entweder **unanfechtbar** ist oder ein **Rechtsbehelf keine aufschiebende Wirkung** hat. Wesentliche Voraussetzung ist also das Vorliegen eines Verwaltungsaktes im Sinne des § 35 VwVfG (vgl. bereits oben). **2437**

Klausurhinweis: Dieser „Grundverwaltungsakt" ist vorbehaltlich einer anderslautenden Aufgabenstellung isoliert von der Rechtmäßigkeit der Zwangsanwendung zu prüfen. **2438**

Liegt kein Verwaltungsakt vor, kommt eine Zwangsanwendung im Wege des Sofortvollzugs (§ 64 Abs. 2 Nr. 1 Nds. SOG – dazu sogleich ab Rn. 2558 ff.) in Betracht. **2439**

c) **Betroffene Grundrechte.** Auch bei der Prüfung der Zwangsmaßnahme ist eine **Grundrechtsprüfung** vorzunehmen. Hier ist zu prüfen, ob und in welche Grundrechte durch die Anwendung von Zwangsmitteln eingegriffen wurde (z. B. körperliche Unversehrtheit bei Einsatz des Schlagstocks, Eigentum bei Aufbrechen einer Tür). Mitunter wird der bereits der Grundmaßnahme innewohnende Grundrechtseingriff auch „nur" **verstärkt** (z. B. Aufforderung stehen zu bleiben = Eingriff in die Freiheit der Person, Festhalten mit Gewalt/Fesselung = Verstärkung des Eingriffs). Hierauf ist ebenfalls einzugehen. **2440**

d) **Materielle Rechtmäßigkeit. – aa) Ermächtigungsgrundlage.** Die Befugnis zur Zwangsanwendung im gestreckten Verfahren folgt aus § 64 Abs. 1 Nds. SOG. Die zulässigen Zwangsmittel ergeben sich aus § 65 Abs. 1 Nds. SOG. Welches konkrete Mittel, insbesondere des unmittelbaren Zwangs, zulässig ist, ist in den §§ 66 bis 69 Nds. SOG geregelt. Die Art und Weise der Zwangsanwendung (vgl. die gesonderte Darstellung unter Rn. 2601) ergibt sich aus den §§ 70 ff. Nds. SOG. **2441**

bb) **Tatbestandsvoraussetzungen.** Erste Tatbestandsvoraussetzung des § 64 Abs. 1 Nds. SOG ist das Vorliegen eines der Zwangsanwendung vorausgegan- **2442** genen **Verwaltungsaktes**. Dieser Verwaltungsakt muss „nur“ **wirksam**, nicht notwendigerweise rechtmäßig sein.[1164]

2443 **Vertiefung:** Das folgt bereits aus dem Wortlaut des § 64 Abs. 1 Nds. SOG, nach dem es ausreicht, dass der vorangegangene VA nicht mehr mit einem förmlichen Rechtsbehelf angefochten werden kann oder ein gegen ihn gerichteter förmlicher Rechtsbehelf keine aufschiebende Wirkung hat.[1165]

2444 Ob das der Fall ist, wird nach dem an der Polizeiakademie Niedersachsen verwendeten Prüfungsschema schon bei der Prüfung des Grundverwaltungsakts erörtert.

2445 **Klausurhinweis:** Im Rahmen der Klausur ist ein kurzer Hinweis (z. B. „Die Aufforderung die Durchsuchung zu dulden ist ein wirksamer VA.“) ausreichend.

2446 Wenn, wie im **Fall 1** die Identitätsfeststellung und somit auch die Durchsuchung der Person unrechtmäßig ist, da die materiellen Voraussetzungen nicht vorliegen, wäre auch der Grundverwaltungsakt (Begleitverfügung: „Dulden sie die Durchsuchung.“) rechtswidrig. Dennoch wäre der VA wirksam und vollstreckbar.

2447 Des Weiteren muss der „Grund-VA“ einen **vollstreckbaren Inhalt** haben, also auf **Handlung, Duldung oder Unterlassung** gerichtet sein. Polizeiliche Verfügungen, gleichgültig, ob sie sogenannte selbstständige Verwaltungsakte (z. B. § 11 Nds. SOG) oder unselbstständige Verwaltungsakte (Begleitverfügungen) darstellen, sind immer auf eine Handlung, Duldung oder Unterlassung gerichtet.[1166] Feststellende oder gestaltende Verwaltungsakte spielen in der vollzugspolizeilichen Praxis so gut wie keine Rolle.

2448 **Klausurhinweis:** In einer Klausur genügt die Feststellung, was genau vom Betroffenen (im Grundverwaltungsakt) verlangt wird und ob dies nun eine Handlung, Duldung oder Unterlassung darstellt.

2449 Dem vorausgegangenen Verwaltungsakt darf des Weiteren *„nicht nachgekommen“* worden sein.

2450 **Klausurhinweis:** Diese selbstverständliche und selbsterklärende Voraussetzung kann kurz festgestellt werden (z. B. *„Der Aufforderung ist Anton nicht nachgekommen.“*)

2451 Der Verwaltungsakt muss sodann entweder **unanfechtbar** sein, oder **Rechtsbehelfe dürfen keine aufschiebende Wirkung haben. Unanfechtbarkeit** eines Verwaltungsaktes liegt vor, wenn Rechtsbehelfe nicht mehr möglich sind, sei es durch Ablauf der Widerspruchsfrist (in Niedersachsen hinfällig, da das Widerspruchsverfahren weitgehend – auch im polizeilichen Bereich – abgeschafft

---

1164 Vgl. BVerfG, Beschluss vom 7.12.1998 – 1 BvR 831/89 – NVwZ 1999, 290, 292.

1165 So auch die h. M. vgl. *Hyckel*, LKV 2015, 300, 303 für das ThürPAG mwN auch zur anderen Ansicht.

1166 *Thiel*, § 13, Rn. 542.

wurde, vgl. § 80 Abs. 1 NJG), durch Ablauf der Klagefrist oder durch Rechtskraft eines verwaltungsgerichtlichen Urteils.

Klausurhinweis: Die Unanfechtbarkeit spielt bei vollzugspolizeilichen Maßnahmen „auf der Straße" kaum eine Rolle.[1167] **2452**

Rechtsbehelfe haben unter anderem dann **keine aufschiebende Wirkung**, wenn es sich bei dem Grundverwaltungsakt um eine unaufschiebbare Maßnahme von Polizeivollzugsbeamten handelt, § 80 Abs. 2 Satz 1 Nr. 2 VwGO. **2453**

Klausurhinweis: Sollte diese **Vollziehbarkeit** der Maßnahme bereits -wie im Lösungsschema vorgesehen- bei der Wirksamkeit des Grundverwaltungsaktes geprüft worden sein, so kann auf diese Prüfung an dieser Stelle verwiesen werden. Es ist aber nach hier vertretener Auffassung auch möglich (und sinnvoll), die entsprechende Prüfung erst hier durchzuführen. **2454**

cc) **Rechtsfolge.** Liegen die Voraussetzungen des § 64 Abs. 1 Nds. SOG vor, darf der Verwaltungsakt grundsätzlich mit Zwangsmitteln durchgesetzt werden kann. **2455**

dd) Befugnis zur Verwendung des konkreten Zwangsmittels. Besteht die grundsätzliche Befugnis zur Zwangsanwendung im gestreckten Verfahren, stellt sich die Frage, mit welchem konkreten **Zwangsmittel** der Verwaltungsakt durchgesetzt werden darf. **2456**

Ausweislich § 65 Abs. 1 Nds. SOG sind als Zwangsmittel im Sinne des Nds. SOG die **Ersatzvornahme** (näher geregelt in § 66 Nds. SOG), das **Zwangsgeld** (§ 67 f. Nds. SOG) sowie **unmittelbarer Zwang** (§ 69 Nds. SOG) vorgesehen. Diese Aufzählung stellt gleichzeitig eine grundsätzliche Einordnung der Zwangsmittel nach der mit ihrer Anwendung verbundenen Eingriffsintensität dar:[1168] Die Ersatzvornahme ist die mildeste Form der Zwangsanwendung, die Anwendung unmittelbaren Zwangs die intensivste, wobei innerhalb des unmittelbaren Zwangs noch weitere Unterformen der Zwangsanwendung unterschieden werden: Anwendung (einfacher) körperlicher Gewalt, Anwendung von Hilfsmitteln der körperlichen Gewalt und der Einsatz von Waffen, vgl. § 69 Nds. SOG. **2457**

Vertiefung: Zwangsmittel können auch **neben** einer Strafe oder Geldbuße angewendet und solange wiederholt und gewechselt werden, bis der Verwaltungsakt befolgt worden ist oder sich auf andere Weise erledigt hat (§ 65 Abs. 3 Nds. SOG). Sie sind Beugemittel, keine Sanktion, und ihre Anwendung verstößt aus diesem Grund nicht gegen das Verbot der Doppelbestrafung (Art. 103 Abs. 3 GG).[1169] **2458**

1167 *Knemeyer,* § 32, Rn. 360.
1168 *Kugelmann,* 11. Kapitel, Rn. 12 und 39.
1169 *Gusy,* § 8, Rn. 444.

aaa) Ersatzvornahme (§ 66 Nds. SOG)

2459 **Fall 1a:** POK Loh wird zu einer nächtlichen Ruhestörung gerufen. An der Tür des Verursachers klingelt er, klopft lautstark gegen die Tür und ruft laut und deutlich: „Polizei. Machen Sie sofort die Tür auf." Aus Gesprächen in der Wohnung ergibt sich, dass die Aufforderung verstanden wurde, die Tür wird jedoch nicht geöffnet. Daraufhin droht POK Loh formgerecht an, dass beim Nichtöffnen der Tür ein Schlüsseldienst zur Türöffnung gerufen werde. Im weiteren Verlauf wird ein Schlüsseldienst von POK Loh angefordert und öffnet die Tür.

2460 **Fall 1b:** Die Beamten benutzen zur Türöffnung einen sogenannten „Flipper", so dass die Tür beschädigungsfrei geöffnet werden kann.

2461 **Fall 1c:** Dem Schlüsseldienst gelingt es nicht, die Tür zu öffnen. Nunmehr treten die Beamten die Tür ein, wodurch diese erheblich beschädigt wird.

2462 **Fall 1d:** Das Eintreten der massiven Tür misslingt. Ein Beamter benutzt seinen Einsatzmehrzweckstock, um die Türscheibe einzuschlagen und die Tür von innen zu öffnen.

2463 Unter dem Zwangsmittel der **Ersatzvornahme** versteht man die Ausführung einer dem Adressaten obliegenden Handlung durch die Polizei selbst (sog. Selbstvornahme) oder durch eine dritte Person, z. B. einen Werkunternehmer (sog. Fremdvornahme).[1170] Sie erfolgt auf Kosten des eigentlich Verantwortlichen.[1171]

2464 Möglich ist eine Ersatzvornahme nur bei sogenannten **vertretbaren Handlungen**. Eine Handlung ist vertretbar, wenn sie ohne Änderung des Inhalts auch von einer anderen Person vorgenommen werden kann.[1172] Ist dies nicht der Fall, so spricht man von **unvertretbaren** (bzw. höchstpersönlichen) Handlungen. Nur positives Tun kann eine vertretbare Handlung sein. Dulden und Unterlassungen sind stets unvertretbar.

2465 **Beispiele:** Vertretbar ist z. B. das Öffnen einer Tür, das Wegfahren eines Pkw, die Beseitigung von Verschmutzungen o. ä.; In der Praxis von Bedeutung sind daher insbesondere Abschleppfälle, Türöffnungen durch einen Schlüsseldienst und Reinigungsarbeiten.
Unvertretbar ist z. B. die Abgabe einer Erklärung, das Fallenlassen von Waffen, die Herausgabe von Gegenständen, das Verlassen eines Ortes u. s. w.

2466 In Fällen, in denen die Polizei selbst handelt stellt sich die (in der Klausur zu beantwortende) Frage, ob eine Ersatzvornahme in Form der Selbstvornahme

1170 *Rachor,* in: Lisken/Denninger, E, Rn. 825.
1171 *Kugelmann,* 11. Kapitel, Rn. 35.
1172 Siehe AB 66.1.

vorliegt oder ob unmittelbarer Zwang (dazu noch ausführlich unten) angewandt wird.

Bei der erforderlichen **Abgrenzung** ist auf die **konkrete Handlungspflicht** des Adressaten abzustellen.[1173] Nur wenn die durch Dritte oder die Polizei vorgenommene „Ersatzhandlung" qualitativ die Handlung darstellt, die vom Adressaten verlangt wurde, liegt eine Ersatzvornahme im Sinne des § 66 Nds. SOG vor.[1174] **2467**

> **Beispiel:** In den o. g. Fällen (Fall 1a-1d) besteht die Handlungspflicht darin, die Tür (gewaltfrei, auf herkömmlichen Wege) zu öffnen. Diese Handlungspflicht wird in Fall 1a durch Fremdvornahme, im Fall 1b durch Selbstvornahme durchgesetzt. Die Tür wird auf „normalem" Weg geöffnet, nur nicht durch den Adressaten selbst, sondern durch einen Dritten. Geht das Handeln der Beamten – und somit die Einwirkung auf die Sache – über das hinaus, was vom Adressaten verlangt wurde, so liegt unmittelbarer Zwang gegen eine Sache vor (Fall 1c). Dies gilt erst recht **auch immer dann**, wenn Hilfsmittel der körperlichen Gewalt oder gar Waffen eingesetzt werden (Fall 1d). **2468**

bbb) Zwangsgeld und Ersatzzwangshaft (§§ **67, 68 Nds. SOG)**

> **Fall:** Alois hat seine Ehefrau geschlagen und wird von den eingesetzten Polizeibeamten der Wohnung verwiesen. In der schriftlichen Verfügung zur Wohnungswegweisung nach § 17 Abs. 2 Nr. 2 Nds. SOG drohen die Beamten ein Zwangsgeld in Höhe von 500 € für den Fall an, dass Alois vor Ablauf von acht Tagen die eheliche Wohnung betritt. **2469**

Mit dem **Zwangsgeld** können sowohl vertretbare als auch unvertretbare (höchstpersönliche) Handlungen sowie ein Dulden und Unterlassen durchgesetzt werden.[1175] Es stellt die **einzige** Möglichkeit dar, eine Person zur Abgabe einer Erklärung (z. B. im Rahmen einer bestehenden Auskunftsverpflichtung nach § 12 Abs. 3 Nds. SOG) zu zwingen. **2470**

Das Zwangsgeld ist ein Zwangsmittel. Es hat **Beugefunktion** und stellt keine Strafe dar.[1176] Daher kann es, in Höhe von 5 bis 50.000 Euro (vgl. § 67 Abs. 1 Satz 1 Nds. SOG) parallel zu eventuellen Geldbußen oder Geldstrafen angewandt werden. **2471**

Vordergründig spielt das Zwangsgeld für die polizeiliche Praxis nur eine sehr untergeordnete Rolle. Grund hierfür ist der **zeitliche Aspekt:** Das Zwangsgeld muss **schriftlich** angedroht und festgesetzt werden (§ 67 Abs. 1 Satz 2 Nds. **2472**

1173 *Rachor,* in: Lisken/Denninger, E, Rn. 827.

1174 *Thiel,* § 12, Rn. 525 ff. m. w. N.

1175 Vgl. OVG Berlin, Beschluss vom 14.5.1997 – 2 S 6/97 – NVwZ-RR 1998, 412.

1176 *Ipsen,* § 16, Rn. 635; *Gusy,* § 8, Rn. 444 m. w. N. und dem Hinweis auf die verfassungsrechtliche Problematik im Zusammenhang mit der Durchsetzung von Unterlassungsverfügungen.

SOG), so dass es für eilbedürftige polizeiliche Erstmaßnahmen nicht in Frage kommt.

2473 Eine größere und in der polizeilichen Praxis noch nicht gebührend berücksichtigte Anwendungsmöglichkeit besteht in Fällen der Wohnungswegweisung (vgl. Ausgangsfall). So können in diesem Bereich Zwangsgelder in Höhe von einem Drittel des Monatsnettoeinkommens angedroht werden.[1177] Weitere Anwendungsfälle aus der Praxis sind die Durchsetzung von Aufenthaltsverboten oder Vorladungen und Meldeauflagen.[1178]

2474 **Vertiefung:** Ein rechtliches Problem[1179] stellt § 67 Abs. 2 Satz 2 Nds. SOG dar, wonach die Beitreibung eines Zwangsgeldes unterbleibt, wenn die gebotene **Handlung** zwischenzeitlich ausgeführt wurde oder eine angeordnete Maßnahme **geduldet** wird. Gleiches muss gelten, wenn sich die auferlegte Handlung erledigt hat (z. B. Gebot morschen Baum zu fällen ist hinfällig, wenn der Wind den Baum umgerissen hat). Eine genaue Betrachtung der oben genannten polizeilich relevanten Anwendungsbeispiele des Zwangsgelds zeigt, dass es sich ganz überwiegend um angeordnete **Unterlassungen** (Verbot einer bestimmten Handlung) handelt, für die § 67 Abs. 2 S. 2 Nds. SOG nicht gilt.[1180] Das wirft hinsichtlich Art. 103 Abs. 2 GG verfassungsrechtliche Probleme auf, da das Zwangsgeld in diesen Fällen nicht mehr eine Beugefunktion erfüllt, sondern „nur" noch eine Sanktionierung bewirkt.[1181]

2475 Ist das Zwangsgeld **uneinbringlich,**[1182] so kann das Amtsgericht auf Antrag von Polizei oder Verwaltungsbehörde eine **Ersatzzwangshaft** anordnen, die zwischen einem Tag und zwei Wochen beträgt (§ 68 Abs. 1 Nds. SOG). Uneinbringlichkeit liegt vor, wenn die Beitreibung des Zwangsgeldes ohne Erfolg versucht worden ist, oder wenn offensichtlich ist, dass sie keinen Erfolg haben wird (vgl. auch AB 68.1). Nach § 68 Abs. 1 S. 1 Nds. SOG am Ende muss *„bei Androhung des Zwangsgeldes darauf hingewiesen worden"* sein, dass eine Ersatzzwangshaft bei Uneinbringlichkeit angeordnet werden kann. Im Einzelfall kann sich jedoch die Anwendung unmittelbaren Zwangs als milderes Mittel im Vergleich zur Ersatzzwangshaft darstellen.[1183]

ccc) Unmittelbarer Zwang – Zulässigkeit der Mittel (§ 69 Abs. 1–4 Nds. SOG)

2476 **Fall:** Alfred bedroht den Bert mit einer Schusswaffe. Der POK Loh fordert Alfred auf, die Waffe fallen zu lassen, ansonsten werde er schießen. Als Alfred der Verfügung nicht Folge leistet, schießt POK Loh auf die rechte Schulter des Alfred, woraufhin dieser die Schusswaffe fallen lässt.

1177 Erlass des Nds. MI vom 13.7.2012 – P23.15-12334/11-3.8.
1178 *Rachor,* in: Lisken/Denninger, E, Rn. 829.
1179 Hierzu *Rachor,* in: Lisken/Denninger, E, Rn. 887.
1180 *Böhrenz/Siefken,* Nds. SOG, § 67 Rn. 5.
1181 *Ipsen,* § 16, Rn. 635.
1182 Ausführlich *Rachor,* in: Lisken/Denninger, E, Rn. 879 ff.
1183 *Kugelmann,* 11. Kapitel, Rn. 39.

Die Anwendung **unmittelbaren Zwangs** zur Durchsetzung eines Grund-VA hat große praktische Relevanz. Nach der Legaldefinition in § 69 Abs. 1 Nds. SOG ist unter unmittelbarem Zwang *„die Einwirkung auf Personen oder Sachen durch körperliche Gewalt, durch ihre Hilfsmittel und durch Waffen"* zu verstehen. 2477

Der Begriff „unmittelbarer Zwang" ist als Oberbegriff zu verstehen. Er kann in den **Formen** „(einfache) körperliche Gewalt", „durch Hilfsmittel der körperlichen Gewalt" und durch „Waffengebrauch" ausgeübt werden, die in den Absätzen 2 bis 4 des § 69 Nds. SOG nochmals legaldefiniert werden. 2478

Klausurhinweis: § 69 Abs. 1 Nds. SOG ist im eigentlichen Sinne gar nicht zu prüfen. Er bildet nur die Überleitung für die Prüfung, welche Form der Anwendung unmittelbaren Zwanges vorliegt. Zu prüfen ist dann die jeweilige Form der Anwendung, also die Absätze 2 bis 4. 2479

Alle Formen des unmittelbaren Zwanges können sowohl gegen Sachen als auch gegen Personen angewendet werden. 2480

Beispiele: So kann die Schusswaffe gegen eine Person eingesetzt werden, aber auch gegen eine Sache (Schuss auf den Reifen eines Pkw oder auf einen Hund), einfache körperliche Gewalt gegen eine Person (Polizeigriff, Fausthieb), aber auch gegen eine Sache (Eintreten einer Tür). 2481

Körperliche Gewalt ist nach § 69 Abs. 2 Nds. SOG *„jede unmittelbare körperliche Einwirkung auf Personen oder Sachen"*. Die Ausführungsbestimmung 69.2 nennt hierzu einige Beispiele: das Abdrängen, Wegtragen, Wegführen am Arm und die Anwendung von Polizeigriffen. Intensivere Einwirkungen sind z. B. der Fausthieb oder der Fußtritt.[1184] Entscheidend ist, dass die körperliche Einwirkung auf die Person oder Sache **unmittelbar** erfolgt, also nicht „vermittelt" wird durch ein Hilfsmittel der körperlichen Gewalt oder durch eine Waffe. 2482

Hilfsmittel der körperlichen Gewalt sind in § 69 Abs. 3 Nds. SOG aufgezählt. Das Gesetz nennt hier Fesseln, Wasserwerfer, technische Sperren, Diensthunde, Dienstpferde, Dienstfahrzeuge, Reiz- und Betäubungsstoffe sowie zum Sprengen bestimmte explosionsfähige Stoffe (Sprengmittel). 2483

Vertiefung: Letztere dürfen nach § 69 Abs. 9 Nds. SOG nur gegen Sachen angewandt werden. 2484

Die Aufzählung der Hilfsmittel der körperlichen Gewalt ist **nicht abschließend.**[1185] Dies wird durch das Wort *„insbesondere"* deutlich. So kann z. B. eine Stabtaschenlampe oder ein Brecheisen ebenfalls ein Hilfsmittel der körperlichen Gewalt sein, um z. B. eine Scheibe zu zertrümmern. 2485

Vertiefung: Wenn Hilfsmittel der körperlichen Gewalt eingesetzt werden, ist die Ausführungsbestimmung 69.3 zu berücksichtigen. Hier werden u. a. Beispiele für technische Sperren genannt (Absperrgitter, spanische Reiter, 2486

1184 *Gusy*, § 8, Rn. 448.
1185 *Ipsen*, § 16, Rn. 640.

Nagelgurte u. s. w.). Eine besondere Bedeutung erlangt die AB 69.3 beim Einsatz von Reizstoffen (z. B. Pfefferspray). Demnach dürfen „*Reiz- und Betäubungsstoffe (...) nur gebraucht werden, wenn der Einsatz körperlicher Gewalt oder anderer Hilfsmittel der körperlichen Gewalt keinen Erfolg verspricht und wenn durch den Gebrauch dieser Stoffe die Anwendung von Waffen vermieden werden kann. Reiz- und Betäubungsstoffe dürfen gegen eine Menschenmenge nur eingesetzt werden, wenn von ihr Gewalttaten ausgehen oder Gewalttaten unmittelbar bevorstehen. Der Einsatz dieser Stoffe als Beimischung in Wasserwerfern/Wasserarmaturen ist unzulässig.*"

2487 In § 69 Abs. 4 Nds. SOG werden die **Waffen** aufgezählt: „*Als Waffen sind **Schlagstock, Pistole, Revolver, Gewehr und Maschinenpistole** zugelassen.*" Diese Aufzählung ist **abschließend.**[1186] Andere Waffen dürfen nicht verwendet werden. Das gilt auch für vermeintlich weniger „gefährliche" Waffen wie Elektroimpulsgeräte (z. B. sog. „Taser", „Paralyser", etc.).

2488 **Vertiefungshinweis:** Insofern ist die Einordnung der Reizstoffe – und somit des Reizstoffsprühgeräts (RSG) – unter dem Begriff „Hilfsmittel der körperlichen Gewalt" problematisch.[1187] Das dienstlich verwendete RSG ist eine nach dem WaffG verbotene **Waffe.**[1188] Der Landesgesetzgeber ordnet jedoch die Reizstoffe ausdrücklich den Hilfsmitteln der körperlichen Gewalt zu.

2489 Die dienstliche Nutzung von Messern, die unter das Waffengesetz fallen,[1189] ist sowohl gegen Personen als auch Sachen unzulässig. Messer, die nicht (oder nur teilweise) unter das WaffG fallen, können als Hilfsmittel der körperlichen Gewalt zur Anwendung unmittelbaren Zwangs gegen **Sachen** eingesetzt werden.

2490 **Praxishinweis:** Einhandmesser (auch in Form sogenannter Rettungsmesser bzw. sogar als Springmesser ausgestaltet[1190]) fallen nicht unter den Waffenbegriff des WaffG, auch wenn ihr Führen nach § 42a WaffG verboten ist.[1191]

2491 **ddd) Unmittelbarer Zwang – Zulässigkeit der Anwendung (§ 69 Abs. 6, 7 Nds. SOG).** Unabhängig von der Frage der Zulässigkeit der Form bzw. Anwendung des konkreten unmittelbaren Zwangsmittels, ist zu fragen, ob unmittelbarer Zwang überhaupt angewandt werden darf. Nach § 69 Abs. 6 Nds. SOG ist das nur der Fall, wenn „*andere Zwangsmittel nicht in Betracht kommen oder keinen Erfolg versprechen*". Die Anwendung unmittelbaren Zwangs ist **ultima ratio** (das letzte Mittel).[1192]

1186 *Heinemann*, in: BeckOK-Nds. SOG, § 69 Rn. 5.
1187 *Rachor,* in: Lisken/Denninger, E, Rn. 847 f.
1188 *Gade/Stoppa*, WaffG, Anlage 1 Rn. 109.
1189 Dolche und andere Kampfmesser, Spring-, Fall-, Butterfly- oder Faustmesser.
1190 BKA-FB vom 28.8.2003 – KT 21/ZV 25-5164.01-Z-20/2003.
1191 *Gade/Stoppa*, WaffG, § 42a Rn. 10.
1192 *Schenke*, § 10, Rn. 559.

Sowohl im Rahmen der Klausurbearbeitung als auch in der Praxis (dort freilich nur gedanklich) ist zunächst kurz zu prüfen, ob die Zwangsmittel Ersatzvornahme oder Zwangsgeld überhaupt als **Alternative** zur Durchsetzung des Grund-VA in Betracht kommen. 2492

Klausurhinweis: Zu beiden Zwangsmitteln ist stets kurz Stellung zu nehmen. 2493

Ein **Zwangsgeld** kommt in Fällen eilbedürftiger polizeilicher Maßnahmen schon auf Grund des mit ihm verbundenen **zeitlichen Aufwands** (Notwendigkeit der schriftlichen Festsetzung, vgl. § 67 Abs. 1 Satz 1 Nds. SOG) nicht in Betracht. 2494

Wird vom Adressaten des Grund-VA eine höchstpersönliche – und somit nicht vertretbare – Handlung verlangt, ist die **rechtliche** Möglichkeit einer **Ersatzvornahme** nicht gegeben.[1193] Dies ist auch bei Duldungs- oder Unterlassungsverfügungen der Fall. Wird eine vertretbare Handlung verlangt, ist darzulegen, aus welchen Gründen (in der Regel zeitliche oder taktische) eine Ersatzvornahme im konkreten Fall nicht in Betracht kommt. 2495

Beispiel: „Klassisches" Beispiel ist das Öffnen einer Wohnungstür. Diese kann durch eine Ersatzvornahme (Schlüsseldienst) oder durch unmittelbaren Zwang (Eintreten der Tür) realisiert werden. Das Eintreten der Tür ist nach § 69 Abs. 6 Nds. SOG nur zulässig, wenn eine Ersatzvornahme nicht in Betracht kommt. Das ist zum Beispiel der Fall, wenn ein Schlüsseldienst zu spät eintreffen würde. Befindet sich in der Wohnung (vermutlich) eine bewaffnete Person, wäre die Türöffnung durch einen Schlüsseldienst darüber hinaus für diesen zu gefährlich und aus einsatztaktischen Gründen (Dauer und Lautstärke der Türöffnung) nicht angezeigt. 2496

Darf nach alledem unmittelbarer Zwang angewandt werden, ist – ermächtigungsbegrenzend – § 69 Abs. 7 Nds. SOG zu beachten. Nach diesem darf unmittelbarer Zwang **nicht *„zur Abgabe einer Erklärung"*** angewandt werden.[1194] 2497

Beispiel: Der Entführer darf nicht durch unmittelbaren Zwang (auch nicht durch dessen Androhung) zur Preisgabe des Aufenthaltsorts des Entführungsopfers gezwungen werden.[1195] 2498

Um die Abgabe einer Erklärung (also die Beantwortung einer Frage nach § 12 Abs. 1, Abs. 3 Nds. SOG) durchzusetzen, kommen nur die Zwangsmittel Zwangsgeld und Ersatzzwangshaft (§§ 67 und 68 Nds. SOG) in Frage.[1196] 2499

1193 *Thiel,* § 12, Rn. 525.

1194 Zur Diskussion um die „Präventionsfolter" vgl. *Knemeyer,* § 33, Rn. 374a und ausführlich *Rachor,* in: Lisken/Denninger, E, Rn. 851 ff. m. w. N.

1195 Vgl. LG Frankfurt a. M., *Urteil* vom 20.12.2004 – 5/27 KLs 7570 Js 203814/03 (4/04) – Fall Daschner – NJW 2005, 692.

1196 *Thiel,* § 12, Rn. 530 ff.

2500 ee) **Art und Weise der Zwangsanwendung** (§§ 72–79 **Nds. SOG**). Ist die Anwendung eines konkreten Zwangsmittels zulässig, muss schließlich noch geprüft werden, ob es auch in der gesetzlich vorgeschriebenen „**Art und Weise**“ angewandt wurde. Das gilt insbesondere für die Anwendung unmittelbaren Zwangs, vgl. § 71 Abs. 1 Nds. SOG. Nur wenn die §§ 72 bis 79 Nds. SOG beachtet wurden, ist dessen Anwendung rechtmäßig.

2501 Besondere Berücksichtigung finden hierbei die **Androhung** (§§ 70, 74 Nds. SOG – hierzu sogleich Rn. 2520 ff.), die Regelungen zur **Fesselung** (§ 75 Nds. SOG) sowie die Regeln zum **Schusswaffengebrauch** (§§ 76 bis 78 Nds. SOG). Diese werden auf Grund ihrer Komplexität und Bedeutung sowohl für die präventive als auch repressive Anwendung von Zwangsmitteln (insb. unmittelbarem Zwang) unten gesondert dargestellt.

2502 **Hinweis:** § 72 Nds. SOG (Handeln auf Anordnung) sowie § 79 Nds. SOG (Besondere Waffen, Sprengmittel) spielen im ersten Studienjahr keine Rolle. Daher wird auf eine nähere Darstellung verzichtet.

2503 ff) **Adressat.** Rechtmäßiger **Adressat** der Zwangsmaßnahme ist der Adressat des Grund-VA (sog. Adressatenidentität).

2504 **Klausurhinweis:** Ist der Adressat der Anwendung von Zwangsmitteln mit dem des Grund-VA identisch, reicht ein kurzer Hinweis hierauf.

2505 gg) **Ermessen.** Auch die Anwendung von Zwangsmitteln steht im pflichtgemäßen Ermessen der einschreitenden Beamten. Es ist eine eigenständige **Ermessensprüfung** vorzunehmen, die sowohl das Entschließungs- als auch das Auswahlermessen zum Gegenstand hat.

2506 **Klausurhinweis:** Falsch wäre ein bloßer Verweis auf die Ermessensprüfung beim Grundverwaltungsakt.

2507 hh) **Verhältnismäßigkeit.** Schließlich ist mit Blick auf die Anwendung der Zwangsmittel eine eigene **Verhältnismäßigkeitsprüfung** vorzunehmen. Nicht nur der Grund-VA, auch die Durchsetzung mit Zwangsmitteln muss im konkreten Fall geeignet, erforderlich und angemessen gewesen sein.

2508 e) **Formelle Rechtmäßigkeit. – aa) Örtliche und sachliche Zuständigkeit** (§ **64 Abs. 3 Nds. SOG**). Im Verwaltungsvollstreckungsrecht gilt der Grundsatz, dass die einen Verwaltungsakt erlassende Behörde auch für seinen Vollzug zuständig ist.[1197] Diesem Grundsatz folgend bestimmt § **64 Abs. 3 Satz 1 Nds. SOG,** dass die Behörde für die Zwangsanwendung zuständig ist, die auch für den Erlass des Grund-VA (örtlich und sachlich) zuständig (gewesen) ist.

2509 **Klausurhinweis und Formulierungsvorschlag:** Dieser Punkt wird bei der sachlichen Zuständigkeit der Zwangsprüfung angesprochen und wie folgt geprüft: *„Nach § 64 Abs. 3 Nds. SOG ist die Behörde für die Zwangsanwendung örtlich und sachlich zuständig, die auch für den Erlass des Ver-*

1197 *Saipa*, § 64 Rn. 4.

waltungsaktes zuständig ist. Im Sachverhalt setzen dieselben Beamten den Grundverwaltungsakt durch, die ihn auch erlassen haben. Die Beamten waren für den Grundverwaltungsakt örtlich und sachlich zuständig. Daher sind die Beamten auch für die zwangsweise Durchsetzung des Grundverwaltungsaktes sachlich zuständig.“

Die Frage der Zuständigkeit für die Zwangsanwendung ist in der Regel unproblematisch. Eine Ausnahme stellt die Durchsetzung eines in einem **Verkehrszeichen** innewohnenden Wegfahrgebots dar. Da das Verkehrszeichen von der Straßenverkehrsbehörde aufgestellt wurde -und gerade nicht von der Polizei- kann dementsprechend auch das Wegfahrgebot richtigerweise nur der Straßenverkehrsbehörde zugeordnet werden, so dass das **Abschleppen** eines im Halteverbot (VZ 283) stehenden Pkw durch die Polizei keine Zwangsanwendung im gestreckten Verfahren (sondern einen Sofortvollzug, § 64 Abs. 2 Nds. SOG) darstellen kann.[1198] 2510

bb) Funktionelle Zuständigkeit. Soweit als Zwangsmittel der „unmittelbare Zwang“ im Sinne des § 69 Nds. SOG gewählt wird, gibt es in § 69 Abs. 8 Nds. SOG eine spezielle Regelung zur **funktionellen Zuständigkeit**. 2511

> **Klausurhinweis:** Dieser Punkt ist nach dem an der Polizeiakademie Niedersachsen verwendeten Lösungsschema im Rahmen der formellen Rechtmäßigkeit zu prüfen. 2512

Nach § 69 Abs. 8 Nds. SOG dürfen nur die mit polizeilichen Befugnissen betrauten Personen unmittelbaren Zwang anwenden, wenn sie hierzu ermächtigt sind.[1199] 2513

Zunächst ist also zu fragen, ob die handelnden Beamten **mit polizeilichen Befugnissen betraut** sind. Dies ist der nach der Ausführungsbestimmung AB 69.8 Fall, wenn sie nach § 2 Nr. 6 Nds. SOG zur Wahrnehmung polizeilicher Aufgaben ermächtigt sind. 2514

> **Klausurhinweis:** Diesbezüglich kann bei **gefahrenabwehrrechtlichen** Sachverhalten nach Erwähnung der AB 69.8 auf die funktionelle Zuständigkeit des Grundverwaltungsaktes verwiesen werden. Bei der Zwangsanwendung zur Durchsetzung einer **strafprozessualen Maßnahme** muss § 69 Abs. 8 Nds. SOG im Zusammenhang mit der Prüfung, ob unmittelbarer Zwang nach § 69 Nds. SOG angewendet wurde, angesprochen werden. 2515

Es ist weiter zu prüfen, ob die Beamten darüber hinaus auch zur Anwendung von unmittelbarem Zwangs **ermächtigt** sind. Die Ermächtigung zur Anwendung unmittelbaren Zwangs wird in der AB 69.8 konkretisiert: 2516
„Zur Ausübung unmittelbaren Zwangs auch unter Anwendung der in Absatz 4 genannten Schusswaffen sind die nach Nr. 2.6 zur Wahrnehmung polizeilicher Aufgaben befugten Polizeivollzugsbeamtinnen und Polizeivollzugsbeamten ermächtigt. In der Ausbildung befindliche Polizeivollzugsbeamtinnen oder Poli-

1198 *Thiel,* § 12, Rn. 526 ff.
1199 *Heinemann,* in: BeckOK-Nds. SOG, § 69 Rn. 8.

zeivollzugsbeamte dürfen Schusswaffen gegen Personen nur gebrauchen, um von sich oder einer dritten Person eine gegenwärtige Gefahr für Leib oder Leben abzuwehren (§ 77 Abs. 1 Nr. 1).“

2517 Daraus folgt: Die Beamten auf Probe oder auf Lebenszeit sind nach § 2 Nr. 6 Nds. SOG und den AB 2.6 nicht nur allgemein zur Wahrnehmung polizeilicher Aufgaben, sondern generell auch zur Anwendung unmittelbaren Zwangs ermächtigt. **Anwärterinnen und Anwärter** sind nach § 2 Nr. 6 Nds. SOG und den AB 2.6 allerdings nur im Einzelfall – im Praktikum – zur Aufgabenwahrnehmung ermächtigt und dürfen dementsprechend auch nur im Praktikum unmittelbaren Zwang anwenden. Zum Einsatz von Schusswaffen sind sie nur zur Abwehr einer gegenwärtigen Gefahr für Leib oder Leben (§ 77 Abs. 1 Nr. 1 Nds. SOG – hierzu noch unten Rn. 2621) ermächtigt.

2518 **Klausurhinweis:** Die obigen Ausführungen gelten **nur** für die Anwendung unmittelbaren Zwangs. Für die Anwendung der Zwangsmittel Ersatzvornahme und Zwangsgeld sind allgemein „Polizei“ oder „Verwaltungsbehörden“ funktionell zuständig.

2519 **Vertiefungshinweis:** Die Verwaltungsbehörden haben die Möglichkeit, eigene Vollzugsbeamte zur Anwendung unmittelbaren Zwangs zu ermächtigen. Nur der Gebrauch von Maschinenpistolen ist ausschließlich den Polizeibeamten vorbehalten (§ 69 Abs. 8 S. 2 Nds. SOG). Andere Waffen im Sinne des § 69 Abs. 4 Nds. SOG dürfen darüber hinaus auch Hilfspolizeibeamte, Jagdaufseher und Forstbeamte einsetzen.

2520 cc) **Besondere Form- und Verfahrensvorschriften. – aaa) Androhung** (§§ 70, 74 **Nds. SOG**). Zwangsmittel sind – worauf § 65 Abs. 2 Nds. SOG hinweist – nach den §§ 70 und 74 Nds. SOG anzudrohen. Die **Androhung eines Zwangsmittels** hat eine Warn- und Beugefunktion. Dem Adressaten wird verdeutlicht, welche Konsequenzen drohen. Hierdurch soll die Bereitschaft, sich der staatlichen Maßnahme zu fügen, gefördert werden.

2521 **Klausurhinweis:** Die Androhung eines Zwangsmittels ist als Prüfungspunkt sowohl im Rahmen der Form- und Verfahrensvorschriften als auch bei der Prüfung der „Art und Weise“ der Anwendung eines Zwangsmittels im Rahmen der materiellen Rechtmäßigkeit vorgesehen. Bei einer vollständigen grund- und eingriffsrechtlichen Prüfung, d. h. wenn die Prüfung der formellen Rechtmäßigkeit nicht erlassen wurde (vgl. konkrete Aufgabenstellung), ist im Rahmen der Prüfung der materiellen Rechtmäßigkeit ein kurzer Verweis auf die bereits erfolgte Prüfung der Androhung ausreichend. Lautet die Aufgabenstellung hingegen *„Prüfen Sie die materielle Rechtmäßigkeit der zwangsweisen Maßnahme X“* (o. ä.), muss eine vollständige Prüfung im Rahmen der materiellen Rechtmäßigkeit erfolgen.

2522 Eine Androhung eines Zwangsmittels ist nur zulässig, wenn zum Zeitpunkt der Androhung die **Voraussetzungen für dessen Anwendung** vorliegen.

2523 **Klausurhinweis:** Diese Konstellation, ein Zwangsmittel wurde nur angedroht, letztlich aber nicht angewandt, ist häufig Gegenstand von grund-

und eingriffsrechtlichen Prüfungen. Die Prüfung der Rechtmäßigkeit einer „nur“ angedrohten Anwendung von Zwangsmitteln entspricht derjenigen eines tatsächlich angewandten Zwangsmittels. Darauf können Sie einleitend bei der Prüfung der materiellen Rechtmäßigkeit hinweisen.

Die Androhung ist ein Verwaltungsakt im Sinne des § 35 Satz 1 VwVfG.[1200] **2524**
Es gelten die allgemeinen Anforderungen des VwVfG (hierzu ausführlich oben Rn. 820 ff.): Damit die Androhung wirksam ist, muss sie bekanntgegeben werden und hinreichend bestimmt sein. Eine bestimmte **Form** ist grundsätzlich nicht vorgeschrieben. Auch durch schlüssige Handlungen – z. B. Vorhalten einer Waffe – kann ein Zwangsmittel wirksam angedroht werden. Eine (gesonderte) Anhörung des Adressaten ist nach § 28 Abs. 2 Nr. 5 VwVfG nicht erforderlich.

Rechtsbehelfe gegen die Androhung oder Festsetzung von Zwangsmitteln haben nach § 64 Abs. 4 Nds. SOG keine aufschiebende Wirkung. Ein Rückgriff auf § 80 Abs. 2 Satz 1 Nr. 2 VwGO erübrigt sich daher. **2525**

§ 70 Nds. SOG stellt die „**Grundvorschrift**“ für die Androhung dar. Sie ist bei allen Formen der Zwangsanwendung (Ersatzvornahme, Zwangsgeld und unmittelbarer Zwang) zu beachten. Aus diesem Grund enthält § 70 Nds. SOG einige Regelungen, die in der polizeilichen – im Gegensatz zur verwaltungsbehördlichen – Praxis eher selten Anwendung finden. **2526**

So sind Zwangsmittel „*wenn möglich*“ schriftlich anzudrohen (§ 70 Abs. 1 Satz 1 Nds. SOG). Diese Möglichkeit besteht in der polizeilichen Praxis – schon auf Grund der regelmäßig vorliegenden Eilbedürftigkeit – nicht.[1201] **2527**

> **Praxishinweis:** Eine Ausnahme stellt die (schriftliche) Wohnungswegweisung dar, in der ein Zwangsgeld – schriftlich – angedroht werden kann und sollte. Diesbezüglich sind die nachfolgenden Ausführungen zur Androhung des Zwangsgeldes/der Ersatzzwangshaft zu beachten. **2528**

Der betroffenen Person ist in der Androhung eine **Frist** für die Erfüllung des von ihr erwarteten Verhaltens einzuräumen (§ 70 Abs. 1 Satz 2 Nds. SOG).[1202] Stellt das erwartete Verhalten eine Duldung oder Unterlassung dar, kann auf eine Fristsetzung verzichtet werden, denn eine Duldung oder Unterlassung ist grundsätzlich sofort möglich.[1203] **2529**

> **Praxishinweis:** Die Fristsetzung bei polizeilichen Maßnahmen ist häufig mit dem Wort „sofort“ umschrieben. **2530**

Auf die Androhung kann **verzichtet** werden, „*wenn die Umstände sie nicht zulassen*“ (§ 70 Abs. 1 Satz 3 Nds. SOG). Dies kann zum einen daran liegen, dass die betroffene Person beim Sofortvollzug gar nicht zugegen ist oder die **2531**

1200 BVerwG, Urteil vom 2.12.1988 – 4 C 16/85 – NVwZ-RR 1989, 337.
1201 *Rachor*, in: Lisken/Denninger, E, Rn. 871.
1202 *Schenke*, § 10, Rn. 548.
1203 *Thiel*, § 13, Rn. 549.

Androhung nicht wahrnehmen kann (Volltrunk), oder sie aus zeitlichen Gründen nicht mehr möglich ist oder den polizeilichen Erfolg der Zwangsanwendung vereiteln würde. § 74 Nds. SOG, der die Androhung des unmittelbaren Zwanges speziell regelt, enthält im Abs. 1 Satz 2 eine wortgleiche Entsprechung.

2532 Die Androhung **kann** mit dem zugrundeliegenden Verwaltungsakt **verbunden** werden. Dies **soll** geschehen, wenn ein Rechtsbehelf gegen den Verwaltungsakt keine aufschiebende Wirkung hat, wie dies bei den meisten polizeilichen Maßnahmen der Fall ist (§ 70 Abs. 2 Satz 1 und 2 Nds. SOG).

2533 **Praxishinweis:** Im Regelfall wird eine polizeiliche Verfügung zunächst ohne die Androhung eines Zwangsmittels erlassen. Alles andere würde in der Regel zu einer unnötigen Eskalation einer ohnehin häufig stressbehafteten Situation führen.

2534 Weiterhin muss sich die Androhung auf ein **bestimmtes Zwangsmittel** beziehen (§ 70 Abs. 3 Satz 1 Nds. SOG). Hier stellt sich die Frage, ob das ins Auge gefasste Zwangsmittel **konkret** bezeichnet werden muss (Pfefferspray, Schlagstock, körperliche Gewalt), oder ob das Zwangsmittel **nur gattungsmäßig** bezeichnet werden muss (Ersatzvornahme, Zwangsgeld, unmittelbarer Zwang). Wenn eine genaue Bezeichnung des Zwangsmittels nicht möglich oder taktisch nicht angezeigt ist, ist eine gattungsmäßige Bezeichnung grundsätzlich ausreichend.[1204] **Andererseits** kann die Bezeichnung eines konkreten Zwangsmittels dazu führen, dass der Betroffene sich schon ob der Androhung in die polizeiliche Maßnahme fügt und die tatsächliche Zwangsanwendung überflüssig wird. Berücksichtigt man zudem Bestimmtheitsgebot und das Gebot der Vorhersehbarkeit polizeilichen Handelns, ist eine Androhung stets so konkret wie es unter Berücksichtigung der Umstände des Einzelfalls taktisch möglich ist zu formulieren.[1205] Kurz: wenn es einsatztaktisch nicht nachteilig ist, ist ein konkret bezeichnetes Zwangsmittel anzudrohen.[1206]

2535 **Beispiel:** „*Polizei. Lassen Sie sofort das Messer fallen, oder ich schieße.*" Dieser Verwaltungsakt und die Androhung des Zwangsmittels sind hinreichend bestimmt, setzen eine Frist, bezeichnen das Zwangsmittel und verbinden Verwaltungsakt und Androhung.

2536 Nach Auffassung des OVG Lüneburg ist eine Androhung konkreter Zwangsmittel dann erforderlich, wenn **Hilfsmittel körperlicher Gewalt** oder **Waffen** zum Einsatz kommen sollen. Auch **körperliche Gewalt, die erhebliche Schmerzen verursacht**, muss hinreichend konkret angedroht werden, wenn die Einsatzsituation das zulässt. Eine allgemein gehaltene Androhung „unmittelbaren Zwangs" ist nach Möglichkeit (und ebenfalls in Abhängigkeit zur Einsatzsitua-

---

1204 *Timmer*, in: BeckOK-Nds. SOG, § 74 Rn. 14; BGH, Urteil vom 14.7.1975 – III ZR 58/73 – MDR 1975, 1006 f.; OVG Lüneburg, Urteil vom 28.10.2016 – 11 LB 209/15 – Rn. 27.

1205 *Rachor*, in: Lisken/Denninger, E, Rn. 868.

1206 *Timmer*, in: BeckOK-Nds. SOG, § 74 Rn. 16.

tion) zu ergänzen, sobald sich abzeichnet, welches konkrete Mittel angewandt werden soll.[1207]

Vertiefung: Im konkreten Fall hat das OVG Lüneburg die erforderliche Vorgehensweise wie folgt beschrieben: „*Sowohl die Gruppe der Hausbesetzer insgesamt als auch der Kläger persönlich wurden von der Polizei zu Beginn der Räumung aufgefordert, das Gebäude freiwillig zu verlassen, wobei mündlich jeweils die Anwendung unmittelbaren Zwangs angedroht wurde.* ***Diese allgemein gehaltene Androhung hätte PK H. im Erdgeschoss des Gebäudes aber durch die Ankündigung gegenüber dem Kläger ergänzen müssen, er setze jetzt eine Nervendrucktechnik ein, die schmerzhaft sein könne, falls der Kläger nicht freiwillig aufstehe und das Gebäude verlasse.*** *Ob der Kläger aktiven Widerstand gegen ein Wegtragen geleistet hat, ist unerheblich. Nach der Darstellung von PK H. beschränkte sich der Widerstand des Klägers darauf, seine Arme anzuspannen, sich aus der sitzenden Position auf die Seite zu legen oder sich von der Seite unter Verschränkung der Arme auf die Brust in die Bauchlage zu drehen.* ***In dieser Einsatzsituation war die Androhung der Anwendung der Nervendrucktechnik noch möglich.***“[1208] 2537

Sollte der (seltene) Fall gegeben sein, dass mehrere Zwangsmittel zur Auswahl stehen und angedroht werden müssen, so ist in der Androhung anzugeben, in welcher **Reihenfolge** die Zwangsmittel angewendet werden (§ 70 Abs. 3 Satz 2 Nds. SOG). 2538

Für alle Zwangsmittel enthält § 70 Nds. SOG noch spezielle Regelungen: 2539
- Bei der **Androhung der Ersatzvornahme** sind die voraussichtlichen Kosten der Maßnahme anzugeben (§ 70 Abs. 4 Nds. SOG).
- **Zwangsgeld** muss in einer bestimmten Höhe angedroht werden (§ 70 Abs. 5 Nds. SOG). Die Anordnung der **Ersatzzwangshaft** ist nur möglich, wenn in der Androhung des Zwangsgeldes auch auf die Möglichkeit der Ersatzzwangshaft hingewiesen wurde (§ 68 Abs. 1 Satz 1 Nds. SOG).

bbb) Insbesondere: Androhung unmittelbaren Zwangs (§ 74 Nds. SOG). Für den **unmittelbaren Zwang** sind die speziellen Regelungen in § 74 Nds. SOG zusammengefasst, der nach § 70 Abs. 6 Nds. SOG **ergänzend** (also zusätzlich) gilt.[1209] 2540

Grundsätzlich ist auch die Anwendung von unmittelbarem Zwang anzudrohen. Die Androhung kann – wie bei den anderen Zwangsmitteln auch (siehe oben) – unterbleiben, wenn „*die Umstände sie nicht zulassen, insbesondere wenn die sofortige Anwendung des Zwangsmittels zur Abwehr einer gegenwärtigen Gefahr notwendig ist.*“. Im Gegensatz zu § 70 Abs. 1 Satz 1 Nds. SOG besteht kein Schriftformerfordernis. Die Androhung unmittelbaren Zwangs soll aber in **geeigneter Weise** (in der Regel reicht Mündlichkeit) erfolgen.[1210] 2541

1207 Vgl. OVG Lüneburg, Urteil vom 28.10.2016 – 11 LB 209/15 – Rn. 28 f.
1208 OVG Lüneburg, Urteil vom 28.10.2016 – 11 LB 209/15 – Rn. 29.
1209 Vgl. *Timmer*, in: BeckOK-Nds. SOG, § 74 Rn. 4.
1210 *Timmer*, in: BeckOK-Nds. SOG, § 74 Rn. 17 unter Hinweis auf AB 74.1.

2542 Beim **Schusswaffeneinsatz** sind die Voraussetzungen, bei deren Vorliegen auf eine Androhung verzichtet werden kann, nochmals enger gefasst. Auf die Androhung eines Schusswaffengebrauchs darf nur verzichtet werden, wenn dies zur Abwehr einer gegenwärtigen Gefahr für Leib oder Leben erforderlich ist (§ 74 Abs. 2 Nds. SOG). Diese Regelung hat zur Folge, dass Schusswaffengebräuche nach § 77 Abs. 1 Nr. 2–5 Nds. SOG ohne vorherige Androhung unzulässig sind (sofern nicht auch die Voraussetzung des § 77 Abs. 1 Nr. 1 Nds. SOG vorliegt).

2543 **Beispiel:** Der Schuss in das Bein des flüchtenden Mörders als letzte Möglichkeit des Anhaltens ist nur zulässig, wenn zuvor eine Androhung erfolgt ist. Gleiches gilt z. B. für die Schussabgabe zur Verhinderung einer Gefangenenbefreiung, es sei denn, durch die Situation entsteht – auch – eine gegenwärtige Gefahr für Leib oder Leben (der Beamten) und diesbezüglich ist in der Situation eine Androhung des Schusswaffengebrauchs nicht mehr möglich.

2544 Ein Schusswaffengebrauch gegen eine **Menschenmenge** ist **immer** anzudrohen. Die Androhung ist zu wiederholen (§ 74 Abs. 3 Satz 2 Nds. SOG).

2545 Andere Formen des **unmittelbaren Zwangs gegen eine Menschenmenge** (also einfache körperliche Gewalt, Einsatz von Hilfsmitteln der körperlichen Gewalt wie Pfefferspray und Wasserwerfer oder der Einsatz der Waffe „Schlagstock") sind möglichst so rechtzeitig anzudrohen, dass sich Unbeteiligte noch entfernen können (§ 74 Abs. 3 Satz 1 Nds. SOG). Nach dem Prinzip der Vorhersehbarkeit polizeilichen Handelns ist der Einsatz von Waffen, Hilfsmitteln der körperlichen Gewalt sowie körperlicher Gewalt, die erhebliche Schmerzen verursachen kann konkret anzudrohen, wenn die Einsatzsituation es zulässt und insbesondere taktische Erwägungen nicht entgegenstehen.

2546 Der Einsatz von **technischen Sperren** (sogenannte Hamburger Gitter, Spanische Reiter, Stacheldraht) und der Einsatz von **Dienstpferden** braucht nicht angedroht zu werden (§ 74 Abs. 4 Nds. SOG).

2547 Die Einnahme einer „entschlossenen Schießhaltung" ist – im Gegensatz zur „entschlossenen Sicherungshaltung" – als wirksame **Androhung des Schusswaffengebrauchs** zu sehen, wenn die Schusswaffe auf den Betroffenen gerichtet wird und dieser die Geste auch wahrnehmen kann. Erforderlich ist aber, dass die entschlossene Schießhaltung *„nach Art und Dauer einen der verbalen Androhung vergleichbaren Kommunikationsakt zwischen dem Polizeibeamten und der betroffenen Person darstellt"*.[1211]

2548 Als Androhung des Schusswaffengebrauchs gilt auch die Abgabe eines **Warnschusses** (§ 74 Abs. 1 S. 3 Nds. SOG). Ein Warnschuss als Mittel der Androhung kommt in erster Linie in Frage, wenn für eine mündliche Androhung keine Zeit mehr vorhanden ist, die Distanz für eine mündliche Androhung zu

1211 *Timmer*, in: BeckOK-Nds. SOG, § 74 Rn. 18.

groß ist oder die mündliche Androhung anders nicht verstanden wird (Lärm, Sprache).[1212]

Die Ausführungsbestimmungen sehen für Abgabe des Warnschusses noch weitere Einschränkungen und Hinweise vor: So soll der Warnschuss nach Möglichkeit steil in die Luft gerichtet werden, wobei häufig die Schussabgabe in den (lockeren) Boden oder in ein Gewässer die ungefährlichere Variante sein kann (und somit vorzuziehen ist). 2549

Gleichwohl wichtiger ist die Einschränkung, dass der Warnschuss **nicht mit einem Signalschuss verwechselt werden darf.**[1213] Der **Alarm- ober Signalschuss** ist die Schussabgabe zur Alarmierung weiterer in der Nähe befindlicher Einsatzkräfte und/oder zur Signalisierung der eigenen Position (z. B. in unübersichtlichem Gelände oder bei Dunkelheit), wenn andere Möglichkeiten der Kommunikation (Zuruf, Funk) nicht möglich sind. Der Signal- oder Alarmschuss ist eine schlicht-hoheitliche Maßnahme, für die keine Rechtsgrundlage erforderlich ist. In heutigen Zeiten moderner (und zahlenmäßig ausreichender) Kommunikationstechnik hat die Bedeutung und Anwendung des Signalschusses stark nachgelassen. 2550

> **Praxishinweis:** Auch aus polizeipraktischer Sicht ist der Alarmschuss kritisch zu betrachten: Da die herbeigerufenen Einsatzkräfte in der Regel nicht differenzieren können, von wem der Schuss abgegeben wurde, bringt er in eine ohnehin schon unübersichtliche und angespannte Lage ein zusätzliches, erhebliches Stresselement. 2551

Personen, die sich wegen des dringenden Verdachts oder aufgrund richterlicher Entscheidung wegen eines Verbrechens in amtlichem Gewahrsam befinden oder diesem zugeführt werden, sind zu **belehren,** dass im Falle der Flucht von der Schusswaffe Gebrauch gemacht werden kann.[1214] 2552

> **Vertiefungshinweis:** Die bezüglich der Belehrungspflicht (theoretisch) ebenfalls möglich Variante des Schusswaffengebrauchs gegen einen flüchtenden Straftäter, der aufgrund eines Vergehens dem amtlichen Gewahrsam zugeführt wird, dürfte in der Praxis keine Bedeutung erlangen, da weitere Voraussetzung ist, dass diese Person zum Zeitpunkt des Schusswaffengebrauchs eine Schusswaffe oder Explosivmittel bei sich führt. Jedenfalls ist die Belehrung eines jeden Straftäters nicht erforderlich, dass er im Falle einer Flucht mit einem polizeilichen Schusswaffengebrauch rechnen muss, sofern er während der Flucht eine Schusswaffe mit sich führt. 2553

> **Klausurhinweis:** Wurde in einem Sachverhalt die Zwangsanwendung tatsächlich angedroht, so ist lediglich kurz festzustellen, dass die Androhung erfolgt ist. Ausführungen, unter welchen Umständen auf eine Androhung hätte verzichtet werden können, wären dagegen verfehlt. 2554

1212 *Timmer,* in: BeckOK-Nds. SOG, § 74 Rn. 24.
1213 *Rachor,* in: Lisken/Denninger, E, Rn. 893.
1214 AB 74.1; *Timmer,* in: BeckOK-Nds. SOG, § 77, Rn. 62.

2555 ccc) **Hilfeleistung für Verletzte (§ 73 Nds. SOG).** Werden Personen durch die Anwendung von unmittelbarem Zwang verletzt, ist ihnen nach § 73 Nds. SOG Beistand zu leisten und ärztliche Hilfe zu verschaffen. Dieser Grundsatz (der eine Selbstverständlichkeit klarstellt) erfährt eine Einschränkung dahingehend, dass eine Hilfeleistung nur durchgeführt werden muss, wenn zum einen die Einsatzlage dies zulässt und zum anderen die Hilfeleistung notwendig ist.

2556 **Klausurhinweis:** In einer Klausur ist gegebenenfalls auf diesen Punkt kurz (!) hinzuweisen, wenn der Sachverhalt hierzu Anlass gibt. Es handelt sich um eine Verfahrensvorschrift, die im Rahmen der formellen Rechtmäßigkeit anzusprechen ist. Es ist mit Blick auf den Standort der Norm aber auch vertretbar, den § 73 Nds. SOG im Rahmen der materiellen Rechtmäßigkeit bei der Prüfung der „Art und Weise" der Zwangsanwendung zu prüfen.

2557 **Checkliste § 64 Abs. 1 Nds. SOG**

Tatbestand

- ✓ Vorausgegangener wirksamer Grund-VA
- ✓ Vollstreckbarer Inhalt des Grund-VA (Tun, Dulden, Unterlassen)
- ✓ VA wurde nicht nachgekommen
- ✓ VA ist unanfechtbar oder sofort vollziehbar (i. d. R. + wegen § 80 Abs. 2 Nr. 2 VwGO)

Rechtsfolge

- ✓ Anwendung von zul. Zwangsmitteln (Ersatzvornahme, Zwangsgeld, unm. Zwang)
- ✓ Weitere Vss. der Zulässigkeit: Bei unm. Zwang – § 69 Abs. 6 Nds. SOG

Ermächtigungsbegrenzung (bei unm. Zwang)

- ✓ Nicht zur Abgabe einer Erklärung, § 69 Abs. 7 Nds. SOG

Art und Weise der Anwendung

- ✓ Androhung (§§ 70, 74 Nds. SOG – nur, wenn noch nicht bei formeller RM geprüft)
- ✓ ggf. Fesselung – § 75 Nds. SOG
- ✓ ggf. Schusswaffengebrauch – §§ 76, 77, 78 Nds. SOG

Adressat

- ✓ Adressatenidentität

Ermessen

- ✓ Ermessen bzgl. Ob und Wie der Anwendung von Zwangsmitteln

Verhältnismäßigkeit

- ✓ Verhältnismäßigkeit bzgl. Ob und Wie der Anwendung von Zwangsmitteln

Örtliche und sachliche Zuständigkeit
✓ § 64 Abs. 3 Nds. SOG – Behörde die auch für Grund-VA örtlich/sachlich zuständig

Funktionelle Zuständigkeit
✓ Polizei, bei unm. Zwang zusätzlich § 69 Abs. 8 Nds. SOG (Ermächtigungsregelung)

Besondere Form- und Verfahrensvorschriften
✓ Androhung, §§ 70, 74 Nds. SOG
✓ ggf. Versorgung Verletzter, § 73 Nds. SOG

2. Zwangsanwendung im Sofortvollzug (§ 64 Abs. 2 Nr. 1 Nds. SOG)

Fall 1: Anton hat seinen PKW ordnungsgemäß am Straßenrand geparkt und ist zum „Shoppen" in das „Shopping Paradies Garbsen" gegangen. PK Orda möchte nunmehr den Wagen umsetzen lassen, da der Platz für Einsatzkräfte in einem Notfall dringend benötigt wird. **2558**

Fall 2: Anita ist in der Küche ihrer Wohnung von einer Leiter gefallen und liegt, nachdem sie eine halbe Stunde schmerzerfüllt um Hilfe gerufen hat, nunmehr bewusstlos am Boden. Nachbarn haben die Polizei gerufen. Da auf die Aufforderung, die Tür zu öffnen, nicht reagiert wird, öffnet PK Orda gewaltsam die Tür zur Wohnung. **2559**

a) Wichtige Normen

→ § 64 Abs. 2 Nr. 1 Nds. SOG (Befugnis zur Zwangsanwendung im Sofortvollzug) **2560**
→ § 64 Abs. 3 Nds. SOG (Zuständigkeitsregelung)

b) Allgemeines. Nach § 64 Abs. 2 Nds. SOG ist die Anwendung von Zwangsmitteln unter engen Voraussetzungen auch ohne vorhergehenden wirksamen (Grund-)Verwaltungsakt zulässig.[1215] **2561**

> **Hinweis:** Die Variante des § 64 Abs. 2 Nr. 2 Nds. SOG, nach welcher eine Zwangsanwendung zur Durchsetzung einer gerichtlich angeordneten Maßnahme[1216] zulässig ist, spielt in der Theorie und polizeilichen Praxis eine untergeordnete Rolle. Sie wird daher im Folgenden nicht vertieft behandelt. **2562**

c) Betroffene Grundrechte. Die Prüfung der Zwangsanwendung im Sofortvollzug enthält an zwei Stellen eine Grundrechtsprüfung. Zunächst sind, gewissermaßen im Rahmen der „normalen Grundrechteprüfung", die durch **2563**

1215 *Schenke*, § 10, Rn. 564.
1216 Beispiele hierfür sind die richterlich angeordnete Wohnungsdurchsuchung zu Gefahrenabwehr oder die im Vorfeld angeordnete richterliche Ingewahrsamnahme einer Person.

Zwangsanwendung selbst betroffenen Grundrechte zu prüfen. Sodann erfolgt eine weitere (in der Regel kurze) Grundrechteprüfung im Rahmen der Prüfung des „fiktiven“ Verwaltungsaktes.

2564 **d) Materielle Rechtmäßigkeit. – aa) Ermächtigungsgrundlage.** Die Befugnis zur Anwendung von Zwangsmitteln im Sofortvollzug folgt aus § 64 Abs. 2 Nr. 1 Nds. SOG in Verbindung mit der jeweiligen Befugnis zum Erlass des fiktiven Grund-VA. Wie auch beim gestreckten Verfahren ergeben sich die zulässigen Zwangsmittel aus § 65 Abs. 1 Nds. SOG. Welches konkrete Mittel, insbesondere des unmittelbaren Zwangs, zulässig ist, ist in den §§ 66 bis 69 Nds. SOG geregelt. Die Art und Weise der Zwangsanwendung (vgl. die gesonderte Darstellung ab Rn. 2601) ergibt sich aus den §§ 70 ff. Nds. SOG.

2565 **bb) Tatbestandsvoraussetzungen.** Erste „Voraussetzung“ des § 64 Abs. 2 Nr. 1 Nds. SOG ist das **Nichtvorliegen eines *„vorausgehenden“* Verwaltungsaktes.**[1217] Gäbe es einen vorausgegangenen (wirksamen) Verwaltungsakt, so würde es sich um eine Zwangsanwendung im gestreckten Verfahren – gegebenenfalls ohne erfolgte Androhung von Zwangsmitteln – handeln.[1218]

2566 **Klausurhinweis:** In der Regel ist eine vertiefte Befassung mit diesem Punkt in der Klausur nicht erforderlich. Die schlichte Feststellung, dass ein Grundverwaltungsakt nicht gegeben ist, ist ausreichend. Es sind Konstellationen denkbar, in denen nur vermeintlich ein (wirksamer) Verwaltungsakt vorliegt. Das ist z. B. der Fall, wenn der handelnde Beamte denkt, sein mündlich bekanntgegebener VA würde wahrgenommen, tatsächlich ist der Adressat aber gar nicht aufnahmefähig (weil sturztrunken oder im Tiefschlaf) oder schlicht nicht anwesend. Dann ist kurz darzustellen, dass mangels wirksamer Bekanntgabe (§ 43 VwVfG) kein VA vorliegt (vgl. **Fall 2**).

2567 Der Sofortvollzug nach § 64 Abs. 2 Nr. 1 Nds. SOG ist nur beim **Vorliegen einer gegenwärtigen Gefahr** (§ 2 Nr. 1b Nds. SOG) zulässig. Läge „nur“ eine Gefahr vor, die (noch) nicht gegenwärtig ist, so ist in der Regel noch genug Zeit, zunächst einen Verwaltungsakt an den Verantwortlichen zu richten.[1219]

2568 **Klausurhinweis:** Sollten Sie das Vorliegen einer gegenwärtigen Gefahr schon im Rahmen der sachlichen Zuständigkeit festgestellt haben, reicht eine kurze Feststellung.

2569 Der Einsatz der Zwangsmittel muss zur Abwehr der gegenwärtigen Gefahr ***„erforderlich“*** sein. Das ist – so § 64 Abs. 2 Nr. 1 Nds. SOG ausdrücklich – *„insbesondere“* der Fall, wenn *„Maßnahmen gegen Verantwortliche nach den §§ 6 bis 8 nicht* oder *nicht rechtzeitig möglich sind* [Alternative 1] oder *keinen Erfolg versprechen* [Alternative 2]“.

1217 *Ipsen,* § 15, Rn. 612.

1218 Die Frage, ob bei Fehlen einer Androhung ein „Wechsel in den Sofortvollzug“ erforderlich ist, stellt sich in Niedersachsen nicht, da eine Androhung in bestimmten Fällen entbehrlich sein kann.

1219 *Rachor,* in: Lisken/Denninger, E, Rn. 807.

Mit „*Maßnahmen gegen Verantwortliche*“ sind in diesem Zusammenhang ausschließlich Verwaltungsakte gemeint. Es darf bei dieser Alternative also **nicht** oder **nicht rechtzeitig** möglich sein, einen Verwaltungsakt zu erlassen.[1220] Das ist der Fall, wenn der Adressat **nicht anwesend** ist, nicht **zeitgerecht erreicht** werden kann oder ein **Verwaltungsakt trotz Anwesenheit nicht wirksam erlassen** werden kann (Bewusstlosigkeit o. ä.). **2570**

> **Beispiele:** Umsetzen/Abschleppen eines verkehrsbehindernd abgestellten Pkw, gewaltsames Öffnen einer Wohnungstür bei Abwesenheit des Wohnungsinhabers, Benutzung einer fremden Leiter, um Personen aus einem brennenden Haus zu retten. **2571**

Der vorherige Erlass eines Verwaltungsaktes gegen den Verantwortlichen verspricht bei folgenden zwei Fallkonstellationen **keinen Erfolg:** **2572**

1. Der Adressat wird sich voraussichtlich seiner Verpflichtung entziehen, wodurch das Ziel des polizeilichen Einschreitens vereitelt würde.

   Beispiel: Schuss auf den Geiselnehmer, der unmittelbar dazu ansetzt, eine Geisel zu erschießen. Anwendung körperlicher Gewalt gegen eine physisch deutlich überlegene Person.

2. Der Verantwortliche kann nicht mehr selbst den Geschehensablauf beeinflussen.

   Beispiel: Ertrinkender Nichtschwimmer wird aufgefordert, ans Ufer zu schwimmen.[1221] Autofahrer hat Kontrolle über sein Fahrzeug verloren.

Die beiden o. g. Alternativen decken die Konstellationen, in denen eine „Erforderlichkeit des Sofortvollzugs“ gegeben ist vollumfänglich ab.[1222] **2573**

> **Klausurhinweis:** Zwar hat diese Tatbestandsvoraussetzung somit keine eigenständige Bedeutung, in einer Klausur wird an dieser Stelle jedoch **zusätzlich** die Prüfung der Erforderlichkeit aus der Verhältnismäßigkeitsprüfung vorgezogen. Zu beachten ist, dass es **ausschließlich um die Erforderlichkeit der Zwangsanwendung** geht, nicht um die Erforderlichkeit des fiktiven Verwaltungsaktes (dazu sogleich). Es ist also die Frage zu stellen, warum der Sofortvollzug notwendig ist, und nicht das „gestreckte Verfahren“ durchgeführt werden kann. **2574**

Weitere Voraussetzung für die Rechtmäßigkeit der Anwendung von Zwangsmitteln im Sofortvollzug ist es, dass die Polizei (oder die Verwaltungsbehörde) **„*innerhalb ihrer Befugnisse handelt*“**. Das ist der Fall, wenn sie den (hier gerade nicht vorliegenden und daher nur fiktiven) Grund-VA **rechtmäßig** hätte erlassen können.[1223] Es reicht also, im Gegensatz zur zwangsweisen Durchsetzung eines Verwaltungsakts im gestreckten Verfahren, nicht aus, dass dieser (bei fiktiver Bekanntgabe) wirksam und vollziehbar wäre. Sondern die Recht- **2575**

1220 *Heinemann*, in: BeckOK-Nds. SOG, § 64 Rn. 8.
1221 *Rachor*, in: Lisken/Denninger, E, Rn. 816.
1222 *Rachor*, in: Lisken/Denninger, E, Rn. 809.
1223 *Götz*, Polizei- und Ordnungsrecht, § 13, Rn. 8.

mäßigkeit der Zwangsanwendung ist von der Rechtmäßigkeit des fiktiven Grundverwaltungsaktes abhängig.[1224]

2576 **Klausurhinweis:** Im Rahmen der Klausurbearbeitung muss an dieser Stelle der **fiktive Grund-VA** inzident geprüft werden. Es wird von Ihnen (vorbehaltlich abweichender Aufgabenstellung) eine **vollständige Prüfung** (einschließlich Grundrechtsprüfung) erwartet. Ist das Ergebnis dieser Prüfung, dass der fiktive Grundverwaltungsakt **rechtmäßig** wäre, ist die Tatbestandsvoraussetzung „*Handlung innerhalb der Befugnisse*“ erfüllt.

2577 cc) **Rechtsfolge.** Liegen alle Tatbestandsvoraussetzungen vor, darf der fiktive Grund-VA mit Zwangsmitteln durchgesetzt werden.

2578 Mit **welchem Zwangsmittel** der Verwaltungsakt durchgesetzt werden darf, und ob die besonderen Voraussetzungen des konkreten Zwangsmittels auch vorliegen (hierzu Rn. 2456 ff.), ist auch bei der Zwangsanwendung im Sofortvollzug eingehend zu prüfen.

2579 dd) **Adressat.** Rechtmäßiger **Adressat** der Zwangsmaßnahme ist der Adressat des fiktiven Grund-VA (sog. Adressatenidentität).

2580 **Klausurhinweis:** Ein kurzer Hinweis auf die entsprechende Darstellung bei der Prüfung des fiktiven Grund-VA ist hier ausreichend.

2581 ee) **Ermessen.** Die Anwendung von Zwangsmitteln erfordert auch bei der Zwangsanwendung im Sofortvollzug eine ordnungsgemäße Ermessensausübung im Sinne des § 5 Nds. SOG.

2582 ff) **Verhältnismäßigkeit.** Mit Blick auf die Anwendung der Zwangsmittel ist eine eigene **Verhältnismäßigkeitsprüfung** vorzunehmen.

2583 **Klausurhinweis:** Bezüglich der grundsätzlichen Erforderlichkeit der Anwendung von Zwangsmitteln im Wege des Sofortvollzugs kann weitestgehend auf die entsprechende Prüfung im Rahmen der Tatbestandsmäßigkeit verwiesen werden. Gegebenenfalls, insbesondere, wenn dies noch nicht im Rahmen der „Art und Weise“ der Zwangsausübung erfolgt ist, bietet sich jedoch eine eigene Prüfung der Erforderlichkeit im Hinblick auf die Intensität der Zwangsausübung an.

2584 e) **Formelle Rechtmäßigkeit. – aa) Örtliche und sachliche Zuständigkeit (§ 64 Abs. 3 Nds. SOG).** Nach **§ 64 Abs. 3 Nds. SOG** ist die Behörde für die Zwangsanwendung zuständig, die auch für den Erlass des Grund-VA zuständig ist. Im Fall des Sofortvollzugs ist an dieser Stelle (nach hier vertretener Auffassung) zu prüfen, ob eine örtliche und sachliche Zuständigkeit zum Erlass des fiktiven Grund-VA gegeben ist. An der entsprechenden Stelle kann bei der inzidenten Prüfung des fiktiven Grund-VA im Rahmen der Tatbestandsvoraussetzungen des § 64 Abs. 2 Nr. 1 Nds. SOG nach oben verwiesen werden.

1224 Sogenannter Grundsatz der Konnexität.

Klausurhinweis: Aufbautechnisch ist es auch vertretbar, an dieser Stelle ausnahmsweise auf die entsprechende Darstellung im Rahmen der Prüfung des fiktiven Grund-VA nach unten zu verweisen. **Achtung:** Wird von Ihnen „nur" die Prüfung der materiellen Rechtmäßigkeit einer Zwangsmittelanwendung im Sofortvollzug verlangt (vgl. jeweilige Aufgabenstellung), ist die Prüfung der sachlichen Zuständigkeit für den Grund-VA zwingend ausführlich in der Inzidentprüfung vorzunehmen. **2585**

Vertiefungshinweis: Ist die den Grundverwaltungsakt erlassende Behörde nicht identisch mit der Vollstreckungsbehörde, so mangelt es letzterer an der sachlichen Zuständigkeit. In diesen Fällen ist zu fragen, ob ein Fall der **Vollzugshilfe** (vgl. hierzu oben Rn. 675) vorliegt. **2586**

Beispiel: Ein Halteverbot (VZ 283) beinhaltet das Gebot, das Fahrzeug zu entfernen und somit einen Verwaltungsakt im Sinne des § 35 Satz 2 VwVfG. Für das Abschleppen eines im Halteverbots stehenden Fahrzeugs (als Zwangsanwendung in Form der Ersatzvornahme) ist somit die Behörde sachlich zuständig, die den Grundverwaltungsakt erlassen hat (also das Verkehrszeichen aufgestellt hat). Dies ist die Straßenverkehrsbehörde und nicht die Polizei. Will (oder soll) die Polizei das Fahrzeug abschleppen, so kann dies im Rahmen der Amtshilfe nach § 5 Abs. 1 Nr. 2 VwVfG geschehen, sofern der Verwaltungsbehörde die erforderlichen Dienstkräfte (aktuell) fehlen und die eigene Aufgabenwahrnehmung nicht ernstlich gefährdet wird (§ 5 Abs. 3 Nr. 3 VwVfG). **2587**
Aus eigenem Antrieb könnte die Polizei in diesem Fall nur unter den (etwas strengeren) Voraussetzungen des Sofortvollzugs nach § 64 Abs. 2 Nds. SOG tätig werden, und zwar zur Durchsetzung eines (neuen) fiktiven Verwaltungsaktes gegen den Fahrzeugführer bzw. den Fahrzeughalter. Inhalt und Rechtsgrundlage dieses fiktiven Verwaltungsaktes wäre die Verfügung, das Fahrzeug zu entfernen (§ 11 Nds. SOG).

bb) **Funktionelle Zuständigkeit.** Es gilt das zur funktionellen Zuständigkeit bei § 64 Abs. 1 Nds. SOG Gesagte (siehe Rn. 2511 f.) entsprechend. **2588**

cc) **Besondere Form- und Verfahrensvorschriften. – aaa) Androhung (§§ 70, 74 Nds. SOG).** Eine Androhung von Zwangsmitteln ist im Sofortvollzug in der Regel mangels (empfangsbereitem) Adressat nicht möglich. Zudem ist in der Regel entsprechend § 70 Abs. 1 Satz 3 Nds. SOG „*die sofortige Anwendung des Zwangsmittels zur Abwehr einer gegenwärtigen Gefahr notwendig*" und die Androhung schon aus diesem Grund entbehrlich.[1225] **2589**

bbb) **Benachrichtigung (§ 64 Abs. 2 Satz 2 Nds. SOG).** Da der Adressat der Zwangsmaßnahme mitunter gar nicht anwesend ist (z. B. Abschleppen eines PKW, Aufbrechen einer Tür) bestimmt § 64 Abs. 2 Satz 2 Nds. SOG, dass dieser zu **benachrichtigen** ist. Es handelt sich bei der Benachrichtigung um einen feststellenden Verwaltungsakt.[1226] **2590**

1225 *Rachor,* in: Lisken/Denninger, E, Rn. 874.
1226 *Saipa*, § 64 Rn. 3.5.

2591 ccc) **Hilfeleistung für Verletzte (§ 73 Nds. SOG).** Auch im Sofortvollzug ist Personen, die durch die Anwendung von unmittelbarem Zwang verletzt werden grundsätzlich nach § 73 Nds. SOG Beistand zu leisten und ärztliche Hilfe zu verschaffen, wenn die Einsatzlage dies zulässt und die Hilfeleistung notwendig ist.

III. Zwangsanwendung im Strafverfahren

2592 Liegen die Voraussetzungen einer strafprozessualen Maßnahme vor, so beinhaltet diese unmittelbar als (weitere, ungeschriebene) Rechtsfolge die **Befugnis zur zwangsweisen Durchsetzung.** Eine Prüfung der §§ 64–71 Nds. SOG wäre verfehlt.

2593 **Klausurhinweis:** Für die gutachterliche Prüfung in der Klausur bedeutet dies, dass zunächst eine ganz „normale" Prüfung der jeweiligen repressiven Maßnahme erfolgt (vgl. auch Aufbauschema im Anhang). Erst im Rahmen der Prüfung der materiellen Rechtmäßigkeit, genauer bei der Frage der Zulässigkeit der konkreten Rechtsfolge beginnt die Zwangsprüfung. Als Einleitung empfiehlt sich eine klarstellende Formulierung wie die folgende: *„Weitere Rechtsfolge ist die Befugnis zur zwangsweisen Durchsetzung dieser Maßnahme."* (o. ä.).

2594 Der § 3 Abs. 2 Nds. SOG enthält eine ermächtigungsbegrenzende Bestimmung bezüglich der „Art und Weise" der zwangsweisen Durchsetzung einer strafprozessualen Maßnahme.[1227] Nach diesem sind die §§ 72–79 Nds. SOG ergänzend anzuwenden, wenn **unmittelbarer Zwang** angewendet wird und die **Strafprozessordnung keine abschließende Regelung enthält.**

2595 Somit ist zunächst zu prüfen, ob es sich bei der zwangsweisen Durchsetzung der Maßnahme um die Anwendung von unmittelbarem Zwang (siehe ab Rn. 2476) handelt. Es ist zu klären, **ob** die Maßnahme unmittelbaren Zwang darstellt (Prüfung des § 69 Abs. 1 Nds. SOG) und in **welcher Form** (körperliche Gewalt, § 69 Abs. 2 Nds. SOG; Einsatz von Hilfsmitteln der körperlichen Gewalt, § 69 Abs. 3 Nds. SOG, Einsatz von Waffen, § 69 Abs. 4 Nds. SOG).

2596 **Vertiefungshinweis:** Als Zwangsmittel zur Durchsetzung einer strafprozessualen Maßnahme kommt nur der unmittelbare Zwang in Betracht. Zwangsgeld und Ersatzvornahme (zu denken wäre hier an eine Türöffnung durch einen Schlüsseldienst bei einer Wohnungsdurchsuchung) scheiden aus, da der Beschuldigte im Strafverfahren nicht zu einer **Handlung** gezwungen werden darf. Er ist im Strafverfahren nur zu **Duldung** der Maßnahme verpflichtet, nicht zur aktiven Mitwirkung. Eine Begrenzung der Zwangsmittel ergibt sich nach § 3 Abs. 2 Nds. SOG jedoch nur bei Anwendung von unmittelbarem Zwang im Sinne von § 69 Nds. SOG.

2597 Die Strafprozessordnung enthält (in ihrer derzeit gültigen Fassung) keine abschließende Regelung über die Anwendung von unmittelbarem Zwang.

1227 *Ullrich*, in: BeckOK-Nds. SOG, § 3 Rn. 22.

Klausurhinweis: Das ist im nächsten Prüfungsschritt lediglich festzustellen. 2598

Nunmehr finden die §§ 72–79 Nds. SOG bezüglich der zulässigen **Art und Weise der Anwendung unmittelbaren Zwangs** Beachtung. 2599

Klausurhinweis: Die Prüfung entspricht ab diesem Punkt derjenigen bei präventiven Maßnahmen. Zu beachten ist, dass die Erforderlichkeit einer Androhung (und ihre Durchführung) nur nach § 74 Nds. SOG und nur im Rahmen der materiellen Rechtmäßigkeit zu prüfen ist. Des Weiteren sind die Regelungen zum Einsatz von Hilfsmitteln der körperlichen Gewalt (Fesselung, § 75 Nds. SOG – hierzu Rn. 2606) und Schusswaffengebrauch (76 ff. Nds. SOG – hierzu Rn. 2614 ff.) zu beachten. Gerade im Bereich des Schusswaffeneinsatzes beinhaltet das Nds. SOG Vorschriften (genaugenommen: weitere ermächtigungsbegrenzende Bestimmungen), die sich ganz spezifisch auf die Durchsetzung von strafprozessualen Maßnahmen beziehen, nämlich das Anhalten eines bestimmten Straftäters zur IDF oder vorläufigen Festnahme bzw. die Verhinderung der Flucht eines Festgenommenen (§ 77 Abs. 1 Nr. 3 und 4 Nds. SOG). 2600

IV. Art und Weise der Zwangsanwendung

Egal ob Zwangsmittel, insbesondere unmittelbarer Zwang, zu präventiven oder repressiven Zwecken angewandt werden. Stets ist im Rahmen der materiellen Rechtmäßigkeit zu prüfen, ob die Art und Weise der Anwendung zulässig ist. 2601

Klausur- und Selbststudiumshinweis: Vergegenwärtigen Sie sich anhand der Prüfungsschemata frühzeitig den Standort dieser Prüfung. 2602

Die wesentlichen Prüfungspunkte sind die **Androhung des Zwangsmittels** (§§ 70, 74 Nds. SOG),[1228] die Regelung zur **Fesselung** (§ 75 Nds. SOG) sowie die Regelungen zum **Schusswaffengebrauch** (§§ 76 bis 78 Nds. SOG). 2603

Klausurhinweis: Die Regelung des § 73 Nds. SOG (Hilfeleistung für Verletzte) wird an der Polizeiakademie Niedersachsen als Form- und Verfahrensvorschrift angesehen und hat ihren (Prüfungs-)Standort in der formellen Rechtmäßigkeit (siehe oben Rn. 2555 und Rn. 2591). 2604

1. Androhung (§§ 70, 74 Nds. SOG)

Eine Zwitterstellung nimmt die Notwendigkeit der **Androhung** des Zwangsmittels vor dessen Anwendung (allgemein geregelt in § 70 Nds. SOG, bezüglich unmittelbaren Zwangs enthält § 74 Nds. SOG ergänzende Regelungen) ein. Hierbei handelt es sich nach hier vertretener Auffassung um eine Form- und Verfahrensvorschrift, da jedoch die Androhung unmittelbaren Zwangs (§ 74 Nds. SOG) in den gesetzgeberischen „Anweisungen" zur **Art und Weise** der Anwendung unmittelbaren Zwangs genannt ist, muss sie auch im Rahmen der 2605

1228 Soweit noch nicht im Rahmen der formellen Rechtmäßigkeit geprüft.

Prüfung der materiellen Rechtmäßigkeit Berücksichtigung finden.[1229] Detaillierte Ausführungen zur Androhung finden sich auf Rn. 2520 ff.

2. Fesselung (§ 75 Nds. SOG)

2606 In § 75 Nds. SOG finden sich spezielle Vorschriften zur Anwendung unmittelbaren Zwangs in Form der **Fesselung** einer Person. Unter Fesselung wird die Einschränkung der Bewegungsfähigkeit mit Hilfsmitteln der körperlichen Gewalt verstanden. In erster Linie sind die dienstlich vorgesehenen Hilfsmittel (also Hand- oder Fußfesseln) zu benutzen. Jedoch ist eine Fesselung auch mit anderen Gegenständen (z. B. Kabelbindern) möglich.[1230]

2607 Die Fesselung ist nur zulässig, wenn die gefesselte Person „*nach diesem Gesetz* [dem Nds. SOG] *oder anderen Rechtsvorschriften **festgehalten***" wird. Eine Befugnis zum Anhalten (z. B. nach § 12 Abs. 4 S. 1 oder 12 Abs. 6 Nds. SOG) reicht nicht aus. Als Maßnahmen, die ein Festhalten rechtfertigen, kommen z. B. §§ 13 Abs. 2, 16 Abs. 3 und 18 Nds. SOG oder §§ 127 Abs. 1, 127 Abs. 2, 81a, 163b, 164 StPO oder § 16, 18 NPsychKG, § 62 Abs. 5 AufenthG in Betracht.

2608 **Klausurhinweis:** Sofern noch nicht geprüft, muss die Rechtsvorschrift zum Festhalten inzident geprüft werden. Zu prüfen sind lediglich die **materiellen Voraussetzungen.**

2609 Des Weiteren müssen „*Tatsachen die Annahme rechtfertigen*", also objektive Anhaltspunkte dafür bestehen, dass die festgehaltene Person entweder „*1. Personen angreifen, Widerstand leisten oder Sachen beschädigen wird, 2. fliehen wird oder befreit werden soll oder 3. sich töten oder verletzen wird.*" Bloße Vermutungen reichen nicht aus.[1231]

2610 **Beispiele:** Mögliche Anhaltspunkte sind vorherige oder aktuelle Gewaltanwendung, Hinweise aus polizeilichen Dateien, aggressives Verhalten, Drohungen, Ankündigung von Gewalttätigkeiten, Alkohol- und/oder Drogenbeeinflussung, aktuelles oder früheres Fluchtverhalten, Fluchtverdacht bzw. Fluchtgefahr im Sinne des § 127 StPO, aktueller oder früherer Suizidversuch, selbstgefährdendes Verhalten (eigenständiges Entfernen von venösen Zugängen o. ä.). **Nicht** ausreichend ist die lediglich vorliegende kräftige Konstitution (und Kampfsporterfahrenheit) des Betroffenen, sofern sich der dieser kooperativ verhält.[1232]

2611 Im Rahmen der Variante Nr. 1 (Gefahr eines Angriffs, Widerstandshandlung oder Sachbeschädigung) ist mit „**Gefahr eines Angriffs**" ein körperlicher Angriff gemeint. Nur verbale Angriffe reichen nicht aus. Ausreichend kann aber die verbale Drohung mit einer körperlichen Gewalttätigkeit sein. Nach der AB 75.0 ist unter **Widerstandleisten** nur die aktive Widersetzung gegen eine polizeiliche Anordnung gemeint. Ein „passiver Widerstand" reicht nicht aus.

1229 *Thiel,* § 13, Rn. 550.

1230 *Rachor,* in: Lisken/Denninger, E, Rn. 835.

1231 *Böhrenz/Siefken,* Nds. SOG, § 75 Rn. 3.

1232 *Timmer,* in: BeckOK-Nds. SOG, § 75 Rn. 20 m. w. N.

Als Objekt einer möglichen Sachbeschädigung kommt häufig der zum Transport benutzte Funkstreifenwagen in Betracht.

Im Rahmen der Variante Nr. 2 (Flucht- oder Befreiungsgefahr) geht die **Fluchtgefahr** vom Betroffenen aus, die **Gefahr der Befreiung** dagegen von Außenstehenden. Bei der (einzelfallorientierten) Prognose, ob Fluchtgefahr vorliegt, sind auch Umstände wie die körperliche Konstitution des Betroffenen, dessen Alter, Gesundheitszustand etc. zu berücksichtigen. 2612

Im Rahmen der Variante Nr. 3 (Suizidgefahr oder Gefahr der Selbstverletzung) sind insbesondere aktuelle oder frühere Einsatzanlässe, die die **Gefahr der Selbsttötung** oder -verletzung indizieren, bei der Prognose zu beachten. 2613

3. Schusswaffengebrauch (§§ 76–78 Nds. SOG)

Die Zulässigkeit des Einsatzes von Schusswaffen ist detailliert in den §§ 76–78 Nds. SOG geregelt. Die Prüfung folgt nicht der Reihenfolge der Paragraphen. Vielmehr ist zunächst zu prüfen, ob eine so genannte **Schusswaffeneinsatzsituation** vorliegt, also eine Situation, in welcher überhaupt Schusswaffen eingesetzt werden dürfen. Die entsprechenden Regelungen finden sich in den §§ 77, 78 Nds. SOG. Sodann ist die **Rechtmäßigkeit des konkreten Schusswaffengebrauchs** anhand des § 76 Nds. SOG zu prüfen. 2614

a) Schusswaffeneinsatzsituation (§§ 77, 78 Nds. SOG). Die §§ 77 und 78 Nds. SOG stellen genau genommen ermächtigungsbegrenzende Bestimmungen dar. Die **Befugnis** zur Zwangsanwendung nach § 64 Abs. 1 oder Abs. 2 Nds. SOG wird bezüglich des Schusswaffeneinsatzes zusätzlich zum § 69 Nds. SOG durch die §§ 77, 78 und 76 Nds. SOG **begrenzt.** 2615

§ 77 Abs. 1 Nds. SOG regelt mit seinen fünf Alternativen drei verschiedene **Schusswaffeneinsatzsituationen:** 2616

- § 77 Abs. 1 Nr. 1–2 Nds. SOG erlaubt den Schusswaffengebrauch zur Abwehr einer Gefahr, und zwar entweder für Leib oder Leben (Nr. 1) oder weil der Bestand der Rechtsordnung durch die bevorstehende Begehung eines Verbrechens oder aber eines Vergehens unter Anwendung bzw. Mitführen einer Schusswaffe bedroht ist (Nr. 2). Hier sind Situationen gemeint, die strafrechtlich unter die Begriffe Notwehr und Nothilfe zu fassen sind.
- § 77 Abs. 1 Nr. 3–4 Nds. SOG lässt den Schusswaffengebrauch gegen besonders gefährliche Personen zu, nämlich gegen (dringend tatverdächtige) Verbrecher oder aber Täter eines Vergehens, die eine Schusswaffe oder ein Explosivmittel mit sich führen.
- § 77 Abs. 1 Nr. 5 Nds. SOG regelt dagegen den Schusswaffengebrauch in Situationen, in denen eine Person aus amtlichem Gewahrsam befreit werden soll.

Vertiefung: Diese Unterscheidung der Einsatzsituationen ist jedoch insoweit künstlich, als dass sie bei genauerer Betrachtung verschiedene Regelungsbereiche lediglich vorspiegeln: Tatsächlich kann und muss es bei allen Schusswaffeneinsatzsituationen letztlich um **Gefahrenabwehr**[1233] gehen. Dies ist 2617

1233 *BGH,* Urteil vom 20.3.1975 – 4 StR 7/75 – MDR 1975, 676.

auch bei dem scheinbar repressiven Schusswaffengebrauch nach den Nr. 3 und 4 der Fall. Es geht in diesen Fällen nicht **ausschließlich** darum, den Strafverfolgungsanspruch des Staates durchzusetzen,[1234] sondern besonders gefährliche Straftäter zu stoppen und daher mit diesen **„Waffengleichheit"** herzustellen.[1235] Schüsse auf den Kopf-, Brust- oder Bauchraum zur Durchsetzung des Strafverfolgungsanspruchs des Staates wären wegen des **hohen** Tötungsrisikos unzulässig,[1236] da sie für den Zweck der Strafverfolgung zum einen nicht verhältnismäßig i. e. S. und zum anderen auch gar nicht geeignet sind. Denn das Strafverfahren ist nur gegen den lebenden Straftäter möglich und die Durchsetzung des Strafverfolgungsinteresses des Staates kann nicht die Tötung des Straftäters rechtfertigen. Aber auch bei Schüssen auf die Beine kann es wegen des **potentiellen** Tötungsrisikos eines jeden Schusses aus Gründen der Verhältnismäßigkeit nur darum gehen, besonders gefährliche Straftäter festzunehmen bzw. dessen Flucht zu verhindern.

2618 § 78 Nds. SOG regelt die Sondersituation des **Schusswaffengebrauchs gegen Personen in einer Menschenmenge.** Er geht dem § 77 Nds. SOG vor, der in derartigen Situationen nicht angewandt wird.

2619 **Vertiefung:** Der § 78 Nds. SOG hat praktisch keine Relevanz.[1237] Dies liegt zum einen an einem professionellen Einsatzmanagement seitens der Polizei und deren guter Ausstattung, zum anderen aber auch an den in Deutschland überwiegend friedlichen Protestformen. Selbst bei unfriedlichen Versammlungen sind extreme Gewaltexzesse, die einen Schusswaffengebrauch rechtfertigen könnten, selten zu beobachten.

2620 Mit den Regelungen der §§ 76–78 Nds. SOG hat der Gesetzgeber zwar eine grundsätzliche Einordnung möglicher Schusswaffeneinsatzsituationen nach dem Grundsatz der Verhältnismäßigkeit vorgenommen. Dennoch ist die Prüfung der Verhältnismäßigkeit eines jeden Schusswaffengebrauchs im Einzelfall gesondert vorzunehmen. Das kann z. B. im Einzelfall bedeuten, dass die Androhung eines Schusswaffengebrauchs rechtmäßig ist, der folgende Schusswaffengebrauch jedoch nicht.

2621 **aa) Abwehr einer gegenwärtigen Gefahr für Leib oder Leben (§ 77 Abs. 1 Nr. 1 Nds. SOG).** Der **Schusswaffengebrauch nach § 77 Abs. 1 Nr. 1 Nds. SOG** stellt den klassischen Fall des Schusswaffeneinsatzes dar. Voraussetzung ist das Vorliegen einer **Gefahr im Sinne des § 2 Nr. 1 b) und d) Nds. SOG,** deren Abwehr den **Schusswaffengebrauch erforderlich** macht.

2622 Die hierfür erforderliche **Gefahrenprognose** ist mitunter schwierig: Wie eindeutig lässt die Situation erkennen, dass im nächsten Augenblick ein Mensch getötet wird oder eine **„nicht nur leichte"** Verletzung erleidet (vgl. § 2 Nr. 1 d) Nds.

1234 *Rachor,* in: Lisken/Denninger, E, Rn. 907 f.
1235 *Riegel,* ZRP 1978, 76.
1236 *BGH,* Urteil vom 25.3.1999 – 1 StR 26/99 -NJW 1999, 2533.
1237 So auch *Timmer,* in: BeckOK-Nds. SOG, § 78 Rn. 4.

SOG)? Und wie kann eine Prognose die Grenze ziehen zwischen einer leichten Körperverletzung und einer erheblichen?

Vertiefungshinweis: Bezüglich der **Körperverletzung** (Vergehen nach § 223 StGB) wird mit dieser Norm der Anwendungsbereich ausgeweitet: Nach § 77 Abs. 1 Nr. 2 Nds. SOG kann von der Schusswaffe nur Gebrauch gemacht werden, wenn ein Vergehen unter Anwendung oder Mitführung einer Schusswaffe unmittelbar bevorsteht. Nach § 77 Abs. 1 Nr. 1 Nds. SOG hingegen ist ein Schusswaffengebrauch auch zulässig, wenn für die Körperverletzung keine Schusswaffe angewendet oder mitgeführt wird. **2623**

Klausur- und Praxishinweis: In der Klausur sollte sich diese Frage anhand der Angaben im Sachverhalt (oder den Bearbeitungshinweisen) in der Regel eindeutig beantworten lassen. In der Praxis dürfte ein Schusswaffengebrauch, der sich bei der Gefahrenprognose im Grenzbereich zwischen leichter und erheblicher Körperverletzung bewegt, schon aus Gründen der Verhältnismäßigkeit in der Regel unzulässig sein. **2624**

Die Frage, ob die Gefahr für Leib oder Leben **gegenwärtig** ist, ist ebenfalls eine Prognoseentscheidung mit Unsicherheitsfaktoren. Nach der Rechtsprechung des BVerwG[1238] bedeutet Gegenwärtigkeit eine gesteigerte Form der Wahrscheinlichkeit. Es wird gefordert, dass der Schadenseintritt mit an Sicherheit grenzender Wahrscheinlichkeit bevorsteht. Ob das der Fall ist, kann in typischen Bedrohungslagen, bei denen z. B. der Täter mit einer Schusswaffe auf den Polizeibeamten zielt, einen Unsicherheitsfaktor darstellen. So besteht z. B. die Möglichkeit, dass es sich nur um eine Schreckschuss- oder Anscheinswaffe handelt oder der Täter die Waffe nur als Drohmittel einsetzen will, ohne die Absicht zu haben, diese auch wirklich einzusetzen (vgl. auch die Ausführungen zur Anscheinsgefahr oben Rn. 594). In diesen Fällen muss der Grundsatz gelten, dass an die Wahrscheinlichkeit des Schadenseintritts umso geringere Anforderungen zu stellen sind, je höherwertiger das bedrohte Rechtsgut ist.[1239] Eine hohe Wahrscheinlichkeit des Schadenseintritts in allernächster Zeit muss bei der Gefährdung der Rechtsgüter Leib oder Leben nach hier vertretener Auffassung daher ausreichen, um eine gegenwärtige Gefahr (ggf. in Form einer Anscheinsgefahr) zu begründen. **2625**

bb) Begehung oder Fortsetzung Straftat (§ 77 Abs. 1 Nr. 2 Nds. SOG). Der **§ 77 Abs. 1 Nr. 2 Nds. SOG** dient ebenfalls in ihrem Anwendungsbereich unmittelbar der Gefahrenabwehr. Nach diesem ist der Schusswaffengebrauch zulässig, um die unmittelbar **bevorstehende Begehung eines Verbrechens**[1240] **oder eines Vergehens unter Anwendung oder Mitführung von Schusswaffen oder Explosivmitteln** zu verhindern. Mit Schusswaffen sind Waffen nach § 1 Abs. 2 Nr. 1 i. V. m. Anlage 1, Abschnitt 1, Unterabschnitt 1, Ziffer 1.1 WaffG gemeint. Es muss sich folglich um „scharfe" Schusswaffen handeln, nicht um Schreckschuss- oder Gaswaffen. Ist für den objektiven Betrachter in der kon- **2626**

1238 BVerwG, Urteil vom 26.2.1974 – 1 C 31/72 – Rudi Dutschke – NJW 1974, 807, 809.
1239 BVerwG, Urteil vom 3.7.2002 – 6 CN 8/01 – BVerwGE 116, 347, 356.
1240 Vgl. § 12 StGB.

kreten Situation jedoch nicht zu unterscheiden, ob es sich um eine echte Schusswaffe oder um eine Schreckschuss- oder gar Spielzeugwaffe handelt, liegt eine Anscheinsgefahr vor, so dass auch hier ein Schusswaffengebrauch zulässig wäre. **Explosivmittel** sind nach der AB 77.1 Stoffe, die wegen ihrer chemischen Beschaffenheit nach Zündung Sprengwirkung entfalten bzw. eine plötzliche Druckwirkung ausüben.

2627 **Beispiel:** Dynamit, Trinitrotoluol (TNT), Handgranaten, **nicht jedoch Brandflaschen („Molotowcocktails")**. Die **Verwendung** eines Molotowcocktails **könnte** jedoch den Tatbestand eines Verbrechens erfüllen (beispielsweise Brandstiftung, § 306 StGB).

2628 Die **Anwendung** der Schusswaffe beim Vergehen setzt begriffsnotwendig das Mitführen der Schusswaffe voraus, so dass diese Tatbestandsvoraussetzung keine eigenständige Bedeutung erlangt. Unter **Mitführen** versteht man die jederzeitige Verfügbarkeit der Schusswaffe und entspricht insofern dem Beisichführen i. S. d. § 244 Abs. 1 Nr. 1 StGB. Die Wendung „unter *Anwendung oder Mitführung von Schusswaffen*" bedingt, dass es einen inneren Zusammenhang zwischen dem Mitführen der Schusswaffe und dem Vergehen gibt. Dieser fehlt, wenn die Waffe völlig ohne deliktische Motivation mitgeführt wird.[1241] Die Schusswaffe oder das Explosivmittel muss also potentielles Tatmittel sein.

2629 **Beispiel:** Nach der waidgerechten Ehrung eines kapitalen Zwölfenders mit reichlich Schnaps setzt sich ein Jäger -mitsamt Gewehr- hinter das Steuer seines Pkw. Die Trunkenheitsfahrt wird hier -grundsätzlich- nicht „unter" Mitführung einer Schusswaffe begangen.

2630 Grundsätzlich ist bei dieser Alternative ein Schusswaffengebrauch zum Sachgüterschutz denkbar. Denkbar wäre beispielsweise die Verhinderung einer Brandstiftung (Verbrechen) oder eines Einbruchs, bei dem die Täter erkennbar Schusswaffen tragen. Hier ist in besonderem Maße die Angemessenheit des Schusswaffeneinsatzes unter Berücksichtigung des Sinns und Zwecks der Befugnis zu hinterfragen: Auch und gerade bei der Verhinderung eines Verbrechens darf es nur um den Schutz von Menschen gehen, nicht um den Schutz von Sachen.[1242] Durch die Vorschrift soll „Waffengleichheit"[1243] zwischen Verbrechern, die Menschenleben gefährden oder bei anderen Straftätern, die Schusswaffen mitführen und der Polizei hergestellt werden, der insbesondere zunächst einmal die **Androhung** des Schusswaffengebrauchs rechtfertigt.

2631 **Beispiel:** Wird ein Einbrecher auf frischer Tat betroffen, der eine Schusswaffe mit sich führt, kann der Schusswaffengebrauch angedroht werden. Je nach Reaktion des Täters lässt dieser sich entweder widerstandslos festnehmen, oder gibt in der Folge Anlass zur Zwangsanwendung – im Extremfall zum Schusswaffengebrauch, der dann in der Regel (auch) nach § 77 Abs. 1 Nr. 1 Nds. SOG gerechtfertigt wäre.

1241 *Rachor,* in: Lisken/Denninger, E, Rn. 914.
1242 *Rachor,* in: Lisken/Denninger, E, Rn. 919 f.
1243 *Riegel,* ZRP 1978, 76.

Vertiefung: Auch der Meineid (§ 154 StGB) sowie die Vorbereitung eines Hochverrats sind Verbrechen im Sinne des StGB. Dass hier ein Schusswaffengebrauch nicht denkbar wäre, liegt auf der Hand. 2632

Die durch den Schusswaffengebrauch zu verhindernde Straftat muss **unmittelbar bevorstehen** (oder bereits begonnen worden sein). Ein unmittelbares Bevorstehen kann nur angenommen werden, wenn die Verwirklichung in den nächsten Augenblicken zu erwarten ist.[1244] 2633

cc) **Flucht vor Idf oder Festnahme (§ 77 Abs. 1 Nr. 3 Nds. SOG).** Während es bei der Nr. 2 noch um die Verhinderung einer Straftat geht, erfolgt der Schusswaffengebrauch nach § 77 **Abs. 1 Nr. 3 Nds. SOG** *„um eine Person anzuhalten, die sich der Festnahme oder Identitätsfeststellung durch Flucht zu entziehen versucht“*. Ziel ist also die Verhinderung der Flucht direkt nach der Tat oder auch später. Insofern dient die Vorschrift – mit den oben beschriebenen Einschränkungen[1245]- der Sicherung des Strafverfolgungsanspruchs des Staates. 2634

Der Schusswaffengebrauch zielt auf das **Anhalten einer Person.** Ihre Fortbewegung soll unterbrochen werden. Ziel ist die zwangsweise Durchsetzung der (strafprozessualen) **Identitätsfeststellung (§ 163b Abs. 1 StPO)** oder (vorläufigen) **Festnahme (§ 127 StPO).** 2635

Klausurhinweis: Der § 77 Abs. 1 Nr. Nds. SOG kommt zur Durchsetzung präventiver Maßnahmen nicht in Betracht. 2636

Bedingung ist, dass die (rechtmäßige) Identitätsfeststellung oder die vorläufige Festnahme **noch nicht durchgeführt wurde**. Wurde die vorläufige Festnahme bereits ausgesprochen, kommt der Schusswaffengebrauch nach Nr. 4 in Betracht. 2637

Der Täter muss zum Zeitpunkt des Schusswaffengebrauchs bereits auf der **Flucht** sein oder zumindest versuchen zu fliehen. 2638

Er muss zudem **dringend verdächtig** sein, ein Verbrechen oder ein Vergehen begangen zu haben. Ein dringender Tatverdacht[1246] liegt vor, wenn die **hohe Wahrscheinlichkeit** besteht, dass eine bestimmte Person eine bestimmte Straftat begangen hat. Die belastenden Momente müssen die entlastenden bei weitem überwiegen. Ein Verfolgen auf frischer Tat ist nicht erforderlich. 2639

Vertiefung: Einen **Anhaltspunkt** für den dringenden Tatverdacht kann auch die Flucht selbst darstellen. Jedoch begründet die Flucht an sich -allein betrachtet- **nie** den dringenden Tatverdacht.[1247] 2640

1244 *Rachor,* in: Lisken/Denninger, E, Rn. 911.

1245 Schüsse auf den Kopf-, Brust- oder Bauchraum zur Durchsetzung des Strafverfolgungsanspruchs des Staates wären wegen des **hohen** Tötungsrisikos unzulässig.

1246 Vgl. bereits die Ausführung zu § 127 Abs. 2 StPO auf Rn. 1919.

1247 *Rachor,* in: Lisken/Denninger, E, Rn. 925.

2641 Besteht lediglich der dringende Tatverdacht eines Vergehens, ist weitere Voraussetzung des Schusswaffengebrauchs, dass **Tatsachen die Annahme rechtfertigen,** dass der Täter (zum Zeitpunkt des Schusswaffengebrauchs) Schusswaffen oder Explosivmittel **mit sich führt.** Ob während der Tatausführung selbst eine Schusswaffe mitgeführt wurde, ist irrelevant.[1248]

2642 **Praxishinweis:** Ein Schusswaffengebrauch stellt immer eine Extremsituation dar. Gerade beim Schusswaffengebrauch zu repressiven Zwecken ist Zurückhaltung angebracht: Kann ein dringender Tatverdacht wirklich sicher begründet werden? Versprechen andere mögliche Zwangsmittel wirklich keinen Erfolg? Ist ein sicherer Schuss auf die Beine tatsächlich möglich? Wie gut sind die eigenen Schießfertigkeiten auch unter Stress? Ist es diese konkrete Straftat wirklich „wert“, das potentielle Tötungsrisiko einzugehen? Ist der Schusswaffengebrauch insgesamt verhältnismäßig?

2643 **dd) Amtlicher Gewahrsam (§ 77 Abs. 1 Nr. 4 Nds. SOG).** Auch der Schusswaffengebrauch nach **§ 77 Abs. 1 Nr. 4 Nds. SOG,** also *„zur Vereitelung der Flucht oder zur Ergreifung einer Person, die in amtlichem Gewahrsam zu halten oder ihm zuzuführen ist“*, dient in erster Linie repressiven Zwecken. Der Unterschied zur Nr. 3 besteht darin, dass der Straftäter sich bereits in amtlichem Gewahrsam befindet oder dieser angeordnet wurde.

2644 **Amtlicher Gewahrsam** ist jede hoheitliche Freiheitsentziehung gegen den Willen des Betroffenen.[1249] Er besteht nicht nur bei einer stationären Verbringung, sondern schon während des Transports bzw. Weges zu dieser.[1250]

2645 Da der Gewahrsam wegen einer Straftat angeordnet worden sein muss, fallen gefahrenabwehrrechtliche Ingewahrsamnahmen (§ 18 Nds. SOG) nicht hierunter. Infrage kommen in erster Linie Untersuchungs- und Sicherungshaft, aber auch Freiheitsentziehungen wegen eines Vollstreckungshaftbefehls (§ 457 StPO) oder aufgrund einer Unterbringung im Maßregelvollzug. Der Schusswaffengebrauch ist zulässig, um die Flucht aus dem amtlichen Gewahrsam **zu verhindern** oder um die Person (wieder) zu **ergreifen.**

2646 Auch bei der Nr. 4 wird eine Abstufung nach der Schwere der Tat vorgenommen: Der Schusswaffengebrauch ist zulässig, wenn der amtliche Gewahrsam aufgrund eines Verbrechens angeordnet wurde. Bei Vergehen ist weitere Bedingung, dass Tatsachen die Annahme rechtfertigen, dass der Täter **aktuell** eine Schusswaffe oder ein Explosivmittel mitführt.

2647 **Vertiefung:** Eine Einschränkung ergibt sich aus § 77 Abs. 2 Nds. SOG. Der Schusswaffengebrauch ist demnach nicht zulässig, wenn es sich bei der freiheitsentziehenden Maßnahme um den Vollzug eines Jugendarrestes (§ 16 JGG), eines Strafarrestes (§ 9 WStG) oder um einen offenen Vollzug handelt.

1248 *Rachor,* in: Lisken/Denninger, E, Rn. 926.
1249 *Timmer,* in: BeckOK-Nds. SOG, § 77 Rn. 52.
1250 *Timmer,* in: BeckOK-Nds. SOG, § 77 Rn. 52.

ee) Gewaltsame Befreiung; Anwendung StVollZG (§ 77 Abs. 1 Nr. 5 Nds. SOG). Der **§ 77 Abs. 1 Nr. 5 Nds. SOG** enthält zwei verschiedene Fallgruppen. Zum einen ermächtigt er zum Schusswaffengebrauch in Fällen der gewaltsamen **Gefangenenbefreiung**, zum anderen in Fällen, in denen das **Strafvollzugsgesetz** die Anwendung der Schusswaffe vorsieht. 2648

aaa) 1. Alternative: Gewaltsame Befreiung aus amtlichem Gewahrsam. Nach der ersten Alternative ist ein Schusswaffengebrauch zulässig, *„um die gewaltsame Befreiung einer Person aus amtlichem Gewahrsam zu verhindern“*. **Amtlicher Gewahrsam** bedeutet auch in diesem Kontext jede auf behördlicher oder gerichtlicher Entscheidung beruhende Freiheitsentziehung.[1251] Umfasst sind auch Ingewahrsamnahmen (z. B. § 18 Nds. SOG oder § 62 Abs. 5 AufenthG), aber auch die Straf-, Untersuchungshaft oder Sicherungsverwahrung. Insofern entspricht der Anwendungsbereich dem § 120 StGB (Gefangenenbefreiung). 2649

Unter einer **gewaltsamen** Befreiung versteht man die Anwendung körperlicher Kraft zur Überwindung eines geleisteten oder erwarteten Widerstands.[1252] 2650

Der Schusswaffengebrauch richtet sich bei dieser Alternative nicht gegen den Festgenommenen, sondern gegen den „Befreier“. Wendet dieser keine Gewalt, sondern lediglich List oder Täuschung an, ist ein Schusswaffengebrauch nicht zulässig.[1253] 2651

bbb) 2. Alternative: Anwendung des Strafvollzugsgesetzes (StVollzG). Die zweite Alternative verweist etwas kryptisch auf die §§ 100 Abs. 1 Satz 1 Nr. 1 und 2 sowie Abs. 2 Strafvollzugsgesetz, 92 Abs. 1 Satz 1 Nr. 1 und 2 und Abs. 2 des Niedersächsischen Justizvollzugsgesetzes und § 96 Abs. 1 Satz 1 Nr. 1 und 2 und Abs. 2 des Niedersächsischen Sicherungsverwahrungsvollzugsgesetzes. Alle genannten Vorschriften sind wortgleich und regeln das, was auch die Ausführungsbestimmung 77.1 am Ende erläutert: 2652

„§ 100 StVollzG ermächtigt nur Bedienstete der Justizvollzugsanstalten. Durch Nr. 5 werden diese Befugnisse zum Teil auch der Polizei eingeräumt. Danach dürfen Polizeibeamtinnen und Polizeibeamte Schusswaffen gebrauchen 2653
a) gegen Gefangene, die eine Waffe oder ein anderes gefährliches Werkzeug trotz wiederholter Aufforderung nicht ablegen,
b) gegen Gefangene, die eine Meuterei (§ 121 StGB) unternehmen, oder
c) gegen Personen, die es unternehmen, gewaltsam in eine Vollzugsanstalt einzudringen.“

ccc) Schusswaffengebrauch gegen Personen in einer Menschenmenge (§ 78 Nds. SOG). Der § 78 Nds. SOG regelt die Sondersituation eines Schusswaffeneinsatzes gegen Personen in einer Menschenmenge. Zugelassen ist nur der **Schusswaffengebrauch gegen einzelne Personen innerhalb der Menschenmenge**, nicht gegen die Menschenmenge selbst.[1254] 2654

1251 *Timmer*, in: BeckOK-Nds. SOG, § 77 Rn. 64.
1252 *Fischer*, StGB, § 240 Rn. 8.
1253 *Rachor*, in: Lisken/Denninger, E, Rn. 927.
1254 *Timmer*, in: BeckOK-Nds. SOG, § 78 Rn. 14.

2655 Voraussetzung für den Schusswaffeneinsatz gegen Personen in einer Menschenmenge ist es, dass *„von ihr oder aus ihr heraus schwerwiegende Gewalttaten begangen werden oder unmittelbar bevorstehen und andere Maßnahmen keinen Erfolg versprechen“*, § 78 Abs. 1 Nds. SOG. Eine **Menschenmenge** ist eine größere, nicht auf den ersten Blick zählbare Ansammlung von Personen.[1255] Es handelt sich um eine räumlich vereinigte, der Zahl nach nicht sofort überschaubare Personenvielheit.[1256] Es ist nicht erforderlich, dass sich die Menge öffentlich zusammengefunden hat und dass eine ungehinderte Anschlussmöglichkeit besteht.[1257]

2656 **Schwerwiegende Gewalttaten** sind Straftaten, die unter Anwendung von Gewalt begangen werden und besonders wichtige Rechtsgüter oder für die Allgemeinheit wichtige Einrichtungen betreffen, insbesondere Körperverletzungsdelikte, gemeingefährliche Verbrechen oder Vergehen, Nötigung von Verfassungsorganen unter Gewaltanwendung, vorsätzliche erhebliche Sachbeschädigung lebensnotwendiger Einrichtungen (Versorgungsanlagen für Strom, Wasser, Gas und ähnliches), von Behördengebäuden oder von unersetzlichen Kulturgütern.[1258]

2657 Diese schweren Gewalttaten müssen **von der Menschenmenge oder aus ihr heraus** begangen werden. Eine Menschenmenge an sich kann nicht handeln. Es handeln immer nur einzelne Menschen. Maßgeblich ist, dass die Menschen in der Menschenmenge die Gewalttätigkeiten mit vereinten Kräften begehen. Das gewalttätige Verhalten Einzelner reicht nicht aus. Die Menschenmenge an sich – also ihr überwiegender Teil – muss gewalttätig handeln. Hierfür ist ausreichend, dass ein untergeordneter Teil der Menschenmenge aktiv Gewalttaten begeht, diese Gewalttaten aber durch den übrigen Teil der Menschenmenge gebilligt (z. B. durch Kundgabe von Zustimmung zu bereits begangenen Straftaten) oder unterstützt (auch psychisch, z. B. durch anfeuernde Zurufe) werden.[1259] Insofern ist der Schusswaffengebrauch gegen eine Menschenmenge stark an den Tatbestand des Landfriedensbruchs (§ 125 StGB) angelehnt.

2658 **Andere Maßnahmen dürfen keinen Erfolg versprechen.** Gerade beim Schusswaffengebrauch gegen eine Menschenmenge ist dieser Punkt besonders gründlich abzuwägen. Als mildere Zwangsmittel kommt z. B. der Einsatz von Schlagstöcken, Dienstpferden und -hunden, Reizstoffen (Pfefferspray) sowie Wasserwerfern in Betracht.

2659 **Vertiefung:** Die Anwendung von anderen Reizstoffen (CN/CS, sogenanntes „Tränengas“) ist in Niedersachsen rechtlich möglich, spielt in der Praxis aber so gut wie keine Rolle. Der Einsatz dieser Stoffe als Beimischung im Wasserwerfer ist in Niedersachsen – im Gegensatz zu anderen Bundesländern – unzulässig.[1260]

1255 AB 78.1.
1256 *Rachor*, in: Lisken/Denninger, E, Rn. 901.
1257 *Lenckner*, in: SK-StPO, § 125 Rn. 8 f.
1258 AB 78.1.
1259 *Rachor*, in: Lisken/Denninger, E, Rn. 903.
1260 AB 69.3.

Selbst wenn von „der Menschenmenge“ Gewalttätigkeiten begangen werden, ist dennoch nie auszuschließen, dass es in dieser Menschenmenge einzelne Personen gibt, die sich hieran nicht beteiligen (wollen) und somit Unbeteiligte darstellen. Ein Schusswaffengebrauch wäre in der Folge faktisch immer unzulässig, da immer Unbeteiligte gefährdet würden (vgl. § 76 Abs. 4 Nds. SOG).[1261] Dieses Dilemma löst der Gesetzgeber durch § 78 Abs. 2 Nds. SOG. Nach diesen sind Personen erst dann keine Unbeteiligten mehr, wenn sie sich trotz **wiederholter Androhung des Schusswaffengebrauchs** aus einer Menschenmenge nicht entfernen, obwohl ihnen dies **möglich war**. 2660

Daraus folgt, dass der Schusswaffengebrauch gegen eine Menschenmenge **zwingend anzudrohen** ist, und zwar mindestens zwei Mal. Zwischen den Androhungen und dem folgenden Schusswaffengebrauch muss eine so ausreichende Zeitspanne liegen, dass es den Personen in der Menschenmenge tatsächlich möglich ist, diese zu verlassen. Dies setzt voraus, dass es auch eine tatsächliche Möglichkeit zum Entfernen gibt. Ebenso ist es notwendig, dass die Androhung deutlich und verständlich (z. B. mittels Lautsprecher) erfolgt. 2661

b) Schussmodalitäten (**§ 76 Nds. SOG**). Auch wenn eine Schusswaffeneinsatzsituation nach §§ 77 oder 78 Nds. SOG vorliegt, ist der Schusswaffengebrauch noch nicht zwingend zulässig. Zusätzlich müssen die **allgemeinen Voraussetzungen des Schusswaffengebrauchs** nach § 76 Nds. SOG Beachtung finden. Diese sind, insbesondere die Absätze 1 bis 3 des § 76 Nds. SOG, einfachgesetzliche Ausprägungen des Verhältnismäßigkeitsgrundsatzes. 2662

aa) Schusswaffengebrauch als letztes Mittel (**§ 76 Abs. 1 Nds. SOG**). Ausweislich § 76 Abs. 1 Satz 1 Nds. SOG dürfen Schusswaffen nur gebraucht werden, wenn andere Maßnahmen des unmittelbaren Zwangs erfolglos angewandt sind oder offensichtlich keinen Erfolg versprechen. Die Ausführungsbestimmung 76.1 spricht insofern für sich: „*Der Schusswaffengebrauch gegen Personen ist die schwerwiegendste Maßnahme des unmittelbaren Zwangs. Die Polizeibeamtin oder der Polizeibeamte hat daher vorher besonders sorgfältig die Rechtmäßigkeit, insbesondere die Verhältnismäßigkeit, der Maßnahme zu prüfen. Bestehen in rechtlicher oder tatsächlicher Hinsicht Zweifel, ob die Voraussetzungen für den Schusswaffengebrauch vorliegen, ist von der Schusswaffe kein Gebrauch zu machen.*“ 2663

> **Beispiel:** Es wäre beispielsweise zu prüfen, ob den im Auto flüchtenden Bankräubern der Fluchtweg durch die Errichtung von Straßensperren abgeschnitten werden kann.[1262] 2664

Nach § 76 Abs. 1 Satz 2 Nds. SOG ist der Schusswaffengebrauch gegen Personen nur zulässig, wenn der Zweck nicht durch Schusswaffengebrauch gegen Sachen erreicht werden kann. 2665

1261 *Timmer*, in: BeckOK-Nds. SOG, § 77 Rn. 20.
1262 *Rachor*, in: Lisken/Denninger, E, Rn. 895.

2666 Auch der **Schusswaffengebrauch gegen Sachen** ist auf das erforderliche Mindestmaß zu beschränken.[1263] **Sachen** sind alle körperlichen Gegenstände. Tiere sind nach § 90a BGB zwar keine Sachen, die geltenden Vorschriften sind jedoch auf sie entsprechend anzuwenden. Dies ergibt sich aus § 90a BGB selbst, so dass es einer Klarstellung in § 7 Abs. 1 Satz 2 Nds. SOG gar nicht bedurft hätte.

2667 Ein Schusswaffengebrauch gegen Sachen (im rechtlichen Sinne) liegt jedoch nicht vor, wenn hierdurch wahrscheinlich Personen verletzt werden.[1264] Hohe praktische Relevanz haben zwei Fallkonstellationen, die einer genaueren Betrachtung bedürfen: **Schusswaffengebrauch gegen Kraftfahrzeuge** und **Schusswaffengebrauch gegen Tiere**. In beiden Fällen ergeben sich wichtige Einschränkungen aus den Ausführungsbestimmungen.

2668 Da bei einem Schuss auf ein **fahrendes Kraftfahrzeug** nicht nur **alle** Insassen, sondern auch andere Verkehrsteilnehmer gefährdet werden, handelt es sich zwar de facto um einen Schusswaffengebrauch gegen eine Sache. Dieser ist aber nur unter den **Voraussetzungen** des Schusswaffengebrauchs gegen **Personen** zulässig. Befinden sich mehrere Personen im Kraftfahrzeug, so müssen die Voraussetzungen für den Schusswaffeneinsatz gegenüber allen im Fahrzeug befindlichen Personen vorliegen. Befinden sich unbeteiligte Personen im Fahrzeug, so ist der Schusswaffengebrauch unzulässig (§ 76 Abs. 4 Satz 1 Nds. SOG), es sei denn, er ist das einzige Mittel zur Abwehr einer gegenwärtigen **Lebensgefahr** (§ 76 Abs. 4 Satz 2 Nds. SOG).

2669 **Vertiefung:** AB 76.1 bestimmt: „*Beim Schusswaffengebrauch gegen ein Kraftfahrzeug ist anzustreben, das Fahrzeug fahruntauglich zu machen, weil hierdurch in der Regel der Zweck der Maßnahme, eine weitere Gefährdung anderer zu verhindern oder die Rechtsbrecherin oder den Rechtsbrecher festzunehmen, erreicht werden kann. Daher ist grundsätzlich auf Bereifung, Motor oder Kühler zu zielen. Vom Schusswaffengebrauch ist abzusehen, wenn das Fahrzeug erkennbar explosive oder ähnlich gefährliche Güter befördert oder nach seiner Kennzeichnung zur Beförderung solcher Güter bestimmt ist. Diese Einschränkung gilt nicht, wenn durch die Weiterfahrt größere Gefahren zu entstehen drohen, als durch den Schusswaffengebrauch.*“

2670 **Praxishinweis:** Ein fahrendes Kraftfahrzeug lässt sich kaum mit einem Schuss auf Bereifung, Motor oder Kühler anhalten. Versuchen Sie es daher gar nicht erst, sondern nutzen Sie die Zeit, um sich auf andere Art und Weise in Sicherheit zu bringen. Ob anschließend auf die Bereifung des **wegfahrenden** Fahrzeugs geschossen wird, ist dann ebenfalls besonders sorgfältig abzuwägen. Zu bedenken ist, dass sich auch Unbeteiligte im Fahrzeug befinden können, die eventuell nicht zu **erkennen** sind – auch wenn dies dem Schusswaffengebrauch aus rechtlicher Sicht nicht entgegensteht (vgl. § 76 Abs. 4). Zum anderen ist die Möglichkeit in Betracht zu ziehen, das

---

1263 AB 76.1.
1264 AB 76.1.

Fahrzeug mittels Straßensperren (und anderen Hilfsmitteln der körperlichen Gewalt wie Dienstkraftfahrzeug, Nagelgurt oder „Stopp-Stick") zum Anhalten zu bringen. Der Aufbau eines sogenannten künstlichen Staus ist dagegen nicht (mehr) zulässig.[1265]

Bei **stehenden bzw. anfahrenden** Kraftfahrzeugen ist das Risiko, Unbeteiligte zu gefährden, dagegen vergleichsweise gering, wenn auch nicht gänzlich ausgeschlossen. In diesen Fällen brauchen die Voraussetzungen des Schusswaffengebrauchs gegen Personen nicht vorzuliegen, wenn **2671**
- der Schuss aus kurzer Distanz erfolgt,
- sich das Kraftfahrzeug mit geringer Geschwindigkeit bewegt **und**
- ein sicherer, gezielter Schuss möglich ist.

Der **Schusswaffengebrauch gegen Tiere** ist zulässig, wenn von ihnen eine Gefahr ausgeht, sie insbesondere Menschen bedrohen, und die Gefahr nicht auf andere Weise beseitigt werden kann. Verletzte oder kranke Tiere dürfen nur getötet werden, wenn zu befürchten ist, dass sie sonst unter Schmerzen oder Leiden qualvoll verenden würden oder wenn sie erkennbar unter unerträglichen Schmerzen leiden und keine sachkundige Person kurzfristig helfen kann.[1266] **2672**

Vertiefung: Der Schusswaffengebrauch gegen Tiere stellt mit großem Abstand den häufigsten Fall des Schusswaffengebrauchs dar. In Niedersachsen sind die Anwendungsfälle in den letzten Jahren stark gestiegen und bewegen sich bei ca. 1200 Schussabgaben im Jahr. **2673**

bb) Ziel: Angriffs-/Fluchtunfähigkeit (§ 76 Abs. 2 Satz 1 Nds. SOG). Nach § 76 Abs. 2 Satz 1 Nds. SOG dürfen Schusswaffen gegen Personen nur gebraucht werden, um diese **angriffs- oder fluchtunfähig** zu machen. Das bedeutet, dass je nach konkretem Sachverhalt auf Arme oder Beine geschossen werden muss, wenn die Umstände dies erlauben. Eine andere Zielrichtung – nämlich als sogenannter „finaler Rettungsschuss"- ist nur unter den strengeren Voraussetzungen des § 76 Abs. 2 Satz 2 Nds. SOG (dazu sogleich) zulässig. **2674**

Vertiefung: Auch bei einem Schuss auf Arme und Beine sind tödliche Verletzungen möglich, insbesondere, wenn die Beinarterie getroffen wird. Im Vergleich mit einem Schuss auf Bauch-, Brust oder Kopf ist das Risiko dennoch deutlich geringer. **2675**

Wird auf Arme oder Beine geschossen, jedoch ein anderes Körperteil getroffen, so spricht man vom (unter Umständen tödlichen) **Fehlschuss.** In ihm realisiert sich das jedem Schusswaffengebrauch innewohnende Tötungsrisiko. Entscheidende Frage mit Blick auf die Rechtmäßigkeit ist, ob die Schussabgabe nach den gesetzlichen Vorschriften der §§ 77 und 76 Nds. SOG erfolgte. **2676**

cc) Finaler Rettungsschuss (§ 76 Abs. 2 Satz 2 Nds. SOG). In extremen Ausnahmesituationen (z. B. Geiselnahme, Amoklauf) kann es notwendig sein, ei- **2677**

1265 LG Bückeburg, Beschluss vom 5.1.2005 – Qs 77/04 – NJW 2005, 3014.
1266 AB 76.1.

nen Schuss abzugeben, der „*mit an Sicherheit grenzender Wahrscheinlichkeit tödlich wirken wird*". Ein solcher Schuss wird auch als „**finaler Rettungsschuss**" oder „gezielter polizeilicher Todesschuss" bezeichnet.

2678 **Vertiefung:** Der finale Rettungsschuss stellt als gefahrenabwehrrechtliche Maßnahme keine Kriminalstrafe dar. Es handelt sich nicht um eine (unzulässige) Todesstrafe im Sinne des Art. 102 GG.

2679 Unabhängig von der Bezeichnung ist wesentliches Merkmal, dass die Tötung des polizeilichen Gegenübers **vorsätzlich** erfolgt. Zumindest wird sie bewusst und billigend in Kauf genommen. Das **Motiv** darf jedoch nicht die Tötung der Person sein. Ziel ist vielmehr der Schutz wichtigster Rechtsgüter.[1267]

2680 **Vertiefung:** Beim finalen Rettungsschuss wird gezielt auf lebenswichtige Körperteile geschossen. In seiner extremsten Anwendung, etwa wenn ein Geiselnehmer der Geisel eine Schusswaffe an den Kopf hält und mit der unmittelbaren Erschießung droht, soll durch den Schuss eine sofortige Beendigung der Angriffsfähigkeit -auch unter dem Ausschluss reflexhaft-reaktiver Handlungen- eintreten. Dies ist bei Kopftreffern in Stamm- oder Kleinhirn oder allgemein bei der Verwendung von Langwaffen bei Kopftreffern der Fall.

2681 Nach § 76 Abs. 2 Satz 2 Nds. SOG ist der polizeiliche Todesschuss nur zulässig, wenn er das einzige Mittel zur Abwehr einer gegenwärtigen Lebensgefahr oder der gegenwärtigen Gefahr einer schwerwiegenden Verletzung der körperlichen Unversehrtheit ist. Als schwerwiegende Körperverletzungen sind solche im Sinne des § 226 StGB (schwere Körperverletzung) zu verstehen.[1268]

2682 **Vertiefung:** Bei dieser denkbar eingriffsintensivsten Maßnahme muss der Grundsatz der Verhältnismäßigkeit besondere Beachtung finden. Bei der Frage der Angemessenheit ist zu berücksichtigen, dass dem Staat eine Entscheidung „Leben gegen Leben" grundsätzlich untersagt ist.[1269] Gemeint ist damit aber die Abwägung zwischen zwei „unschuldigen" Leben. Anders verhält es sich bei Situationen des finalen Rettungsschusses: Kann sich der Staat in einer solchen Konfliktsituation nur für die Rettung eines Lebens entscheiden, so gebietet die Schutzpflicht des Staates, sich für das Leben des Opfers zu entscheiden und dieses zu schützen. Denn das Opfer kann – im Gegensatz zum Täter – durch seine Handlungen keinen Einfluss nehmen. Dem Täter steht es dagegen frei, die Tathandlungen einzustellen und sich zu ergeben.[1270] Er ist daher auch **nicht** „Objekt staatlichen Handels", was einer Vereinbarkeit mit der Menschenwürde (Art. 1 Abs. 1 GG) entgegenstehen würde.

2683 In den Ausführungsbestimmungen 76.2 ist noch ein Relikt aus dem ehemaligen Niedersächsischen Gefahrenabwehrgesetz (NGefAG), das von 1994 bis 2003

1267 *Rachor*, in: Lisken/Denninger, E, Rn. 931 und im Folgenden mit ausführlicher Besprechung.
1268 *Timmer*, in: BeckOK-Nds. SOG, § 76 Rn. 45.
1269 Zur Problematik ganz ausführlich *Teifke*, Das Prinzip Menschenwürde.
1270 Vgl. auch *Kugelmann*, 11. Kapitel, Rn. 24 ff.; a. A. *Gusy*, § 8, Rn. 451.

in Kraft war, zu erkennen. In dieser Zeit war der finale Rettungsschuss im Gefahrenabwehrgesetz aus moralisch-ethischen Gründen nicht geregelt. Stattdessen fand sich eine Regelung des finalen Rettungsschusses „durch die Hintertür" in den Ausführungsbestimmungen: *„Der Schusswaffengebrauch darf ausschließlich die Angriffs- oder Fluchtunfähigkeit zum Ziel haben. Dies umfasst in letzter Konsequenz auch die gezielte Tötung einer Person, wenn anders ein Angriff, der den Tod oder eine schwerwiegende Körperverletzung zur Folge haben würde, nicht sicher abgewehrt werden kann."* Eine solche Regelung in den Ausführungsbestimmungen, also einer **Verwaltungsvorschrift,** ist verfassungsrechtlich höchst bedenklich.[1271] Aus diesem Grunde wurde im Jahr 2003 richtigerweise eine gesetzliche Regelung in das Nds. SOG (wieder) aufgenommen.

Vertiefung: Die Notwehr- und Nothilferegelungen des StGB und BGB sind keine Ermächtigungsgrundlage für die Polizei. Sie betreffen die strafrechtliche bzw. zivilrechtliche Dimension des Handelns, also die Frage, ob sich der handelnde Beamte bzw. der die Maßnahme anordnende Einsatzleiter strafbar oder schadensersatzpflichtig gemacht hat oder das Handeln gerechtfertigt war.[1272] **2684**

dd) Kinder (§ 76 Abs. 3 Nds. SOG). Gegen **Personen,** die dem äußeren Eindruck nach **noch nicht 14 Jahre alt** sind, dürfen Schusswaffen nicht gebraucht werden, § 76 Abs. 3 Nds. SOG. Entscheidend ist nicht das tatsächliche Alter, dass in Fällen des Schusswaffengebrauchs kaum vorher geklärt werden kann, sondern das äußere Erscheinungsbild. Maßgeblich ist nicht der subjektive Eindruck des Polizeibeamten, sondern der eines objektiven Betrachters. Bestehen Zweifel, ob eine Person noch im Kindesalter ist, so ist davon auszugehen, dass es sich um ein Kind handelt.[1273] **2685**

Ein Schusswaffengebrauch gegen ein (vermeintliches) Kind ist dennoch zulässig, wenn er das **einzige** Mittel zur Abwehr einer gegenwärtigen Gefahr für Leib oder Leben (vgl. § 2 Nr. 1 b) und d) Nds. SOG) ist. Es wird also nicht auf die Schuldfähigkeit des Gefahrenverursachers und somit auch nicht auf das Alter abgestellt. **2686**

Vertiefung: Zur Fluchtverhinderung (§ 77 Abs. 1 Nr. 3 Nds. SOG) darf jedoch nie auf ein Kind geschossen werden, da es einer Straftat – sei sie noch so schwerwiegend – nicht **verdächtig** sein kann. Aus gleichen Gründen ist eine Anwendung des § 77 Abs. 1 Nr. 4 Nds. SOG nicht denkbar. **2687**

ee) Unbeteiligte (§ 76 Abs. 4 Nds. SOG). Ein Schusswaffengebrauch ist unzulässig, wenn für die Beamtin oder den Beamten erkennbar **Unbeteiligte** mit hoher Wahrscheinlichkeit gefährdet werden. **Unbeteiligte** im Sinne dieser Vorschrift sind Personen, die an der Tat, gegen die sich die polizeiliche Maßnahme richtet, nicht mitwirken. Eine Mitwirkung kann auch darin liegen, dass die Tat **2688**

1271 *Schenke*, § 10, Rn. 560 ff.
1272 *Ipsen,* Rn. 649 f.
1273 AB 76.3.

durch Worte oder durch schlüssige Handlungen gebilligt oder unterstützt wird. Geiseln sind Unbeteiligte.[1274] Diese sehr weitgehende Betrachtungsweise muss insofern eingeschränkt werden, als dass auch bei Personen, die „psychische Beihilfe" leisten, die konkreten Voraussetzungen des § 77 Nds. SOG vorliegen müssen.[1275]

2689 **Beispiel:** Ein Schusswaffengebrauch auf einen fliehenden Straftäter in einer belebten Fußgängerzone ist aus diesem Grunde grundsätzlich unzulässig.

2690 Die Gefährdung Unbeteiligter muss für den Beamten **erkennbar** sein. Kommt es zu einer Gefährdung Unbeteiligter, die nicht erkennbar war, so bleibt der Schusswaffengebrauch rechtmäßig. Auch muss die Gefährdung mit hoher Wahrscheinlichkeit vorliegen. Eine Gefährdung Unbeteiligter ist beim Schusswaffengebrauch nämlich nie völlig ausgeschlossen, da stets die Möglichkeit eines Fehlschusses, Durchschusses oder eines Querschlägers besteht.

2691 **Vertiefung:** An belebten und unübersichtlichen Orten oder bei schlechten Sichtverhältnissen muss mit besonderer Sorgfalt geprüft werden, ob Unbeteiligte gefährdet werden.[1276]

2692 Auch wenn Unbeteiligte gefährdet werden, ist ein Schusswaffengebrauch zulässig, wenn er das einzige Mittel zur Abwehr einer gegenwärtigen Lebensgefahr ist. Zu beachten ist, dass der Schusswaffengebrauch im Gegensatz zur Ausnahme des § 76 Abs. 3 Nds. SOG unzulässig ist, wenn er „nur" der Abwehr einer gegenwärtigen Gefahr des Leibes dient. Der Unbeteiligte muss eine geringere Einschränkung dulden als das gefahrenverursachende (nicht aber das unbeteiligte) Kind.

1274 AB 76.4.
1275 *Rachor*, in: Lisken/Denninger, E, Rn. 898.
1276 AB 76.4.

Teil 7 **Lösungsschemata**

I. Prüfungsschema (Standard-)Maßnahmen (Grundschema)

2693 An der Polizeiakademie Niedersachsen ist das folgende Prüfungsschema bei der Prüfung von (präventiven und repressiven) Standardmaßnahmen gebräuchlich. Es eignet sich in der Regel auch zur Prüfung sog. Maßnahmen mit besonderen Mitteln und Methoden (z. B. längerfristige Observation etc.). Es handelt sich hierbei um einen **Aufbauvorschlag**. Abweichungen sind, wenn sie logisch begründbar sind, möglich.

2694 **Klausurhinweis:** Das stumpfe Auswendiglernen des Prüfungsschemas kann nicht zum Erfolg führen. Versuchen Sie den Aufbau des Schemas zu verstehen und zu verinnerlichen und nutzen Sie die Stunden im Kontaktstudium dazu eventuelle Ungereimtheiten mit Ihrer Dozentin oder Ihrem Dozenten zu klären.

2695

I. **Obersatz**
II. **Grundrechtsprüfung**
1. Grundrecht 1
   a) Schutzbereich
      aa) Personeller Schutzbereich
      bb) Sachlicher Schutzbereich
   b) Eingriff
   c) Verfassungsrechtliche Rechtfertigung
      aa) Schranken
      bb) Schranken/Schranken
2. Ggf. Grundrecht 2 (Prüfung wie oben)
3. Ggf. Grundrechtkonkurrenzen

III. **Rechtmäßigkeitsprüfung**
1. Formelle Rechtmäßigkeit
   a) Zuständigkeit
      aa) örtliche Zuständigkeit
      bb) sachliche Zuständigkeit
         aaa) § 163 Abs. 1 S. 1 StPO (Strafverfolgung)
            – Anfangsverdacht einer Straftat?
            – Zielrichtung Sicherung Strafverfolgung?
               – ggf. unmittelbarer Zusammenhang mit Anlasstat (z. B. § 112a StPO)
               – ggf. Strafverfolgungsvorsorge (z. B. bei § 81b oder § 81g StPO)
         bbb) § 53 OWiG (Verfolgung von Ordnungswidrigkeiten)
            – Anfangsverdacht einer Ordnungswidrigkeit?
            – Zielrichtung Verfolgung von Ordnungswidrigkeit?
         ccc) Prävention
            – Spezialgesetzliche Aufgabenregelung?

- Präventive Aufgabe nach § 1 Nds. SOG?
  - § 1 Abs. 1 S. 1 Nds. SOG (Gefahrenabwehr)
    - Drohender Schaden für öffentliche Sicherheit oder Ordnung?
    - Vollständige Prüfung ob konkrete/gegenwärtige/erhebliche etc. Gefahr vorliegt

    erfolgt im Rahmen der Prüfung der materiellen Rechtmäßigkeit/Tatbestandsvoraussetzungen
  - § 1 Abs. 1 S. 3 Nds. SOG (Straftatenverhütung)
  - § 1 Abs. 1 S. 2 Nds. SOG (Vorbereitung auf die Gefahrenabwehr)
  - § 1 Abs. 4 Nds. SOG (Vollzugshilfe)
- Zielrichtung Prävention?

ddd) Dominanzentscheidung bei Doppelfunktionalität

cc) Funktionelle Zuständigkeit

aaa) Anordnungskompetenz (insb. Richtervorbehalt)

bbb) Durchführungskompetenz

b) Formvorschriften/Verfahrensvorschriften

aa) Allgemeine Form- und Verfahrensvorschriften

bb) Maßnahmenspezifische Form- und Verfahrensvorschriften

2. Materielle Rechtmäßigkeit

a) Ermächtigung

aa) Befugnisnorm

aaa) Tatbestandsvoraussetzungen

bbb) Rechtsfolge

bb) Ermächtigungsbegrenzende Bestimmungen

b) Adressat/Betroffener

c) Ermessen

d) Verhältnismäßigkeit der konkreten Maßnahme

aa) Geeignetheit

bb) Erforderlichkeit

cc) Verhältnismäßigkeit im engeren Sinne

IV. **Ergebnis**

II. Zwangsanwendung im gestreckten Verfahren (Zwang 1)

2696 Das folgende Prüfungsschema findet bei der Prüfung der Rechtmäßigkeit der Durchsetzung einer präventiven Maßnahme mit Zwangsmitteln im so genannten gestreckten Verfahren (§ 64 Abs. 1 Nds. SOG) Anwendung.

A. **Rechtmäßigkeit des Grundverwaltungsaktes**

- Prüfung des präventiven Grund-VA nach dem o. g. Grundschema

B. **Rechtmäßigkeit der zur Durchsetzung des Grund-VA getroffenen Zwangsmaßnahme**

I. **Obersatz**

II. **Grundrechtsprüfung (bezüglich der Zwangsanwendung)**
1. Grundrecht 1
   a) Schutzbereich
      aa) Personeller Schutzbereich
      bb) Sachlicher Schutzbereich
   b) Eingriff
   c) Verfassungsrechtliche Rechtfertigung
      aa) Schranken
      bb) Schranken/Schranken
2. Ggf. Grundrecht 2 (Prüfung wie oben)
3. Ggf. Grundrechtkonkurrenzen

III. **Rechtmäßigkeitsprüfung**
1. Formelle Rechtmäßigkeit
   a) Zuständigkeit
      aa) örtliche und sachliche Zuständigkeit
         – § 64 Abs. 3 Nds.SOG i. V. m. örtl./sachl. Zuständigkeit für den Grund-VA
      bb) Funktionelle Zuständigkeit
         – Ggf. § 69 Abs. 8 (AB 69.8, 2.6) und ggf. § 69 Abs. 9 Nds.SOG
   b) Formvorschriften/Verfahrensvorschriften
      aa) Androhung
         aaa) Allgemeine Androhung, §§ 65 Abs. 2, 70 Nds. SOG
         bbb) Androhung unmittelbaren Zwangs, § 74 Nds. SOG
      bb) Wirksamkeit der Androhung
      cc) Ggf. Hilfeleistung für Verletzte, § 73 Nds. SOG
2. Materielle Rechtmäßigkeit
   a) Ermächtigung
      aa) Befugnis Anwendung Zwangsmittel, § 64 Abs. 1 Nds. SOG
         aaa) Tatbestandsvoraussetzungen
            – vorausgegangenem VA wird nicht nachgekommen
            – vorausgegangener VA ist wirksam
            – vollstreckbarer Inhalt (auf Handlung, Duldung oder Unterlassung gerichtet)
            – Vollstreckbarkeit oder Bestandskraft des Grund-VA
         bbb) Rechtsfolge
      bb) Befugnis gewähltes Zwangsmittel
         aaa) Zulässiges Zwangsmittel, § 65 Abs. 1 Nr. 1–3 Nds. SOG
         bbb) Voraussetzungen des gewählten Zwangsmittels
            – z. B. Ersatzvornahme nur bei vertretbarer Handlung
         ccc) Begrenzungen des gewählten Zwangsmittels
            – z. B. unm. Zwang nur „ultima ratio“ (§ 69 Abs. 6 Nds. SOG)
            – z. B. unm. Zwang nicht zur Abgabe Erklärung (§ 69 Abs. 7 Nds. SOG)

cc) Bei unm. Zwang: Art und Weise
- §§ 72–79 Nds. SOG soweit einschlägig (insb. Fesselung, Schusswaffengebrauch)

b) Adressat der Zwangsanwendung
c) Ermessen bezüglich Zwangsanwendung
d) Verhältnismäßigkeit der Zwangsanwendung
aa) Geeignetheit
bb) Erforderlichkeit
cc) Verhältnismäßigkeit i. e. S.

IV. **Ergebnis**

III. Zwangsanwendung im Sofortvollzug (Zwang 2)

2697 Bei der Zwangsanwendung zur Durchsetzung einer präventiven Maßnahme im Sofortvollzug (§ 64 Abs. 2 Nds. SOG) besteht die Besonderheit der Prüfung darin, dass der fiktive Grundverwaltungsakt „inzident" geprüft werden muss.

I. **Obersatz**
II. **Grundrechtsprüfung (bezüglich der Zwangsanwendung)**
1. Grundrecht 1
a) Schutzbereich
aa) Personeller Schutzbereich
bb) Sachlicher Schutzbereich
b) Eingriff
c) Verfassungsrechtliche Rechtfertigung
aa) Schranken
bb) Schranken/Schranken
2. Ggf. Grundrecht 2 (Prüfung wie oben)
3. Ggf. Grundrechtkonkurrenzen

III. **Rechtmäßigkeitsprüfung**
1. Formelle Rechtmäßigkeit
a) Zuständigkeit
aa) örtliche und sachliche Zuständigkeit
- § 64 Abs. 3 Nds.SOG i. V. m. örtl./sachl. Zuständigkeit für den fiktiven Grund-VA
- inzidente Prüfung der örtlichen und sachlichen Zuständigkeit wie bei Grundschema

bb) Funktionelle Zuständigkeit
- Ggf. § 69 Abs. 8 (AB 69.8, 2.6) und ggf. § 69 Abs. 9 Nds.SOG

b) Formvorschriften/Verfahrensvorschriften
aa) Entbehrlichkeit der Androhung
cc) Benachrichtigung, § 64 Abs. 2 Satz 2 Nds. SOG
cc) Ggf. Hilfeleistung für Verletzte, § 73 Nds. SOG
2. Materielle Rechtmäßigkeit
a) Ermächtigung

aa) Befugnis Anwendung Zwangsmittel im Sofortvollzug, § 64 Abs. 2 Nds. SOG
  aaa) Tatbestandsvoraussetzungen
    – kein vorausgegangener VA
    – Abwehr gegenwärtige Gefahr (Nr. 1)
    oder Durchsetzung gerichtlich angeordneter Maßnahmen (Nr. 2)
    – Notwendigkeit Sofortvollzug
    – Maßnahmen gegen Pers. §§ 6–8 Nds. SOG nicht/nicht rechtzeitig möglich oder versprechen keinen Erfolg
    – Erforderlichkeit (Prüfung Geeignetheit/mildestes Mittel)
    – Handeln innerhalb der Befugnisse
    → **Prüfung fiktiver VA** sofern sinnvoll möglich (z. B. keine Anhörung) nach Grundschema
  bbb) Rechtsfolge
bb) Befugnis gewähltes Zwangsmittel
  aaa) Zulässiges Zwangsmittel, § 65 Abs. 1 Nr. 1–3 Nds. SOG
  bbb) Voraussetzungen des gewählten Zwangsmittels
    – z. B. Ersatzvornahme nur bei vertretbarer Handlung
  ccc) Begrenzungen des gewählten Zwangsmittels
    – z. B. unm. Zwang nur „ultima ratio“ (§ 69 Abs. 6 Nds. SOG)
    – z. B. unm. Zwang nicht zur Abgabe Erklärung (§ 69 Abs. 7 Nds. SOG)
cc) Bei unm. Zwang: Art und Weise
  – §§ 72–79 Nds. SOG soweit einschlägig (insb. Fesselung, Schusswaffengebrauch)

b) Adressat der Zwangsanwendung
c) Ermessen bezüglich Zwangsanwendung
d) Verhältnismäßigkeit der Zwangsanwendung
  aa) Geeignetheit
  bb) Erforderlichkeit
  cc) Verhältnismäßigkeit i. e. S.

IV. **Ergebnis**

IV. Durchsetzung repressiver Maßnahme mit unmittelbarem Zwang (Zwang 3)

Zur Prüfung der Durchsetzung **repressiver** Maßnahmen mittels unmittelbarem Zwang bietet sich folgendes Prüfungsschema an. 2698

I. **Obersatz**
II. **Grundrechtsprüfung (für StPO-Maßnahme und Zwangsanwendung)**
1. Grundrecht 1
  a) Schutzbereich

aa) Personeller Schutzbereich
bb) Sachlicher Schutzbereich
b) Eingriff
c) Verfassungsrechtliche Rechtfertigung
aa) Schranken
bb) Schranken/Schranken
2. Ggf. Grundrecht 2 (Prüfung wie oben)
3. Ggf. Grundrechtkonkurrenzen
III. **Rechtmäßigkeitsprüfung**
1. Formelle Rechtmäßigkeit
– Prüfung wie Grundschema
2. Materielle Rechtmäßigkeit
a) Ermächtigung
aa) Befugnisnorm
aaa) Tatbestandsvoraussetzungen
bbb) Rechtsfolge
– Hinweis, dass auch Durchsetzung der Rechtsfolge mit unm. Zwang umfasst ist
bb) Ermächtigungsbegrenzende Bestimmungen
aaa) Voraussetzungen: § 3 Abs. 2 Nds.SOG
– Unmittelbarer Zwang
– StPO enthält keine abschließende Regelung
bbb) Folge: §§ 72–79 Nds.SOG bezüglich „Art und Weise“ zu beachten
– Ggf. Beachtung notwendiger ärztl. Hilfe – § 73 Nds.SOG
– Androhung – § 74 Nds.SOG
– Fesselung – § 75 Nds.SOG
– Schußwaffengebrauch
– Schusswaffeneinsatzsituation – §§ 77, 78, 79 Nds.SOG
– Beachtung der allgemeinen Vorschriften – § 76 Nds.SOG
cc) Ggf. weitere ermächtigungsbegrenzende Bestimmungen (z. B. § 163c StPO)
b) Verhältnismäßigkeit
aa) Geeignetheit 1.) StPO-Maßnahme 2.) Zwangsanwendung
bb) Erforderlichkeit 1.) StPO-Maßnahme 2.) Zwangsanwendung
cc) Verhältnismäßigkeit i. e. S. 1.) StPO-Maßnahme und 2.) Zwangsanwendung
IV. **Ergebnis**

Stichwortverzeichnis

Die Zahlen verweisen auf die Randnummern.

Stichwortverzeichnis

Stichwortverzeichnis